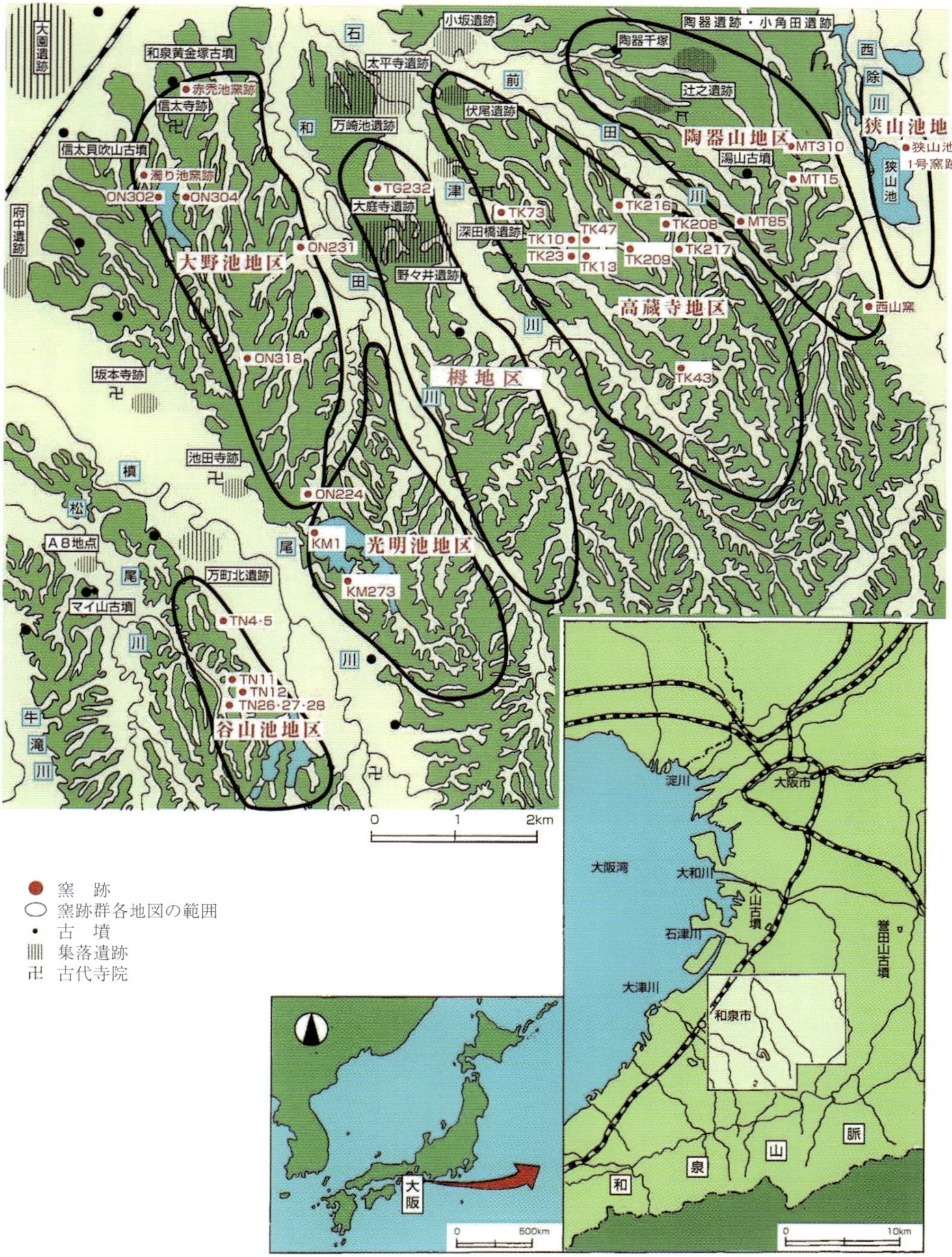

口絵１　泉北丘陵窯跡群とその周辺の遺跡分布図（和泉市いずみの国歴史館 2019 年）

口絵２　谷山池 26 号窯跡、２基が重なった窯体と須恵器出土状況（和泉市教育委員会写真撮影・提供）

口絵３　万町北遺跡、万町北Ⅱ期の建物群Ｂ（和泉市教育委員会写真撮影・提供）
手前から建物 B072 → 溝 D063 → 建物 B065・075（東から）

口絵４　府中・豊中遺跡群、府中地区地点４の古墳時代大溝（和泉市教育委員会写真撮影・提供）

口絵５　小角田遺跡、土坑に投棄された須恵器の破片（堺市文化財課写真提供）

口絵６　下代古墳群、群集する古墳（和泉市教育委員会写真撮影・提供）

口絵７　和泉向代１号墳出土土師質陶棺片と復元模型1992年製作（和泉市教育委員会写真撮影・提供）

古墳時代須恵器生産史の研究

SHIRAISHI Koji
白石耕治 著

雄山閣

序

大阪府南部の泉北丘陵一帯では、五世紀から十世紀にかけて須恵器が生産されつづけ、総数八〇〇基ほどの窯跡が確認されている。この泉北丘陵窯跡群、いわゆる陶邑窯跡群を対象にした古墳時代須恵器の再生産システムについての体系的研究が、白石耕治さんの『古墳時代須恵器生産史の研究』である。本書は「序章　古代和泉の須恵器生産・集落・古墳の考古学研究にあたって、第一章　泉北丘陵窯跡群の須恵器生産、第二章　古代集落と土地開発、第三章　古墳と古代氏族、第四章　須恵器生産と茅渟県、終章　古代開発のモデル」で構成される。

書のタイトルのとおり、泉北丘陵窯跡群での窯構造や、六、七世紀の谷山池地区を一例とした須恵器編年の試行、古墳などを参照にした実年代の比定、須恵器生産の諸段階と地域性といった須恵器の基礎研究はもちろんだが、研究の矛先はいっそうひろがる。

須恵器工人集団の管理はもちろん、そこへの生活物資の供給、各地への製品運搬などがないと、須恵器の再生産体制は機能しない。そうした歴史解釈のコードにもとづき、古代の和泉国和泉郡・大鳥郡と河内国丹比郡の一部をなす、和泉北部地域に足跡を遺した古墳時代の須恵器生産の諸相に挑む。「生産地とその周辺地域に居住した人々との活動の痕跡を研究する」という、書名からはいい意味で逸脱した視座が設定される。

地域開発の拠点集落である府中・豊中遺跡群や大園遺跡や万町北遺跡をはじめとした集落遺跡にくわえて、須恵器生産の関連事業を経営したであろう首長・中間層墓とおぼしき土師質陶棺や横穴式木芯粘土室（かまど塚）などが論及される。そこにとどまらない。和泉黄金塚古墳や富木車塚古墳といった前方後円墳のみならず、信太千塚古墳群のような群集墳にいたるまで、細大漏らさず近辺の諸古墳にも焦点があてられる。そうした過程で言及される在地首長の輪番制や、帆立貝形前方後円墳と百舌鳥古墳群「陪冢」との関連や、土師質の陶棺など、泉北丘陵窯跡群と在地首長を密接不分離でとらえる方向性は、和泉北部の地域史という枠組を超えた、汎列島的な射程距離をもった研究成果を生みだす。

このような幅が広く奥行きの深い研究は、開始当初から泉北丘陵の須恵器生産は、王権と在地首長が組織的に関与していた、「『国家』主導と『在地』協働の事業であった」との瞠目すべき核心をもたらす。その終焉も、これまで指摘されてきた薪や粘土の枯渇といった自然条件だけではない。各地で進展した須恵器生産技術に伴い、「須恵器生産のリーダーとしての役目を終えたことも理由のひとつ」であって、「生産地縮小が進んでいく中で、王権によって進められた事業が終わった」と、古代手工業生産の特質にまでふみこむ。

いっぽう、「須恵器生産という新来の技術の受け皿になった」のが、和泉北部地域の開発をもたらすおおきな駆動因であるという。「複数の在地首長の協力なしには、泉北丘陵窯跡群の大規模な開発を行うことはできなかったはず」と、この地域の歴史的端緒が、須恵器生産にあった刮目すべき事態を明らかにしている。まさしく卓見といえようか。和泉北部地域の歴史は、須恵器生産と一体的で、相即不離の関係であったというわけだ。

さて、この一書のすぐれた特性は、きわめて多岐におよぶ分析的な研究をふまえつつ、地域を軸にしたふたつの体系化にある。第一。永年におよぶ各種自治体の「記録作成」のための発掘調査、いわゆる行政発掘の厖大な成果が隈なく、じつに丹念に研究対象に網羅される。折にふれ話題になったり、マスメディアに注目されたり、特定の遺構や遺物が個別的にとりあげられたり、なかば一過性であった大勢の考古史料があつかわれる。いったい、考察の俎上にのぼらされた遺跡はいくつになるのであろうか、といった感じである。

第二。それと表裏一体だが、縷々述べてきたように須恵器、須恵器窯、集落、首長居館、前方後円墳、群集墳、横穴式石室、横穴式木芯粘土室、陶棺など、知的探求はじつに多種多彩な考古史料におよぶ。さらに土師氏、信太首、取石造などの古代氏族も、文献史学の成果とともに、それぞれの学史をふまえつつ、豊富な図や地名表を駆使して統合される。

ふたつの体系的かつ統合的な研究が、長期におよぶ王権膝下の須恵器生産を基軸に展開してきた、和泉北部地域の歴史的な文脈というか、おなじベクトルに収斂される。その歴史解明に向かって邁進していく、地域の香りが横溢した書籍で、「ああそういうことか」との感得が、そこにはある。さらなる研究深化への確信が伏在した一書である。

広瀬 和雄

目　次

目　次

巻頭カラー

口絵1　泉北丘陵窯跡群とその周辺の遺跡分布図（序章、第一章）『須恵器二‼ 図録』和泉市いずみの国歴史館　二〇一九

口絵2　谷山池二六号窯跡、二基が重なった窯体と須恵器出土状況（第一章）和泉市教育委員会写真撮影・提供

口絵3　万町北遺跡、万町北Ⅱ期建物群B（第二章第四節）和泉市教育委員会写真撮影・提供

口絵4　府中・豊中遺跡群、府中地区地点4の古墳時代大溝（第二章第一節）和泉市教育委員会写真撮影・提供

口絵5　小角田遺跡、土坑に投棄された須恵器群（第二章第三節）堺市文化財課写真提供

口絵6　下代古墳群、群集する古墳（第二章第四節、第三章第二節）和泉市教育委員会写真撮影・提供

口絵7　和泉向代一号墳出土土師質陶棺破片と復元模型（第三章第三節）和泉市教育委員会写真撮影・提供

挿図目次

図1　須恵器窯床面基底線と傾斜角度の比較（中村浩『和泉陶邑窯の研究』柏書房　一九八一）……10

図2　須恵器窯構造分類図1（和泉市教育委員会『和泉市考古学調査報告書』Ⅱ　二〇一七を修正）……16

図3　須恵器窯構造分類図2（図2に同じ）……17

図4　須恵器窯構造分類図3（図2に同じ）……18

図5　須恵器窯構造分類図4（図2に同じ）……19

図6　五、六世紀の蓋坏・高坏の形態対比表（白石耕治「泉北丘陵窯跡群の須恵器生産の転換期」『季刊考古学』一四二号　雄山閣　二〇一八）……36

図7　須恵器蓋坏の同心円文スタンプ痕の写真と拓影（白石耕治「六、七世紀の須恵器の編年と製作技法―陶邑古窯址群谷山池地区を例として―」『考古学研究』第三六巻第一号　一九八九）……43

図8　森浩一による須恵器編年最終案（森浩一「古墳時代」『考古学ゼミナール』山川出版社　一九七六）……46

図9　谷山池地区の須恵器型式編年の第一試案（白石耕治　図7に同じ）……48・49

図10　谷山池五期併行の谷山池五八号窯跡と万町北遺跡出土の須恵器群（和泉丘陵内遺跡調査会『陶邑古窯址群―谷山池地区の調査』和泉丘陵内遺跡発掘調査報告書Ⅳ　一九九二）……67

図11　今城塚古墳出土の須恵器実測図（森田克行『今城塚と三島古墳群』日本の遺跡七　同成社　二〇〇六）……73

図12　岩戸山古墳出土の須恵器実測図（高橋徹・小林昭彦「九州須恵器研究の課題―岩戸山古墳出土須恵器の再検討―」『古代文化』第四二巻第四号　一九九〇）……75

図13　牧野古墳出土の須恵器実測図（奈良県立橿原考古学研究所『牧野古墳』一九八七）……75

図14　隼上り瓦窯跡出土の須恵器実測図（菱田哲郎「畿内の初期瓦生産と工人の動向」『史林』第六九巻第三号　史学研究会　一九八六）……77

図15　甘樫丘東麓遺跡出土の須恵器実測図（奈良国立文化財研究所『飛鳥・藤原宮発掘調査概要』二五　一九九五）……79

図16　藤ノ木古墳出土の須恵器実測図1（奈良県立橿原考古学

研究所『藤ノ木古墳』Ⅰ　一九九〇）……92
図17　藤ノ木古墳出土の須恵器実測図2（奈良県立橿原考古学研究所『藤ノ木古墳』Ⅰ　一九九〇）……93
図18　大津川・槇尾川流域の古墳時代集落分布図（日下雅義『歴史時代の地形環境』を加筆修正）……100
図19　府中・豊中遺跡群の調査地点（白石耕治「和泉の古代集落と古墳」『和泉市の歴史』第六巻　和泉市　二〇一三を加筆修正）……101・102
図20　伯太地区地点2の竪穴建物と出土土器実測図（和泉市教育委員会『府中遺跡発掘調査概要』Ⅱ　一九七八年）……104
図21　府中地区地点4の駅前再開発地点遺構配置図（和泉市教育委員会『府中遺跡の発掘調査　発掘ニュースレター』VOL.18　二〇一三　加筆修正／和泉市教育委員会写真撮影・提供）……106
図22　古池地区地点8出土の木製品（①豊中・古池遺跡調査会『豊中・古池遺跡調査概要』そのⅢ　一九七六、②奈良国立文化財研究所『木器集成図録近畿原始篇』一九九三）……112
図23　府中地区地点9の河道木製品出土状況と出土土器実測図（和泉市いずみの国歴史館　企画展解説シート　二〇二二、府中地区地点9河道の木製品出土状況（和泉市教育委員会写真撮影・提供）……114
図24　肥子地区地点11の出土土器実測図、同土器写真（和泉市教育委員会『豊中遺跡〇五－一二〇地点の発掘調査』二〇〇六、同土器写真（和泉市教育委員会写真撮影・提供）……117
図25　府中地区地点10の居住区遺構図（和泉市教育委員会『府中遺跡〇一－一一六地点の発掘調査』二〇〇二）……121
図26　府中地区地点10のSD一〇二出土遺物実測図（和泉市教育委員会　図25に同じ）……122・123
図27　石上神宮「御船代」と各地の類似木製品（①石上神宮『石上神宮寶物誌』一九二九、②奈良国立文化財研究所『木器集成図録近畿原始篇』奈良国立文化財研究所史料第三六冊　一九九三、③奈良県教育委員会・奈良県立橿原考古学研究所『南郷遺跡群』Ⅲ　二〇〇三）……128
図28　大園遺跡と周辺遺跡分布図（白石耕治　図19に同じ）……135
図29　菩提池西古墳群の古墳配置図及び三号墳出土形象埴輪実測図（和泉市教育委員会『シンポジウム和泉黄金塚古墳を考える』資料集　二〇〇八　一部改変：原図は各報告書等より）……136
図30　取石地区出土の埴輪実測図（高石市『高石市史』第二巻　一九八六）……137
図31　綾井地区・Ⅳ調査区一三－一九七地区遺構図（和泉市教育委員会『大園遺跡一三－一九七地点の発掘調査』二〇一五）……139
図32　綾井地区一三－一九七地点　土坑SX〇一出土土器実測図及び土師質土管写真（①和泉市教育委員会　図31に同じ、②千葉太朗「大園遺跡出土筒形土製品」『和泉市いずみの国歴史館要覧平成二九年度』和泉市いずみの国歴史館　二〇一八／和泉市教育委員会写真撮影・提供）……141
図33　綾井地区一三－一九七地点竪穴建物SI〇二（和泉市教育委員会　図31に同じ）……141
図34　葛の葉地区、方墳SX二〇〇三実測図・写真及び掘立柱建物群と溝（和泉市教育委員会『大園遺跡発掘調査報告書—土地区画整理事業に伴う葛の葉地区の調査—』二〇一三／

和泉市教育委員会写真撮影・提供）……… 143
図35　信太山丘陵の古墳と窯跡分布図（白石耕治　図19に同じ・加筆修正）……… 146
図36　上泉郷と坂本郷との境界線（黒鳥郷土誌編集委員会『黒鳥郷土誌』黒鳥小ＰＴＡ特別委員会一九八四を加筆修正）……… 148
図37　陶器山地区の集落遺跡配置図（樋口吉文「「茅渟県陶邑」の最近の考古学成果から―陶器山地区北部を中心にして―」『堺市博物館報』第一八号　堺市博物館　一九九九を加筆改変）… 154
図38　辻之遺跡集落配置図（図37に同じ）……… 154
図39　大庭寺遺跡集落配置図（大阪府教育委員会・大阪府埋蔵文化財協会『陶邑・大庭寺遺跡』Ⅳ　大阪府埋蔵文化財協会調査報告書第九〇輯　一九九五）……… 156
図40　百舌鳥陵南遺跡第三次調査区（大阪府教育委員会『百舌鳥陵南遺跡発掘調査概要』一九七五）……… 159
図41　和泉北部の集落遺跡と泉北丘陵窯跡群分布図（白石耕治「陶邑窯―大阪府南部須恵器窯跡群の地域性―」『古代窯業の基礎研究　須恵器窯の技術と系譜』窯跡研究会編　二〇一〇を加筆修正）……… 164
図42　万町北遺跡及び和泉向代古墳群の配置図（白石耕治「万町北遺跡とその宗教」『宗教と考古学』勉誠社　一九九七）……… 168
図43　万町北Ⅱ期の居住区（白石耕治　図42に同じ）……… 172
図44　万町北Ⅲ期の居住区・建物群Ｄ（白石耕治　図42に同じ）… 174
図45　万町北Ⅲ期の居住区・建物群Ｅ（和泉丘陵内遺跡調査会『和泉丘陵内遺跡発掘調査概要』Ⅳ　一九八五を加筆修正）……… 175
図46　万町北Ⅳ期の居住区・建物群Ｆ（白石耕治　図42に同じ）… 175
図47　万町北遺跡の集落変遷（白石耕治　図42に同じ）……… 176・177
図48　神祠及び特殊遺構（白石耕治　図42に同じ）……… 181
図49　家形埴輪の配置と万町北遺跡の首長居宅の配置図（白石耕治　図42に同じ）……… 183
図50　和泉北部の古墳・集落遺跡分布図（和泉市いずみの国歴史館『和泉黄金塚古墳とその周辺　古墳と首長居館のすがた』図録　加筆修正　二〇〇一）……… 193
図51　久米田古墳群の墳丘測量図（立命館大学『久米田古墳群発掘調査報告』立命館大学文学部学芸員課程研究報告第一九冊　二〇一六）……… 194
図52　摩湯山古墳墳丘測量図（原図：大阪市立大学文学部日本史研究室測量製図、和泉市教育委員会『和泉黄金塚古墳国史跡指定記念・日本考古学協会設立六〇周年記念　シンポジウム和泉黄金塚古墳を考える』資料集　二〇〇八年ｃを一部修正）……… 195
図53　和泉黄金塚古墳墳丘測量図・復元図（和泉市教育委員会『大阪府和泉市　和泉黄金塚古墳発掘調査報告書』二〇〇五）……… 199
図54　丸笠山古墳墳丘測量図（①大阪府教育委員会『大園遺跡発掘調査概要』Ⅲ　一九七五、図52に同じ。出土円筒埴輪実測図（①和泉市教育委員会　図53に同じ。②若林幸子「信太千塚古墳群における新規発見の古墳について」『大阪文化財研究』第四九号　公益財団法人大阪府文化財センター　二〇一六）……… 200
図55　中期の帆立貝形前方後円墳（和泉市いずみの国歴史館　図50に同じ）……… 202
図56　信太貝吹山古墳の墳丘復元図（白石耕治　二〇二〇）……… 203
図57　大園古墳墳丘図（宇田川誠一・神谷正弘『高石市史』第二

巻　考古編　高石市　一九八六）……204
図58　坂本寺跡と信太千塚古墳群の位置関係・信太千塚60号墳出土埴輪棺（和泉市教育委員会『和泉市埋蔵文化財発掘調査概報』一九九四を加筆修正）、信太千塚六〇号墳出土埴輪棺（大阪府立泉大津高等学校編『信太千塚の記録』四　一九六三）……207
図59　坂本寺跡下層遺構出土土器実測図（和泉市教育委員会『和泉市埋蔵文化財発掘調査概報』七　二〇〇〇）……208
図60　二本木山古墳出土舟形石棺実測図（大阪府教育委員会『陶邑』Ⅱ　大阪府文化財調査報告書　第二九輯　一九七七、『陶邑』Ⅶ　大阪府文化財調査報告書第三七輯　一九九〇ａ）……210
図61　鈴の宮遺跡出土埴輪棺実測図（堺市教育委員会『鈴の宮遺跡Ｖ』鈴の宮遺跡第八区の調査　堺市文化財調査報告第三三集　一九八六ａ）……210
図62　伏尾遺跡と小代古墳群の位置図（大阪府教育委員会ほか　図68に同じ）……211
図63　軽部池遺跡遺構ＬＮ六一〇出土遺物実測図（和泉市教育委員会『軽部池遺跡発掘調査報告書』和泉市埋蔵文化財報告第八集　二〇一三）……214
図64　一瀬和夫案の乳岡系譜の首長古墳群（一瀬和夫『百舌鳥・古市古墳群　東アジアのなかの巨大古墳群』同成社　二〇一六）……216
図65　百舌鳥古墳群の古墳分布図（犬木努「古墳と古墳群のトポス―盟主的首長墓の〈空間構制〉試論―」『論集　空間と境界』大阪大谷大学歴史文化学科調査研究報告書　第三集　大阪大谷大学歴史文化学科　二〇一三）……217
図66　信太狐塚古墳墳丘測量図（和泉市教育委員会『和泉市埋蔵文化財発掘調査概報』一八　二〇〇八）……225
図67　和泉向代一号墳墳丘実測図（和泉丘陵内遺跡調査会『和泉丘陵の古墳―槇尾川中流域周辺の墳群の調査―』和泉丘陵内遺跡発掘調査報告書Ⅲ　一九九二）……228
図68　唐国池田山七号墳の竪穴式小石室実測図（和泉丘陵内遺跡調査会　図67に同じ）……229
図69　明神原古墳の横穴式木芯粘土室実測図（和泉丘陵内遺跡調査会　図67に同じ）……230
図70　マイ山古墳墳丘実測図（和泉市史編さん委員会『和泉市考古学調査報告書』Ⅰ　和泉市史紀要第二二集　和泉市　二〇一六）……231
図71　マイ山古墳出土陶質土器・須恵器実測図（和泉市教育委員会　図70に同じ）……232
図72　三林古墳群実測図（和泉市教育委員会『和泉市埋蔵文化財発掘調査概報』一八　二〇〇八）……234
図73　聖神社一号墳横穴式石室実測図（和泉市教育委員会『和泉市埋蔵文化財発掘調査概報』一〇　二〇〇〇）……236
図74　陶器千塚古墳群と御坊山古墳墳丘測量図（①大阪府教育委員会『陶器遺跡・陶器千塚・陶器南遺跡―府営集落基盤整備事業「陶器北地区」に伴う発掘調査―』二〇〇七、②堺市文化観光局文化部文化財課『堺の文化財　百舌鳥古墳群』第八版　二〇一八）……239
図75　富木車塚古墳墳丘実測図（大阪市立美術館『富木車塚古墳』一九六〇）……241

図76　和泉北部の横穴式石室実測図①　両袖式（①大阪府教育委員会『陶邑』Ⅶ　大阪府文化財調査報告書第三七輯　一九九〇、②財団法人大阪府埋蔵文化財協会『上フジ遺跡Ⅲ・三田古墳』大阪府埋蔵文化財協会調査報告書第八〇集　一九九三）……242
図77　和泉北部の横穴式石室実測図②　片袖式（①大阪市立美術館　図86に同じ、②大阪府立泉大津高等学校」『和泉信太千塚の記録』一九六三、③財団法人大阪文化財センター『寺門団地他三団地開発予定地内埋蔵文化財試掘調査報告書』大阪文化財センター調査報告書ＸＶ　一九七五、④和泉丘陵内遺跡調査会　図67に同じ）……243
図78　和泉北部の横穴式石室実測図③　両袖式・無袖式（①和泉考古学研究会『和泉黒石一号墳石室実測調査報告書』血沼二　一九八三、②大阪府教育委員会『陶邑』Ⅶ　一九九〇、③和泉市教育委員会　図82に同じ、④和泉丘陵内遺跡調査会　図67に同じ）……244
図79　道田池古墳群実測図　右：二号墳・横穴式木芯粘土室、左：四号墳出土遺物（繰納民之「大阪府和泉市道田池古墳群出土資料調査報告」『同志社大学歴史資料館館報』第二二号　同志社大学歴史資料館　二〇一九）……247
図80　原山四号古墳出土状況と須恵質円筒棺実測図（大阪府立泉北考古資料館『原山四号墓』見学のしおり　三　一九八九）……253
図81　陶棺各部位の名称（和泉丘陵内遺跡調査会　図67に同じ）……257
図82　陶棺実測図１（和泉丘陵内遺跡調査会　図67に同じ）……259
図83　陶棺実測図２（和泉丘陵内遺跡調査会　図67に同じ）……260
図84　陶棺実測図３（和泉丘陵内遺跡調査会　図67に同じ）……261
図85　陶棺実測図４（和泉丘陵内遺跡調査会　図67に同じ）……262
図86　南河内地方の特異な土師質陶棺（白石耕治　図67に同じ）……265
図87　和泉向代一号墳出土の土師質陶棺の復元イメージ（白石耕治　図67に同じ）……269
図88　畿内における土師質陶棺編年図（白石耕治　図67に同じ）……271
図89　富木車塚古墳（上・中段）、サキ山古墳（下段）出土の土師質陶棺実測図（白石耕治　図67に同じ）……274
図90　畿内の陶棺出土分布図（白石耕治　図67加筆修正）……280
図91　畿内の土師質陶棺出土時期別変遷図（白石耕治　図67に同じ）……287
図92　万町北遺跡出土の有蓋鉢実測図（①和泉丘陵内遺跡調査会　図14に同じ。加筆改変、②和泉丘陵内遺跡調査会『万町北遺跡』Ⅰ・Ⅱ　和泉丘陵内遺跡発掘調査報告書Ⅴ・Ⅵ　一九九三・一九九五）……295
図93　金属製容器・陶質土器実測図（①毛利光俊彦「古墳出土銅鋺の系譜」『考古学雑誌』第六四巻第一号　日本考古学会　一九七八、同『古代東アジアの金属製容器』Ⅱ（朝鮮・日本編）奈良文化財研究所史料第七一冊　奈良文化財研究所二〇〇五、②滝口宏「千葉県芝山古墳群調査速報」『古代』一九・二〇　早稲田大学考古学会　一九五六、③柴田常恵「武蔵北埼玉郡埼玉村将軍塚」『東京人類学会雑誌』二四九　東京人類学会　一九〇五、④定森秀夫・吉井秀夫・内田好昭「韓国慶尚南道晋州水精峯二号墳・玉峯七号墳出土遺物―東京大学工学部建築史研究室所蔵資料の紹介―」『京都文化博物館研究紀要　朱雀』

三　京都文化博物館　一九九〇、⑤千葉県教育委員会『上総金鈴塚古墳』一九五一、⑥法隆寺国宝保存委員会編　『法隆寺五重塔秘宝の調査』一九五四、⑦文化財研究所　『皇龍寺発掘調査報告書』Ⅰ　一九八四、⑧国立慶州博物館　慶北大学校博物館『慶州市月城路古墳群』一九九〇、⑨韓国文化財保護財團『慶州競馬場豫定敷地C－Ⅰ地區發掘調査報告書』学術調査報告第二五冊　一九九九、⑩小栗明彦「近畿地方古墳出土銅鋺と被葬者」『橿原考古学研究所論集』一四　奈良県立橿原考古学研究所　二〇〇三、⑪荻野仲三郎・古谷清「小見真観寺古墳」『史蹟調査報告』七　文部省　一九三五、⑫高松市教育委員会『久本古墳』二〇〇四、⑬文化公報部・文化財管理局編『武寧王陵發掘調査報告書』（国立公州博物館二〇〇九『武寧王陵新報告書』）一九七三、⑭藤森栄一「信濃地方古墳の地域的研究」『考古学』一〇－一　東京考古学会　一九三九……298

図94　金属製容器を模した須恵器実測図（和泉丘陵内遺跡調査会　図10に同じ、ほか）……300

図95　前方後円墳築造企画案（石部正志・宮川徏・田中英夫・堀田啓一「帆立貝形古墳の築造企画」『考古学研究』第二七巻第二号　一九八〇）……310

図96　和泉北部五世紀の帆立貝形前方後円墳（①堺市文化観光局文化部文化財課『堺の文化財　百舌鳥古墳群』第八版　二〇一八、②立命館大学『久米田古墳群発掘調査報告』立命館大学文学部学芸員課程研究報告第一九集　二〇一六）……314

図97　百舌鳥古墳群・大山古墳周辺の陪塚分布図（堺市文化観光局文化部文化財課　図96－①に同じ）……317

図98　泉北丘陵窯跡群周辺六世紀の帆立貝形前方後円墳（①大阪府教育委員会　図78－②に同じ、②和泉市教育委員会『府中遺跡群発掘調査概要』Ⅱ一九八二、③和泉丘陵内遺跡調査会　図67に同じ）……323

図99　和泉国の条理地割と郡・郷界（濵道孝尚・岸本直文「和泉国の条里制の概観」『和泉郡の条里』和泉市史紀要第一九集　和泉市史編さん委員会編集　和泉市教育委員会　二〇一二）……332

図100　和泉黄金塚古墳とその周辺の地溝開発分布図（和泉市教育委員会　図2に同じ）……345

図101　泉北丘陵窯跡群の窯跡分布図（千葉太朗「泉北丘陵の須恵器生産と「陶邑」」『和泉市の歴史』第六巻　和泉市の考古・古代・中世　和泉市　二〇一三）……355

図102　池田郷の古墳群分布図（和泉市いずみの国歴史館『和泉市いずみの国歴史館　館蔵品目録Ⅱ　古墳出土品二　和泉丘陵の古墳』二〇二一）……369

図103　水源地遺跡出土双耳壺実測図（高石市　図56に同じ）……377

表目次

表1　泉北丘陵窯跡群の須恵器窯の形式分類対比表（白石耕治「陶邑窯―大阪府南部須恵器窯跡群の地域性―」『古代窯業の基礎研究　須恵器窯の技術と系譜』窯跡研究会　二〇一〇　加筆修正）……14

表2　須恵器窯構造変遷表（表1に同じ。加筆修正）……15

表3　坏の容積の比較表（藤永正明「坏の変遷」『陶邑の須恵器年代のものさし』大阪府立近つ飛鳥博物館図録　二〇〇六）……34

表4　谷山池地区の須恵器蓋坏の型式分類表（和泉市教育委員会『和泉市考古学調査報告書』Ⅱ　二〇一七）……53
表5　谷山池地区の須恵器編年表1（『陶邑古窯址群—谷山池地区の調査』和泉丘陵内遺跡調査会　一九九二）……60・61
表6　谷山池地区の須恵器編年表2（表5に同じ）……62・63
表7　谷山池地区の須恵器編年表3（表5に同じ）……64・65
表8　谷山池地区出土須恵器器種比率表（表5に同じ）……82
表9　泉北丘陵地区の古墳・集落遺跡出土の須恵器1（和泉市教育委員会　表4に同じ。加筆修正）……83
表10　泉北丘陵地区の古墳・集落遺跡出土の須恵器2（和泉市教育委員会　表4に同じ。加筆修正）……84・85
表11　広瀬和雄案の和泉北部の首長系譜図（広瀬和雄「和泉北部における古墳群の動向—地域における政治関係についての基礎的諸考察—」『大園遺跡発掘調査概要Ⅱ』大阪府教育委員会　一九七五）……206
表12　和泉北部の古墳変遷表（白石耕治作成）……220・221
表13　和泉北部の横穴式石室と横穴式木芯粘土室一覧表（和泉市いずみの国歴史館『陶器のムラに眠る人々—陶邑と周辺地域の古墳を考える—』二〇〇七　加筆修正）……248～252
表14　畿内の陶棺出土地名表（白石耕治　図67に同じ　加筆修正）……282～285
表15　和泉北部の前方後円墳・帆立貝形前方後円墳編年表（白石耕治作成）……312・313
表16　和泉国の氏族関連表（吉田晶「和泉の古代氏族たち」『弥生王国・池上曽根遺跡と熊野古道』歴史ウォーク推進実行委員会　一九九九）……330・331

写真目次

写真1　府中地区　祭祀に用いられたと考えられる遺物（和泉市教育委員会写真撮影・提供）……108
写真2　府中地区地点7の石敷き遺構（和泉市教育委員会写真撮影・提供）……111
写真3　古池地区地点8出土の木製品（大阪府教育委員会・泉大津市教育委員会写真撮影・提供）……113
写真4　府中地区　地点4出土の朝鮮半島系の土器（和泉市教育委員会写真撮影・提供）……125
写真5　和泉黄金塚古墳出土水晶製石突・切子玉（出典：ColBase（https://colbase.nich.go.jp/））……215
写真6　大園遺跡出土須恵質竈焚口枠（和泉市教育委員会写真撮影・提供）……380

序章　古代和泉の須恵器生産・集落・古墳の考古学研究にあたって

はじめに

本書では、和泉北部地域に展開した古墳時代における須恵器生産の様相と、生産地とその周辺地域に居住した人々との活動の痕跡を研究する。すなわち、泉北丘陵窯跡群―いわゆる「陶邑窯跡群」―における須恵器窯の窯構造や須恵器編年だけでなく、当該地域の集落遺跡と古墳の諸研究の成果にも焦点を当てる。このことによって、須恵器生産が開始される五世紀から六、七世紀にかけての古代開発の様相を解明し、和泉北部の地域史の一端を解き明かすことを目的としている。

研究のフィールドは、大阪湾（茅渟海）を前面にして弓形に広がる和泉地方の北部地域を舞台にする。地域を絞ると、和泉北部地域で最も流域面積が広い大津川とその支流の槇尾川、松尾川、牛滝川の流域一帯から、西方の信太山丘陵の縁辺部から栂丘陵などを含めた泉北丘陵全体および狭山池周辺の一部を対象にしている。

対象地域を古代の行政区画に当てはめると、和泉国和泉郡・大鳥郡と河内国丹比郡の一部にあたり、現行の行政区画では大阪湾側から岸和田市、泉北郡忠岡町、泉大津市、和泉市、高石市、堺市、大阪狭山市の範囲となっている。

一　論述の進め方について

これから和泉の地域史について論を進めるにあたり、要点を次に示しておきたい。

第一点目として取り上げるのは泉北丘陵窯跡群の須恵器生産である。国内最大の須恵器生産を可能にした窯跡群の須恵器窯構造の相違を分析することによって、地区ごとの特質を示す。五世紀初頭から時代を経る中で、古墳時代においてどのように生産体制が確立されていたのかを考える。次に、須恵器編年に関しては、既往の研究成果が全国の考古学研究の基準になっているのは周知のとおりである。学史的な須恵器編年として森浩一（森一九五八・一九七六、森・石部一九六二、伊達・森一九六六）、田辺昭三（一九六六・一九八一）、中村浩（一九八一・二〇〇一）の各編年案があり、古墳時代から歴史時代に至る諸研究の基準資料となっている。しかしながら、膨大な出土量の須恵器を前にして、長らく積極的かつ批判的に検討を加えた研究は多くなかったといえよう。これらを将来的に検討しないままで置いておくのでは、さらなる進歩がないのではないかと筆者は考え、数十年前からすでに検討を試みている。以上のことを第一章で論じる。

第二点目は集落遺跡に関することである。須恵器生産を生業とする集落遺跡たとえば大庭寺遺跡や野々井遺跡などの研究は進められてきたが、和泉北部地域の主要な集落遺跡である府中・豊中遺跡群を取りあげて、その首長による集落整備や祭祀行動などに目を向けた研究は少なかった。府中・豊中遺跡群は奈良時代に至っては和泉国の国府が設けられた地域でもあり、前段階の古墳時代における歴史的評価は高いものと筆者は考えている。このほか、和泉北部域において重要な位置づけがされている大園遺跡、また泉北丘陵窯跡群に複数所在する集落遺跡についても、泉北丘陵窯跡群との関連で考えてきた。

筆者は右に示した様々な集落遺跡を取り上げて、集落内の活動を明らかにする一方、須恵器生産に関して何らかの関係が存在したのか、地域的に生産体制に貢献することがあったのか、また各集落と古代王権との関係はどのような関係であったのか、その動向を第二章で論じる。

第三点目の古墳については、和泉北部地域においては百舌鳥古墳群の大王墓の系譜論、副葬品からみた被葬者の性格論や軍事組織論、また陪塚も含めた墳丘企画などが研究の中心であったといえよう。しかし、大王と和泉北部地域の在地首長との主従関係がうかがわれる中小規模の古墳についての解釈のほか、在地首長墓の系譜論など、地域首長の研究は進んでいたとはいいがたい状況であった。このようなことから第三章では、第二章で登場した集落遺跡の氏族の奥津城を示して、その共通点や相違点を明らかにし、五、六世紀の古墳時代の古墳と古墳群の変遷について整理し、かねてより説かれていた在地首長権の輪番制についても新しい考え方の提示を試みる。また、六世紀においては信太千塚古墳群などの古墳に用いられた横穴式石室や横穴式木芯粘土室のほか、土師質陶棺を用いた埋葬施設の特質とその被葬者の実像についても示す。

第四章は各章のまとめとする。泉北丘陵窯跡群における生産技術向上に関わる特性と、それらのことから考えられる地域性について整理し、須恵器窯構造研究の今後の課題について示す。次に、当該地域の首長墓である帆立貝形前方後円墳の検討から、五世紀の百舌鳥古墳群中の陪塚との関係について、また六世紀における同形古墳の採用のあり方についても言及する。そして、須恵器生産に関わる様々な事業を経営した集団―氏族―の動向をみる。それには彼らが活動した集落と埋葬された古墳の分析が必要で、具体的には泉北丘陵窯跡群の領域とそれを包含する和泉郡と大鳥郡の諸遺跡の展開も踏まえながら論を進める。筆者は集落遺跡と後期古墳については別稿で考え方の一端を示していた（白石二〇〇四・二〇一三）が、分析が不十分な点も少なからずあることから、それらを補訂したい。そして、その中でも府中・豊中遺跡群と大園遺跡の集落を相互に関係づけて、とりわけ大野池地区、光明池地区や谷山池地区の須恵器生産の消長を示して、須恵器生産にかかる開発の展開の経過を明らかにしたい。

終章は、古代開発のモデルとして府中・豊中遺跡群と大園遺跡を再度取り上げて、それぞれの遺跡につて評価する。そして、最後に奈良時代に向かって須恵器生産が衰退していく過程について考えを示すことにする。

二　遺跡の名称と泉北丘陵窯跡群の地区割について

泉北丘陵窯跡群とは、大阪府南部の広大な丘陵に展開した須恵器の窯業遺跡群のことで、「陶邑窯」として考古学や歴史学の中で呼称されてきた。しかし、大阪府和泉市では新しい和泉市史として刊行した『和泉市の歴史第六巻考古・古代・中世編』で詳しく述べられているように、遺跡名を泉北丘陵窯跡群と呼称している（千葉二〇一三）。

この「陶邑」は、『日本書紀』崇神天皇七年八月条の大和三輪山信仰に関する記事で「茅渟県陶邑」がみえ、「茅渟（大阪湾岸の南半地域）の陶器の邑」などの連想から、今日まで窯跡群全体の名称とすることが一般的であった。「茅渟県陶邑」の茅渟は、古くは茅渟海と呼ばれた大阪湾に面する河内地方の一地域のことであった。『古事記』崇神天皇段にも『日本書紀』に近い内容の「三輪山伝承の意富多多泥古（大田田根子）」の記事が見え、『古事記』には「河内の美努村」となっている。「美努村」とは堺市見野山にあたると考えられていて、現在の見野山は内陸の河内平野に近くで、泉北丘陵窯跡群の中でも東方の須恵器窯跡の密集している陶器山地区の一角に位置する。また、付近は現在も「陶器」の地名が残り、また「陶」に関係するといわれる上之の式内社陶荒田神社が鎮座するなど、泉北丘陵の一地域がかつて「陶邑」と呼称された時期があったことは認められよう。

しかし、かねてより森浩一（森一九七八）、石部正志（石部一九八〇）、山田邦和（山田一九九八）らが、指摘してきたように、記紀に登場する「陶邑」が、窯跡群の東部に伝わる地名や現存する神社などから一地域を指すことは論証することはできても、膨大な数の窯跡が点在する泉北丘陵全体を指すことが証明されたわけではない。窯跡群の西方は「陶邑」とは別の名前で呼ばれていた可能性は十分ありうる。

このような考え方から、地名からとって遺跡名にする方法をとり、現代の地域全体を指す地名を冠した新しい遺跡名が提案されている（千葉二〇一三）。須恵器窯が比較的まとまって所在する丘陵地一帯―泉北丘陵・栂丘陵・

信太山丘陵・和泉丘陵など—をまとめて泉北丘陵と総称することから、泉北丘陵窯跡群を遺跡名に採用しており、筆者もそれに賛同している。栄原永遠男は茅渟県陶邑として史料にあわわれる陶邑は、「須恵器生産地に存在した諸集落のうち茅渟県のもとに統轄されていた集落を指すものと考えるべき」と指摘している（栄原二〇一三）。

泉北丘陵窯跡群が立地する泉北丘陵は、地質学で言う新生代の第三紀（鮮新世）末から第四紀（最新世＝洪積世）の始め、今から約五〇万年前頃にかけて形成された大阪層群の一部で、標高五〇〜一五〇メートルの範囲で、大阪湾の方角へゆるやかに傾斜している。丘陵内には中小の河川が幾筋も流れていて、大小・複雑な谷が形成されている。

詳しく見ていくと、旧天野川から狭山池・西除川へと続く水系と大津川・槇尾川水系とにはさまれた泉北・栂丘陵は、中央部をほぼ南北方向に石津川と和田川が流れる。そこから枝わかれした前田川や甲斐田川水系の谷と、さらに細かな谷が樹枝状に奥深く入り込んだ複雑な地形である。信太山丘陵には目立った河川は見られないが、この地域も比較的大きな谷が南北に切れ込んでいる。一方、槇尾川左岸にあたる和泉丘陵は、泉北丘陵とは、槇尾川で形成された池田谷によって隔たれた感がある。泉北丘陵窯跡群では五世紀から九、一〇世紀にかけて、連綿と須恵器生産が行なわれたが、黎明期には石津川の谷の入口や信太山丘陵の先端部など、窯跡群の北端付近において操業が始まり、時代を追うごとに谷奥部へと操業地点が拡散していったと考えられている。その範囲は東西約一一キロメートル、南北約九キロメートルの広さである。

泉北丘陵の入り組んだ複雑な地形をもとに、狭山池地区（ＳＹ）、陶器山地区（ＭＴ）、高蔵寺地区（ＴＫ）、栂地区（ＴＧ）、大野池地区（ＯＮ）、光明池地区（ＫＭ）、谷山池地区（ＴＮ）の七地区に区分されてきた（田辺一九六六・一九八一、大阪狭山市教一九八一他、近つ飛鳥博物館二〇〇六）。狭山池地区は近年新たに区分されたもので泉北丘陵と羽曳野丘陵とに挟まれた地域を指している。これらの区分は窯業技術の差、工人の出自の違いなどとも少なからず関係するところがあって、泉北丘陵窯跡群の地域性として認められている。このほかに、岸和田市の久米田池周辺から須恵器が出土することから窯跡の存在を指摘されることもあるが、まだ窯跡が確認されたわけではないので、本論では対象外としたい。むしろ集落遺跡の存在を注視するべきではないかと考えている。

大阪府埋蔵文化財分布図によれば、泉北丘陵窯跡群以外で河南町一須賀二号窯跡（堀江・中村一九七八）、吹田市吹田三二号窯跡（吹田市教一九八六）など最古級の窯跡が知られているが、短期間で操業は途絶えた。大阪府南部に限って窯業遺跡を見ると、富田林市中佐備窯跡群（富田林市教一九八七）、貝塚市海岸寺山須恵器窯跡（森一九七八）、堺市日置荘遺跡（大阪府教一九九五b）などがあるが、大規模な生産体制を整えて操業したものではなかった。対照的に長期にわたって操業を続けた場所は大阪府北部の吹田市千里窯跡群（鍋島・藤原一九七四）、豊中市桜井谷窯跡群（小路窯跡遺跡調査団一九八二）が知られるが、長期間、最大規模を誇った窯業地帯はまさしく泉北丘陵窯跡群であった。

三　遺跡と郷域について

さて、本稿では登場する各遺跡には古代の郷域を付記している。和泉郡の上泉郷や信太郷などの郷域が確定するのは条里制も進んだ律令期以降のことで、古墳時代の集団（氏族）とは基本的には異なり、また彼らが支配した領域も時期によって変動していることも考えられよう。しかし、古代の各郷の領域が確定するプロセスが段階的に進行していく過程の中で、山、川、谷などの自然地形で区分されていたものが、時代を追うごとに郷域の確定へと結びついたことが考えられる（岸本二〇一二）。最初の郷域の線はあいまいであったものが、時期を追うごとに次第に明確な境界線となったことが考えられる。筆者は律令期を迎える以前と以後とでは、古代においてはたとえ新たな入植者が現れたとしても、その歴史的な、また地理的な郷域は大きく変動することは少なかったのではないかと考えている。後の章で詳論することになるが、五、六世紀の氏族の活動領域は律令期の郷域にほぼ等しいものと推定しておきたい。

論を進める前に、「郷」についての基本的な考え方について触れておきたい。都出比呂志は八世紀の段階で郷と考えられる範囲は、「弥生時代以来、自然的境界や農業水利などで、自己完結性を保てる範囲での結束をもって生活を営んできた」単位で、これを「共同体と呼び、一〇〇〇人程度の人口をもっていた」とした。さらに、「共同体は二、三〇人を単位とする家族の集まりで構成されていた」と説いている（都出一九七〇）。今津勝紀は律令国家の地方行政制度において、養老元年（七一七年）に里（五〇戸）が郷に改められるなかで、郷はおよそ一戸あたり二〇人程度で構成されて、郷五〇戸であれば人口一〇〇〇人ほどになると指摘している。そして、郷の内部で自然に形成された村は三箇所ほどで、ひとの自然的集まりの村の人口は三〇〇人強であったと試算している（今津二〇二一）。郷域についても、後の章で詳しく分析したい。

第一章　泉北丘陵窯跡群の須恵器生産

第一節　須恵器窯構造の地域性

大阪府南部の広大な泉北丘陵一帯に群在する泉北丘陵窯跡群においては、窯構造の推移が概ねわかってきており、その広いエリアにも技術の相違から地域性が存在することも明らかになりつつある。泉北丘陵窯跡群には、確認できているだけで総数八〇〇基を超える窯跡があり、その規模は国内最大を誇っている。さらに、生産開始時期の五世紀から一〇世紀までの長い期間にわたって大量に生産された地域が泉北丘陵窯跡群であった。生産技術の変遷に詳細な検討が加えられれば、泉北丘陵窯跡群における技術集団の出自や体制、技術供与にかかる地域間関係などについての理解が深まることが期待されている。

窯構造については、筆者だけでなく、これまで充実した研究が多数発表されている。それらの研究成果も踏まえながら、私見を整理しておきたい。

一　須恵器窯構造についての先行研究

田辺昭三は、泉北丘陵窯跡群を対象にした研究の中で須恵器編年のほか、窯構造についても言及している（田辺一九六六・一九八一）。田辺は、泉北丘陵窯跡群では窖窯の築造法は地下式（地下掘り抜き式）と半地下式（半地下天井架構式）の二種とし、掘り抜き式は極めて少ないものと考えた。

窯構造の変遷においては、五世紀から七世紀前半までを第一段階、七世紀前半以降を第二段階に大別した。第一

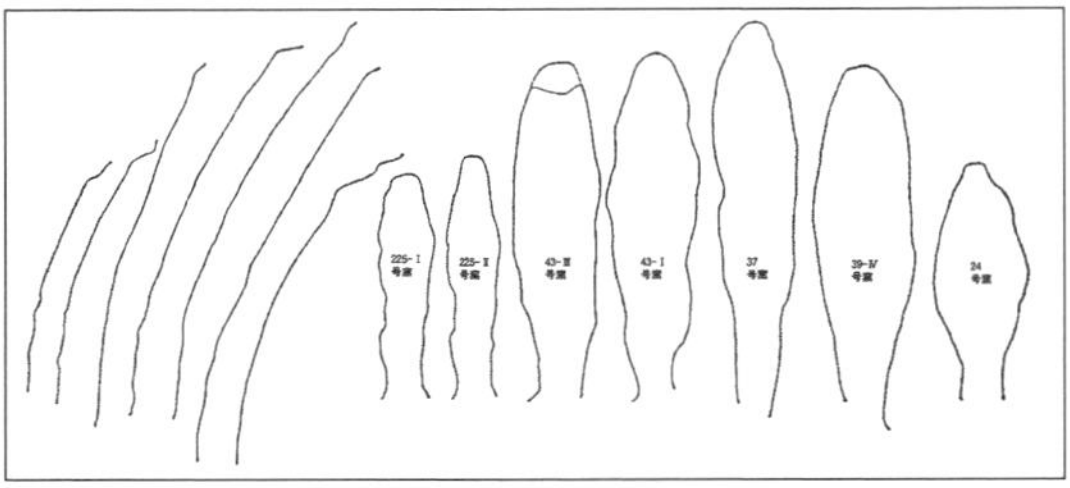

Ⅰ型式の窯跡

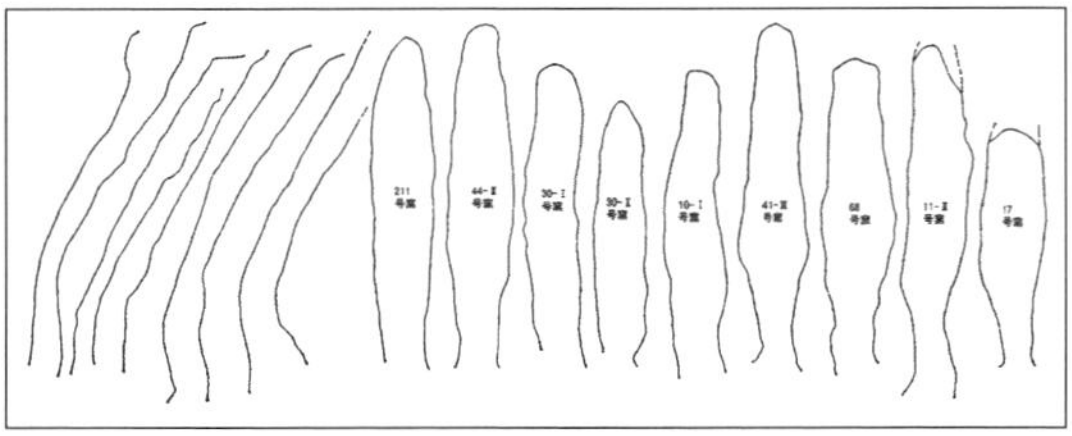

Ⅱ型式の窯跡

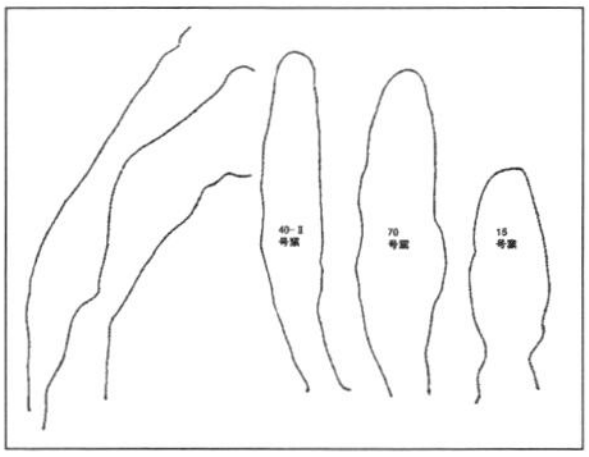

Ⅲ型式の窯

図1　須恵器窯床面基底線と傾斜角度の比較（中村浩 1981）

段階では窯体の全長約一〇メートル、床最大幅二～二・五メートル、床から天井までの高さが約一・五メートルで、床面傾斜角度は二〇～二五度前後のものを基準とし、窯に幾度も火入れを行い、その度に床や壁面を何度も補修するために手を加えていたことと、焼成部と燃焼部との境には不明瞭な傾斜変換点があることをあげている。第一段階は、特に泉北丘陵窯跡群初期の頃のものには窯の構造に一定性がなく、床面の最大幅が三メートルをこえるものなどがあるが、次の六世紀になると窯体の構造が長大化し安定性がみられると指摘した。

　続いて第二段階は、窯体が全長七～八メートル、床面最大幅一・五～二メートルの規模が基準で、修復を繰り返すことなく操業することを第一段階との違いにあげている。また第二段階のなかで、長い煙突状の煙だしと隔壁などをもつ特異な構造を有するものが短期間だけ採用されたことが示されている。ほかに、尾張、美濃を中心にした灰釉陶器生産が活発化する八世紀後半頃からは、泉北丘陵窯跡群でも両地域の影響を受けて、高温を求めて火勢を急に上げることを目的に窯構造の改良が考案されたと指摘した上で、この時期から須恵器窯の規模が縮小し、焚口はハの字形に外に向かって開くものが一般化するとした。以上のように、田辺は窯構造の変化について大きく二段階に分け、七世紀前半期を窯構造の変化の画期とした。

中村浩も須恵器窯の構造変遷について多くの指摘をしている（中村一九八一・一九八二・一九八五・一九九二・二〇〇六）。中村は須恵器編年による時期区分にそって須恵器窯を分類し、田辺よりも詳細な分類と変遷を提示した。中村は基本的な窯構造として、最も数が多いのではないかとみられる半地下式と地下式のほかに、五世紀の早い段階に、地上式（地上窯体構築式）の窯構造のものが比較的多く存在することを指摘している。

基本的な窯構造の変遷において、五世紀では床を削って窯内の空間を確保することにこだわった地下式や半地下式が見られたが、六世紀には半地下式を採用した窯構造が多くなったとした。次に七世紀から採用される地下式の平窯は耐用度が高いと考え、それは高蔵寺地区南部を中心に存在することにも注目していた。八世紀の床が傾斜する構造の窯には、地下式のものがきわめて少なく、次いで九世紀の平安時代の窯跡が少ないのは、地上式のものが多いゆえに遺存度が低い結果ではないかと指摘した。今後の検討すべき中村の重要な指摘ではないかと考える。

二　須恵器窯構造と技術の変遷

須恵器窯の形式分類についての筆者の手法は、先行研究を参考にしながらも平面形と断面形を分類したうえで形式を設定するものである。窯の構造は八類型に分類することが可能で、筆者の分類試案（白石一九九九・二〇〇四・

二〇〇四・二〇〇六・二〇一〇）を表1に示した。

一　第一期　五世紀初頭〜六世紀初頭

泉北丘陵窯跡群の黎明期から六世紀初頭までの時期では複数の窯形式が見られる。しかし、一見まとまりのない様相ではあるが、丘陵と河川で分けられた地区毎（序章を参照）に特徴のある分布の状況がうかがわれる。

焼成部最大幅が窯体中央からやや奥の位置にあり、窯尻と燃焼部を強く絞る傾向にある。床面の傾斜角度は約二〇度をなす。規模では窯体長九〜一一メートル、最大幅二〜二・八メートルを測るものが多い。これは最も古い構造をもつ1a類（高蔵寺七三号窯跡・高蔵寺一三号窯跡など）の特徴である。

その後すぐに、1a類の構造を引き継いだ3a類（高蔵寺八七号窯跡・高蔵寺一五－Ⅱ号窯跡など）、3b類（高蔵寺二三二号窯跡・梅三七号窯跡など）へと、ほぼ五世紀のうちに改良が加えられる。このほか、床幅が三メートルに近く極端に広がった胴張りの2類（梅四三－Ⅰ号窯跡・陶器山二〇三－Ⅱ号窯跡など）、窯体長の短い規模の1c類（高蔵寺三〇一－Ⅰ号窯跡など）などがみられる。これらの類型は、今のところ高蔵寺地区を起点として徐々に拡散していることが確認できるが、光明池地区や大野池地区の同時期の様相は、まだ不明な点が多い。

次に、窯体の平面形は1a類となんら変わらないけれども、窯体床面や側壁沿いに柱穴が並ぶ1b類は、大野池地区、光明池地区、谷山池地区などの泉北丘陵窯跡群の西部において六世紀前半まで使われているのが理解できている。

1b類に分類可能な大野池二二二号窯跡について、窯体両側壁外側に柱穴が並ぶことから、それが地上式の構造であることが指摘されている（森内二〇〇四）。窯体の遺存状態が悪いが、その中心線上に連続して並ぶ柱穴のみが検出されている光明池一号窯跡なども、地上式の窯体構造であることが推定できる。泉北丘陵窯跡群の黎明期の操業であることが判明していた大野池二三一号窯跡の窯体の発掘調査が行われ、床面中心線と窯体の側壁左右にそって柱穴が存在することが確かめられており、地上式の構造を有する可能性が高い（堺市教二〇〇八）。同じく初期須恵器が出土している赤禿池窯跡も、調査記録の再検討により燃焼部側壁付近に柱穴を有していることが判明している（和泉市教一九七九、千葉二〇〇八）。

二　第二期　六世紀前葉〜六世紀後葉

　第二期に入ると前代のようにバラエティーのある窯構造は少なくなり、一定の基準をもった築窯技術を揃えた状況がみられるようになる。

　それは３ｃ類（高蔵寺二三〇－Ⅱ号窯跡・谷山池七－Ⅰ号窯跡など）・３ｄ類（栂四一－Ⅱ号窯跡・栂六一号窯跡など）のことで、窯体は長大で、最大幅が焚口よりに位置するが、燃焼部の絞りが弱く、寸胴で直線的な平面形が主流になる。窯体長一一〜一二メートルで、それより大型のものもある。床面は弓なりから直線的になり、傾斜が強く約二五度前後となった。前代の３ｂ類が改良され、六世紀になって３ｃ類・３ｄ類へと窯構造の規格が変わり、それが泉北丘陵窯跡群の基準となる。

　このような生産技術の整理もしくは統合といった動きから、１ａ類から３ｂ類へと築窯方法に改良を重ねた高蔵寺地区の生産集団が、六世紀の段階では重要な役割を担っていたことがわかる。このほか３ｃ類は七世紀前葉まで継続して用いられる窯体構造である。

　この時期に窯体に付設される特殊な窯構造として、窯体奥壁に近い排煙部に斜面下方から取り付く溝状の施設がある。かつては窯体を雨水等から保護するための排水溝ではないかとの意見もあったが、排煙調整溝であることが指摘されている（藤原二〇〇四）。泉北丘陵窯跡群では陶器山五－Ⅲ号窯跡、高蔵寺四一号窯跡、谷山池一一号窯跡

表１　泉北丘陵窯跡群の須恵器窯の形式分類対比表（白石耕治 2010 年を加筆修正）

<table>
<tr><th rowspan="2">区分
時期</th><th colspan="4">特　　徴</th></tr>
<tr><th colspan="2">分　類</th><th colspan="2">小分類</th></tr>
<tr><td rowspan="6">5世紀前葉
〜
6世紀前葉</td><td rowspan="3">1類</td><td rowspan="3">舟底形の平面で、焼成部中央に窯体最大幅。床面の角度緩やかで、傾斜角度約20度。</td><td>1a類</td><td>窯尻と燃焼部を強く絞る。</td></tr>
<tr><td>1b類</td><td>床面や窯体側壁沿いに柱穴を有す。地上式。</td></tr>
<tr><td>1c類</td><td>窯体全長が短い。幅広の奥壁が直立する。</td></tr>
<tr><td>2類</td><td colspan="3">焼成部最大幅が3メートルに近い。胴張形で長楕円形の平面形。</td></tr>
<tr><td rowspan="4">3類</td><td rowspan="2">1a類の弓なり床面の構造を受け継ぐ。窯体床面の最大幅は燃焼部と焼成部との接点。</td><td>3a類</td><td>奥壁は比較的長く、その角度強。</td></tr>
<tr><td>3b類</td><td>最大幅が燃焼部付近。窯尻の角度、形状は1a類に似る。</td></tr>
<tr><td rowspan="2">6世紀前葉
〜
7世紀前葉</td><td rowspan="2">燃焼部の絞り弱く、直線的な平面形。燃焼部床面は窪むほか、舟底状土坑を有す。傾斜角度約25度。</td><td>3c類</td><td>左記の基本構造を有す。</td></tr>
<tr><td>3d類</td><td>燃焼部に窯体最大幅。</td></tr>
<tr><td rowspan="2">6世紀後葉
〜
7世紀中葉</td><td rowspan="3">4類</td><td rowspan="3">先細りで幅狭い平面形。床面は焼成部が平坦で直線的。</td><td>4a類</td><td>左記の基本構造を有す。</td></tr>
<tr><td>4b類</td><td>燃焼部が若干窪む。</td></tr>
<tr><td rowspan="4">7世紀中葉
〜
8世紀後葉</td><td>4c類</td><td>4a類・4b類を小型化した構造。</td></tr>
<tr><td>5類</td><td colspan="3">窯体幅に差がない。奥壁が直立し煙道へ。舟底状土坑を有す。</td></tr>
<tr><td>6類</td><td colspan="3">窯体長は短い。燃焼部は平坦。焼成部床面の傾斜角度35度以上。</td></tr>
<tr><td>8類</td><td colspan="3">地下式平窯。平坦な燃焼部・焼成部と垂直の煙道を隔壁で分離した特殊構造。</td></tr>
<tr><td>8世紀後葉
〜10世紀</td><td>7類</td><td colspan="3">窯体を小型化（6〜7メートル）。焚口が外側へ開くものが多く、焚口が火を受けることが多い。</td></tr>
</table>

表２　須恵器窯構造変遷表（白石耕治 2010 年）

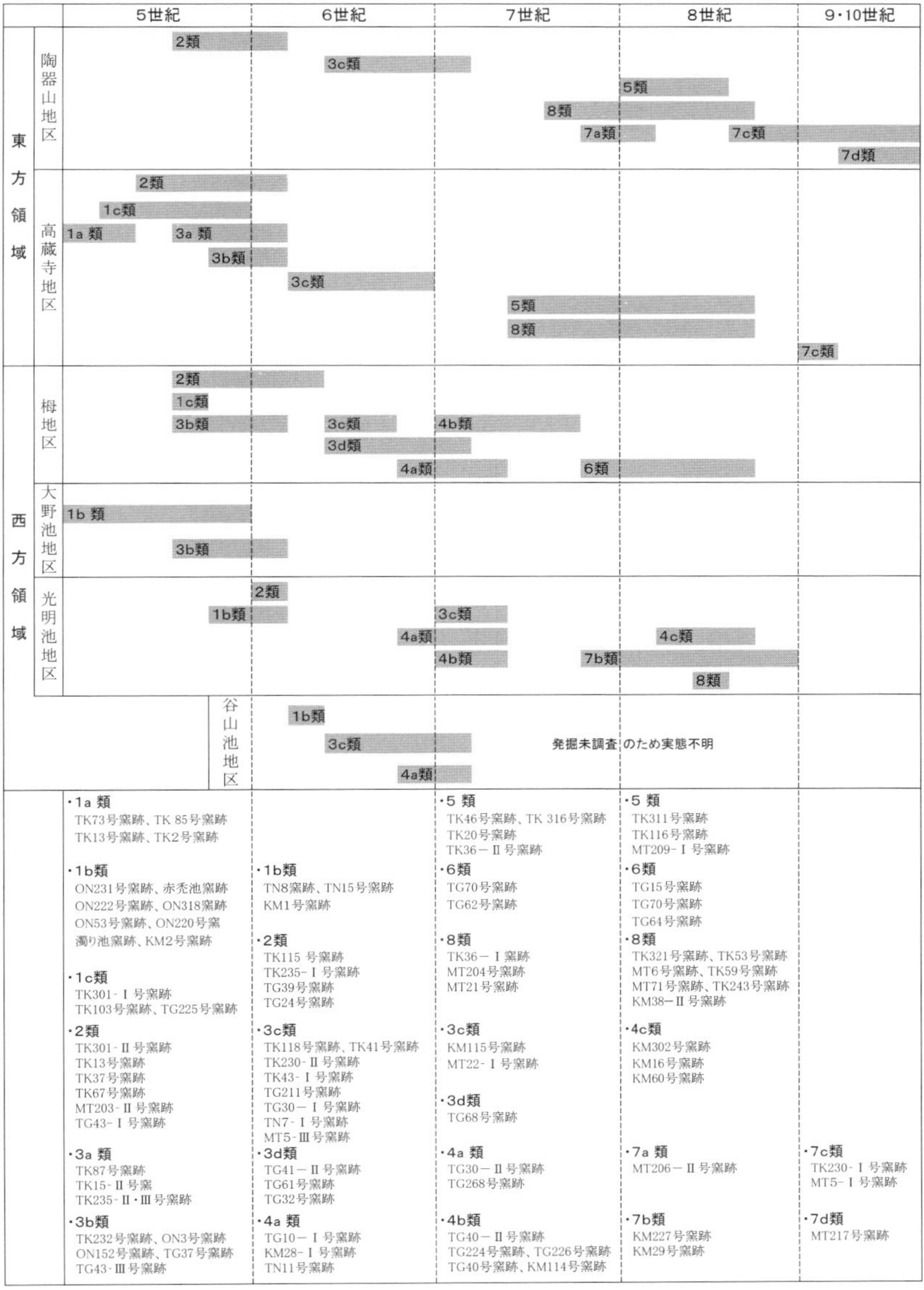

5世紀	6世紀	7世紀	8世紀	9・10世紀
・1a 類 TK73号窯跡、TK 85号窯跡 TK13号窯跡、TK2号窯跡 ・1b類 ON231号窯跡、赤禿池窯跡 ON222号窯跡、ON318窯跡 ON53号窯跡、ON220号窯 濁り池窯跡、KM2号窯跡 ・1c類 TK301- Ⅰ 号窯跡 TK103号窯跡、TG225号窯跡 ・2類 TK301- Ⅱ 号窯跡 TK13号窯跡 TK37号窯跡 TK67号窯跡 MT203- Ⅱ 号窯跡 TG43- Ⅰ 号窯跡 ・3a 類 TK87号窯跡 TK15- Ⅱ 号窯 TK235- Ⅱ・Ⅲ 号窯跡 ・3b類 TK232号窯跡、ON3号窯跡 ON152号窯跡、TG37号窯跡 TG43- Ⅲ 号窯跡	・1b類 TN8窯跡、TN15号窯跡 KM1号窯跡 ・2類 TK115 号窯跡 TK235- Ⅰ 号窯跡 TG39号窯跡 TG24号窯跡 ・3c類 TK118号窯跡、TK41号窯跡 TK230- Ⅱ 号窯跡 TK43- Ⅰ 号窯跡 TG211号窯跡 TG30－ Ⅰ 号窯跡 TN7- Ⅰ 号窯跡 MT5- Ⅲ 号窯跡 ・3d類 TG41－ Ⅱ 号窯跡 TG61号窯跡 TG32号窯跡 ・4a 類 TG10－ Ⅰ 号窯跡 KM28- Ⅰ 号窯跡 TN11号窯跡	・5 類 TK46号窯跡、TK 316号窯跡 TK20号窯跡 TK36－ Ⅱ 号窯跡 ・6類 TG70号窯跡 TG62号窯跡 ・8類 TK36－ Ⅰ 窯跡 MT204号窯跡 MT21号窯跡 ・3c類 KM115号窯跡 MT22- Ⅰ 号窯跡 ・3d類 TG68号窯跡 ・4a 類 TG30－ Ⅱ 号窯跡 TG268号窯跡 ・4b類 TG40－ Ⅱ 号窯跡 TG224号窯跡、TG226号窯跡 TG40号窯跡、KM114号窯跡	・5 類 TK311号窯跡 TK116号窯跡 MT209- Ⅰ 号窯跡 ・6類 TG15号窯跡 TG70号窯跡 TG64号窯跡 ・8類 TK321号窯跡、TK53号窯跡 MT6号窯跡、TK59号窯跡 MT71号窯跡、TK243号窯跡 KM38－ Ⅱ 号窯跡 ・4c類 KM302号窯跡 KM16号窯跡 KM60号窯跡 ・7a 類 MT206－ Ⅱ 号窯跡 ・7b類 KM227号窯跡 KM29号窯跡	・7c類 TK230- Ⅰ 号窯跡 MT5- Ⅰ 号窯跡 ・7d類 MT217号窯跡

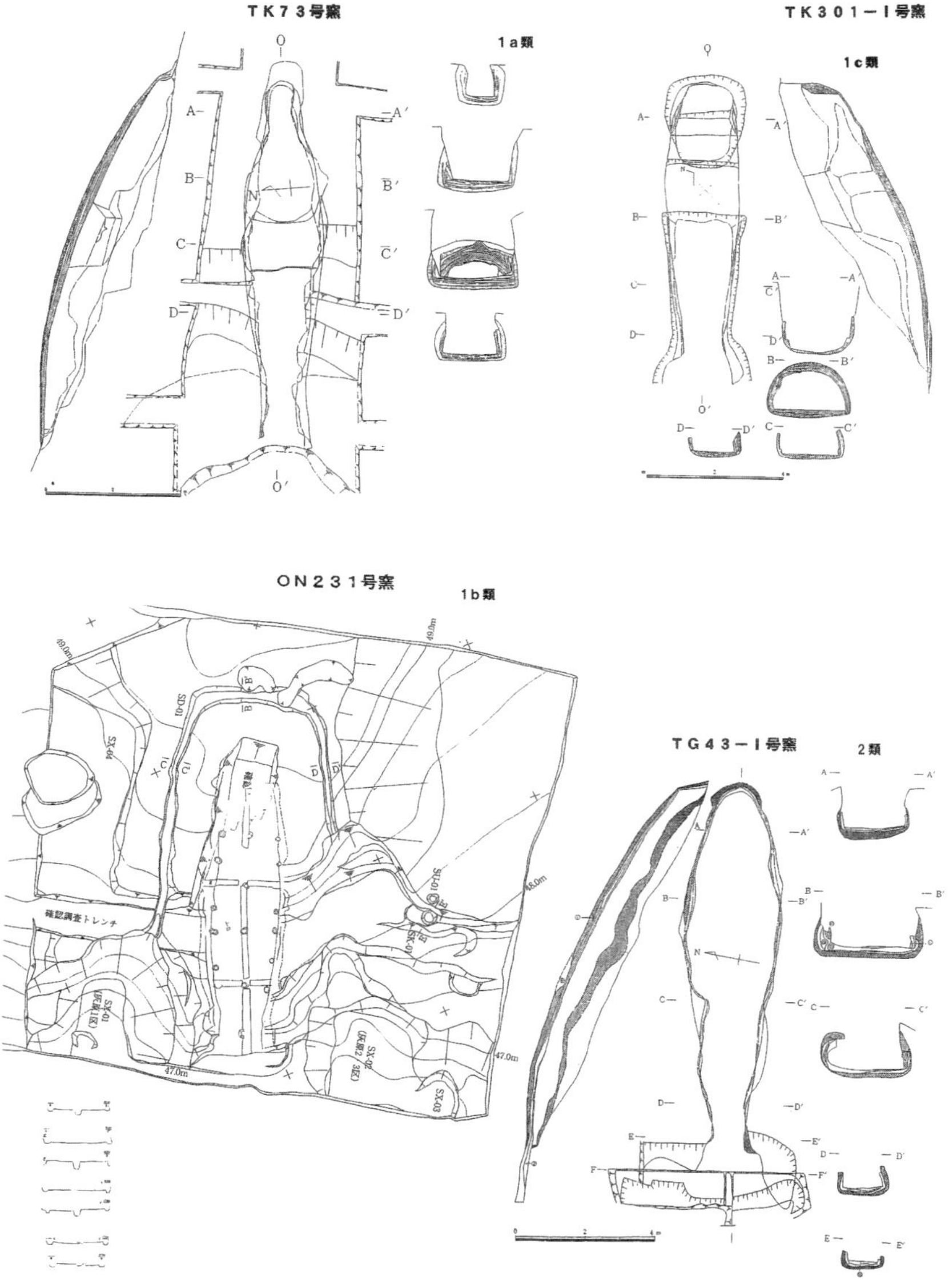

図２　須恵器窯構造分類図１（和泉市教 2017 年を修正）

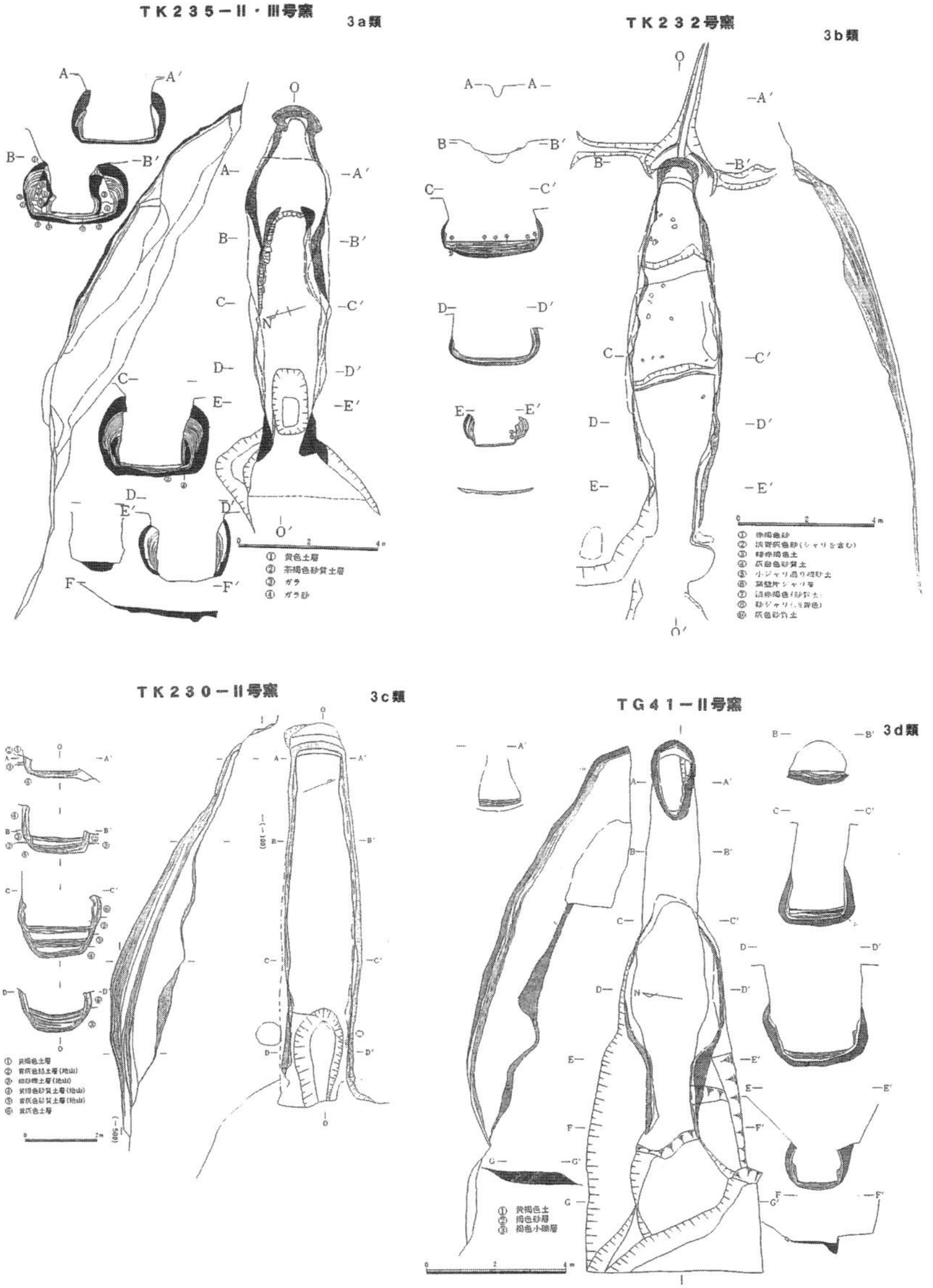

図３　須恵器窯構造分類図２（和泉市教 2017 年を修正）

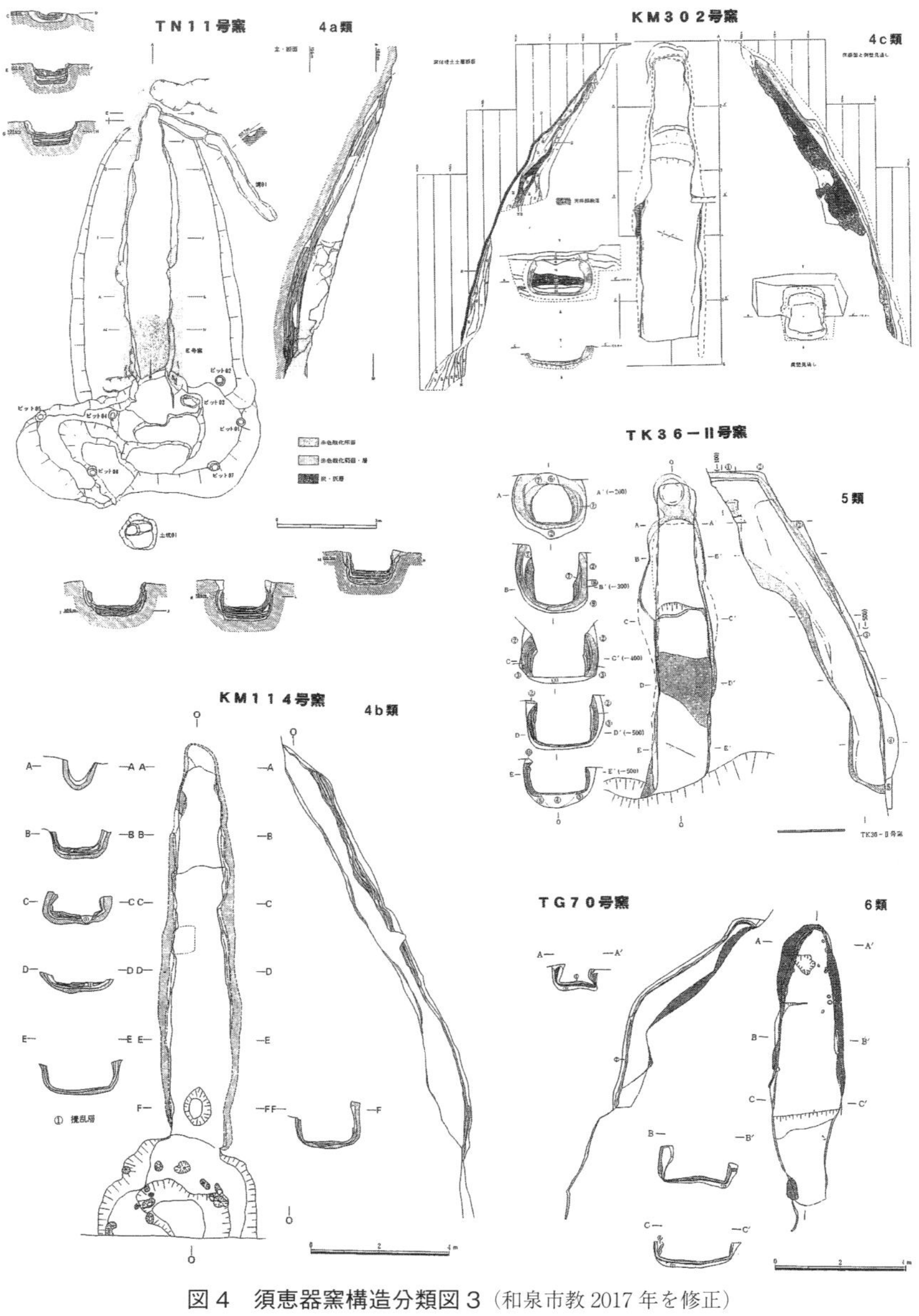

図４　須恵器窯構造分類図３（和泉市教 2017 年を修正）

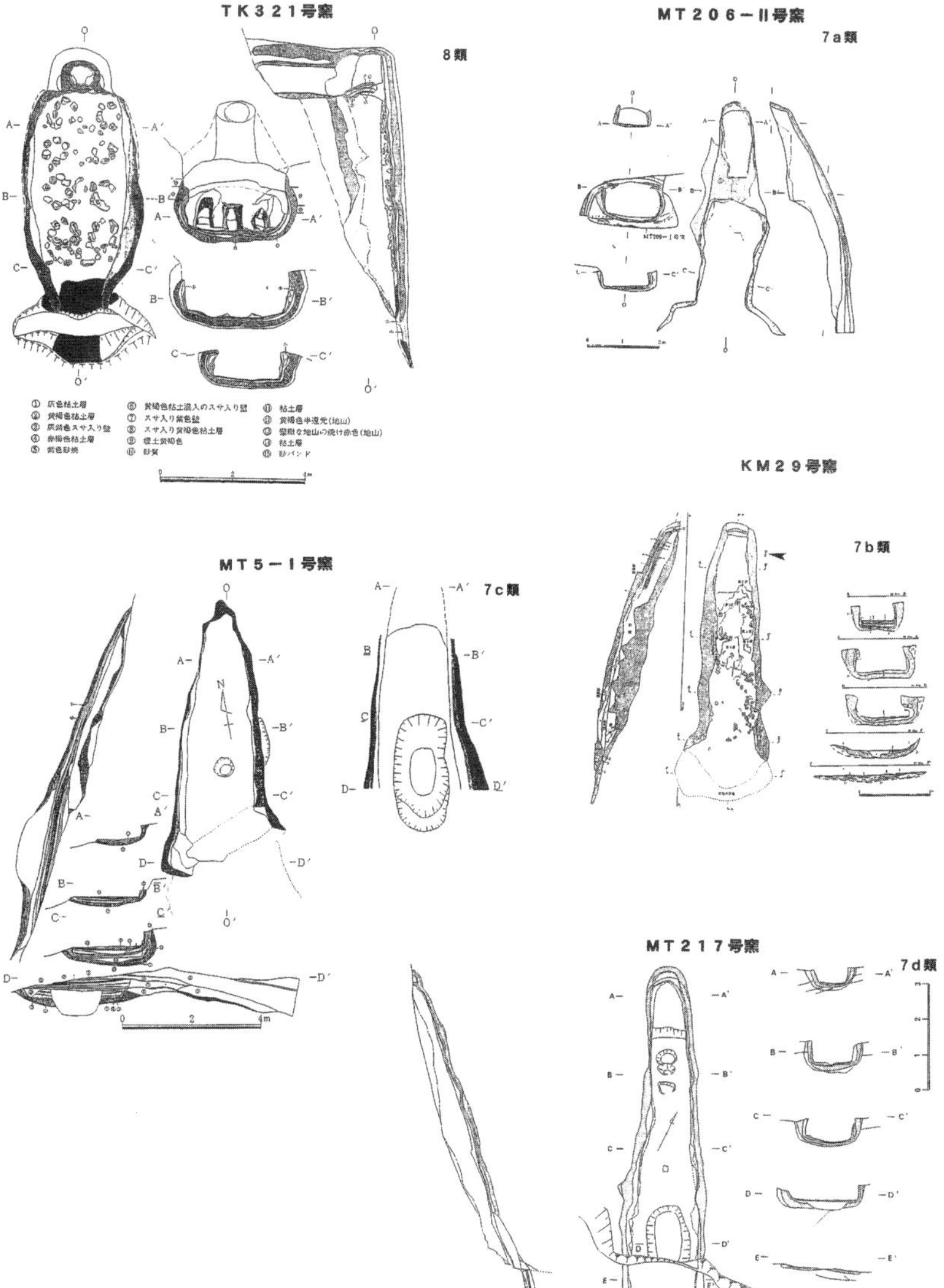

図５　須恵器窯構造分類図４（和泉市教 2017 年を修正）

の三基が知られ、窯体内の温度を調節する機能との指摘もある（渥美二〇〇六）。六世紀の段階で、この機能を有した技術の実用は少ないが、泉北丘陵窯跡群において知られるようになっていた。五世紀の須恵器窯にもこの施設が存在しないのか、今後の検討を待ちたい。溝の形状は異なるけれども高蔵寺二三二号窯跡、大野池三号窯跡、大野池三一八号窯跡などにも窯尻に付設する溝が確認できる（白石一九九九・二〇〇四・二〇〇六・二〇一〇）。

三　第三期　七世紀前葉～八世紀後葉

しかしながら、六世紀後葉頃には新しい築窯方法が石津川以西の地区でみられるようになる。五世紀から継続してきた伝統的な技術の延長線上にあるのか検討は必要だが、燃焼部が比較的平坦で、焼成部が直線的な角度をなし、床幅約二メートル以内で窯体長九メートル～一二メートルの細長い形態の４ａ類（栂一〇－Ⅰ号窯跡・谷山池一一号窯跡など）・４ｂ類（光明池二一四号窯跡など）を使用するようになった。直線的な床面は明らかに窯体内部の温度調節方法に改良が加わったことを推測させる。地域性に違いがみられる４ａ類・４ｂ類は栂地区、光明池地区などで確認できているが、高蔵寺地区や陶器山地区ではまだ確認できておらず、六世紀前葉には築窯技術の統一が行われたけれども、概ね半世紀後に、地域性と独自性が復活し始めることが認められる。

七世紀中葉からは、窯構造の規格の統一性が一気に崩れ、各地区に独自性が生まれ、新しい構造の窯が出現する。床面が傾斜し、焚口から奥壁まで床面幅がほぼ一定で、高蔵寺四六号窯跡・同一一六号窯跡のように奥壁が直立する小型直立煙道窯（５類）と、床面が水平で胴張りないしは矩形状で、燃焼部・焼成部と煙道とを障壁で完全に分離した地下式の平窯（８類）が普及した。事例として高蔵寺三六－Ⅰ号窯跡・同三二一号窯跡などがあげられる。５類と８類の両型式の構造を持つ窯の導入は、光明池地区の数基を除いて高蔵寺地区や陶器山地区にほぼ限定される。５類と８類は八世紀になっても、泉北丘陵窯跡群独自の形態を保ち、ほぼ限定された範囲の地区の独創的な築窯法となった。

一方、栂地区や光明池地区などの領域では、前段階に続いて、高蔵寺地区とはまったく違った動向を示している。すでに採用されている４ａ類、４ｂ類を小型化した窯構造をとる４ｃ類（光明池三〇二号窯跡など）へと移行するほかに、新しい６類（栂一五・同七〇号窯跡など）が加わる。６類は、平坦な燃焼部と三五度以上の急斜面の焼成部とからなっているのが特徴である。また、燃焼部と焼成部の割合が等しいものが存在する。６類の構造は、泉北丘陵窯跡群以外の他地域の瓦窯の構造に類似することも指摘できる。

四　第四期　八世紀後葉以降

泉北丘陵窯跡群においては、生産後退の段階に入るのか、極端に窯跡の数が減少している。すでに大型の窯構造は姿を消しており、栂地区では窯跡がいまのところ確認されていないが、陶器山地区、高蔵寺地区での生産は他の地域より長く継続していたようだ。

窯体長六～七《メートル》ほどの小型の窯構造を特徴とする７ａ類（陶器山二〇六－Ⅱ号窯跡）・７ｂ類（光明池二九号窯跡）は、八世紀の早い段階から導入され、その構造を守る７ｄ類（陶器山二一七号窯跡）は九、一〇世紀へと続く。７ｃ類（陶器山五－Ⅰ号窯跡）は焚口が大きくハの字形に開く特異な構造で、窯場は極端に減少するが、九、一〇世紀まで継続して採用される。[註二]

三　須恵器生産の諸段階と地域性

前項でみてきたように、泉北丘陵窯跡群における須恵器生産は、窯体の構造から四段階の変遷が考えられる。その中で、画期といえる生産技術の発展の大きな節目は二度あると考えられる。本節のまとめとして、各段階の須恵器生産を取り巻く諸現象をまとめておきたい。

筆者はこれまでの検討結果等から、石津川を境に高蔵寺地区、陶器山地区を東方領域に、栂地区、大野池地区、光明池地区そして谷山池地区を西方領域と呼び分けることにしている（白石一九九九・二〇〇四・二〇〇六・二〇一〇）。

一　第一期　技術の二極化

五世紀では窯構造に複数形式が認められるが、東方領域と西方領域に区別することができる。

まず東方領域では、１ａ類を最古にして、五世紀のうちに３ａ類、３ｂ類へと窯構造が整備されていく。１ａ類は次期の泉北丘陵窯跡群の須恵器生産の基準となる窯形式と考えられ、東方領域の体制が須恵器生産を主導し得たと考えられる。極端に床が広がった胴張りの２類は、ほぼ五世紀のうちに姿を消し次期に発展しないが、この形式に関して菱田哲郎は地方窯で類似する構造の窯の存在から、須恵器生産技術の拡散が理解できると指摘している（菱田一九九六）。

菅原雄一は、五世紀後葉～六世紀前葉の泉北丘陵窯跡群において、短脚高坏の形状や轆轤回転方向などから生産体制に色濃く地域性が現れていることを指摘した。また、地方への技術拡散の際に、泉北丘陵窯跡群における東西地域の系譜の違いと位置づけて、泉北丘陵窯跡群周辺の近距離地域が西地域（西方領域）の系譜、泉北丘陵窯跡群から離れた遠距離地域が東地域（東方領域）の系譜に分類できることを説いた（菅原二〇〇六）。地方における泉北丘陵窯跡群の窯業技術の導入に当たっては、何らかの規制が強く働いていたことは推測できるが、特に泉北丘陵窯跡群の中で技術的優位を保っていたと考えられる東方領域のそれらが地方への技術拡散に密接に関わっていたと仮定すれば、古代王権と泉北丘陵窯跡群との関係を考える上で重要になろう。

一方、窯体に連続する柱穴を有する１ｂ類は地上式構造の窯であって、五世紀の栂地区・大野池地区では地上式構造を導入した須恵器窯が多かったことが理解できよう。大野池二三一号窯跡は、丘陵斜面から盛り土によって、舌状に飛び出す形で整地した箇所に窯体焚口を構え、その窯体背後に溝を配する形態を採用しているが、これとほぼ同時期の濁り池窯跡（大野池三二六号窯跡）も、同じ形状の周辺施設が見られる。窯体壁の立ち上がりも低く、地上式構造の可能性がある。大野池地区では五世紀代の主要形式になり、さらに西方に開発された谷山池地区の六世紀前半の窯体にも採用されることになった。

高蔵寺地区と大野池地区の東西両地区の初期須恵器の蓋坏などの形状に違いが見られることは、かねてより指摘されていた（石神一九八四）。須恵器工人の系譜の違いを指摘したものであったが、工人の違いから窯構造にも特徴がみられるのであろう。

二　第二期　構造改良と組織化

第二期の始まりを第一の画期に当てたい。泉北丘陵窯跡群において須恵器の大量生産が開始される段階にあり、窯の数も増加することが指摘されていた。六世紀の陶器山一五型式になって、古墳などの祭祀供献用土器に多用されることによって須恵器需要が拡大する時期とし、地方窯の拡大時期にもあたると指摘されている（田辺一九六六・一九八一）。後期群集墳の爆発的な造墓活動に合わせて須恵器の量産が求められた結果であり、そのため生産地での効率的な操業が必要となり、須恵器窯の構造改良と組織化が進んだのであろう。百舌鳥野での古墳群造墓活動の一環として開発されたのが泉北丘陵窯跡群との立場をとるのであれば、王権主導の新たな変革が着手されたと考えられよう。

六世紀前半には泉北丘陵窯跡群全域で、窯構造の規格に基準モデルが整備された。前期の東西領域の地域性、独自性といったものは薄れてしまい、３ｃ類、３ｄ類の形式にほぼ揃えられる。燃焼部と焼成部との境界を明確にし、焼成部の強い角度を確保することによって生産性を向上させたのであろう。

3c類、3d類は七世紀前半まで継続して採用されるが、西方領域ではいち早く新しい4類の構造を有するものが加わり、生産体制に変化が生じたと考えられる。

三　第三期　多様な変革

六世紀後葉から七世紀にかけて新しい改良が加わる段階、これを第二の画期をとらえ、八世紀中葉までを第三期とする。

床幅約二メートル以内の概ね細長い形状をした4a類・4b類には、古墳時代の構造との違いが見れるようになると考えるが、第二の画期とする該期は、須恵器の器種に金属器写しのものが生産されるようになる。須恵器の新しい器種は朝鮮半島からの仏教文化の到来によるもので、築窯技術も同時に導入されたことが考えられる。七世紀前葉の高蔵寺二一七型式の段階においては、製作技法、器形の組み合わせ、文様、形態等のほか、築窯技術の変化なども大きかったことが指摘されている（田辺一九六六・一九八一）。4a類・4b類は栂地区、光明池地区、谷山池地区など西方領域で確認できている。高蔵寺地区や陶器山地区では確認できていないが、調査による情報が不足していることもあり、今後の検討を待ちたい。[註二] いずれにしても、六世紀前葉には築窯技術の整理が行われたけれども、すぐに新しい技術の導入を受け入れ、地域性が復活し始めることが看取できる。

すこし遅れて七世紀中葉には東方領域で、5類・8類の特殊構造の窯が登場する。第二の画期である。8類の平窯について、そのほとんどが陶器山地区と高蔵寺地区に集中していることがわかっているが、朝鮮半島からの新しい技術の導入があったと考えられ、築窯に改良が加えられた。[註三] 平窯という特殊な構造は瓦生産とともに導入されたものであったが、全国各地には伝わることはなく、泉北丘陵窯跡群特有の窯構造といえるかもしれない。[註四] 泉北丘陵窯跡群と全国各地の窯業地との間で技術供与などはなく、系統の異なった生産体制があったのであろう。

一方、同じく瓦窯の構造との類似が指摘できる6類は、5類・8類よりやや遅れて七世紀末葉に登場する。比較的平坦な燃焼部と三五度以上の急角度の焼成部でなる構造で、類例として奈良時代前期の瓦を供給していたことで知られる京都市周山一号窯跡などがよく似た構造をしている（京大一九八二）。周山一号窯跡は全長七メートルの地下式の有段の床面で、その傾斜角度は三五度を測る。床面の形状は異なっているが、平面形・断面形が6類に酷似している。6類は、先に西方領域で整備された4a類などの変形とも考えることもできるが、瓦生産の技術導入に影響を強く受けたと考えられるのではないか。同じく6類の栂六四号窯跡も急角度の焼成部で二〜三段の階段を有し、瓦窯の様相を思わせる。

8類の光明池三八－Ⅱ号窯跡は、「□大庭造國□」など寺院建立に携わった知識とみられる文字を銘刻した瓦が出土していることで知られている（大阪府教一九六七）。石津川以西で唯一の平窯導入で、このほか光明池地区からは他に数基の瓦出土窯跡が知られている。出土数は少ないので本格的な生産を行ったとは考えにくいようだ（有井一九九九）。しかし、栂地区の原山古墓群（七世紀）の特殊な墳墓で、鴟尾や塼が出土した四号墓や横穴式塼室墓の牛石一三・一四号墳（七世紀）などの存在から、瓦生産技術との連係が図られたものと注意しておきたい（大阪府教一九九〇a）。また、谷山池地区八四・八八号窯跡でも瓦が採集されており、前者では奈良時代前期の平瓦が知られている（和泉丘陵分布一九七七）。すなわち、西方領域においても東方領域のように瓦工人と交流を保ちながら、その技術を取り入れていたと考えられる。

四　第四期　最後の改良へ

八世紀中葉以降になると、須恵器の減産へと進む地域が出てきた。栂地区、大野池地区、谷山池地区では窯跡が少なくっていく。一方、高蔵寺地区では九世紀も生産が継続し、陶器山地区では一〇世紀まで生産が続く。泉北丘陵窯跡群の東方領域は最も長く生産体制を維持できたが、一足早くに操業を中止した西方領域の生産体制のあり方は根本的に異なっていたのであろう。このような歴史的ともみられる東西の違いは次項や第四章第一節で論じているが、須恵器生産について在地首長たちの関わり方が異なっていることの現われであろう。すなわち複数の在地首長が須恵器生産に関与していたことが認められよう。なお、東方領域の窯体長六～七《メートル》ほどの小型の窯構造を特徴とする７類が最後の泉北丘陵窯跡群の窯構造となる。

四　まとめ――地域をわける分水嶺――石津川――

泉北丘陵窯跡群は石津川をおよそ分水嶺に見立て、時として東と西に分かれて発展していたと考える。泉北丘陵窯跡群は五世紀ではまだあいまいではあるが、生産技術面での体制において、高蔵寺地区、陶器山地区の東方領域と、栂地区から大野池地区、光明池地区の西方領域に区別することができる。六世紀ではいったん泉北丘陵窯跡群全域が計画性の高い生産技術にまとめられるが、七世紀には生産体制がまた東西に分かれることが理解できた。このように五世紀で用いられていた窯構造を改良した３ｃ類・３ｄ類が、六世紀には窯跡群の主要構造になったことから、高蔵寺地区、陶器山地区が泉北丘陵窯跡群の須恵器生産技術に関しては主導的な立場であったであろうことは理解できた。そして、石津川流域をほぼ境界にして、泉北丘陵窯跡群の生産体制に変動が認められることも指摘できた。

西方領域の谷山池地区は六世紀から出現する地区だが、窯体構造に１ｂ類を採用するなど大野池地区、光明池地区との類似箇所が認められるように、両地区の影響を受けて生産を開始していたのは間違いない。そして、石津川水系と異なる地域で生産開始したものなので、槇尾川下流域集団との関係強化が操業の契機となったと指摘しておきたい。

このように、泉北丘陵窯跡群の陶工集団及び彼らを直接統括する上位集団にも変革があったことが推測でき、大きくまとまっていたと考えられがちな泉北丘陵窯跡群も、全期間において一枚岩ではなかったと考えられる。このような考え方は、広瀬和雄が谷山池地区の須恵器窯の推移を取り上げて、その動向がほかの地区の動向と異なっていることから、泉北丘陵窯跡群の須恵器窯は一元的に推移して生産されるのではなく、いくつかのブロックごとの特色をもって消長することを指摘していた（広瀬一九八六）こととも一致する。ともあれ、各地区が独自性を貫く時期と協働性がうかがえる時期（六世紀）を認められる。

地域性については、冒頭にあげた田辺や中村の論考以外にも、西村康が窯分布域・特定製品を比較して、泉北丘陵窯跡群を東大地区（陶器山地区・高蔵寺地区）、中大地区（栂地区）、西大地区（大野池地区・光明池地区・谷山池地区）の三大地区に分けた上で、窯跡群が東大地区と中・西大地区の東西二地区に区分できることを推定している（西村一九八三）。石神怡は西村の三大地区論を批判しつつ、古代王権の意思のもとに後の大鳥郡の首長と和泉郡の首長にそれぞれ命じて五世紀の須恵器生産が開始されたものと指摘した（石神一九八四）。このほか、八世紀において、平窯にみる窯構造の違いや須恵器の器種構成に特性があることに着目した芝野圭之助が、東地区（陶器山地区、高蔵寺地区）では中央政権につながる国家型、西地区（栂地区、光明池地区）は地方に密着した在地型と分類し、前代の七世紀にはその兆候がすでに現れていたのではないかと指摘した（芝野一九八四）。宮崎泰史も窯跡や須恵器の分析から陶器山地区・高蔵寺地区と、そのほかの地区とがまとまって二大地区に集約されると指摘した（宮崎一九九五）。

筆者はこの項ですでに述べているが、泉北丘陵窯跡群の地域性について、窯構造の変遷から以下のように考えている。石津川の流れは泉北丘陵窯跡群の境界線を概ね示していると考えられ、須恵器生産に関して五世紀では石津川水系を挟んで東と西で主体性があって、その生産体制に違いが存在したが、六世紀になって集約的な生産体制を迎えることになり、また七世紀以降はさらに東西で独自の生産システムを用いた体制へとまとまっていく。四〇〇年以上続く生産体制の中で、様々な改革が行われながら進められたことが認められる。

しかし、このような泉北丘陵窯跡群のいくつかの地区については、今後地区設定の再考が必要になるのではないかと考えている。後章でも論じているが、集落や古墳群などの検討から、泉北丘陵窯跡群及びその周辺一帯の地域は、河川流域を中心にした経済圏または生活圏をなし、その後に定まる郷域にそれぞれ分類できることが明らかになりつつある。

例をあげると、谷山池地区においては、六世紀に槇尾川中流域両岸の池田谷が須恵器生産のために開発され、池田首の集団がそれに携わったと理解できる。この歴史的環境から、開発された領域が七世紀に至って成立する池田郷に当てはまると考えている。

また、狭山池地区と陶器山地区との境界も検討が必要と考えている。狭山池地区は溜池の狭山池やそこに流れ込む西除川（旧天野川）と三津屋川などの中小河川を挟んだ中位段丘崖や丘陵崖の東岸に点在する窯跡群を指している。ただし、西隣の陶器山地区に分類される複数の窯跡が西除川左岸までに達しており、狭山池を中心にして展開する後の丹比郡狭山郷の地域性を考えるならば、陶器山地区の中核と考える陶器遺跡や陶器南遺跡などの大村郷とは地域的にも異なる立地とみられる。このように狭山池地区と陶器山地区との境界が明確ではないように、これまでの河川のラインや丘陵の稜線形態だけで泉北丘陵窯跡群の開発領域を捉えきれないことも注意しておきたい。泉北丘陵窯跡群の地区区分はかなり以前に設定されたものであるので、今後検討を要するであろう。

【註】

［註一］　当該時期から取り入れられる構造のものに小形平窯があげられる。この窯跡は陶器山地区・高蔵寺地区に見られ、全長一・五メートル、幅一メートルほどの規模をもち、奥壁には煙道を取り付け、焚口のほかに側壁に差し小口を設ける構造である。また、小形平窯は八世紀後半の通常の窯に付随するように存在することが多く、陶器山二〇九－Ⅰ号窯跡と陶器山二〇九－Ⅱ号窯跡（小形平窯）、陶器山二一七号窯跡と陶器山二〇三－Ⅰ・Ⅱ号窯跡（小形平窯）などが例としてあげられている（野上一九八〇）。これらを「窯状遺構」として炭焼き窯などの機能を想定する考え方が大勢を占める一方、構造を分析した野上丈助は小形平窯が「本格的な平窯が伝わったのち、我国とくに泉北丘陵窯跡群での酸化炎焼成に適するよう改良された構造のものであった」とし、八世紀後半において須恵器が窖窯の火入れまでの間に破損しないよう素焼きすることを目的に、泉北丘陵窯跡群において当該時期の生産規模を縮小する中で考案された工夫と指摘した。

　一方、小形平窯の時期とは異なるが、六世紀の谷山池八号・一六号・二七号窯跡の窯体の隣に、土坑を設けているのが確認されている。いずれも丘陵の斜面にあるので、土坑の上方は立ち上がる斜面に向けている。谷山池八号窯跡のものは奥壁を有した方形の土坑で、焼土と炭に混じって焼成不良の須恵器が出土している。同じく一六号窯跡では二基の土坑のうち一基は火を受けた形跡があり、焼土、炭、須恵器が出土している。また、谷山池二七号窯跡のものは多量の炭が堆積していた。小形平窯とは、地区も、時期もまったく異なるが、地域とは関係なく窯場での共通する生産工程があるように思える（和泉丘陵一九九二ａ）。

［註二］　近年、陶器山三一〇号窯跡が須恵器、瓦、塼を生産した瓦陶兼業窯であったことが明らかになった（大阪狭山市教二〇一四）。当該瓦の供給地はまだ判明していないが、七世紀においては泉北丘陵窯跡群の須恵器生産と瓦製作集団との間に連携が少なからずあったことは認められる。

［註三］　野上丈助が朝鮮半島忠清南道青陽郡王津里に所在する百済時代の瓦窯・江岸四号窯跡との比較から考察している。野上は、その調査結果から王津里の窯跡群は五三八年から六六〇年に扶余に王都がおかれた頃の瓦窯と位置づけ、六世紀末から七世紀にかけて操業されたものとした。その上で、泉北丘陵窯跡群の平窯は中国梁から百済へ、そして日本列島へと、それも百済に伝わって素早く我国に技術が伝播したものであったことを指摘している

（野上一九八〇）。

このほか、大川清によって、国内の瓦窯跡の中で地下式平窯に分類できるものとして栃木県幡張瓦窯跡（八世紀後半）を示している（大川一九八五）。その構造は８類に似る箇所もあるが、床面が平坦である以外は、煙道の位置の違いや奥壁に隔壁を備えないなど異なる点が多い。

［註四］　奈良県生駒市の生駒谷に所在する生駒山北方窯跡の二号窯跡の窯構造は、泉北丘陵窯跡群の平窯ないしは小形平窯の窯構造に類似したものといわれている。また、製品の須恵器にも焼成不良のものが含まれることが報告されている（生駒市教二〇一一）。筆者は、二号窯跡の窯構造の規模は平窯と小形平窯との中間的なもので、完全な平窯でなく、十分な技術が伝わっていなかったことを推測しておきたい。検討が必要ではあるが、重見泰が泉北丘陵窯跡群において成立した技術や工人の移入を想定している（重見二〇〇二）。

第二節　須恵器生産の変革期

王権の影響下で須恵器生産が発展した泉北丘陵窯跡群は、五世紀の古墳時代から生産が始まり、九、一〇世紀の平安時代にいたる長い期間にわたって継続し、その間に時代の推移に伴って窯業に関する技術的改良が加えられ、また時代のはやりともいえる形式変遷があった。特に、本節の大きなテーマである五、六世紀における須恵器の変容は、須恵器が古墳などの祭祀の場における儀礼に関係するとみられ、かねてより先学から説かれてきた。ただし、消費地の須恵器の用途としては祭祀儀礼だけでなく、集落の生活什器としての役割も無視できない。一概に祭祀儀礼の変容だけでは須恵器の器種構成や形態変移を考えることはむずかしいと思える。

本節では、泉北丘陵窯跡群での器種構成の変移を見ながら、あわせて窯業技術の改良の進展も整理しつつ、古墳時代の蓋坏と長脚高坏の器形変化の意義を考えたい。以下、時期を示す須恵器編年は、本節ではとりあえず田辺昭三の研究（田辺一九八一）を援用する。

一　時期別の器種構成について

泉北丘陵窯跡群での最古の窯跡は、四世紀末葉から五世紀初頭頃と考えられる栂丘陵の大庭寺遺跡・栂二三二号窯跡で、西日本各地の初期須恵器の生産地の中でも規模が大きい。この遺跡で出土する須恵器の中では甕が最も多く、最大で七〇％の比率を占め、蓋坏や高坏などの生産量は少なかった（大阪府教一九九〇ａ）。甕は須恵器生産の揺籃期では最も重要視されていた器種で、保水性の高い大型の貯蔵器としての役割が求められていたと指摘されている（岡戸一九九四・一九九六）。栂二三二号窯跡の須恵器は、朝鮮半島南部の陶質土器の系譜を色濃く反映させた特徴から、加耶地域にその故地を求められてきた。しかし、当時の加耶地域には蓋坏、𤭯、樽形𤭯が存在しないことから、須恵器生産に影響を与えた候補地として、加耶地域とは別系統の馬韓・百済の栄山江流域が指摘されている（酒井二〇〇四）。

次型式の高蔵寺二一六型式の高蔵寺一三号窯跡では甕・壺などで全出土量の九〇％以上を占め、蓋坏、高坏は数％にすぎない（大阪府教一九九五ｂ）。同型式の高蔵寺八三号窯跡でも甕が最も多く三五％で、壺類も三四％を占めるが、蓋坏、高坏は合わせて二一％の出土量である（大阪府教一九九五ａ）。次型式の高蔵寺七三型式の大野池三一八窯跡では、甕と壺類の合計数値で六七％、蓋坏・高坏が二九％の割合比率を示している（大阪府教一九八七ｃ）。さらに次型式の高蔵寺二三型式にいたっては、大野池二二四号窯跡で、出土量のおよそ半数近くが甕以外に分類できるものであった（和泉市史編さん二〇一七）。このように須恵器生産が開始された時点では甕中心の生産体制であったが、五世紀代の早い段階から徐々に蓋坏を量産するようになる。

六世紀になると甕と蓋坏の生産比率は逆転する。高蔵寺一〇型式の谷山池四号窯跡・同五号窯跡では蓋坏八四％となり、甕は一四％にとどまる。同時期の谷山池八号窯跡でも蓋坏が六六％で、甕は三〇％と少ない（和泉丘陵一九九二ａ）。次型式で標準遺跡の高蔵寺四三－一号窯跡では、蓋坏：甕の比率七八％：八％で極端に甕の出土量が減少している。同時期の高蔵寺七四号窯跡では蓋坏八六％：甕六％、高蔵寺四一号窯跡では蓋坏七九％：甕一〇％（大阪府教一九八二ａ）、また谷山池七－Ⅰ・Ⅱ号窯跡でも蓋坏六四％、甕三〇％の比率を示している（本章第四節）。これらの数値の推移は蓋坏の需要が五世紀より高まったことを示しているのであろう〔註二〕。

しかしながら、このような生産状況は六世紀末頃からまた転換する。谷山池地区の調査データをみると、蓋坏：甕の出土比率が谷山池一一号窯五六％：三八％、同二八号窯跡で四三％：四三％、同二七号窯跡で三五％：六二％となり、蓋坏の比率が六世紀前半より低くなって器種構成に変化が現れる。このような生産量の変化は泉北丘陵窯跡群全体の傾向であり、古墳時代からの伝統的形式の蓋坏の小型化が進み、同時に碗、鉢、皿などの新しい器種が生産されることになる。新器種は仏教文化を基調とした金属器指向型の須恵器と認識されている（西一九八六）。

二　蓋坏の日本化と規範化

泉北丘陵窯跡群において須恵器生産が始まって以来、およそ二〇〇年が過ぎ、蓋坏は主たる器種となって量産されるようになる。この点については、菱田哲郎が重要な指摘をしている。須恵器源流の朝鮮の陶質土器や日本の土師器では、蓋坏が主流ではなかったが、供膳具の中心として蓋坏が確立し、日本（倭：筆者）化したことを指摘した。新しい様式を受け入れる中で、よりよい形態を求め試行錯誤した結果と考えている（菱田一九九六）。

藤永正明は、蓋坏についてさらに詳しく論じている（藤永二〇〇六）。加耶地域や新羅の食器は高坏が主流で、日本でも須恵器が普及する五世紀初頭頃までは土師器の高坏の出土量が多く、高坏の使用頻度が高かったとみる。このように日本では蓋坏はほとんどなかったが、須恵器の登場後、高蔵寺二一六型式の時期から須恵器蓋坏の生産量が増加するようになるのは前項で述べたとおりである。

泉北丘陵窯跡群で作られた初めての蓋坏の形態は、栂二三二号窯跡や高蔵寺七三号窯跡の須恵器のように平底であった。馬韓の栄山江流域の陶質土器は蓋坏だけでなく一般的な小壺でも平底である。平底に仕上げることが製作における特徴で、その形は轆轤上で粘土板を固定したことに起因している。轆轤からとりはずした後の整形は概ね底部周辺だけであったものが、高蔵寺二〇八型式の時期には丸底を意識したものへと変化する。器の安定性を考慮すれば丸底は適当ではない形態ではあるが、あえて日本の須恵器は丸底を選択した。

蓋坏の容量をもとに変遷を示した藤永は、蓋坏の丸底が定着していく中で、器の容量が規則的に変遷していることを示した。五世紀代の蓋坏は容量で二〇〇cc～四〇〇ccのバラツキの中でおさまっているが、六世紀前半の高蔵寺一〇型式から陶器山八五号窯跡期（Ⅱ型式二～三段階、編年は中村二〇〇一）の段階で、四〇〇ccから五〇〇ccの容量となる。その後は、七世紀に向かって容量、口径ともに縮小して、七世紀前葉には一〇〇cc未満まで小型化し、

表３　坏の容積の比較表（藤永正明2006年）

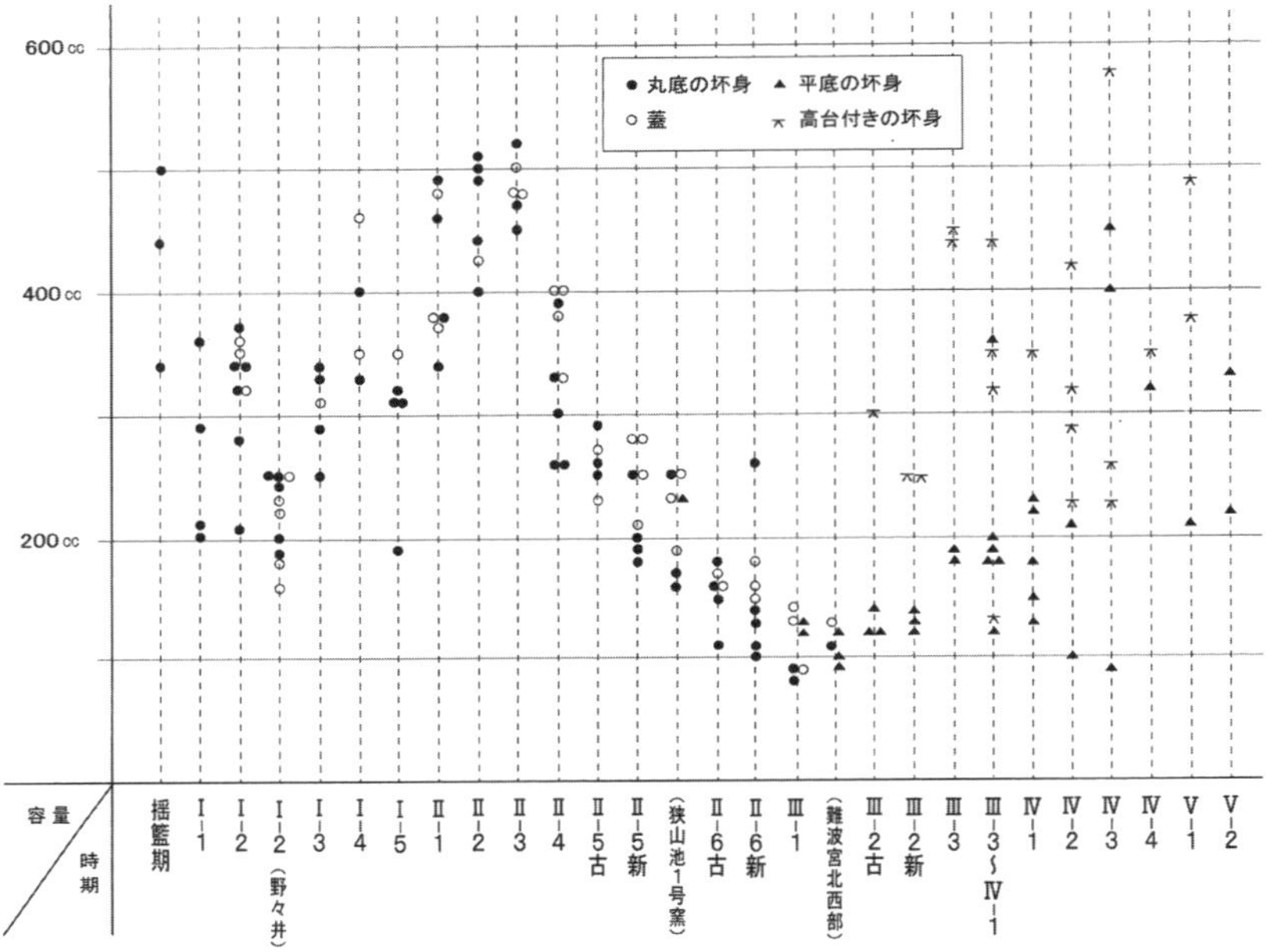

古墳時代の伝統的な丸底の蓋坏は姿を消す（表２参照）。このような蓋坏の形態変遷の背景には、六世紀代の須恵器製作上の規範があったことが説かれている（藤永二〇〇六）。須恵器の製作にあたっては厳密な管理がなされ、イレギュラー的な生産が許されなかったと理解できよう。

以上のような蓋坏の日本化、底部の丸底優位、また六世紀前葉に最大法量の蓋坏が作られるようになることなどの理由はよくわかっていないが、必ず須恵器の製作工人の世代交代はあるはずで、数世代の時間を経て日本の需要に合う形態に変化していったと考える。

三　製作技術と粗雑化

前項一・二で記した蓋坏の形態変遷について、①平底（揺籃期）→②丸底（高蔵寺二一六・同七三型式～＝Ｉ型式二・三段階～）→③大型化（陶器山一五型式～＝Ⅱ型式一段階～）→④小型化（高蔵寺二〇九型式～＝Ⅱ型式五段階～）という①～④の段階の中で、調整方法においても轆轤に進展があったとも考えられる。①の段階は平底の蓋坏のほか鉢や碗などに回転ヘラケズリ以外に静止ヘラケズリを多用している。②の段階は丸底が見られるようになり、回転ヘラケズリが調整方法の中心になる。蓋坏の体部の半分以上に施す。ただし、新しい型式になるにしたがって回転ヘラケズリの範囲の狭いものが多くなる。③の段階は陶器山一五型式から大型化がはじまるが、回転ヘラケズリの範囲は二分の一から三分の一程度で調整を済ませたものが多くなる。④の段階は口径の最小化へとすすむが、回転ヘラケズリを省略するものが多くなり、回転ヘラ切りの痕跡を残すものが徐々に増える。

この一連の変遷を回転ヘラケズリの簡略化と蓋坏の小型化から、粗雑化とも捉えられてきた。しかしながら、轆轤技術が向上したことによる結果と考え、轆轤上での成形後、土器を裏向けて体部の広い範囲を回転ヘラケズリで削り落とす手間が少なくなったと見ることもできるのではないか。須恵器は轆轤上でほぼ完成し、次に轆轤から回転ヘラ切りで取り外し、結果的に回転ヘラケズリを施す範囲が狭くなったという見方ができる。回転ヘラ切り技法は五世紀の高蔵寺二〇八型式の須恵器ですでに確認できており、須恵器の量産化に対応するためのものであったと指摘されている（西一九八六）。

本節の③の段階は田辺昭三が説いた須恵器生産の第一の画期にあたり、調整方法の省略化、蓋坏の大型化、高坏の長脚化と𤭯の長い頸部の成形を指摘している。また、葬祭供献用土器として、群集墳の被葬者から須恵器の需要が拡大し、地方への技術拡散が始まったことを、須恵器生産の画期とした（田辺一九八一）。確かに量産化への流れは、須恵器の出来具合をあまくしたと捉えることもできなくはない。しかし、後項で述べるように、六世紀を迎えた泉北丘陵窯跡群においては、須恵器窯の構造を改良するなどした窯業の再編成が実施された。そして、大型の蓋坏や長脚高坏を生み出す技術の導入や向上も図られたことが重要といえる。

横山浩一は氏の編年案の第二段階（陽徳寺式・水尾式）、第三段階（南塚式・海北塚式）にあたる本節の③の段階に

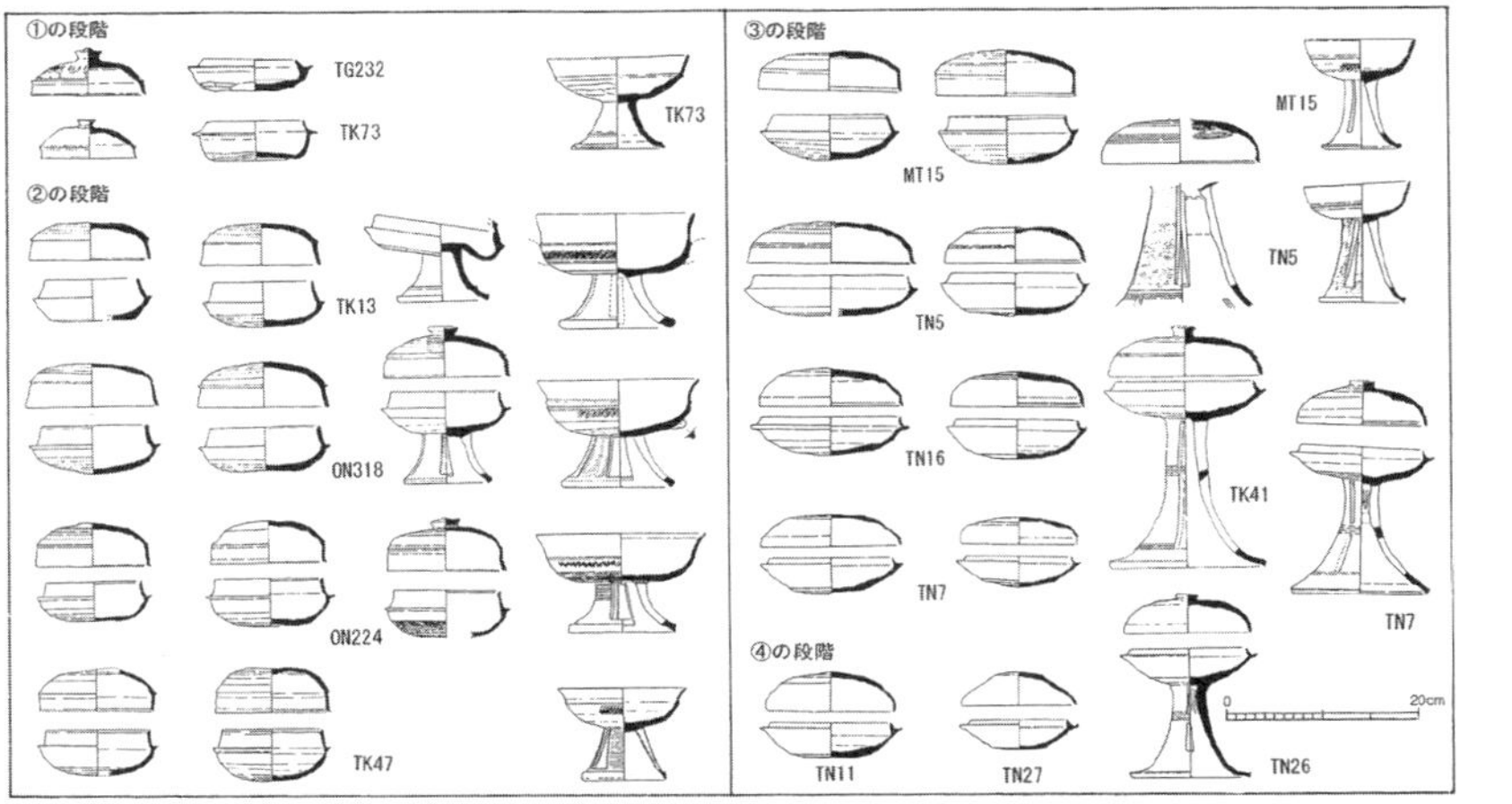

図６　５、６世紀の蓋坏・高坏の形態対比表（白石耕治 2018 年）

おいて、前段階から轆轤技術の進歩があって、高坏ならば、長脚高坏などのように細く、長い脚部を製作できるようになったと指摘した（横山一九五九）。本節①・②の段階の製作技術では生産量の拡充はさることながら、蓋坏の大型化やまた長脚高坏などの製作は不可能であったのであろう。ただし、この技術の進展が日本独自によるものであるかどうかは不明で、今後の検討課題である。

蓋坏が大型化する理由について、佐藤隆は蓋坏の小法量↓大型化↓粗雑化という従来の考え方は概念の上で理解しやすいとしながらも、大型化が起こる理由は受け手側の需要によるものとする（佐藤二〇〇七）。大型の蓋坏を製作しなくてはならない事情は、土器に何らかの付加価値が高まって、より容量の大きい土器が求められたためであろう。古墳への副葬であれば、木棺直葬の隠れた土中から横穴式石室の広い空間への葬送方式への転換も、蓋坏をはじめ高坏などの大型化への形態変化へとつながったのであろう。いずれにしても、新しい技術を持った集団が製作した須恵器と考えられるので、古墳への葬祭供献用土器にしても、また一般的な集落へ供給された土器であっても新しい様式を有していたと考えられる。

四　長脚高坏の意義

泉北丘陵窯跡群で須恵器が生産され始めた頃の高坏の出土量をみると、高蔵寺二一六型式の高蔵寺八三号窯跡や同三号窯跡では蓋坏と同じ程度の一〇％前後の出土量で、大野池三一八号窯跡でも六％ほどの出土量でしかない。蓋坏も同じように少ないが、蓋坏が徐々に増加の傾向が見られるのに対して、高坏はさほど増加することもないことから、蓋坏よりも需要があまりなく、生産量は少ない器種ということができよう。

この比率は六世紀代になってもほとんど変わることがなく、高坏の出土比率は、高蔵寺七四号窯跡が六％、高蔵寺四三－一号窯跡が八％、谷山池八号窯跡が二％、谷山池七－Ⅰ・Ⅱ号窯跡では三％ほどの数値しかなく、使用方法も限定されたものであったことが推測できる。

筆者は、消費地としての古墳の横穴式石室から出土した高坏の特徴をもとにして、工人の癖と思われる形態、色調、調整などの手法が酷似し、かつ数点からなる組み合わせの土器群に注目した。そして、奈良県藤ノ木古墳や大阪府和泉向代古墳群などの事例から、それらが同一工人、同一窯製作にかかるいくつかのセットをなして出土していることを指摘したことがあった（本章第五節、松村一九九二、白石二〇〇七）。また、高坏は窯跡から出土する絶対数が少ないので、常時生産するものではなくて、古墳祭祀も含めた葬送儀礼などに必要となった際に、まとめて発注・生産されていた場合が多かったとも指摘した。

さて、本節の③の段階では「長脚一段透かしの無蓋高坏」と呼ぶ新たな器種が現れる。この高坏は須恵器生産の六世紀の第一の画期のメルクマールといわれてきたもので、これ以後、高坏の脚部は高さを増すようになる。六世紀代の横穴式石室から出土する長脚化した長脚高坏について、藤原学は中国『礼記』から理解しようとした（藤原一九九一）。長脚化のピークを高蔵寺四三型式（Ⅱ型式四段階）として、長脚高坏を横穴式石室の空間に配置することで、効果的に印象付ける役割、機能を明確にした葬送の土器とした。六世紀代の長脚高坏の本質を考える上で独創的な指摘であった。

やがて、長脚高坏は本節の④の段階に移行し六世紀末葉には脚部は一気に短くなり、器全体の大きさも縮小してしまう。回転ナデによる調整方法はていねいに施す。脚部を飾っていた透かし窓も穿つことが少なくなる。全般的な横穴式石室の小型化とそれに伴った葬送儀礼の縮小化や簡略化などが影響していると考えられるが、朝鮮半島からの金属器や新羅土器などを写した須恵器が出現する時期に重なっており、この新しい文化が蓋坏、高坏の様式に影響を与えたものと考えられる。本節④の段階は田辺氏が指摘する須恵器生産第二の画期にほぼあたる。

五　まとめ――須恵器生産の画期と窯構造――

須恵器生産の画期を考える上で、重要な事項として須恵器窯構造の形式変遷をまとめておく。須恵器窯の構造は斜面にトンネルを掘りきった「地下式」、溝状に掘りくぼめた上に天井を覆った「半地下式」、斜面を利用しながら窯のほとんどすべてを木枠などで組み、粘土で成形する方式の「地上式」の窯構造のものに分類できる。窯の大きさ・形は、幾度も改良が加えられたので、さまざまな形式が認められ、時代によってかなりの違いがある（本章第一節）。

泉北丘陵窯跡群は石津川流域を分水嶺に見立てて東と西の領域には、その窯の構造や形態の違いがある。本節の①、②の段階の五世紀において、東方領域の高蔵寺・陶器山両地区では地下式や半地下式の窯構造1ａ類・1ｃ類・2類などが主流だが、西方領域の大野池地区では地上式1ｂ類が窯体型式のひとつとして用いられている。本節の③の段階の六世紀前葉には、東方領域の窯構造に改良を加えた3ｃ類・3ｄ類が泉北丘陵窯跡群の窯基準となり揃えられることから、東方領域の技術集団が生産に関して主導的な役割を果たしていたと考えられる。しかし、その体制はあまり長続きせず、本節の④の段階の六世紀後葉には西方領域で新たな4ａ類・4ｂ類の窯構造が登場し、また七世紀中葉になると東方領域では8類（平窯）や5類など焼成方法に独自色が顕著になり、異なる進展があった。このように数度の築窯技術の変革があった。また、技術集団の組織は出自が複数系統であり、ひとまとまりの集団ではなかったことが理解できた（白石二〇〇四・二〇一〇）。

本節で述べてきた泉北丘陵窯跡群の五、六世紀代の蓋坏と長脚高坏の須恵器の変化は、須恵器窯構造の技術革新の時期とが重なっていることがわかった。窯跡群の窯業史の一齣を考える上で、須恵器の形態変遷と窯構造の変遷が併行しながら歩んでいることを再確認できた。そして、泉北丘陵窯跡群では蓋坏、高坏などの器形の選択決定から大量生産を可能にする築窯技術に至るまで、一定の基準で生産が実施されたのであった。また、複数の須恵器工人が存在したことも、築窯方法の違いから理解できている。

[註]

[註一]　当谷山池地区においての器種別出土量の分析のほか、栂地区においても分析がなされており、同様な結果が認められる（大阪府教一九七七ａ）。

特論一　須恵器蓋坏の製作技法の着眼点

一　蓋坏の同心円文スタンプ痕について

陶器山一五型式以降の蓋坏の内面にしばしばみられる同心円文スタンプ痕について、田辺昭三は次のように考える（田辺一九八一）。坏の成形過程の第二段階の最後の工程か、あるいはナデ調整の後で作業台から切り離し、裏返しに据えなおして回転ヘラケズリを施す。その時に、口縁部を保護する為に「シッタ」の代用として同心円文の当て道具を使用したとする。「シッタ」は湿台、シッタラ・トンメともいい、成形用具の一種で、削り仕上げの際の道具のこと。水挽した器を生乾のときに湿台の上に伏せて高台を削り出した（平凡社一九八四）。シッタの痕跡が六世紀以降の仕上げ工程の省略が著しいため、蓋坏の内面に残ったとしている。また、轆轤盤上に粘土ひもを巻きあげた碗型の祖形を密着させるために同心円文スタンプが施されたようにも考える。八賀晋もまた「シッタ」の代用として同心円文の当て道具のあとを示すものとして考えている（八賀一九八〇）。

これに対して植野浩三の見解がある。この痕跡は横ナデ（回転ナデ）を切り込んでおり、外表面の回転ヘラケズリ調整の以前かあるいは併行して施されたとする。そして器の大型化に比例して回転ヘラケズリ調整の安定化を図るものとして、同心円文スタンプ痕は回転ヘラケズリを行なう際の当て具の痕跡と結論づけている（植野一九八三）。

筆者が調査した須恵器窯のうち、同心円文スタンプ痕を最も多く確認した谷山池四号窯跡、同四-Ⅱ号窯跡出土の蓋坏を中心に観察すると、調整方法は坏蓋の天井部・坏の底部に回転ヘラケズリを施すほかは、主として回転ナデで調整している。天井部・底部の各内面にナデを施すものも存在するが、圧倒的に回転ナデだけのものが多い。この回転ナデと同心円文スタンプとの先後関係については、写真や拓影からも明らかに同心円文スタンプが先に施されている。その施された範囲は内面中心部だけのものとその周囲にも広がっているものとがある。回数は一回だけのものはほとんどなく、数回にわたっているのである。

次に、この使用目的であるが、仮に回転ヘラケズリを施す際に使用する「シッタ」の代用とするならば、同心円文スタンプの押圧された回数が問題になってくる。前述したように数回にわたって施されており、同じ須恵器の甕の内面にのこるいわゆる「青海波文」状を呈するものが多い。回転ヘラケズリは蓋坏の外面の中心部から外へ向って一気に施すのが普通であって、「シッタ」の代用とするそれが何度も施されていることと矛盾するのである。

ここで谷山池四号窯跡出土遺物の一例を紹介しよう。それは本章第四節に論じる坏Ｂ３に分類される坏蓋で、その内面に同心円文スタンプ痕がのこっている（図７－１）。谷山池四－Ⅱ号窯跡（高蔵寺一〇型式）と併行する時期にあたる。この時期では非常に稀なのであるが、天井部外面にヘラキリ痕跡を明瞭にみることができる。ヘラキリと回転ナデとの境目には静止ヘラケズリを施している。つまり轆轤上からこの土器を切り離した後、回転ヘラケズリを施さなかったのである。一点ではあるが、「シッタ」と同心円文スタンプ痕との関係が強いとする考えを否定する証明ともなろう。それでは何を目的に同心円文スタンプが施されたのか。言うまでもなく、轆轤との密接な関係が推定される。

二　製作技法との関連

田中琢は奈良時代を含めてそれ以前の須恵器、とりわけ蓋坏のような小型品でも轆轤のみで成形したものはなく、粘土ひもの巻き上げ技法でおよその器形を作った後、轆轤を使用するとした。後に須恵器の成形技法を

「まきあげ轆轤法」・「まきあげ叩打法」と「粘土塊轆轤法」の三通りに大別し、粘土塊から一気に土器をひき出す「粘土塊轆轤法」は元々鉛釉陶器の生産者が独占していた技術で、九世紀頃の須恵器生産につたえられたものとする（田中一九六四）。

阿部義平らは須恵器蓋坏の製作の復元実験をすることによって、田中琢のいう坏底部下面の巻き上げ痕跡がヘラキリ痕跡であることを証明した。そのことによって、須恵器技術導入初期に巻き上げ成形を行った以外は轆轤水挽き成形であるとした。そして、轆轤上に巻き上げた粘土を密着させることは、工程上困難であると指摘する（阿部一九七二）。しかし、蓋坏外面のヘラキリ痕を明らかにしただけでは、轆轤による水挽き成形を立証したとは言えないのではないかと思われる。巽淳一郎は確実に轆轤による水挽き成形の製品が存在することを認めながらも、奈良時代においてもそれほど轆轤の精度について、高い評価を与えていない（巽一九八五）。

このように須恵器製作における轆轤の性能は本章第二節で示したように、古墳時代において徐々に改良されたものであっても、轆轤の基本的構造は踏襲されていたと想定したうえで、蓋坏内面にのこる同心円文スタンプは轆轤上で成形され、切り離される以前に施されていると考える。これは粘土塊から水挽き成形されたのなら絶対に存在しないものである。西弘海がA技法—粘土板に粘土ひもを巻き上げ、轆轤回転を使って調整する方法—とされた根本的な技術が一般的であるなら、同心円文スタンプ痕は粘土板・粘土紐などを轆轤上に固定するための押圧の痕跡とするべきであろう（西一九八六）。泉北丘陵窯跡群の五世紀の須恵器にもわずかながら同心円文スタンプ痕が観察されることからも、遅くとも蓋坏が定形化したと言われる高蔵寺二〇八型式以降、この同心円文スタンプによる技術が存在したのではないだろうか。そして、この痕跡は陶器山一五型式を境にして現われるとされるのも、従来から説かれているように、蓋坏の大型化及び泉北丘陵窯跡群の六世紀以降の大量生産による結果であろう。

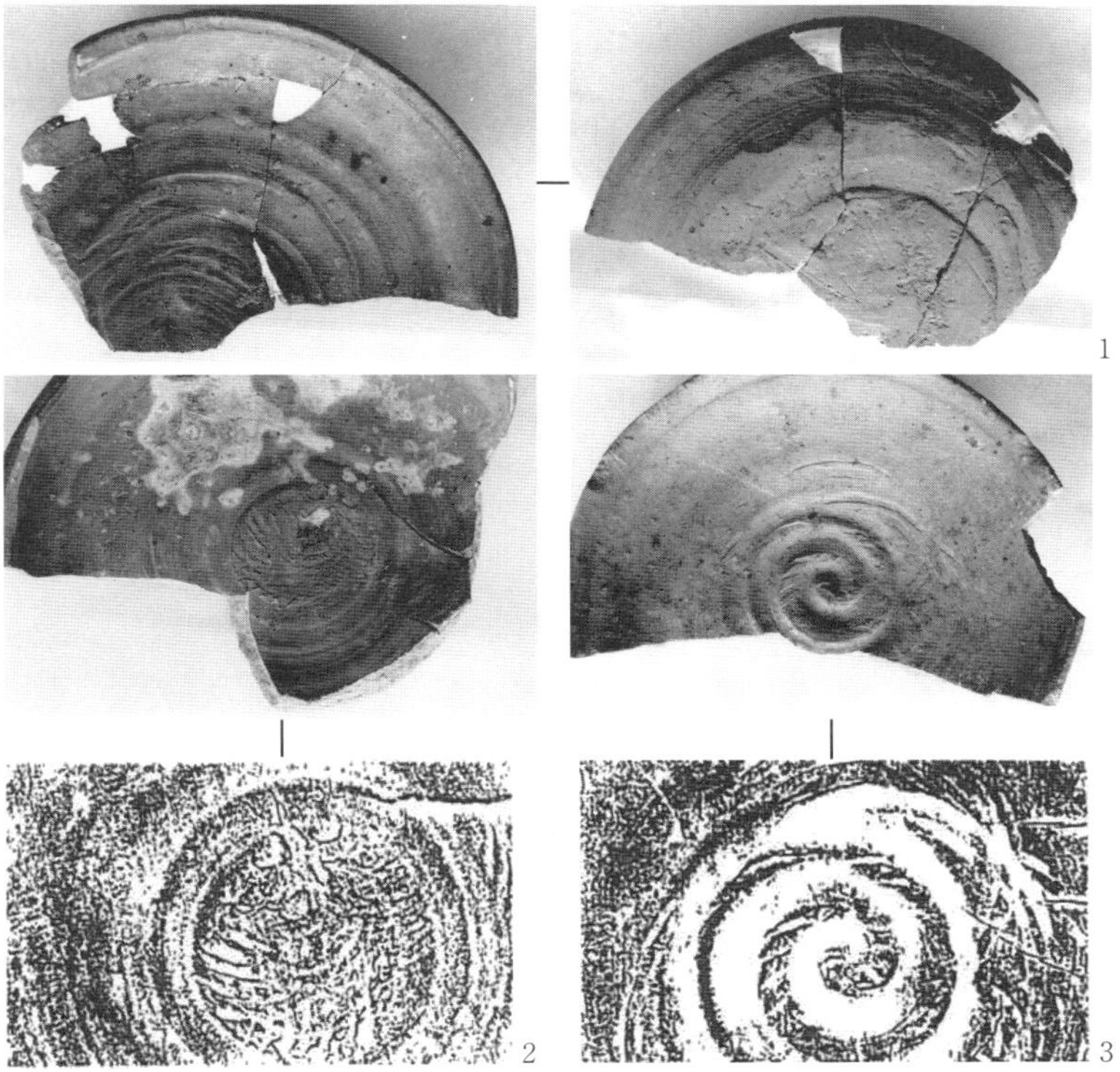

1：谷山池４号窯跡、2：谷山池５号窯跡、3：谷山池 7-Ⅱ号窯跡

図７　須恵器蓋坏の同心円文スタンプ痕の写真と拓影（白石耕治 1989 年）

この痕跡の消滅する理由として、次のことが考えられる。痕跡を残す蓋坏が消滅する時期（谷山池地区においては谷山池三b期〜同四期＝高蔵寺四三型式〜高蔵寺二〇九型式）は、蓋坏・甕など普遍的なものを除いて、𤭯・提瓶・器台などの須恵器伝来の器種が消え、新しい器種の飯蛸壺・鉢・碗・平瓶などが登場する時期にもあたる。この新旧交替の捉え方として、碗などの以外に朝鮮半島からもたらされた新器種である硯の熟練した手法から、須恵器全体の器種変化を含めて新技術を持った工人の渡来によるものとする考え方（吉田一九八五）、また飛鳥寺造営の際の百済からの瓦博士の到

来とその屋瓦生産の開始に起因する考え方（田辺一九八一）がある。いずれにしても、新しい技術によって轆轤上にスタンプ工具で粘土を押捺する工程が消滅したのであろう。このような新技術伝播の中で、古い技術となった同心円文スタンプ押圧の痕跡が消滅したと説明できるであろう。

【追記】

江浦洋は、日置荘遺跡の須恵器窯出土の蓋坏の内面に見られる同心円文スタンプについて、先学の研究を踏まえながら分析を行った。その中で、筆者の意見に対しても真摯に意見を出していただいた。江浦の分析によって、蓋坏の内面に見られる同心円文スタンプが、シッタの代用や調整あて具などといった製作工程上において押捺された可能性は極めて低いものと指摘している（江浦一九九五）。ただし、同心円文スタンプの押捺は回転ナデを切る事例が大勢を占めるものと判断されており、その点は筆者とは意見が異なっている。本書ではこの点について考えをまとめることはできなかったが、今後の自らの課題にしておきたい。

第三節　須恵器編年の試行

一「陶邑」の編年研究史

泉北丘陵窯群は王権が関与して開発が始まった全国屈指の規模を誇る窯業地である。この窯跡群の最も重要な特質は、組織的に生産が開始された国内最古の生産地であって、五世紀から一〇世紀までの期間、絶えることなく須恵器を作り続けたことである。すなわち、何度も組織の変革を繰り返しながらも生産を継続したことによって、須恵器の形態、製作技法、また須恵器の窯構造なども含めた生産様式の変遷を明らかにできた。また、泉北丘陵窯跡群から全国各地へ製品が流通されたこと、また技術の交流がなされたなどの実態について数多くの研究者が分析している。このように手工業のあり方から中央と地方との社会的、政治的な関係性の解明にも有効である。

泉北丘陵窯跡群の須恵器の重要性にいち早く注目して、型式編年の研究を試みたのが森浩一であった（森一九五八）。現地調査を進めながら、共同研究者の石部正志（森・石部一九六二）や伊達宗泰（伊達・森一九六六）らと編年案を徐々に充実させていった。生産地での須恵器の各器種のあり方が、時間をはかるものさしとして最も適していることを説いた。一九七六年に刊行された『考古学ゼミナール』に掲載された編年表が森編年の最終案となっている（森一九七六）。森研究を引き継いだ山田邦和が森編年の整理をしたうえで補訂を図っている。山田は森編年を充実させて自らの編年案を示しており、須恵器の変遷の理解を深めている（山田二〇一一・二〇一七）。

その後、泉北丘陵窯跡群の研究は泉北ニュータウンの開発に伴って窯跡資料のデータが増加して、まず最初に小林行雄、横山浩一、田辺昭三らが中心になって平安学園考古学クラブによって進む。その成果は報告書『陶邑古窯址群Ⅰ』で発表され、田辺編年として知られるようになった（田辺一九六六）。報告書では未整理の型式を含めた

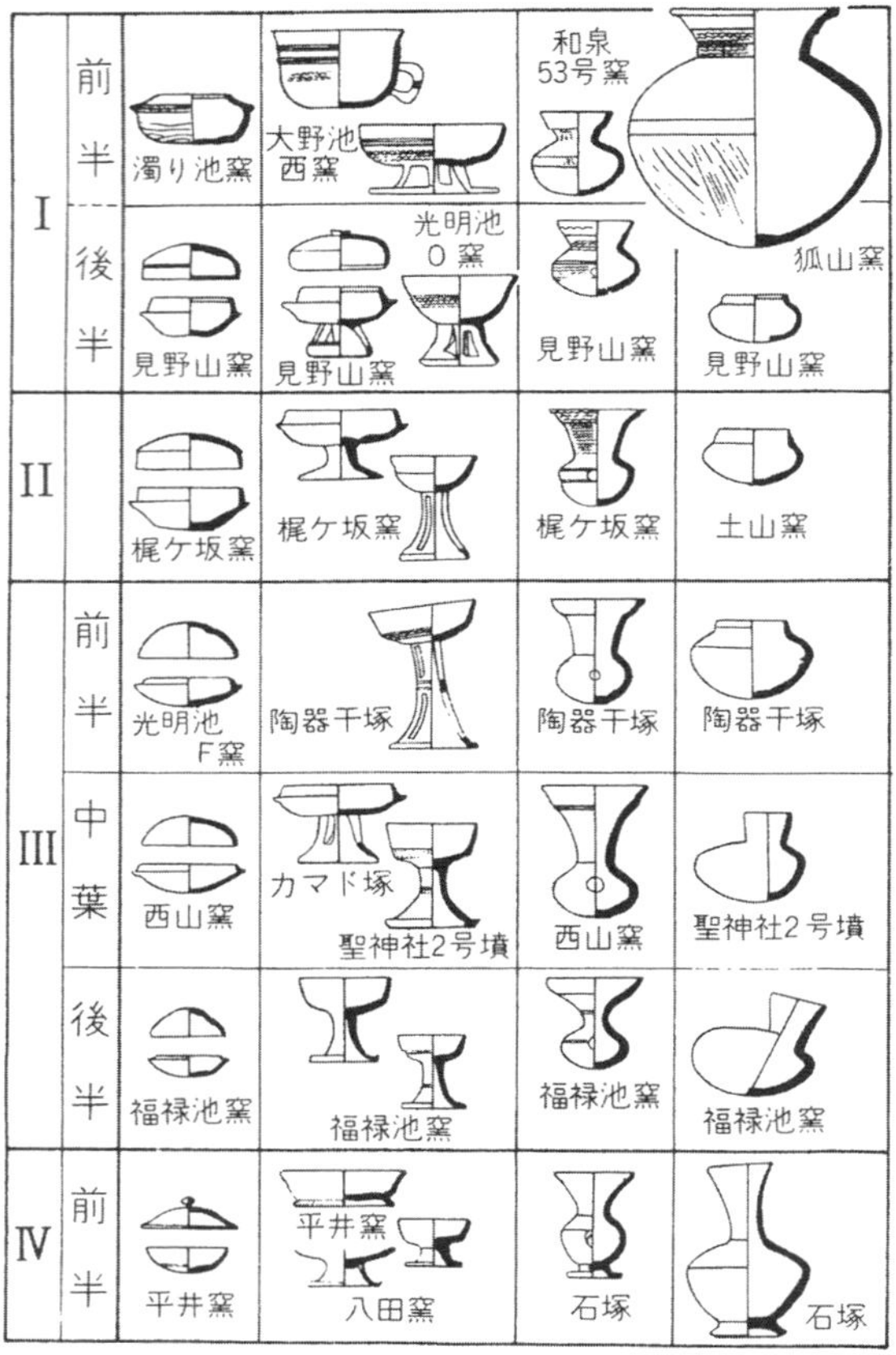

図８　森浩一による須恵器編年最終案（森浩一 1976 年）

編年表が示されていたが、後に単著『須恵器大成』でその補正するものを示した（田辺一九八一）。須恵器を窯跡ごとに分析し、型式を標識とした。『陶邑古窯址群Ⅰ』において、分類した型式は、蓋坏を例にとると、法量の違う蓋坏を細かく分類したうえで最も多く出土しているものを標準資料としている。つまり、窯跡で出土する資料には個体差があることを示していたといえる。ただし、高坏や壺などの器種のあり方がわかりにくい型式もあって、筆者はまだ完成されたものとは言い難いと考えていた。また、その後の大阪府教育委員会の高蔵寺四三号窯跡の調査成果（大阪府教一九七八a・一九八〇a）や和泉市教育委員会による光明池一号窯跡発掘調査の成果（和泉市教一九七九）から、複数型式にわたっている標識窯跡も認められるので、編年の再検討を要することを考えた。

田辺らの調査は、大阪府教育委員会の調査へと引き継がれる。広大な丘陵地の宅地造成開発に伴う困難な調査であったと聞くが、大規模かつ長時間をかけての発掘調査を経て八〇〇基以上の窯跡の分布を示し［註二］、出土須恵器が整理された。調査の中心となった中村浩は報告書『陶邑』Ⅰ・Ⅱ・Ⅲにその成果をまとめ、それらは中村編年と呼ばれている（大阪府教一九七六a・一九七七a・一九七九aほか）。複数の窯跡から出土した須恵器を窯跡の床面ごとに分析したもので、「床編年」といって窯跡に捉われずにⅠ型式からⅤ型式に分類し、各型式は数段階に分けられた。各段階が精緻に分類された影響で、とりわけⅡ型式からⅢ型式への移行期の各段階が時間的な変遷を示していないとの意見も多い。ただし、当該時期だけでなく、各段階はその前後の段階と重なり合うことを中村は指摘していた。いずれにしても、田辺編年と同じく、報告書では蓋坏に比べて他器種の様相の提示があまりにも少なく、編年表としてもまだ完成したものではない。田辺編年でもそうであったが、他器種の出土量は蓋坏に比較して少ないものなので、窯跡資料のみで他器種の変遷をとらえることは非常に困難なことであろう。その後、中村は新資料も含めて単著で補足している（中村二〇〇一）。

二　編年の試行

筆者は泉北丘陵窯跡群における須恵器編年は完成したものではないとの考えに立ち、谷山池地区での発掘調査の成果をもちいた編年研究に取り組んだ。調査は和泉丘陵内遺跡調査会が実施したもので、一九八一年から一九九〇年まで断続的に実施された。筆者も調査を担当し、最終成果として一九九二年発行の調査報告書にまとめた（和泉丘陵一九九二a）が、その三年前の一九八九年に筆者の編年研究の指針を披歴すべく『研究ノート』を発表した（白石一九八九）。谷山池地区の須恵器生産は六世紀から開始されたので、初期須恵器を含む五世紀代の編年案は提示できなかったけれども、須恵器の型式編年の基本的な考え方は示すことはできた（図9参照）。『研究ノート』の段階で対象にした須恵器窯は、先に発掘調査で成果があった谷山池四－Ⅱ号窯跡・同一六号窯跡・同七－Ⅱ号窯跡・

同二七号窯跡の四基で、蓋坏を核にした編年案を提示した。まず、四基から出土した蓋坏全体から導き出した数形式について床面の出土状況を踏まえた上で、それぞれの窯跡でどのような推移が認められるのかを数値で示した。加えて出土数は少ないけれども高坏や壺、甕なども出土数の数値化を試みて窯跡全体での出土傾向、すなわち須恵器の生産の実態を把握しようと試みた。この試行によって蓋坏は都合八型式に分類できて、各型式が漸進的に推移することが確かめられた。須恵器窯では新しい様式の須恵器と現行様式の須恵器が同時に生産されていることがあらためて理解することができた。そして、時期的に前後する窯において複数の蓋坏の型式が重なり合って構成されていることも確認できた。また、出土数の少ない状況の中で、他器種のセット関係やその推移をうかがうこともできた。

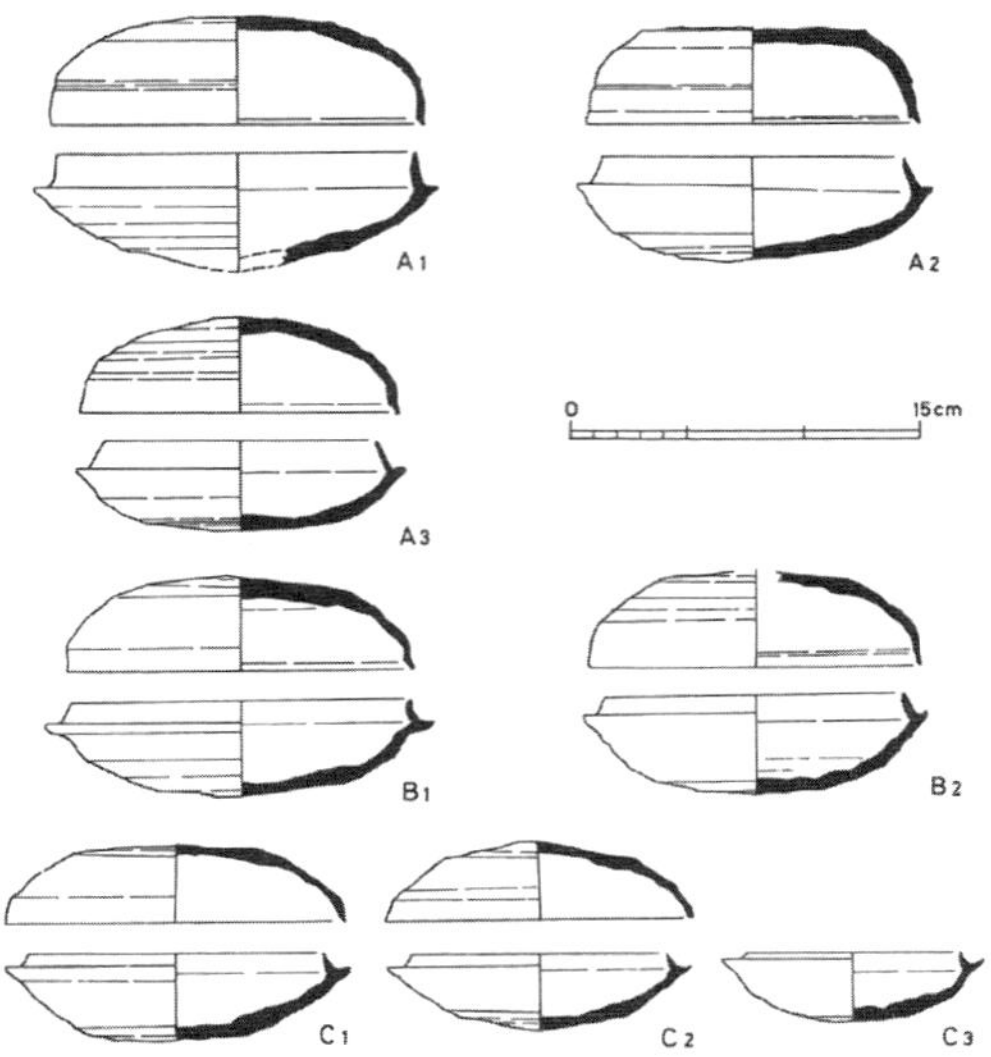

図９　谷山池地区の須恵器型式編年の第一試案（白石耕治 1989 年）

※ 1989 年発表の型式分類のため、第四節以降の分類では蓋坏Ａを坏Ｂに、蓋坏Ｂを坏Ｃに、蓋坏Ｃを坏Ｄに型式名の変更を行っている。

　編年試行の作業の中で注意されることとして二点取り上げた。一点目は、奈良県飛鳥寺下層出土の須恵器（奈良文研一九五八）と田辺編年の高蔵寺四三型式との整合性であった。田辺編年の高蔵寺四三型式の実年代を考える上で定点になるのが飛鳥寺下層資料で、図面からの観察であったが、当該須恵器は高蔵寺四三型式（または中村編年一型式四段階）の指標になりえないのではと考えた。[註二]

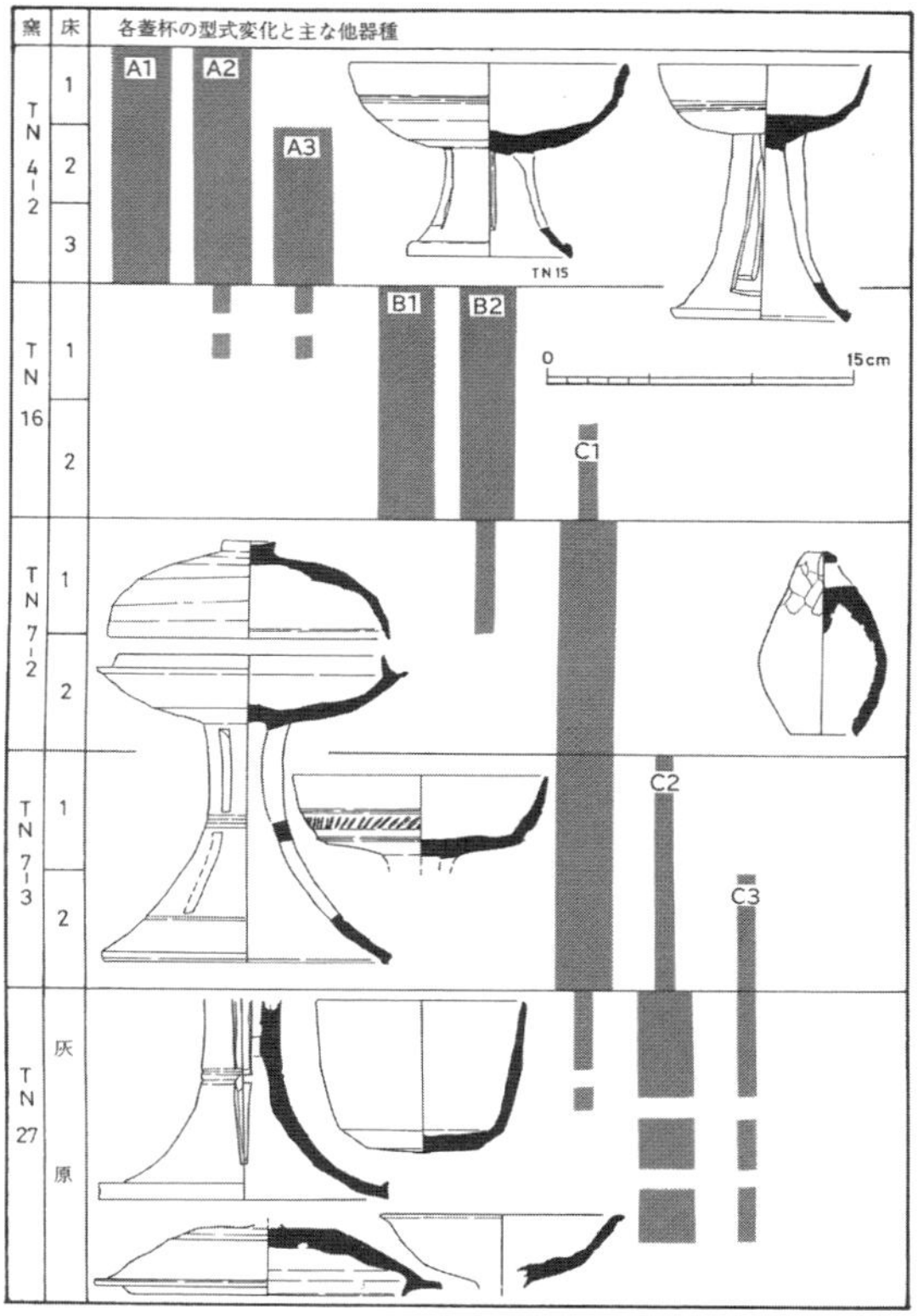

図 9-2

二点目は、六世紀末葉から七世紀に考えられている飛鳥・藤原京出土とそのほかの遺跡で出土している須恵器の編年に関するものであった。西弘海がまとめられた飛鳥・藤原京跡の編年では七世紀を五期に分けて、そのうち飛鳥Ⅰ期を七世紀第一四半期、飛鳥Ⅱ期を七世紀第二四半期頃としていた（西一九八六）。都城の須恵器編年のほかに京都府宇治市隼上り瓦窯出土の須恵器を用いた菱田哲郎（菱田一九八六）と杉本宏（杉本一九八七）により七世紀の型式編年が行なわれた。これらの編年に対しても、谷山池地区での出土のあり方から問題を提起した。それによって、同時期の須恵器編年にもかかわらず、各編年は微妙な差違が生じていることから、泉北丘陵窯跡群の高蔵寺二〇九型式から高蔵寺二一七型式間の分類の不十分な点を解消すべきことを暗示していると説いた。宮都等の消費地及び地方窯との時期的な変動などを考慮に入れつつも、生産地である泉北丘陵窯跡群の編年の重要性が浮き彫りになり、筆者は泉北丘陵窯跡群編年の再検討の必要性を考えることになった。なお、須恵器の製作技法についても私案を提出した（本章特論一参照）。

【註】

［註一］　大阪府立泉大津高等学校地歴部によって、およそ二〇〇基の窯跡が確認された（平島二〇一八）

［註二］　しかし当時、論文発表後に複数の研究者から口頭で指摘を受けて、当該資料の須恵器について、奈良文化財研究所藤原宮跡資料室の基準資料室において実見するほか検討を行った。蓋坏の坏蓋の口縁端部は丸く仕上げて、外面の天井部は回転ヘラケズリが施されず、ヘラ切りのままである。坏は立ち上がり高が比較的高いが、口縁部は丸く仕上げる。底部の調整は回転ヘラケズリを施しているとみられる。これらのことを次節でまとめる蓋坏型式分類にあてはめると、坏蓋は坏Ｄ１、坏は坏Ｃ２ないしは坏Ｄ１に分類できよう。二点のみの検討ではあるが、飛鳥寺下層出土須恵器は第四節で論じる谷山池三ｂ期に帰属すると思われる。したがって、飛鳥寺創建の時期である五九六年以前の土器として矛盾するものではないと訂正しておきたい。

第四節　須恵器編年――六、七世紀の谷山池地区を例として――

泉北丘陵窯跡群谷山池地区の発掘調査の成果を基に試みた六、七世紀代の須恵器編年を示す。谷山池地区の調査は和泉丘陵内遺跡調査会が昭和五六・五八・五九・六三年度、平成元年度に実施し、その成果は『陶邑古窯址群—谷山池地区の調査—』和泉丘陵内遺跡発掘調査報告書Ⅳ（和泉丘陵一九九二a）にまとめた。

一　谷山池地区の須恵器編年

発掘調査で出土した須恵器の各器種別の出土数は、あくまでも破片を数えたもので、実数は不明ではあるが、窯で生産された須恵器数の総体的な傾向は、概ね表れていると推定される。以下、その前提にたっての検討である。全期間の各窯跡で最も多い出土量を示しているのが蓋坏と甕である。高坏や壺など、その他の器種は五％前後で非常に少ない。窯跡から出土する高坏などは数値が示しているように、生産段階においては非常に限られたものであったことが考えられる。

そこで全般的に多く出土し、土器の形態の変化が最も把握できる蓋坏を、編年の基本的資料に選んで分類し類型化することが適切であろう。そしてその各型式に表れる出土比率を参考に、その他の器種の型式変化と、坏、坏蓋との共伴関係をふまえた須恵器の変遷を導きだして、時期区分を示した。

検討した窯跡は、発掘調査した谷山池四・五・七（—Ⅰ号・—Ⅱ号）・八・一一・一五・一六・二六・二七・二八号窯跡の一〇箇所と分布調査した谷山池五八号窯跡、遺物散布地Ａ一一五地点の合計一二箇所である。分析に用いた坏蓋・坏の点数は、谷山池五号窯跡で二六七点（窯体）、谷山池一五号窯跡で六六点（窯体・灰原）、谷山池四号窯跡で一八七点（窯体）、谷山池八号窯跡で一三四点（窯体・灰原）、谷山池一六号窯跡で三二四点（窯体・灰原）、谷山池

七号窯（―I号窯跡・―II号窯跡）で一二七七点（窯体・灰原）、谷山池一一号窯跡で六二一点（窯体・灰原）、谷山池二六号窯跡で六一五点（窯体）、谷山池二八号窯跡で八五六点（灰原）、谷山池二七号窯跡で一四二点（灰原）を数える。［註二］

一　蓋坏の分類

検討資料は一一箇所の窯跡からのものであるが、窯跡を確認できなかった窯跡候補地C一地点周辺にあたる遺物散布地A一一五地点も加えて計一二箇所の出土資料としておく。窯跡調査分の資料と比較して形態的に古い段階のものと考えられるので、将来に本地区内で該当する時期の窯跡が確認されることも予想し、分類資料のなかに含めておきたい。また、これから谷山池地区における一期から四期までの時期を設定するが、四期以後の編年についても、谷山池五八号窯跡の採取資料を用いて、その見通しを考えておく。

坏・坏蓋で検討できる属性として全体のプロポーションのほか、坏蓋の体部外面の稜線の鋭さと有無、口縁部内面の段の有無が挙げられる。坏は立ち上がり部の形状が目安となる。もちろん土器の調整方法と法量も参考とする。その結果大きく五型式に分類でき、さらに細分して一〇型式に分類することができた。以下、基準となる蓋坏の各型式を説明する（表4参照）。

坏A1　A一一五地点出土の資料で、後述の坏B2の蓋坏と形態・法量などが酷似している。ただし、坏の立ち上がりの口縁部内面が内傾して稜線が残り、坏B型式とは区別されるものである。坏の口径一二・七㌢、受部径一五㌢、立ち上がり高一・五㌢を測る。

坏B1　坏蓋は体部に鈍い稜線ないしは浅い凹線がめぐる。その口縁部の内面は内傾ないしは浅く凹んで段をなす。坏の立ち上がりは上方ないしは少し斜めにのび、坏A1と違って口縁部は丸く仕上げている。坏と坏蓋はとも

表４　谷山池地区の須恵器蓋坏の型式分類表（和泉市教 2017 年）

時期区分	窯跡（地点）	各型式出土比率（%） A1	B1	B2	B3	C1	C2	D1	D2	D3	E1
1期	A115	8	38	54							
2期	TN5		25	36	39	0.5					
	TN15		14	32	51	2					
	TN4		9	23	68						
3a期	TN8					60	30	9.7	0.3		
	TN16					63	11	26			
3b期	TN7Ⅰ					1	1	69	29		
	TN7Ⅱ						0.6	66	33	0.4	
4期	TN11						0.1	46	53	0.5	
	TN26							39	61		
	TN28							39	61		0.1
	TN27							28	72		

標　準　資　料

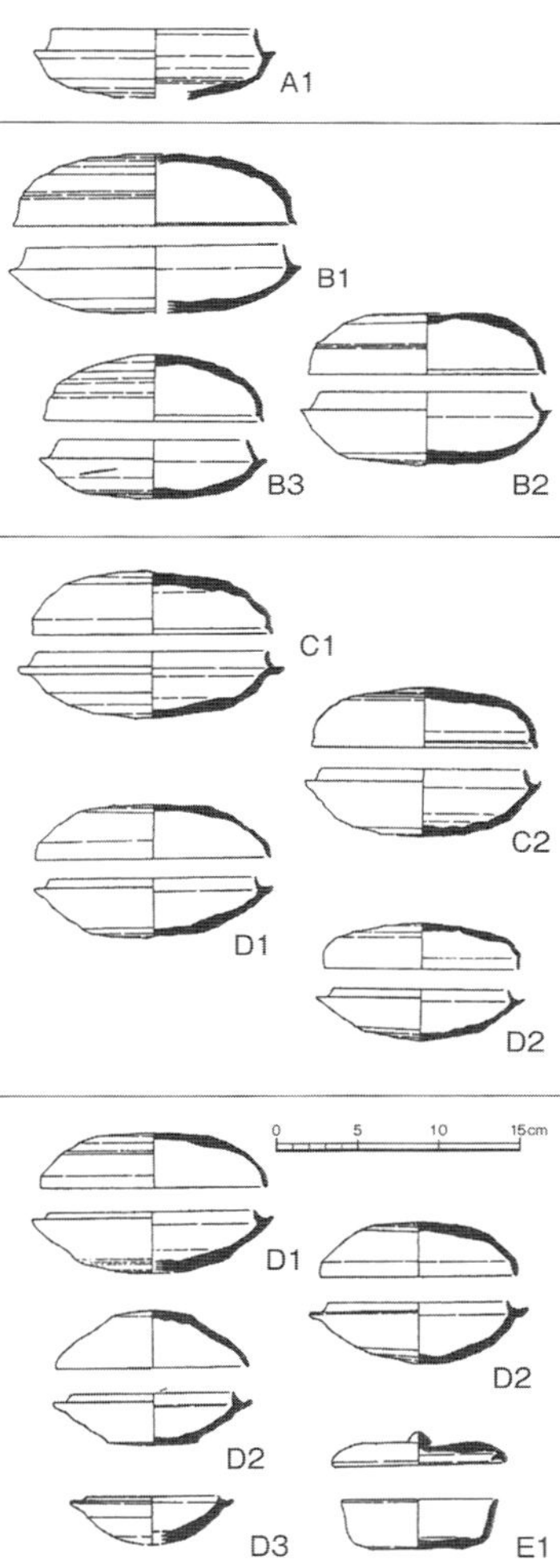

（網掛け）各窯で最高数値の形式

D3・E1 形式は谷山池 58 号窯跡

にその底部と天井部は丸みをもったものないし平坦である。調整方法では、轆轤による回転ヘラケズリを施す範囲が体部の二分の一から三分の一である。内面には同心円文のスタンプ痕が多く残っている。これらはかなり大型のもので、坏蓋口径一五〜一六センチ、坏口径一四〜一六センチ、受部径一六〜一七センチ、立ち上がり高一〜一・二センチを測る。

坏Ｂ２　細部の形態や回転ヘラケズリの調整範囲などの諸特徴は坏Ｂ１と同様であるが、ひとまわり小型のもので、坏蓋口径一四〜一五センチ、坏口径一二・五〜一四センチ、受部径一五〜一五・五センチ、立ち上がり高一〜一・二センチを測る。

坏Ｂ３　形態で坏Ｂ１・坏Ｂ２との差異は、坏蓋の体部外面の稜線がほとんど不明瞭であることで、また口径が小さい。坏もそれに合わせて小型になる。坏蓋口径一三〜一四センチ、坏口径一一・五〜一二・五センチ、受部径一四〜一五センチ、立ち上がり高一〜一・五センチを測る。

坏Ｃ１　蓋坏の外面の稜線は全く消え、また口縁部内面の内傾した面に鋭さが欠け、低い突線が巡るような形状になっているものが多い。坏の立ち上がりが斜め方向にのびるものが多く、総体的に低くなり、坏Ｂ型式に比べて偏平に見える。しかし、口径は大きくて坏Ｂ１に匹敵する。轆轤によるヘラケズリの調整方法は坏Ｂ型式とほぼ大差ない。坏蓋口径一五〜一六センチ、坏口径一三〜一五センチ、受部径一五・五〜一七センチ、立ち上がり高〇・七〜一センチを測る。

坏Ｃ２　坏Ｃ１より口径が小さく、あわせて器高も低くなったものを坏Ｃ２とする。その他の形態や調整方法などは同一である。坏蓋口径一二・五〜一四・五センチ、坏口径一一〜一三センチ、受部径一三・五〜一五センチ、立ち上がり高〇・七〜一センチを測る。

坏Ｄ１　形態及び法量はほぼ坏Ｃ２に近似したものであるが、坏蓋の口縁部内側に面はなく、丸く仕上げられており、坏Ｃ２との大きな違いが見られる。坏の立ち上がりはさらに低く、その口縁部を鋭く仕上げる。調整方法は轆轤によるヘラケズリを施すものと、全く施さないものとがある。また体部の内面に見られた同心円文のスタンプ痕もほとんど見られない。坏蓋口径一三～一四・五㌢、坏口径一一～一三㌢、受部径一三・五～一五・五㌢、立ち上がり高〇・五㌢前後を測る。

坏D2　坏D1より口径と器高を小さくしたものである。また、これの調整方法にも底部、天井部に轆轤を用いた回転ヘラケズリが施されるものと、施されないものとが含まれる。坏蓋口径一一・五～一三㌢、坏口径一〇～一一㌢、受部径一二～一三・五㌢、立ち上がり高〇・五㌢前後を測る。

坏D3　上記の坏D1・坏D2型式と比較して、さらに全体の法量が縮小した小型のものである。なお出土資料の中には坏蓋は確認できなかったが、坏が谷山池七－Ⅱ号窯跡と谷山池一一号窯跡から合わせて四点だけ出土している。その例のひとつは口径九㌢、受部径一一・一㌢、立ち上がり高〇・四㌢を測る。轆轤による回転ヘラケズリは底部のみに施している。

坏E1　坏A～D型式までの蓋坏とは形態が全く異なり、平底の底部から口縁部の方へ立ち上がる体部をなす。底部に回転ヘラケズリが施されるほかは、轆轤を用いた回転ナデを施す。これも出土総資料の中で谷山池二八号窯跡から一点のみ出土している。その口径は一〇㌢を測る。蓋については、出土していないのでわからない。

二　時期区分の設定

まず、各窯跡における蓋坏の各型式の出土比率を提示しておく（表4参照）。これによると、一基の窯跡において数型式の蓋坏で構成された状況が理解でき、また出土比率の共通性及び各型式が漸進的に消長しているのが理解できる。高坏や𤭯など、その他の器種に見られる形態変遷や消長を参考にして検討を加えると、有蓋高坏H、無蓋高坏G、𤭯は蓋坏同様に連続した組列があり、形態や文様の有無などから型式変化を捉えやすい。それ以外の器種においても、その消長を含めた変化の傾向は理解が可能である。その大略を図に示したものが表５～７である。

これらの検討から、窯跡出土須恵器は蓋坏を中心に高坏や𤭯を交えていくつかの型式群を認識できる。それは四型式群（様式）に区分することができ、それを以下、谷山池一期・同二期・同三期・同四期と呼び分けることにする。ただし、三期については蓋坏に組成の変化があるので、三ａ期・三ｂ期の二小期に細分することにする。以下、蓋坏と特徴あるその他の器種について谷山池一～四期ごとに分類する。表５・６には、表の右側に泉北丘陵窯跡群周辺の窯跡以外の遺跡から出土した資料を掲げている。

①　谷山池一期

一期は先にも述べたとおり、まだ蓋坏やその他の器種の組成を十分に認識できていない型式である。該期としたＣ一地点近傍のＡ一一五地点では、包含層出土遺物から一三点だけが図示できたにすぎない。しかし将来、指標とする坏Ａ１を主体にした窯跡が確認されることを予想して、谷山池一期を設定しておきたい。

②　谷山池二期

蓋坏　坏Ｂ１・坏Ｂ２・坏Ｂ３を指標とする。谷山池五号窯跡のように各型式は複数の床面からほぼ同等の割合で出土していて、同時に生産されたと考えられる。谷山池四号窯跡・谷山池一五号窯跡では坏Ｂ３の比率が高くなって、坏Ｂ３の特徴である坏蓋の形骸化が進んでいる。しかし、この型式群は次段階の谷山池三期以降にはほとんど出土することがなく、谷山池二期の特徴ある蓋坏のセットであると考えてよかろう。ただし、調査によって資料が増せば、表４が示すような急激な変化ではなく、漸進的な型式出土比率を示し、その結果として二小期に分類することも可能になるかもしれない。

高坏　前段階から連続する器種群で装飾性が比較的高い。脚部を外へ踏張った高坏Ａは有蓋高坏で、円形の透かし窓を有する。小型の無蓋高坏Ｂも円形の透かし窓である。同高坏Ｆは長方形の透かし窓を有し、外部に波状文を施すものと、そうでないものとがある。坏蓋の天地を逆転させて、脚を取り付けた短脚の高坏Dの外面は該期の坏蓋の形態をよく踏襲している。脚部の透かし窓は長方形である。高坏C・D・Fの透かし窓は三方から穿たれている。坏部が外方へ開く高坏Cは五世紀からの型式で、該期をもって姿を消す。有蓋長脚二段透かしの高坏Hは、下段の透かし窓に三角形のものが見られ、そして上下段の透かし窓が千鳥形に配されるものも存在する。また脚部外面の下方に突線が巡り、波状文を施すものもある。透かし窓は三方に見られる。

䐠　高坏と同じく比較的形態の変遷がつかみやすい。この段階では、まだ体部の外面に波状文や列点文などの装飾がていねいに施され、頸部も大きく、口縁部内面に明瞭な段を有している。

提瓶　概ねこの器種の体部に谷山池四期まで大きな変化はない。該期の特徴として、口縁部外面が肥厚して突帯が巡ったような形態を指摘できる。吊り手は確認できなかったが、泉北丘陵窯跡群他地区で該期併行の窯跡から、半環状と垂れ下った把手状の二通りのものが確認されている。

器台　䐠と同じくていねいな波状文などが使われ、装飾性が高い。鉢部の口縁部及びその付近の稜線も鋭い仕上げとなっている。

壺類　脚付有蓋壺は、脚部に三角形の透かし窓を有するものが見られ、䐠や高坏と同じく装飾性が高い。横瓶の口縁部は提瓶のそれに類似する。

甕　頸の長い甕Aと短い甕Bとに大きく分類できるが、前者には波状文などの装飾が施されている。また体部内面のタタキ目は擦り消されるものが多い。

③　谷山池三a期

蓋坏　坏C1・坏C2・坏D1を指標とする。坏C2と坏D1とは、坏蓋では明瞭に分類することができるが、坏だけでは法量も近い規格であるために、口縁部の形状だけでは、十分に区別し得ないところがある。したがってここでは両者を坏蓋によって分類している。該期の谷山池八号窯では坏C1を主体にし、坏C2とですべてを占める。また谷山池一六号窯では、各床面から坏D1を含めた三型式が認められることから、この型式は同時期と考えてよいだろう。しかし、蓋坏の坏C2から坏D1への変化は進んでいる。該期は蓋坏の大型化が図られた最後の段階で、これ以後の時期では坏C1より法量の大きいものはない。

高坏　高坏A・高坏B・高坏Fは該期では出土数が少なく、ほとんど姿を消す。無蓋で長脚二段透かしの高坏Gは該期から見られる。外部外面には二本の鋭い稜線に挟まれて列点文などが施される。脚部は高坏Hと同形であろう。高坏Hは外面に装飾は無くなってシンプルな形を呈し、それでいて脚部が最も長大化する段階である。坏部は該期の坏の形態をよく踏襲している。長方形の透かし窓は三方から開けられるが、四方のものも若干含まれている。高坏Dの脚部には、二期と同じ長方形の透かし窓を有するものと、ないものがあり、透かし窓が省略されていく傾向がみられる。そして脚部の高さが低くなる。また四期で多く確認している有蓋の高坏Eについては、その脚部を確認できているので、該期における高坏Eの存在を否定できない。これら有蓋高坏の蓋及び坏部の形状は該期の蓋坏のそれと変らない。

𤭯　頸基部は口縁部に比べて細くなり、頸部が長大化する。また波状文・列点文による装飾が確認できた。

提瓶　該期以降、口縁部は丸く仕上げられているのが注目される。体部の吊り手部は半環状を呈するものが出土している。体部の形態は前段階と変わらない。

壺類　直口壺ないし脚付のそれが確認できる。短頸壺は谷山池二期とあまり形態変化が見られない。飯蛸壺が数は少ないが該期に確認できる。

器台　外面には刻み目文やヘラによる粗い波状文だけで、須恵器の装飾性は低くなる。鉢部の口縁部及びその付近の稜線も鈍化する。

甕　口縁部の形は前段階と比較してほとんど変化はないが、装飾性は低くなる。体部内面の同心円文タタキ目は擦り消されず、残る。

④　谷山池三b期

蓋坏　坏D1・坏D2を指標とする。そのうち坏D1が六、七割近くを占めるようになる。

高坏　高坏D（E）、高坏G・高坏Hは谷山池三a期から連続している。透かし窓は三方がほとんどであるが、二方透かしのものや、切れ目だけを入れたものが数点含まれ、簡略化の傾向が認められる。坏部は本時期の坏の形態を踏襲しているが、蓋に関してはまだ体部の稜線が残り、また口縁部内面にも段を有するように、前段階からの旧態が認められる。

𤭯　口縁部を丸くおさめるようになる。体部の装飾は簡素化し、刻み目文が多くなり、全く施されないものも確認できる。そして𤭯の一つの特徴である頸部の屈曲する稜線の位置が下がり、上方が長くなるものが多い。

提瓶　口縁部は丸く仕上げられている。吊り手部は半環状と把手状のものが出土している。

壺類　全般的に短頸壺などの壺類の形態は、ほとんど変化がない。飯蛸壺の数は少ないが確認できる。

器台・甕　形態など三a期とほとんど変らない。

皿　一点だけ出土している。谷山池四期以降に出土数が増える新しい器種である。

⑤　谷山池四期

蓋坏　坏D1・坏D2を指標とするのは三b期と同じであるが、出土比率が坏D2が高くなり出土数が逆転する。また土器の調整方法に異なった点が現れる。該期になって天井部及び底部の外面に回転ヘラケズリ不調整のものが多く見られるようになり、施したものとそうでないものとの比率は、谷山池一一号窯跡においておよそ八対二で、谷山池二七号窯にいたってはおよそ三対七の割合を示すようになる。徐々に省略化が進んでいく。

（和泉丘陵内遺跡調査会 1992 年）

16：下代 3 号墳、17：下代 5 号墳、18：下代 6 号墳（『和泉丘陵の古墳』和泉丘陵内遺跡調査会 1992）、8：豊田遺跡 SD01（『泉北丘陵内遺跡発掘調査概要』大阪府教育委員会 1982）、14：万町北遺跡 SX35（『和泉丘陵内遺跡発掘調査概要』II 和泉丘陵内遺跡調査会 1983）、19：陶器千塚 29 号墳（『陶器千塚 29 二九号墳発掘調査報告』堺市教育委員会 1986）

表５　谷山池地区の須恵器編年表１

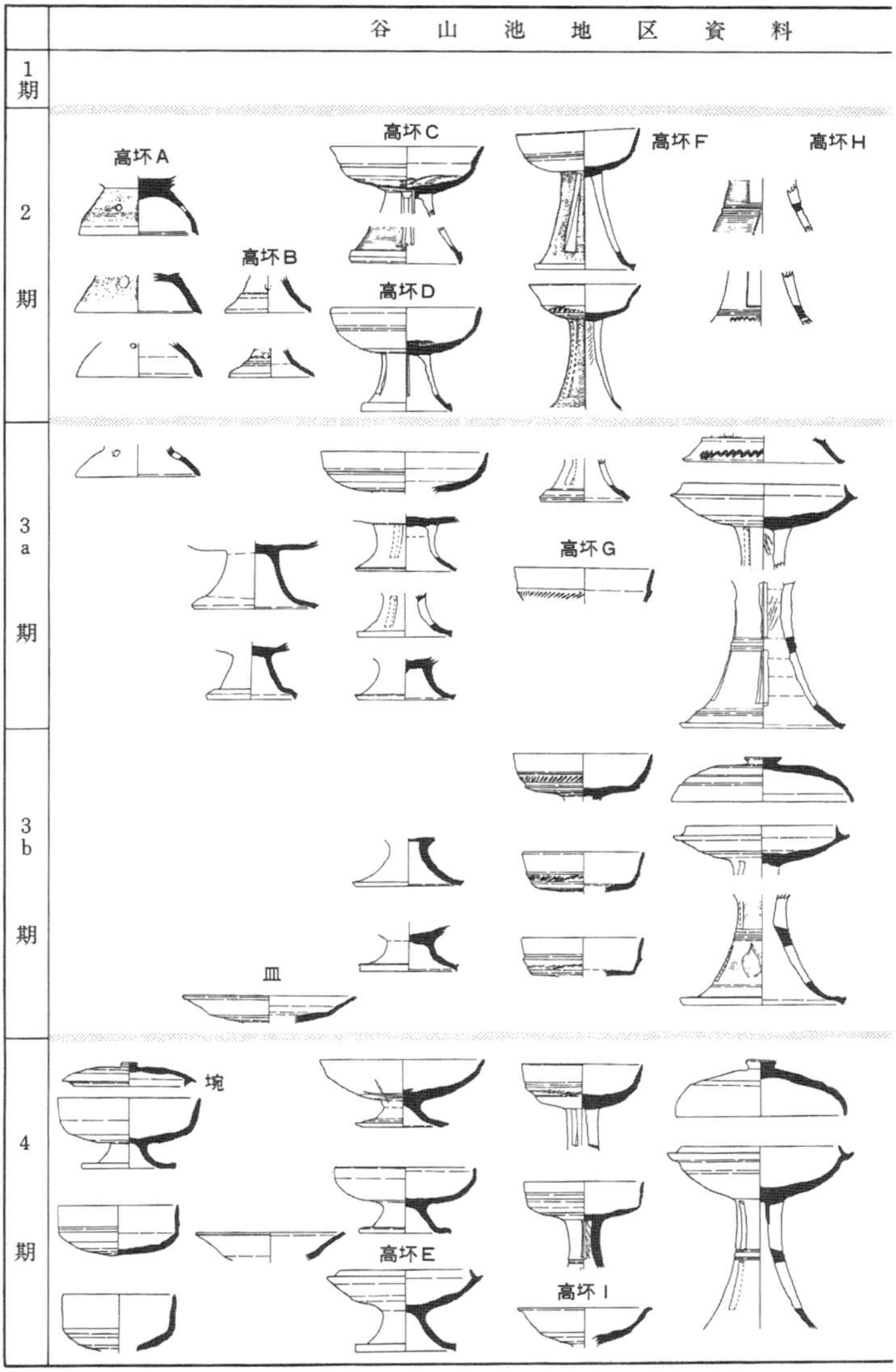

1：富木車塚古墳（『富木車塚古墳』大阪市立美術館 1960）、2：信太千塚 60 号墳（『和泉信太千塚の記録』大阪府立泉大津高等学校 1963）、3：牛石 7 号墳、4：西山古墳、11：檜尾塚原 8 号墳、12：檜尾塚原 9 号墳（『陶邑』Ⅶ　大阪府教育委員会 1990）、5：和泉向代 1 号墳、6：和泉向代 3 号墳、7：和泉向代 4 号墳、9：信太千塚 78 号墳、10：明神原古墳、13：唐国池田山 6 号墳、15：下代 2 号墳、

（和泉丘陵内遺跡調査会 1992 年）

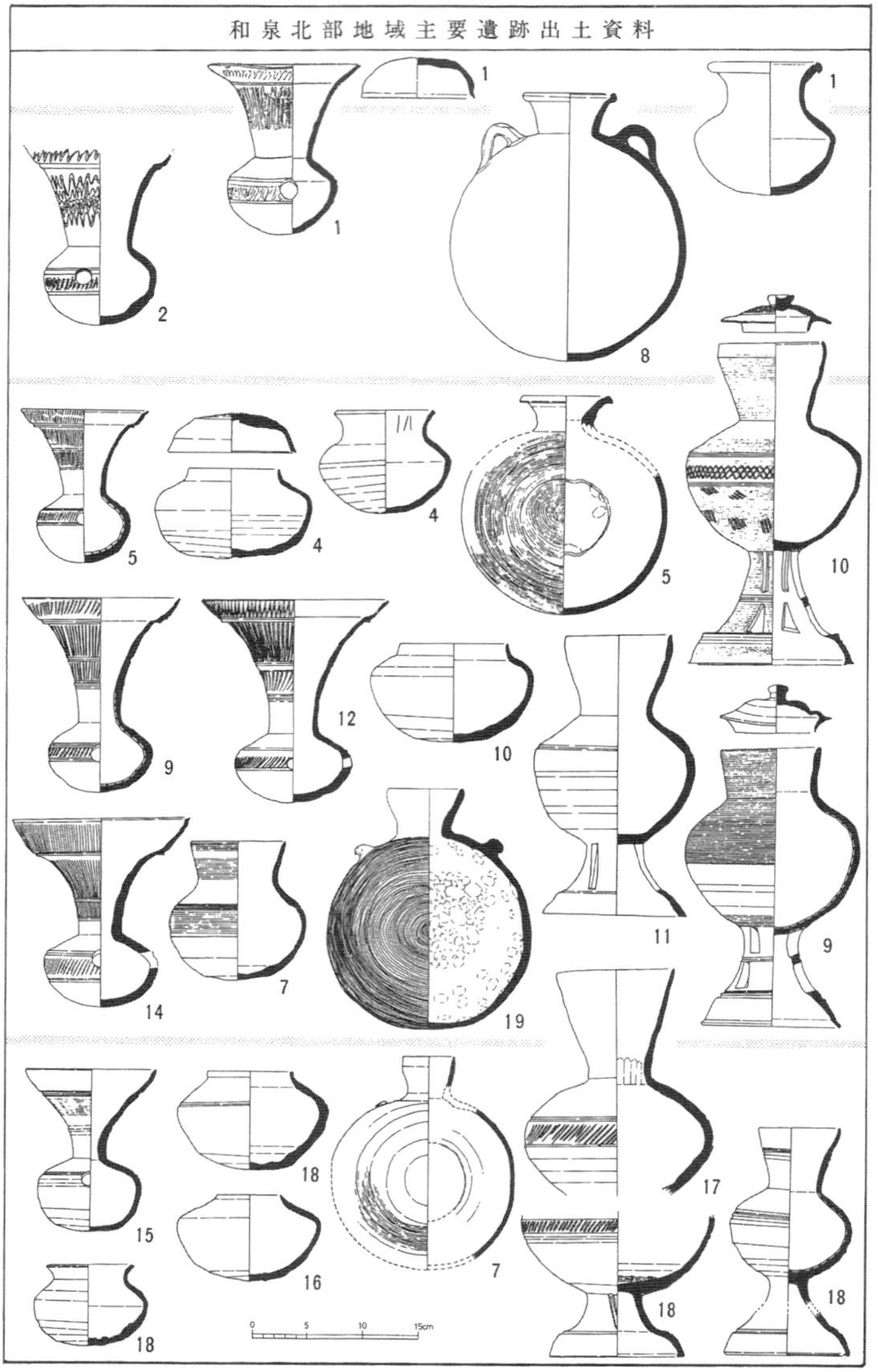

表６　谷山池地区の須恵器編年表２

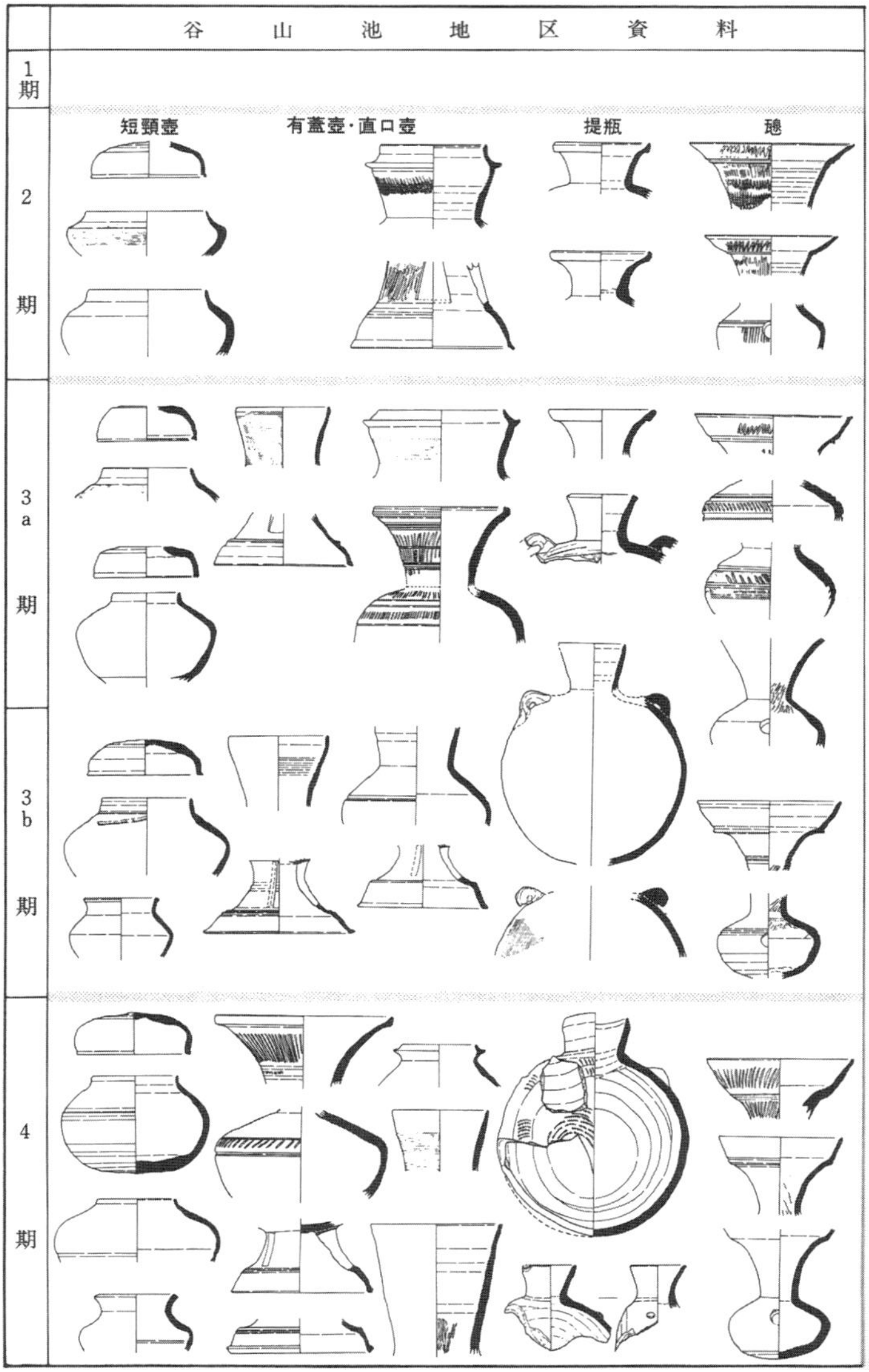

（和泉丘陵内遺跡調査会 1992 年）

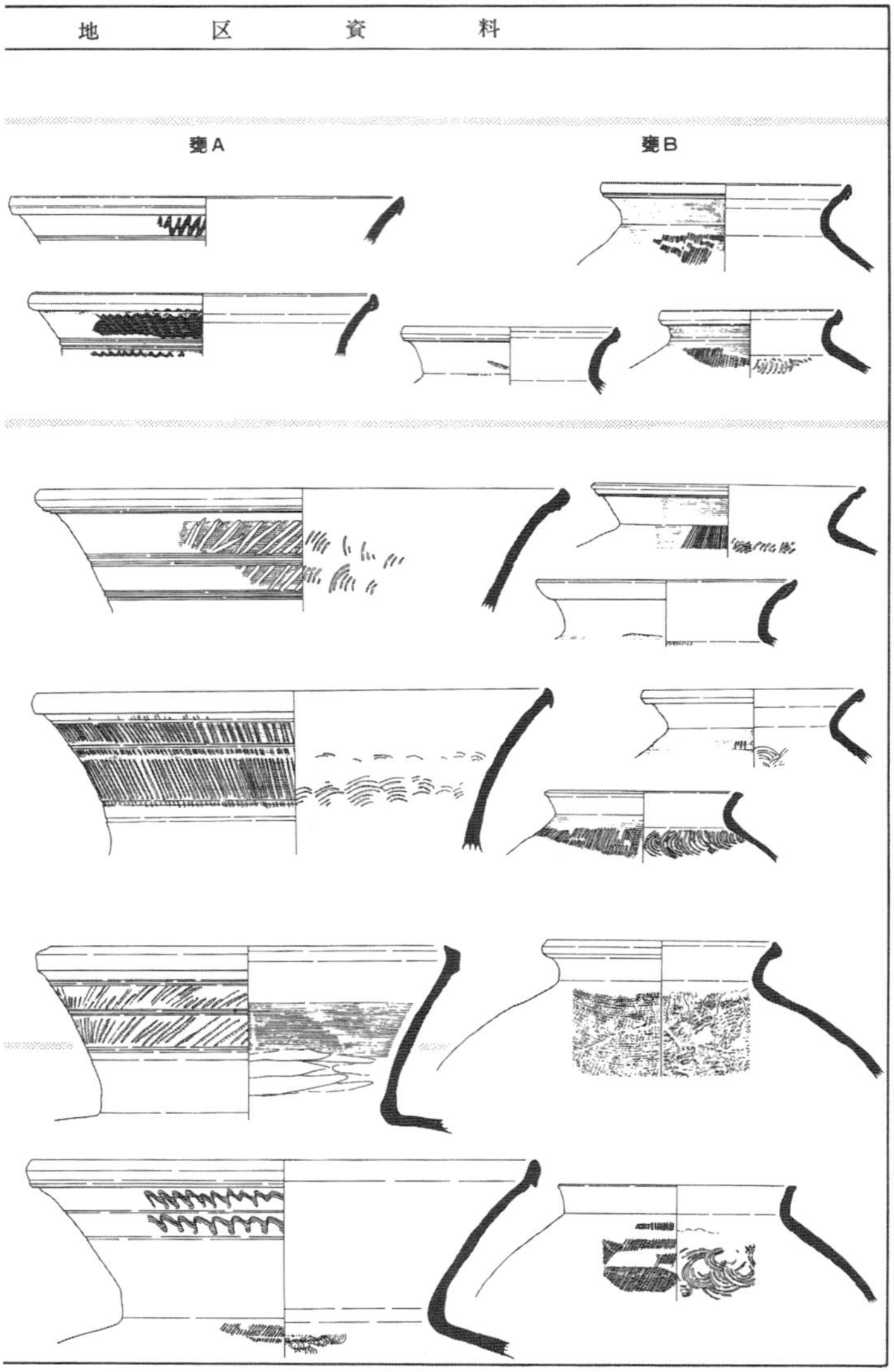

表７　谷山池地区の須恵器編年表３

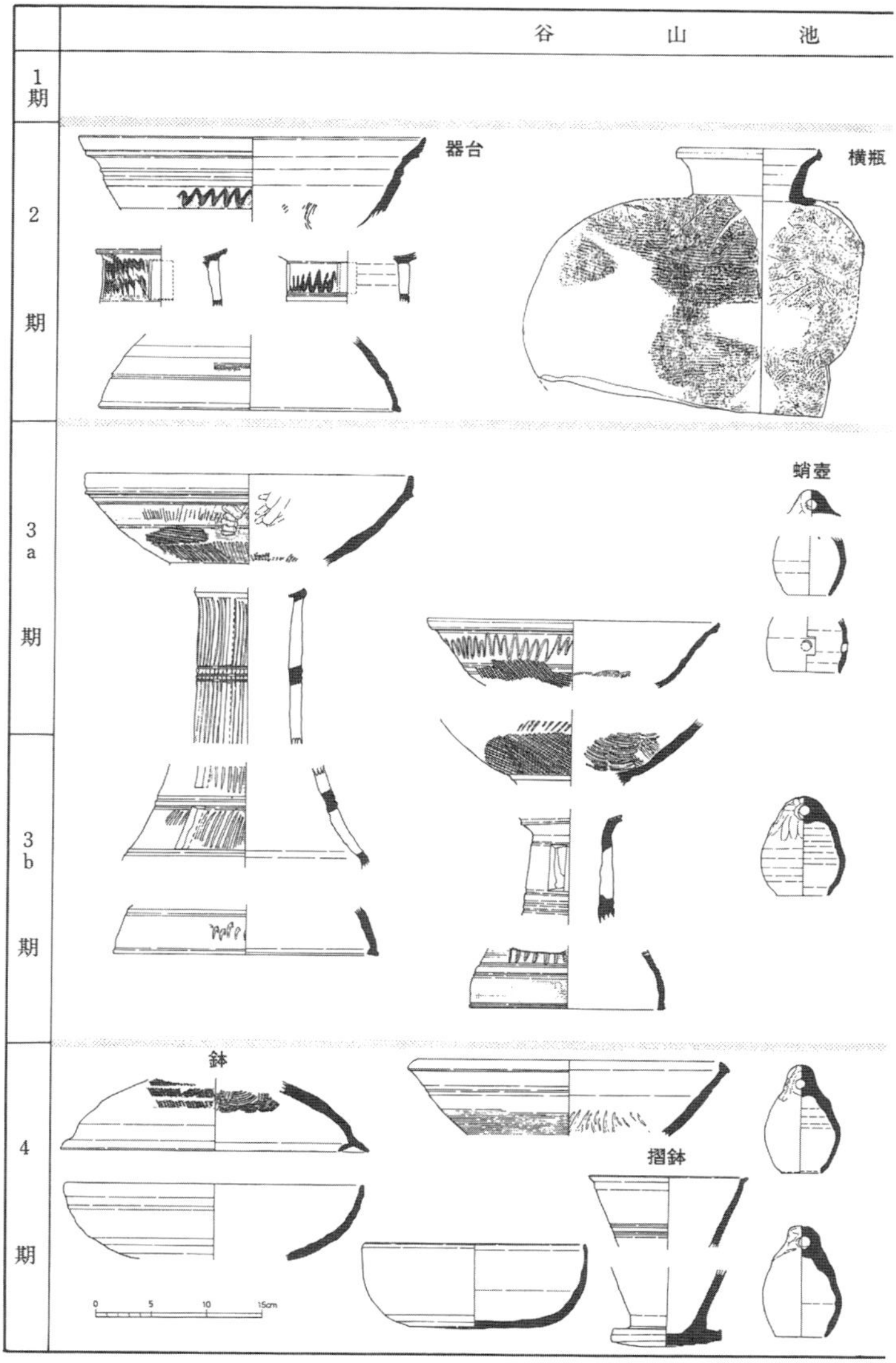

このほか谷山池三b期で一点出土していた坏D3もわずかに出土量が増加する。またこれまでの蓋坏の形態とは異なる坏E1が谷山池二八号窯で一点出土している。しかし、この二型式は谷山池四期においてはまだ主要な型式とはなっておらず、次期の型式と捉えておくべきものであろう。

高坏　高坏G・高坏Hの脚部には、二方透かし窓が断然多くを占めるようになる。高坏Hの坏部は該期の坏部を踏襲しているが、蓋はまだ外面に稜線の有するものが若干残る。谷山池三b期にも見られた外面の旧態が若干まだ認められる。高坏Gの外部には稜線が残るが、列点文が省略されるものが多い。

高坏D・高坏Eは谷山池三b期からほとんど変化することなく、該期の坏蓋及び坏をそれぞれの坏部としている。谷山池四期から確認できる高坏Iは短脚のものと考えられる。ただし坏部の形態は前代からのものではなく、該期に出現する皿・碗とともに新しい器種の範疇に入れられるものである。

𤭯　外面の装飾はほとんどみられない。形態に関しては口頸部の稜線は鈍化し、今まで頸部や体部に見られた凹線も省略化されるものが確認できる。

提瓶　半環状の吊り手はまだ若干見られるが、形骸化したボタン状のものが谷山池四期になって、はじめて確認できるようになる。

壺類　短頸壺も当該期まで連続しているが、有蓋も無蓋も形態にあまり大きな変化は見られないようである。あえて示すならば、頸部の立ち上がりにわずかな高さしか持たないものが含まれるようになる点であろう。長頸壺も該期に含まれるようになる。横瓶も谷山池四期まで連続している。有蓋壺も谷山池二期からの変遷は十分におえないが、該期においても確認できる。脚部を有したものに関しては、その脚部に三角形の透かし窓を入れるものは該期には見られない。

飯蛸壺は形態及び製作方法など変らず出土する。ただ該期から出土数が急に増加しているので、生産地での量産

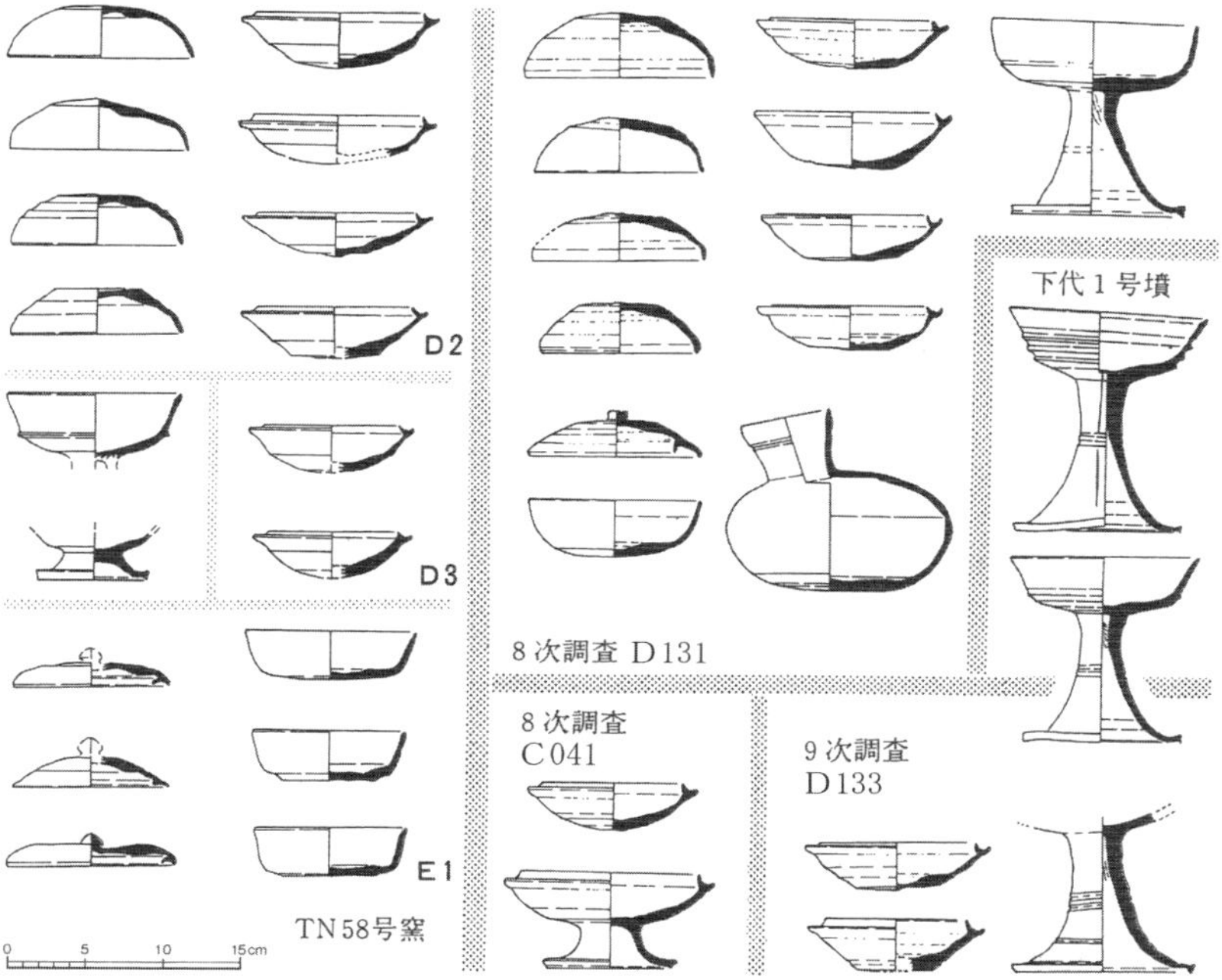

図10　谷山池5期併行の谷山池58号窯跡と万町北遺跡出土の須恵器群
（和泉丘陵内遺跡調査会 1992年）

化が図られているのであろう。

今回の編年作業資料の中には、平瓶は含まれていない。ただし、他器種全般に出土数が少ないこともあり、小破片であるがゆえに、捉えられなかったものが存在していることも十分考えられる。谷山池地区と同じく槇尾川左岸に立地する集落遺跡の万町北遺跡の溝からは出土している。

器台・甕　器台も谷山池四期まで確認できるが、出土資料は文様のシンプル化が著しいものである。甕も谷山池三a期とほとんど変わらないが、口頸部に粗い波状文を施した例が見られる。

碗・鉢・皿　谷山池四期に入ってから、はじめてまとまって出現する新しい器種で、皿、碗、脚付碗、鉢及び有蓋鉢がある。特に碗、脚付碗などは金属器を模して作られたと考えられている器種である。

⑥　谷山池五期

谷山池一期～四期までの時期区分のほかに、発掘調査されたものではないが、分布調査で確認された谷山池五八号窯の灰原採集資料を示しておく。点数が少ないので明確にはなし得ないが、坏D2ないしは坏D3と、つまみと口縁部にかえりを有した蓋及び坏E1でもって構成されていると考えられる。谷山池四期にはない組成で、おそらく次段階の窯跡と考えられる。将来の発掘調査に期待して、とりあえず谷山池五八号窯を谷山池五期の窯跡として捉え、坏D2、坏D3、坏E1を五期の指標としておきたい。[註二]

万町北遺跡の溝D一三一から一括出土した須恵器も資料価値が高く、谷山池四期以後の土器組成と考えられる（図10参照）。出土した土器群の中に長脚高坏があり、その脚部に透かし窓を有したものがほとんどないことが谷山池四期との大きな型式差であろう。

三　基準資料の変遷

この項では、谷山池地区の須恵器編年において、蓋坏、高坏、𤭯の型式変遷について、特徴をまとめておく。

蓋坏　蓋坏の分類については先に詳しく述べておいた。口径や坏の立ち上がりの縮小化など法量の比較、坏蓋の口縁部の内面の段及び外面の稜線の有無などの形態の比較、そして回転ヘラケズリが徐々に省略されるなどの調整方法の変化などが、蓋坏の型式分類及び変遷の目安となろう。このほか、各期の蓋坏の形態は有蓋や無蓋の坏部の形態変化の参考にもなる。

谷山池二期は坏B型式で構成される時期である。そのなかで坏B3が徐々に過半数を占めて行くのが理解できた。つまり坏蓋外面の稜線が明瞭な大型の坏B1・坏B2から、坏B3のように縮小・簡略化が進むのが二期であろう。三期ではその傾向にそって坏C・D型式に移行するが、谷山池三a期まではまだ大型のものが残る。そして、谷山池三b期以降はD型式に完全に移行し、前段階まで見られた坏蓋の口縁部内面の稜線や段が完全になくなり、坏の立ち上がり高も〇・五㌢前後と低くなる。さらに谷山池四期になると、蓋坏の天井部及び底部の回転ヘラケズリが省略されるなどの傾向が強まって、やがて坏Ｄ２を主とした小型のもので占められるようになる。そして五期からはまったく新しい坏Ｅ１が加わり、蓋坏は最新の型式である坏Ｄ３が加わる。

以上の事項を表４と併せて見るならば、各窯跡においてはいくつかの型式の組み合わせで構成され、古い要素と新しい要素を持ち合わせたものとが混在した状態で出土することが多い。つまり、それらが同じ時期に生産されていて、漸進的に新しい型式の土器へと移行しているのが理解できよう。

高坏　いくつかの形式の中で高坏Ａは五世紀から続いてきたものであるが、谷山池二期を最後にその姿を消す。六世紀以降の標識資料として、かねてより指摘されている長脚一段透かしの高坏Ｆも谷山池二期まで存続する。坏蓋を逆転させたものを脚部にのせた高坏Ｄは、各期の坏蓋の形態を踏襲しているが、脚部の方形透かし窓は谷山池三ｂ期以降、ほとんど見られなくなる。

高坏Ｈは谷山池二期では三角形の透かし窓を有し、波状文が施されるなど、次期以降のものと比較すると装飾性が高い。また、高坏Ｈは二段の透かし窓を千鳥形に配するものを含んでいる。そして谷山池三期では装飾は見られず、透かし窓も上下段揃えて穿つものだけになるが、高坏Ｈの特徴である長い脚部は谷山池三ａ期で最も長くなると見られる。窓を穿つ方向は谷山池二期で四方のものが若干見られるものの、谷山池三ａ期までほとんど三方からで、谷山池四期では二方からのものが多くなり、これ以外に線だけを刻み込んだものを含み、透かし窓を省略する傾向にある。そして谷山池五期で高坏Ｈは姿を消す。

高坏の特に蓋部では、各期の坏の形態を踏襲しながらも、古い要素を後の段階まで有することも指摘できる。谷山池三ｂ期の坏蓋は体部外面の稜線及び口縁部内面の段がない坏Ｄ１が主体となっているが、高坏蓋にはそれが見られ、谷山池四期でも体部外面の稜線が残っているものが存在する。また谷山池四期においても、坏Ｃ１に匹敵するような口径の大きいものが若干見られることも指摘できる。長脚高坏にみられる祭祀のための須恵器の特殊用途の現れとみることも考えられる。

次に、谷山池三期から見られる無蓋高坏Gは高坏Hと同じ長い脚部を有し、その脚部の形態変遷は同様である。その脚部は低くなり、透かし窓を完全に省略しながら矮小化し、谷山池五期まで存続する。その坏部は体部外面に列点文など比較的ていねいな装飾を加えているが、谷山池四期以降少なくなり、同五期では全く施されなくなる。

𤭯　装飾の面で高坏と似るところがある。時期を追うごとに体部外面の装飾が徐々に淡くなる。また、谷山池二期から四期まで、頸部の太さ、口縁部内面の明瞭な段の有無及び端面の仕上げ、そして頸部で屈曲する外面稜線の位置などが、編年作業の重要な要素であることがわかる。

四　既往の「陶邑」編年との比較

次に、谷山池地区の須恵器編年と田辺昭三の編年研究（田辺一九六六・一九八一）を比較検討する。

①　高蔵寺一〇型式

坏の立ち上がり高は約一・二センチが中心にあり、蓋の口縁部内面は面をなしているが、蓋の外面の稜線は鋭さに欠けるのが特徴的である。谷山池編年の坏B2と坏B3に相当し、谷山池二期にほぼ併行すると考えられる。高坏には無蓋長脚一段透かしのものや、波状文を描き三角形の透かし窓をもつ長脚二段透かしのものが見られる。𤭯は太い頸部と長い口頸部からなるものであるが、ていねいに文様を施すものと、文様を省略するものも認められる。

②　高蔵寺四三型式～高蔵寺二〇九型式

高蔵寺一〇型式の次段階に陶器山八五号窯跡の資料が提示されている。陶器山八五号窯跡は窯体および灰原出土の資料である。田辺の『須恵器大成』において坏B2・B3、坏C1・C2、坏D1の型式群をもって構成されており、時間的経過が長いことがうかがわれる。さらに他器種では提瓶の口縁端部に面をもつことなどから、その様相は谷山池三a期に近いものであることが理解される。対して𤭯は頸部が細く、体部の上位で肩がよく張っている同三b期に帰属するものが出土している。[註三]

続く高蔵寺四三型式の発掘資料は、坏蓋の内面に段を有する坏B3・坏C1・坏C2が共伴することが認められるものの、坏蓋口縁部を丸く仕上げる数多くの坏D1で占められているようである（大阪府教一九七八a）。高蔵寺四三型式の他器種には、二段三方透かしで列点文のはいった無蓋高坏や、文様を施さず体部をヘラケズリした頸部の細い𤭯がある。提瓶には口縁部外面に若干肥厚した丸い面を有したものと、面をなさないものとがある。これまで認識されている高蔵寺四三型式の資料は、どちらかというと谷山池三a期よりも谷山池三b期の要素をもった時期であろう。

次に、高蔵寺二〇九型式はすべて灰原資料である。この資料も総じて器種構成がわかりにくいが、蓋坏は坏D1と坏D2でほぼ占められている。他器種では大型の鉢などもみられ、新しい器種が加わってくる。このほか提瓶の口縁部は前型式と比べると丸く仕上げられているだけで、簡略化が進んでいる。しかし、高坏は器体が比較的大きいものが多く、長脚二段の高坏には二方と三方の透かし窓があるが、三方が目立って多い。これらの様相から検討すると、田辺編年の高蔵寺二〇九型式は谷山池地区の編年では谷山池三b期と同四期にかけての器種構成を示していると考えられる。

このように考えると、高蔵寺四三型式と高蔵寺二〇九型式とをもって二時期に区分することは適当ではないと考えられる。法量のうち口径を取り上げてみても、坏蓋の場合、高蔵寺四三型式、高蔵寺二〇九型式とも一三㌢〜一五㌢に集中する傾向がうかがえる。長脚高坏の形態でも、三方透かし窓が多くを占めている。したがって、両型式の属性には共通点が多く、これらは相対編年の上で二時期に区分するための資料としては適当ではないと考えられる。

③　高蔵寺二一七型式

高蔵寺二一七型式はこれまで各研究者によって、時間的差を認め、新・古に分類されることが多く、型式内で時間幅がかなりあることは共通した認識であったといえる。しかし、高蔵寺二一七型式は、二基の窯跡が重なり合った地点の灰原から出土したものが資料となっている可能性があり、時期差のある古い要素と新しい要素を持ったものが混在していることを否定できず、編年資料として再考が必要ではないかと考えている。古墳時代的な蓋坏の一群については、蓋坏は主に坏口径一〇～一一センチを測る坏Ｄ２で構成される。長脚高坏は無蓋で二段二方透かしの例のほかに、透かし窓のないものが含まれている。そのほかに坏Ｅ１が多数ある。これらの資料の組成は、確実に谷山池四期の特徴ではない。高坏では高蔵寺二一七型式の方が脚部形態に省略化が著しく、高蔵寺二〇九型式から高蔵寺二一七型式へのつながりが悪く、型式間に開きがあることが指摘できる。このことについては、中村浩からも高蔵寺四三型式や高蔵寺二一七型式の資料性に疑問が投げかけられている（中村二〇〇〇）。

二　実年代の比定

次に、谷山池地区の須恵器編年について年代観を記しておく。対比する資料として今城塚古墳、岩戸山古墳、牧野古墳、狭山池北堤窯跡、隼上り瓦窯跡、甘樫丘東麓遺跡が挙げられる。

一　今城塚古墳

大阪府高槻市の今城塚古墳は継体天皇の陵墓の可能性が高いとされる前方後円墳で、濠を有し、墳長一九〇メートル、後円部径一〇〇メートル、前方部幅一五八メートルの規模である。墳丘の北側内堤の張出で多種の埴輪が配列されていて、埴輪による祭祀場が表現されていることでも知られている。北造出部付近の墳丘土から須恵器が出土しており、陶器山一五型式（新相）から高蔵寺一〇型式（古相）にかけての時期が示されている（森田二〇〇六、高槻市二〇〇八・二〇一二）。今城塚古墳の被葬者の有力候補の継体天皇が治世二五年（五三一年）に亡くなっていることが、須恵器群の相対年代に付す暦年の参考になる。図11の有蓋高坏は千里系須恵器として指摘されているもので（田村二〇一〇）、田村美沙による千里窯編年のⅡ期古段階にあて、陶器山一五型式〜高蔵寺一〇型式に比定している。

図示した以外の須恵器では、坏の口縁部内面に凹線が残ることや𤭯の太い頸部など（高槻市二〇〇八）から総合的に考えて、泉北丘陵窯跡群の谷山池一期から二期に併行するものと筆者は考える。[註四]

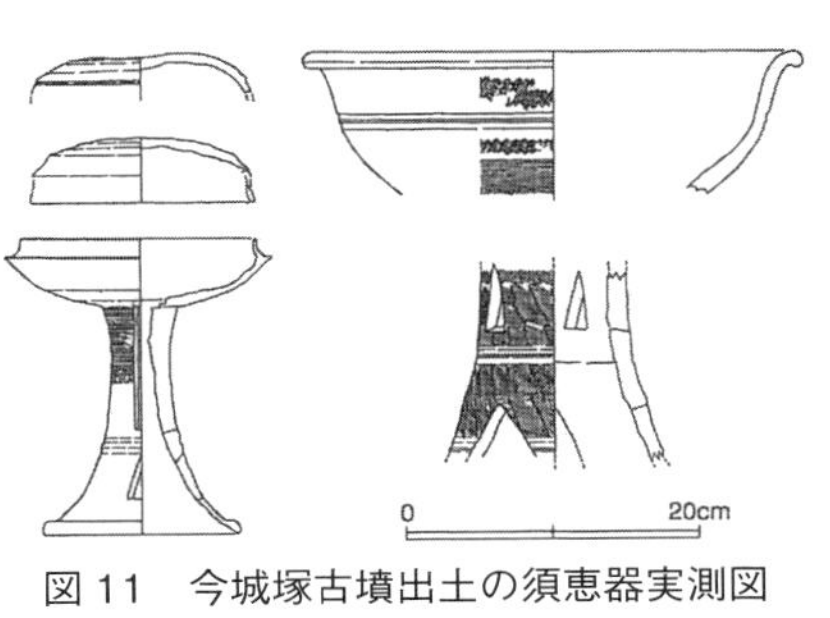

図11　今城塚古墳出土の須恵器実測図
（森田克行2006年）

二　岩戸山古墳

福岡県八女市に所在する岩戸山古墳は、森貞次郎によって五二八年（継体天皇二二年）に没した磐井の墳墓である蓋然性が高いと指摘されている（森一九五六）。『筑後国風土記』逸文に見える「筑紫君磐井の墳墓」の記述にある古墳といわれ、生前に造られた寿墓と逸文にある。

その墳丘から須恵器が出土している。田辺昭三はその土器群には二型式以上あり、その中の最も古いタイプの一群は、陶器山一五型式から高蔵寺一〇型式への過渡期に併行するものと捉え、高蔵寺一〇型式のはじまりを筑紫君磐井の墓の造営時期（五二七年）前後にあたるとしている（田辺一九六六）。このほか、関川尚功は器台群の型式差を認めつつ、出土須恵器の中で最も古いものを高蔵寺一〇型式前半頃にとらえている（関川一九八四）。また、高橋徹・小林昭彦は大型器台の総括的な編年の検討を行ったうえで、高蔵寺一〇型式から陶器山八五号窯跡（型式）に比定している（高橋・小林一九九〇）。このような検討から岩戸山古墳を古くみても高蔵寺一〇型式を大きく遡らないと考えている。

九州に所在する古墳であることから、出土須恵器が泉北丘陵窯跡群の須恵器とは言えないが、一応谷山池地区編年に対比すると、鉢形の器台は波状文で加飾されていることや、口縁部を含めた鉢部の形態から谷山池一〜二期と併行関係にあるといえる。

三　牧野古墳

奈良県北葛城郡広陵町に所在する牧野古墳の内容は、一九八〇年代に行われた発掘調査で明らかになった（広陵町教一九八七）。その結果、被葬者に敏達天皇の皇子である押坂彦人大兄皇子をあてる説が河上邦彦（河上一九八七）、白石太一郎（白石一九九五）、増田一裕（増田一九九六）らによって検討されている。押坂彦人大兄皇子の薨去した年は不明であるが、六世紀末葉から七世紀初頭が有力とされており、仮に牧野古墳の被葬者をこの人物にあてると、以下のとおり、出土須恵器から谷山池三b〜四期の須恵器の年代観の参考となる。埋葬主体は大型の両袖式横穴式石室で、玄室には刳抜式と組合式の異なった家形石棺が置かれ、二基の石棺は同時に埋納されたと報告されている。副葬品としてたくさんの馬具、武器、装身具が出土しているほか、羨道の閉塞石奥から須恵器が一括で発見された。羨道からまとまって出土した須恵器には、有蓋高坏・同蓋各八点、無蓋高坏九点、短脚無蓋高坏一四点、䭾六点、脚付き壺四点などがある。玄室からは坏蓋が一点出土している。

有蓋高坏は長脚化しており、脚部の長短の違いから二分類できるが、どちらの坏部も谷山池地区編年坏D１に類似する。高坏蓋では体部外面に稜線が見られ、口縁部は丸く仕上げられていることも全点に共通している。脚部の透かし窓は三方のほか、二方のものも確認できる。これらの有蓋高坏と同蓋にはいわゆるヘラ記号が二種類見られ、

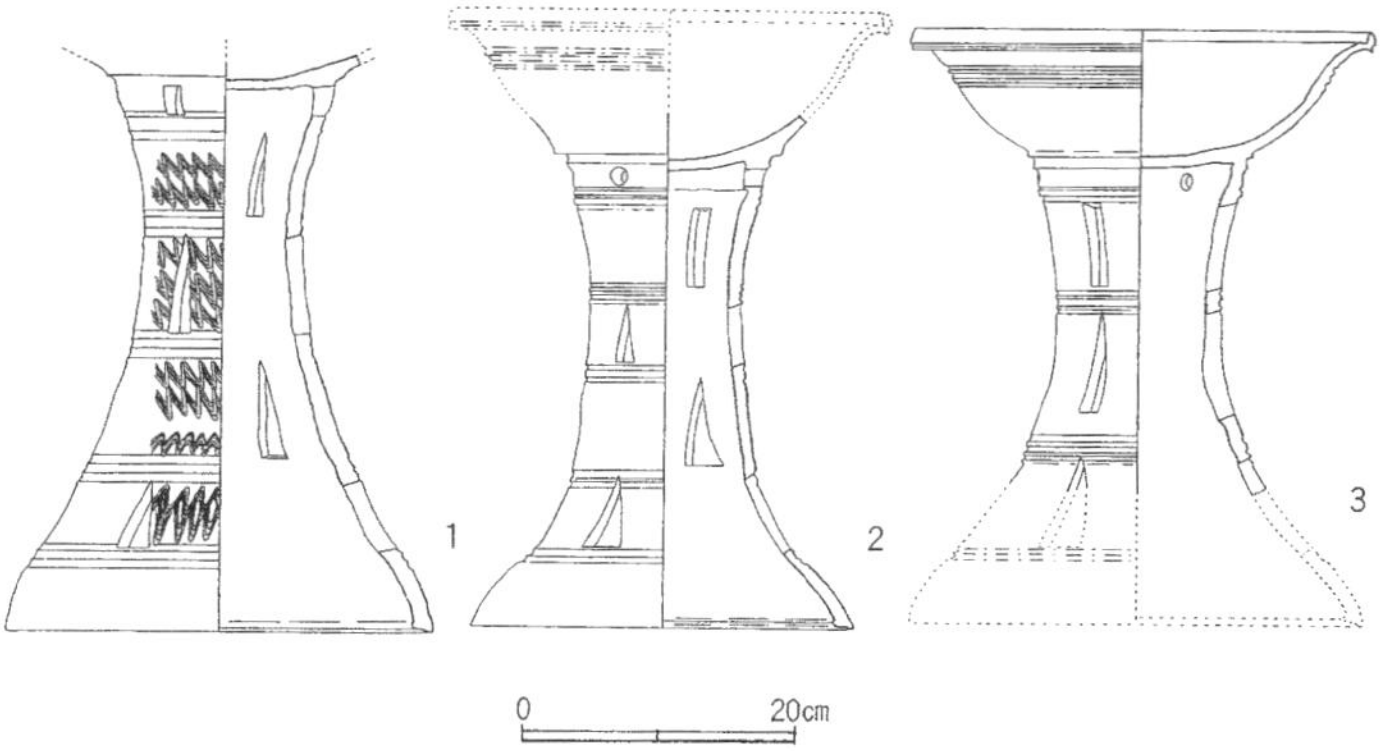

図 12　岩戸山古墳出土の須恵器実測図（高橋徹・小林昭彦 1990 年）

図 13　牧野古墳出土の須恵器実測図（奈良県立橿原考古学研究編 1987 年）

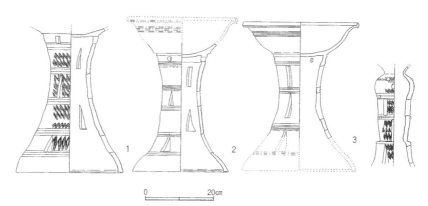

それらがセット関係を表していると考えられる。同一工人ないしは二人の工人によるものであろう。ヘラ記号は短脚の無蓋高坏にも残っており、種類の異なったヘラ記号が脚部の形態差に現れている。これは報告書に指摘されていることで、工人の差によるものであろう。

無蓋高坏には長脚のものと短脚のものとがある。後者の脚部に形態差はあるものの、高坏の坏部は谷山池編年坏C2及び坏D1にあたる坏蓋を逆転したものである。長脚の無蓋高坏には四～五形態あり、坏部に刻み目文が施されているものを含む。その中で脚部の短いものに限って二方透かしが見られる。

䠊の口縁部は一点のみ面をなすものがあるほかは、すべて丸く仕上げられている。体部は肩が強く張り、頸部の稜線の位置も下がりぎみである。文様はほとんど刻み目文で構成されている。

四　狭山池一号窯跡（狭山池北堤窯跡）

大阪府大阪狭山市にある狭山池において、大規模改修の事前総合調査の一環として、一九九三～九四年に窯跡が発掘調査された（狭山池一九九九）。そして狭山池の北堤から東樋下層遺構と呼ばれている樋管が発見された。この樋管はコウヤマキの丸太材を半截して刳りぬき、それを七本連結したものであった。材のコウヤマキは年輪年代測定法によって、樋管のうちの一本が西暦六一六年の春から秋にかけて伐採されたものであることが判明した。狭山池北堤の第一次堤体が最初に築造されたのがこの年以後であると理解された。

この北堤の第一次堤体の斜面外側には灰原を想像させる堆積土が広がっていた。ただし、この灰層は水平堆積に近く、また砂質土との互層状になっており、通常の灰原の様相とは異なっている。北堤の護岸を目的とする遺構として捉えることも可能であろう。このようなことから須恵器窯の存否は検討要である。現時点では、他の複数の地点から窯壁や土器群が廃棄された可能性はあるが、一括性の高い資料と判断しておきたい。北堤斜面上に堆積した

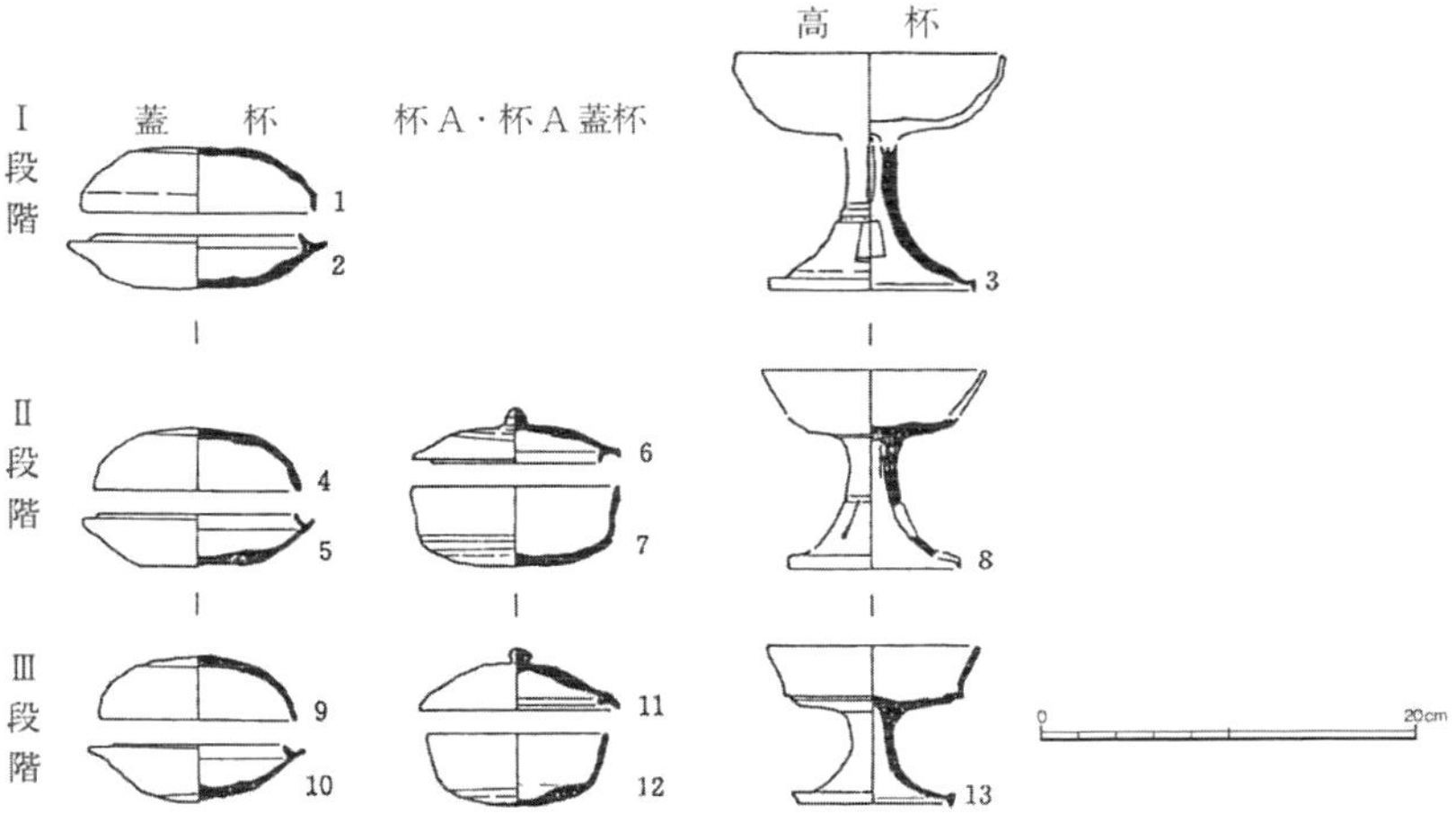

図14　隼上り瓦窯跡出土の須恵器実測図（菱田哲郎1986年）

一群の須恵器の時期は、六一六年以後に調製された樋管よりも新しい時期となろう。

狭山池一号窯跡の蓋坏の坏口径は一〇～一三センチで、谷山池編年の坏D2に近い。坏E1も見られるが、その比率は圧倒的に坏D2と坏D3が勝っている。このほか調整方法や多器種のセット関係から、谷山池四期よりも新しい段階の資料であろう。単一窯跡出土の須恵器ではないかもしれないが、参考資料として取り上げておきたい。

五　隼上り瓦窯跡

京都府宇治市に所在する隼上り瓦窯跡は三基の窯跡で構成される。瓦と須恵器を焼成した瓦陶兼業窯であるが、もっぱら瓦の生産に重きをおいた窯跡群で、須恵器に比べて瓦の出土量の方が圧倒的に多い（宇治市教一九八三）。この遺跡の重要な点は、須恵器とともに生産された高句麗系軒丸瓦が、奈良県高市郡明日香村にある豊浦寺跡に供給されたことにあり、豊浦寺の創建時期（六二九～六四一年）との関連から須恵器の型式に実年代を与えることが可能となる点にある。隼上り瓦窯跡は概ね七世紀の第2四半期頃に操業されて、瓦が生産されたと考えられている（大脇一九八九、清水一九九四）。出土須恵器を谷山池地区のものと比較してみると、蓋坏では坏D2・坏D3と、坏E1でもって構成されているのがわかる。隼上り瓦窯跡出土の須恵器は時期的に三段階に分類できることが説かれている（菱田一九八六、杉本一九八七）。

隼上り窯跡三基の最終床面には残された須恵器はわずかなので、三基の窯跡資料から三段階の生産時期差を設定するのは難しいのではないかと筆者は想定している。畑中英二も出土資料の型式的細分について、再考する必要性を説いている（畑中一九九七）。その須恵器の調整方法では、底部、天井部が轆轤による丁寧なヘラケズリを施されていないものが大半を占める。高坏では長脚の二段透かしに刻み目を入れた程度のもの、あるいは全く見られない資料がほとんどで、脚部が短く、凹線のない無蓋の高坏も若干含まれる。したがって、隼上り瓦窯跡出土の須恵器は、谷山池四期には帰属しないと考えておきたい。

新納泉が隼上り窯跡の須恵器を、「戊辰年」銘をもつ銅象嵌鉄剣が出土した兵庫県養父市箕谷二号墳（八鹿町教一九八七）の須恵器群に照合している。新納は結果的に「戊辰年」は六〇八年が有力とし、菱田編年隼上りⅠ・Ⅱ段階を七世紀初頭ないしは前葉に、同Ⅲ段階を七世紀中葉頃として鉄剣と須恵器の年代的関係を指摘している（新納一九八七）。箕谷二号墳の横穴式石室から追葬時に出土したのものとされる鉄剣と多くの須恵器の共伴関係を、筆者としては現状では明らかにできていないと思われるが、谷山池四期から五期に帰属するものと推定しておきたい。

六　甘樫丘東麓遺跡

従前より飛鳥・藤原宮地域の須恵器と土師器とを組み合わせた土器編年については、奈良国立文化財研究所の発掘調査の成果をもとに西弘海により示されていた。それには調査対象の寺跡や宮跡など各遺跡に関連する考察から

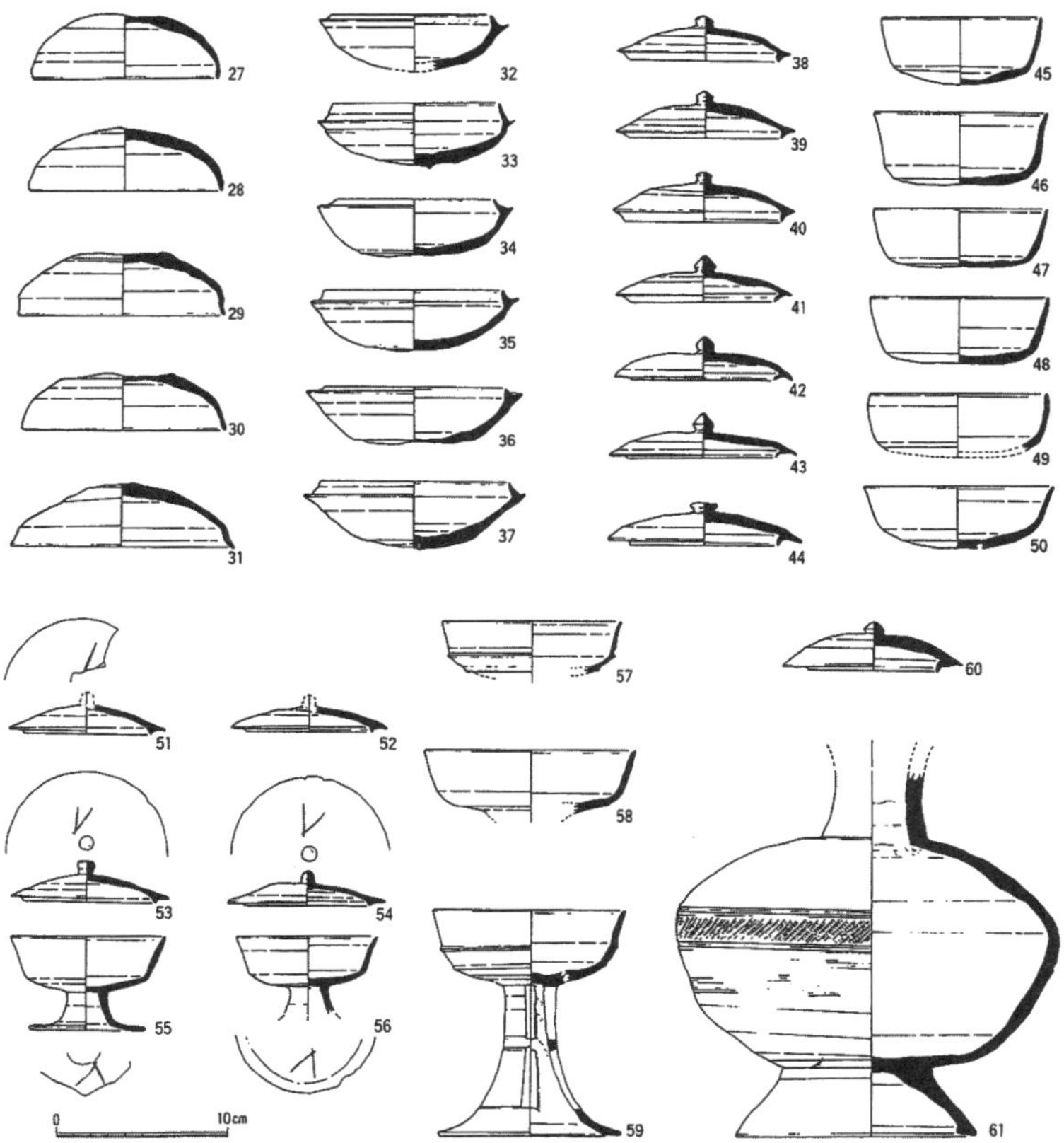

図 15　甘樫丘東麓遺跡出土の須恵器実測図
（奈良国立文化財研究所 1995 年）

年代が与えられ、今まで七世紀前半期の時期区分としは、飛鳥Ⅰ～飛鳥Ⅲが設定されていた（西一九八六）。奈良県明日香村に所在する甘樫丘東麓遺跡の調査第七五－二次（奈良文研一九九五a・二〇一九）の焼土層ＳＸ〇三七出土の須恵器においては、蓋坏の蓋口径は一〇・八～一三・一㌢で、坏Ｄ２が多いことが理解される。また、坏Ｄ２・坏Ｄ３と坏Ｅ１との出土比率は、ほぼ等量かやや坏Ｅ１の方が多い。そして坏Ｄ２・坏Ｄ３はその底部などがヘラキリのままの調整不十分なものが多いと報告されている。これらのことから、谷山池五期の様相よりも坏E1が主として構成されることから、時期を谷山池五期併行ないしは下げて考えたい。SX〇三七は皇極天皇四年（六四一年）の乙巳の変で焼亡した層と指摘されている。なお、猿投窯須恵器の蓋坏の最小段階（Ⅲ期新段階）が出土していることが指摘されている（尾野二〇〇〇）。

七　山田寺跡下層遺構

奈良県桜井市の特別史跡山田寺跡の一九八九～九〇年に行われた第七次調査で、山田寺跡南門の発掘が行われ、南門の造営に伴う整地土下から掘立柱建物や溝などが検出された。その整地土や溝SD六一九からはさまざまな遺物とともに須恵器が出土している（奈良文研一九九〇・二〇〇九）。出土した須恵器は飛鳥Ⅰの新しい時期に比定できると言われている。谷山池地区編年に比較すると坏D2・坏D3・坏E1で構成されている。

前述の甘樫丘東麓遺跡と山田寺跡の出土資料の検討から、谷山池五期の須恵器群に年代を与えることができる。山田寺の建立については聖徳太子の伝記『上宮聖徳法王帝説』の「裏書き」に記されていて、造営にかかる整地が着手されたのは六四一年（舒明一三年）と伝えられている。この記事から谷山池五期の時期は、七世紀第二四半期頃と考えられる。

八　谷山池地区編年案の年代観

今城塚古墳の継体天皇没年及び岩戸山古墳の筑紫君磐井の没年から、谷山池二期の存続時期の定点を五三〇年頃に推測できよう。谷山池二期以降は、谷山池三a期・三b期が段階的に推移するのは間違いなく、谷山池三a期の上限は六世紀中葉頃と考えられる。谷山池二期の時間幅は確実に把握されていないが、岩戸山古墳築造時期の五二七年を谷山池二期の下限とすると、それによって谷山池三a期・三b期の存続期間が長くなるだけでなく、谷山池二期以前の土器型式の変遷のあり方からも推測しにくい。よって谷山池三a期は六世紀中葉頃を上限と考えておきたい。〔註五〕

谷山池四期と同五期との境は、狭山池一号窯跡や隼上り瓦窯跡などの資料の年代から、六一〇～六二〇年代を目安にすることが考えられるであろう。したがって、その前段階の谷山池四期の存続期間を考慮に入れると、同三b期の下限はどうしても六世紀代末までに考えざるを得ないであろう。谷山池三b期ないしは同四期にかけて比定可能な牧野古墳の築造時期は、六世紀末頃に近い時期を考える。二基の石棺が仮に同時埋葬でないとしても、その須恵器群の多数を占めるのは谷山池三b期の様相に近い。また、五期は甘樫丘東麓遺跡と山田寺跡の出土須恵器により、およそ六四〇年前後には帰属することになろう。〔註六〕

ここまで述べてきた編年案を整理しておくと以下のようになる。

谷山池二期（高蔵寺一〇型式）・・・・・・・・・・五三〇年頃が上限
谷山池三a期（陶器山八五号窯跡（型式））・・・・・・・六世紀中葉から同第3四半期
谷山池三b期（高蔵寺四三型式～高蔵寺二〇九型式）・・・六世紀第4四半期
谷山池四期（高蔵寺二〇九型式）・・・・・・・・・六世紀末～七世紀初頭
谷山池五期（高蔵寺二一七型式）・・・・・・・・・七世紀第1～2四半期

三　まとめにかえて ―消費地遺跡出土の須恵器との対比―

これまで示した窯跡の出土品を用いて資料を検討する場合、出土量の多い蓋坏に対して他器種は総じて「出土量が少ない、破片の場合が多い」ことなどから、蓋坏と組み合わせて形態変化を捉えにくいことがあげられる。高坏や𤭯、壺などは集落遺跡よりも特に古墳などの葬送施設に用いることが多い器種であり、そもそも需要に応じた、

表８　谷山池地区出土須恵器器種比率表（和泉市教 2017 年に同じ）

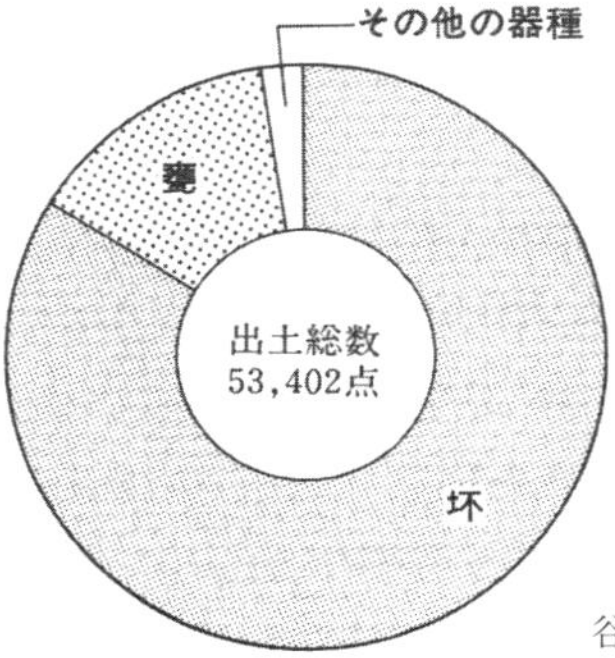

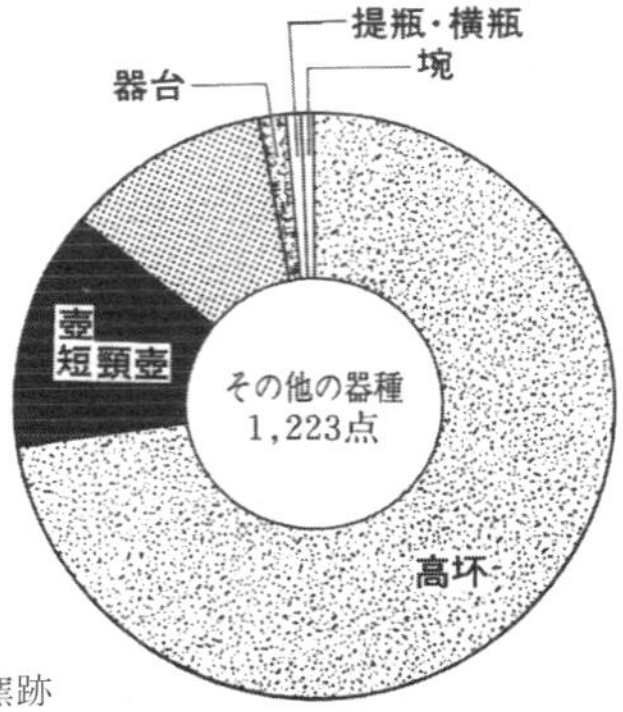

谷山池４・５号窯跡

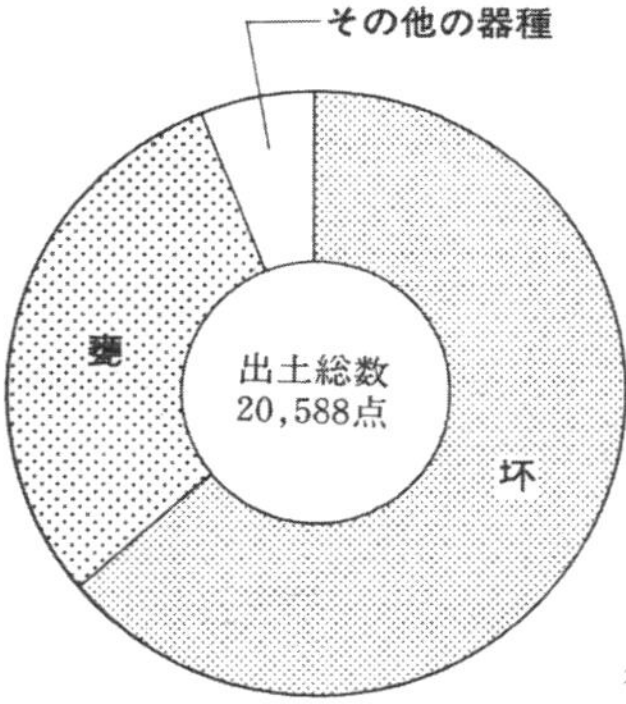

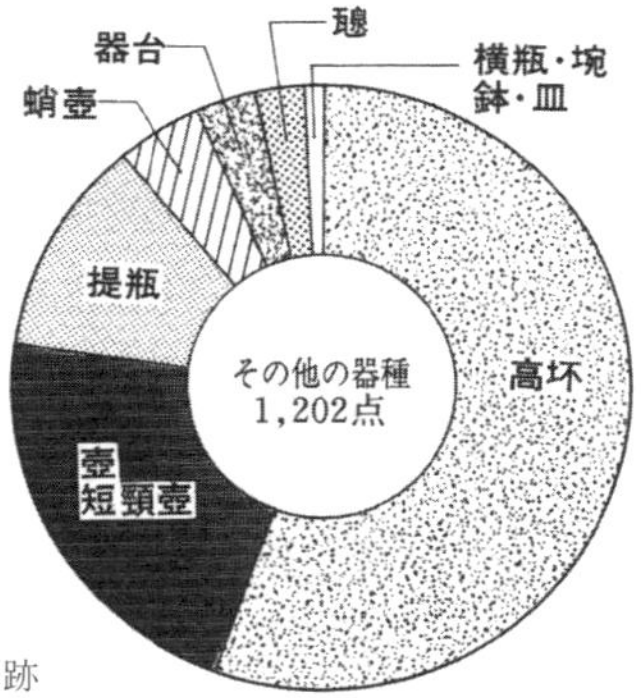

谷山池７号窯跡

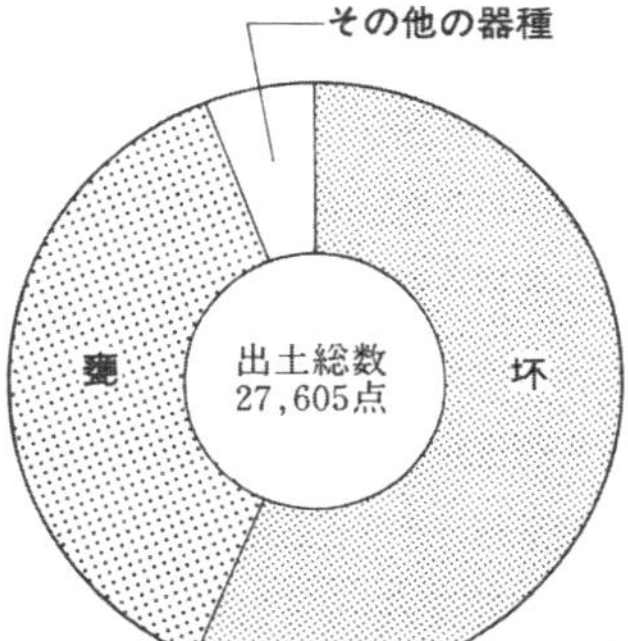

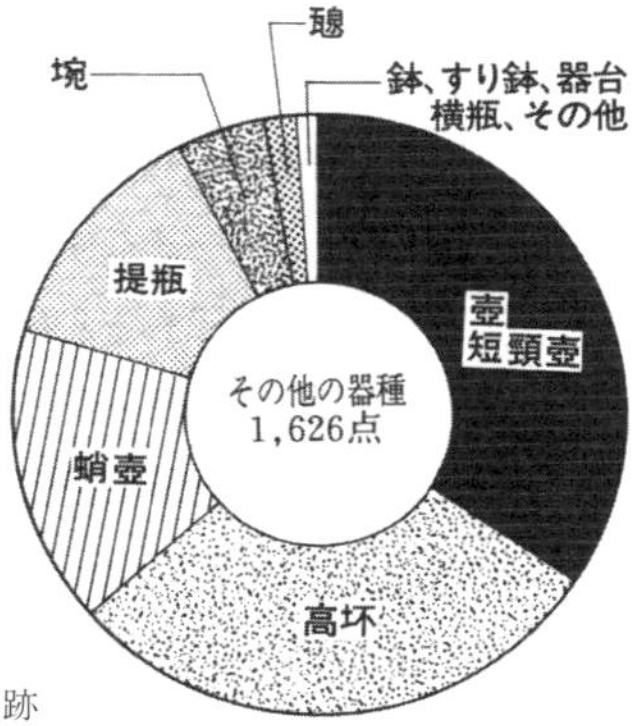

谷山池 11 号窯跡

表９　泉北丘陵地区の古墳・集落遺跡出土の須恵器１（和泉市教 2017 年、加筆修正）

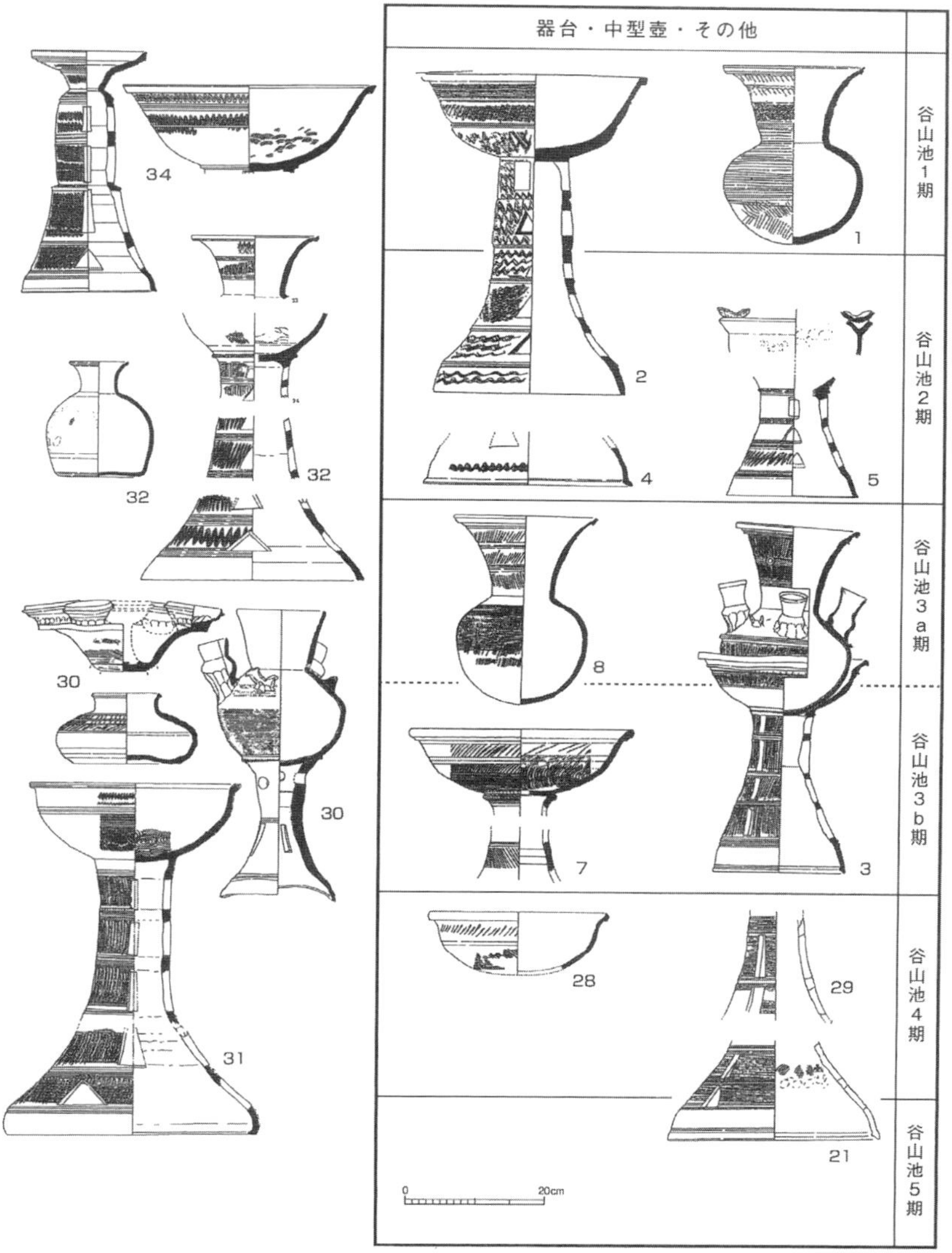

（和泉市教 2017 年、加筆修正）

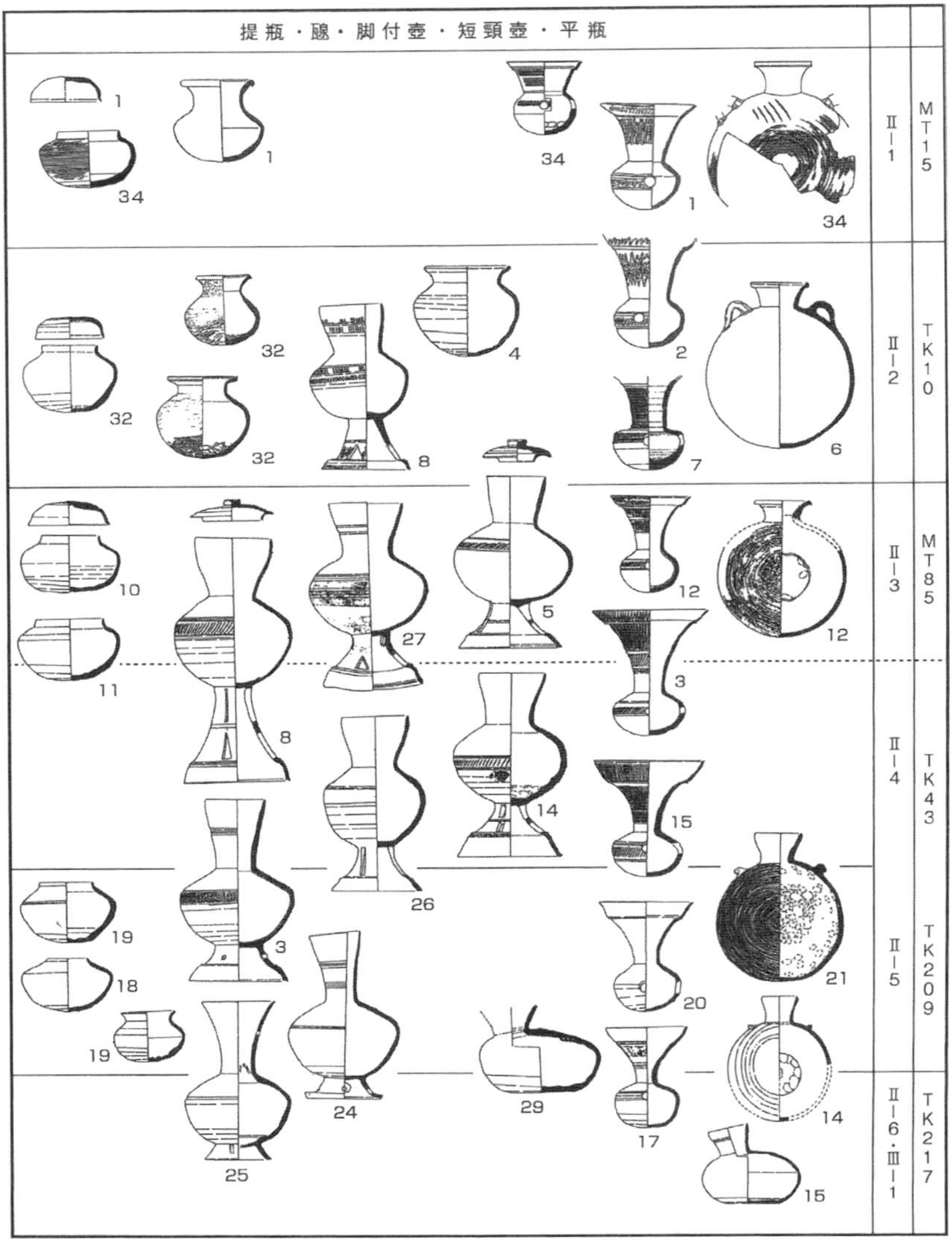

20：陶器千塚 21 号墳、21：陶器千塚 29 号墳、22：陶器南遺跡、23：室堂 2 号墳、
24：檜尾塚原 6 号墳、25：下代 7 号墳、26：檜尾塚原 8 号墳、27：唐国池田山 6 号墳、
28：野々井 30 号墳、29：陶器千塚 6 号墳、30：太平学園内古墳、31：陶器千塚・陶器遺跡、
32：マイ山古墳、33：下代 5 号墳、34：大庭寺遺跡

表10　泉北丘陵地域の古墳・集落遺跡出土の須恵器2

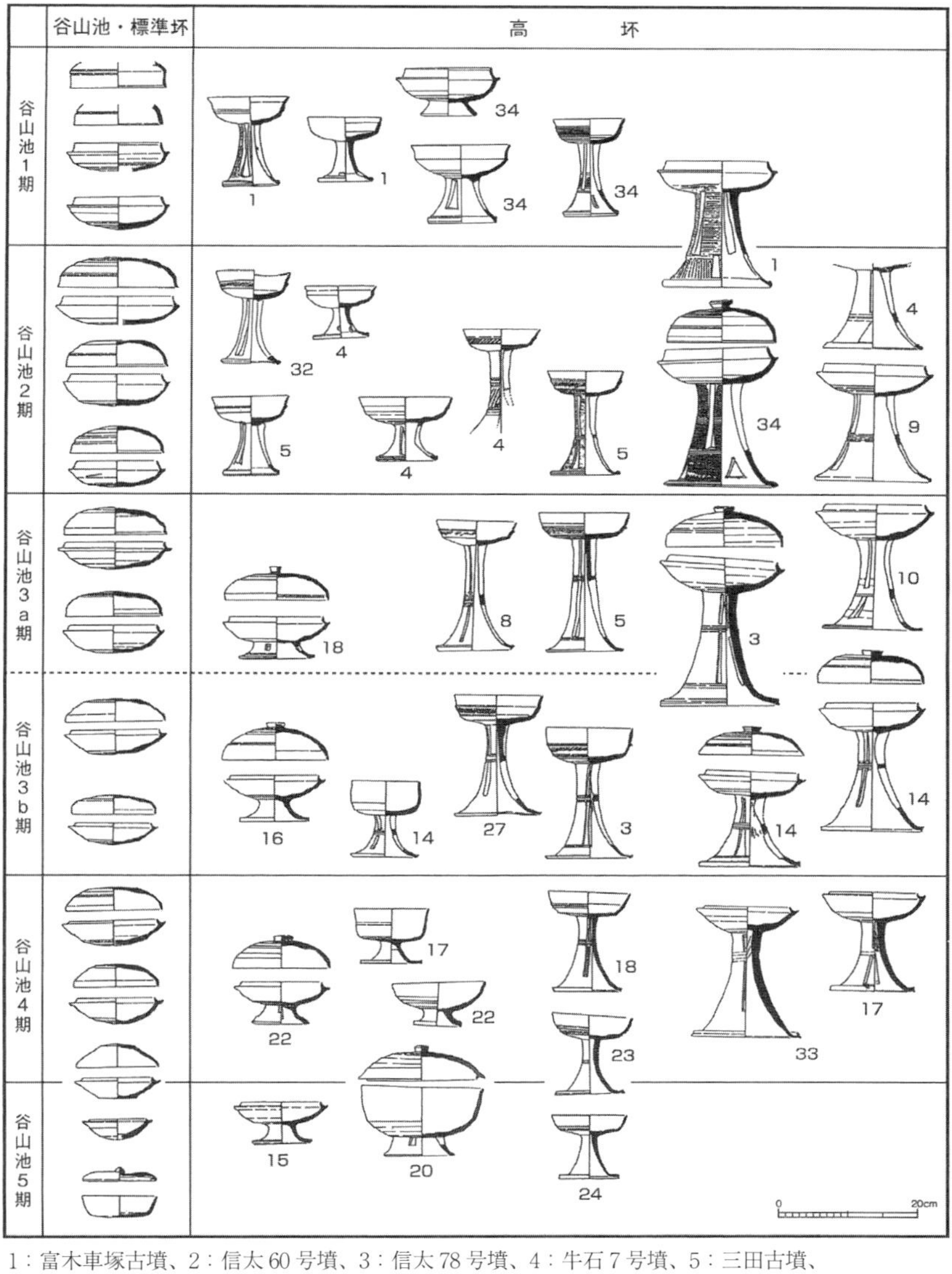

1：富木車塚古墳、2：信太60号墳、3：信太78号墳、4：牛石7号墳、5：三田古墳、
6：豊田遺跡、7：寺門1号墳、8：檜尾塚9号墳、9：野々井24号墳、10：西山古墳、
11：明神原古墳、12：和泉向代1号墳、13：和泉向代3号墳、14：和泉向代4号墳、
15：万町北遺跡、16：野々井1号墳、17：下代2号墳、18：下代3号墳、19：下代6号墳、

どちらかというと特注品に近いものとみられる。そのために六世紀の窯跡から出土する割合が非常に少ないのである。したがって、蓋坏よりも型式変化を追うことが比較的難しいことがいえる。

先に述べた研究史ではあるが、窯跡出土資料の重要性を説いた研究は、森浩一による泉北丘陵窯跡群から本格的に始まり（森一九五八、森・石部一九六二、伊達・森一九六六）、そして大規模な発掘調査を経て田辺昭三（田辺一九六六・一九八一）と中村浩（二〇〇一）によって大きく前進したが、それでも高坏や𤭯などの他器種の型式推移はまだ十分でないところがあると考えられ、窯跡資料を用いた編年の弱点ともいえるかもしれない。また、他器種の特性だけでなく、窯跡発掘調査での出土資料の抽出の難しさから、藤原学は古墳出土資料の重要性を指摘されていた（藤原一九九一）。

このような視点は従来から説かれていることであり、多くの研究者によって消費地出土の編年研究が試みられている。窯跡以外の資料を用いたものでは、横山浩一の古墳資料を用いた『世界考古学体系』第三巻の編年表がよく知られている（横山一九五九）。この編年表と谷山池地区の編年表を対比してみると、谷山池一期が陽徳寺式、二期が水尾式、三a期が南塚式、三b期が海北塚式、四期が荒坂式、五期が桃谷式となろう。冒頭に述べたように、谷山池地区の須恵器編年においても、まだ他器種の検討は十分でない。これまでの筆者の編年表には、窯跡出土資料の右欄に消費地出土の資料を対比して並列させていた。（表5～7）。本論では、さらに補強する意味で、表9・10を追加しておきたい。谷山池地区に近い槇尾川流域の古墳や集落遺跡出土資料が中心だが、高蔵寺地区や栂地区の消費地も参考に含めている。

［註］

［註一］　谷山池地区は、大津川水系の槇尾川左岸に所在し、槇尾川の中流域の谷筋を池田谷と呼んでいる。窯跡は池田谷に面する斜面上に立地する群と、池田谷側へ開く開析谷をせきとめて造られた谷山池・梨本池に面して立地する群とに大きくわけられる。谷山池地区においては、六世紀前葉の田辺編年高蔵寺一五型式から須恵器生産が始められる。七世紀には生産地の減少があるが、途絶えることはなかった。八世紀になって再度生産が活況を呈するようになった。生産地の展開に関しては、六世紀は谷山池地区の北方から生産が始まり、池田谷に面した斜面や入り組んだ開析谷に窯を設けた。その後、七、八世紀の生産地は谷山池地区の南部へと移り、谷山池・梨本池の奥まった大きな谷に面した丘陵で集中的に操業された。窯跡の総数は一〇〇基を超える。しかし、九世紀初頭には一気に生産は中止された。

［註二］　谷山池五期にほぼ併行する須恵器窯が近年発掘調査された（堺市教二〇二〇）。堺市の梅二三四号窯跡で、地下式の構造をもった窯跡であった。灰原から出土した須恵器群の器種構成において、蓋坏は谷山池地区の坏D2・坏D3で構成されているが、坏E1は出土しなかった。坏E1が一点も生産されていなかったのかは断定できないが、谷山池五期の段階では坏E1の生産数は多いものではなかったことがうかがえる。また、高坏や𤭯の形態なども踏まえて、狭山池一号窯跡にも時期的に近いものと考えたい。

［註三］　陶器山八五号窯跡出土の須恵器は龍谷大学附属平安高等学校において実見する。また、和泉市いずみの国歴史館で展示する機会を得た（和泉市いずみの国二〇一九）

［註四］　今城塚古墳出土の須恵器群については、高槻市しろあと歴史館で二〇〇八年に開催された特別展示で数点実見した。

［註五］　山本雅和は陶器山八五号窯跡の須恵器蓋坏を分析して、六世紀第3四半期にあてる。（山本二〇〇八）。

［註六］　谷山池五期以後の時期に併行する資料に、難波宮北西部の谷一六層から出土した土器群の須恵器がある。この層から出土した一一号木簡に記された「戊申年」が六四八年に該当すると考えられている。須恵器の器種構成から谷山池五期の後続する時期にあたることが考えられる。江浦洋は土師器を含めた土器の年代観を六六〇年前後としている（江浦二〇〇〇、大阪府文化財センター二〇〇〇）。

第五節　斑鳩藤ノ木古墳の須恵器

一　藤ノ木古墳からの問題提起

須恵器の編年にとって、生産地の重要性を最初に論じたのは森浩一である（森一九五八）。古墳や集落遺跡などから出土する須恵器を用いた編年に対して、森は生産地において出土する須恵器の様相が、様々な器種の同時期焼成の確実性が高いことを示しているとの視点から、編年資料として最適であることを説いた。そして、大阪狭山市・堺市・和泉市にまたがる大規模窯跡群の資料で、五世紀から八世紀にかけての須恵器編年をまとめたのである。その後、泉北丘陵窯跡群の発掘調査が実施されることになり、調査成果をもとに田辺昭三（田辺一九六六・一九八一）と中村浩（中村一九八一）が、それぞれの編年を提示した。

泉北丘陵窯跡群の須恵器編年は古墳時代の研究には必須の年代の基準となり、多くの研究者に援用されることになった。示された編年を検討する場合には、三氏それぞれの研究をもっぱらトレースする形がとられてきたが、編年の枠組みは大きく変更することはないであろうと思われる。

そのような中で、一九八五年に発見された藤ノ木古墳は、泉北丘陵窯跡群の須恵器編年に不安を感じさせることになった。藤ノ木古墳は奈良県生駒郡斑鳩町に所在する後期古墳で、良好な遺存状態であることが判明し、全国的に広く知られることになった。古墳は直径約四八メートル、高さ約九メートルの円墳で、主体部は全長一三・九五メートルの横穴式石室であった。横穴式石室には刳抜式の家形石棺が未盗掘の状態で安置されていて、その石棺内部からは玉纏大刀をはじめとする刀剣、鏡、金銅製冠、金銅製履、金銅製空玉、大量のガラス玉、繊維製品など、様々な副葬品が確認された。また、石棺と石室奥壁との空間からは、豪華な飾り馬具三組のほか、武器、武具、農工具などの副葬品が出土したのである。これらとは別に石室右袖部の床面上から四〇点の須恵器と一一点の土師器がまとまって出土した（橿原考研一九九〇・一九九五）。

藤ノ木古墳は、第一次調査の段階から多くの研究者によって歴史的な分析が加えられ、早くも合葬された二人の壮年男子の被葬者論も活発に展開された。議論の際、古墳が六世紀代のどの時期に築造されたのかが重要な問題となったが、最も年代を推し量れる資料として石室内の須恵器の一群が注目されたのである。決め手のないままに意見の分かれることになったが、その後、報告書によって一応六世紀後半と結論付けられた。

藤ノ木古墳の年代観についての議論の中、泉北丘陵窯跡群編年の不安定な部分が露呈することになり、編年に対して信頼性が高いという評価について、疑問視する研究者の発言もあった。ここで取り上げる六世紀代の編年に限って言えることなのかもしれない。絶対年代の比定がまだ確実なものになっていないことがあげられるが、まず、各型式の具体的な変遷が十二分に確認できていなかったという、基本的な事柄に起因していることを指摘したい。田辺の編年の場合においても、藤ノ木古墳の時期に該当するといわれている高蔵寺四三型式や高蔵寺二〇九型式で、蓋坏や高坏など他器種を含めた型式推移や、その組み合わせ関係などが明確に提示できていなかったのではないだろうか。それにもかかわらず、これまでは編年を援用する各研究者個人の主観に頼っていたことが問題であったと思われる。

大阪府立近つ飛鳥博物館企画展図録『年代のものさし―陶邑の須恵器―』（近つ飛鳥博物館二〇〇六）において、数々の須恵器編年が体系的に整理されているが、これまで発表された森氏、田辺、中村の学史的研究は膨大な資料をもとに進められたこともあり、それらを跡付けることが困難であったといえる。このような研究の停滞から、藤ノ木古墳の発見がひとつの契機となって編年の弱点が浮かび上がったのであろう。本節ではこれまでの筆者の手法を使った泉北丘陵窯跡群谷山池地区の六、七世紀の須恵器編年（白石一九八九・一九九二・二〇〇〇）を前節で論じておいた。それを用いて藤ノ木古墳出土の須恵器からアプローチして、その編年上の問題点を考えてみたい。

二　藤ノ木古墳出土の須恵器

一　出土須恵器の分類

藤ノ木古墳から出土した須恵器は総数四〇個体である。その内訳は無蓋高坏が七点、有蓋高坏が九点、有蓋高坏蓋が一四点、𤭯が二点、脚付壺が三点、壺蓋が三点、広口壺一点、器台一点である。『斑鳩藤ノ木古墳第一次調査報告書（以下、『報告書』とする）』において木下亘によって詳細な分析が行われているので、個々の須恵器についての記述はできるだけ避け、木下の分析成果を手掛かりに、筆者が一九九六年に実見した際の所見も交えながら論じることにする。なお、各須恵器を呼称する場合、混乱を避けるために『報告書』で土器に付された番号を用いることにする（木下一九九〇）。

無蓋高坏

無蓋高坏は三形式に分類される。それをⅠ類・Ⅱ類・Ⅲ類としておく。Ⅰ類は小型の1で、カキ目がていねいに施されている。坏部は口縁部の内面に内傾した鋭い稜線がはいり、それ自体短頸壺の蓋を天地逆転したものを想起させる。Ⅱ類は長脚二段透かしのもので2・3が四方から、4が三方からである。その透かしはどちらも上段は切れ目を入れた程度のもの、下段は三角形状を呈している。Ⅱ類はⅠ類と同じ手法で外面に調整を施した上に、4は脚部に波状文を描いている。Ⅰ類とⅡ類とは調整方法のほか、脚端部の形状や色調・胎土等がきわめて酷似しており、同時に窯入れした状況がうかがえ、同一工人・同一窯の可能性が高い。後で述べる𤭯Ⅰ類も同じ一群と考えられる。Ⅲ類は形状からⅢA類の6・7と、ⅢB類の5とに細分される。両者ともに二段三方透かしで、坏部に明瞭な二条の突線と文様がはいる。ⅢB類の5は坏部も深く、他のものが文様を列点文としているのに対して、5は波状文を描いている。

有蓋高坏

有蓋高坏はⅠ類・Ⅱ類・Ⅲ類・Ⅳ類に分類できる。Ⅰ類はほかの高坏に比較して口径が大きく重量もある。組み合わせでは蓋12・13・14・15に対して、その口径に合う高坏は23だけである。蓋のつまみは大きく、稜線は若干精緻さに欠け、口縁部内面の稜線が不明瞭なものもある。14・15は胎土に粗い粘土粒が多く含まれて区別できるのでⅠA類とし、そのほかの12・13をⅠB類に分類しておく。脚部を欠損している23の高坏は体部の調整もていねいであり、立ち上がり口縁部の内面に沈線が見られる。坏部からかなりの大型の高坏が推測される。

Ⅱ類は細分してⅡA類・ⅡB類・ⅡC類とする。ⅡA類の高坏は24・25・26・27・28で脚部が長く二段三方透かし、その外面をカキ目調整する。これらは調整、色調にみる焼成状態のほか、口径一四㌢強、立ち上がり高一㌢以上の法量などに高い斉一性が認められ、同一工人・同一窯焼成の可能性がある。この高坏群の口径に合う蓋は8・9で、体部内外面の稜線がはっきりと見られ、つまみを含めた形状も酷似する。胎土・色調から見て、この蓋は24～28の高坏とセットになるものであろう。ⅡB類の11、ⅡC類の10はⅠ類に比較して稜線のつくりが若干あまく、全体の形態も異なる。特にⅡC類は口径が小さく、ともにⅠ類とは組み合わないであろう。

Ⅲ類の蓋20・21と高坏29・30もⅠ類の場合と同様で、色調や焼成状況ほかの諸点から、同一工人・同一窯焼成の可能性が高いものであろう。蓋外面の稜線はほとんど不明瞭になっている。高坏は口径一四㌢ほどの坏部に、太い基部の安定感のある脚部が付いている。透かし窓は二段三方である。

Ⅳ類は焼成の具合が異なっているほかは、Ⅲ類と比較して口径がわずかに小さいところに違いがあるだけで、基本的にはⅢ類に類似している。また蓋の16・17と18・19はそれぞれ形状に共通点が見られる。これらの蓋の口径に合う高坏は22で、その脚部は欠損しているが、その基部は太い。

𤭯

二点しかないがⅠ類とⅡ類とに分類できる。Ⅰ類の31は先に述べたとおり、無蓋高坏Ⅰ類・Ⅱ類と同じ一連の土器群の可能性が高いものである。口縁部内面には明瞭な稜線がのこる。体部と口頸部の外面には凹線、列点文、刻

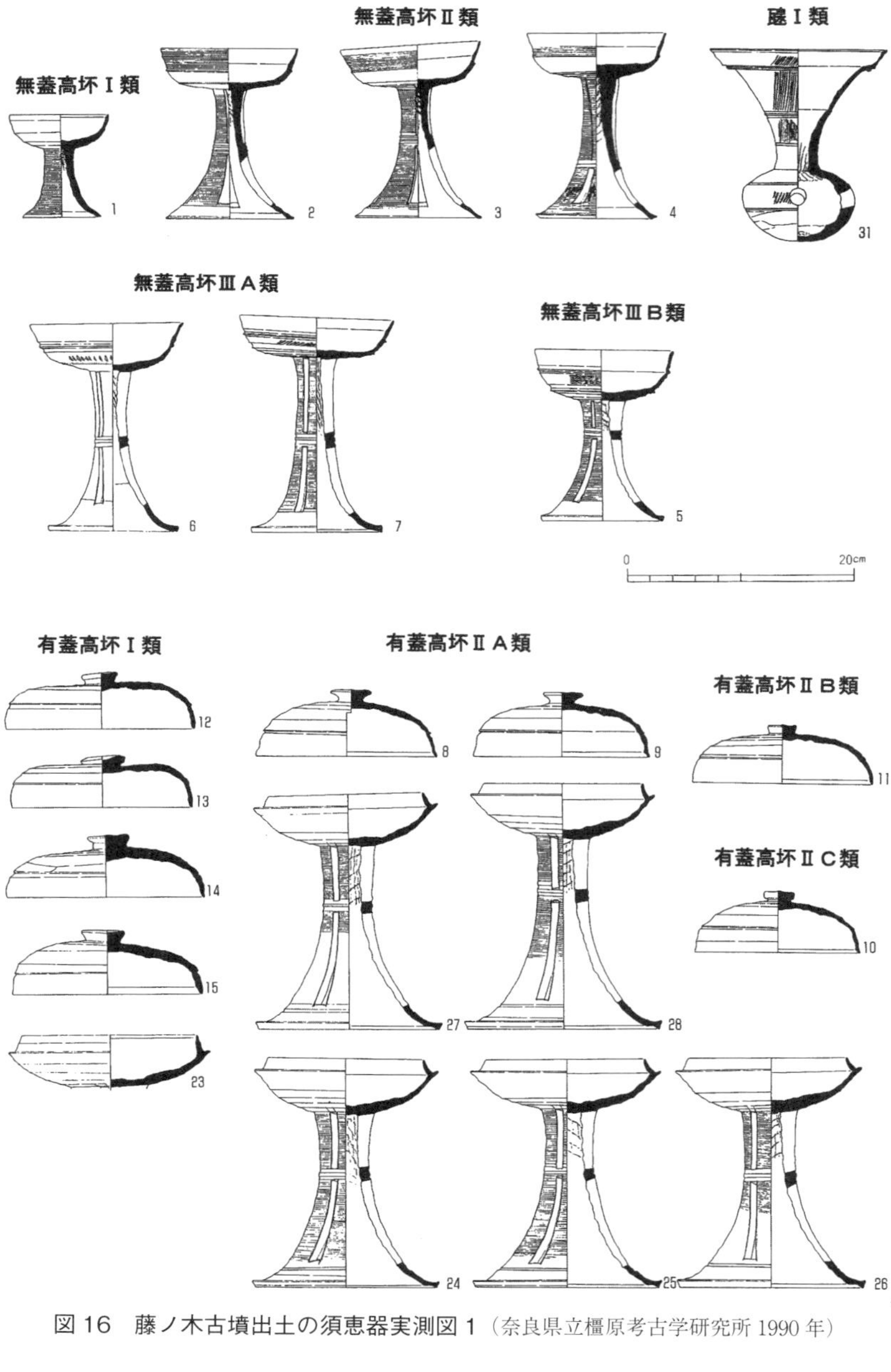

図 16　藤ノ木古墳出土の須恵器実測図 1（奈良県立橿原考古学研究所 1990 年）

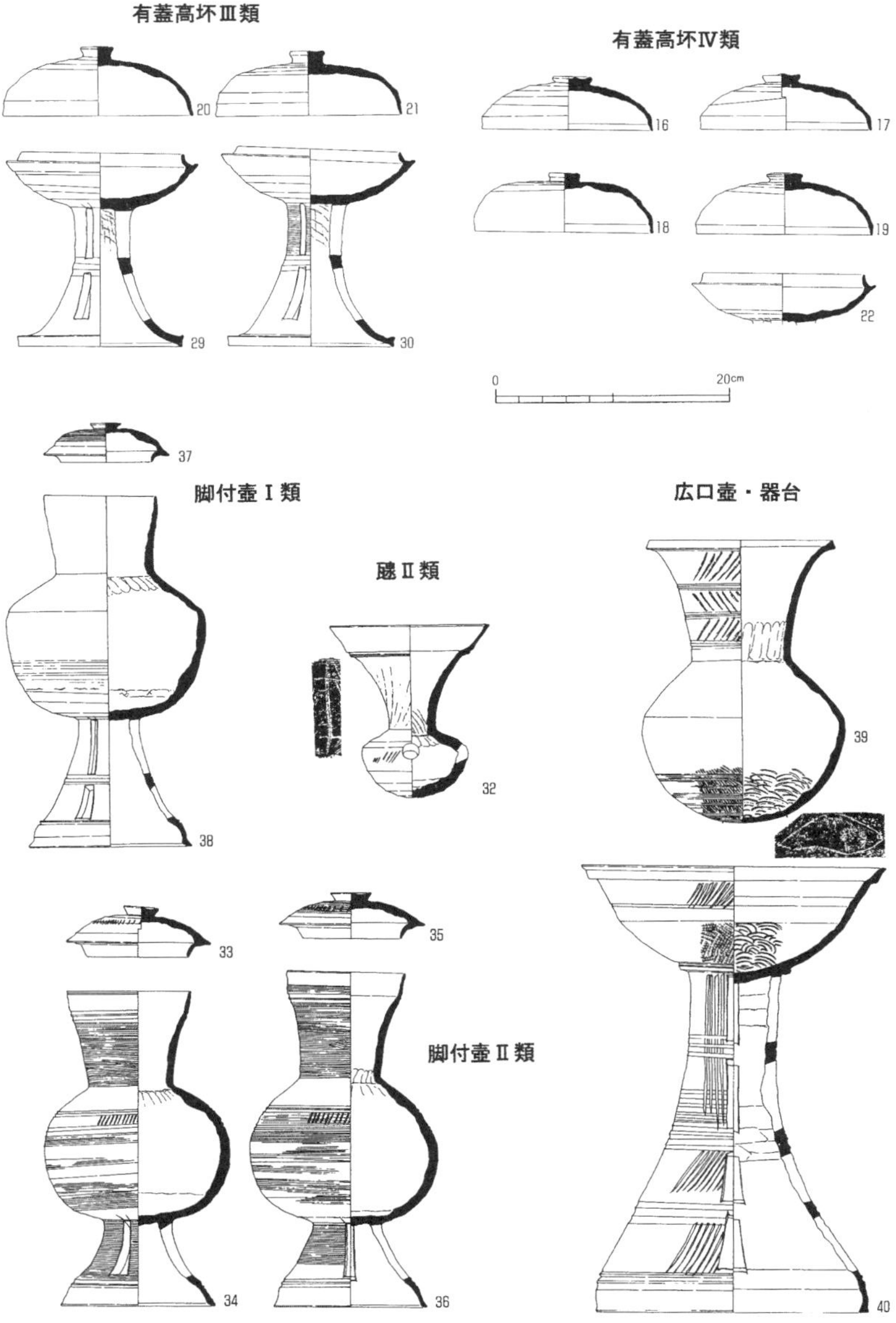

図17　藤ノ木古墳出土の須恵器実測図2（奈良県立橿原考古学研究所1990年）

み目文をていねいに施している。Ⅱ類の32には文様は一切なく、体部の凹線は一部のみ見られる。しかし、外面の口縁部近くの突線と内面の稜線は残っている。

脚付壺と壺蓋

Ⅰ類の37・38とⅡ類の33・34・35・36とに分類され、蓋と組み合っている。Ⅰ類は直口壺に長方形二段三方透かしの高い脚台部が付く。Ⅱ類は色調・形態の似たもので、蓋と揃えた列点文を描き、カキ目を施している。同一窯の製品の可能性もあろう。壺口縁部にくの字に曲る特徴があり、脚台部は長方形透かし窓が二方と三方から一段だけ丁寧にあけられている。Ⅰ類の37と38はⅡ類のような同一窯のものかはわからない。

広口壺・器台

各一点ずつ出土している広口壺の39と器台の40はセット関係にあるものであろう。両者はその体部にヘラ状工具による刻み目文を配しており、胎土、焼成などの諸点が異ならない。器台の口縁部は若干鋭さを欠いている。透かし窓は長方形および長台形のものが四方からあけられている。

二　土器群の組み合わせについて

藤ノ木古墳から出土した須恵器で特徴的なことのひとつに、同一工人、同一窯生産にかかるものがいくつかのセットをなしている点にある。稀なことではなく、須恵器生産の現地においては一般的なことである。これらには各工人ないしは工人集団の癖のようなものが須恵器に映し出されていると考えられる。松村まゆみはこれらを規格性の極めて高い土器群と指摘し、「揃いの土器群」と呼称することを提案した（松村一九九二）。

このような同一工人、同一窯生産による形の揃った土器群は、藤ノ木古墳においては無蓋高坏Ⅰ類・Ⅱ類・𤭯Ⅰ類の一群のほか、有蓋高坏ⅡA類の一群、有蓋高坏Ⅲ類の一群、有蓋高坏Ⅳ類の一群、広口壺・器台などが指摘できる。高坏や𤭯などは窯跡で出土する絶対数が少ないので、特に葬送儀礼・祭祀などに伴って、まとめて発注・生産されていた場合がかなり多かったと考える。六世紀からは高坏や𤭯などが古墳への埋葬用として形式化していくことを考慮に入れると、特注的な生産体制によって非常に似通った土器群が構成される結果となったのであろう。

そこで、藤ノ木古墳の同一工人・同一窯の土器群を考えてみると、本来あるべき器種が失われていることに気づく。有蓋高坏ⅡA類では少なくともあと三点の蓋が存在したはずである。有蓋高坏Ⅰ類・Ⅳ類でも組み合わせることができないものが認められる。須恵器群が石室袖部に集中して発見されたが、後になってその位置に整えられた可能性もあり、失われた土器も少なからず存在するのではないかと推測される。〔註二〕

三　谷山池地区編年との比較

藤ノ木古墳からは、残念ながら時期比定の指標となるべき蓋坏は出土していないので、他器種でそれを考えなければならない。とりあえず有蓋高坏の坏部と高坏蓋から検討することになる。結論から先に述べると、出土した須恵器は総じて谷山池三a期に帰属すると考えて差し支えないであろう。

有蓋高坏Ⅰ類の坏部は、谷山池の坏A1ないしは坏B1に類似するものを含んでいるが、蓋口縁部内面に稜線を伴わないものがあり、谷山池二期の指標とする坏類と比較して次段階の要素がとらえられる。有蓋高坏Ⅱ類の坏部が坏B1及び坏B2に似て、これも谷山池二期の様相に重なるが、このような形態の高坏は谷山池三a期併行の谷山池八号窯跡でも出土している。また、谷山池三a期の高坏脚部には文様が無く、透かし窓が長方形の二段組を基本としていることから、藤ノ木古墳の資料は谷山池二期よりも新しい傾向がうかがわれる。有蓋高坏Ⅲ類は脚部に高さがないものの、脚基部は太くしっかりしており、その坏部・高坏蓋には谷山池坏C1を用いている。このように有蓋高坏は坏部・高坏蓋で見ると、Ⅰ類・Ⅱ類の一群とⅢ類・Ⅳ類（有蓋高坏Ⅳ類の脚基部は太い）の一群との二つの大きなまとまりがあると考えられるが、総じて谷山池三a期が考えられる。

無蓋高坏Ⅰ類・Ⅱ類では脚部に谷山池二期の要素がうかがわれるが、それらと同一工人からなる土器群の𤭯Ⅰ類は、谷山池二期には見られない形式である。このほか、無蓋高坏Ⅲ類、器台と広口壺、脚付壺Ⅰ類などの組み合わせも谷山池三a期から同三b期と考えられる。Ⅱ類も谷山池三b期の傾向にある。

前節からの論旨である古い要素と新しい要素を組み合わせた土器の組成が―生産地で長期間操業されていなかった前提で―生産地における本来的な状況であるという認識に立てば、最も中心をなす須恵器の時期は谷山池三a期に併行するものであろう。石棺内の二人の被葬者が同時合葬であれば、矛盾しない時期設定であろう。追葬があって、有蓋高坏でいえばⅠ類・Ⅱ類の一群とⅢ類・Ⅳ類の一群の、二つの土器群に分かれて使用されたものとして、谷山池三a期から同三b期にかけての時期差ではないかと推測される。先に検討した谷山池地区編年の年代観から、藤ノ木古墳の出土須恵器の時期は六世紀第3四半期から第4四半期にかけての時期に導いておく。

三　まとめ――今後の課題――

藤ノ木古墳の須恵器を事例として取り上げて、谷山池地区編年を用いた場合にどのような実年代が導かれるのかを述べた。[註二]この項で見てきたように、須恵器編年が古墳時代の様々な遺構、遺物の研究に重要な情報を提供していることは理解されている。ただし、須恵器編年については、さらに分析して目に見える形で補うことが肝要と感じている。すなわち、泉北丘陵窯跡の須恵器編年研究で重要な課題は、組み並べられた須恵器の各型式の変遷が追認されること、そして各型式が同じ実年代幅で推移するのかということが確認できなければならないことであろう。後者の各型式の時間幅を明らかにすることは、今日においてもまだ困難なことではある。

このような型式変遷や実年代論の課題については、これまで泉北丘陵窯跡群編年を無批判にトレースして援用してきたことに起因している。筆者はこのような課題について本章第四節で論じたように、早くから須恵器編年の検討を試み、各窯跡の出土須恵器の悉皆的分析が重要であると指摘し、その成果を提示してきた（白石一九八九・一九九二・二〇〇〇）。その後、様々な視点から研究が進められている。筆者と同様の視点では和田晴吾が「床面、灰原、窯のどの資料でも、出来るだけ多くの資料の悉皆検討に基づく様式的把握が求められる」と分析の在り方を指摘している（和田二〇〇九）。編年としては山田邦和は森編年を踏まえながら、田辺編年との対比を試みて、森編年のさらなる詳細変遷をしめした（山田二〇一一）。また、佐藤隆（佐藤二〇〇三・二〇〇四・二〇〇六）や渥美賢吾（渥美二〇〇八）らによる田辺編年の再検討が試みられ、各型式の器種構成や実年代について考えを示している。三好玄は田辺編年の蓋坏を取り上げて、その統計処理によって再検討を試み、田辺編年における「文章記述による説明に客観性を与えようと」し、各型式の推移の妥当性を説いている（三好二〇一六）。

今後も古墳時代における年代の基準として、さまざまな角度から泉北丘陵窯跡群に関する活発な研究と議論が望まれる。

［註］

［註一］　勝部明生は、出土した須恵器は多くの窯製品が寄せ集められたものと指摘した上で、多くの高坏蓋は高坏と本来的セットで製作されたものはないとし、別々に作られたものが使用の時点で二次的に組み合わされたセットと考えている（勝部一九九八）

［註二］　白石太一郎は藤ノ木古墳の時期を六世紀第4四半期または六世紀末に位置づける（白石一九九〇・二〇〇五・二〇〇六）。

第二章　古代集落と土地開発

第一節　首長居館――府中・豊中遺跡群――

一　首長居館への整備

一　府中・豊中遺跡群の地理的環境

古墳時代の和泉の代表的な集落に、府中・豊中遺跡群と大園遺跡がある。四世紀から六、七世紀にかけて繁栄したこの二遺跡は、和泉の政治、経済、生産の発展に大きな役割を果たした集団の居住域であった。集落の規模も周辺の点在する集落に比較して大きい。遺跡は茅渟海（大阪湾）を望む和泉平野の信太山丘陵を背にした低位段丘にあり、ともに段丘の伏流や谷川の水などに恵まれた絶好の場所に立地していた。府中・豊中遺跡群は弓形に延びる地勢をなす和泉国の中ほどにあり、大園遺跡とは北東に約三キロメートルの距離をおいている。大園遺跡は、府中・豊中遺跡群から見ると大きな谷の向こう側にある。奈良時代以後は、府中・豊中遺跡群は和泉郡上泉郷に属し、大園遺跡は和泉郡信太郷と大鳥郡日下部郷との郡境に位置するようになる（図18）。

府中遺跡と豊中遺跡の二つの遺跡からなる府中・豊中遺跡群の遺跡名称は、筆者の提言として示したものである。前者の府中遺跡は府中町一～七丁目、さらに伯太町にかけての一帯に広がる（以下、府中地区、伯太地区）。後者の豊中遺跡は、ＪＲ阪和線より西の泉大津市側に広がり、古墳時代の遺構が特に集中する範囲を指す。府中町八丁目、肥子町一・二丁目（以下、肥子地区）から泉大津市豊中町を含んでいる（以下、上池・古池地区、豊中地区）。遺跡分布地図では別々に登録されているが、居住域だけでなく、祭祀場、水路などが近接した位置関係にあるので、ひとつの集落

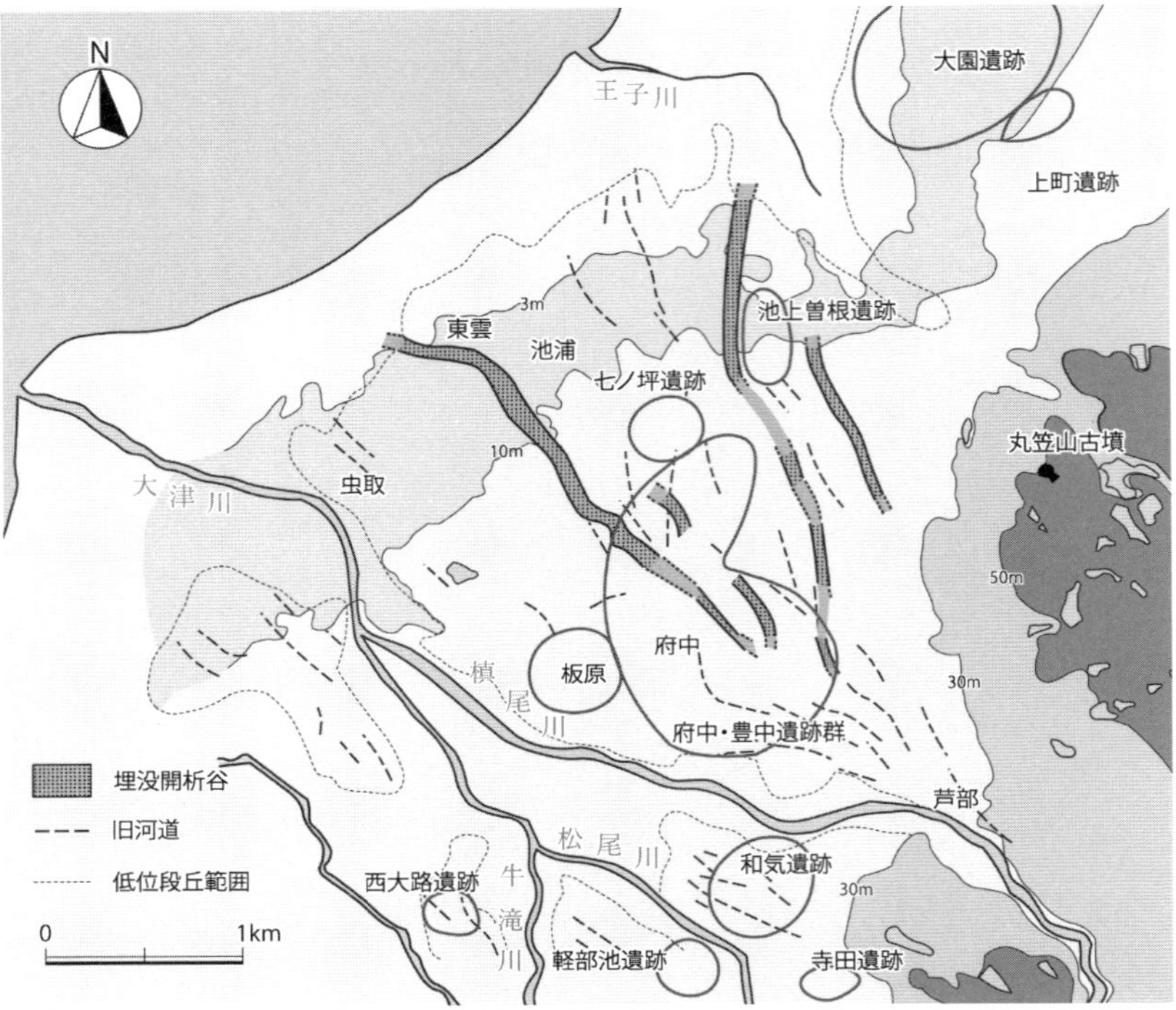

図18　大津川・槇尾川流域の古墳時代集落分布図（日下雅義1980を加筆修正）

群として捉えることが重要である（図22）。

地理的には府中・豊中遺跡群は槇尾川の右岸に形成された低位段丘の上に立地している。この段丘は槇尾川が数十万年前から長い時間をかけて運んだ土砂で形成された扇状地が洪積段丘化したものである（大阪府教一九七八b）。標高約三〇メートルの芦部町付近を扇頂として、海に向かって等高線が扇形に広がっていく。扇形の等高線は泉大津市の南海電鉄本線近くにまで及んでいるが、扇端付近にあたるのは、泉大津市の池浦と虫取を結ぶ延長線が想定される。一方、槇尾川左岸では右岸のような広い段丘は見られず、松尾川、牛滝川が蛇行を繰り返しながら槇尾川と合流する。しかし、河川に挟まれた土地には集落が営まれており、大津川水系の古墳時代集落は弥生時代後期から継続して発展していることが考えられる。

現在は安定した地形をなしている槇尾川

右岸には、現地表からは見ることができない河道が幾数条も延びていた。埋もれた河道の流れは扇状地の地形に沿って放射状に広がっており、府中町や肥子町、伯太町などの現在の町並みは、これらの河道が埋没した後に形づくられたことになる（日下一九八〇）。発掘調査の成果が報告されている8・14地点では、すでに埋没した河道があり（豊中・古池一九七六、大阪府教二〇一九）、奈良時代までには土砂で埋没し、概ね無くなっていたと推測できる。奈良時代から平安時代にかけて、人為的な盛り土も繰り返され、やっと安定した土地へと変わっていったと考えられる。

本節と次節においては、集落の時期変遷について西村歩と池峯龍彦による和泉地方の古式土師器編年（西村・池峯二〇〇六）を、須恵器出現後は田辺昭三（田辺一九六六・一九八一）、中村浩（中村二〇〇一）の泉北丘陵窯跡群出土

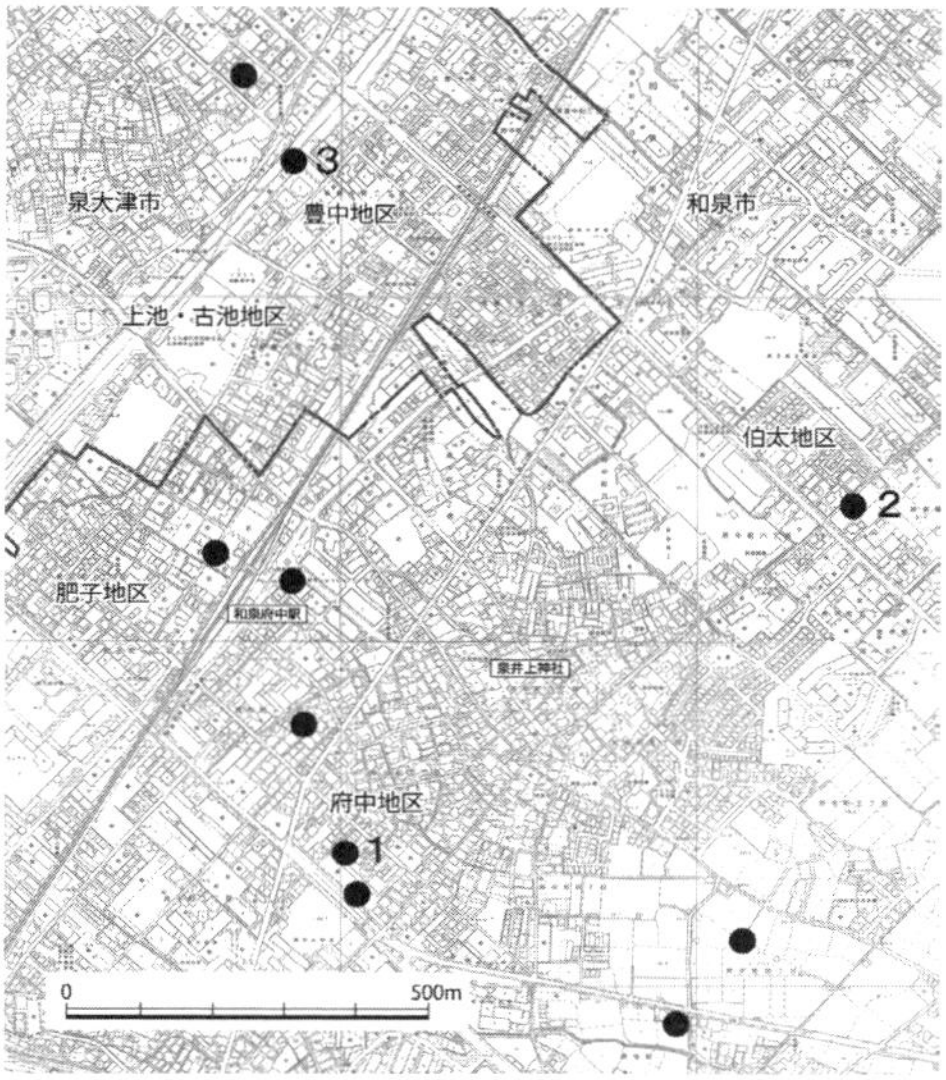

①3世紀中葉～末葉

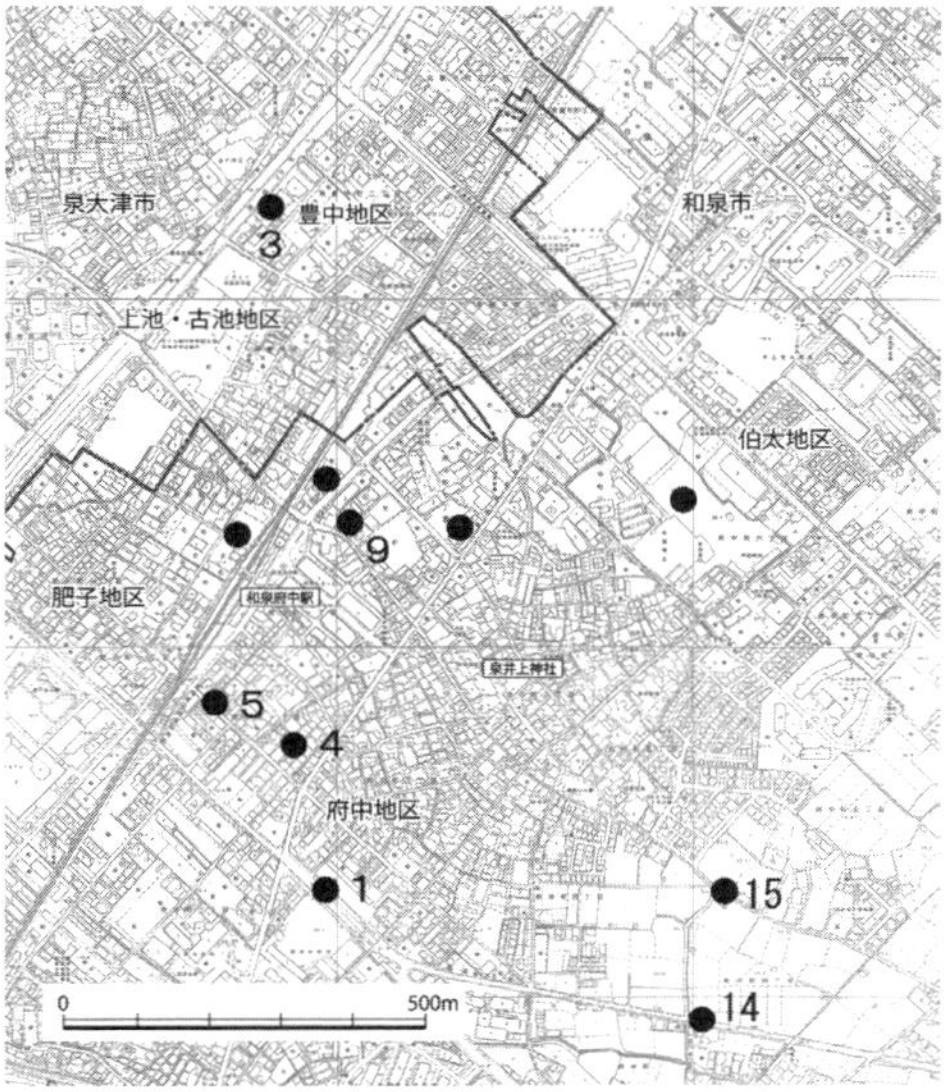

②4世紀初頭～末葉

図19－1　府中・豊中遺跡群の調査地点

（白石耕治2013年を加筆修正）

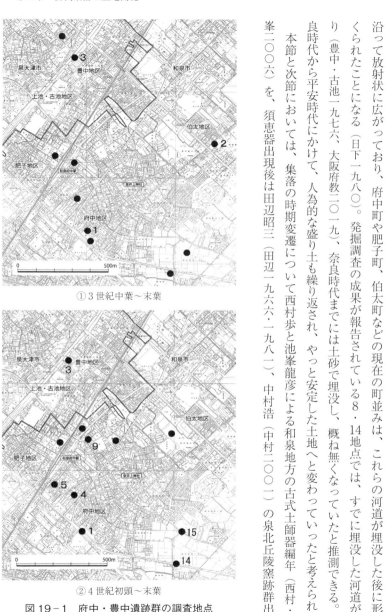

の須恵器編年を援用しながら考える。

二　古墳時代黎明期の集落の様相

ヤマト王権による政治的モニュメントとしての前方後円墳の造営を画期として、時代は弥生から古墳へと移行する。それと同時に、王や有力者たちが民衆との関係から抜け出して、首長の政経とまつりを司る空間が確保された、いわゆる首長居館が登場する。墓と集落の新しいスタイルの創出、それこそが古墳時代の到来といえよう。しかし、まだ和泉では三世紀から四世紀前葉の古墳は発見されていない。府中・豊中遺跡群の府中地区地点1

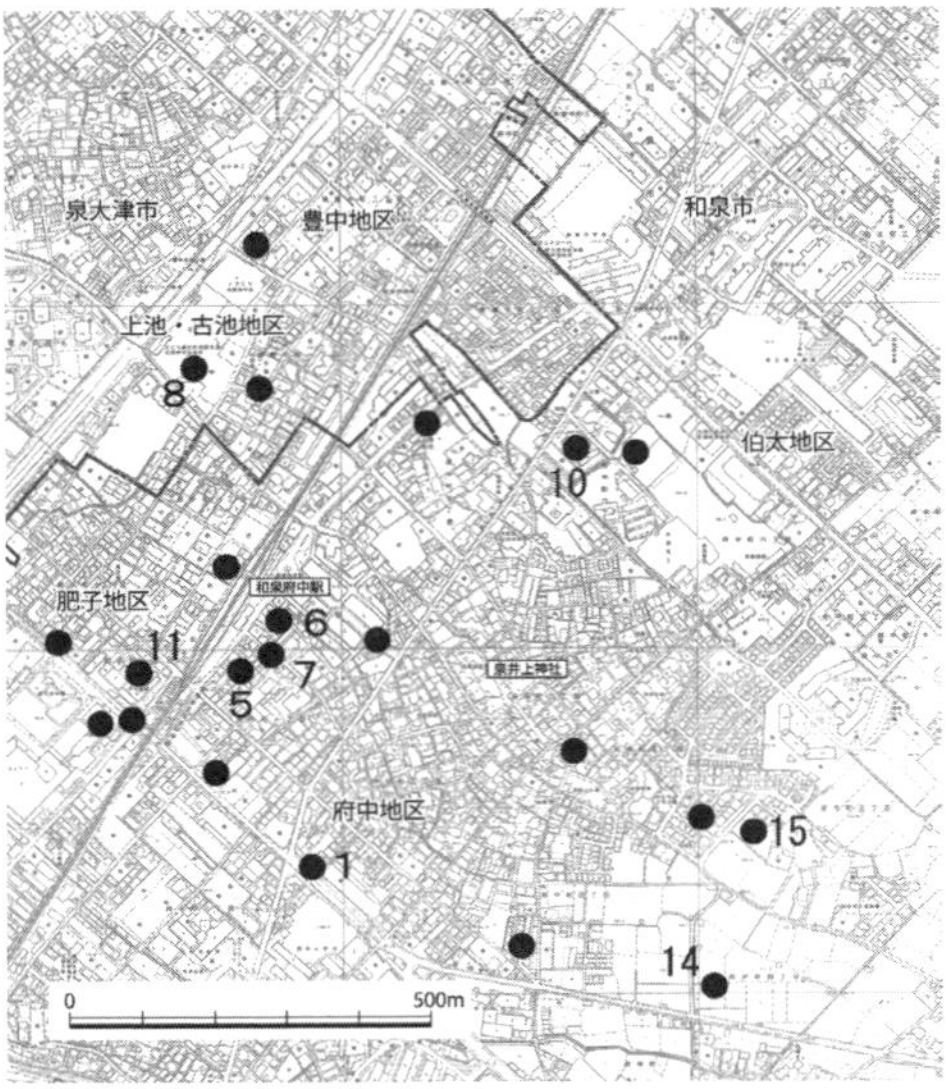

③ 5 世紀初頭〜 6 世紀前葉

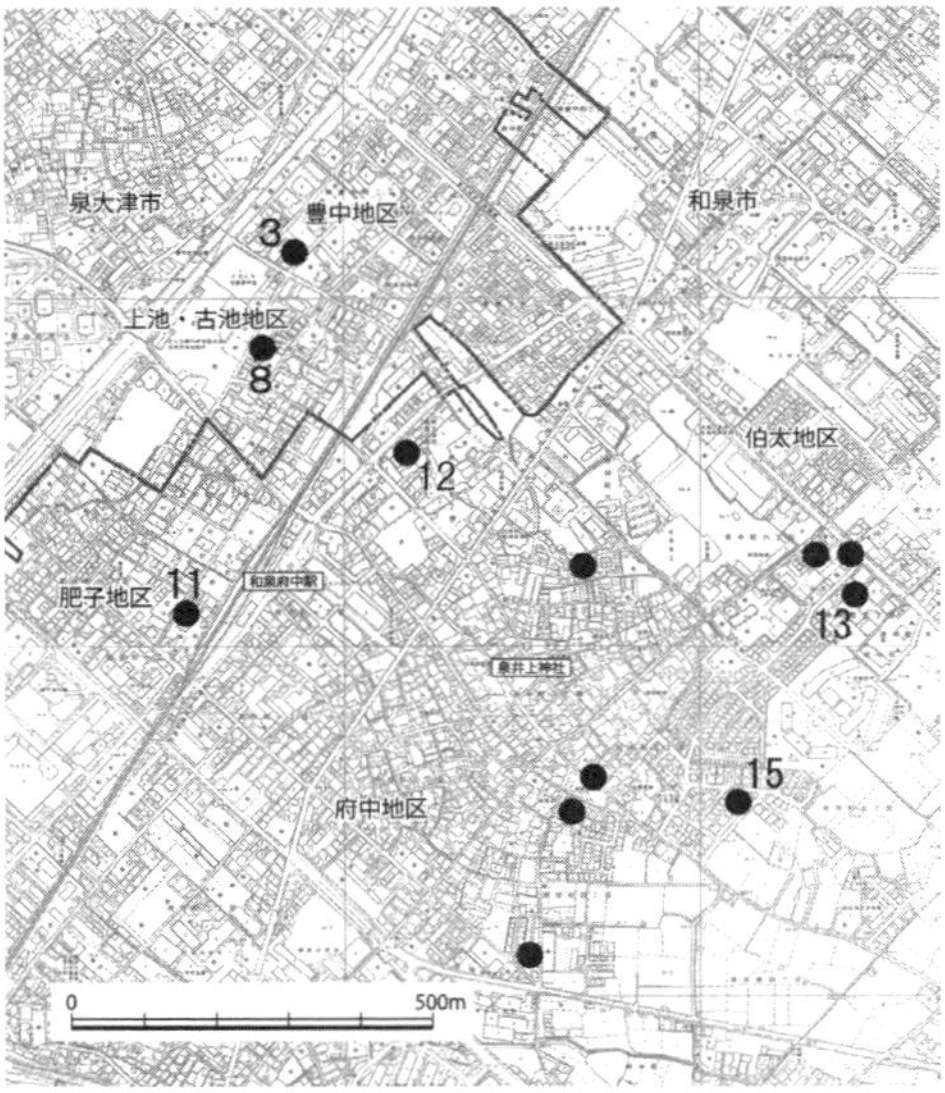

④ 6 世紀中葉〜 7 世紀初頭

図 19 − 2　府中・豊中遺跡群の調査地点
（白石耕治 2013 年を加筆修正）

には、弥生時代後期から古墳時代へ継続的に、一辺約二七メートルで方形に区画された場所ＳＸ〇三が設けられている（大阪府教一九八五ｂ）。首長の居住空間あるいは祭祀空間のいずれかであった可能性を考えたい。円形周溝墓ＳＸ〇四・〇五や幅三メートル以上の大溝ＳＤ〇九など数条の溝も確認できる（和泉市教一九八八、森岡一九九五）ことから、集落は衰退することなく弥生時代からの生活基盤は存続していたと考えられよう。

三世紀中葉（下田Ⅱ式）になると、集落東部の伯太地区地点2では竪穴建物が四棟確認されている（和泉市教一九七六・一九七八）。竪穴建物で土師器が出土している。床面積は三五平方メートルほどである。また鉄器の製作に欠かせない鍛冶の可能性のある掘立柱建物もみつかっている（図20）。集落北部の豊中地区では床面積が三〇平方メートル以下の小さな竪穴建物が一〇数棟近くあり（泉大津市教一九八〇・一九八八）、次段階の四世紀前葉（布留一式期）にかけても居住域は継続する。近くには幅が四メートルほどの水路が敷設されていた（大阪府教一九七四ａ・一九七八ｂ）。このように上記の三地区はおよそ八〇〇メートルの範囲をおいて、河道に囲まれた標高一七～一九メートルの微高地に分散して居住域を構えていた。しかし、この時期の核となる居住域がどのような形態をなしていたかは確かめられていない。強いて示すならば、地点1の大型の方形区画地があった府中地区付近であろう。

生活に欠くことのできない水田の確保はどうであったか。府中・豊中遺跡群の北方の七ノ坪遺跡では、堰と水路をともなった水田跡がみつかっている。水田は浅い谷地形を利用していた。弥生時代の水田の上に古墳時代の時期（庄内式から布留式）が重なっており、府中地区に比較して海岸に近い位置であるが、稲作に適した土地であったことがうかがえる。面積は二ha以上が推測されている（大阪府教一九八四ａ・二〇〇一ｂ、黒崎一九八九）。それに対して、扇状地の真ん中に立地する府中・豊中遺跡群の場合、古墳時代に洪積段丘面を水田として開発するのは難しいと推定し、河道に面した土地を水田として利用していたと考えたい。

三　地方豪族の首長居館の整備

さて四世紀（布留一式）へと時代が移ると、集落は新たな展開を迎え、整備された首長居館が出現した。和泉府中駅前再開発工事に先立って、発掘調査が二〇〇四年から八年間七次にわたって実施された。調査総面積は約一万二〇〇〇平方メートルで、これまでにない広範囲を一度に把握することができた（和泉市教二〇〇五～一三）。府中地区では、弥生時代には幅が五メートルほどの河道が南から北へ流れており、その河道の一部を改修して、新たに開削

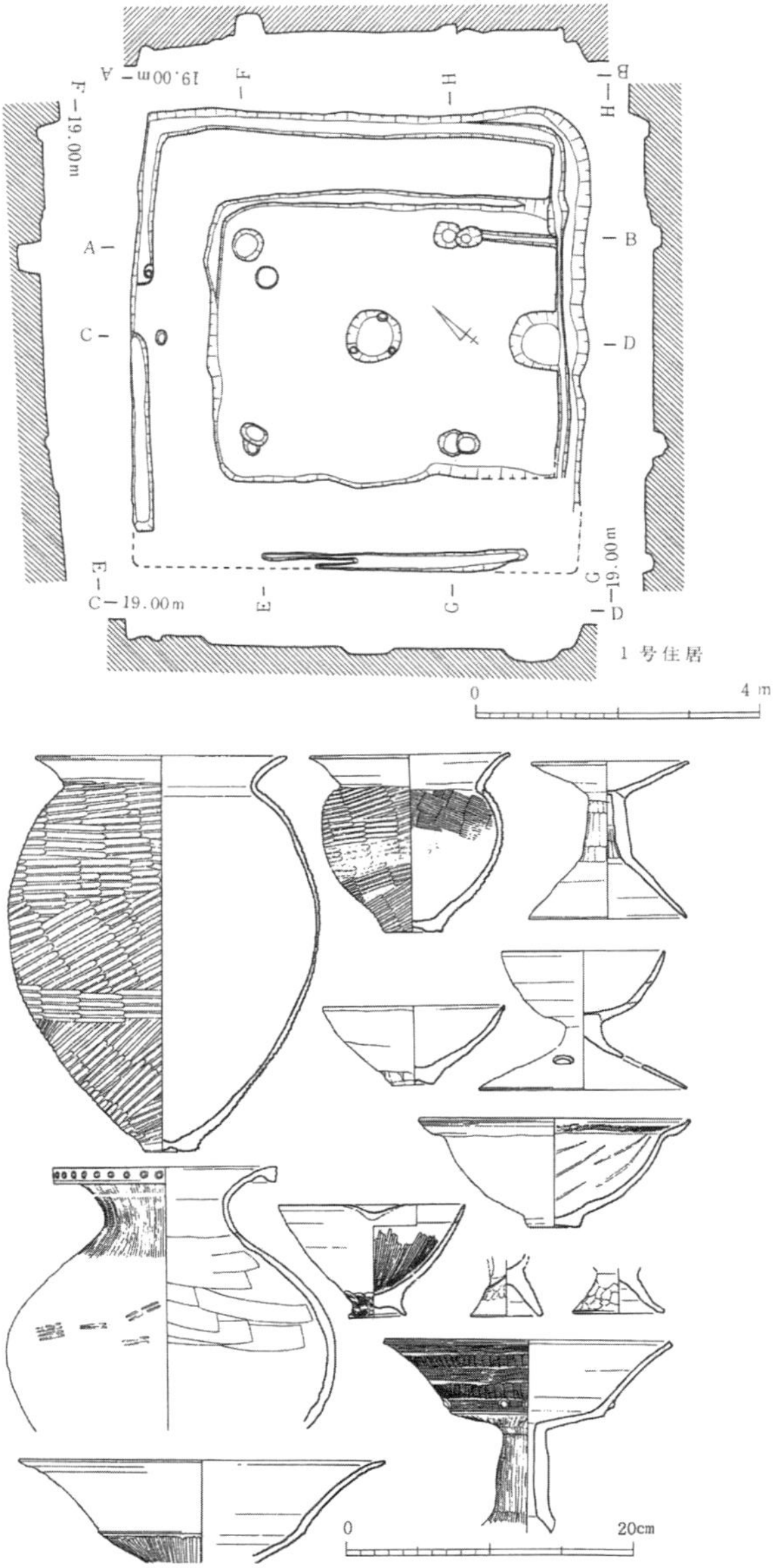

図20　伯太地区地点２の竪穴建物と出土土器実測図
（和泉市教1978年）

した大溝に付け替えるなどして集落の整備がすすめられたことがうかがえる（地点4）。大溝は幅が二〜三メートル、深さは約一メートルで、底には砂が混じった土が溜まっていることから、最初は大溝の役目も果たしていたとみられる。その後は、砂層の上に粘土質の土が堆積しており、水は滞留することが多かったことがわかる。付け替えられた二本の大溝のうちひとつは、方形に区画された突出部を巡っている。その大溝から西方には、幾度も流れを変えながら土砂が堆積した湿潤な場所が広がっていた。こうしたことから、この大溝は居住区の西の端を区切る施設であった可能性が高い。大溝東側周辺には、建物にともなう柱穴が無数にあり、かなりの数の掘立柱建物が建っていたことが想定される。南北方向に棟を合わせた建物もある。また、東に近接して竪穴建物が数棟存在するので、この地区が居住区であったことは確かである。竪穴建物は床面積が二〇平方メートル以下の小規模な建物のようだ。方形区画地には二間×二間総柱の構造の掘立柱建物があり、倉か櫓のような建物が推定できる。建物は数棟あり、そのうち柱穴が方形で幅が八〇センチ、建物の柱が直径二〇センチ以上の太いものもあった。床面積は約二五平方メートルになる。遺構の重なり具合から、同時期に複数はなく、一棟ずつ配置されていたことがわかる。

城の砦のような方形区画が連続する形態の溝を有する事例として藤井寺市の津堂遺跡で確認された四世紀後半の遺構があげられる。連続する方形区画があり、合わせて独立棟持柱を持った掘立柱建物が建っている。府中・豊中遺跡群の建物構成の参考になろう（藤井寺市教二〇一六）。

豪族の首長居館と一般的な農民などの集落の違いを見極めるには、いくつかの指標がある。広瀬和雄は「溝や土塁、柵によって集落の周囲を囲繞し、厳重に守られていること」、「区画された空間に整然と並んだ大型建物群で構成された首長の居住域があること」、さらに「広場や作業場のほかに、まつりや儀礼の場が設けられていること」等をあげている（広瀬一九九五）。これらを実現するには計画的な土木・建築工事をともなうことになることから、権力を有した首長とそれに従った民衆との支配関係が明確化していったといえる。また、計画的な集落整備のため

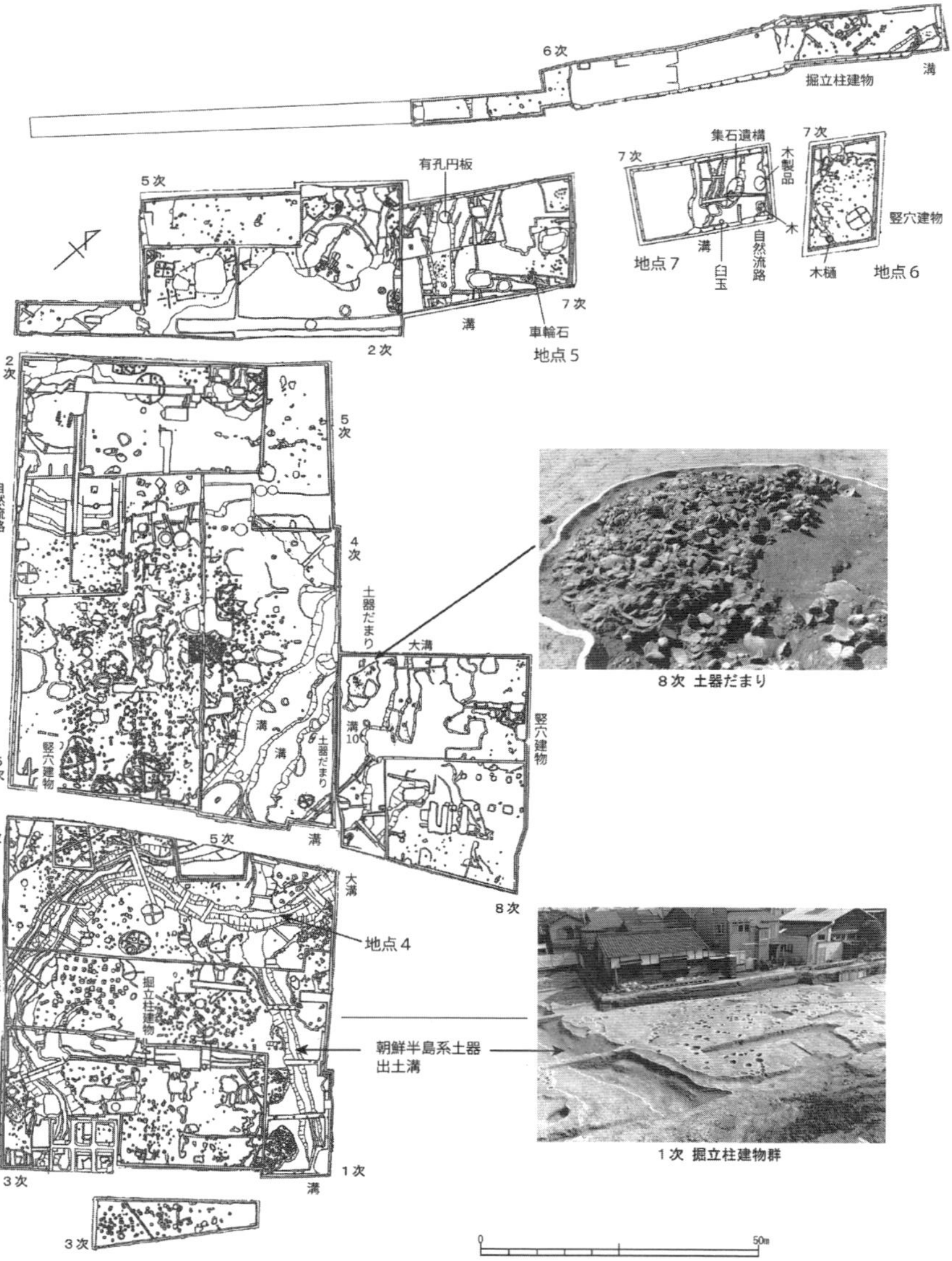

図 21　府中地区地点 4 の駅前再開発地区遺構配置図
（和泉市教 2013 年　加筆修正／和泉市教育委員会写真撮影・提供）

に、南北方位やその土地の形状に合わせた基準を設けることが一般的であった。この基準は池上曽根遺跡でも確認されているように（池上曽根委員会一九九六）、弥生時代からすでに意識されているもので、府中地区の方形区画地は水路の方向性から南北方位を基準のひとつにしていたことがうかがわれる。調査区周辺の土地開発の計画性については第四章第三節で論じることにする。

槇尾川の左岸は槇尾川、松尾川、牛滝川の三河川（以下、三河川）に挟まれているが、ここにも集落が確認されている。牛滝川左岸の岸和田市西大路遺跡（大阪府埋蔵一九九四）の下田一式～二式の竪穴建物群、槇尾川と松尾川の間に和泉市和気遺跡（和気遺跡調査会一九七九、大阪府教一九八五a、和泉市教一九八八）の布留一式の竪穴建物群、松尾川と牛滝川の間の和泉市軽部池遺跡（和泉市教二〇一三b）の布留三式の竪穴建物群がそれで、いずれも弥生時代から開かれた集落遺跡である。竪穴建物を主な住居としており、建物の平面形は方形で概ね一辺六メートル以内の大きさが多い。和気遺跡は一〇基を超える竪穴建物と水田跡が確認されていて、集落の規模はこれらのなかではもっとも大きい。地理的にこれらの集落群を見下ろす位置に摩湯山古墳と久米田貝吹山古墳が出現する。

四　さまざまな祭祀場の形態

府中地区の方形区画地やその下流域の上池・古池地区では、水辺でのまつりが執り行われていた。全国各地において同様の発掘事例が増加しており、水が流れる場所や井戸などで首長が「まつり」を執り行うことについての研究が進んでいる。『古事記』や『日本書紀』（『記紀』）、『風土記』などの研究から祓や禊の風習が指摘されており、農耕に関わる祭事や日々の安寧を祈念する行為などが考えられよう。集落の首長にとって民衆を統率するためには、宗教的な儀式を執り行うことが重要な職務であった。

府中遺跡の水辺でのまつりの様子をみてみよう。方形区画地の水路の底には、赤色顔料を塗布した精緻な壺が

左上：地点４大溝出土の土師器壺、左下：地点５出土の車輪石破片、右：地点６出土の木樋

写真１　府中地区　祭祀に用いられたと考えられる遺物

（和泉市教育委員会写真撮影・提供）

出土している（地点4）。方形区画地を整備するにともない、河道から水路に付け替えた際に添えられたものと推理できる。壺の口には、わざと欠いた跡が残っている（写真1）。これは葬送儀礼のひとつで、棺の土器を打ち欠く行為と同じと考えられる。日常とは区別して二度と什器として使用できないようにしているもので、死者や神に対する畏敬の念の現れであろう。『記紀』などの文献からも、祭祀行為を終えた土器を川に投げ入れたり、土中に埋めたりしていたことが知られている。同じ水路の少し下流から、実用にはまったく適さない極小の手づくね小壺がまとまって出土している。出土した位置関係から先の赤色壺より新しい時期になるもので、水路沿いで定期的なまつりが執り行われた証と考えられる。

また、方形区画地から北へ約二〇〇メートルの位置にも祭祀の役割をもった空間が広がっていた（地点5）。概ね南北方向や、東西方向の直線的な溝を配しており、この溝からは、祭祀用の小型の壺が出土し、土器といっしょに桃核が多量に出土した。まつりの場に対して実そのものを溝の中へ投げ入れたのであろう。『古事記』に見えるイザナキ・イザナミの黄泉比良坂の別れの場面〔註二〕で、イザナキが呪力をもった桃の実を投げつけることによって、イザナミが追わせた雷神から逃れたことを彷彿とさせる。神話に登場する桃の実が、古代の祭祀においても重要な道具であったことがうかがえる。このほかにも溝からは、銅鏡を模したまつり用の滑石製有孔円盤や首飾りの臼玉、緑色凝灰岩製の車輪石の一部が出土している（写真1）。車輪石は古墳時代には腕輪形の権力の象徴＝威信財となり、古墳の副葬品として埋葬施設に添えられるようになったが、集落の中から出土したことが特異であろう。高橋幸治は集落遺跡から出土する腕輪形石製品を分析し、腕輪形石製品の集落での流通が布留一～二式の段階で認められるとしたうえで、その集落が石製品化された文物の物資流通拠点と評価できると指摘している（高橋二〇一〇）。府中・豊中遺跡群において玉類の製作地は確認できていないので、この周辺が和泉地域での拠点集落のまつりの場であったことを証明するものと考える。これらのまつりが継続して行われたのは四世紀末から五世紀前葉（布留二～三式）の時期であった。

五　木樋をともなった導水施設の機能

原始、古代においては、一般的に溝などは地面を簡単に掘り進めた素掘のものがほとんどであり、木樋を使って水を通す事例は、池の堤の樋や豪族の居館に設けられた導水施設以外、ほとんど見ることができない極めて特異なものである。この特異な木樋遺構が府中地区地点6から出土している。木樋は半截した丸太材の内側を刳ったもので、残存数値で幅は三五センチであった。木樋自体は溝の中で固定されており、木樋を流れ出た水は河道と見られる大きな窪みに流れる仕組みになっている。ただし木樋は直接河道までは届かず、数メートル手前から素掘りの溝へとつながっている。樋に蓋があったのかどうかかはわからないが、木樋の部分は蓋をともなう暗渠、それ以外は開渠になっていたとも考えられる（写真1）。

これに類似した導水施設が奈良県御所市の南郷大東遺跡（南郷遺跡群）で発見されている（奈良県教二〇〇三）。この遺跡は古代豪族の葛城氏の居館と考えられている。河川から流れてきた水を貯水池に溜め、ヒノキ材の四本の木樋を組み合わせたものへ水を導く。そのうちの一本には水を少し溜める槽が作り出され、その場所を掘立柱建物で覆っていた。このような構造物が確認されたものに大阪府東大阪市の神並・西の辻遺跡がある（東大阪市文化財二〇〇二）。また、大阪府藤井寺市狼塚古墳（藤井寺市教二〇〇七）や兵庫県加古川市行者塚古墳（加古川市教一九九七）などの墳丘上で、覆い屋をともなった導水施設を忠実に模した形象埴輪が配置された事例が知られていることからも、導水施設は宗教的な意味合いが強い「流水祭祀」であることがうかがわれる。こうしたことから、木樋をともなう導水施設は、有力な首長居館にはなくてはならない重要な施設であったと考えられている。

六　湧水地のまつり

導水施設から水が流れ込む水路も祭祀場であった。水路の幅は約一〇メートル、深さは一メートル以内であった。時期は五世紀の前葉（高蔵寺七三型式）の時期で、水路の左岸の縁を拳大から人頭大の白色系の川原石を敷きつめて整地し（写真2）、高蔵寺七三型式併行期の須恵器大甕が、この敷石遺構の上面に正位で倒れないように据えられていたことが推測できた。河道からは胡桃や桃核のほかに葦や広葉樹の葉など多くの植物が堆積しており、右岸の汀には大木が樹立していた（地点7）。なお、この大木は幹の箇所で伐木されており、水路が埋没する前に大木は姿を消していた。当時の水辺の環境が想像できる。そして、小川には発掘調査中も絶えず水が流れていたことから、水路の近くには湧水地「井泉」が存在していたかもしれないと推理しておく。[註二]

このような集落内の溝を敷石で護岸した施設は、かなり特殊な構造の施設であるといえる。代表例として三重県伊賀市の城之越遺跡がよく知られている（穂積一九九二）。複数の井泉から湧き出した水を、貼り石で護岸された大溝へと導いていた。そこでは土器や木製の刀や剣などの祭具を大量に用いたまつりが行われていた。奈良県纏向遺跡でも知られている（桜井市教一九九七、纏向学センター二〇一三）。

府中・豊中遺跡群においても、城之越遺跡のように、たくさんの祭具をともなった場所が府中地区から北方約四〇〇メートルの上池・古池地区でみつかっている（豊中古池一九七六、坂口一九八六）。この地点には調査も困難なほどの湧き水があって、その湧き水が流れる河道が確認されている。杭で護岸された幅一〇メートル以上の大きな河道には、土師器や須恵器に加えて大量の木製品が出土している（地点8）。実物を模した木製祭具の舟形や武器の刀形、剣形、素環頭大刀をはじめ、鞘・鞘口・弓、威儀具のさしば、楽器の琴柱、糸巻などの紡織具、盤や槽などの什器、工具の鎌・鉄斧の柄、農具の鍬や鋤、建築部材などがあり、農具を除いては城之越遺跡の出土品に酷似している。木の刀や剣は農耕儀礼にともなう模擬戦のほか水神鎮撫などに、弓は魔除の儀礼に、鍬や鋤は豊穣の祈願に、そして首長が琴を使って神に捧げる音楽を奏した後に、清らかな水に舟形とともに流したのであろう（写真3・図22）。さまざまな生活道具を奉納して集落の繁栄を願ったものである。このような事例と『古事記』や『風土記』[註三]などの文献研究から「水

写真２　府中地区地点７の石敷き遺構
（和泉市教育委員会写真撮影・提供）

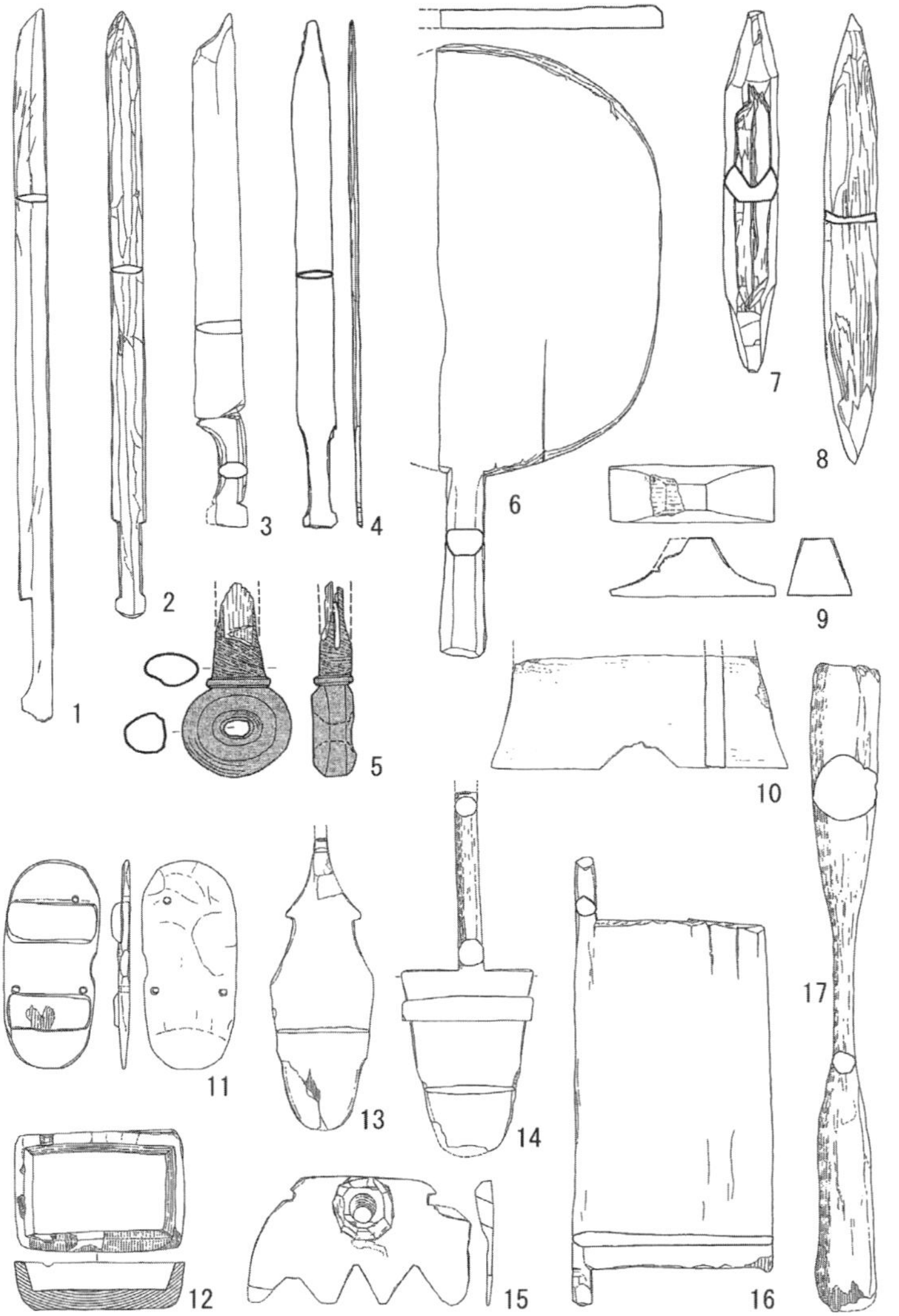

1：大刀、2：剣、3：大刀、4：剣、5：環頭、6：さしば、7：舟形、8：舟形、9：琴柱、10：机、11：下駄、12：槽、13：鍬、14：鋤、15：横鍬、16：扉、17：杵

（縮尺 3/1＝9、5/1＝4・5、6/1＝7・8、8/1=1・2・3・6、11、12/1＝10・12・13・14・15・17、15/1＝16）

図 22　古池地区地点 8 出土の木製品

（豊中・古池遺跡調査会 1976 年・奈良国立文化財研究所 1993 年）

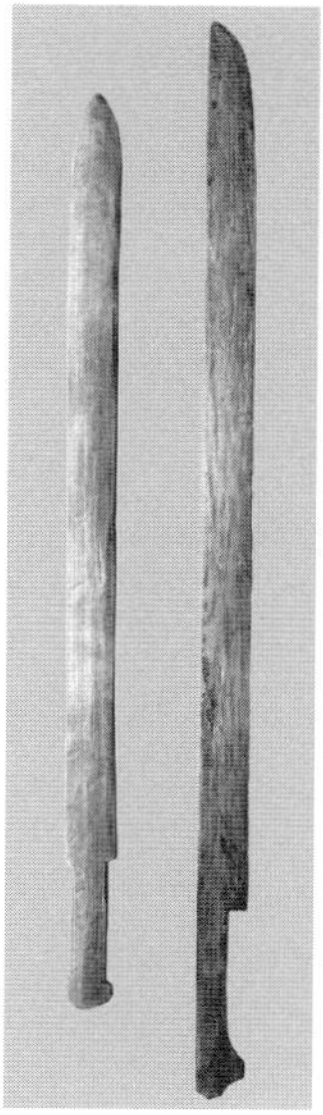

①大刀・剣
（図22の1・2）

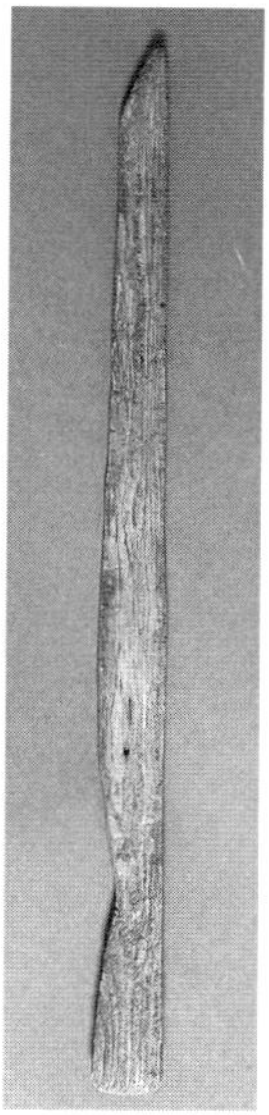

②大刀
（長さ約50cm）

③鞘口（幅約8cm）

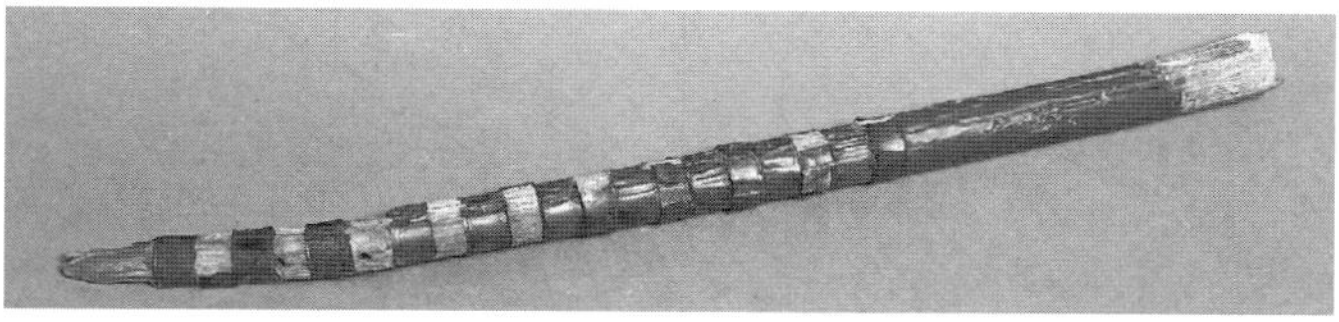

④弓（残存長約50cm）

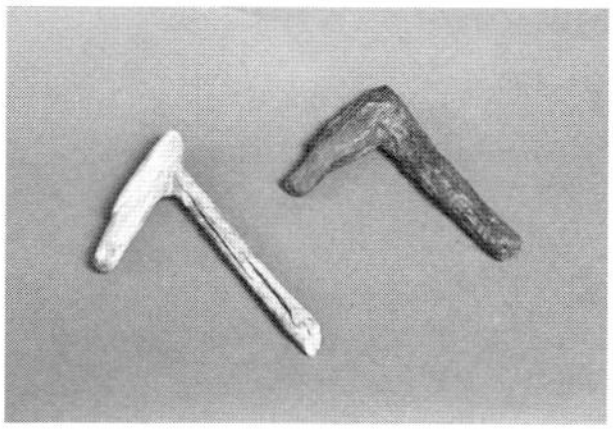

⑤鉄斧柄（右：長さ約20cm）

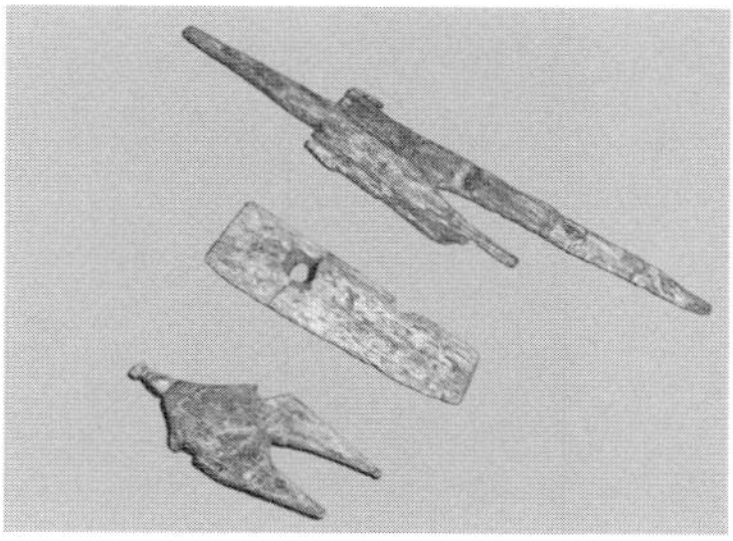

⑥各種鍬（上段：残存長約46cm）

写真3　古池地区地点8出土木製品
（すべて泉大津市教育委員会撮影・提供。所蔵者は②が泉大津市教育委員会、
それ以外は大阪府教育委員会）

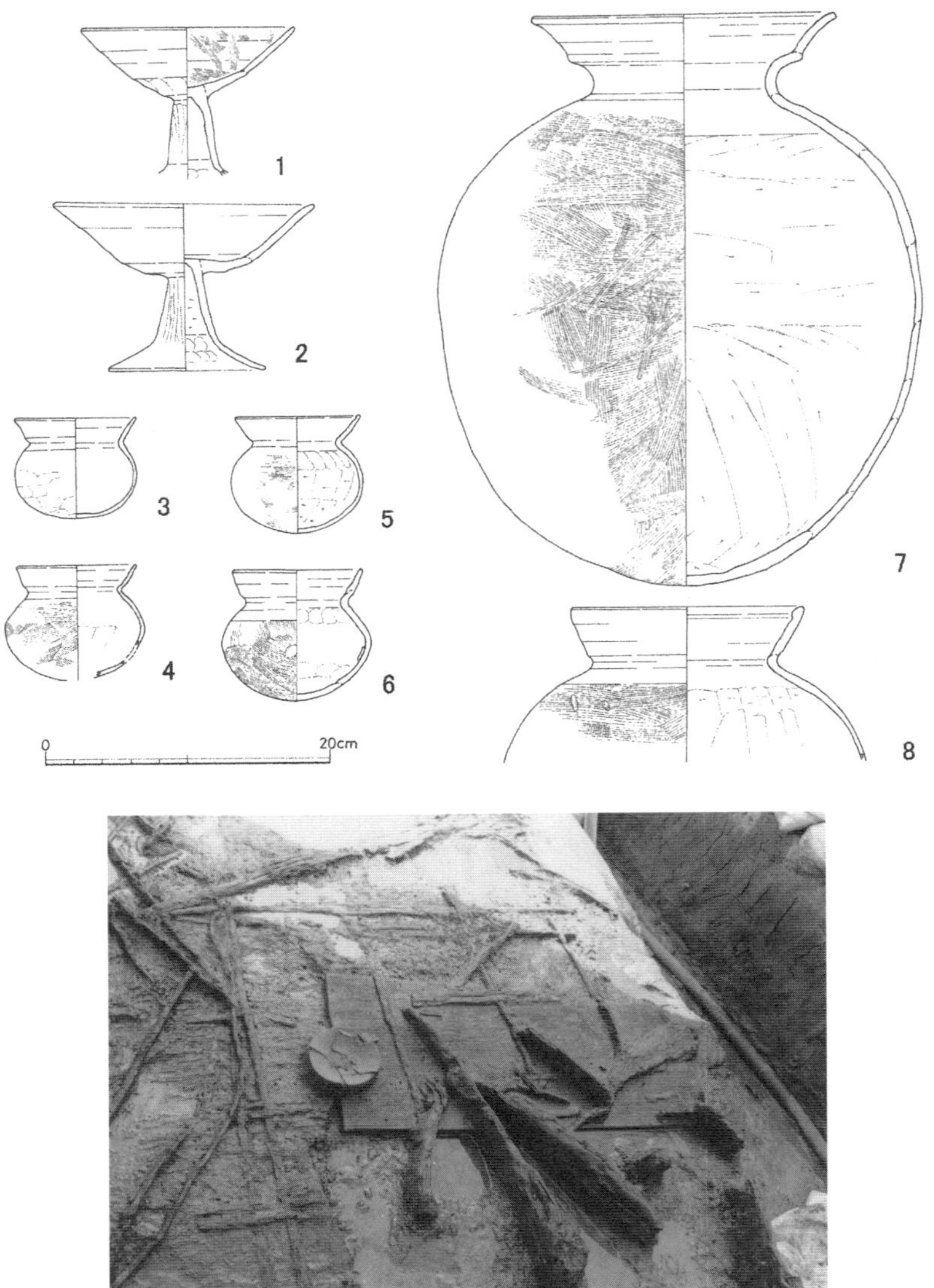

図23　府中地区地点９の河道木製品出土状況と出土土器実測図
（和泉市教育委員会　写真撮影・提供。実測図は和泉市いずみの国歴史館企画展解説シート 2020 年より）
建築部材の柱、梁、扉状の板材、網代壁、草葺き屋根などが出土。

のまつり」に関わる風習—祓・禊—が各地に存在したことが金関恕、辰巳和弘らによって指摘されており（金関一九七八・一九八六、辰巳一九八六・一九九〇、中村友博一九八七、置田一九九一、金子一九九六、中村慎一一九九九、和田二〇〇三）、各地域の首長がその中心を担った。府中・豊中遺跡群の水辺のまつりの行為は五世紀から六世紀前葉まで継続した。

また、古池地区の上流地点にあたるであろうJR和泉府中駅東の府中地区の調査でも、河道の底から建築部材の柱、梁や網代壁、草屋根などがまとまって出土した（地点9）。黒木を用いた部材の特色からは、奈良市春日大社の伝統行事「若宮の御祭」に登場する御旅所の仮殿に使われたものを連想させる（岡田一九八五、乾二〇〇三）。そうすると、半径二〇〇メートルのかなり広い範囲が、集落の祭祀の場所として使用されていたことになる。

全国各地の遺跡の事例から、首長居館において、水を介した大規模なまつりが継続的に行われたことが知られている。府中・豊中遺跡群においても、水に関わるまつりを担った集落の首長が槇尾川流域の地域を治める権力者として成長し、それを体現したものが首長居館ということになる。各地の豪族の集落で実施されていた様々な祭祀も、徐々に形式化され、社を伴った神社へと発展したのであろう。各地の有力な首長と同じような「禊や祓い」を行うようになることは、府中・豊中遺跡群の集落発展の画期でもあった。祭祀場の近くに鎮座する式内社泉井上神社の境内から、「和泉」の国名の由来になったとも伝えられる大阪府史跡「和泉清水」が湧き出していたことが思い起こされる。和泉国府として栄える頃には、周囲一帯が前代よりさらに神域として確立していたのであろう。そこは古代の条里開発の対象からも除外された。府中・豊中遺跡群の中心部は条里区画が見られず、特殊な事情で古代開発から除外された可能性が高い。

菱田哲郎は、長野県屋代遺跡群の奈良時代の祭祀遺構を取りあげて、すでに七世紀半ばから人形や斎串などを用いた水辺の祭祀が行われていたが、その近い位置で五世紀においても湧水点での祭祀が行われていたことから、

「律令期の祭祀の場が五世紀の祭祀に共通する」ことを指摘している。また、各地の有力者が執り行ったその首長権と深い関りのある浄水施設や井泉の祭祀遺構は、奈良時代の王権祭祀の「水取」につながることも指摘している（菱田二〇〇七）。

関連する祭祀については後節で示したい。

二　地域間交流の様相

一　渡来人の移住

府中・豊中遺跡群の祭祀場のさらに北西側の肥子地区（地点11）で、朝鮮半島の系譜を持つ陶質土器や軟質の韓式系土器やそれに似る地元で作られたであろう土器が出土している（和泉市教二〇〇六）。陶質土器は灰色系の色調で、比較的硬質に焼き上げられ、瓦質状のものも出土している。また、軟質で土師質のものが含まれる。土器の表面は製作する際に調整する工具の縄目や格子目の痕跡が見られるものが多いのが特徴である（図24）。府中地区（地点4・5・14・15）では、このほかに土師質の移動式竈が出土している（和泉市教が調査）。今津啓子が行った渡来系の軟質土器研究における、器種のセット関係の分類によると、府中・豊中遺跡群の当該地区においては甕、長胴甕、平底鉢、壺、甑など四種ないしは三種以上の器種が確認できるので、渡来人の居住を推定することも可能になろう（今津一九九四）。

府中・豊中遺跡群で出土する朝鮮半島系の土器は五世紀のものが多く、この集落が拡大、整備される時期と符合する。肥子地区の瓦質土器は斜格子タタキで底部を成形したあとに、胴部を螺旋状の平行タタキを施すもので、六、七世紀代の朝鮮半島系土器との指摘があり（寺井二〇〇一）、長い期間にわたって半島系の文化が流入していたと考えられる。土器を携えて朝鮮半島から渡来した人たちが居住していたことは明らかで、土器が出土する地点

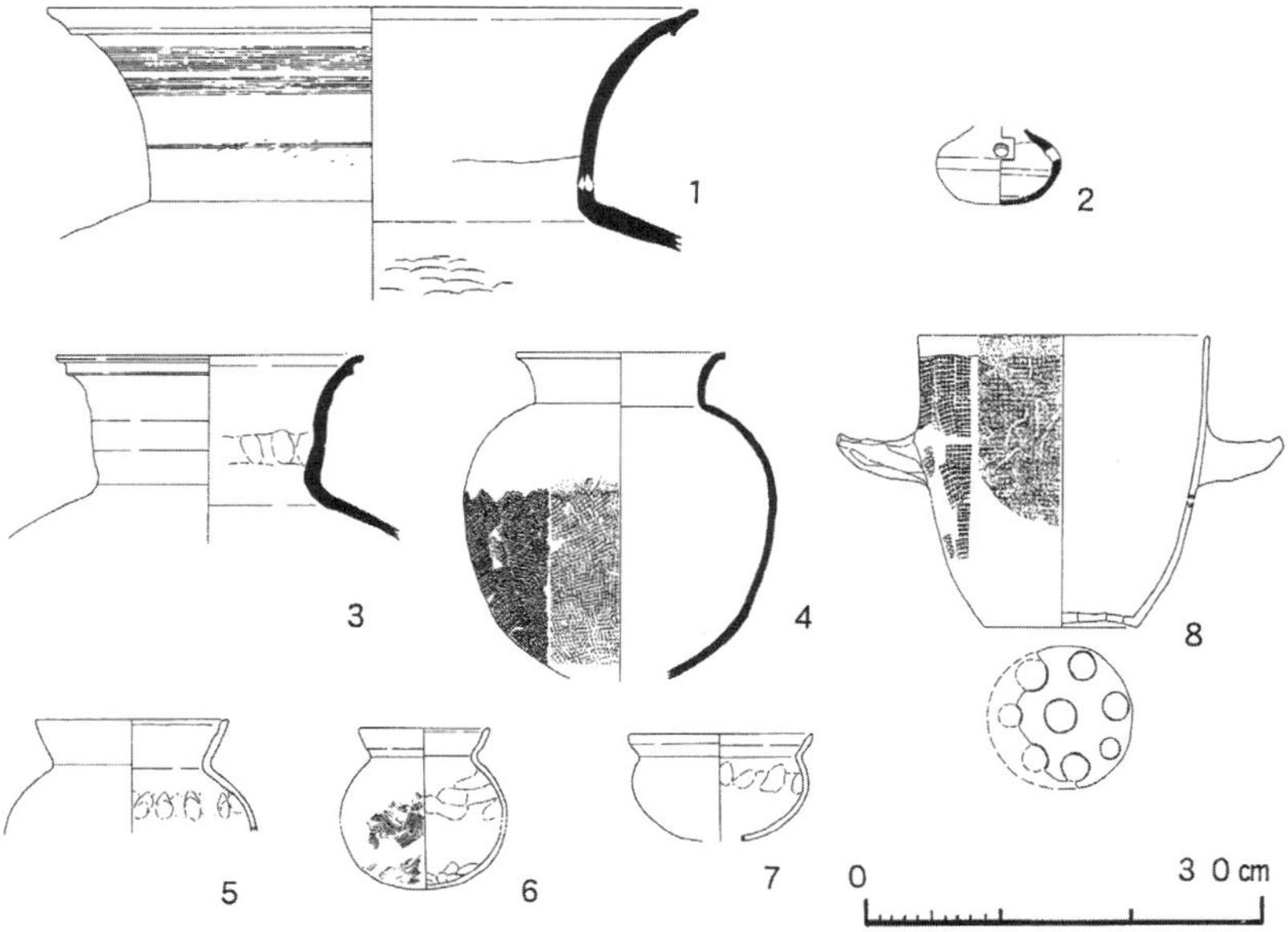

写真右は実測図8の韓式系土器、手前中央は実測図4の陶質土器、
左は陶質土器で異なる土坑出土。

図24　肥子地区地点11の出土土器実測図、同土器写真（和泉市教2006年）
（和泉市教育委員会写真撮影提供）

が集落西北端の地区に集中していることから、その場所が居住域として定められていた可能性が高い。一方、府中地区の南東方において四世紀から五、六世紀にかけての居住地と土壙墓を主とした墓域が確認されている（大阪府教二〇一九）。特に、府中・豊中遺跡群の墓域の一角を平野部で知ることができたことは重要であろう。土壙墓一四五には朝鮮半島系で鳥足文のタタキ目を有する六世紀代の甕が出土していることも注視したい（地点15）。

槇尾川と同じ大津川支流の松尾川流域の集落で、豊中地区と同じ時期の朝鮮半島系の土器が出土する遺跡に和泉市寺田遺跡が知られている。弥生時代に始まるこの集落は、盛期は五世紀で韓式系土器を持った竪穴建物や土坑がみつかっている（大阪府教二〇〇七a・二〇一〇、三好二〇一一）。五世紀の寺田遺跡では鍛冶遺構をともなった竪穴建物がみつかっている。鉄製品を製作する場所で必ずみつかる鉄滓、鞴の羽口がたくさん出土しているので工房跡であろう。また、滑石製の臼玉、双孔円盤や装身具の原材料となる緑色凝灰岩などが流路から出土している。玉作りの工房も存在した可能性がある。このような手工業は府中・豊中遺跡群ではどうであったか。確実な鍛冶工房はみつかっていないが、集落からは鉄斧やそれを装着する木製の柄が豊中地区地点2の竪穴建物から出土しているので、鉄の利器を保有していたのは間違いなく、韓式系土器が出土している渡来人の居住地区は、工房をともなった区域であった可能性もある。寺田遺跡の渡来人は短期滞在であったとの指摘がされている（中野二〇〇八）が、寺田遺跡からさらに上流の和泉丘陵A八地点遺跡でも甑などの韓式系土器を持った五世紀の集落が営まれていた（和泉市編さん二〇一六）。このように松尾川流域には渡来系の人たち居住地が与えられていたのであろう。『日本書紀』によれば、五世紀には朝鮮半島から陶器、馬具などが渡来技術者によって伝えられている。記述の真実性の評価は別にして、和泉に住み着いた渡来人からも多くの新しい技術がもたらされたであろう。

二　各地域との交流と伝統的な技術

海を渡ってきた人たちだけが、さまざまな情報をもたらしたのではない。集落から出土する各地の土器がそのことを証明してくれる。三世紀後葉から四世紀前葉の時期を限定してみると、府中・豊中遺跡群やその周辺の七ノ坪遺跡（泉大津市教一九八二）、和気遺跡（和気遺跡調査会一九七九）、西大路遺跡（大阪府埋蔵一九九四）などから、地元以外の土器がみつかっている。各地からは容器だけが運ばれることはないので、壺ならばその中に食べ物などを入れて運んだことも考えられる。また、それを携えていっしょに人びともやってきたに違いなく、人と人との交流、地域と地域の交流があった。

和泉寺跡（府中地区地点14）の近年の発掘でも、淡路島やその周辺の地域の特徴を持つ庄内併行期の淡路型の土師器などが出土している（大阪府教二〇一三a）。土器の原料である粘土が似通っているので、「淡路の人」が和泉にやってきて製作した土器かもしれないが、それこそ人と人との交流があった証拠になろう。府中・豊中遺跡群や近隣の集落遺跡では、近くは河内の生駒山西麓、遠くは北近畿、讃岐、近江、尾張や山陰などの他地域の土器が出土している。ただし、その割合は少ない。全国各地から人と情報が集まった王権の中心地・奈良県桜井市の纏向遺跡ほどではなく、「王権の都」に比べると〝都会度〟は低かったといえよう。このほか、府中地区地点4の一次大溝から三世紀中葉（下田Ⅱ式）の土器群と共伴する朝鮮半島慶尚南道の土器に類似する高坏の破片が出土したことに注目しておきたい[註四]。

また、地元の和泉や紀淡地域から運ばれた製塩土器がある。土器に入れた海水を煮詰める方法で塩を作り出す製塩土器は、大阪湾沿岸を中心に点在する塩づくりの集落から運ばれたもので、大阪府岬町の小島東遺跡や山田海岸遺跡などが製塩遺跡として知られている（大阪府教一九七八c、大阪府埋蔵一九八九a）。消費地として和泉郡の内陸部の府中・豊中遺跡群、七ノ坪遺跡、上町遺跡、大園遺跡で製塩土器が出土している。

土器製塩は、もともと弥生時代に瀬戸内海の備讃瀬戸で始まり、大阪湾沿岸に伝わったものである。その後、大阪湾岸地方において製塩土器の製作に工夫が加えられ、その技術が備讃瀬戸に逆移入されたといわれている。四世紀には、大阪湾沿岸の脚台式製塩土器の影響を受けた土器が三河や能登で確認されるようになる。和泉に遠方からの土器が移入されたのと同じように、和泉の製塩土器が各地に運ばれていたのである。このような生産活動は一地域の集団が取り仕切るようなものではなく、畿内の王権が大阪湾沿岸の土器製塩の専業集団を掌握していたことによると指摘されている（積山二〇〇四）。須恵器生産が始まる五世紀になると土器製塩の生産量は増大し、その主流は硬質の碗形土器となった。自然釉が付着する例もある硬質土器出現の動向は、須恵器の登場と軌を一にしていることから、須恵器工人との密接な関係も指摘されている（広瀬一九九四b）。

三　まとめ——集落の拡大——

府中・豊中遺跡群の中核部において首長が主宰するまつりの場が整えられるなか、その周辺地区では首長を取り巻く人たちの居住域が拡大していく。

府中地区と伯太地区の中間地点にある、五世紀中葉に出現した居住域に注目したい（地点一〇）。小さな発掘調査区ではあったが、竪穴建物は平面プランが矩形で二〇棟を、掘立柱建物が二〇棟を超え、重なり合っていた（和泉市教二〇〇二a）。居住者は竪穴建物と掘立柱建物を建て替えながら集住していた。どちらの建物も南北方位ないしは西方位に約四五度振った角度を基準にして建てられていた。古建築の唯一神明造の特徴である独立棟持柱を有した掘立柱建物SB二〇二がみられた。現在の神社建築に通ずる特殊な構造の建物で、集落の中でも首長の居館にさほど遠くない場所に建築されるものである。また、建物群に接して、溝で区画した方形区画地が存在する。区画は建物群の方位に合わせ、南北方位を基準にしているのがうかがわれる。地区全体が後世に削平されているので、

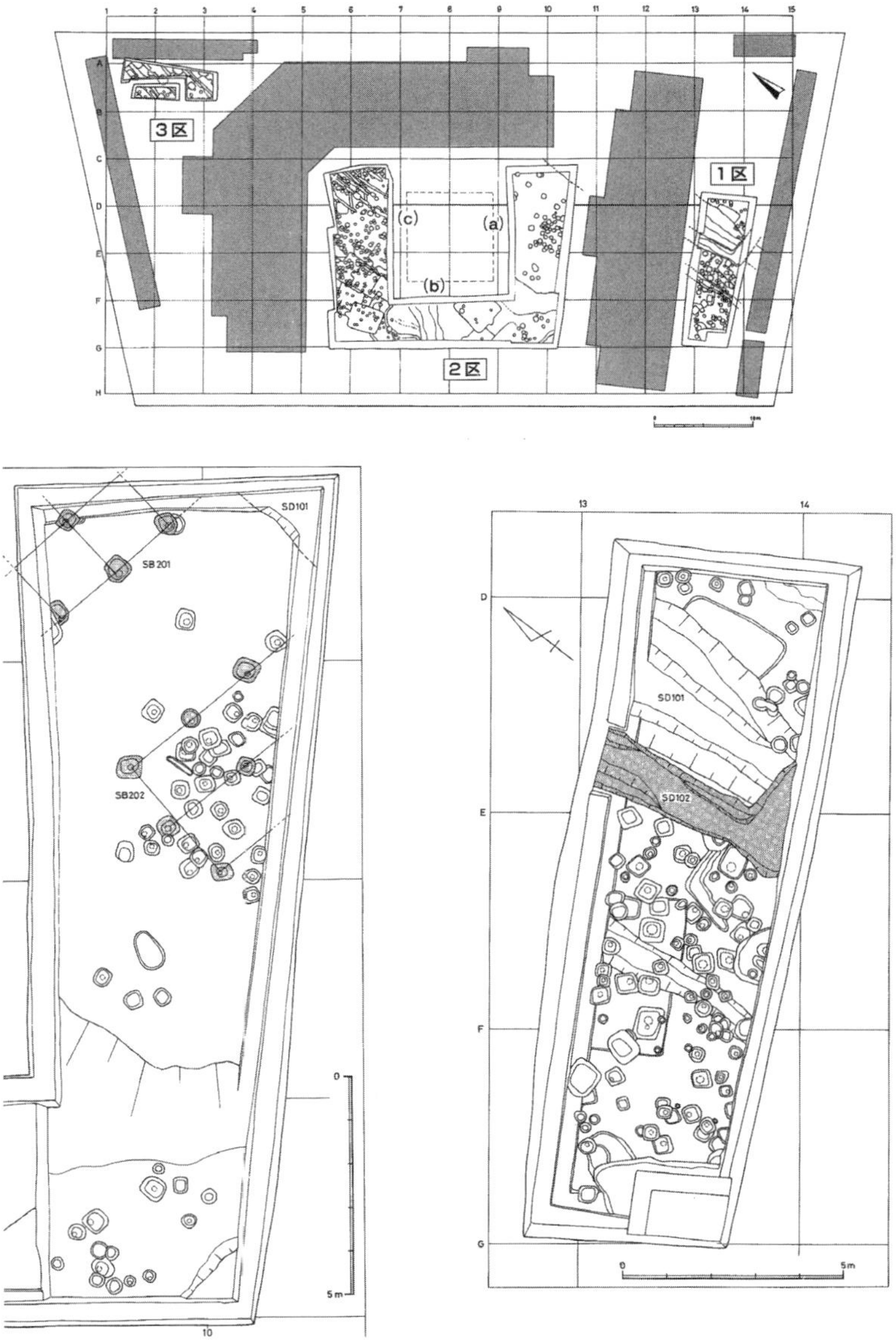

上：全体図、左下：2区(a)、右下：1区

図25　府中地区地点10の居住区遺構図（和泉市教2002年）

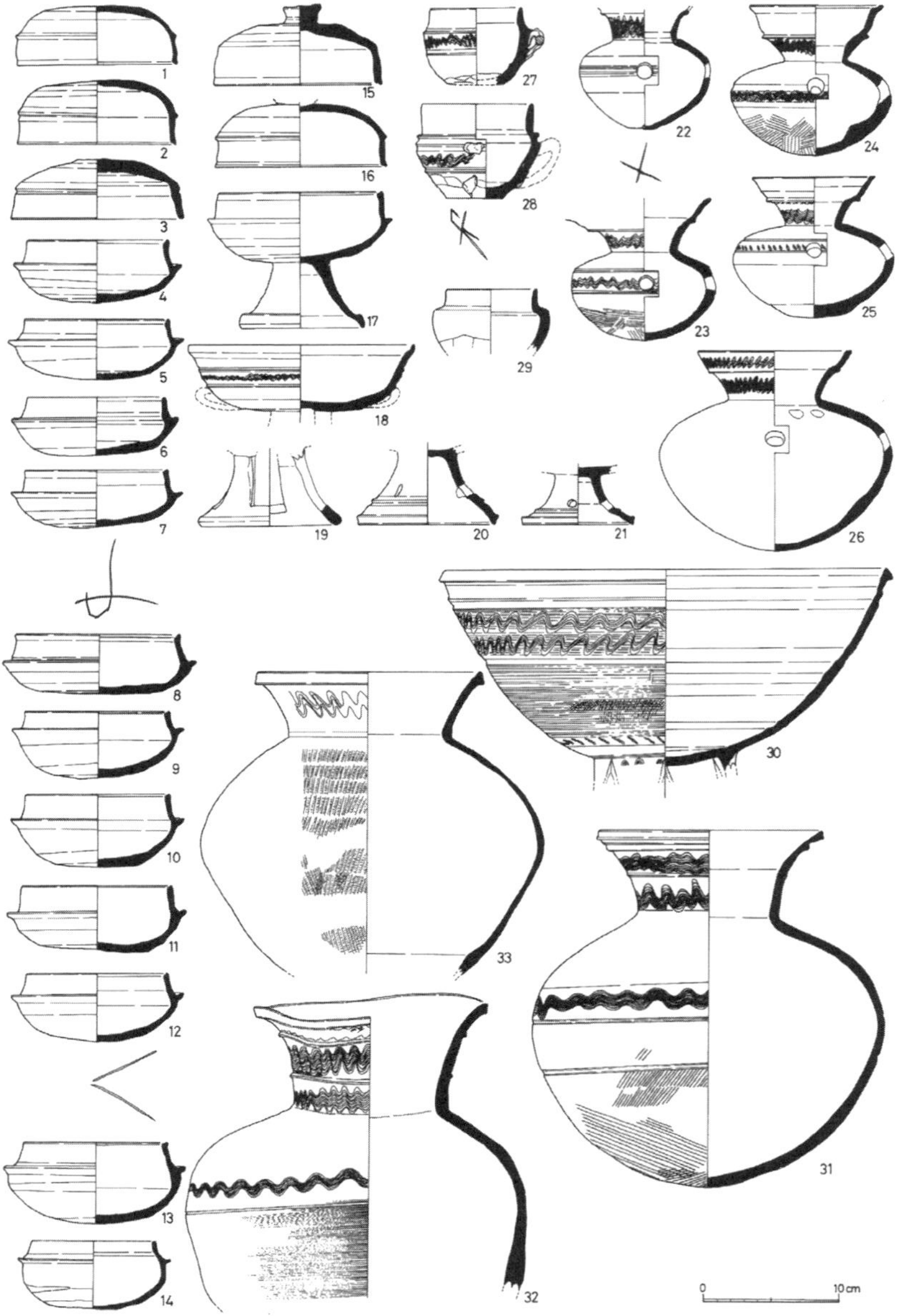

図 26　府中地区地点 10 の SD102 出土遺物実測図（和泉市教 2002 年）

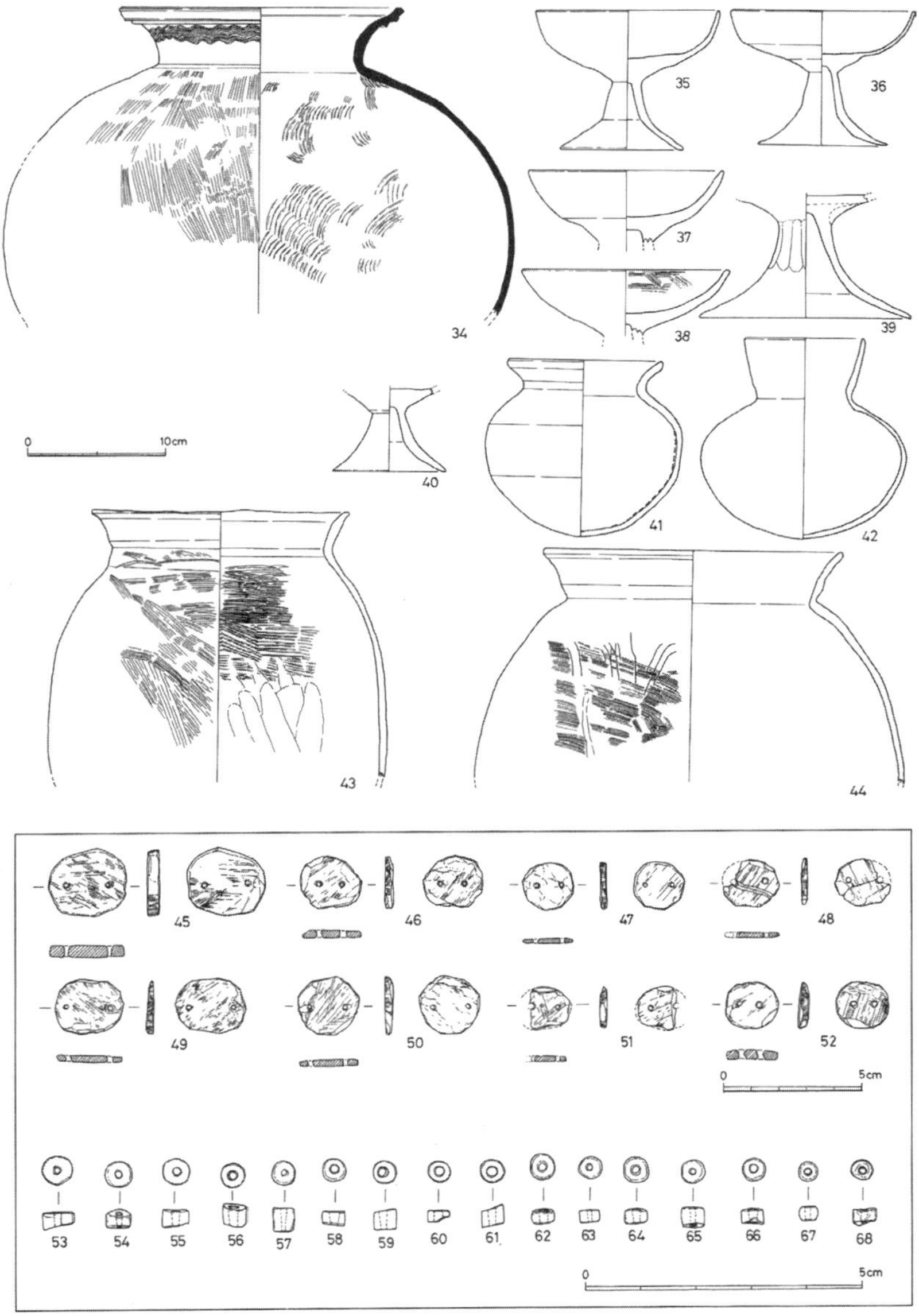

図 26-2（枠内は滑石製品）

区画溝の底の部分だけが現れたのであったが、溝SD一〇二から大量の須恵器と土師器が出土した。それに混じって滑石製の双孔円盤、臼玉も建物群の方から区画溝に投げ入れられていた。すなわち、区画溝によって建物群と区別する必要がある地区が、向こう側（東側）に存在したのであろう。[註五]

区画されたエリアはどのような様子なのかわからないが、府中・豊中遺跡群の南方の和気遺跡の集落に似た区画溝がある（大阪府教一九八五ａ）。和気遺跡のものは六世紀末から七世紀初頭で、一辺約二〇㍍の溝によって方形に区画された場所に、掘立柱建物が一棟ないしは二棟建てられている。祠（まつりの場）か、あるいは首長の居館かのいずれかであろう。府中地区・豊中地区は六世紀後葉に時代が移っても、継続的に集落が形成されている。集落の特徴のひとつにあげられるのが、六世紀においても地点12・13で竪穴建物、掘立柱建物で構成されることである（和泉市教一九七六・一九八二）。先に記したように集落の中を流れていた河道が埋まっていくことによって、土地がより安定し、居住域が拡大していった。このような居住空間の拡大は最新の調査成果からも判断できる（大阪府教二〇一九）。

以上みてきたように、府中・豊中遺跡群は、大和地方の有力首長の集落と比べると決して大きな規模ではないものの、四～五世紀には確実に首長居館にふさわしい居住域が整備され、広い集落の中でさまざまなまつりが執り行われたほか、渡来人によって新しい技術が伝えられるなど、和泉を代表する集落として成長したと考えられる。それは、府中・豊中遺跡群の首長が、前方後円墳の築造によってヤマト王権の傘下に入ったことを意味する歴史的発展だといえる。そして、奈良時代以降、この地の和泉郡上泉郷の領域となり和泉国の中心地として、いっそうの発展を遂げていくことになる。

【註】

〔註一〕『古事記』の典拠

「イザナギ・イザナミの神話」＝『古事記』上巻　伊邪那岐命と伊邪那美命　六黄泉の国

〔註二〕類似遺構として、地点7から東へ約二〇〇《メートル》離れた地点で、敷石遺構に類似した遺構が検出されている。一《メートル》四方に径一〇～一五《センチ》大の石を敷き詰めた遺構で、報告書では住居跡とされている。土師器の高坏・壺、須恵器の坏・高坏・壺などが出土している。時期は五世紀に帰属すると考えられる（泉大津高校一九六四）。

〔註三〕『古事記』、『日本書紀』、『風土記』の典拠

①「木の刀や剣による模擬戦」＝『古事記』景行記、出雲を攻めた際に、木刀と大刀とをすり替える場面。『日本書紀』神功紀にも、木刀を真刀に見せかけて相手を油断させる場面。ただし、模擬戦の模様についてはわからないが、木製品を用いての模擬戦が弥生時代から存在したことを指摘されている（金関一九七八）。

②「水神鎮撫」＝辰巳和弘は、『日本書紀』にみえる神武東征の際に暴風の海を鎮めるために剣をもって入水することによって海を鎮める場面や、中国北魏の『水経注』の説話に川の水を制御する際に武器を用いたことなどから（国内遺跡において武器形木製品が水に関連する施設から祭祀遺物とともに出土することも踏まえて）、武器形木製品による水上鎮撫の行為がありえたと指摘している（辰巳一九八六）。

③「弓は魔除けの儀礼」＝『日本書紀』雄略紀、雄略天皇没後の役に際して、蝦夷を平定する際に、鳴弦して敵を討ったとあり、起源の古さを示している。鳴弦は弦打ともいい、『紫式部日記』や『御堂関白記』などに皇子誕生の際に弦を打ち鳴らしたことがみえる。

④「首長が琴を使って神に捧げる音楽を奏し」＝『古事記』仲哀天皇紀、天皇が琴を弾き大神の宣託を聞く。『日本書紀』允恭紀七年十二月条、天皇が琴を弾き皇后が舞う。これらから辰巳和弘は仲哀記及び允恭記の記載を「弾琴

写真４　府中地区　地点４出土の朝鮮半島系の土器

が神託を受ける立場にある男性首長にとって重要な行為であったことを物語っている。」と指摘している（辰巳一九九〇）。

⑤「清らかな水に舟とともに流した」＝舟（船）の役目については、弥生時代の銅鐸の絵画研究などによって祭祀の場面に登場する重要な構成要素であって、海の彼岸から穀霊を迎える際の道具としてみられている（春成一九八二、金関一九八六、水野一九九二）。また、上田正昭は「記紀の神話に登場する天の鳥船も、本来は天の鳥船ではなく、海の鳥船であったろう」とし、海の神の伝統が記紀神話の世界にあっても息づいていたと指摘している（上田一九七一）。

［註四］田中清美から出土土器について教示を得た。出土した土器は高坏の脚部で、縄蓆文タタキの上からストロークの長い磨きが施されている。土器は燻されており、色調は茶褐色系を呈する。砂粒は少ないが、長石・石英のほかチャートなどが微量に含まれる（写真４）。

［註五］肥子地区においても滑石製の子持ち勾玉、双孔円板などが出土している。複数の祭祀場所の設置が認められる（大阪府教二〇一二b）。

特論二　府中・豊中遺跡群の「御船代」

第一節で述べた府中・豊中遺跡群の上池地区で出土した木製品の中に注目する資料がある。出土した時点で、すでに腐食が進んでいたため、残念ながら当該木製品を発掘調査の現場から取り上げて持ち帰ることができなかったと発掘担当者から教示を得た（豊中古池調査会一九七六）。しかし、勢いよく出る湧水と闘いながら、現場では記録された図面を報告書で見ることができる。報告書では当該木製品のほか数個体の木製容器を田舟状木製品として記述しながらも、その本来の使用方法については田舟ではなく、何らかの運搬用具の可能性を示唆していた。筆者はこれを「御船代」として取り上げ検討したい。

一　「御船代」の類似資料について

まず、府中・豊中遺跡群（本章第一節）の上池・古池地区から出土した長大な木製品を見てみよう（図27－2）。長さ二《メートル》以上、幅四七《センチ》で、本体の断面形が台形になっており、船底状になっている。小口部は寄棟形にし、口端には二本の棒状把手を、間隔をあけて取り付けている。本体の一部が欠損しているので断定できないが、左記の遺跡出土の類似木製品から、片側の小口部にも対になる棒状把手が取り付けてあったことが推測できる。出土状況は埋没した旧河川状遺構から大量の土師器や須恵器などのほか数々の木製品が共伴していた。帰属時期については、共伴する遺物などから、六世紀初頭以前であることが示されている。なお、この木製品の材は不明である。

次に類似資料をみてゆこう。大阪府八尾市中田遺跡の出土例は、五世紀の木製品で二号井戸の井戸枠に転用された状態で出土した（図27－3）。幅五五《センチ》、残存長約四〇《センチ》、残存高約一五《センチ》で、寄棟形の小口部の口端

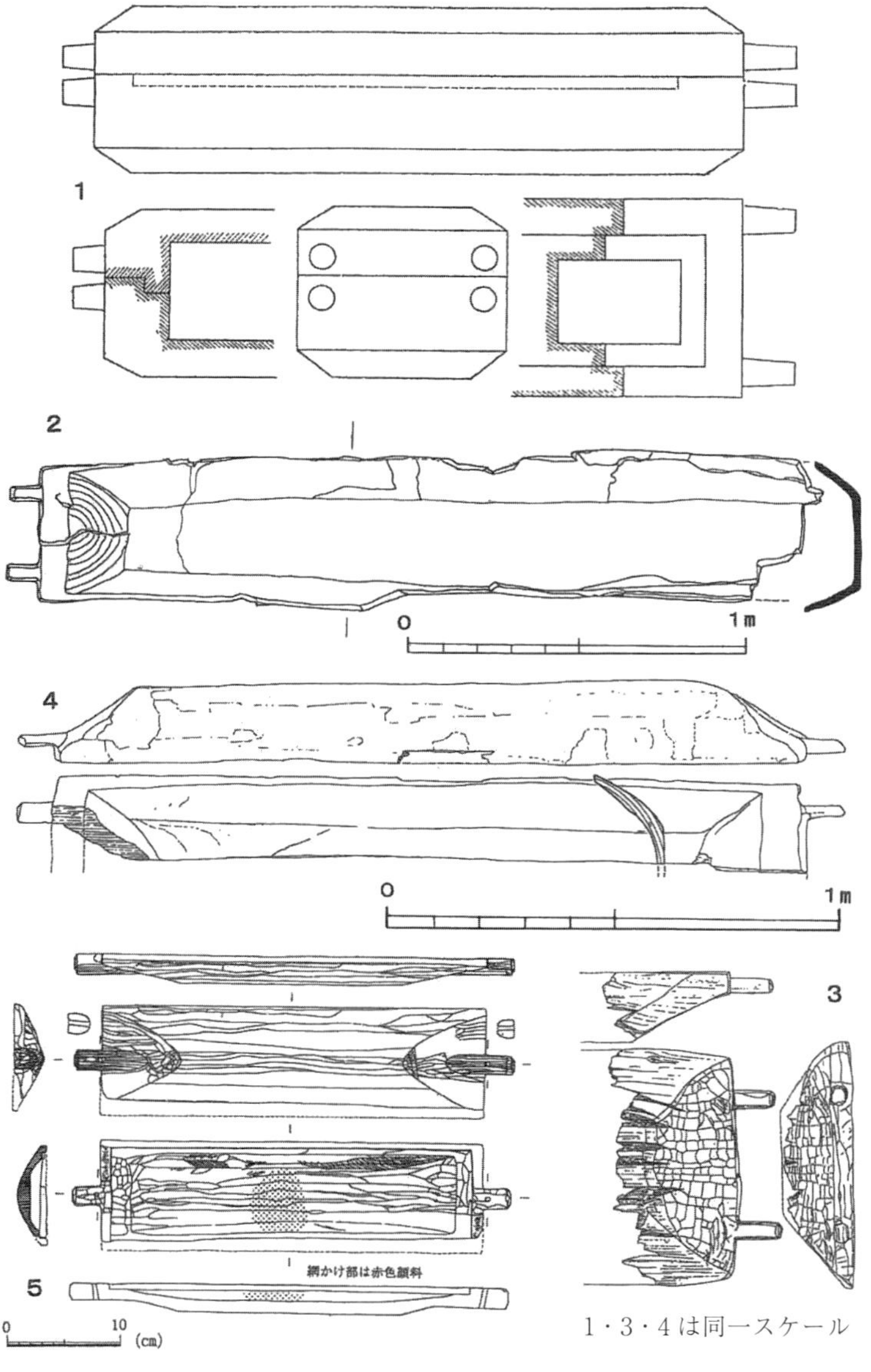

図27　石上神宮「御船代」と各地の類似木製品（各報告書による）

に棒状把手が二本取り付けられている。本体のほとんどが失われ、全体の大きさや形状の断定は不確かではあるとはいえ、次の服部遺跡の出土例に近い形状ではなかったかと考えられる（奈良文研一九九三）。

滋賀県守山市服部遺跡の出土例は六世紀前半の帰属資料で、第二三号円形墓の周溝から出土した（図27－4）。長さ約一六七センチで、本体の縦半分を半裁したように失われているので、本体の幅はわからない。やはり両小口部は寄棟形で、口端に棒状の把手が付いているので、中田遺跡や府中・豊中遺跡群の例のように元々二本が取り付けられていたと考えられよう。断面はやはり台形で船底状である。高さは約二〇センチである（奈良文研一九九三）。

奈良県御所市南郷大東遺跡の導水施設関係遺構から出土した木製品は、上記の例に比べてかなり小型であるが形状が若干似ている（奈良県教二〇〇三）。長さ四三・六センチ、幅一〇センチを測る（図27－5）。小口部の形状は寄棟形で、この資料は家形石棺の縄掛突起を連想させる一本の把手が寄棟妻側の傾斜面に取り付けられていることが、前三例とは形状が異なっている。この例は容器の蓋とみるべきであろう。内側は印籠蓋状になっている。

以上、前三例は身となるのか、それとも蓋になるものなのかは今のところ断定できない。これらの事例から府中・豊中遺跡群の木製品の用途は、報告書においても疑問が示された田舟のような道具ではないだろう。槽（ふね・桶）や盤（大皿・鉢）などの容器にしては、形状が長すぎるのではないかと思われる。しかしながら、木製品の内側の構造が石上神宮の「御船代」のように印籠蓋状になっていないことなどもあり、形状からはこれ以上の推測は避けたい。

二　「御船代」とは

御船代とは、『日本国語大辞典』によると「伊勢神宮で御樋代を納めるためのものを尊んでいう語。木材を二つに割り、内側を刳り抜いた容器。」とし、その御樋代は「神社で神体を納める器を尊んでいう語。特に、伊勢神宮のものをいう。」とある（小学館二〇〇一）。このことから御船代は神宮の神宝を収めておく重要な道具であることが理解できる。神宝であることから、まず普段から見ることなどかなわず、どのような形状であるかは筆者も容易に推測することができない器でもある。

しかし、過去にこの伊勢神宮の御船代を実際に観察し、複製を製作した人物がいた。奈良県天理市に所在する石上神宮の大宮司菅政友がその人で、明治七年八月に石上神宮の大宮司に就いた菅政友は石上神宮の現状を憂いて、神宮の整備の一つとして宝器を納める容器を新調する計画をもった。そこで容器のモデルにしたのが伊勢神宮の御船代であった。伊勢神宮の御船代を実際に見て作ったのである。その形状は後世の私たちに伝えられている（石上神宮一九二九）。

図27－1がそれで、身と蓋からなり、ヒノキ材を用いている。長さ五尺（約一六〇センチ）、幅一尺五寸八分（約四五センチ）の大きさで、身蓋双方のそれぞれの小口部の口端に棒状の把手を二本付けて、持ち運びや収納のための機能を持たせているのであろう。身と蓋とは印籠蓋状に組み合う仕組みになっており、その内部に宝物を収納できるように材を刳って空間をつくっている。すでに岡田精司は、その外形から古墳時代の長持形石棺に酷似することを指摘していた（岡田一九七〇）。

三　府中・豊中遺跡群の祭祀遺構

後先になるが、府中・豊中遺跡群の古墳時代の集落群では、数箇所で祭祀を執り行ったことが確認できている。先に筆者はこれらの祭祀遺構についてまとめた（本章第一節）。

　さて、「御船代」の木製品が出土した上池・古池地区以外の祭祀場について示しておく。上池・古池地区（8地点）では大量の木製品が幅一〇メートル以上の旧河川から出土しているが、これらの木製品には摩滅痕が認められない、未製品がなく制作過程を思わせるものが出土していないことなどが報告者から指摘されている。木製品の種類としては、実物を模した木製祭具の刀形、剣形、素環頭大刀をはじめ、武器の鞘・鞘口・弓、貴人に差しかける威儀具のさしば、楽器の琴柱、糸巻などの紡織具、盤や槽などの什器、工具の鎌・鉄斧の柄、農具の鍬や鋤、建築部材などがある。以上のことから物を廃棄する場所などの気配はないと考えられ、ひとつの仮説を立てることができる。木の刀は農耕儀礼に伴う模擬戦や採物舞の際に（中村友博一九八七、中村慎一一九九九）、または水神鎮撫の儀礼の際（辰巳一九八六）などに用いられたことが推測できる。そして、祭場で木琴を奏でたのではないかと考えられる（金子一九九一・一九九六、辰巳一九九〇）。「御船代」はこの状況下で使用されたことに意義がある。

　次に府中地区の地点9の調査では、河道の底から建築部材の柱、梁、桁、扉状の板材、網代壁、草葺き屋根などが出土している（乾二〇〇三）。柱は自然木（皮つき）をそのまま使用しており、いわゆる黒木と呼ぶものであった。土師器の高坏や小型丸底土器を伴っていることなどから、祭場で用いられた簡便な建築物の一部ではないかと指摘された。草葺き屋根や黒木を用いた建物を建てる伝統の祭りを思い出させる（金子一九九六）。奈良市春日大社の「若宮の御祭」の御旅所に建てられる仮殿がそれである。この仮殿は祭りが終わると、すぐに壊される。岡田精司は、春日神社の若宮は平安時代末期に成立した神社であるが、春日山を神体山とする古い信仰の面影があると指摘する。（岡田一九八五・一九九八）。仮殿の黒木や青々した屋根が府中地区の建築物の用途のヒントになるのではないか。出土資料の帰属時期は出土した木製品の年輪年代測定法によって四世紀

中葉以降であることが推定できる。[註一]

府中地区の地点6の調査では、南郷大東遺跡で知られた導水施設に類似した木樋の一部が河川に隣接した位置で確認された。

四　まとめ

府中・豊中遺跡群の東方に泉井上神社が鎮座し、その後この周辺に和泉国府が置かれた。その境内に「和泉」の名の由来となったと伝えられている府史跡「和泉清水」が知られている。「和泉清水」は神社の神域になり、長い間神事の場（たとえば近世における放生会など）としても使用されていた。遺跡の発掘調査においても前述のように複数の湧水地と祭祀場が確認された。これらのことから考えて、泉井上神社周辺を東端として、上池・古池地区を西端とした半径二〇〇《メートル》の範囲が、湧水地や河川（小川）に沿った古代の祭祀の場となっていたのであろう（本章第一節）。

府中・豊中遺跡群の周辺は古代の条里制区割りの形跡を見ることができる土地である。ただし、和泉清水ほかの祭祀が発達したことから、神域となる水路周辺を確保するため、「和泉清水」から古池地区にいたる細長い区域は、条里開発からも除外されたと考えられる。

置田雅昭は古代において神社と河川が隣接しており、その川で神事が行われることが少なくないことを、奈良県天理市に所在する布留遺跡の数々の祭祀の場、そして石上神宮での祭祀を検討した上で、指摘している（置田一九九一）。

古代においては王権を代表する大王だけでなく、中央、地方の区別なく、豪族の首長は集落の民衆を統率するために、農耕に関わる祭祀や日々の安寧を祈念する宗教的な儀式を執り行うことが重要な職務であった。古代の水辺の祭祀の形態については『万葉集』、『風土記』、『記紀』などにも見え、天皇や各地の豪族たちの祭祀儀式の伝承にも登場することがわかっている。祭りの目的としては、祓い、禊のほかに豊穣、雨乞い、止雨祈願などであった。その祭りの場としては、自然の湧水地や井戸などの周辺で行われる「井泉祭祀」と、水が流れている川や水路の水辺で行われる「流水祭祀」とに分類されている（穂積一九九二、梅本一九九九、和田二〇〇三）。

このような舞台で登場した「木製品」は、古代の神まつりや神域などに必須の備品であったのではないかと筆者は考えている。

［註］

［註一］　建築物の板材はヒノキで、年輪年代測定法によって西暦三一七年以降に伐採されたことが判明している。光谷拓実氏、乾哲也氏のご教示を得た。

第二節　地域開発の拠点集落——大園遺跡——

一　大園遺跡の位置と集落の形成

一　大園遺跡の周辺環境

大園遺跡は古墳時代の四世紀から発展した集落で、生業として須恵器生産の一端を担った。遺跡の範囲には集落だけでなく帆立貝形前方後円墳の大園古墳や方墳群、円筒埴輪棺を用いた墓域も混在しているほか、集落に隣接する位置に帆立貝形前方後円墳の信太貝吹山古墳が存在する。遺跡は和泉市と高石市、泉大津市にまたがり、半径六〇〇メートルに及ぶ（図28）。和泉市葛の葉町・太町＝葛の葉地区、高石市綾園町＝綾園地区、西取石六〜八丁目・取石五丁目＝取石地区、泉大津市綾井町・尾井千原町＝綾井地区・助松地区）。遺跡は、一九七三年から一九八二年の期間に行なわれた、国道二六号と府道松原泉大津線の建設と区画整理事業にともなう発掘調査によって発見された（大園遺跡調査会一九七六、大阪府教一九七六b、広瀬一九七六・一九九〇・一九九四a、宇田川・神谷一九八六、上林一九九〇、小笠原一九七九、田中二〇一九）。以後、大阪府と三市による調査が実施されており、特に近年、和泉市葛の葉地区並びに泉大津市の綾井・助松の発掘調査が進展し、集落と墓域の新たな情報が得られている（土江二〇〇六、奥野二〇〇八、歴史館二〇一二、和泉市教二〇一三a・二〇一五a、泉大津市教二〇一二、千葉二〇一八）。周辺で同時期の集落遺跡としては、大園遺跡から東へ離れた信太山丘陵の崖裾に位置する上町遺跡も集落の様子がよくわかっている。V字に掘られた溝を設けて、竪穴建物や井戸を配している（和泉市教一九七五・一九九六）。府中・豊中遺跡群の府中地区と伯太地区のように、大園遺跡とは一定の距離をおいて営まれた。[註二]

遺跡は、信太山丘陵から続く洪積世の下位段丘上に立地している。集落の標高は四〜一〇メートルになる。段丘の東側

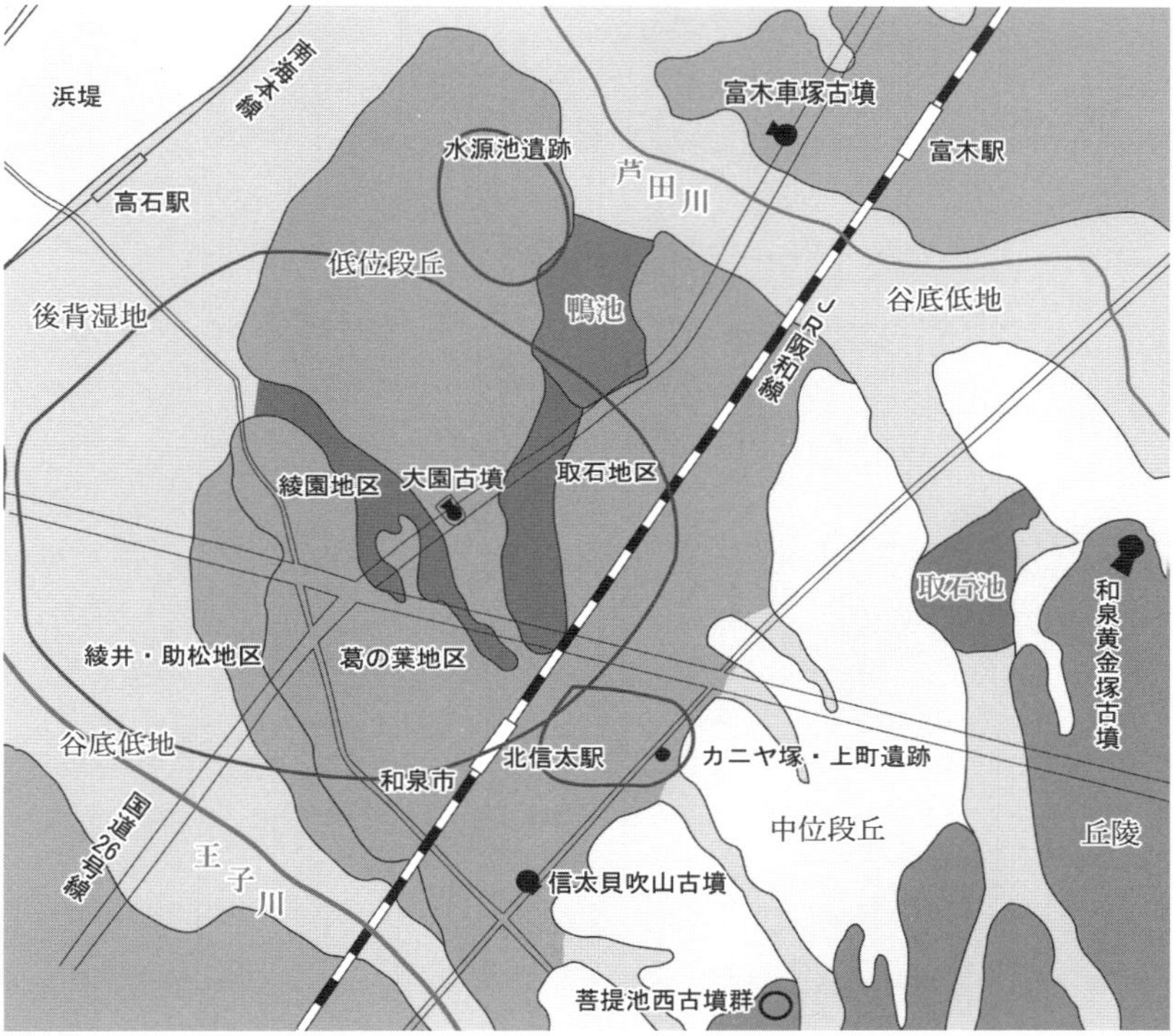

図28　大園遺跡と周辺遺跡分布図（白石耕治2013年を加筆修正）

には丘陵が迫り、南北には大きな谷底低地が海に向かって開いている。南の谷底低地には王子川が、北には芦田川が大阪湾に注ぎ、段丘の前面は氾濫原と浜堤でその先は海になる（図28参照）。段丘には埋没した浅い谷（河道）が確認されている。このように段丘は周辺から切り離された地形であり、また集落を防御する面からは有利な条件にあるといえる。東方の丘陵崖の扇状地の裾扇端に位置する信太貝吹山古墳周辺には、尾井町の地名の由来ともなったと考えられる数箇所の湧水地があった。

二　埴輪作り工人のキャンプ地

集落西方の綾園地区において、概ね四世紀後葉の埴輪が大量に出土した埴輪溜りが知られている。墳丘の周囲をめぐらせる円筒埴輪と形象埴輪が混在し

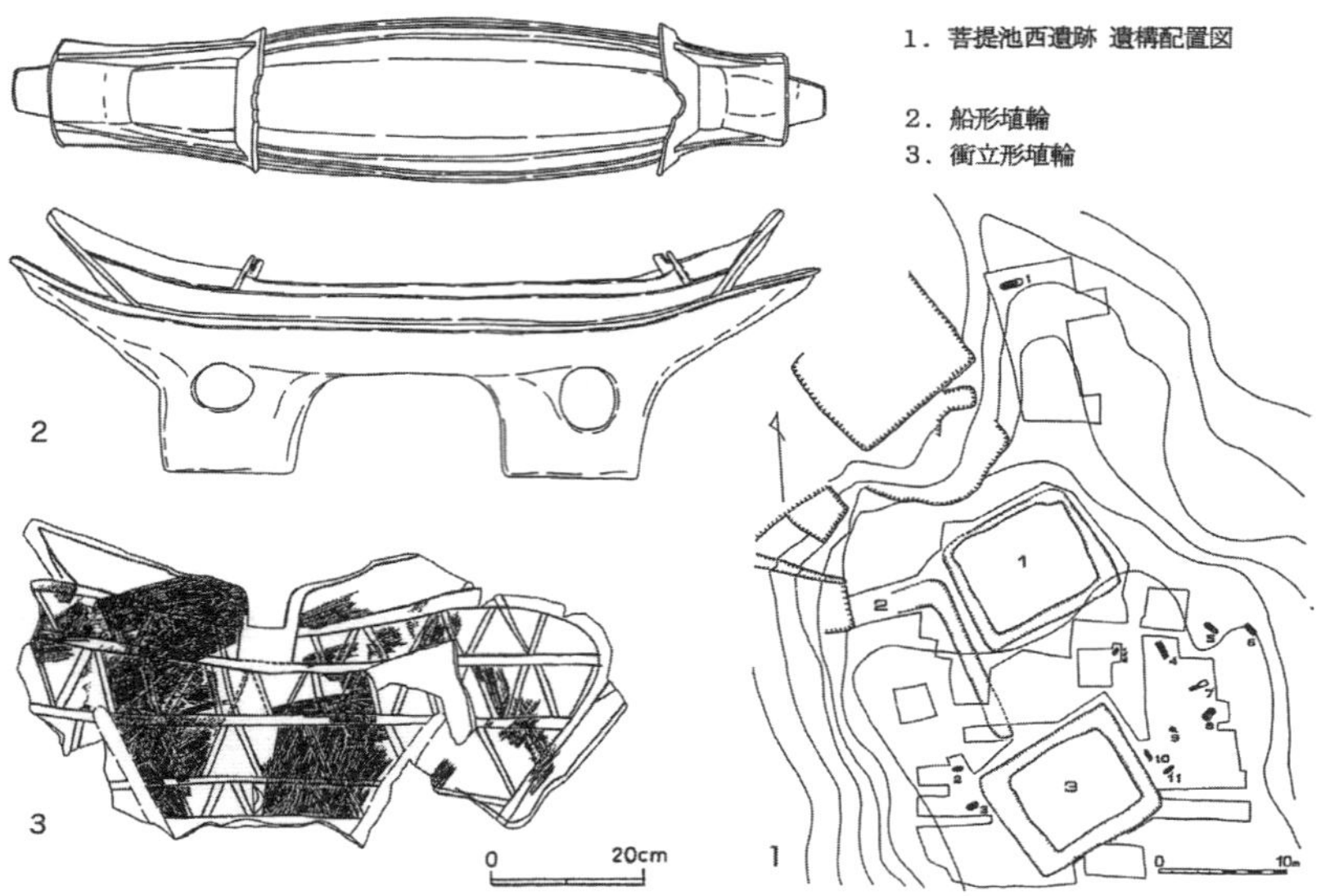

図29　菩提池西古墳群の古墳配置図及び3号墳出土形象埴輪実測図（和泉市教2008年）

た状況で出土した。形象埴輪には家形、蓋形、盾形、船形、甲冑形、衝立形などがある（大阪府教一九七六、三好二〇一四、三木二〇一五）。古墳の存在が想定されているほか、祭祀場、それとも埴輪の製作地なのか判断が難しいが、前期古墳の築造に相応しい高台のような地理環境ではないこと、また破片となった埴輪が雑然とした状況であることから製作地で失敗した埴輪を投棄したものと考えている。すなわち、出土地点のすぐ近くに埴輪の製作工房があり、その工人が居住していたと考えておきたい。

大園遺跡の東方、信太山丘陵の菩提池西古墳群（菩提池西埴輪遺跡）からは、大園遺跡出土埴輪に類似し、かつ同時期に製作された埴輪がみつかっている（石部一九七五・一九八〇）。この古墳群は高位丘陵上に位置し、眼下の大園遺跡と上町遺跡や大阪湾を一望できる地にある。一辺が約八〜一二メートルの方墳（方形周溝墓・台状墓）が四基発見され、家形・衝立形などの形象埴輪がたくさん出土した。なかでも準構造船を模した船形埴輪は著名である。また墳丘に接して盾形埴輪などを用いた埴輪棺も確認できたことも特徴のひとつである。古墳は

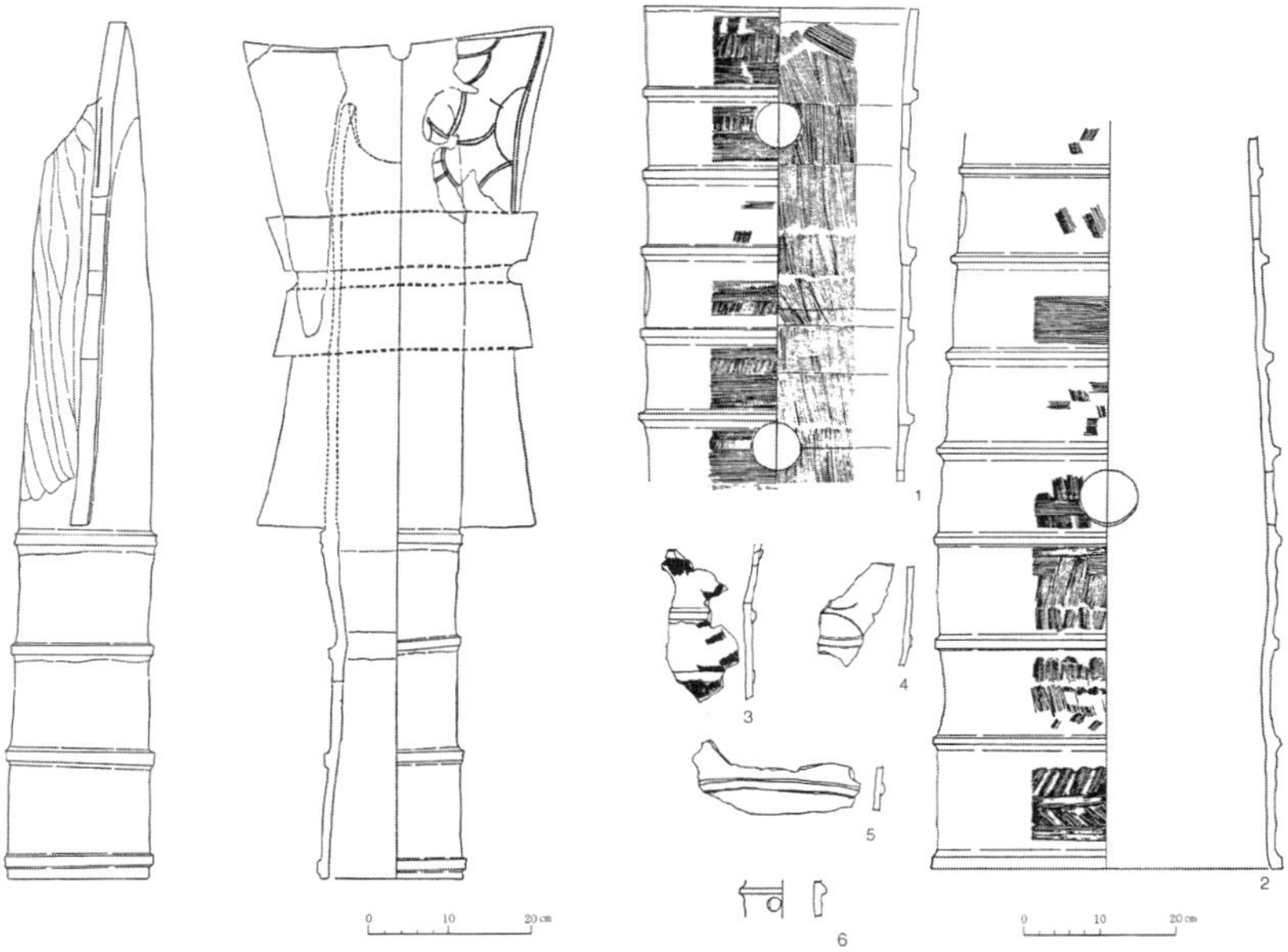

左：埴輪溜まり出土の石見型盾形埴輪、右：埴輪円筒棺年

図30　取石地区出土の埴輪実測図（高石市1986）

小さな低墳丘を採用しており、古墳の序列から見て最下位の墳形と規模のものであるので、古墳の被葬者はそこから一望できる平野部を治めた首長とは考えにくい。菩提池西古墳群に近い次郎池東古墳にも大型埴輪が散布する地点があり（信太山一九六六）、相当数の埴輪棺があった。地域の首長墓として考えられている信太貝吹山古墳の周辺でも、盾形埴輪や朝顔形埴輪を用いた埴輪棺が出土している（和泉市教一九九七）。埴輪や墳形に注目すると、豊富な埴輪を配置した泉北地域の鈴の宮遺跡（堺市教一九八六）や伏尾遺跡（大阪府教一九九八a）などが周辺地域に存在する。自分たちの墓に埴輪を容易に確保できる集団、埴輪や古墳造りを職掌にしていた集団が埋葬者の第一の候補になるのではないか。

大園遺跡では、取石地区に五世紀に時期が下る埴輪溜りも確認されている（宇田川・神谷一九八六）。石見型盾形埴輪をはじめ円筒埴輪、須恵器も出土している。全長約四七メートルの大園古墳に近いこともあり、古墳に使用しなかったものを廃棄したものとの意見もある。しかし、その近くにおいて長さ一・八《メー》《トル》、幅七〇《セン》《チ》の土壙に据えられていた大型の円筒埴輪を転用した埴輪棺がみつかっている。南河内の藤井寺市や羽曳野市で知られている土師部の集落の墓制に似ているところも指摘できる。古墳造り集団のいわばキャンプ地ともいわれている堺市土師遺跡（堺市教一九九〇）でも埴輪棺が八基みつかっている。このように見てくると、大園遺跡の一角に埴輪や古墳作りの集団の居住域が設けられていた時期があったことが考えられる。〔註二〕

三　集落の発展―掘立柱建物様式の集落―

大園遺跡の綾井・助松地区において、三世紀後葉の庄内式土器を伴った小規模な竪穴建物が見つかっている。また、葛の葉地区南端で湧水地点でもある場所からは多量の布留式土器が投棄された大型土坑が確認されている。この土坑からは小型丸底土器のほか製塩土器、ミニチュア土器、漆塗竪櫛のほか木器も出土し、祭祀遺構の可能性が指摘されている（上林一九九〇）。同時期で東方に隣接する上町遺跡との関係が注目されるもので、複数の住居群が点在していたことがうかがわれる。古墳時代に入って最初のころは、中位段丘崖裾から低位段丘斜面にまで小規模集落が点在している。

その後、大園遺跡の集落は五世紀前葉から七世紀初頭にかけて二〇〇年近くの長期間にわたって連続して集落が営まれ、集落は六世紀に最大化する。掘立柱建物は実に二六〇棟にも及ぶ。近年の綾井・助松地区の調査では、柱穴を伴わない五世紀後葉の竪穴建物が確認されている（泉大津市教二〇一三）が、割合からいえば集落内の竪穴建物の割合は少ないと考えられている。基本的に、掘立柱建物で構成されている集落である。今後の調査によって建物数はさらに増加するのは間違いない。先の府中・豊中遺跡群では、六世紀に至っても竪穴建物を採用しており、住居様式に大きな相違がみられる。また、六世紀の建物には「E」状の溝をともなっている場所がいくつかあ

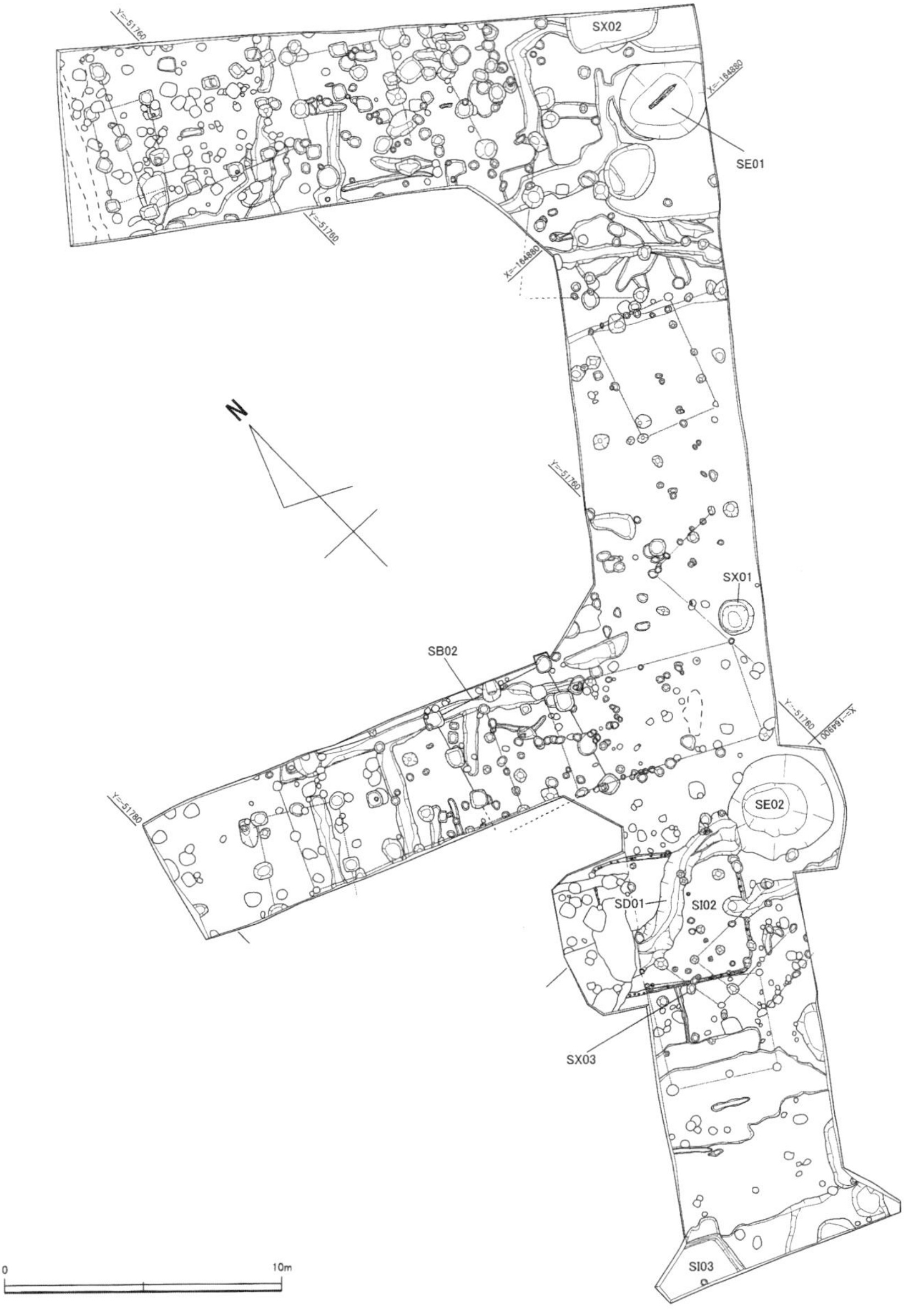

図31　綾井地区・Ⅳ調査区13-197地区遺構図（和泉市教2015年）

ることが指摘されている（大阪府教一九八八ａ）。綾井地区や葛の葉地区などに分散して存在しており、水はけなどの機能を高めるための建物周辺施設とみられる。このように大園遺跡は大きな集落で、府中・豊中遺跡群でもみたように居住域は一定の規則に従って構成されている。溝で区切られたなかに広場や井戸を伴い、棟方位を揃えた建物群が確認されている。建物の大きさや並び方から母屋・脇屋・倉などに分類でき、これらで構成された建物群がグループに分かれて、時期ごとに移動しながら数十年単位で変遷していく。掘立柱建物の床面積で五〇平方メートルを超えるものも数棟存在するが、集落の全期間を通してみても一〇～二〇平方メートルの床面積の小さい家屋が五〇％を占め、特筆するような規模の大きい建物は少ない。倉も一〇～一五平方メートルの床面積のものが六〇％を超えている。家屋と倉の主流を占めるのが、二間×二間、二間×三間の構造のものである。最新の調査で規模の大きな建物が想定できそうな柱穴跡が、綾井地区でみつかっているので、大壁構造を有する建物を伴った五世紀後半の首長の居住空間が設けられていたことも考えられる。

近隣の集落遺跡と比較してみよう。掘立柱建物を住居様式にする集落に、第三節で考える堺市の小角田遺跡・辻之遺跡・陶器南遺跡などが知られる。ともに泉北丘陵の先端に立地し、巨視的に見れば大園遺跡とは東西方向につながっているように見える。これら堺市の集落遺跡に共通するのは、焼け歪んだ失敗作品や窯道具を含む須恵器が出土していることである。須恵器の製作や選別などの作業が想定でき、国内最大の須恵器生産地で重要な役割を果たした集落であることは間違いない。

四　渡来系の人びと

大園遺跡の集落が発展する上で、渡来系の人びととの影響があったことも注目される。大園遺跡と同じ段丘面の先端地点に立地する高石市の水源地遺跡に注目したい。竪穴建物を住居様式にしている集落遺跡で、時期的に大園遺跡と並行して営まれる。ここからは国内では形態的に珍しい双耳壺が出土している。韓国洛東江下流の金海礼安里九〇号墳出土の陶質土器に酷似していると指摘されている。朝鮮半島系の陶質土器は大園遺跡からも出土している（金一九七九、高石市教一九八〇b、高石市一九八五）。このほか、大園遺跡取石地区でも初期須恵器や土師器とともに縄蓆文が見られる陶質土器が出土している。大園遺跡綾井地区の五世紀代の初期段階の住居群からは、掘立柱建物の住居と倉庫とともに大壁構造建物がみつかっている。建物内部の柱によって屋根を支えるのではなく、密に建

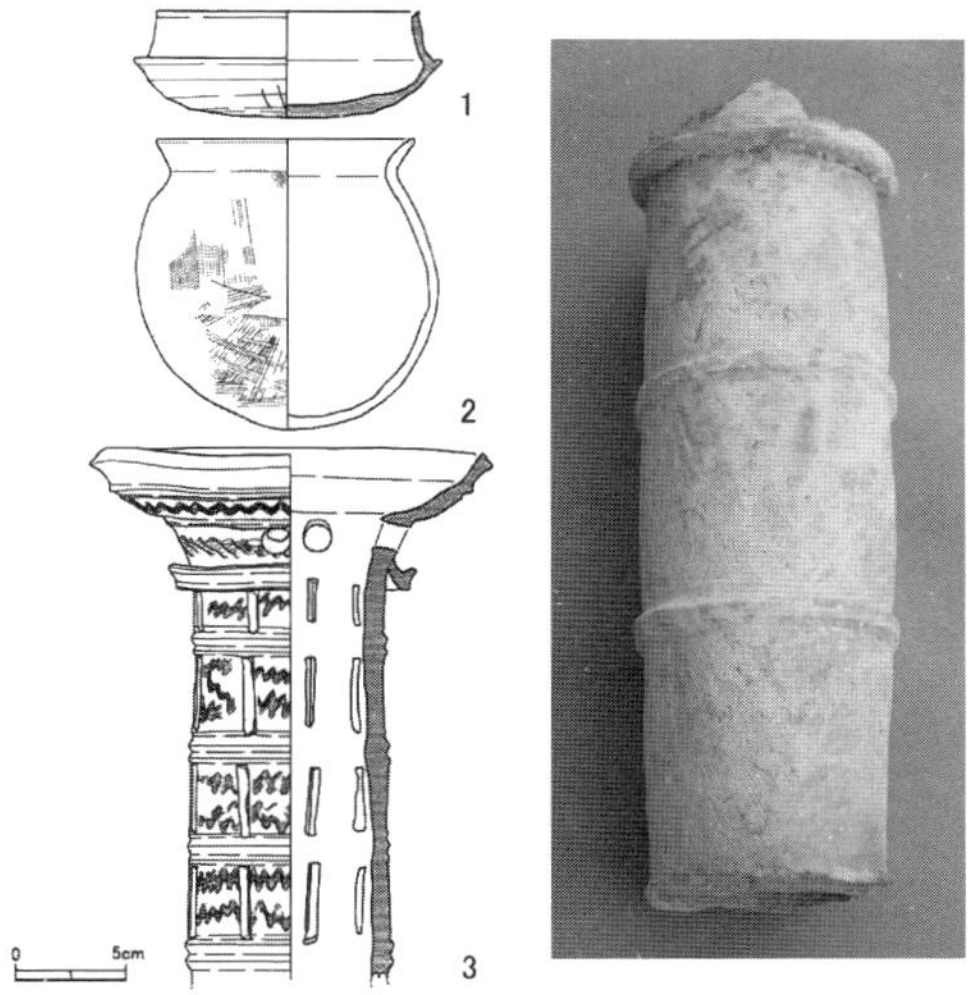

図 32　綾井地区 13-197 地点土坑 SX01 出土土器実測図及び土師質土管写真（残存長 43㎝）（和泉市教 2015 年・千葉太朗 2018 年／和泉市教育委員会写真提供）

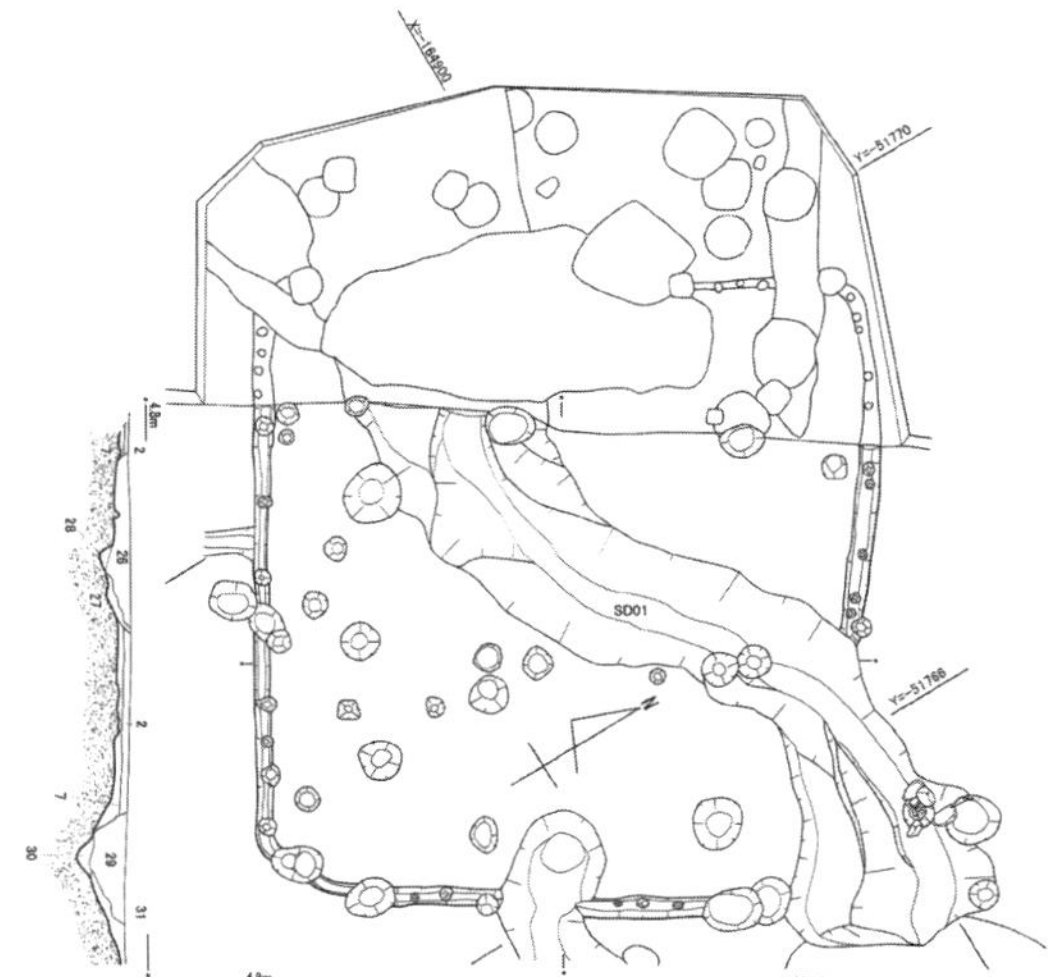

図 33　綾井地区 13-197 地点竪穴建物 SI02（6 世紀）（和泉市教 2015 年）

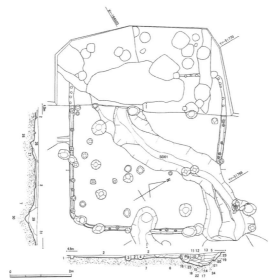

て並べた柱に土を塗りこんだ四面の壁によって屋根を支える特殊な構造とみられる。泉大津市教育委員会が実施した調査区の竪穴建物ＳＩ〇一も柱穴を持たない構造のようである（奥野二〇〇八）。綾井地区一三一一九七地点では六世紀の大壁構造建物ＳＩ〇二が確認されている。このほか、五世紀の土坑ＳＸ〇一出土の土管状土器（図32）が出土している。この資料は円筒埴輪の径を極端に小さくした特徴を備えており、坂靖の検討成果（坂二〇〇七）からみると、今のところ泉北丘陵窯跡群周辺の集落遺跡から同形状資料の出土例はないが、渡来系の人たちの生活に関連するものと指摘されている（和泉市教二〇一五、千葉二〇一八）。

五　大園集落の再編成

大園遺跡からは、取石地区の低位段丘上で六世紀代の水田跡も見つかっており、また須恵器の飯蛸壺や地引網の錘なども無数に出土している。稲作を営んでいたほか、海に近いこともあり漁撈も盛んであったことがわかる。しかし、大園遺跡では五世紀から須恵器生産に何らかの役割を果たした人たちが居住しており、集落の第一の存在意義は、須恵器生産に関わる事業を担っていたことにあったと考えられる。古墳時代になって、埴輪や古墳造りの集団がキャンプ地的な集落を単発的に営んでいたが、五世紀になって須恵器生産、流通のために用意された場所へと再編されたと推測している。集落南部の葛の葉地区で五世紀後葉の方墳が五基みつかっている。葛の葉地区の一部が五世紀後半頃は墓域で、古式古墳群の様相を呈していたことがうかがわれる。これらの古墳に埋葬された人たちは、綾井・助松地区に居住した集団が候補のひとつであろう。一辺一〇㍍に満たない古墳で、量は多くないが古墳に置かれたらしい埴輪片も出土している。

しかし、葛の葉地区の古墳は六世紀中葉になって集落が拡大する際に、古墳のごく際に住居を構え、または掘削されるなどして居住域へと変貌している（歴史館二〇一一、和泉市教二〇一三・二〇一五）。古代において、前代の墓を壊して新しい集落に整備する事例は少なくないが、数十年のうちにそのような行為がなされることは、大きな変革期が六世紀前葉にあって、おそらく王権による何らかの規制が働いたと見るべきなのであろう。丹羽佑一は大園遺跡の建物群と遺構の配置状況の検討から、五世紀と六世紀での地域の空間構成が変動したとし、社会の一大変革を想定した（丹羽一九七二）。

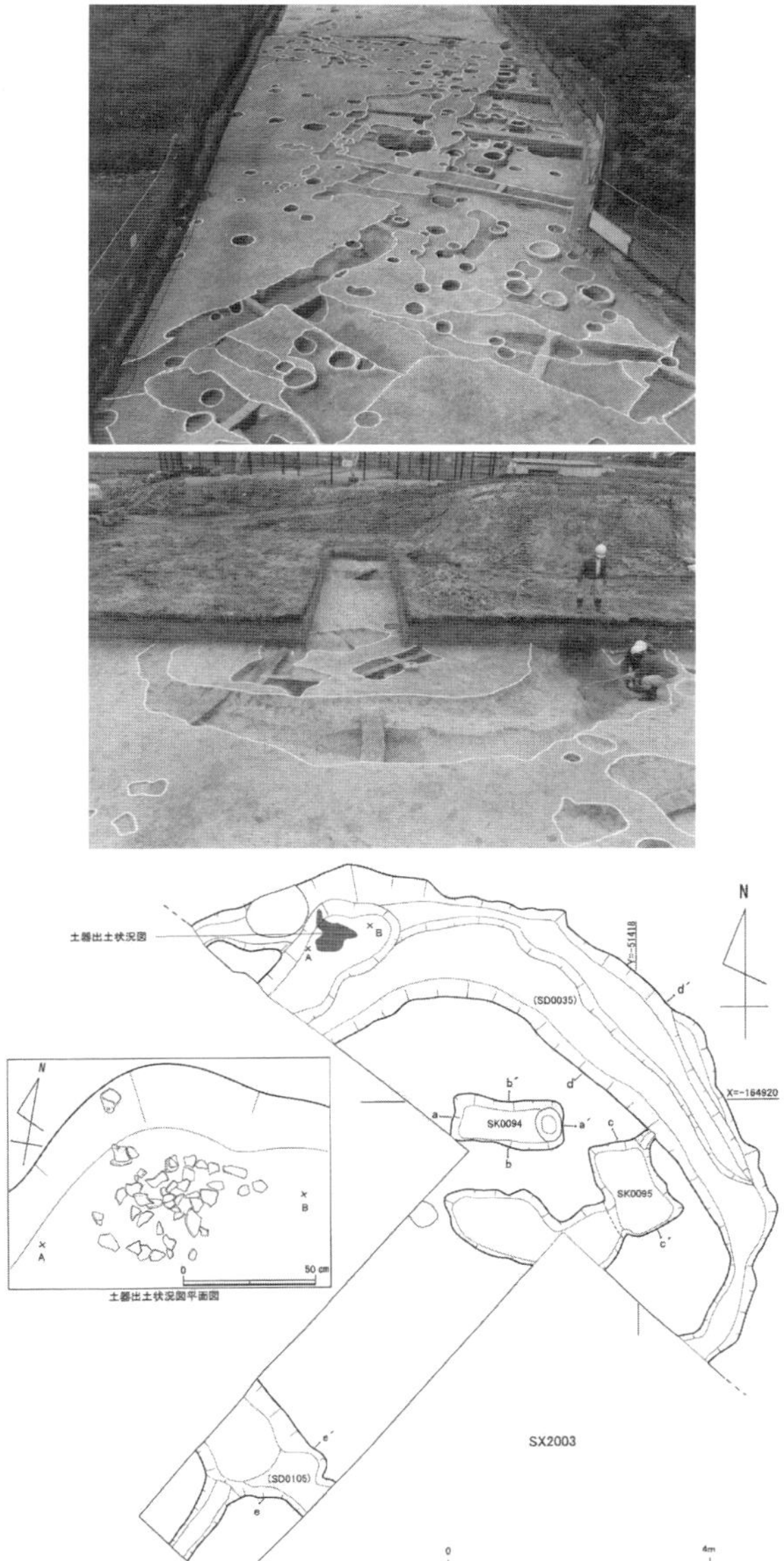

図34　葛の葉地区、方墳SX2003実測図・写真及び掘立柱建物群と溝（和泉市教2013年／和泉市教育委員会写真撮影・提供）

大園遺跡からは須恵器の出土量の割合が多く、なかには焼け歪みのあるものや窯道具が含まれていることが注目される。焼け歪んだ須恵器、つまり不良品は、まず窯場や須恵器の集散地で破棄され、さらに出荷前の段階で最終選別されたであろう。大園遺跡の場合、不良品の須恵器が最も少なくなる段階、つまり消費地へ出荷する直前の基地としての役割を果たしていたのではないかと考えたい。後述するように森浩一や石部正志が説く泉北丘陵窯跡群北部域を東西に貫く古道の終着地でもあった。大園遺跡は、泉北丘陵の須恵器生産地―いわゆる「陶邑窯跡群」―の変革に連鎖して発展した集落と思われる。大園遺跡が変貌する六世紀前葉は、泉北丘陵における須恵器生産の体制強化の時期にほぼ合う。第一章第一節で詳述したとおり、この大園遺跡の集落再整備期は、窯構造の改良、窯場の拡大による量産化へと移っていった当該窯業地の第一の画期に符合する。この画期は、国内での須恵器の普及にともない、全国各地において須恵器の生産が開始された時期とも重なる。各地で盛んに築造された群集墳に供献されるようになった須恵器を各地に供給するために、窯場や製作地だけでなく、それを統率する集落もあわせて整備、充実させる必要があったのであろう。こうした動向の一環として大園遺跡の再編が図られ、須恵器の最終出荷地として発展を遂げたと考えられる。しかし、その役割を終えた七世紀中葉には集落は衰退し、奈良時代を迎えるまでのおよそ五〇年の間と思われるが、大園遺跡一帯は一時的に無住に近い地となった。

二　後期古墳と信太山丘陵の開発

ここで、大園遺跡と地理的かつ歴史的に関連が深い信太山丘陵の開発もあわせて考えたい。

一　信太山丘陵の歴史的分類

和泉平野から池田谷中流域に至る地域の東側に、丘陵崖を挟んで台地が広がっている。標高は約五〇～七〇メートルで北へ向かって傾斜しているが、西方から遠目に見ると比較的平坦とも思える景観である。これが信太山丘陵である。洪積世の高位段丘面が表れており、大園遺跡の南限を画する王子川上流から池田谷へ向かう一帯は、高位段丘に続いて幅の広い中位段丘が形成されている。さらに標高が下がって、府中・豊中遺跡群が立地する低位段丘へと展開している。この高位及び中位段丘面に信太千塚古墳群が点在する（図28）。

信太山丘陵には、長い時間の浸食によって形成された樹枝状の開析谷が複雑に入り込んでいる。谷を詳しく見ていくと、丘陵北側から南へ向かって深くて大きな谷が切れ込んでいることがわかる。現在、西に大野池、東に鶴田池から大谷池が造られている谷である（前者を大野池主谷、後者を大谷池主谷と呼ぶ）。一方、東側の平野部から池田谷に向いている範囲では、あまり丘陵内部まで深く切れ込んだ谷ではない。このような複雑な地理的条件をふまえて信太山丘陵を三つのグループに分けることができる。信太山最北端部から王子川上流となる惣ケ池のある主谷までをA地区、この惣ケ池主谷から南の位置で一条院町と黒鳥町付近から東へのび、中世文書の大阪府指定文化財『黒鳥村文書』（和泉市史編さん一九九五・一九九七・二〇二三）に、平安時代後期から鎌倉時代にわたって登場する「白木谷」と呼ばれた主谷付近までをB地区、そこから南西方向へ丘陵南端までをC地区とする。この三地区のうち、A地区は和泉黄金塚古墳を最古の盟主墳にするグループになり、B地区・C地区は丸笠山古墳を最古の盟主墳とするグループになる。この三地区を後章の和泉北部域の古墳系譜分類に当てはめるとA地区が北群で、B・C地区が南群にあたる。また、和泉郡のうち、北から信太郷（A地区）、上泉郷（B地区）、坂本郷（C地区、一部池田郷を含む）と呼ばれる領域（郷域）にほぼ重なる。

さて、右に記したB地区の「白木谷」は確実な位置はまだわかっていないが、三浦圭一の中世文書研究の成果によると、坂本郷（飛鳥部里）と上泉郷（梨子本里）と信太郷南端の「上原山」と呼ばれた都合三郷の丘陵地が接した一帯（図36）であると考えられている（三浦一九八四）。すなわち、B地区の上泉郷・C地区の坂本郷の領域に、

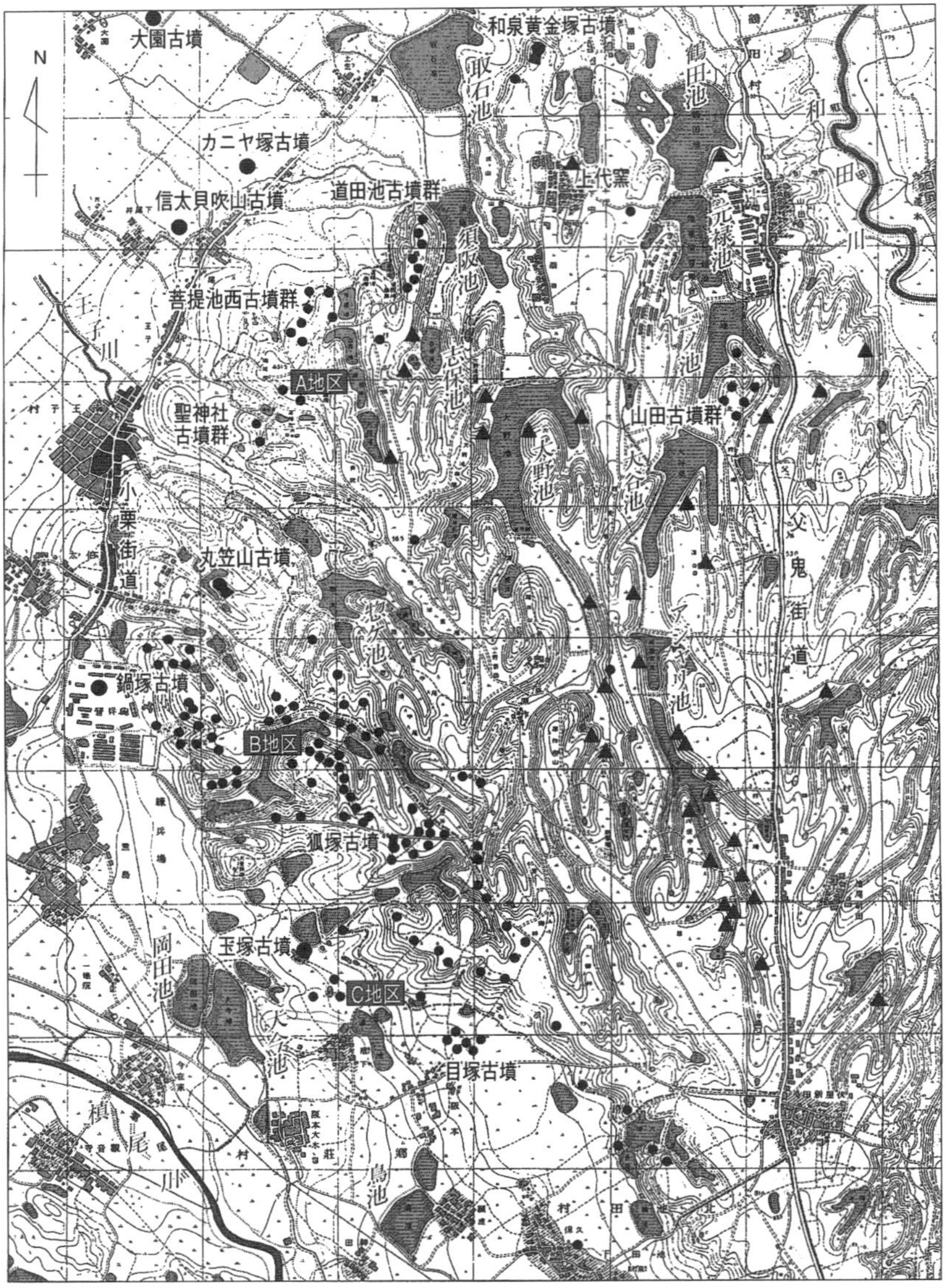

図 35　信太山丘陵の古墳と窯跡分布図　●古墳　▲窯跡
「信太山演習場一般図（1920 年代）」（白石耕治 2013 年を加筆修正）

さらにA地区の信太郷の領域も食い込んでいた中世の複雑な地域境界を呈していたことが理解できる。このような郷域は遡った古代においても、あいまいな境界ではあるが存在していたことを想定しておきたい。なお、梨子本里の位置として槇尾川右岸の広い範囲（現一条院町・芦部町・黒鳥町）を想定する意見がある（村上二〇一三）。

二　古墳群築造の規制と信太郷

丘陵上の古墳群に埋葬された人物たちは、自分が生前に生活した場所、とりわけ首長ならば統括していたところを見渡せる場所に墓域を設定すると考えられる。第三章第一節で考察するが、のちに上泉郷の領域となる府中・豊中遺跡群の首長墓はB地区の、信太千塚の和泉市丸笠山古墳（泉大津高校一九六三、乾一九九二）、同市鍋塚古墳（泉大津高校一九六三、乾一九九二）一帯の古墳が奥津城と考えられる。また、坂本郷では和泉市玉塚古墳（泉大津高校一九六三、乾一九九二）などが所在するC地区の一帯がその領域に入るであろう。小古墳を含めたこれら信太千塚は大野池主谷まで侵入して古墳を築造することはなかった。一方、北部のA地区の和泉市聖神社古墳群（泉大津高校一九六五、森一九五六）や同市道田池古墳群（信太山調査団一九六六、繰納二〇一九）などは、小規模の古墳群がいくつかの尾根上に分布するのが特徴である。

これらの古墳群は海岸平野を意識した信太山丘陵の西側に立地し、反対にその東側には一〇数基の小方墳からなる堺市山田古墳群が知られるだけで、広大な信太山丘陵の北部には意外と古墳が造営されていないのである。丘陵北部の大野池主谷と大谷池主谷を見ていくと、古墳だけでなく須恵器の窯跡も極端に少ないことがわかる。泉北丘陵窯跡群の大野池地区にあたり、五世紀では和泉市濁り池窯跡（田中一九九九）や同市赤禿池窯跡（和泉市教一九八四、千葉二〇〇八、和泉市史編さん二〇一六）など古式の窯跡を含む三〇箇所を数えるが、六世紀には数箇所に急激に減少し（宮崎一九九五）、その後、大野池地区すなわち信太山丘陵では和泉市志保池窯跡（信太山調査団

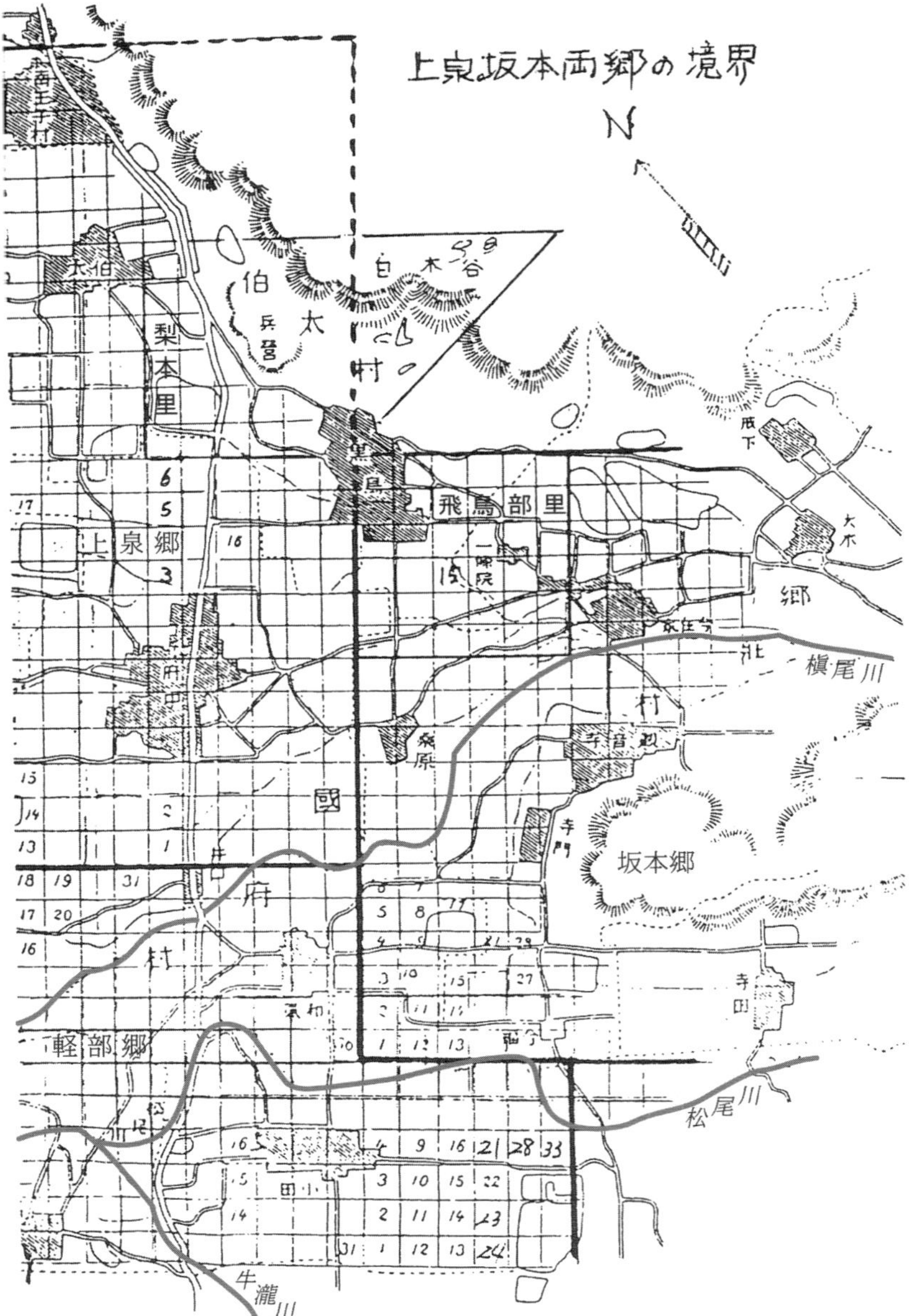

図 36　上泉郷と坂本郷との境界線（黒鳥郷土誌編集委員会 1984 年を加筆修正）

一九六六、和泉市史編さん二〇一六）や同市上代窯跡［註三］など数基を除いてほとんど須恵器を作ることがなかった。六世紀以降、他地区では須恵器量産のために窯場を増やし、大園遺跡の再整備からもうかがえるように生産を活発化する段階になるにもかかわらず、信太山の須恵器生産はほぼ止まった。

三　まとめ――信太郷周辺の古代開発――

このように大野池地区の須恵器生産がほぼ停止した理由は、池溝の開発に関係していると考えられる。須恵器の生産には燃料として大量の薪が必要で、窯場の周囲の原生林は一気に失われたであろう。窯跡から出土した薪の木炭の分析の結果、窯跡の集中する地域においては、五世紀では広葉樹の薪を使用しているが、六世紀後半からはアカマツの薪へと変化している。つまり、須恵器生産の発展、薪の消費増大によって、およそ一〇〇年の間に丘陵の自然環境が激変し、広葉樹からアカマツの二次林へと移り変わっていったのである（西田一九七六・一九七八）。おそらく丘陵の保水力は一定期間なくなり、土砂が谷から川へと流れ出たことが想像できる。この想定が正しいとすると、大量の土砂の流入を防ぐために、大野池地区の須恵器生産は停止されたのではないか。

このヒントになるのが大野池主谷の入り口に作られたといわれる「日下の高津池」、今は埋め立てられた取石池である。この池は、三浦圭一らによって『記紀』にみえる垂仁天皇の治世下に狭山池などとともに設けられた池溝のひとつと指摘されている（三浦一九六五）。狭山池は七世紀前葉に築造されたものであると考えられている（狭山池調査事務所一九九九）。取石池もまた『万葉集』にうたわれたように、八世紀には隣接する南海道とこの池は存在していたのは確実で、池はもっと古くに築造されたものとみたい。取石池に近い大野池主谷の東側の丘陵尾根には和泉市観音寺遺跡（上代遺跡）の集落跡があり、七世紀前半にはその彼らが隣接する支谷を池に開発したのではないかと指摘されている（大阪府教一九八二b）。これらを参考にすれば、取石池も狭山池のように七世紀にまで遡る可能性は低くないであろう。

大谷池主谷からつづく芦田川流域の開発には、取石池の水源でもある信太山丘陵を保有する和泉郡と、池の水を利用しながら低位段丘の農地を開発する大鳥郡の集団との連携が必須であり、信太郷（和泉郡）と日下部郷・大鳥郷（大鳥郡）などは密接な関係にあったものと考えられる。おそらく、律令期以前の六世紀頃には大園遺跡や信太山丘陵を取り巻く領域においては、郷界や郡界はあいまいな状態が続いていたと思われる。このような信太郷と日下部郷などの関係は、後章で指摘する和泉北部の首長系譜にあらわれており、須恵器生産が止まった大野池主谷や大谷池主谷は、群集墳の墓域の候補からも除外された。その後、丘陵全体が神域化し、近世まで式内社聖神社の境内地として保全されるにいたったと考える。

須恵器生産に関しては、大野池地区での操業がほぼ中止されたのち、それにかわる新たな窯場として、槇尾川流域の谷山池地区が開発されたが、それを実施したのは地理的にみて和泉郡の府中・豊中遺跡群の集団で、信太郷で須恵器生産した集団―大園遺跡の集団―も加わった可能性を第四章第三節で指摘したい。

筆者は、王権の発動によって須恵器流通の拠点として五、六世紀に整備されたのが大園遺跡と考えるが、八、九世紀以降の開発を担ったのは、和泉郡の集団ではなく、後の大鳥郡となる地域の集団であったと考えている。足利健亮は大園遺跡が立地する低位段丘の開発について、大鳥郡からの条里開発と和泉郡からの条里開発の主体は異なるという（足利一九八九）。当該地に残る条里「坪」区画名の検討から、坪の二とおりの進行方向が存在することを示し、和泉郡側の条里開発は段丘の南限の王子川までであり、段丘のほとんどの範囲は大鳥郡側の基準点で開発されていることを指摘している。律令期以降の大園遺跡周辺の土地は、大鳥郡側の勢力の影響を受けながら開発が行われていた可能性が高い。

[註]

[註一]　綾井・助松地区の西南約一キロメートルの位置（泉大津市千原町）で五世紀前・中葉の集落が見つかっている（池上曽根遺跡）。集落の規模は不明だが、竪穴建物と井戸で構成されている（大阪府教二〇一三c）。大園や府中・豊中の集落からも遠い集落ではあるが、古墳時代中期の地域開発の一端を示している。

[註二]　博士論文提出後に、筆者の指摘が証明されるものとして、大園遺跡における重要な遺構を知った。最新の発掘調査で五世紀後葉（川西編年Ⅳ期）の埴輪窯跡が取石地区で確認された。窖窯構造のもので、円筒埴輪、朝顔形埴輪、形象埴輪のほかに土師質陶棺（埴棺と思われる）の小片が出土している（高石市教二〇一二）。まさに埴輪を生産する集団の居住が明らかになった。

[註三]　大阪府立泉大津高等学校地歴部で保管されている資料を実見した。

第三節　泉北丘陵の集落遺跡

一　泉北丘陵窯跡群の集落遺跡

本節で論じる「泉北丘陵」とは泉北丘陵窯跡群のうち東は陶器山地区から西の栂地区までの領域の丘陵地を指し、和泉丘陵と信太山丘陵は対象外とする。古代郷域においては陶器山地区と高蔵寺地区は大村郷に、栂地区は上神郷に、その上神郷の北方に隣接する集落遺跡は日下部郷に位置し、さらに石津川下流域は大鳥郷にあたる。また、陶器山地区に区分される泉北丘陵の東端は、河内国丹比郡狭山郷にあたる。

一　生産及び流通に従事した集団の集落

泉北丘陵窯跡群において陶工が須恵器を製作した痕跡がわかった遺跡は、ほとんど見つかっていなかった。それまでは堺市大庭寺遺跡で出土した甕・壺用の木製や陶製の当て具（大阪府教一九九三ａ）のほか、泉北丘陵窯跡群の東縁辺部の堺市丈六大池遺跡で、六世紀代の一〇〇基を超える須恵器の粘土採掘坑が調査された事例（堺市教一九九〇）などが、製作をうかがわせる間接的な資料であった。その後、一九九九年に高蔵寺地区の堺市豊田遺跡で、轆轤ピット三箇所を伴う建物と推定された施設ＳＢ二〇二などが調査された（小谷城二〇〇一）。焼け歪んだ須恵器も出土しているので、土器作りの一連の工程を担っていたと考えられる五世紀中葉から後葉頃の集落である。[註二]この豊田遺跡に近い位置で堺市深田橋遺跡が知られている（大阪府教一九七三ａ、中村二〇〇六）。五世紀中葉頃の深田橋遺跡は石津川に非常に近い低湿な場所に位置し、豊田遺跡同様に不良品の須恵器が多いことから、居住を目的にした一般的な集落ではなく、石津川から製品を積み出すための集落として考えられてきた。この二遺跡において、不良品出土以外に共通する点は、集落がおもに掘立柱建物で構成されていることである。

陶器山地区では、流通関連の遺跡群が多く調査される。遺跡群は標高七五〜六〇メートル代の平坦な高位段丘上などに立地している。台地には石津川支流の陶器川と前田川が流れ、開析谷が形成されている。前田川と陶器川に挟まれた台地には堺市辻之遺跡（五世紀後葉〜七世紀初頭）、同市陶器南遺跡（五世紀後葉・六世紀後葉〜七世紀初頭）、陶器川右岸では堺市小角田遺跡（六世紀後葉〜七世紀後葉）、同市陶器遺跡（六、七世紀）などが集中的に隣接している（中村一九九二・樋口一九九九）。六世紀代が盛期の辻之遺跡は掘立柱建物五三棟が倉庫とみられる建物で半数を占めている。溝が九〇条、土坑一〇〇基ほどで、建物一棟が幅一メートル以内の小溝に囲まれ、さらに幅二メートルの溝が建物数棟を囲んでいる。この集落遺跡での出土土器は焼け歪みのあるものが大多数を占め、古墳から出土することが多い器種を含めた多種多様の須恵器が出土しており、長い期間にわたって積み出し・選別場の機能を果たしていたことは歴然としている。須恵器の第一次の選別作業は当然窯場で実施されるものだが、それでも集落の大溝から溢れんばかりの量の須恵器が出土したことは、集落の性格を如実に物語っている。土師器は皆無に等しい（堺市教一九八二a、石田・十河一九八三）。

小角田遺跡も竪穴建物を伴わない集落で、掘立柱建物が一二棟、また出土数九〇％以上の不良品を含む大量の須恵器片が出土した土坑が検出されている（口絵5・堺市教一九八八）。陶器南遺跡は倉庫と見られる小さな掘立柱建物が規則的に建ち並び、ここからも不良品の須恵器が多く出土している（大阪府教一九九七・一九九九・二〇〇七c）。前田川右岸の堺市田園遺跡も五、六世紀の流通集落であろう。出土した須恵器は窯壁付着のものや歪んだものを多く含んでいた（堺市教一九八四・二〇〇一）。

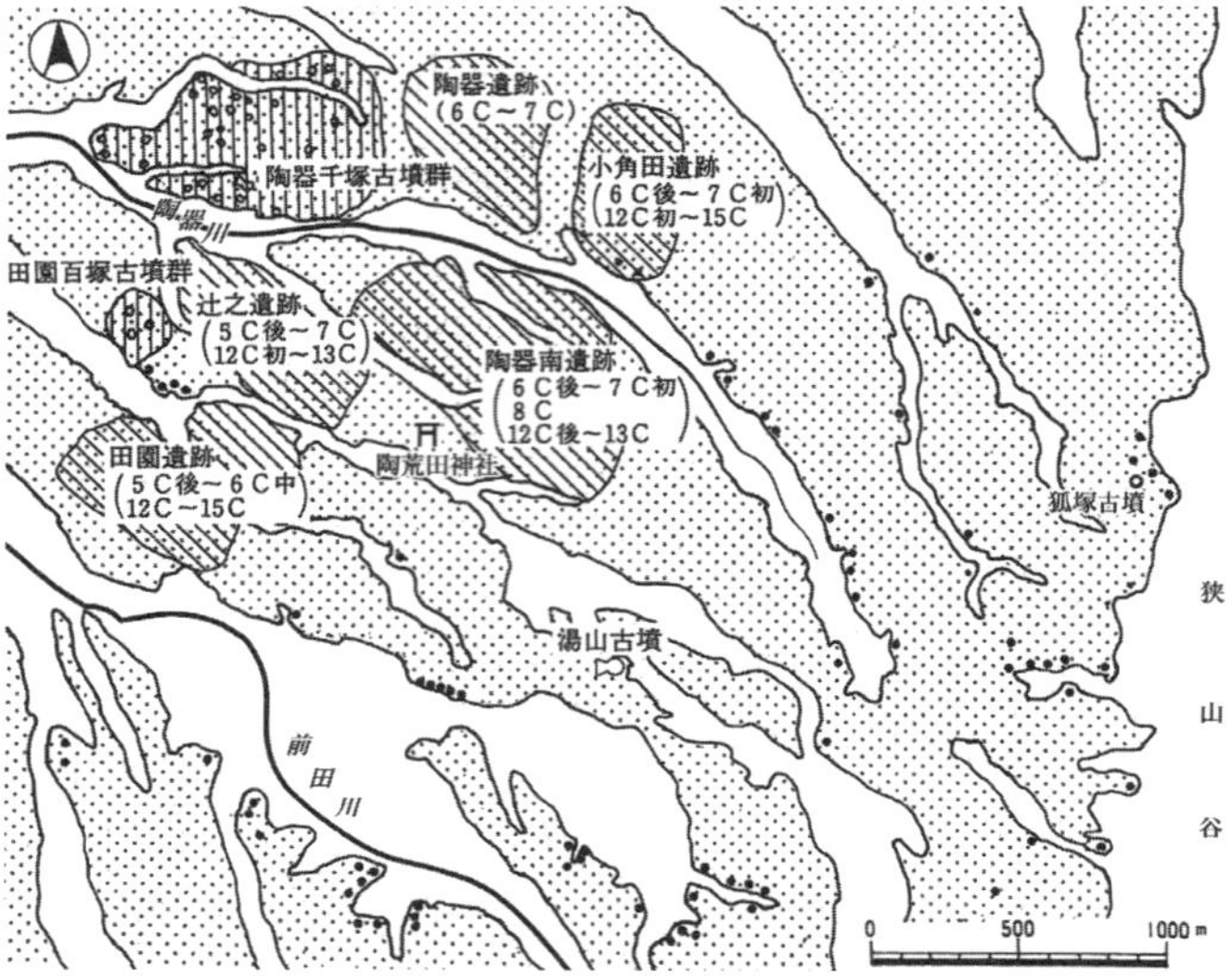

図 37　陶器山地区の集落遺跡配置図（樋口吉文 1999 年を加筆修正）

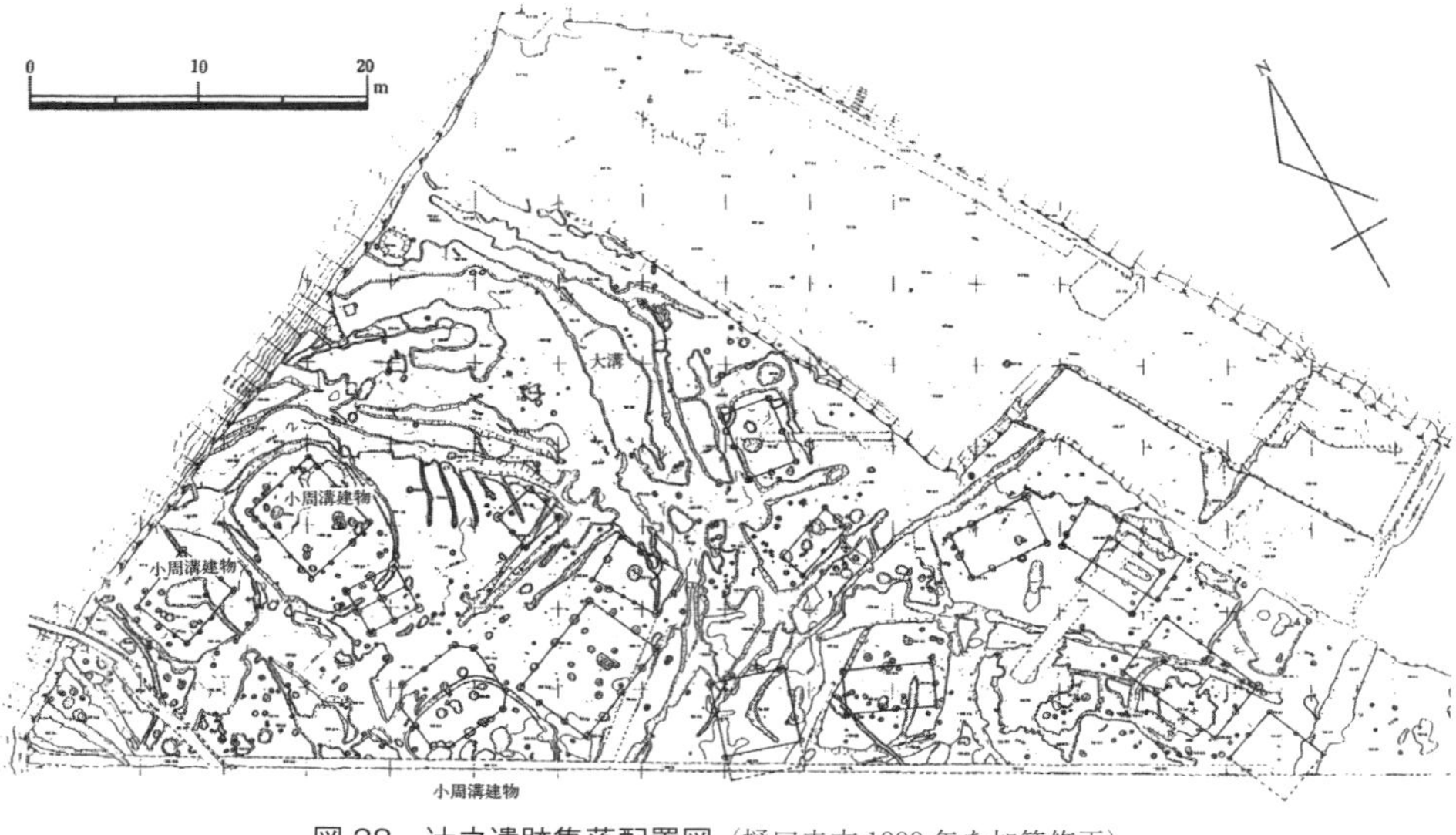

図 38　辻之遺跡集落配置図（樋口吉文 1999 年を加筆修正）

二　黎明期の集落

ここで時代を遡及して、須恵器生産の黎明期の集落をみたい。

堺市大庭寺遺跡は栂丘陵の中位段丘面からから河川沖積段丘に立地している。大庭寺遺跡では国内最古の須恵器窯が調査された。遺跡で発見された栂二三二・二三一号窯跡では朝鮮半島南部の陶質土器の系譜を色濃く反映させた須恵器が出土している。集落は窯場に近接して竪穴建物と掘立柱建物で構成されている。田中清美はＩ区Ｄ地区の一－ＯＤは大壁建物でオンドル状の保温施設を有す建物一二〇－ＯＤは大壁建物の可能性である示唆し、初期須恵器の形態から百済系の渡来人の居住を裏付けるものと指摘している。[註二]陶工の居住域や製品の選別場所、集落に近接した旧河川から須恵器の積み出しが想定されている。泉北丘陵窯跡群で須恵器生産が開始された黎明期の集落の姿がよみがえってくる。そして、集落では高蔵寺七三型式・高蔵寺二一六号型式併行期へと徐々に陶質土器の色彩は薄れていく（大阪府教一九八九ｂ他）。

高蔵寺地区で石津川支流の陶器川沿いで、堺市小阪遺跡（大阪府教一九九二ａ）と同市伏尾遺跡（大阪府教・大阪府埋蔵文化財一九九〇ｃ、大阪府教一九九八ａ）が所在する。前者が沖積平野、後者がそれを見下ろす丘陵部に隣接し立地している。二つの集落遺跡の時期は大庭寺遺跡に続く段階である。小阪遺跡（高蔵寺七三型式併行期）では竪穴建物八棟と倉三棟を含む掘立柱建物、そのほか溝や土坑などが見つかっている。初期須恵器のほか朝鮮半島系の日常什器である平底鉢・甑・鍋・長胴甕などの軟質土器、焼け歪んだ土器、土器整形用の当て具など須恵器生産に関係する遺物が多く出土している。くわえて、須恵器の形をした土師器や、その逆パターンの須恵器が出土しており、須恵器生産集団と土師器生産集団との技術交流が図られた証拠となる。また、農具が共伴しているので、ある程度の自給自足が推測できる。一方、伏尾遺跡（高蔵寺二一六型式～二〇八型式併行期）では竪穴建物三棟、掘立柱建物四七棟が確認されている。この集落遺跡では焼け割れのある須恵器は出土しているが、半島系土器の少なさ

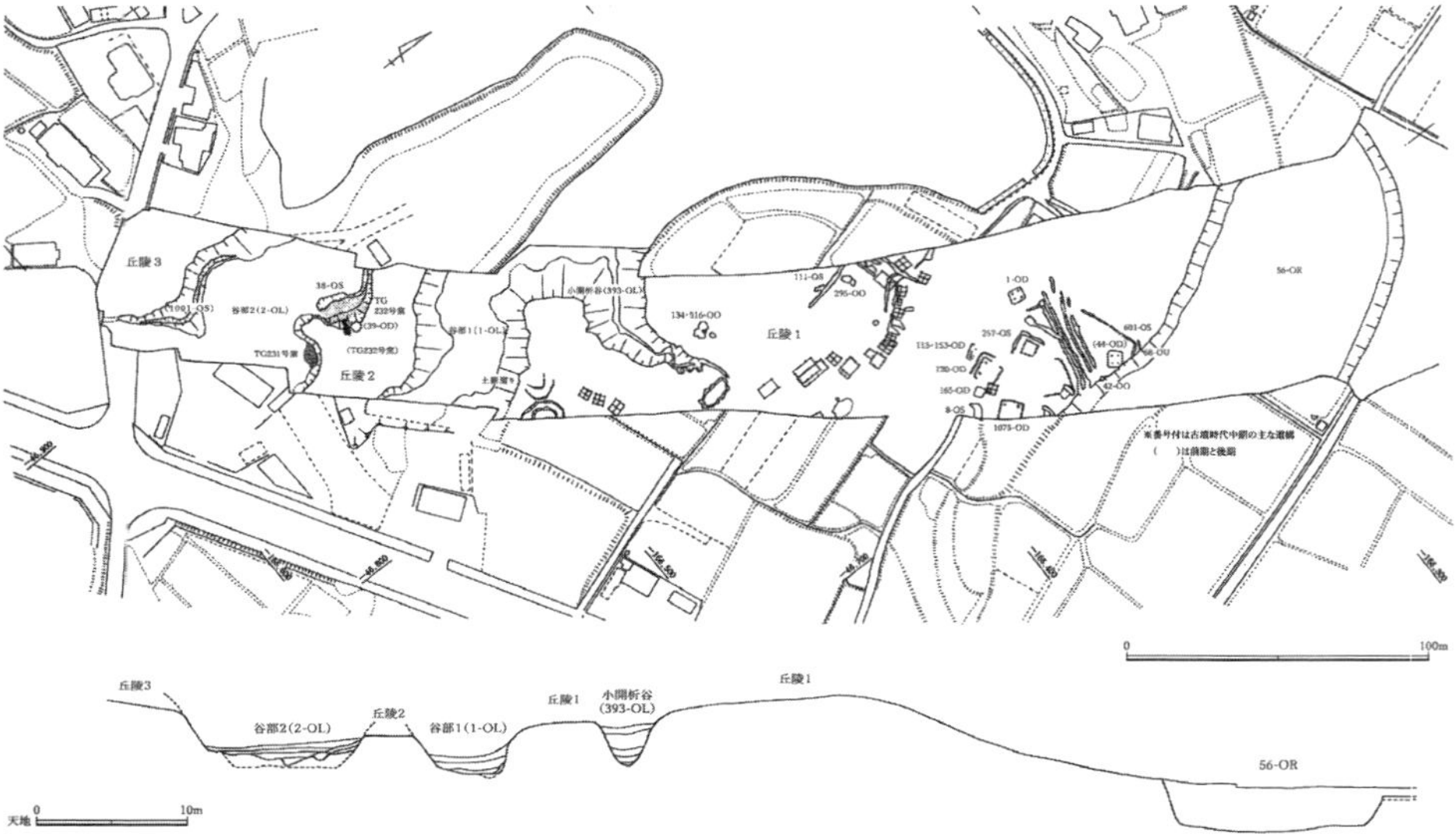

図39　大庭寺遺跡集落配置図（大阪府教1995年）

が小阪遺跡との違いとしてあげられる。集落の特性に違いが出始めている。

中野咲は、独自の時期分類においてⅢ期の小阪遺跡・伏尾遺跡・大庭寺遺跡を面的な集合体の遺跡群として認めている。そして、これらの遺跡群が渡来人特有の平底鉢や長胴甕を所有していることから、在地集団が渡来人と交流をもって韓式系土器の製作手法のハケ目調整を土師器に取り入れたと指摘している（中野二〇〇八）。右記の遺跡群が発展的に経過していたことが示されているといえよう。両工人の交流に関連する指摘として、山田邦和は奈良市ウワナベ古墳、兵庫県姫路市宮山古墳、愛媛県伊予郡出作遺跡で出土する初期須恵器の中に、土師器工人や埴輪工人の参与をうかがわせる製品が存在することから、当該地においても両工人集団を動員した生産体制をしいていたことを指摘している（山田一九九八）。

三　周辺の在地集落

大庭寺遺跡と同じ栂丘陵の北端周辺に立地する集落群がある。堺市万崎池遺跡は五世紀前半の大庭寺遺跡と同時期に営まれた可能性がある集落で、小規模の竪穴建物一三棟と掘立柱建物三棟などで構成されている。土師器がほとんどで初期須恵器の出土量は少ない。堺市西浦橋遺跡は五世紀後葉から六世紀後葉まで存続するが、竪穴建物二棟ほどで一単位とする集落と見られている。多くの須恵器が出土しており、土師器はわずかであった。また、堺市菱木下遺跡でも六世紀後葉に竪穴建物が使用されている。五世紀後葉の堺市太平寺遺跡の集落も竪穴住居二、三棟で一単位を構成するもので、焼成不良の須恵器のほか、鉄滓、鞴羽口、製塩土器などが出土している。以上の集落群は自動車専用道路敷のまるでベルト状トレンチの発掘調査で詳しく知られることになった（大阪府教一九八四b）。

かつて、森浩一は泉北丘陵窯跡群北部の集落遺跡群を結ぶ古道の存在に注目していた（森一九七八）。須恵器生産の開発に伴って整備された東西幹線とみられる。東は西高野街道や見野山付近を西に向けて出発し、陶器山地区の式内社陶荒田神社の南を通過し、石津川を渡って梅地区に入り大庭寺遺跡や太平寺遺跡、また『仁賢紀』にあらわれる「菱城邑」との関連が説かれる菱木集落を過ぎ、信太山丘陵に入ってからは信太寺跡推定寺域の南側を通って、茅渟海沿岸の大園遺跡（同章第二節）にたどり着く道程である。石部正志もこの東西の道に注目し、茅渟道のひとつではないかと推測していた（石部一九八七）。五世紀から七世紀の諸遺跡を貫く道とみられる。

四　生産体制の整備

段階的に生産体制が整備されていく状況を理解できる事例として、泉北丘陵窯跡群の揺籃期の集落が、三段階の変遷にまとめられている。岡戸哲紀は韓式系土器が多く出土する最古の大庭寺遺跡は渡来系中心集団、須恵器のほか土師器出土の割合が増える小阪遺跡は渡来系と倭系の混在集団、韓式系土器が激減した段階である伏尾遺跡などは新たな倭集団による発展によるものであると跡付けた（岡戸一九九四）。大庭寺遺跡のように岡戸が言う揺籃期の頃は、居住区域と生産区域が一致する位置関係にある。しかし、五世紀代の須恵器の倭化が進む過程で、集落が整備化する兆候がみられ、六世紀から七世紀初頭にかけて大庭寺の集落は掘立柱建物や溝で構成されるようになり、丘陵地の比較的広い範囲に展開するようになった。陶器山地区の辻之遺跡や小角田遺跡も倉庫を含む掘立柱建物のみの集落構造であった。生産集落に比べて周辺の集落はどうか。大庭寺遺跡周辺で併行時期の万崎池遺跡では、竪穴建物と掘立柱建物が建つが、須恵器の出土がほとんどなく農村的集落の面影がある。

大庭寺遺跡の西側に位置する堺市野々井遺跡は、五世紀後半から約一〇〇年間継続して営まれた泉北丘陵窯跡群の大規模集落で、出土土器は須恵器が多くを占める（大阪府教一九八七ａ）。住居は竪穴建物と掘立柱建物で構成され、その周囲に農耕地が認められていないことから、集落の生業としては須恵器生産によっていたと考えられる（中村一九八八）。

しかし、六世紀に掘立柱建物に統一される生産関連集団の辻之遺跡と比較すると、野々井遺跡の集落の建物構成は、西浦橋遺跡、菱木下遺跡の構成とおなじなので、「ムラづくり」の契機や居住者の出自に違いがあるのではないか。中村浩はこのような遺跡は、有力な在地集団が須恵器生産体制に組み込まれたものと考えた。六世紀に居住地区と生産地区が一致する集落が見当たらないといわれている。また、中村は六世紀から泉北丘陵窯跡群の須恵器生産が順調に展開し、周辺の集落からの食料供給といった後方支援がなくなると考えるが[註三]、筆者は大量生産に向けての体制強化のなかで、それらの集落が窯跡群の組織に組み込まれ、後方支援体制が整った時期ではないかと考えている。いずれにしても、後方支援のあり方については、泉北丘陵窯跡群の窯構造がほぼ統一規格にまとめられる六世紀前半に何らかの変化があったといえよう。

石津川支流の百舌鳥川流域に位置する堺市百舌鳥陵南遺跡・土師遺跡・東上野芝遺跡などは農耕基盤が脆弱で、五世紀前、中葉から造墓活動が始まる百舌鳥古墳群出現に連動した歴史的な過程が指摘されていて、古墳造営のために存在した政治性の強い集落群であると理解されている（樋口一九九七・九九）。集落から竪穴建物に伴って、鉄

図 40　百舌鳥陵南遺跡第三次調査区（大阪府教 1975 年）

滓、鞴羽口、製塩土器などのほかに、双孔円盤、臼玉等の滑石製品が出土しており、工房の存在が推測されている。これらの遺跡群は石津川下流の左岸で縄文時代から連綿と続いた大集落の堺市四ツ池遺跡の存亡と非常に密接な関係にある。四ツ池遺跡では五世紀から六世紀にかけて遺構、遺物ともに非常に少なく、集落の存在も疑われている。大古墳群の造営期間中、ほとんど活動していないと、樋口吉文が指摘している（樋口一九九九）。大規模なキャンプ地のように活況を呈する百舌鳥川流域の遺跡群は約一〇〇年存続した後、廃絶していったと考えられていた。ただし、その後の発掘調査の成果によると、六世紀後半以降に徐々に遺構、遺物が増加し、七世紀前葉以降に四ツ池遺跡の集落は爆発的に大型化することが指摘されている（堺市教一九九八）。泉北丘陵窯跡群に通ずる石津川沿いの集団の活動が活発化する証なのであろう。おそらく須恵器生産の動向に合わせたものではないか。その後、八世紀中葉以降、集落は衰退へと向かったと指摘されている。このほか、太平寺遺跡も大古墳群造営に連動する開発に伴って出現した工房を伴った後方支援の集落であろう。

五　集落モデルの分類

ここまで確認してきた泉北丘陵窯跡群とその周辺の集落遺跡について、須恵器生産との関わりを望月精司の定義に従ってまとめておきたい（望月二〇一〇）。それは生産工程を具体的な遺構で分類したものであるが、筆者の方で提案として「統率」を加えておく。ただし、各遺跡での役割についてはまだ不確かな点もあり、今後の調査等によって変更されることがあろう。なお、万町北遺跡と池田寺遺跡については次節で述べる。

・粘土素地を生成する工程＝丈六大池遺跡
・須恵器成形を行なう工程＝大庭寺遺跡、小角田遺跡、辻之遺跡、豊田遺跡、小阪遺跡
・成形品の乾燥を行なう工程＝（同右）
・成形品を焼成する工程（窯場）＝各窯跡
・選別・廃棄の工程＝深田橋遺跡、小角田遺跡、辻之遺跡、伏尾遺跡、陶器遺跡、陶器南遺跡、小阪遺跡
・出荷・運搬の工程＝大庭寺遺跡、深田橋遺跡、大園遺跡、万町北遺跡・池田寺遺跡
・統率＝陶器山地区遺跡群、野々井遺跡、府中・豊中遺跡群、大園遺跡、四ツ池遺跡

「統率」の集落に関して、陶器山地区に点在する小角田遺跡、辻之遺跡、陶器遺跡、陶器南遺跡などの遺跡群は、小谷に区切られた台地上に展開する須恵器生産集中地帯である。まとまった領域を示しており、この領域を統率す

る首長の存在に注目したい。すなわち右記の諸遺跡内に居住区を構えていたと考えられる。陶器山地区の遺跡群は有機的結合体の領域を示しているといえよう。【註四】

二　王権の須恵器生産開発

今日では、泉北丘陵窯跡群最古の生産地は栂二三二号窯跡で、四世紀末ないしは五世紀初頭と考えられている。多窓透かしの高坏、大きな把手付き埦、波状文、山形文、鋸歯文、組み紐文などが装飾された高坏形器台などの諸要素から、朝鮮半島の陶質土器のうち加耶地域にその故地を求め、五世紀前葉を須恵器生産の始まりと考える意見が多い（原口一九七九、宮川二〇〇〇）。植野浩三は栂二三二号窯と同時期に、西日本の福岡県朝倉郡夜須町小隈窯跡や香川県高松市三郎池西岸窯跡などで操業が始まったが、泉北丘陵窯跡群のように継続的で大規模な生産にならなかったことを指摘している（植野一九九三）。国内での須恵器生産開始にあたっては、泉北丘陵窯跡群の各地方窯への技術伝播について多くの議論がなされてきた。畿内では大阪府河南町一須賀窯跡（大阪府教一九七八ａ）、大阪府吹田市吹田三二号窯跡（吹田市教一九八六）の共通した出土品から、須恵器生産が泉北丘陵窯跡群から一元的に始まったのではなく、泉北丘陵窯跡群以前の須恵器生産を認め、技術伝播を多元的に捉えようとする考えがあった（藤原一九九二）。しかし、畿内以外の窯は単発的ですぐに操業を停止するのに対して、栂二三二号窯跡の発見により、須恵器が泉北丘陵窯跡群の領域で伸展してゆく過程が認められた。すなわち、栂二三二号窯期の次期にあたる高蔵寺七三型式期で五世紀前葉とし、数型式を経て高蔵寺二〇八型式期になって、渡来系の技法や形態を払拭した須恵器の定型化（田辺一九八一）において土器変遷が理解できるようになっている。

その後、高蔵寺二〇八型式以降になると泉北丘陵窯跡群から地方窯への主導的な技術導入が理解されつつある。菱田哲郎は各地で須恵器生産が活発になる五世紀後半において「幅が一メートル前後、中ふくらみの形で、二〇度くらいの緩い傾斜」の構造をもつ窯体、すなわち第一章で示した窯構造二類の須恵器窯が、各地の窯業地でみられていることにより、泉北丘陵窯跡群からの技術拡散を理解できると指摘している（菱田一九九六）。

さて、泉北丘陵窯跡群の生産体制に関して、田辺昭三は古墳時代の二回の画期を経て泉北丘陵窯跡群の生産体制が整えられたとした（田辺一九六六・一九八一）。最初の画期が六世紀の陶器山一五型式期で、須恵器が古墳などの祭祀供献用土器に多用されることによって需要が拡大する時期とし、地方窯の拡大時期にもあたると指摘する。第二の画期は七世紀前半の高蔵寺二一七型式期で、製作技法、器形の組み合わせ、文様、形態等のほか、築窯技術の変化なども大きかったことを指摘している。この田辺の指摘を顧みると、度重なる築窯技術の改良、集落遺跡の整備なども、泉北丘陵窯跡群の須恵器生産の展開の中で様々な変革がなされてきた表れなのである。

前章において、須恵器の窯構造の検討から、六世紀前葉と七世紀前葉に泉北丘陵窯跡群の須恵器生産体制に変革があったことを再確認できたが、泉北丘陵窯跡群の生産集団及び後方支援の集落のみで決断し、土地開発及び技術向上ができるものではないと筆者は考えている。これに関して、野上丈助は王権主導の新たな手工業として着手され、百舌鳥野での古墳群造墓活動の一環として開発されたのが泉北丘陵窯跡群と捉えた（野上一九八二）。さらに和田晴吾は、王権は新来の技術である鍛冶、玉作、馬の飼育、長持形石棺などの生産地を畿内とその周辺地に分散させて独占したと指摘した（和田二〇〇四）。菱田哲郎は須恵器などの「生産の継続や拡大には、それを支えるシステムが必要」とした上で、薪の確保を考慮して泉北丘陵の奥部へと展開した計画的なものであったと指摘し、百舌鳥古墳群の計画的配置と合わせて「一定の強制力を持って土地利用をデザインする力が王権に備わるようになった」と評価している（菱田二〇〇七）。いずれの指摘も須恵器生産と王権との関係を重視しており、そのような歴史的な生産活動の中で泉北丘陵窯跡群の集落群は展開したのである。

三　まとめ――王権の影響力――

泉北丘陵窯跡群が出現した頃には、この泉北丘陵には海岸平野の首長に匹敵するような強力な在地集団は存在していなかったと考えられる。和泉砂岩製の割竹形石棺をもった堺市二本木山古墳は小さな古墳だが、四世紀後葉頃に比定できる泉北丘陵窯跡群成立以前の在地集団の墓であろう（大阪府教一九九〇a）。その後、泉北丘陵窯跡群には高蔵寺地区では伏尾集落に近接した小代古墳群・伏尾古墳群（大阪府教一九九八a）、栂地区では前方後円墳二基を含む野々井古墳群（大阪府教一九八七）などが築造される。五世紀中葉頃以降の古墳群で、渡来系の影が泉北丘陵窯跡群から薄くなる段階である。その後、六世紀中葉頃になり各地区内に前方後円墳を盟主とする古墳群が出現した。光明池地区の堺市檜尾塚原九号墳、栂地区の同市牛石高塚山古墳（牛石七号墳）、陶器山地区の同市湯山古墳（森一九六五、石部一九八〇）のほか、谷山池地区の和泉市和泉向代一号墳（和泉丘陵一九九二b）が相前後する時期に築造される。どれも全長が四〇メートル以下の帆立貝形の前方後円墳で、各地区の首長墓であろう。同じ時期に南河内地域では、小規模であっても前方後円墳が築造されることはなくなっていることを考えると、最後の前方後円墳を採用させた王権との強い関係がうかがえよう。

七世紀では泉北丘陵窯跡群が東西二領域に分裂するかのような情勢が、窯構造の違いやその反動によると思われる須恵器窯の減少などからうかがわれるが、須恵器生産は継続される。

泉北丘陵窯跡群を包含した茅渟の地域は河内国から分割され、奈良時代七五七年（天平宝字元年）にようやく和泉国となった。その前の七一六年（霊亀二年）には大鳥郡・和泉郡・日根郡が河内国から分かれ、珍努宮（茅渟宮・和泉宮）という離宮を支えるために和泉監がつくられた。王権の特別な関係にある行政機関・区画であったといわれる「監」の政治的な措置の理由は、八世紀においても王権の強い影響力が、泉北丘陵窯跡群を含むこの地域に及

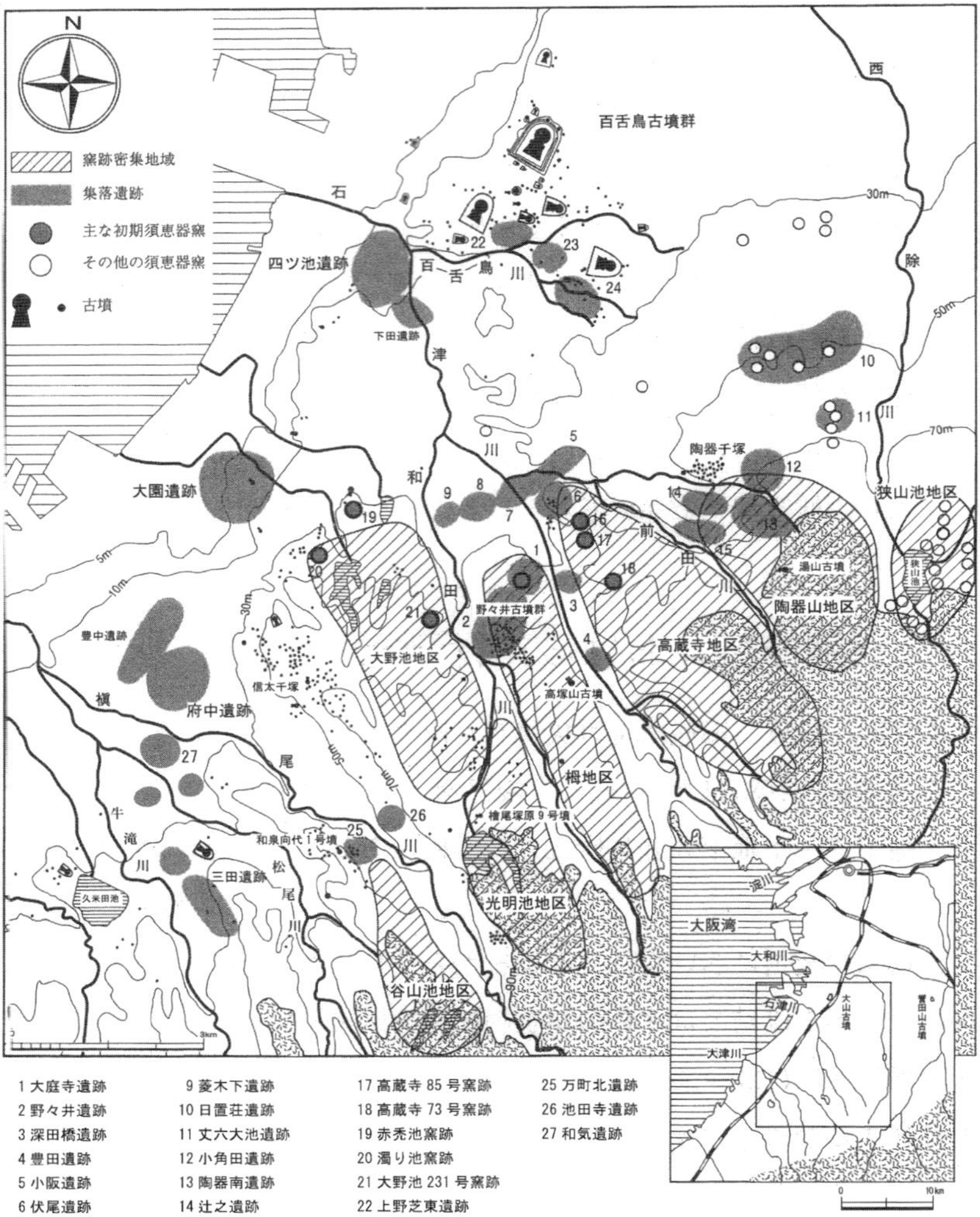

1 大庭寺遺跡
2 野々井遺跡
3 深田橋遺跡
4 豊田遺跡
5 小阪遺跡
6 伏尾遺跡
7 太平寺遺跡
8 万崎池遺跡
9 菱木下遺跡
10 日置荘遺跡
11 丈六大池遺跡
12 小角田遺跡
13 陶器南遺跡
14 辻之遺跡
15 田園遺跡
16 高蔵寺 87 号窯跡
17 高蔵寺 85 号窯跡
18 高蔵寺 73 号窯跡
19 赤禿池窯跡
20 濁り池窯跡
21 大野池 231 号窯跡
22 上野芝東遺跡
23 百舌鳥陵南遺跡
24 土師遺跡
25 万町北遺跡
26 池田寺遺跡
27 和気遺跡

図 41　和泉北部の集落遺跡と泉北丘陵窯跡群分布図（白石耕治 2010 年を加筆修正）

んでいたためである。泉北丘陵窯跡群の第三の画期以降、その衰退期にはいってゆくが、泉北丘陵窯跡群が王権の庇護から離脱する時期が、泉北丘陵窯跡群衰退の時期と重なっているのは重要である。

［註］

［註一］　このほか、田中清美は伏尾遺跡のピット群一・二を轆轤遺構に指摘している（田中二〇一八）

［註二］　田中清美による指摘。和泉市いずみの国歴史館特別展「須恵器二」記念講演会資料「陶邑窯と渡来人――初期須恵器を生産した渡来人の故地」二〇一九年七月六日開催。対象遺跡：陶邑・大庭寺遺跡（大阪府教一九九三ａほか）。このほか、丘陵1の二六一〇Ｂは大壁建物の可能性を指摘している（田中二〇一八）。

［註三］　中村浩は、まず五世紀では須恵器窯の床面の重なり具合から、絶え間なく生産活動が行われ、集落の自給が困難であって食糧供給がうかがわれるとする。一方、六世紀には床面に間層（床面と床面の間に堆積した土層）が見られるようになり、作業に時間的余裕ができたとして、自給自足が可能となり、集落の後方支援が打ち切られたとしている（中村一九八八）。これは、あくまでも日々の生活に対する支援のことで、まったく否定はできないかもしれないが、筆者がいう須恵器生産の根幹に関わる後方支援は打ち切られることはなかったと考える。

［註四］　辻之遺跡で明らかになっている建物群の様相は、朝鮮半島の羅城里遺跡の建物や溝の配置関係に似る（韓国考古二〇一五、許二〇二四）。羅城里遺跡は「居住などの生活空間」、「最高位首長居住空間」のほか「墓域空間」も想定されている。

第四節　槇尾川流域の首長居宅――万町北遺跡――

一　古代集落の発掘調査

和泉市に所在する万町北遺跡は、縄文時代から江戸時代までの複合遺跡であることが、一九八二年（昭和五七年）からの継続した発掘調査によって判明している。調査は一九八九年（平成元年）までの八年間継続的に行われ、遺跡周辺部も含めての調査面積はおよそ七万平方メートル《メートル》にも及んでいる。大規模発掘ゆえに遺跡のほぼ全体像が把握できたために、万町北遺跡の名を世に広めることになった。しかしながら、都市開発工事によって遺跡は姿を変え、今は現地に掲げられた道路標示［万町北］が、調査当時を忍ばせてくれるだけである。

その発掘調査の成果は大部な報告書二冊に結実した（和泉丘陵一九九三・一九九五）。万町北遺跡の調査は、集落全域を余すところなく現代によみがえらせることができた希有な事例だけに、遺跡の重要性は高い。発掘調査の一部を担当した者として、六世紀から七世紀にかけての古代集落の実態に関して注目している。

近年の考古学成果として、古墳時代の首長（豪族）たちの居住空間を復元することによって、その実像に迫ろうとする研究が目立っている。それは群馬県高崎市三ツ寺I遺跡（群馬県一九八八）の発見に始まって、大阪府南河内郡太子町伽山遺跡（大阪府教一九八二）、神戸市松野遺跡（神戸市一九八三）、群馬県伊勢崎市原之城遺跡（伊勢崎市教一九八七）、奈良県桜井市上之宮遺跡（桜井市教一九八八）、同県御所市長柄遺跡（辰巳一九九〇）などの発掘事例の増加によって進展したものである。しかし、大小さまざまな規模の違う首長居宅が知られるが、その全容がもれなく知られているものは、それほど多くない。

さて、万町北遺跡では六、七世紀の掘立柱建物や竪穴建物が総数一〇〇棟以上も確認されていて、それらがいくつかのまとまりをもって変遷する様子が理解できる。さらに、遺跡の西方から南方にかけての丘陵と段丘上で、古墳群が発見され、集落との関連が想定されるのである。また万町北遺跡が須恵器の大生産地である泉北丘陵窯跡群と近接した地点に立地していることが、集落にとって最も重要な意味をもっている。すなわち、集落・墓・生産地を有機的に結び付ける情報を我々に提供してくれているのであって、和泉地域における歴史動向を復元することができる古墳時代の集落モデルとして重要である。そこで本節は六、七世紀の万町北遺跡の集落出現の意義とその変遷、並びに集落内にある特殊な建物について考えるなかで、和泉郡池田郷に位置する万町北遺跡が泉北丘陵窯跡群の一角を担う首長居宅であった可能性を示すものである。

二　万町北遺跡の集落変遷

まず、万町北遺跡周辺の地形の状況を確認しておきたい。遺跡は大阪湾に注ぐ大津川支流の槇尾川中流域に位置する。槇尾川は丘陵の間を流れ、その谷は池田谷と呼ばれている。河川両側に河岸段丘を形成しており、万町北遺跡はそのうち西側の左岸中位段丘上に立地する。その地点の段丘では幅が三〇〇メートルほどで、現況では台形状に槇尾川の方へ突き出した格好になっている。段丘面の標高は六〇メートル前後、緩やかに傾斜する程度で、平坦な面が続いている。東端の段丘縁辺部は段丘崖、東南端は小さな開析谷で、旧河道の痕跡が見られる河川低地へと急激に下がる。ただし、段丘の北西側崖沿いは、長い年月の間に開墾等によって崩れ落ちた箇所があると思われる。段丘には二箇所の浅い谷が北西方向へのびている。一つは長さ一〇〇メートル、幅二〇メートル弱の浅い谷で、台地中央部から横切るようにして段丘崖へ向かって落ちている（谷一）。他方は丘陵裾近くをはしるもので、幅一五メートルで長さ二〇〇メートルまで確認できた（谷二）。これも谷一と同じ方向へ下がって行くが、この先には七基からなる下代古墳群があり、谷二が墓道の役割を果たしていたと考えられる。万町北遺跡に隣接するほかの遺跡は、西側の和泉丘陵に、六世紀か

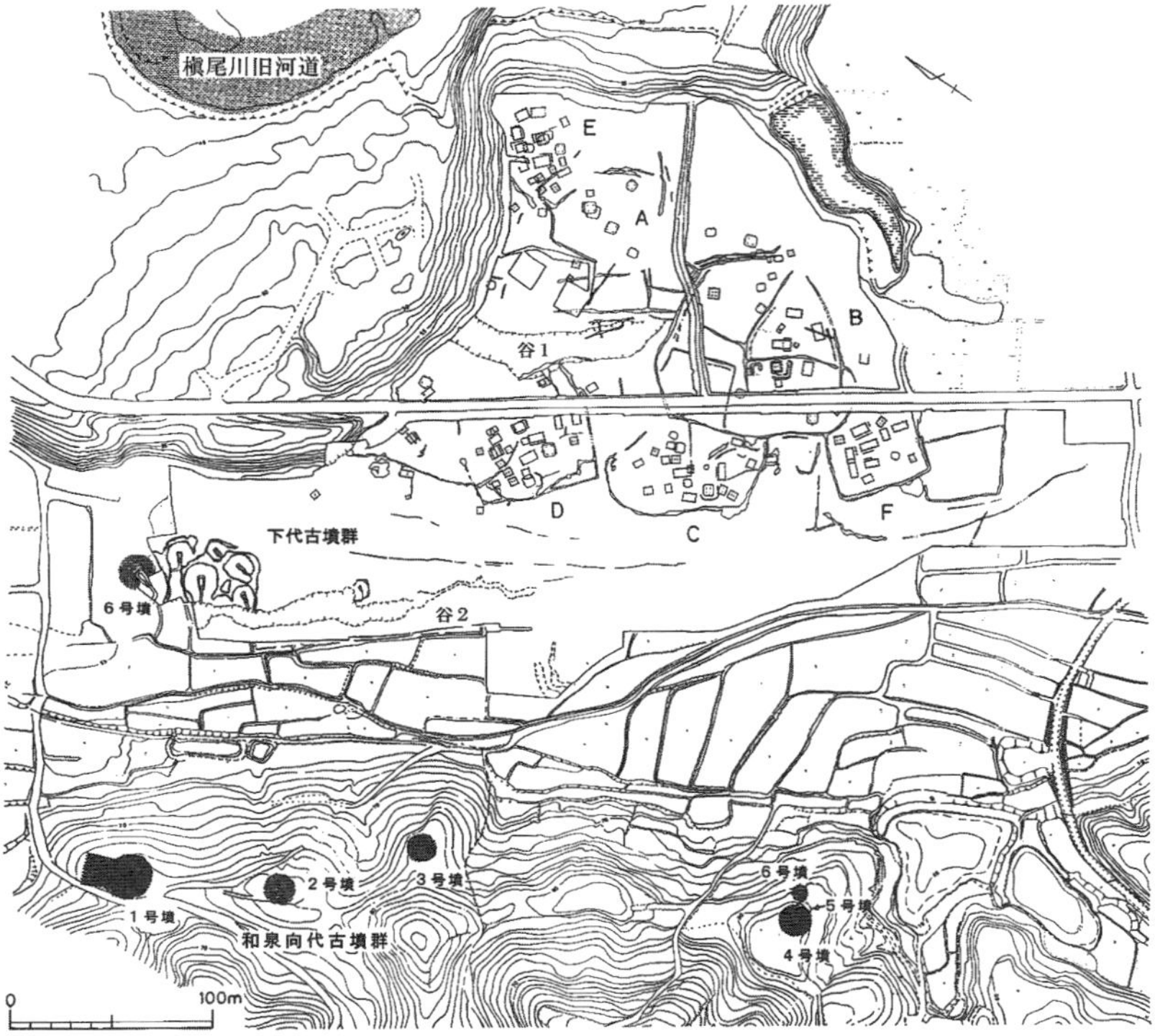

図42　万町北遺跡及び和泉向代古墳群の配置図（白石耕治1997年）

ら七世紀にかけての前方後円墳を含む計七基からなる和泉向代古墳群（和泉丘陵一九九二b）が点在している。反対の段丘崖から東側の河川低地には遺跡は確認できていないが、槇尾川の対岸には池田寺遺跡があって、古代寺院の池田寺跡も位置する（大阪府一九八九a・一九九〇d・一九九一a・b）。さて、万町北遺跡の建物群は、面積約五万平方メートルにも及ぶ南北約五〇〇メートル、東西約二五〇メートルの広い範囲に散漫的に占地しているわけでない。溝を主とした囲繞施設によって、いくつかのまとまりを見せ、六つの居住域に大きく分けることができる。また、時期毎に変遷していると考えられる（建物群A・B・C・D・E・F、図42）。なお、池田寺遺跡の集落の形成過程については、広瀬和雄の分析が知られている（広瀬一九八六）。

一　掘立柱建物と竪穴建物

集落を構成するものに掘立柱建物と竪穴建物などがあり、まずこれらの規模等について、まとめておきたい。掘立柱建物は九〇棟で、そのうち屋は六六棟を、倉は二四棟を確認している。対して竪穴建物は三〇棟を数える。

掘立柱建物の屋六四棟の平均床面積は二〇平方メートルほどであるが、四〇平方メートル以上のものが四棟、三〇〜四〇平方メートルのものが八棟で、全体の約二割である。その中で最大床面積を有するものが、四五・八平方メートルを測るB〇七二で、桁行五間、梁間三間の規模である（以下掘立柱建物の規模を表すときは、例えば桁行五間、梁間三間では五間×三間と記す）。このほか五間×二間が一棟、四間×三間が五棟、四間×二間が一一棟、三間×三間が六棟、三間×二間が一八棟、三間×一間が三棟、二間×二間が一一棟、二間×一間が二棟、一間×一間が二棟である。このように床面積が二〇平方メートルにも満たない三間×二間以下のもので半数以上を構成している。これら建物の柱穴は円形ないしは隅丸方形を呈し、その柱筋は比較的通りは悪い。

次に倉は総柱で高床式建築としておく。三間×二間が一二棟、二間×二間が一一棟あり、平均の床面積は約一三平方メートル程度である。また三間×二間の規模で両妻側に独立棟持柱を有するものが一棟確認できており（B一二九）、ほかの倉とは違う特殊な使われ方がなされていたと考えられる（図44・48参照）。

竪穴建物は平面プランの違いなどから二つに分類できる。決定的な違いに四本の主柱穴の有無がある。柱穴を有するほとんどの竪穴建物は平面形が隅丸方形ないしは方形で、その周囲に壁溝があり、壁沿い中央付近につくられた竈を有す。それに対して柱穴を持たないものは、その平面形は概ね長方形で、その長辺部に竈を有し、壁溝が見られるものとそうでないものとがある。床面積では前者（竪穴建物a）が平均約三〇平方メートルであるのに対して、後者（竪穴建物b）のそれは約一八平方メートルで規模が小さいことがわかる。

二　溝と土塁

万町北遺跡の溝は、集落における重要な囲繞施設である。検出面における溝の幅は広いところで約二メートルはあるが、概ね一メートル前後を測る。またその深さは一メートル以内である。ただし、中世期に至っての開発時に台地全体が削平されているため、もとの幅・深さの数値はさらに大きくなるだろう。溝内部の断面形は、溝が浅くなってしまっている部分はわからないが、逆台形状に掘削することを志向している。溝は総じて一条で区画されているが、それを二条等間隔に平行して巡らせている箇所がある。その溝と溝の間には何ら構造物の痕跡は認められないので、想像の域を越えないが、土塁や柵などの閉鎖施設が設けられていたと考えられる。溝から出土した遺物はほとんどが土器であったが、集中して出土する場所とそうでない場所とがある。ある程度の約束事が、集落内にはあったと推測される。

三　集落の変遷

集落は建物群A～Fに分類できることを記したが、それらの幾つかは併存しながら変遷していくものと考えられる。その変遷の姿は大きく四期に区分でき、以下これを万町北Ⅰ期、Ⅱ期、Ⅲ期、Ⅳ期と呼び分けることにする。

この時期区分は建物の主軸や切り合いなどの相互関係と、遺跡から出土した須恵器から導き出されたもので、須恵器について本節では本書第一章における泉北丘陵窯跡群谷山池地区の須恵器編年を用いる。

［万町北Ⅰ期］　竪穴建物一〇棟、倉二棟と、掘立柱建物二棟で構成される建物群Aが該当し、古墳時代に出現した最初の集落の姿である。出土土器から二小期に細分できるとみられるが、竪穴建物aと竪穴建物bとの比率は一対一の割合で推移している。そして南北方向に主軸を揃えている方が古い段階のものである。竪穴建物aの床面積は集落内の平均値より広いものが多く、三〇平方メートル以上のものが四棟あり、なかでも四〇平方メートル近くを測る集落

内最大の建物が含まれる。これらは該期建物群の北部域に集中しているようで、倉も北部域に集まっている。このほか二間×二間が三棟、一間×一間が一棟の掘立柱建物がある。束柱がないので屋であろうと思われるが、後者の方は床面積四・九平方メートルと非常に小さい。溝は分断されているため住居域を囲繞しているとは現状では言い難いところがある（図42参照）。先に述べたとおり、Ⅰ期の建物群の西側には長さ一〇〇メートル、幅二〇メートル弱の谷一が見られ、台地中央部から横切るようにして段丘崖へ向かって落ちている。Ⅰ期の集落はこの谷を境にして西へは広がっていない。

　ところで、弥生時代中期後半の遺構が、Ⅰ期の集落の南側に隣接している。それは六〜七基からなる方形周溝墓群で、周溝の上層から須恵器が投棄されているのが確認でき、Ⅰ期の段階ではまだ周溝が完全に埋まりきらずにいたことがわかる。おそらく墳丘も高く盛り上がった風景のなかで、集落は開始されたのであろう。全体的に小規模集合の集落といった形態である。

［万町北Ⅱ期］　この時期に至って、集落の様相は一変する。弥生時代の方形周溝墓の周溝は埋められた。そして、段丘縁から丘陵近くの谷2まで拡大し、大きな集落が姿を現す。建物群Ｂ・Ｃと建物群Ｄ・Ｅの一部がこれにあたる。そのうち建物群Ｂが該期の中核をなすグループで、建物群Ｂの主な建物は台形状に巡らされた溝の内側に集まっており、その範囲の最大幅は約九〇メートルを測る。この外側を区画する溝（外郭溝）には二条平行して巡っている箇所が見られるが、部分的にでも二重の施設をもつのはⅡ期だけである。外郭溝の内側にさらに溝を設けているのが理解されるが、それによって三区分されているようだ。建物が全く見られない一辺三〇メートルの広い方形区画域は広場と考えたい。建物の機能と合わせた重要な役割を持っていたと想像される。また、掘立柱建物を集中的に配置する区域とに分けられていた。ただし、区画溝にも時期差が認められるので、同時併存しないものもあると考えられる。

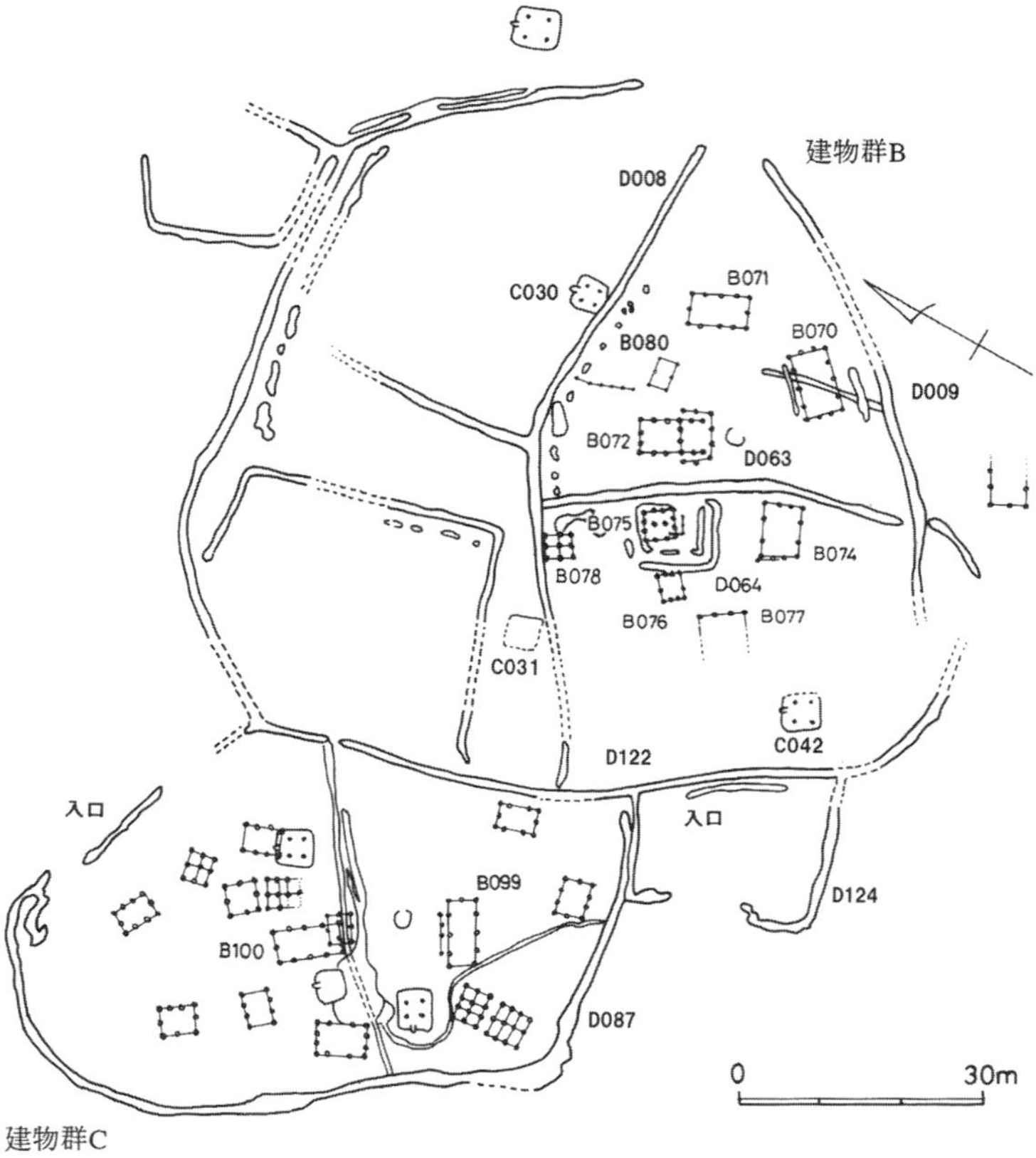

図 43　万町北Ⅱ期の居住区（白石耕治 1997 年）

建物は概ね北西に主軸方位を揃えているようにみられる。この方位は西側丘陵部や谷一・二などの自然地形の方向性とほぼ同じで、外郭溝も完全な方形ではないので、多少自然地形に規制されていたのであろう。しかし最も重要な点と考えているのは、丘陵部上の和泉向代古墳群との関係である。これについては後で詳しく検討するが、集落の正面観が丘陵側にあったこととも密接につながっている。また、建物群Bの入口のひとつは南西隅にあるとみられ、外郭溝底面から脚柱の存在を思わせる柱穴が検出されている。入口の位置は集落の正面観とも符合し、谷地形に沿った道の存在がうかがわれる。

さて、建物が特に集中する区画内には屋一〇棟（うち一棟は規模不明）、倉一棟、竪穴建物三棟が確認できる。屋には床面積が四〇平方メートルを超えるものが二棟、三〇平方メートルが二棟あり、万町北遺跡のなかでは規模の大きい建物で構成されている。とりわけ、Ｂ〇七二は五間×三間で片方の妻側を巻くようにしてコの字に柱列があるが、妻側に庇がつく建物であった可能性があり、広島県福山市大宮遺跡に類例がある（宮本一九九一）。Ｂ〇七二は面積は四五・八平方メートルで、建て替えがあったと考えられる。Ｂ〇七四は妻側に塀を伴う。また溝（Ｄ〇六四・Ｄ〇六五）で一辺一〇メートルほどの方形に区画された遺構を確認でき、区画内に建物を配置する（図43参照）。このほか、三間×三間の掘立柱建物で屋内に棟持柱を持つもの（Ｂ〇七五）や、二間×一間の覆屋（Ｂ〇八〇）を有す鍛冶炉遺構も確認している。竪穴建物の規模は平均床面積よりも小さい。外郭溝から外の掘立柱建物や竪穴建物なども内側のそれとほぼ方位を合わせているが、優劣は明白である。

建物群Ｃは建物群Ｂの外郭溝の西側に取り付く溝で区画されていて、長さ七〇メートル、幅五〇メートルの楕円形に巡らされた範囲に建物群がある。溝は一条であるが北端部で途切れており、入口と思われる。入口で溝が内側へ巻き込むようにして部分的に二重になっているので、この箇所に土塁など何らかの構造物があったに違いない。建物群Ｃは建物群Ｂと併存して二～三小期ほどに変遷していると考えられる。屋一一棟、倉三棟、竪穴建物三棟で、最も規模の大きいものは四間×二間、三五平方メートルのＢ一〇〇である。ほかに三〇平方メートルを超えるものはＢ〇九九の一棟だけで塀を伴う。Ｂ〇九九は屋二棟と倉一棟と共に細い溝で区画内を仕切った奥側に配置されている。竪穴建物は平均値より低い二五平方メートル以下のものである。建物の主軸は建物群Ｂに概ね準拠しているようだ。

建物群Ｃに隣接する建物群Ｄには竪穴建物一棟、掘立柱建物二棟が変則的に巡る溝に区画されているが、まだ整備不十分である。また、段丘崖沿いに展開する建物群Ｅにも掘立柱建物三棟、竪穴建物五棟が確認できる。時期的には後出するものと考えられる。このほかの地点で、竪穴建物や掘立柱建物が単独で位置するものがみられる。

［万町北Ⅲ期］　前段階で拡大した集落は、整然とした二つの建物群D・Eへと発展する。建物群Dの主要なものは若干外側に張った一重の方形区画溝の内側にあり、その区画の一辺は約六〇メートルの規模である。屋一四棟、倉六棟、竪穴建物二棟で構成され、建物の主軸方位は区画溝の方向性と一致している。建物の片側に庇を有するものが二棟含まれているが、ほかの建物群では確認していない。床面積三〇平方メートル以上のものは、片庇建物B〇六六の三五・八平方メートルを最大に三棟ある。各建物群はいくつかのまとまりをもって変遷し、それは三小期に分けられる。特に注意しておきたい建物が方形区画域から約五〇メートル離れた地点にある。それは区画内の建物の方位に揃えた、独立棟持柱付き建物（B一二九）である。その周囲には溝が配されており、この建物を特に区別しているのだろう（図44参照）。そのほかこの区画溝の外側にも規模の小さい掘立柱建物が三棟ほどみられる。なお、これらの地区外の南西の丘陵側にも、さらに溝を配置しているのが確認されている。

建物群Dから台地中央の谷一を挟んで北側に建物群Eがある（図45参照）。崩れた台地縁辺部に位置しているので、もっと建物が多かったとも推測できるが、確認時では屋九棟、倉三棟、竪穴建物三棟を数

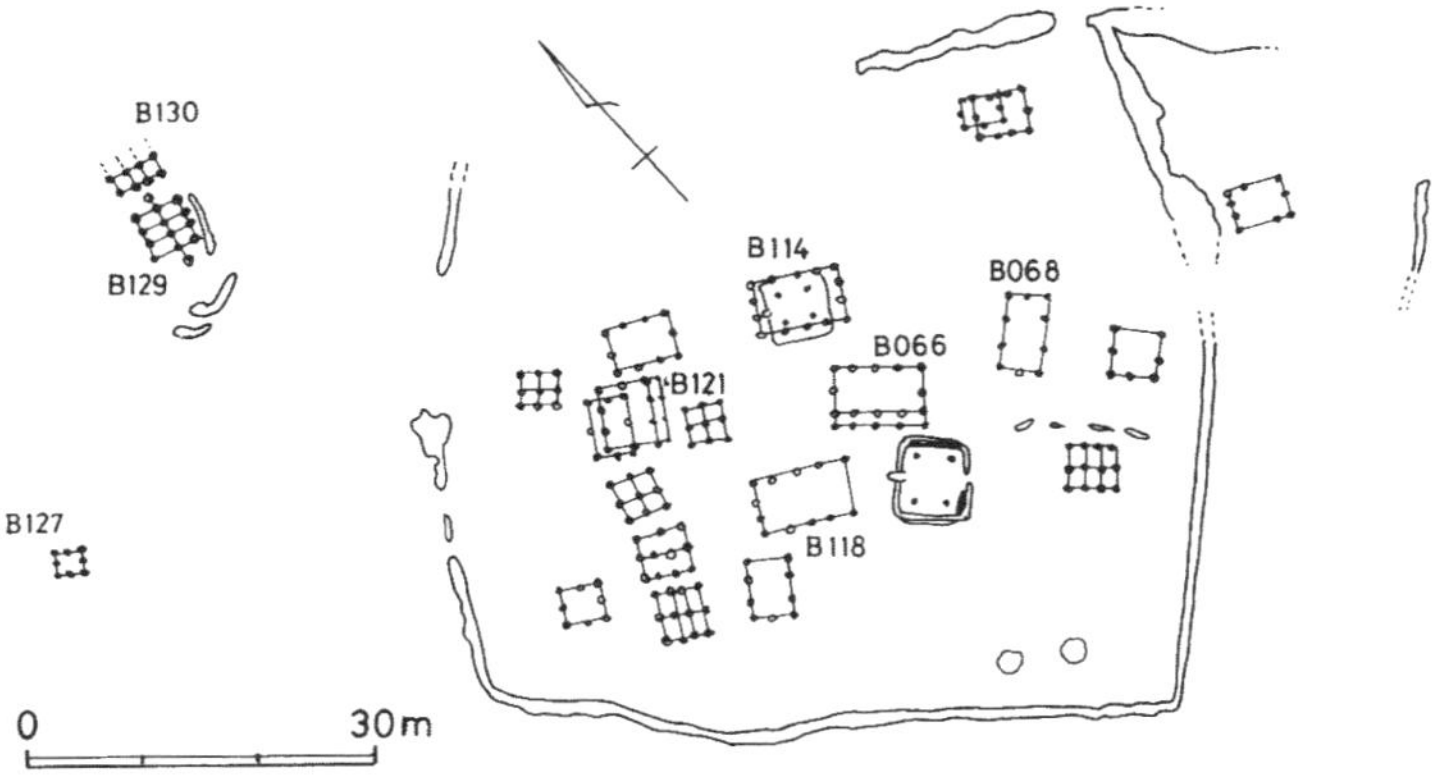

図44　万町北Ⅲ期の居住区・建物群D（白石耕治 1997 年）

えた。掘立柱建物の規模はB〇四九の四四・四平方メートルが最も大きく、ほかは三〇平方メートルを超えるものはない。これも二～三小期に分類できるが、建物群Dの主軸方位とあまり違わず、計画的に占地しているようにうかがわれる。倉B〇四五の周囲に溝が取り巻いたものはあるが、建物群全体を区画する溝は確認できなかった。建物群Dと建物群Eの関係ははっきりわからないが、唯一建物群Dには庇付きの建物が二棟あり、囲繞施設の区画溝があるので、こちらの方が建物群Eより優位な集団と考えられる。

［万町北Ⅳ期］　一辺四〇～五〇メートル、ほぼ方形に区画された範囲に屋九棟、倉一棟を確認している。建物群Fの区画溝と建物の方向性から考えると、Ⅲ期の二つの建物群が廃絶後に発展的に出現したものである。主

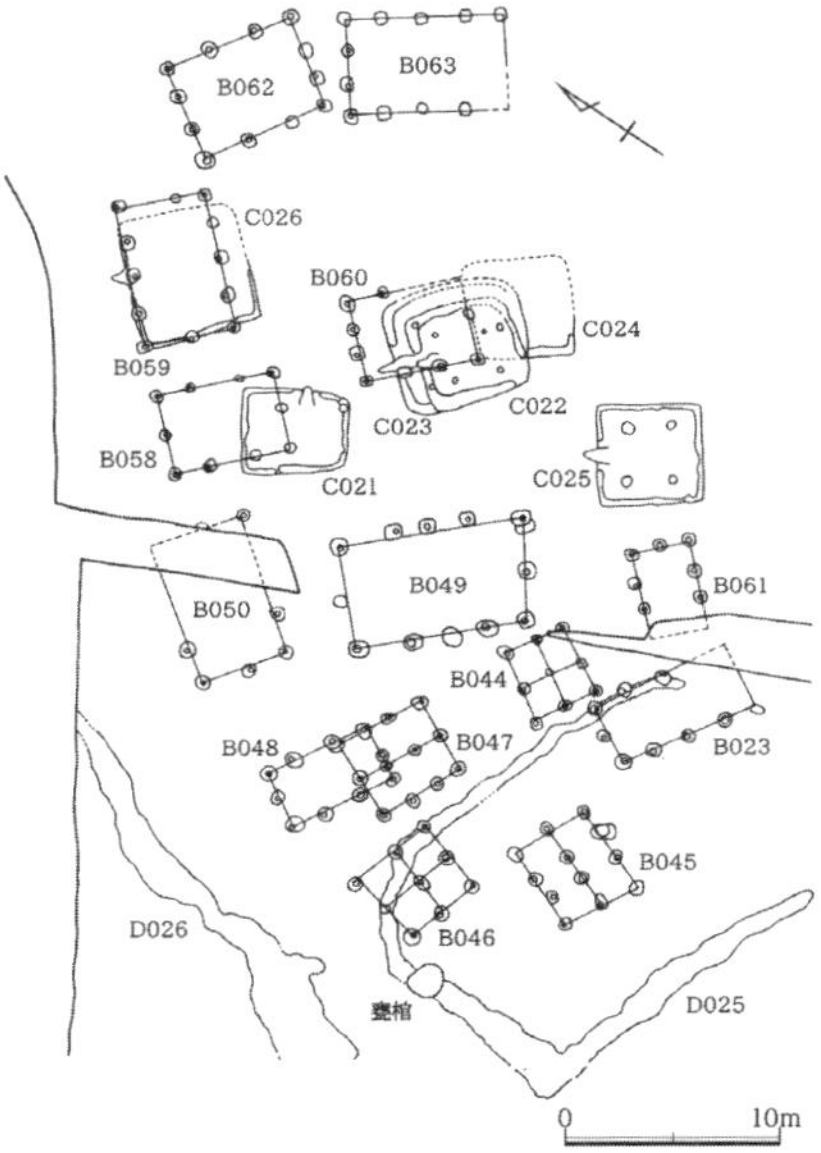

図 45　万町北Ⅲ期の居住区・建物群E
（和泉丘陵 1985 年加筆修正）

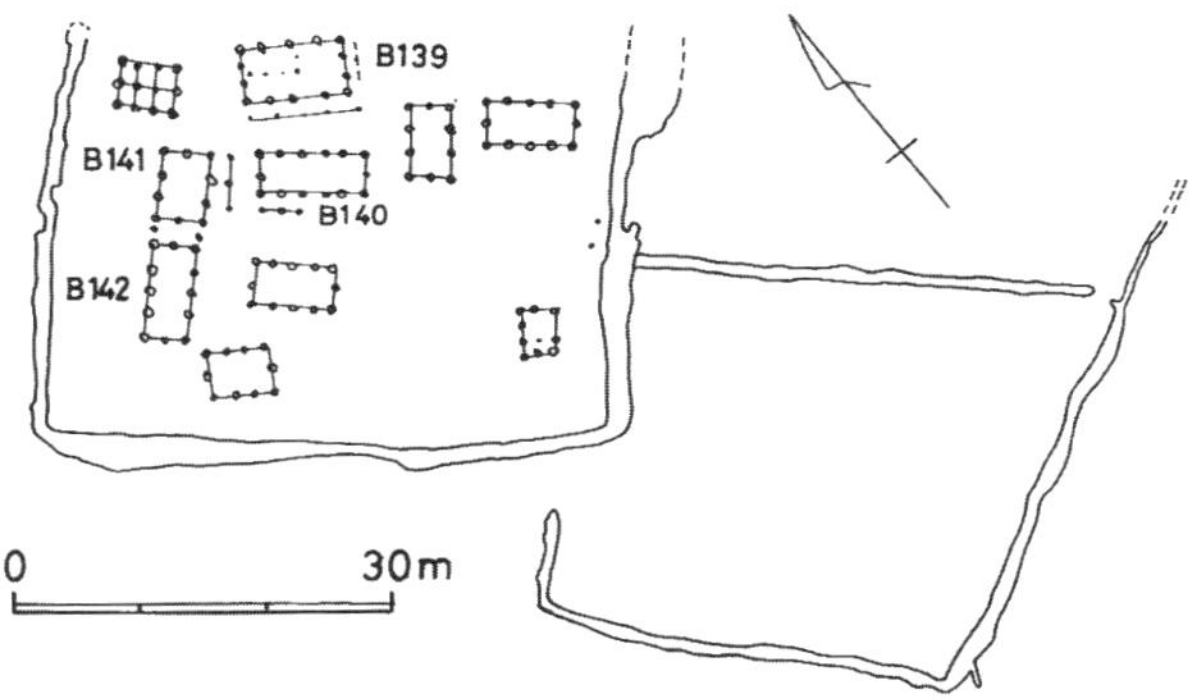

図 46　万町北Ⅳ期の居住区・建物群F（白石耕治 1997 年）

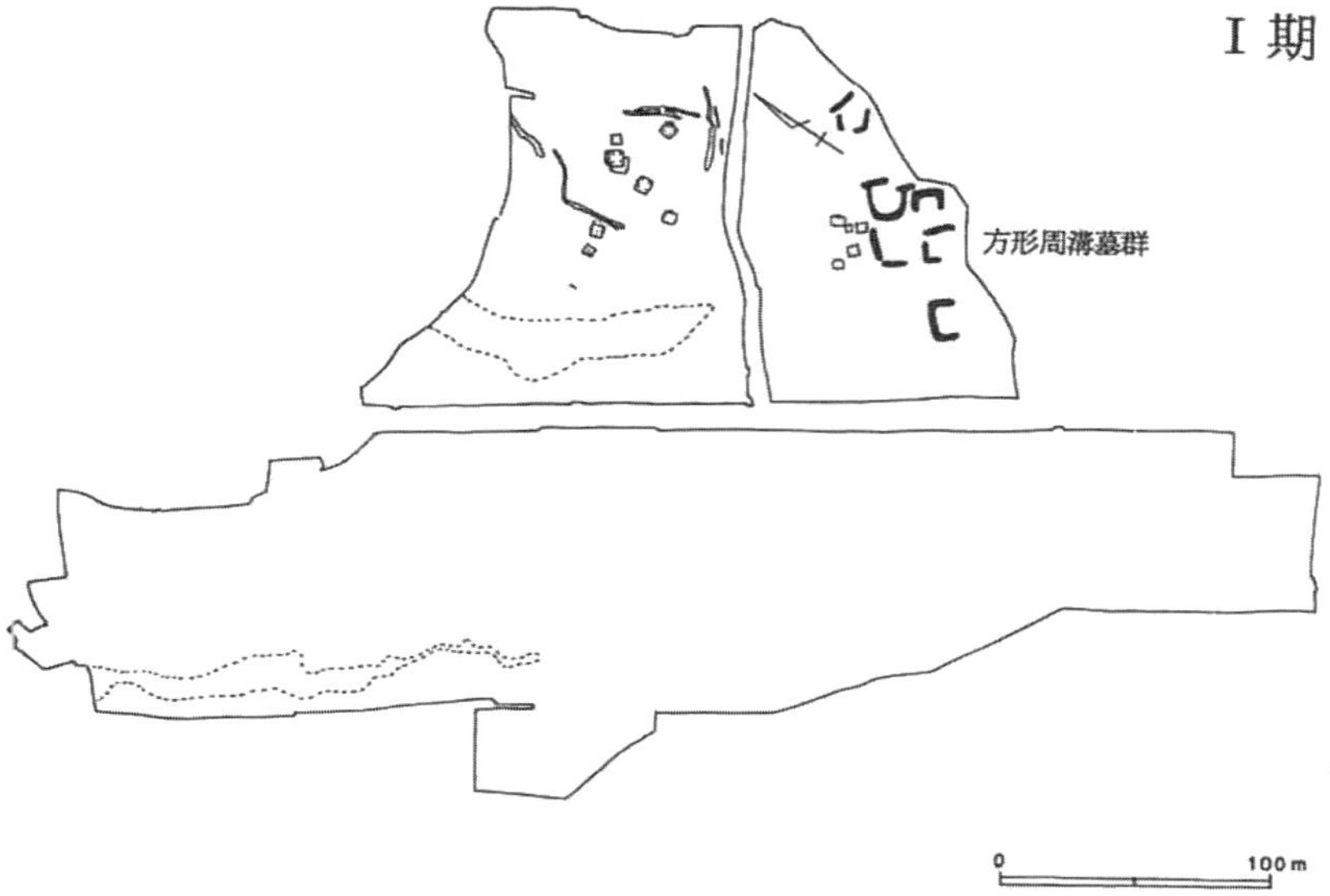

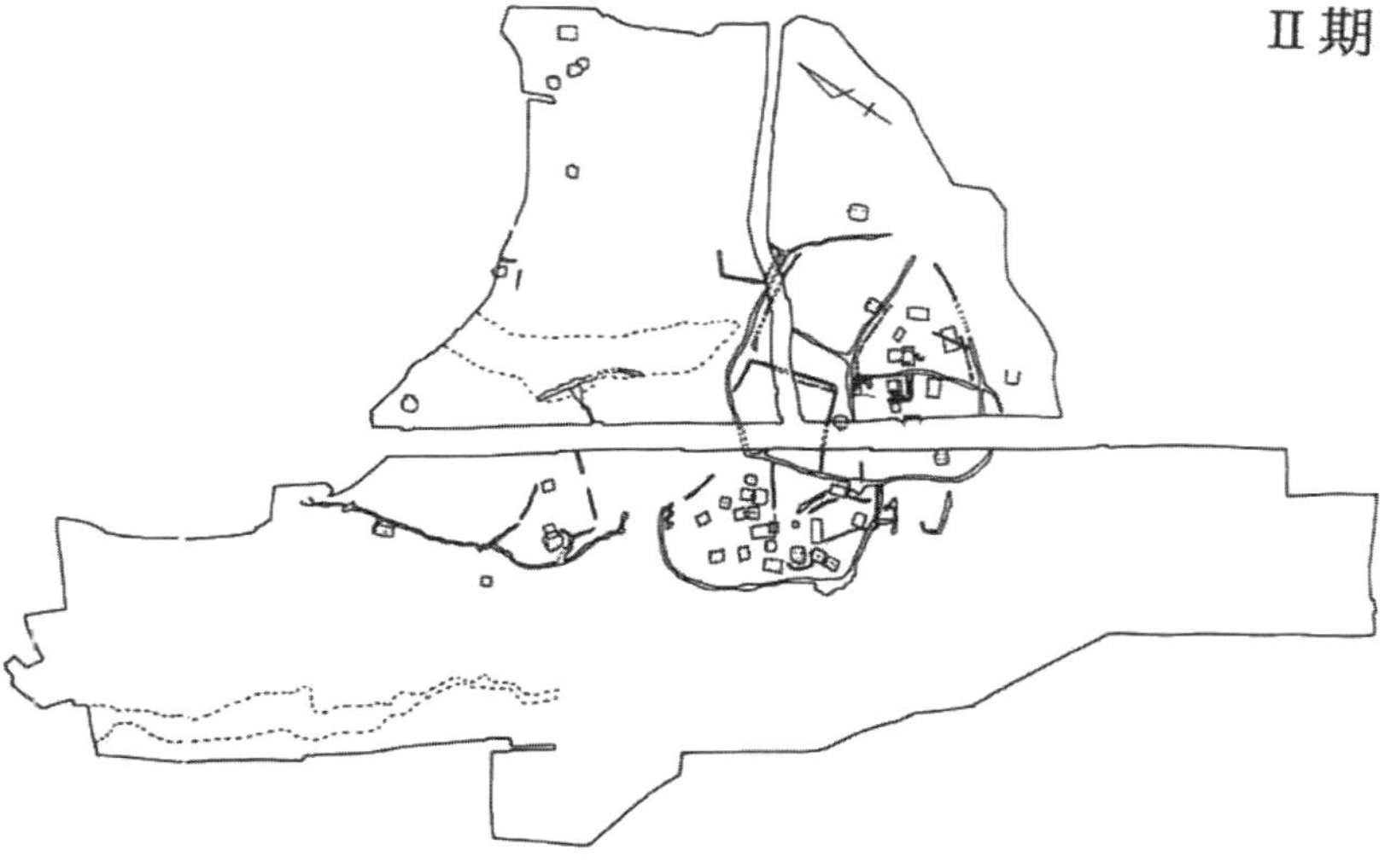

（白石耕治 1997 年）

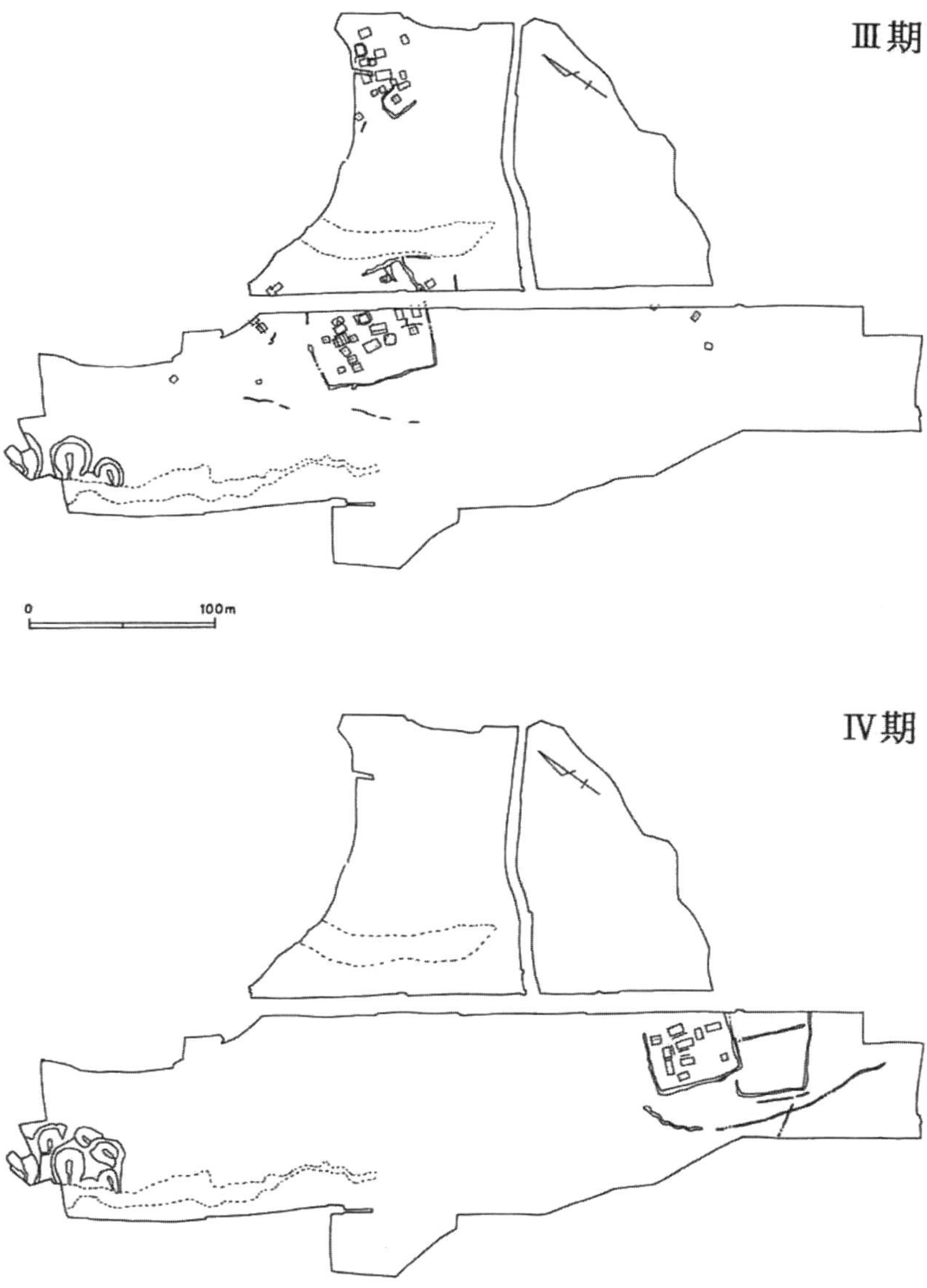

図 47　万町北遺跡の集落変遷

軸では三方向ほどに分類できるが、切り合いが全くなく一時期に同時併存していたとも考えられる。塀を伴う床面積三九・一平方㍍のＢ一三九を中心に概ねＬ字状に配して、南側に小規模な広場を有する。なお、Ｂ一三九は屋内を仕切るための柱穴を有す。区画建物群のさらに南側には、最大幅四〇㍍の台形状に溝で区画された場所が付設されている。その内部は建物などの遺構が確認できず、広場となっていたと考えられる。Ⅱ期の建物群Ｂの空閑地とよく似た状況である。この二つの区画域の西側外周には溝が一条巡っており、この地区をさらに囲繞する意識があったことがうかがわれる。そして、その後八世紀を迎えるまでに万町北遺跡の集落は姿を消す。

四　小　結

万町北遺跡の集落の様相をまとめると次のようになろう。六世紀後葉に出現した集落は四段階Ⅰ期〜Ⅳ期の過程のなかで、七世紀前葉まで営まれていたことがわかった。そして各期はさらに二〜三小期ほどに細分できるので、単純に一小期は一〇年前後と想定しておきたい。同期併行の建物群どうしには優劣が認められるが、たとえばⅡ期の建物群Ｂ・Ｃのように密接な紐帯で結ばれていたことを示していると推測できる。各期の建物群に竪穴建物が併存しているのが顕著で、七世紀に入った段階でもまだ竪穴建物が見られるのも万町北遺跡の特徴でもある。Ⅱ・Ⅲ期の一小期の建物の組み合わせは、掘立柱建物の屋と倉と竪穴建物が五対二対一の数値に近いパターンで構成されている。掘立柱建物に対して竪穴建物を特殊な場所と考えることも可能ではあるが、竈を付設しており機能的には住居とみなすことができる。

万町北の地に居住し始めた集団は、竪穴建物と倉の数棟で構成された階層差のない等質的な集落を営んだ。その後、集落は突如として変貌を遂げる。とりわけⅠ期からⅡ期への移行は、単に前段階の集落が発展したものではないだろう。そしてⅢ期、Ⅳ期へと集落の中核部を移しながら、囲繞施設や建物配置を整えてゆく様子がうかがえた。

つまり、集落はおよそ二〇〜三〇年の間隔で、整備されながら計画的に発展していたのである。

三　神祠と建物配置について

万町北遺跡には特殊な構造をした建物が二地点で確認されている。集落の特性をしめす重要な遺構であるので、これについて考えてみる。

一　神祠と見られる特殊遺構

まずⅢ期のＢ一二九について検討してみる（図44・48参照）。集落内のその他の倉と比較しても、特にこれは規模が大きいとは言えないが、独立棟持柱を立てることによって全く違った性格が付加される。桁行四《メートル》、梁間四《メートル》、床面積一六平方《メートル》を測る。各柱穴は楕円形、円形ないしは隅丸方形を呈し、不揃いである。柱穴の大きさは幅三〇〜四〇《センチ》だが、独立棟持柱の柱穴だけは八〇《センチ》で大きい。束柱はそれらに比べて小さく浅い。柱穴の状況から建て替えはなかったと考えられる。建物から七《メートル》ほど離れた位置に幅二《メートル》の溝が一部のこっており、本来建物の周囲を取り巻いていたのではないかと思われる。周囲には土器など出土する遺構はほとんどなく、比較的清浄な感を与える。

万町北遺跡の特殊遺構の性格を考えるうえで、類例を示して、その意義を考えておきたい。Ｂ一二九と同じ独立棟持柱を持つ類例は、現在のところ弥生時代には多く確認されているが、古墳時代のものは四世紀の静岡県浜松市大平遺跡ＳＨ四九（浜松市一九九二）のほか数例が知られている。神戸市松野遺跡で発見された五世紀の独立棟持柱付き掘立柱建物は、床面積二〇・九平方《メートル》の規模で万町北遺跡例よりひとまわり大きい（神戸市教一九八三）。この建物の周囲は大きく柵列がとりまいた整然とした広場、神域になっていた。宮本長二郎はこの建物が独立棟持柱を有すことから伊勢神宮本殿の祖形になる形式であり、神殿的な機能を有していたことを指摘した（宮本一九八三）。

金関恕は弥生土器や銅鐸に描かれたさまざまな情景が弥生祭式の場面を映し出したものであると説いていた（金関一九八五）。その情景を構成する要素のひとつとして、高床式の建物が描かれていることが多く、祭祀にかかる重要な建物であると言われている。広瀬和雄はこの建物を「神殿」とし、弥生時代においては通常の倉が農耕祭祀を執り行なうために季節的な神殿と化して、カミ（穀霊）を迎えていたものが、弥生時代末以降は溝や柵の囲繞施設をともない、倉から分離してカミ（首長霊）が常住する神殿へと、カミ観念が変化したと考えている（広瀬一九九六）。

二　方形区画祭祀遺構

一方、方形に区画した二条の溝D〇六五・D〇六四は、Ⅱ期の建物群Bの主軸にそって配置されている。D〇六五は北西方向から見て幅七・五メートル、奥行き六メートルの範囲を区画するが、北西側には巡っておらずコの字形を呈する。溝の幅は五〇センチ、深さは二五センチである。溝D〇六四はD〇六五のすぐ外側にあり、その間隔の幅は一・二メートルに巡る。幅一一・五メートル、奥行き九メートルの範囲を区画する。溝の幅五〇～七〇センチ、深さ三〇センチである。両溝とも北西側の区画が途切れているようだが、短い溝や小さい柱穴が見られるので、完全に口を開いていたのではない。そして区画内の空間には規模の小さな二棟の掘立柱建物B〇六五を配置している。柱穴は全部確認できていないので、一応、一間×一間で二・八平方メートルと二間×一間で四・二平方メートルの規模をもつとしておく。前者の方が先行し、建て替えているのであろう。溝のD〇六四とD〇六五は組み合って二重の区画であったとも考えられるが、周囲の土坑との複雑な切り合いから見て、両者の溝は併存しないと報告されている。つまり区画内の二棟の掘立柱建物の建て替えに対応しているのであろう。

このような特異な形態をなす遺構を方形区画特殊遺構としておくが、数例が知られているだけである。四世

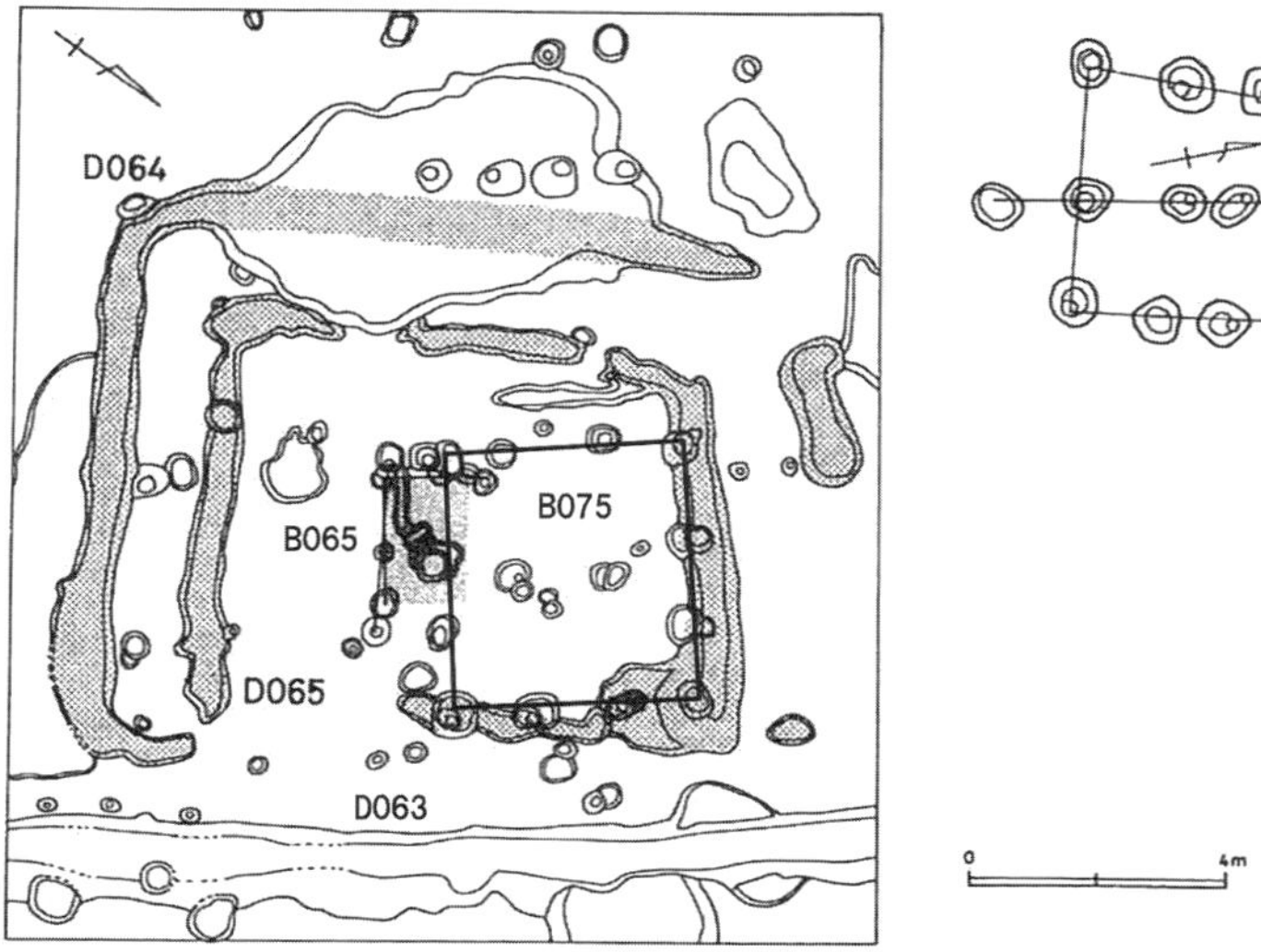

図48　神祠及び特殊遺構（白石耕治 1997 年）

紀前葉の京都府向日市中海道遺跡ＳＢ三二一一〇とＳＤ三二一〇三（向日市埋蔵一九九六）、五世紀前葉の鳥取県東伯郡湯梨浜町長瀬高浜遺跡のＳＢ四〇（鳥取県教一九八三）、五世紀末～六世紀初頭の静岡県浜松市伊場遺跡Ｋ一一（浜松市教一九七七）、六世紀後葉の奈良県天理市櫟本高塚遺跡（櫟本一九八九）、八世紀後葉の群馬県前橋市鳥羽遺跡（群馬県教一九八六）などが類例として挙げられる。その中で最も類似しているのが櫟本高塚遺跡の例であろう。東西一・五メートル、南北〇・八メートルで面積一・二平方メートルの規模の非常に小さい建物が、二重の柵列によって囲まれていた。建物も柵列も建て替えが一度行われていた。遺構の規模は万町北遺跡のおよそ半分で、さらにその遺構は周囲に長さ三五メートルの溝で区画されていた。各地で発見された類例には、その規模・建物の形態にばらつきがあるが、高塚遺跡や万町北遺跡のものは、祠（神祠）のような小さい建物であったのであろう。そのほか溝・柵などによる方形区画と入口の設定、区画内の特殊な建物、さまざまな祭祀遺物の出土、または周辺の掃き清められたような状況などが特徴として認められる。辰巳和弘は右に紹介した各地の遺跡を分析した結果、祭儀用の建物や祭祀場を柵列が囲繞する施設は「聖なる区間」を示すものであることを指摘している（辰巳一九九〇）。万町北遺跡の場合、特殊な須恵器の容器が出土している。この土器は遺構に関係した遺物ではないかと筆者は考えており、特論三で詳しく考えたい。（本章特論三）。

以上、二つの特徴的な遺構の位置付けは非常に困難であるが、単に建物の形態差だけではその性格を語れない。独立棟持柱付き建物は弥生時代前期には確認されているが、方形区画祭祀遺構は古墳時代に入って出現するようであるから、全く系譜の異なるものと考えたほうがよいかもしれない。ともあれ、各地で発見されたこのような遺構に対して、「神社」「神宮」「神殿」「斎場」「祭儀用建物」など異なった呼び名が当てられているが、その遺構を中心とした空間が祭祀・儀礼に伴う特別な行為のために使用されたことは否定できないだろう。

三　建物配置の原理

それでは、万町北遺跡各期の建物群がどのような原理をもとに配置されていたのか、検討してみよう。

万町北遺跡Ⅱ期は三小期に分けて変遷している。その盛期の主屋は五間×三間で片妻側に庇がつき、寄棟造りそれとも入母屋造りではないかといわれるＢ〇七二で、建物の前後に沿う溝と柵列によって特別厳重に囲まれている。そして、神祠と思われる遺構の溝Ｄ〇六四・〇六五とその区画内の建物や、屋のＢ〇七一・Ｂ〇七四、倉のＢ〇七八がほぼ主軸を揃えて、ほぼ等間隔で配置されている。Ｂ〇七四は西妻側つまり入口に対して塀を伴う。また建物群のある居住域に対して、広場などを設けるなど、機能別に区域を区分していた。竪穴建物は二棟見られるが、これは屋に軸を合わせていない。次期では主屋を特定できないが、屋のＢ〇七〇・Ｂ〇七六・Ｂ〇七七が、外郭溝にそった形で主軸を揃えるようにして配置されている。神祠に重なって屋内に二本の棟持柱をもち寄棟造りの建物とみられるＢ〇七五（図43参照）は盛期より前段階の主屋の可能性もある。古代集落内部のひとつの形として、Ⅱ

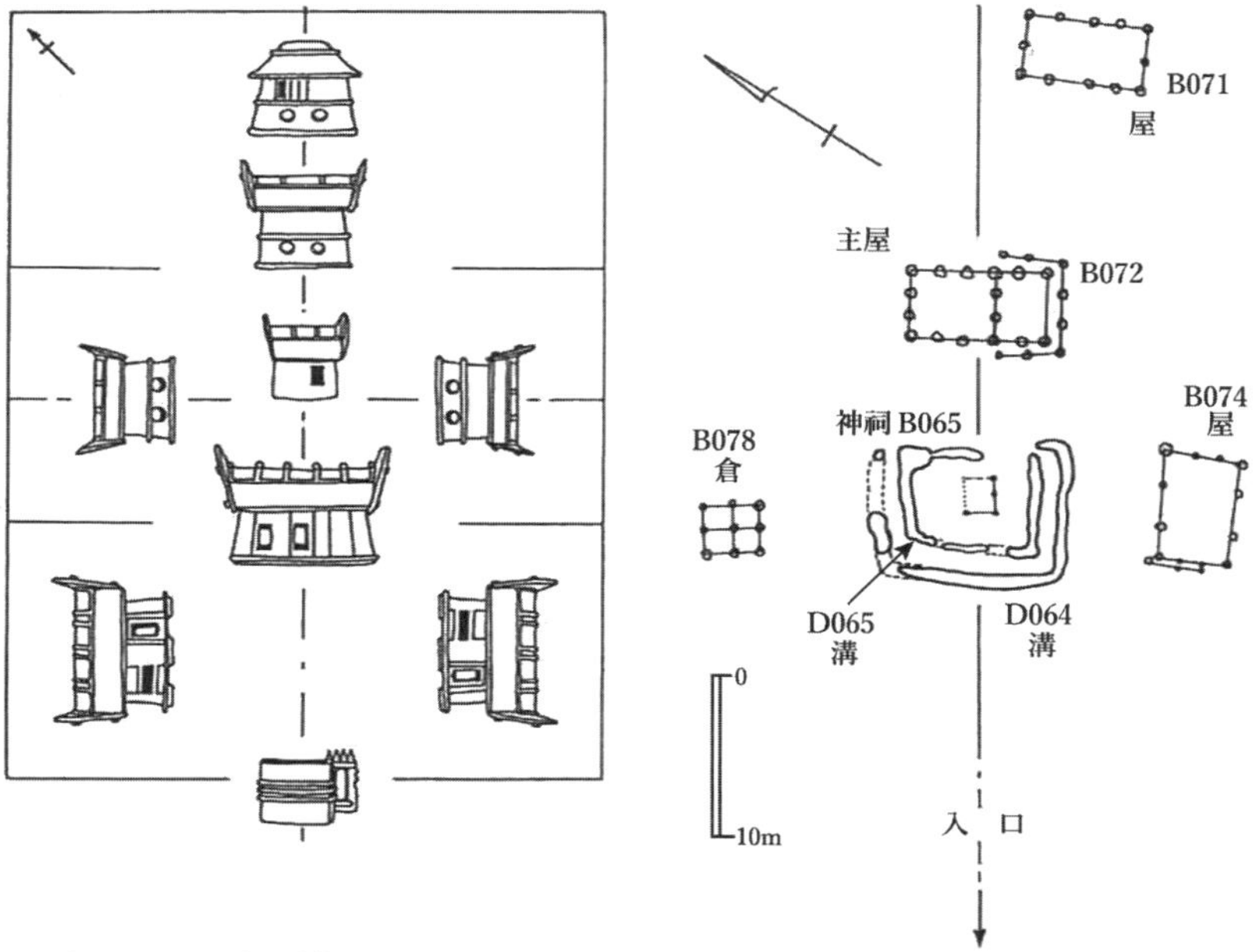

赤堀茶臼山古墳の埴輪復元配置　　古　墳（和泉向代4号墳）

図49　家形埴輪の配置と万町北遺跡の首長居宅の配置図（白石耕治 1997 年）

期の建物配置は集落南西側の入口の位置も含めて、整然とかつ準対称的にしたもので、単なる農民の集落とは言い難い。また建物の主軸を揃えるように併存した建物群Cでは、B〇九九・B一〇〇が主屋となろう。この二つの建物群の関係を明確にはしがたいが、主の建物群Bに対する従の関係をしめしていると考える。

古墳時代豪族居宅の実態を、古墳から出土する家形埴輪の検討からアプローチしたものがある。先に藤澤一夫が五世紀中葉の群馬県伊勢崎市赤堀茶臼山古墳出土の家形埴輪群を、中国漢代の四合院配置の原理をもとにして配置復元案を示したことがあった（田代一九七五）。それをうけて小笠原好彦は、豪族の居宅は主屋、後屋、脇屋、倉、霊屋（神祠）などが土塁・柵に囲まれて対称的に並んでいたのではないかと推理する（小笠原一九八五・一九八九）。このような基準軸にそって左右対称の在り方を示す居宅は、現在のところまだ見つかっていないが、Ⅱ

期の主屋や神祠を建て並べる建物配置状況は小笠原が言う首長居宅の復元案に近く、その実態を知ることのできる好例になろう。

次段階のⅢ期では方形に囲繞された居住域（建物群D）と独立棟持柱付き建物とが、完全に離れた位置に配置されている。建物は三小期に分類できるが、それも漸進的に推移しているとみられる。ただ、建物配置の仕方によって、必ず区画内に広場を設けるように展開している。建物の組み合わせでは、主屋に庇付きのB〇六六・B一二一、屋にB〇六八・B一一八・B一一四や、総柱の倉数棟と竪穴建物がともなう。

Ⅳ期では倉一棟に対して、屋九棟で構成される。主屋は塀をともなうB一三九やB一四〇であろう。とりわけB一三九は屋内を仕切るための柱穴が見られ、掘立柱建物の構造に新しい要素が見られる。B一四一とB一四二は相対する妻側にさらに柱を設けて接するようにあるので、つながった建物かもしれない。そしてⅣ期の盛期には竪穴建物は建てられることはない。

このようにして見ると、Ⅱ期の建物配置とⅢ・Ⅳ期のそれとに違いがある。Ⅱ期では入口も含めた主屋・神祠などを軸にした、古墳の家形埴輪の復元配置を思わせる建物構成であるのが、次期以降とりわけⅣ期のように各建物の柱筋や棟筋を通し、L字形に建物を配列して、集落区画内に広場を設けているのが理解できる。万町北遺跡では七世紀前葉に、竪穴建物の不採用も含めた集落の建物配置の画期があって、古墳時代的な伝統が払拭されたと理解できるだろう。

四　首長居宅と古墳祭式の変質

ここでは、建物配置の原理をもとにして、集落と古墳との相関関係について、一つの仮説を立てたい。

それにはまず、万町北遺跡西側の丘陵部に点在する和泉向代古墳群を考えなければならない。和泉向代古墳群は六世紀後葉に築造された帆立貝形前方後円墳の一号墳を契機にして、丘陵上を南へ向かって点在するように築造されるが、これはこの古墳群の造営された立地上での特徴でもある。つまり、同じ和泉市の信太千塚古墳群のように、丘陵尾根上に広がって一〇〇基以上もの古墳を群集させて、墓域を形成するようなあり方ではない。槇尾川の流れる池田谷に沿う形で点在する造墓理念は、まさしく池田谷を意識したものであり、逆に言えばこの谷筋で造墓活動をなし得た集団が居住していたからこそ、古墳があると考えてよいだろう。次に、和泉向代一号墳は全長三五メートルの古墳時代最後の帆立貝形をした前方後円墳であるが、和泉地方における六世紀代の前方後円墳は、とりわけ泉北丘陵窯跡群とその周囲に限られて築造されている（松村一九九二）。泉北丘陵窯跡群がヤマト王権の強い関与のもとにあったのは言うまでもない。その王権のもと、和泉向代一号墳は築造されたのであって、その被葬者は古墳から見渡せる池田谷に居住した一首長の墓であろう。

和泉向代一号墳は時期的には万町北Ⅰ期に併行することになるが、残念ながらこのⅠ期の集落の構成員では到底、前方後円墳を築造するだけの力量は持ち合わせていないだろう。しかし、一号墳の次世代にあたる首長墓と考えられる古墳が、一号墳から約三〇〇メートル南に位置する。それは直径一八メートルの円墳、四号墳である。長さ六・四メートルの両袖式の横穴式石室を主体部にもつ。石室は西に向いており、墓道が取り付いて南斜面の谷へ、そして集落側へと続いていたであろう。出土したものには多量の須恵器と馬具などがある。さて、この古墳の位置が重要である。四号墳は万町北Ⅱ期の集落からちょうど見通せる位置に設定されているのである。正確に言えば、主屋、神祠や入口を結ぶⅡ期の建物配置の主軸の延長線上の、距離約三〇〇メートル南西の地点に四号墳が築造されているのである。図面上寸分のずれもなく並んでいるのは偶然の一致ともいえるかもしれないが、建物配置の原理の存在を認めるならば何ら意外なものではない（図42・49参照）。

首長居宅には首長が執り行う祭政の場が必ず設置されていたはずで、その中心の一つが祭祀・儀礼の場つまり神祠であろう。これに類似する古墳時代の方形区画祭祀遺構について、山内紀嗣の見解がある。前方後円墳に付設されていた造り出しを含む方形区画が、古墳から抜け出して、古代新羅の神宮の要素が流入後、形式だけを取り入れて倭風の神宮ができあがったとする。また、神宮は区画を伴って、その内側は祭祀を行う祭場であったと指摘する（山内一九九二・一九九五）。山内の言う「神宮」は神祠などと同じ意味であるが、それは五世紀後半には確立し、六世紀の前半には方形区画は古墳から消滅し、祭場は集落の近くや首長居宅に付設されていたと考えている。ただし、四世紀の中海道遺跡の発見によって、古墳ではなく集落内で方形区画に囲まれた神祠と見られる建物が存在することがわかっているので、すべてが古墳から出発したとは言えないかもしれないが、祭祀についての多様性が古墳時代前半代にはあるということであろう。たとえば古墳から抜け出した祭祀であれば、首長権の継承を保つことを目的にしたものであろうか。いずれにしても、それまで古墳周辺で行われていた様々な祭祀・儀礼が、集落の中で行われるようになって、古墳は単なる墓になってしまったということになるのかもしれない。

そこで、主軸にのる四号墳の時期を調べて見ると、横穴式石室の初葬の時期は谷山池三b期で、谷山池四期の集落の前段階であることがわかる。この四号墳を一号墳に続く首長の墓と認めるならば、まさしくⅡ期の集落を営んだ首長は、そこで神祠とみられる祭祀の場所を媒介として、先代の首長霊に対して祭祀・儀礼を行っていた。

次に、次世代のⅢ期の集落は、建物の主軸を東西方向へと向きを変えていた。その変化の理由はⅡ期と同様に、古墳の首長霊の祭祀を行うために設定された方向性であろう。すなわち、建物やそれを囲繞する区画溝の主軸の西の方角に下代古墳群がある。この古墳群は七基の円墳からなり、主体部はすべて横穴式石室を採用し、比較的短期間で築造されていったとみられる。Ⅲ期の集落と古墳群との間に独立棟持柱を有する建物B一二九を備えていた。古墳群の中で最初に築造されたのは六号墳で、その初葬時期は谷山池四期、Ⅲ期の集落が谷山池四～五期であるので、先のⅡ期集落（谷山池四期）の首長の死後、Ⅲ期の首長は新に墓域を決め、新に定めた自らの居住空間で先代の首長霊の祭祀・儀礼を行ったのではないか。広瀬和雄は、氏が言う「神殿」＝神祠はその場所に一代限りのもので、後には踏襲されることはなかったと指摘している。万町北遺跡では古墳の築造と居住区間の移動の相関性について、具体的な過程が理解できた。先に示したように各期の存続期間が二〇年前後であるので、それが首長の在位期間と言うことになろう。

古代のまつりについて上田正昭は次のように分類している。ムラごとないしはムラのまつり、氏族のまつり、同族団のまつり、家ごとのまつり、王者のまつり、流行神のまつりなどで構成されているとして、首長権のまつりは「ミウチ」によってなされ、世襲のしきたりとなると指摘している（上田一九七五）。まさしく万町北遺跡の方形区画祭祀遺構のまつりは、ムラごとないしはムラのまつりや氏族のまつりにあたるのではないか。

五　まとめ――万町北遺跡出現の意義――

さて、さまざまな検討を加えてきたが、万町北遺跡は首長の居宅であったと考えて差し支えない。広瀬和雄が首長居宅の条件をいくつか掲げている（広瀬一九九〇・一九九四ａ・一九九五・一九九六）。それによると万町北遺跡の場合、問題になるのが主屋の規模と手工業であろう。主屋の規模について、広瀬はおよそ四〇平方《メートル》以上を目安にしているが、万町北遺跡の集落は主屋が三〇～四〇平方《メートル》で、他をはるかに凌駕する状況ではない。建物の規模だけでは大規模な一般集落と変わりないことになる。しかし、厳重な囲繞施設を有することなどから見て、そうは見えない。橋本博文は列島における大王から中小首長層まで、重層的な階層制が生前の居住域にも貫徹されているという視点を重視して、囲繞施設の何らない丸裸の一般集落とは一線をひいて区別している（橋本一九九四）。筆者もその視点にたって考えたい。

手工業については遺跡から顕著な証拠となるものが確認されていない。ただし、窯場から直接運ばれてきたような歪んだ須恵器が比較的多く出土していることが報告されている。万町北遺跡における集落の機能を理解するうえで重要な点である。万町北遺跡では出土土器のほとんどが須恵器である。石神怡は泉北丘陵窯跡群から同心円状に離れるごとに、周辺遺跡から出土する須恵器の量が減少して行くという重要な指摘をしている（石神一九八四）。泉北丘陵窯跡群の中にある万町北遺跡であるから須恵器の量が多いのは当たり前だが、それでも破損したような品物を取り扱うことのできたのは、やはり須恵器生産体制に組み込まれていたからにほかならない。集落内の区画されたⅡ・Ⅳ期の広場などは、須恵器の集散場所ではなかったか。

池田谷では弥生時代後期を最後に集落は営まれなくなり、荒野と化す。ようやく古墳時代後期になって再開発の契機がやってくるのである。これは間違いなく泉北丘陵窯跡群との関連が指摘できる。泉北丘陵窯跡群の生産体制は六世紀になって、和泉丘陵の谷山池地区へと拡散した。谷山池地区の須恵器生産は六世紀前葉に始まり、七世紀前葉で窯跡数は減少し、奈良時代に入って再びその数が増加を示す（和泉丘陵分布調査一九七七）。谷山池地区の須恵器生産の消長と、先に述べたように万町北遺跡Ⅳ期以降の集落のあり方とが二重写しの如く似通っていることは、万町北遺跡と谷山池地区とが極めて関わりが深いことの証左となろう。

しかし、谷山池地区六世紀前葉の首長墓なり、集落がまだ発見されていない。ただ、その人たちの墓は知られており、そのうちのひとつが池田谷の谷口部の要の位置にある和泉向代一号墳である。六世紀中葉から後葉にかけて（谷山池三ａ期）に築造された古墳で、泉北丘陵窯跡群がヤマト王権からの強い関与があったので前方後円墳が採用できたのは先に示したとおりである。この古墳の後円部に横穴式石室が設けられていて、土師質の陶棺が出土している。陶棺は土師氏が製作したもので、南河内地域から持ち運ばれたものであることが判明している。筆者は、南河内地域の土師氏と和泉向代一号墳の被葬者つまり池田谷の一首長との関係に注目している（第四章第三節）。

その後、埋葬された人物からみて一世代後の首長（谷山池三ｂ期＝同四号墳）が、古墳の麓の万町北の土地に新しい居を構えたのである。この土地は槇尾川が池田谷から出る近くにあたり、谷山池地区開発時から交通・運輸上重要な場所であったと考える。谷山池地区から運ばれてきた須恵器を一旦、万町北遺跡で選別し、荷出しの準備を行う、流通にかかわる作業がここで行われたのではないだろうか。出荷した品物は槇尾川を下って茅渟海へと運び出されたであろうが、須恵器づくりからこのような一連の作業は農閑期に行う内職のようなものではなく、この水系周辺に居住する諸集団、すなわち池田寺遺跡、願成遺跡、府中・豊中遺跡群の首長たちの後方支援と協力なしでは進めることができない事業であろう。泉北丘陵窯跡群の六世紀に始まる再開発にともない出現した池田谷の集団は、ヤマト王権の関与を受けつつ槇尾川水系の諸集団や遠く離れた南河内地域の集団と結びつき、それを束ねる人物は泉北丘陵窯跡群の一首長として須恵器生産体制の一翼を担っていたのである。

万町北遺跡の集落変遷を検討する中で、様々な事柄が浮かび上がってきた。万町北遺跡は建物の規模から考えて小クラスの泉北丘陵窯跡群の一首長の居宅であり、その首長は前方後円墳の和泉向代一号墳の被葬者につながる人物であることがわかった。そして首長の居宅は徐々に整備されたが、一時的に姿を消し、槇尾川対岸の池田寺遺跡へと拠点が移り変わることになった。その集落変遷の中で居宅内やその周辺に神祠を設け、先代の首長霊を祀っていたことが推測できた。万町北遺跡とその周辺の調査の成果は、古代における集落と古墳、すなわち首長とその周囲にいた人達の姿を復元するうえで、重要な参考になる。

【追記】

本節の初出論文において、万町地Ⅱ期の建物群Bの構成建物B〇〇六は再検討の結果、除外した。

第三章　古墳と古代氏族

第一節　和泉北部の前・中期古墳の展開

一　和泉郡の様相

1　前方後円墳の出現

三世紀中葉以降に大和の地に大王を中心にしたヤマト王権が誕生し、畿内そして各地へとその勢力が浸透する。このような王権成立の過程における中央と地方との政治的関係についての考え方が以下のように示されている。

都出比呂志は前方後円墳が時代を象徴する記念物であるとし、墳丘によって身分を表示するシステム「前方後円墳体制」なる中央と地方の政治的な関係を認めた（都出一九九一）。和田晴吾は、古墳時代前期における「中央」の古墳群の動向と他地域との関係を分析し、畿内連合と地方首長との関係が個人的な関係に基づいたもので、制度的な関係は未熟であったと考え（和田一九九四）、大王を頂点とする首長層の政治的結合を「首長連合体制」と呼んでいる（和田一九九八）。白石太一郎はヤマト王権と政治連合した各地の首長は、出現期においては企画性の強い墳丘型式と共通の祭式によって古墳を造ったとした。そして、王権と各地の首長連合は同祖同族意識で結ばれる擬制的血縁関係に基づく特異な首長連合であったとした。また、中期になっても首長連合体制はあまり変わらなかったと考えた（白石一九九三）。各地域の首長は大王から巨大な古墳の築造を次第に許されるようになり、なかでも古墳の中で最高の規格である前方後円墳の築造の採択は政治連合体制の中に組み込まれたことになることを示す。広瀬和雄は王権と地域首長の関係の中で、前方後円墳をきわめてビジュアル性に優れた見せるための墳墓と規定し、「〈もの・ひと・情報の再分配システム〉を安定的に、かつ恒常的に維持しつづけるために結成された」利益共同体に採用された墳墓と考えている（広瀬二〇〇三）。右記で示されたことを総括するならば、すなわち、地方への様々な古墳文化の伝播の形態を踏まえて、古墳の造営を媒介として中央と地方が「政治的な結合を表示・確認する全国的な首長の連合が形成されたことを物語っている」ことであろう（甘粕一九七五）。

　このような様々な前方後円墳出現の定義が示される中、まず奈良県桜井市箸墓古墳以後、全長二〇〇メートルクラスの前方後円墳が次々と築造されるようになる。そして、奈良県天理市西殿塚古墳、同市柳本行燈山古墳、同市渋谷向山古墳が続き、桜井市外山茶臼山古墳、同市メスリ山古墳などを除けば奈良盆地南東部に集中して大規模な古墳群を形成していった。大古墳の系譜は奈良盆地北部へと移り、奈良市佐紀陵山古墳、同市佐紀石塚山古墳、同市五社神古墳が相次いで築かれるようになった（天野一九九三）。

　さて、和泉では四世紀中葉頃まで、前方後円墳は築造されることはなかった。つまり、この段階では和泉はまだ王権の首長序列に組み込まれていなかったか、あるいは組みこまれていたとしても、まだその実力が十分でなかった。

　やがて四世紀後葉になって、大津川とその支流群で形成された和泉平野を望む地についに前方後円墳が出現する。大津川水系の支流牛滝川左岸の久米田山丘陵の縁辺に大阪府岸和田市久米田貝吹山古墳が築造される。場所は八木郷で久米田貝吹山古墳、風吹山古墳をはじめ一〇基ほどの古墳群が構成されている（石部一九八〇）。この古墳群で最も古い時期のものが久米田貝吹山古墳で、有力首長墳らしく前方後円墳である。墳長約一三〇メートル、後円部径約七五メートルの規模である。三段築成で埴輪列が存在する。かつて前方部で粘土槨に似た埋葬施設が確認されたといわれているが、最近の調査で赤色顔料が塗られた白色凝灰岩刳抜式石棺を安置した竪穴式石槨が後円部から確認された。石棺に使用された石材は香川県大川郡津田町にある火山で産出する火山石の可能性が高く、刳抜式石棺の使用例としては畿内でも古いものとなる。また、石室に使われた板石にも、徳島県吉野川流域や大阪府二上山周辺

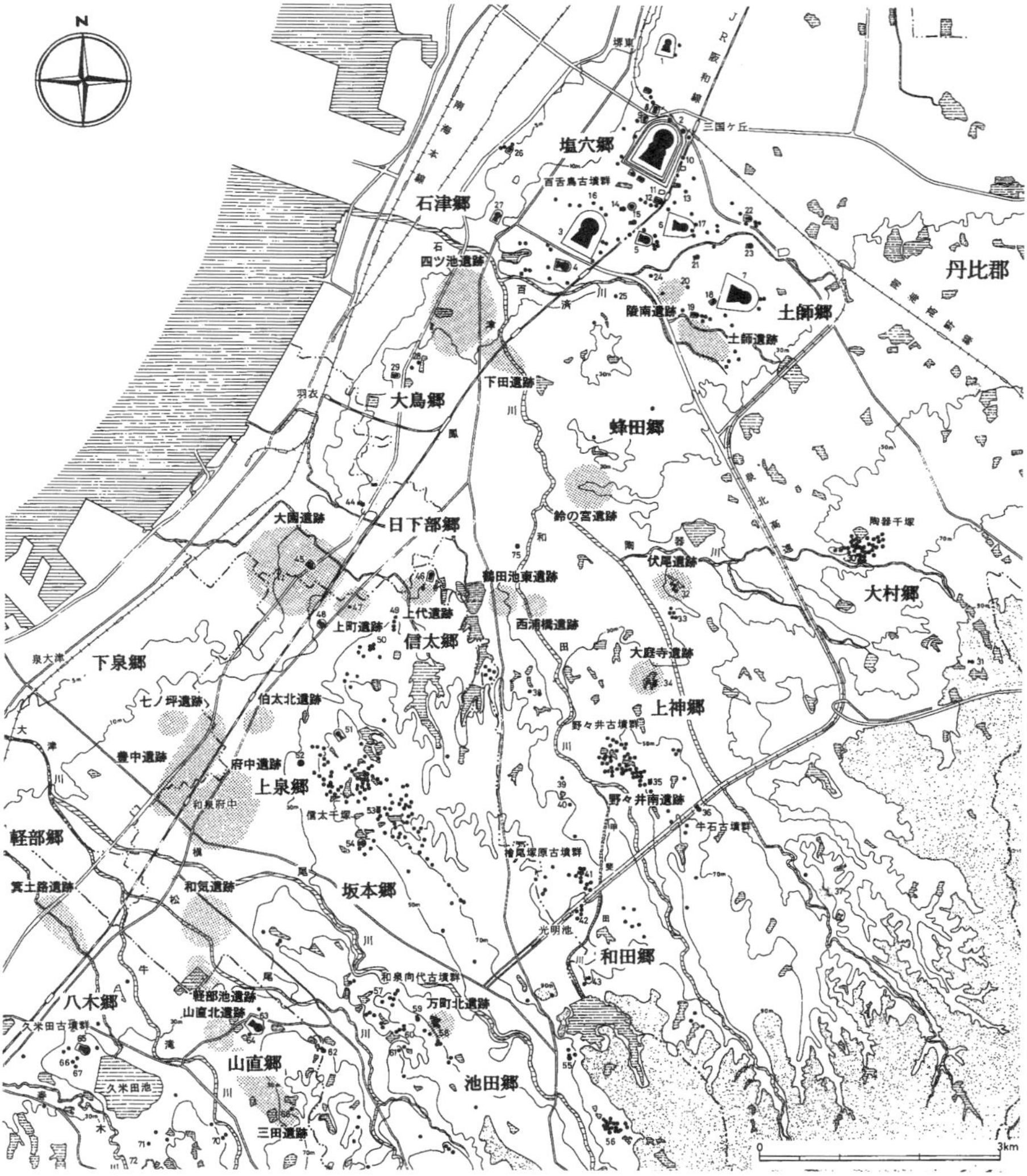

堺市
1．田出井山古墳（反正天皇陵）
2．大山古墳（仁徳天皇陵）
3．ミサンザイ古墳（履中天皇陵）
4．大塚山古墳
5．いたすけ古墳
6．御廟山古墳
7．ニサンザイ古墳
8．永山古墳
9．丸保山古墳
10．塚廻古墳
11．収塚古墳
12．長塚古墳
13．銭塚古墳
14．旗塚古墳
15．グワショウ坊古墳
16．七観古墳
17．カトンボ山古墳
18．こうじ山古墳
19．平井塚古墳
20．湯の山古墳
21．城の山古墳
22．御廟表塚古墳
23．定の山古墳
24．赤山古墳
25．文珠塚古墳
26．長山古墳
27．乳ノ岡古墳
28．塔塚古墳
29．経塚古墳
30．御坊山古墳
31．湯山古墳
32．伏尾遺跡
33．小代古墳群
34．大庭寺遺跡
35．芝山古墳
36．高塚山古墳（牛石７号墳）
37．泉田中古墳群
38．昭和池古墳
39．野々井古墳
40．二本木山古墳
41．檜尾塚原７号墳
42．檜尾塚原８号墳
43．檜尾塚原９号墳
75．御山古墳

高石市
44．富木車塚古墳
45．大園古墳

和泉市
46．和泉黄金塚古墳
47．カニヤ塚古墳
48．信太貝吹山古墳
49．道田池古墳群
50．善提池西遺跡
51．丸笠山古墳（信太千塚61号墳）
52．鍋塚古墳（信太千塚66号墳）
53．狐塚古墳（信太千塚43号墳）
54．玉塚古墳（信太千塚62号墳）
55．和田１号墳
56．三林古墳群
57．唐国池田山古墳群
58．下代古墳群
59．和泉向代１号墳
60．ウトジ池古墳群
61．明神原古墳
62．マイ山古墳

岸和田市
63．摩湯山古墳
64．馬子塚古墳
65．久米田貝吹山古墳
66．風吹山古墳
67．女郎塚古墳
68．三田古墳
69．儀平山古墳
70．高山古墳
71．重ノ原古墳
72．赤山古墳群
73．お立場古墳
74．箱谷古墳

図 50　和泉北部の古墳・集落遺跡分布図（和泉市いずみの国歴史館 2001 年を加筆修正）

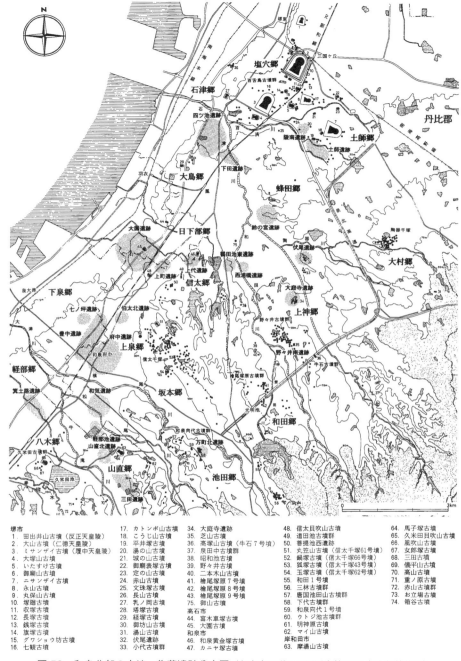

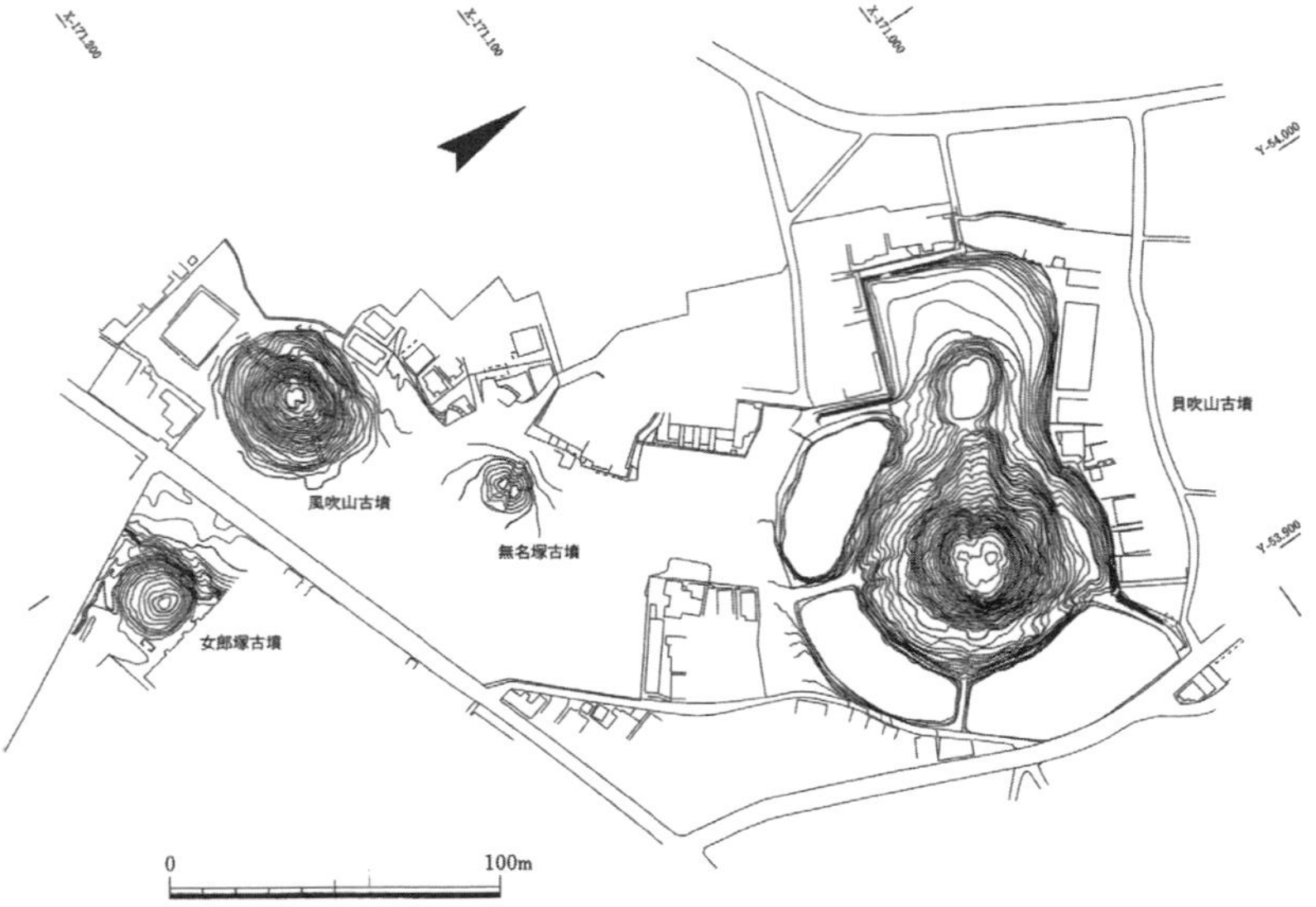

図 51　久米田古墳群の墳丘測量図（立命館大学 2016 年）

など、遠く離れた地域の石が確認されている。古墳築造に際して、古墳被葬者の並々ならぬ実力がうかがわれる。副葬品として銅鏡、碧玉製の鍬形石・車輪石・石釧・管玉、鉄製の刀剣・鏃・冑・斧などが出土した（立命館大学二〇一六）。古墳はこれらの様相から四世紀後葉頃と考えられている。

岸和田市摩湯山古墳は大津川水系の槇尾川、松尾川、牛滝川が、丘陵地帯から抜け出て、デルタ状に広がる平野部を見下ろせる丘陵縁辺に築造される。久米田古墳群とは直線距離で二キロメートル強離れており、郷域では山直郷に位置し、自然地形を最大限に利用した墳長約二〇〇メートルを誇る大古墳である。発掘調査は行われていないが、後円部の主体部は久米田貝吹山古墳と同じ竪穴式石槨といわれており、古式の埋葬施設とみられる。墳丘には二、三重の円筒埴輪列のほか鰭付円筒埴輪も巡っている。また、墳頂には家形埴輪や盾形埴輪も見られる。石部正志は、墳形が大和の五社神古墳の築造規格に酷似することをいち早く指摘していた（石部一九八〇）。石部は全長二〇〇メートルに達する大型の前方後円墳である摩湯山古墳について、四世紀において大和以外での築造は極めて少なく、また畿内各地で政治的社会が形成され始めた時期に、和泉に登場したことを高く評価している（石部二〇一二）。和泉平野を貫く大津川水系の要の位置に築造されたことは地勢的な特質であると考えられる。摩湯山古墳の出現により、その後の大津川水系右岸すなわち槇尾川右岸の古墳の築造にも影響を及ぼしていることは容易に認められる。岸本直文は詳細な古墳の測量を行った結果、五社神古墳に墳形が似ることを再確認している。そして、摩湯山古墳と久米田貝吹山古墳とはほぼ同時期に併存したと考え、また摩湯山古墳は一代限りで、両古墳は別系譜のものと考えている（岸本二〇〇五）。

　摩湯山古墳には一辺三五メートルの大型方墳の馬子塚古墳が近接している。埴輪が樹立し、粘土槨で銅鏡などが出土している（大阪府教一九九八b）。現状では久米田古墳群のように複数の古墳が群在する様相ではないようだが、埋没古墳が周辺に存在することは否定できない。摩湯山古墳の北に接する位置の田治米宮内遺跡には方墳が築造されている（岸和田市教一九九九）。いずれにしても久米田貝吹山古墳や摩湯山古墳の築造によって、ようやく和泉にも大和の大きな権力の傘下に入った首長が登場したことが理解されよう。

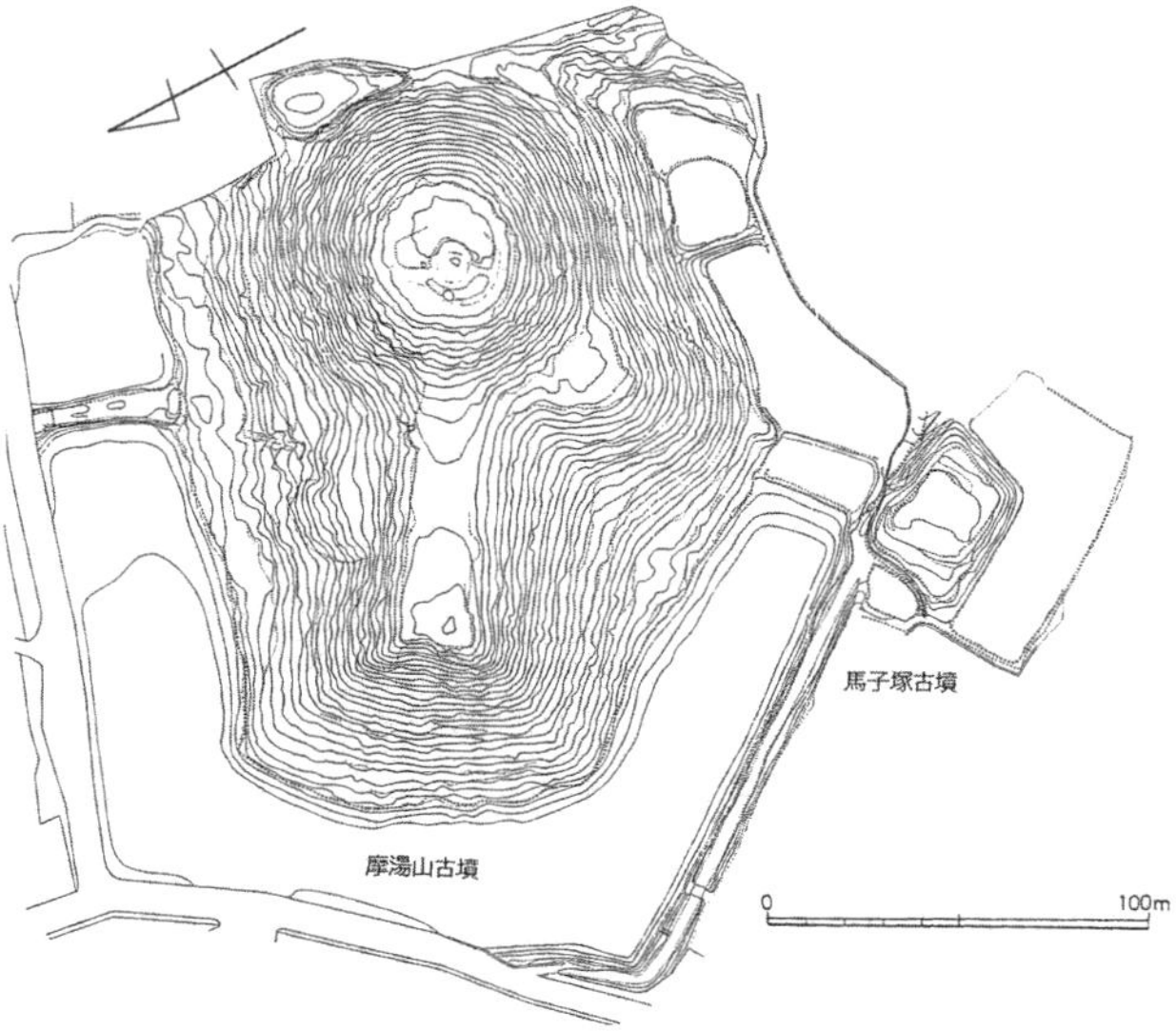

図 52　摩湯山古墳墳丘測量図
（原図：大阪市立大学文学部日本史研究室、和泉市教 2008 年）

風吹山古墳は四世紀末～五世紀前葉の墳長約七一メートルの帆立貝形の前方後円墳である。[註二]前方部とは別に造り出しを一箇所設けているのが特徴で、円墳部径約五九メートル、馬蹄形の周濠を含めると全長約八七メートルの規模である。また、墳丘の改築が一度行われていた。墳頂には東西方向に二基の埋葬施設があった。南棺は粘土槨に割竹形木棺で、三角板革綴衝角付冑と長方板革綴短甲が遺存していた。北棺は組合式木棺を土壙に設置し、二体を埋葬していたことが想定され、銅鏡のほか多数のガラス玉類や刀剣が出土した（立命館大学二〇一六）。

無名塚古墳は径約二六メートルの円墳である。周濠を備えているが、それも含めると直径が約三六メートルの規模となる。二段築成で円筒埴輪が巡る。埴輪の特徴から風吹山古墳のものと同時期と判断され、五世紀初頭頃に築造された古墳と見られる。持ノ木古墳は一辺約一三メートルの方墳である。墳丘は残っていなかったが、周溝から朝鮮半島南部の陶質土器あるいは初期須恵器とおもわれる土器群が出土している。五世紀前葉頃の築造とされている（虎間一九九四）。このほか、女郎塚古墳は風吹山古墳に隣接する径約二八メートルの円墳で、周濠の存在が推定されている。久米田貝吹山古墳に隣接する古墳に光明塚古墳と志阿弥法師塚古墳、長坂古墳がある。いずれも円墳で、志阿弥法師塚古墳からは車輪石が出土したと伝えられている（立命館大学二〇一六）。このように久米田古墳群は五世紀に入って墳丘の規模を縮小するので、その後の有力な首長の系譜がたどれなくなる。和泉郡八木郷の範囲に久米田古墳群、山直郷の範囲に摩湯山古墳などが立地している。久米田古墳群における変遷は、大津川右岸の和泉北部の古墳群のあり方と比較するならば、前方後円墳から帆立貝形の前方後円墳への墳形劣化の共通点と、後期の古墳群の発展に結びつかなかった相違点が浮かび上がってくる。

二　信太山丘陵の前方後円墳

信太山丘陵周辺の地区割については第二章第二節で設定案を記しておいたので、ここでは簡単に示しておくと、信太山最北端部から王子川上流となる惣ケ池のある主谷までをA地区、この惣ケ池主谷から南の位置でかつて「白木谷」と呼ばれた主谷付近までをB地区、そこから南西方向へ丘陵南端までをC地区とする。この三つの地区は古代の和泉郡のうち、北から信太郷（A地区）、上泉郷（B地区）、坂本郷（C地区・一部池田郷を含む）と呼ばれる郷域（領域）にほぼ重なる。

信太山丘陵の前期古墳は、時期的には久米田貝吹山古墳や摩湯山古墳より出現が遅れる。その後の信太山丘陵北部域（A地区）に立地する和泉黄金塚古墳、信太山丘陵南部域（B地区）に立地する丸笠山古墳の築造は、大津川左岸と同様に信太山地区が政治的な画期を迎えた証拠といえよう。

和泉黄金塚古墳は最新の調査によって墳長約九四メートル、後円部径約六〇メートル・高さ約九メートル、前方部端推定幅約四二メートル・高さ約六・五メートルで、周囲には盾形区画の造成が認められる全長約一一五メートル、区画最大幅約九〇メートルの兆域が復元されている。墳丘は二段築成とみられている。前方後円墳の墳丘築造規格においては、「佐紀陵山型」に分類できると考えられる（和泉市教二〇〇五ａ）。墳丘裾部の西側のテラス状の平坦面や、東側の周壕状の地形から、墳丘周辺を盾形に整地していた可能性が高いと考えている。前方後円墳を囲む盾形区画の類例としては、奈良市の佐紀盾列古墳群の佐紀陵山古墳や瓢箪山古墳が、墳形については三重県上野市石山古墳や京都市天皇ノ杜古墳とも比較できる。昭和時代の発掘調査で明らかになった円筒埴輪列が墳丘の一段目裾、二段目テラスを巡り、後円部墳頂付近では蓋形埴輪が見つかっている。また、後円部東側で形象埴輪が特に多く出土している。このほか、拳大の川原石を用いた葺石も確認できた。和泉黄金塚古墳は丘陵地先端に単独墳のような様相を呈してはいるが、大正時代には周辺に三基の古墳が存在していたことが記録に残っており、そのうち円墳といわれる番所塚古墳（正確な規模不明）が現存している。ほかに横代塚（径約一八メートル）、棗塚（径約二一メートル）が同じ台地上に点在していた。本来はさらに多くの小古墳が存在していたことが推測できる。埋葬施設は粘土槨である中央槨、東槨、西槨が順次配置された。中央槨は厚さ二〇センチの良質の青白色粘土を使用し、長さ約八・七メートルの割竹形木棺を用いる。東槨は良質の青色粘土を使用した粘土槨で、長さ八・八メートルの組合式木棺、西槨の粘土槨は粘性の弱い黄色粘土を用い、長さ五・二メートルの組合式木棺が残っていた。副葬品として、中央槨から「景初三年」銘画文帯四神四獣鏡、半三角縁二神二獣鏡、水晶製石突、碧玉製勾玉・管玉・八角管玉、硬玉製勾玉・棗玉、碧玉製石釧・車輪石、ガラス製小玉、滑石製臼玉、鉄製大刀・剣・刀子、農工具などが出土した。東槨からは三角縁盤龍鏡、画文帯四神四獣鏡、碧玉製管玉・鍬形石、硬玉製勾玉・棗玉、ガラス製小玉、水晶製切子玉、碧玉製筒形製品、革製漆塗草摺、鉄製短甲、衝角付冑、鉄製大刀・剣・刀子、農工具、中国銅銭「五銖銭」、革製漆塗盾及び巴形銅器などが出土した。西槨からは画文帯四神四獣鏡、硬玉製勾玉・棗玉、滑石製勾玉、碧玉製管玉、鉄製短甲、衝角付冑、肩鎧、頸鎧、鉄製大刀・剣・鏃、銅鏃、石鏃など多数出土した（末永・嶋田・森一九五四、森一九六五・一九七一・二〇〇三・二〇〇八、石部一九八〇、和泉市教二〇〇五ａ）。

同じＡ地区に位置し、和泉黄金塚古墳とは距離を置く古墳群が存在する。和泉市菩提池西古墳群（菩提池西埴輪遺跡）がそれで、一辺約一〇メートル前後の方墳群と一〇数基の埴輪棺が見つかっている。埴輪は円筒埴輪のほか、船形埴輪、家形埴輪、衝立形埴輪などが出土している。方墳は四基が確認されたが、調査区の設定上、四基以上の小古墳で構成されていた可能性が高いと考えられる。隣接する次郎池東古墳からも大型の円筒埴輪棺が見つかっている（信太山調査団一九六六、石部一九七五）ことからも和泉黄金塚古墳出現の前後において、菩提池西古墳群周辺を含めた広い範囲での古墳群の形成が考えられないであろうか。菩提池西古墳群の時期は、出土埴輪により和泉黄金塚古墳の出現よりも早い時期が想定されている（十河二〇一〇）。次郎池埴輪棺なども含めた比較的広い範囲の古墳群であろうと考えられる。

信太山丘陵南郡のＢ地区に立地する和泉市丸笠山古墳は発掘調査を行っていないので、墳丘、埴輪、主体部などの詳しい情報はまだ得られていないが、墳長は約九六メートルを測り、現在は墳丘周囲に水を湛えた濠と考えられる溜池

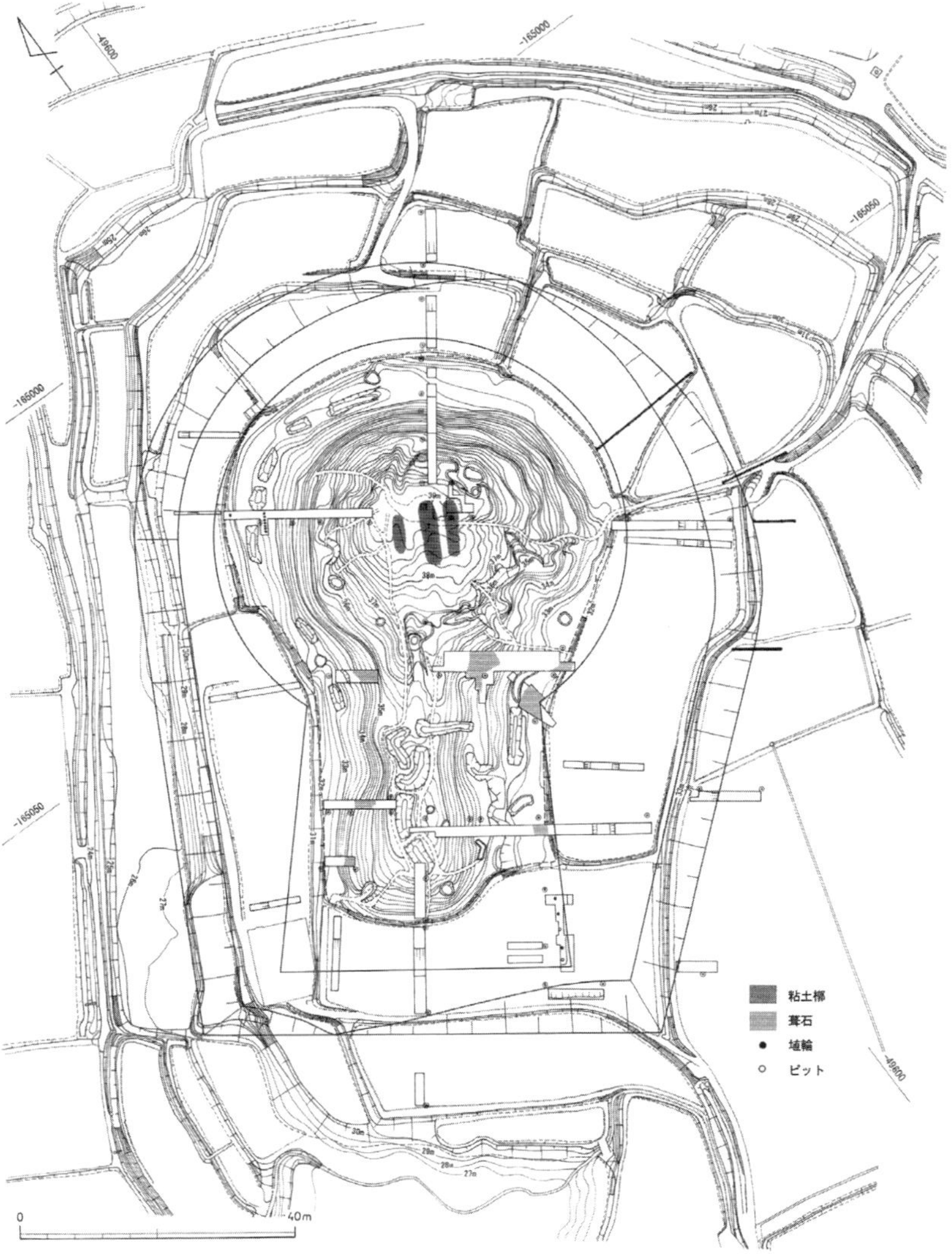

図 53　和泉黄金塚古墳墳丘測量図・復元図（和泉市教 2005 年）

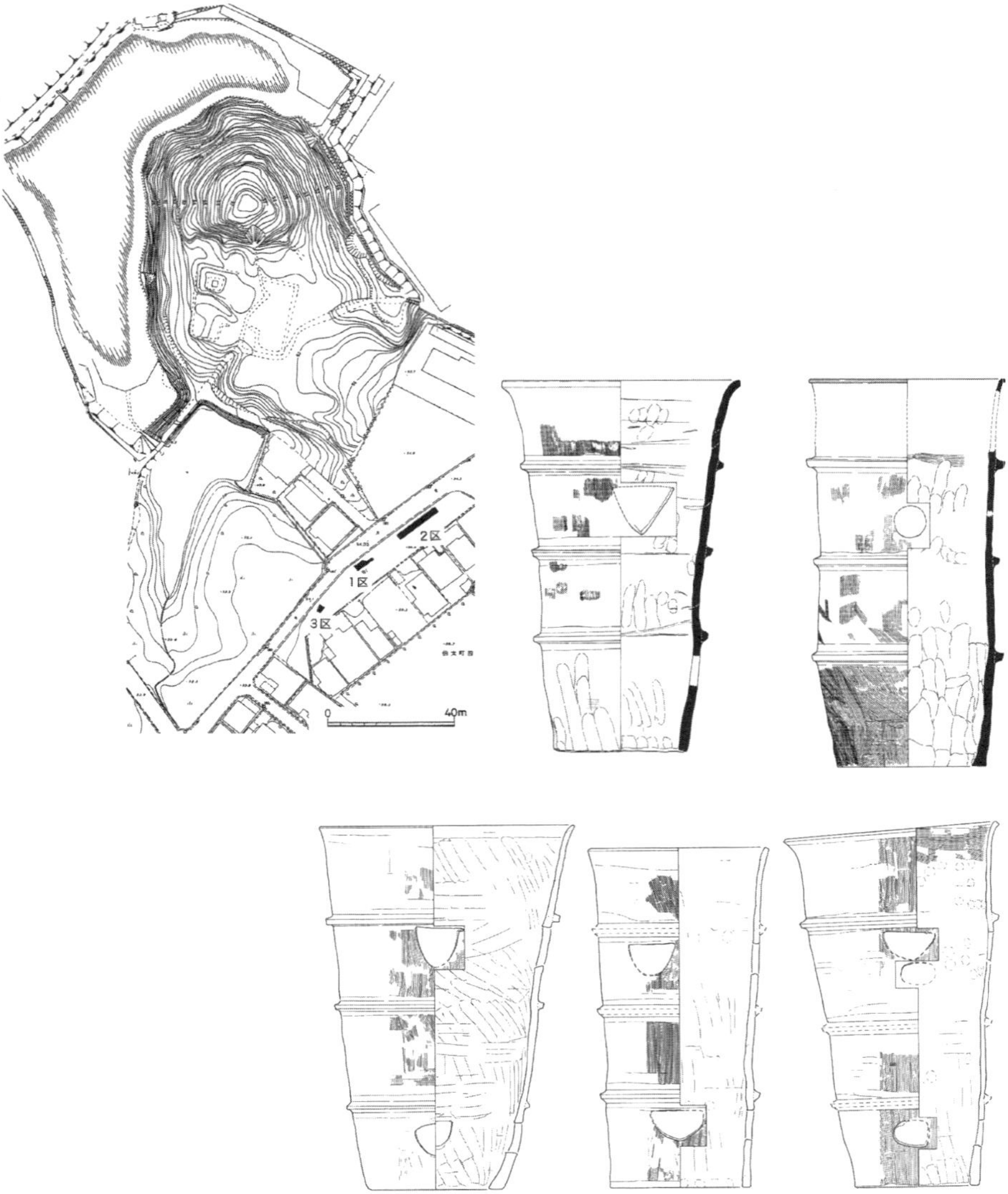

図 54　丸笠山古墳墳丘測量図（和泉市教 2008 年 c）、
和泉黄金塚古墳（上段：口径 30cm・高さ 49cm、和泉市教 2005 年）・
仮称小山一号墳（下段：口径 32cm・高さ 57cm、若林幸子 2016 年）出土埴輪実測図

が見られる（大阪府教一九七五、乾一九九二）。かつて、前方部に式内社丸笠神社が建てられていたこともあり、現状では墳丘は崩れているので、本来の墳丘復元は発掘調査を待ちたい。近年の発掘調査で丸笠山古墳の西側で周溝を有した方墳二基が発見され、周溝から多数の埴輪が出土した。そのうち仮称小山一号墳の円筒埴輪は和泉黄金塚古墳の最も外側を巡る西側の墳丘裾部の円筒埴輪と酷似していた（大阪府センター二〇一五、若林二〇一六）。さらに、丸笠山古墳の南西方向に近接して「小丸笠」という字名も残っている。今は単独墳のように存在している丸笠山古墳だが、和泉黄金塚古墳や久米田貝吹山古墳と同じように隣接する中小古墳を従えた古墳群を形成した可能性も考えておきたい。

三　中期の帆立貝形前方後円墳と大型円墳

次に、古墳時代中期五世紀の鍋塚古墳、玉塚古墳、信太貝吹山古墳、カニヤ塚古墳、大園古墳を検討する。

和泉市鍋塚古墳は、B地区の信太山縁辺部の中位段丘に立地する。上泉郷に属し、海岸部を望むことができる。古墳は二段築成で全長七〇メートルに近く、高さで八メートル以上もある。墳丘の北西部から南西部が崩れているので判然としないが、大型円墳ではなく、墳丘に前方部及び造り出しを設けていると考えておく。南西部の造り出しは幅約一〇メートルの小さなもので、北側に観察できる前方部は約三〇メートル幅を測る。墳丘に方向を変えて取り付くこれらの前方部と造り出しのあり方は、久米田古墳群の風吹山古墳に類似している。ただし前方部の長さは不明で、一〇メートル以上を復元できる（森一九七八、歴史館二〇〇一）。鍋塚古墳の年代は風吹山古墳の時期や採集された円筒埴輪の小片から五世紀前葉が考えられる。また、古墳西側の周濠の痕跡から考えて、周濠の直径は一〇〇メートルに及ぶ規模の古墳であることが理解できる。

和泉市玉塚古墳は鍋塚古墳南方のC地区にあり、坂本郷の中位段丘に立地している。かつて、碧玉製の管玉が墳

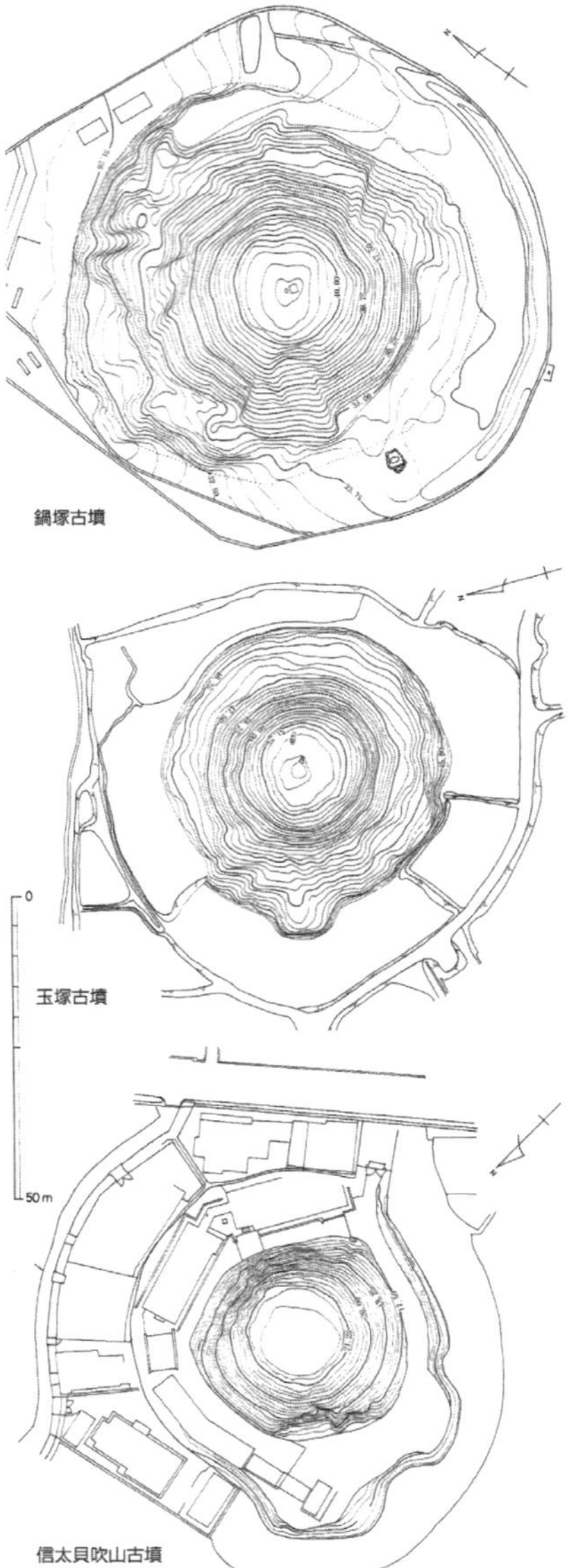

図55　中期の帆立貝形前方後円墳
（歴史館2001年）

丘から発見されたことが伝えられている。全長で約六〇メートル、円墳部径で約四八メートルを測る。二段築成で、埴輪も確認されている。東側に幅約一〇メートルの造り出しが付属する。墳丘の周囲は水田となっている部分があり、その形状から周濠を有した大型円墳であったことがわかる。平面図からの推測で周濠は幅一〇～一三メートルあり、これも含めると全長約七〇メートルの規模が与えられる（森一九七八、歴史館二〇〇一）。五世紀前葉頃と考えられている。

和泉市信太貝吹山古墳はA地区、信太郷に所在する古墳で、中位段丘から下がった低位段丘に立地場所を移す。この古墳からは石製模造品の槽が出土したことが知られている（森一九七六）。かつて人家が墳丘内に作られた影響もあって削平された箇所が多く、墳形が乱れている。ただし、当該古墳は周辺では発掘調査が実施された少ない例で、墳丘一段目テラスに配置された円筒埴輪列が認められている。形象埴輪も出土している。このほかの調査成果と現状でわかる一段目テラスの突出部から小さな前方部を有した全長約五七メートルの規模が復元されていた（乾一九九二）。しか

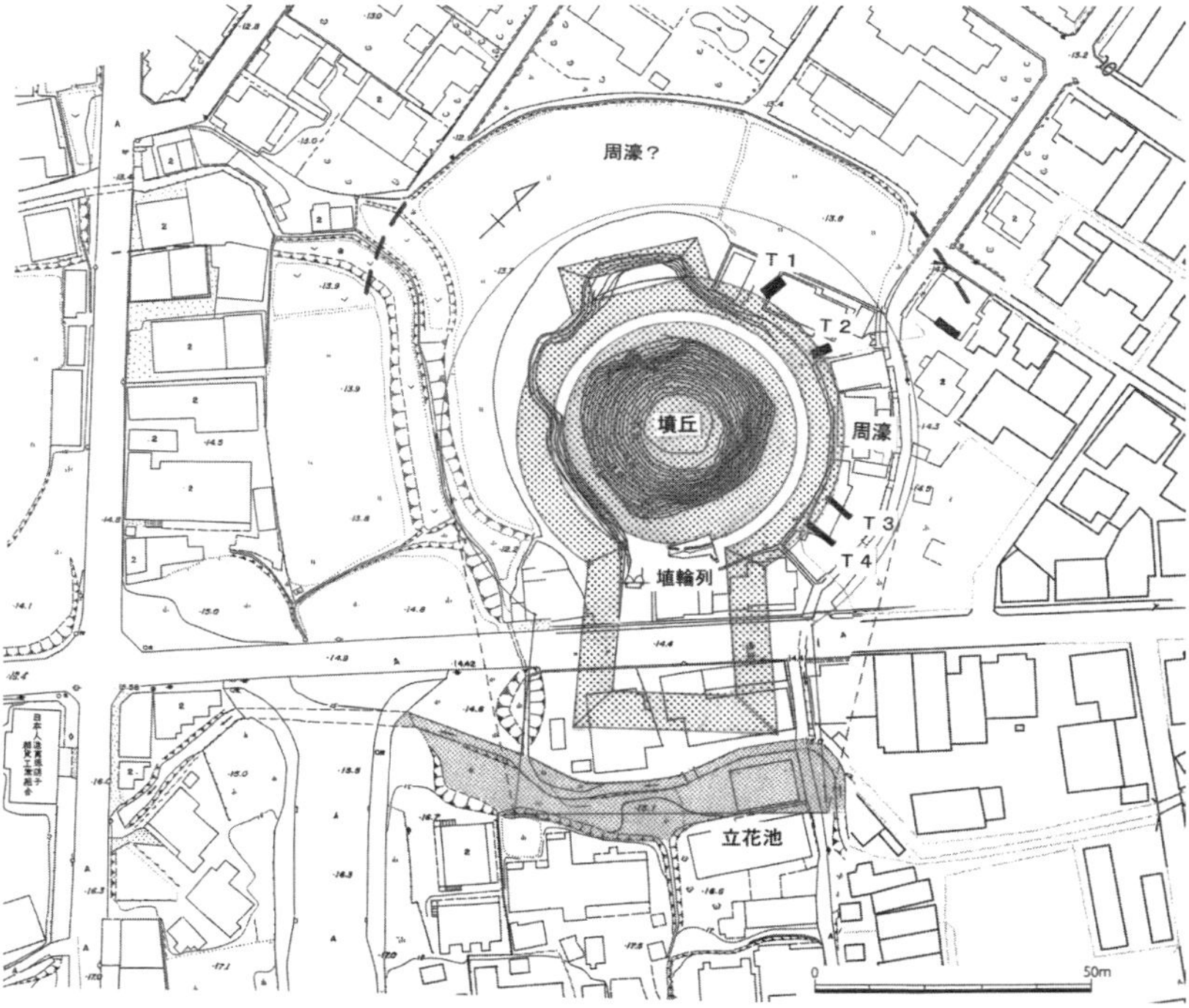

図56　信太貝吹山古墳の墳丘復元図
（復元図は墳長約85mを設定の場合。白石耕治2022年）

し、明治時代初期に作成された地籍図に見られる溜池や畦畔などの地形と、現在の道路・水路敷の形状から推定し、筆者は前方部を墳丘東側の丘陵側に設け、西側に造り出し部がある帆立貝形の前方後円墳を復元する（白石二〇二二、川村二〇二三）。図56のとおり、円墳部直径約六四メートル、前方部幅三〇メートル、前方部を含めると墳長が七五～八五メートルで、周濠の幅は一〇メートルあり、そこから全体を復元すると全長一一〇メートルに近い規模の古墳となることが推測でき、B地区の鍋塚古墳に匹敵する。[註二]五世紀前葉の築造と考えられる。

和泉市カニヤ塚古墳はA地区の低位段丘上に築造されている。信太貝吹山古墳とはほぼ標高差がなく、同じ地理的環境となる。円墳部の直径五〇メートル前後で、周濠は幅広の馬蹄形にする復元案があり、その幅は一〇～一五メートルを測る（和泉市教二〇〇二b）。周濠を含めた古墳周辺から円筒埴輪のほか、家形埴輪、蓋形埴輪や鳥形埴輪が出土している。円筒埴輪には須恵質のものが含まれ、信太貝吹山古墳の円筒埴輪と比較すると、こちらが新しい様相を示している。五世紀中葉の築造と考えられる。また、墳丘を帆立貝形の前方後円墳に復元するには情報がまだ少ない。大型円墳の可能性もあるので、円丘に小さな造り出しを有する墳形を示しておく。

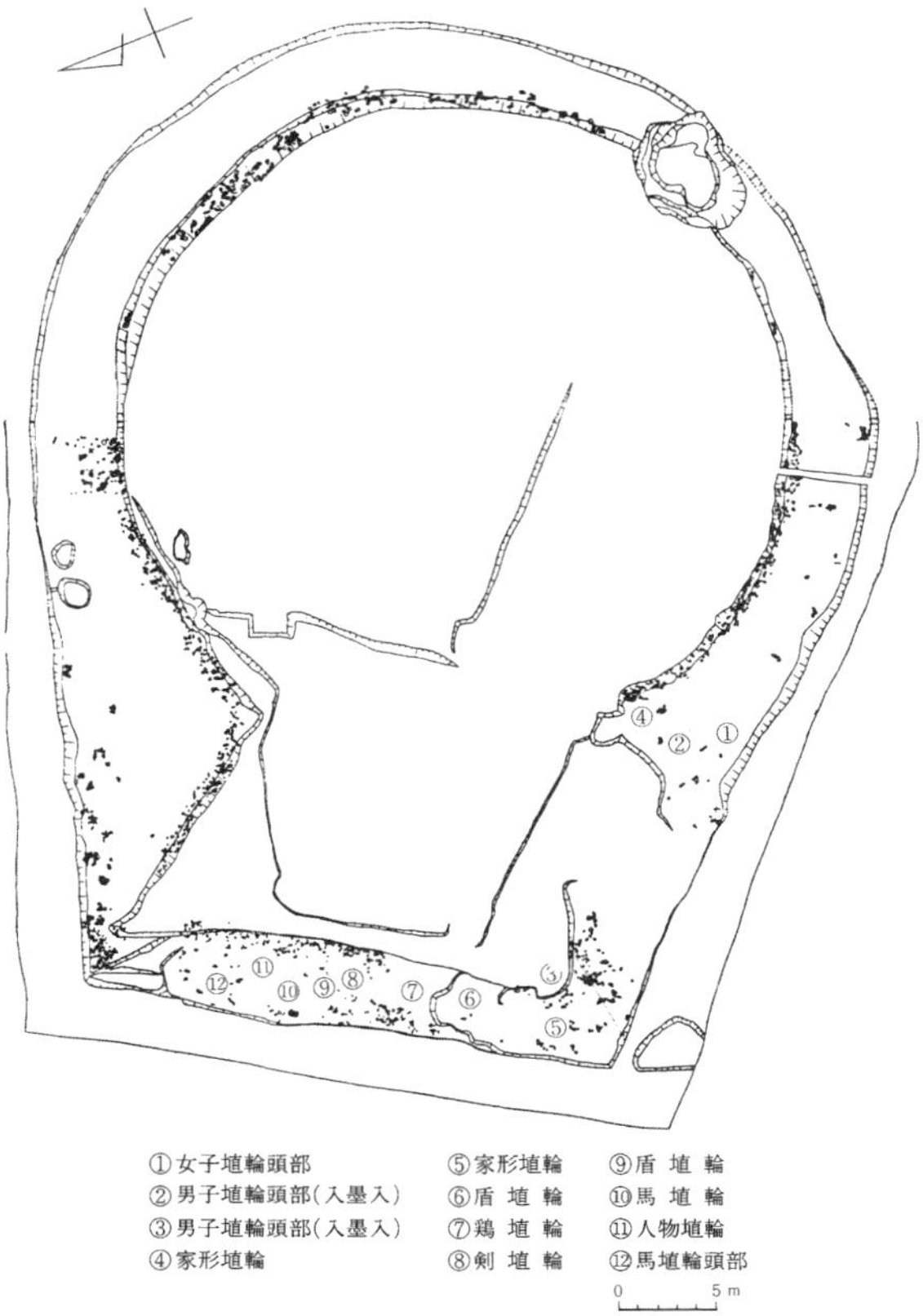

図 57　大園古墳墳丘図（高石市 1986 年）

高石市大園古墳はさらに海岸に近づいた低位段丘に立地し、その東西に谷が切れ込んでいる。古墳は後世の土地改変が進んでいて、発掘調査で発見された時はすでに墳丘と埋葬施設は完全に失われていた。しかし、古墳の基底部はかろうじて遺存しており、前方部が大きく開いた墳形と周濠の形状もわかった。前方部も含めた墳長四七メートル、周濠を含めた全長は約五三メートルを測る（宇田川・神谷一九八六）。また、前方部端部側の周濠からは多量の埴輪が出土した。埴輪には家形埴輪、盾形埴輪、馬や鶏の動物埴輪のほか、人物埴輪も見つかった。五世紀後葉の時期に築造

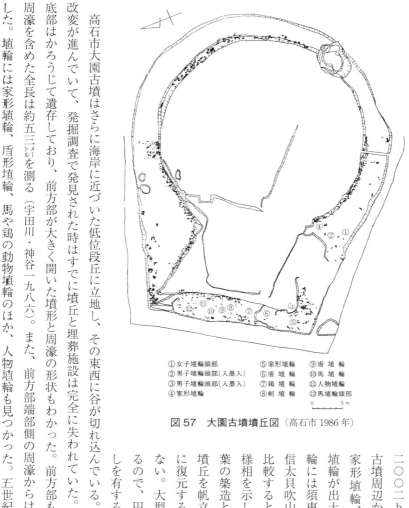

されたと考えられる。大園古墳は集落遺跡としての遺跡の範囲にあり、日下部郷に位置する。エリアの中には住居群だけでなく、円墳や埴輪棺などが確認されており、古式群集墳を形成していることについては後述することにする。

四　信太山丘陵の首長系譜について

かねてより、広瀬和雄は和泉北部域の首長墓の変遷を示している。

信太山丘陵A地区（広瀬の取石地区）では和泉黄金塚古墳に始まり信太山貝吹山古墳、カニヤ塚古墳、大園古墳、六世紀前葉に前方後円墳の富木車塚古墳が続く。信太山丘陵B・C地区（広瀬の信太地区）では丸笠山古墳を端緒にして鍋塚古墳、玉塚古墳、六世紀前葉に前方後円墳の信太狐塚古墳が、それぞれ六世紀前半代まで系譜が続いていると考えた。その系譜の順序は、和泉黄金塚古墳（A・取石地区）→丸笠山古墳（B・信太地区）→鍋塚古墳（B・信太地区）→信太貝吹山古墳（A・取石地区）→玉塚古墳（C・信太地区）→大園古墳（A・取石地区）→富木車塚古墳（A・取石地区）と信太狐塚古墳（B・信太地区）とした。これらの古墳には築造時期にずれがあるとして、取石地区と信太地区の二系統の首長系譜を維持しながら、政治同盟による政治的共同体の首長権を「輪番的に継承」していたと考えた。つまり、二つの地域がお互いに補完しあって一つの大きな連合的結合体を形成していたと考えた。つまり、「取石地区」では大鳥郡日下部郷、和泉郡信太郷の両郷と、「信太地区」の上泉郷・坂本郷の両郷が交互に地域の政治的首長を担当するということになる。また、広瀬は和泉黄金塚古墳の墳丘規模や埋葬施設などが第二、第三位のクラスであることから、これらの信太山グループの首長層が中央政権の構成メンバーであった蓋然性は低いとした（広瀬一九七五・二〇一三）。この考えに対して筆者は、首長権の輪番制について中期から後期の古墳のあり方と集落の様相をもとに以下のように考えている。

信太山丘陵の地区割について本節や第二章第二節で示したとおりで、そのうちB地区とC地区のそれぞれにも完

表11　広瀬和雄案の和泉北部の首長系譜図（広瀬和雄 1975 年）

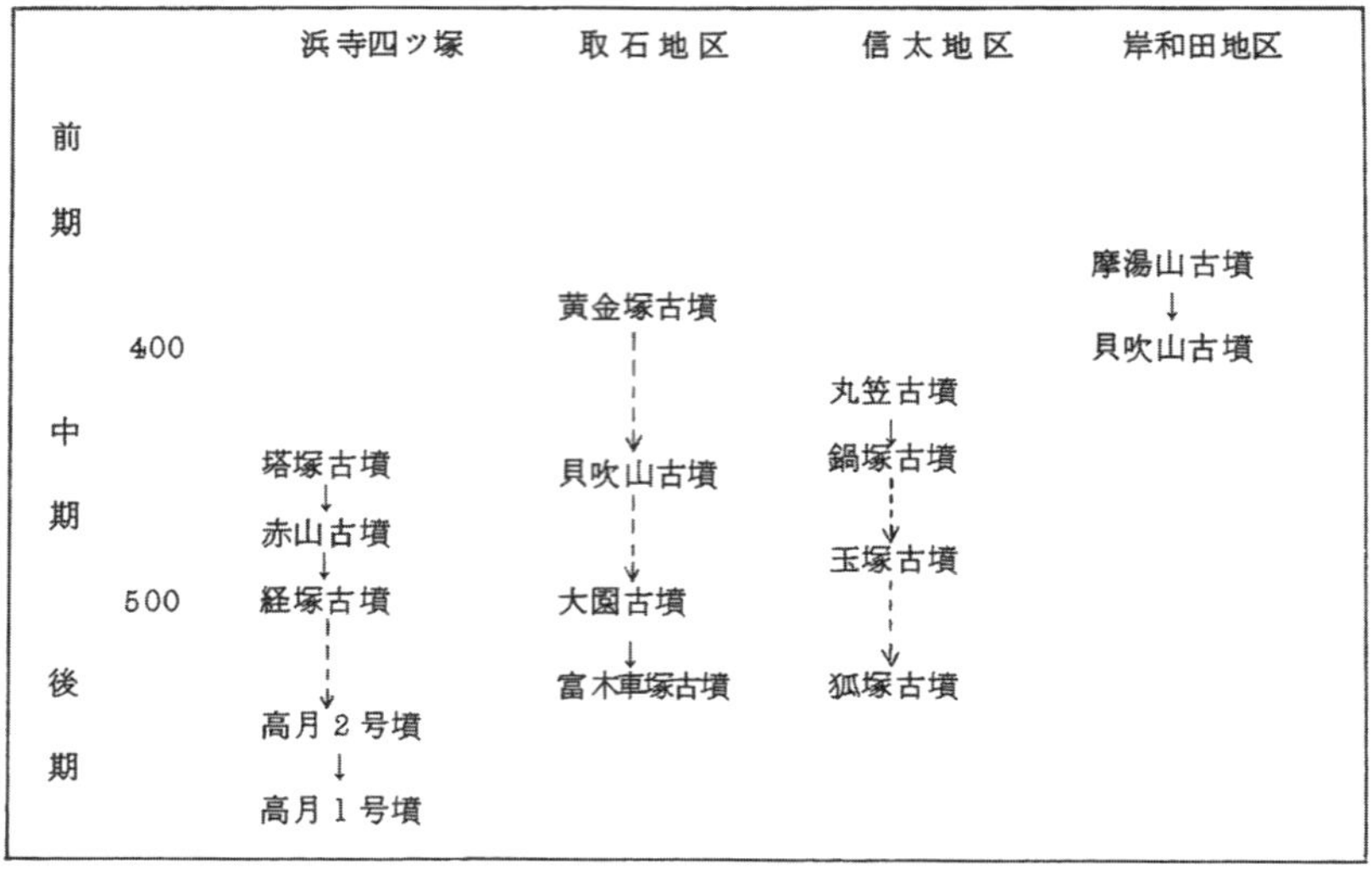

結する首長系譜を認め、A地区の首長系譜とは補完しあう関係ではないと考えている。まず、A地区の和泉黄金塚古墳とB地区の丸笠山古墳のように、C地区に前期古墳が存在するかは現状では断定できないが、A・B地区の系譜の在り方に近い過程をたどったのではないか。そして、そもそもA・B・C地区は政治的に完結する地域集団であったと考えている。

この考え方を補う資料と仮説を提示したい。C地区で古代寺院の坂本寺跡に近い丘陵に立地する信太六〇号墳の円筒埴輪棺の存在をあげておきたい（泉大津高校一九六二）。信太六〇号墳は六世紀の古墳であるが、棺にした円筒埴輪は四世紀末の埴輪編年Ⅱ期に帰属するもので、おそらく、古い古墳に樹立していた円筒埴輪を引き抜くなどして墳丘裾に棺として転用したものと想定できる。近隣で埴輪の製作年代に合うのは菩提池西古墳群の埴輪がある。しかし、この両古墳の間隔は直線距離にして三キロメートル強あるので、菩提池西古墳群から再利用したとは考えにくく、近くに四世紀末頃の古墳が存在したのではないかと想定したい。そこで坂本寺跡下層から布留三式併行の小型丸底土器が出土

図58　上：坂本寺跡と信太千塚古墳群の位置関係（和泉市教 1994 年を加筆修正）、
下：信太千塚 60 号墳出土埴輪棺（泉大津高校 1963 年、残存総長 1m）

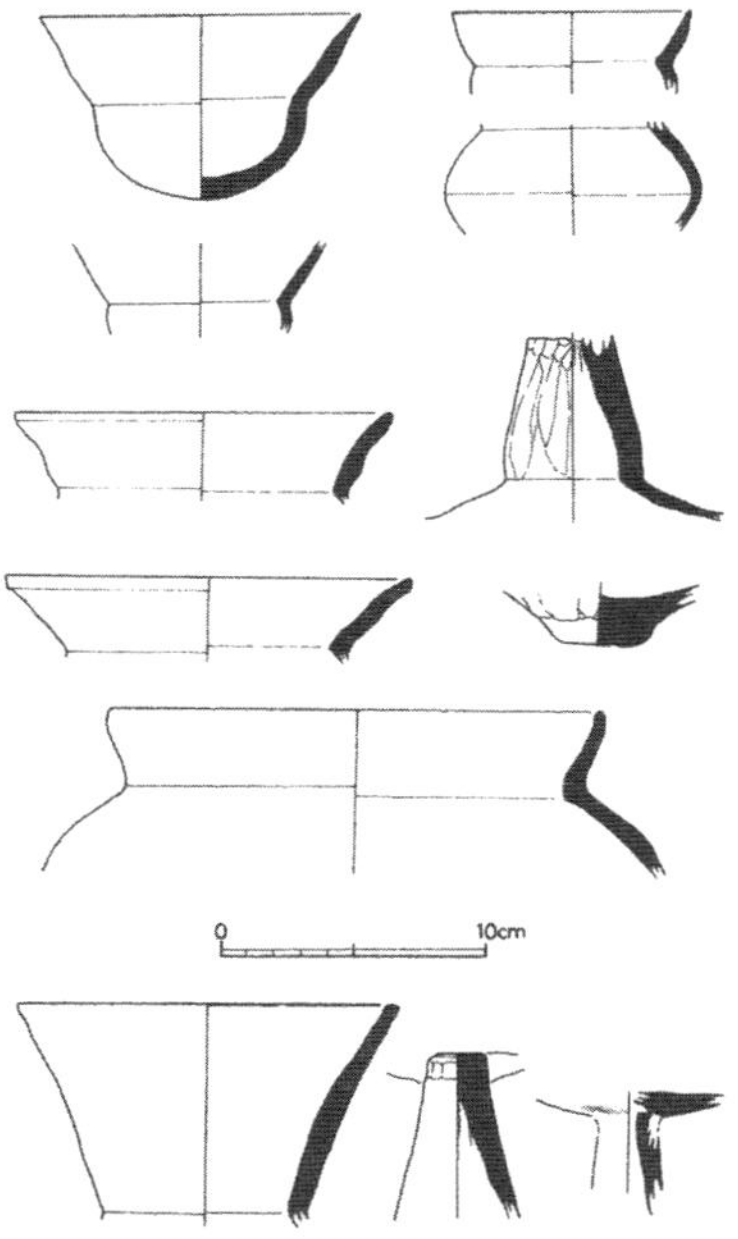

図59　坂本寺跡下層遺構出土土師器実測図
（下段は土坑5出土）（和泉市教2000年）

していることも注視したい（和泉市教二〇〇〇）。小型丸底土器の通常用途のひとつとして祭祀に使用されたことが考えられるので、周辺に祭祀遺構もしくは古墳を含む特殊な遺構が存在したのではないか。坂本寺跡が四世紀の段階では水田を含めた集落開発が困難とみられる中位段丘上に立地していることを踏えて、その段丘上または丘陵上に埋没ないし削平された古墳の存在を推理しておきたい。

上泉郷で首長墓として丸笠山古墳（四世紀末葉）から鍋塚の系譜がみられるように、坂本郷域にも首長墓を築造する歴史的展開を考えておきたい。古墳変遷表（表12）を見ると、五世紀以後の槇尾川流域の首長墓が広瀬氏の指摘どおり空白になっており、その系譜が途絶えているように見える。信太山北部と南部すなわち信太郷と上泉郷の首長が、相互に補完しながら輪番制で和泉北部を治めていたという捉え方も可能性のある指摘ではあるが、上泉郷に位置する府中・豊中遺跡郡の五、六世紀の充実した集落の様子から考えると、認識されていない古墳が存在していると考えたい。[註三]

このようなことから、和泉北部における首長系譜は途切れることなく継続すると考える。府中・豊中遺跡群と大園遺跡の発展的に継続するあり方から、独立したそれぞれの地域首長の系譜を認め、和泉北部での首長権の輪番制は成立しないと考えておきたい。

二　泉北丘陵窯跡群出現後の大鳥郡

一　古墳群の形成

泉北丘陵窯跡群成立以前の泉北丘陵において、最も古い古墳は四世紀末～五世紀前葉の二本木山古墳である（藤澤一九六二、大阪府教一九七八a・一九九〇a）。石津川支流の和田川左岸の丘陵に位置する。円墳であれば直径約一五メートルの規模になる。埋葬施設は和泉砂岩製の舟形石棺であった。棺内には男女二体の人骨と副葬品としては鉄剣が一点出土した。今のところ具体的な被葬者像が浮かび上がっていないが、地域首長墓というよりも、特殊な呪術者の墓とする指摘がある（石部一九八〇）。

二本木山古墳以後の古墳の様相は、石津川右岸沿いの丘陵上に壺棺や方墳群を設けた鈴の宮遺跡（堺市教一九八六a）と、埴輪列を配し大型円墳の二号墳を含む三基の古墳で構成される小代古墳群が知られている（大阪府教一九九八a）。泉北丘陵窯跡群の出現前後の地域相を考える上で重要である。これらの古墳は泉北丘陵窯跡群の中央を流れる石津川流域で窯業開発最古の地域に近い地理的位置に立地することが理解できる。

これらは部分的な発掘調査でもあり全体像が分かりにくいところがあるが、鈴の宮遺跡の調査成果から、方墳は五基以上存在したと推測でき、埋葬形式としては特殊な専用の蓋を伴った円筒埴輪棺が出土している。壺棺の土器形式や特殊な円筒埴輪棺の編年（北山二〇二二）から四世紀末葉から五世紀前半に比定できる。他方、小代古墳群では三基の古墳が確認されており、そのうち五世紀前葉の二号墳は直径約三二メートルを測る円墳で円筒埴輪列が巡る。一号墳は木棺直葬であった。そのほか数基の土壙墓を伴っていて鉄剣、鉄鏃などが出土している（大阪府教一九九八）。このように造墓活動が開始されるということは、古墳の主による地域の開発行為が始まったことを示しているのであろう。鈴の宮遺跡が大鳥郡蜂田郷、小代古墳群が同郡大村郷にあたる。これらの古墳群には前項で

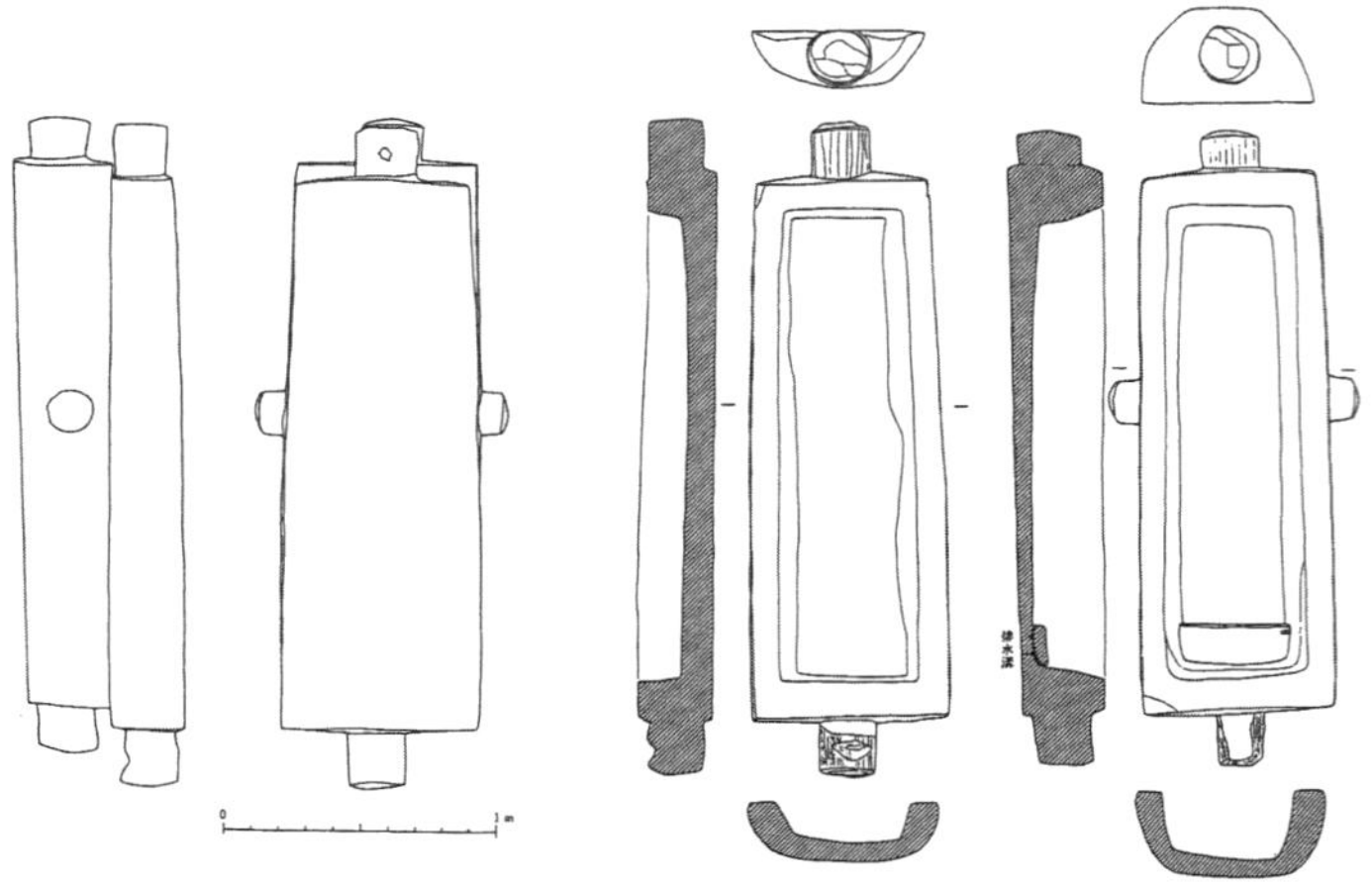

図60　二本木山古墳出土舟形石棺実測図（大阪府教委 1990 年 a）

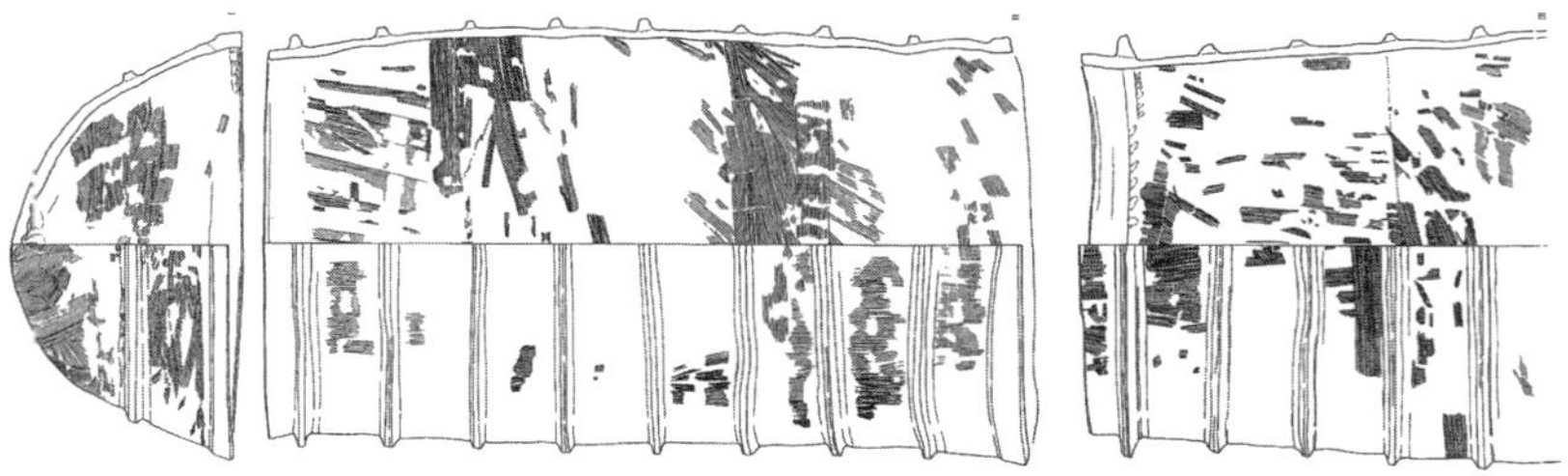

図61　鈴の宮遺跡出土埴輪棺実測図（堺市教 1986 年 a）
（中央の円筒棺：長さ約 80cm・径約 45cm）

記した信太郷の菩提池西古墳群に対して若干新しい時期が与えられるが、両地域の古墳群の様相は葬送に共通点が多いことが指摘できる。泉北丘陵への入口付近に居住した集団の出自とのあり様がうかがわれる。

二　窯跡群各地区の古墳群の展開

須恵器生産の黎明期において、新たな古墳群が形成されはじめる。大鳥郡大村郷の高蔵寺地区は、小代古墳群と次世代となる伏尾古墳群が地理的に近接することから、同じ首長系譜になる古墳群と指摘されている（大阪府教一九九〇c）。埋葬方法はすでに失われてよくわからないが、方墳ＯＧ-四一の周溝からは豊富な形象埴輪が出土していることを注目したい。前代の伝統を引き継いでいることを示しているのであろう。

上神郷に位置する石津川とその支流和田川に挟まれた栂地区には、野々井古墳群、野々井南古墳群が隣接して展開するようになる。強いていうと和田川流域を意識した立地といえるであろう。

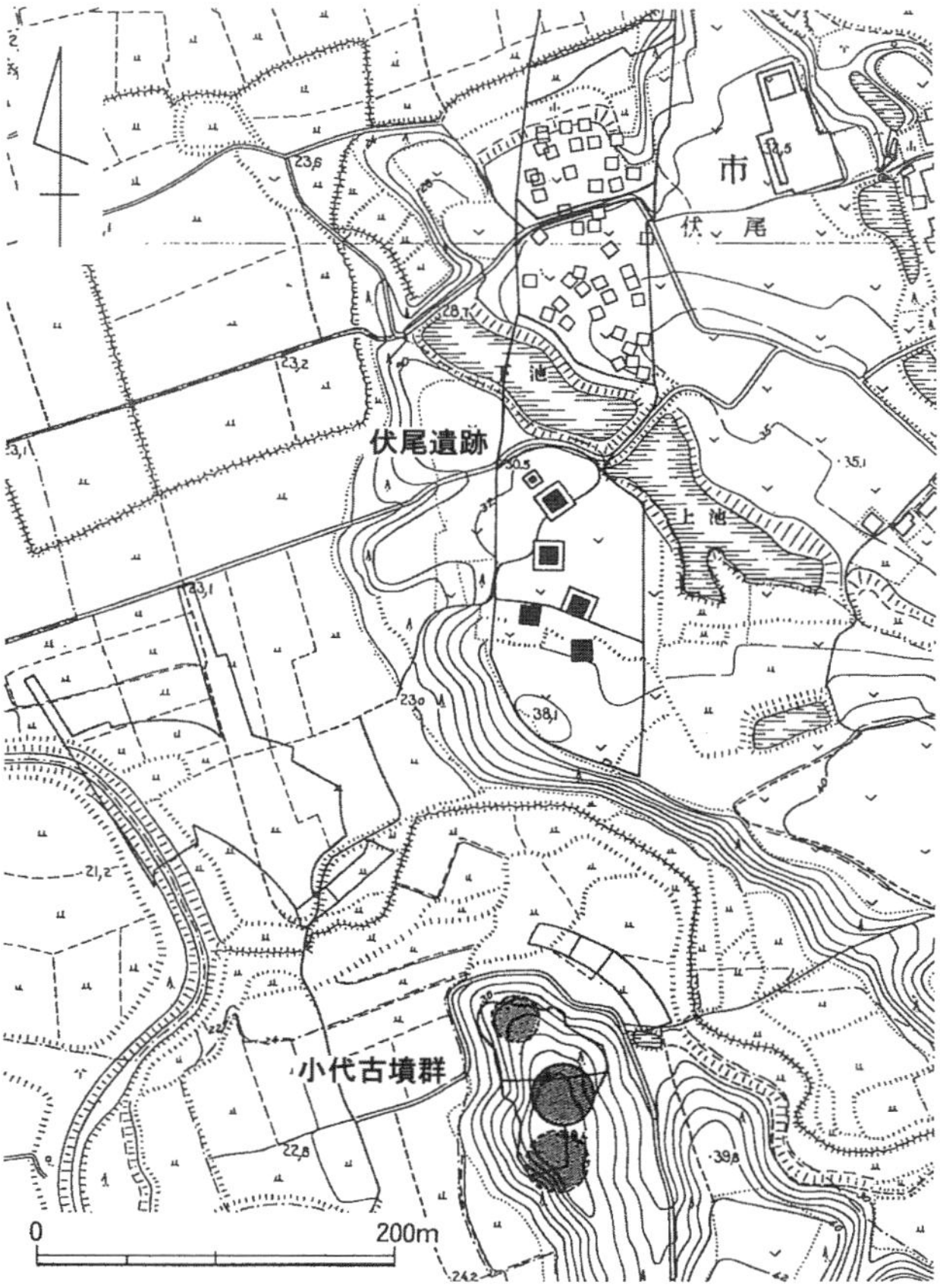

図 62　伏尾遺跡と小代古墳群の位置図

（大阪府文化財調査研究センター 1998 年を加筆修正改変）

帆立貝形の前方後円墳と考えられる墳形で、墳長二六メートル以上の野々井一号墳を筆頭に、墳長約二四メートルの野々井南一二号墳（大芝古墳）などを地域の盟主墳として、円墳、方墳三〇基以上の規模の大きい古墳群が土壙墓を伴って、五世紀中葉から七世紀前葉にかけて、連綿として形成される（大阪府教一九七八a・一九八七a・一九九〇a）。野々井一号墳と野々井南一二号墳から埴輪が出土していることは、伏尾古墳群の古墳の共通点であり、五世紀代における被葬者を考える上で参考になる。家形埴輪など立派な形象埴輪と共伴していることから、古墳の被葬者は小さいながらも埴輪を用いることができたのである。六世紀前葉においても野々井南五号墳で埴輪が出土している。須恵器生産の黎明期に土器づくり集団との連携が説かれてきており、その関係によって古墳に埴輪が樹立していることも説明できよう。

和田川左岸の日下部郷には、五世紀後半頃に山田古墳群が単独で築造されている。木棺直葬であったことが確認されており、鉄鏃が出土している（森一九七六、乾一九九二）。

このほか、信太山丘陵西側の平野部には大鳥郡日下部郷から和泉郡信太郷にかけて展開する大園遺跡の方墳があげられる。半径約二五㍍の範囲に一辺七～一〇㍍規模の一三基の方墳が確認された（和泉市教二〇一三）。トレンチ調査での確認数なので、実際は数も多く密集していたことが推測できよう（図34参照）。この方墳群の盟主墳に位置づけられるのが、先に述べた大園古墳であろう。大園遺跡は五世紀前半から須恵器生産に関連して整備された集落で、七世紀前半まで須恵器生産の拠点の一つとして栄え、その流通に携わった集団の集落として考えられる。ただし、六世紀前半には集落内の造墓活動は一旦停止し、一部の方墳は埋められてゆくが、その後すぐに新しい集落の形成が始まる。集落を経営した集団が六世紀前半頃を区切りに変容した結果と考えている。

方墳は、前方後円墳、前方後方墳、円墳などと比較して、墳丘を有する古墳の中では最も格式が低いとされ（都出一九八九a）、埋葬された人々は、後の組織名でいうと土師部、中臣氏などの特定の職掌を担当する集団である連姓氏族が考えられる。

野々井南古墳群や大園遺跡の方墳群などに葬られた人々は、須恵器生産に関与していたことが考えられる。

三　まとめ──大津川流域の首長系譜──

本節のまとめとして、泉北丘陵窯跡群の展開に影響を与えた古墳時代前期の首長について整理しておきたい。前期から中期への首長系譜については、前方後円墳の系譜として、大津川支流域にあって低位段丘を見下ろす久米田丘陵に築造された墳丘長一四〇メートル級の久米田貝吹山古墳と、松尾川西岸に位置する東山丘陵に築造された二〇〇メートル級の摩湯山古墳の出現に始まり、[註四]次代にいたって信太山丘陵の丸笠山古墳、和泉黄金塚古墳へと系譜は異なるが、時間的には繋がっていくことはほぼ明らかである。佐紀盾列古墳群の佐紀陵山古墳や五社神古墳の墳形企画を真似た古墳を築造できるほどに政治力を高め、ヤマト王権に認められた和泉北部域の首長の活動域が大津川流域にあったことを理解しておきたい。大津川流域には弥生時代後期から古墳時代へと連綿と集落群が群在している。第二章第一節で集落遺跡について検討したように岸和田市西大路遺跡（大阪府埋蔵一九九四）同市軽部池西遺跡（大阪府教一九八五c）、和泉市和気遺跡（和気遺跡調査会一九七九・大阪府教一九八五）、同市軽部池遺跡（和泉市教二〇一三b）、同市寺田遺跡（大阪府教二〇〇七・二〇一〇・二〇一三b、三好二〇一一）のほか、筆者が集落遺跡ではないかと推測している五世紀代の岸和田市久米田池池底遺跡（石部一九八〇）などが、府中・豊中遺跡群とともに当該地域に展開していたのである。

このようなことから大津川流域の和泉北部域の充実のほどがうかがわれ、和泉地方の最大規模の前方後円墳が連続して出現することが理解できよう。和泉黄金塚古墳については、大津川流域から距離的にも離れた地勢にあること、同古墳を取り巻く集落群の生産活動が大津川流域の領域では考えられないこと、また中期への首長系譜が異なることなどから、丸笠山古墳と和泉黄金塚古墳の首長はお互いの領域で活動することを第一にしたと筆者は理解している。十河良和が大津川流域での四世紀後半から六世紀に至る首長系譜について、一系統の可能性を示唆してい

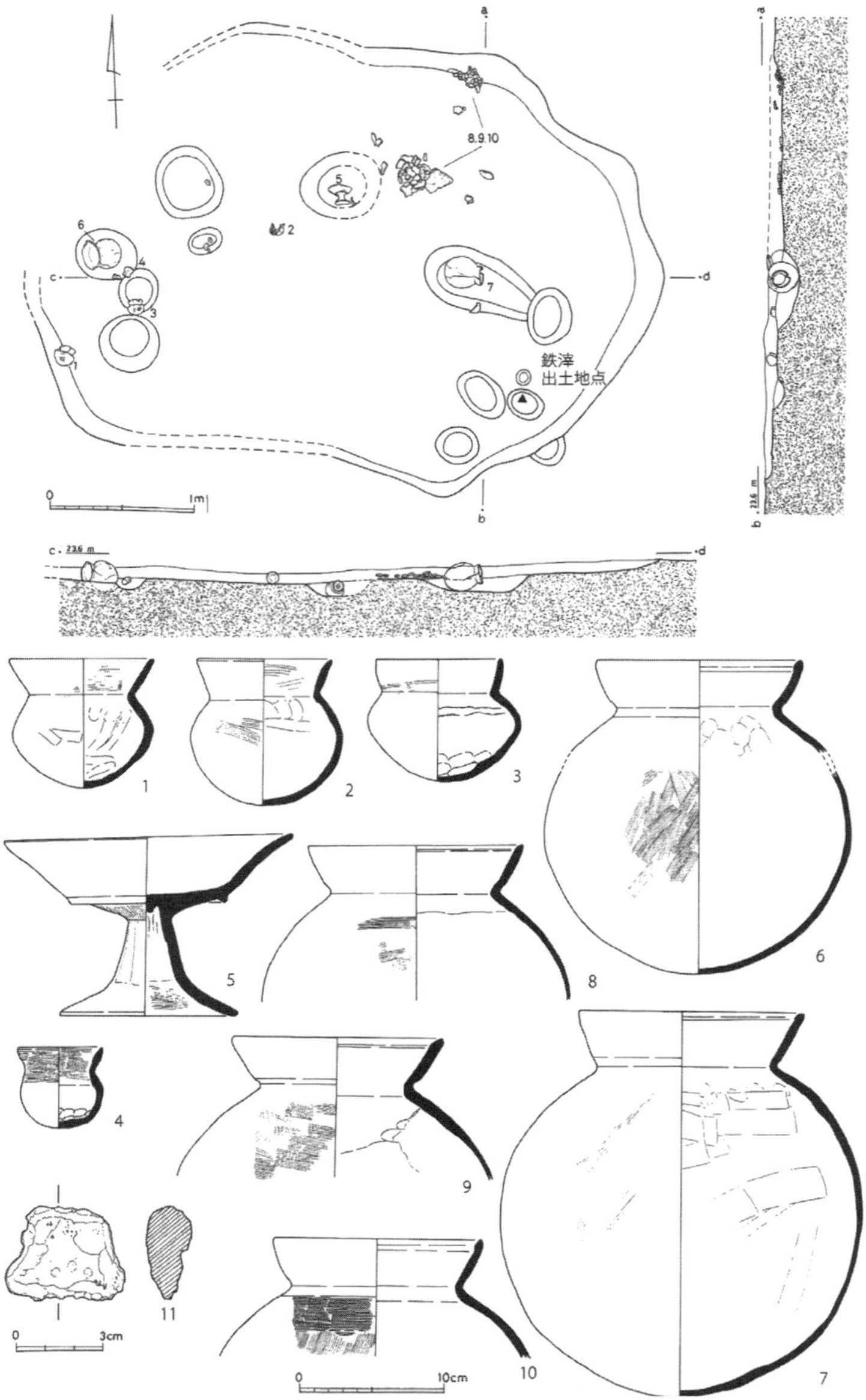

図 63　軽部池遺跡遺構 LN610 の出土遺物実測図（和泉市教 2013 年）

写真５　和泉黄金塚古墳出土水晶製石突（右：長さ6.6㎝）・**切子玉**（左：長さ6.2㎝）
出典：ColBase（https://colbase.nich.go.jp/）

るが、筆者はここまで論じたように和泉黄金塚古墳に始まる首長系譜とは区別しておきたい。一方で、十河は泉北丘陵窯跡群の大野池地区の須恵器生産を招来した人物やその集団を、和泉黄金塚古墳やその系譜に連なる古墳の被葬者に求めている（十河二〇一〇）。このことについては、筆者も同じ考え方である。これらの古墳の出現は、須恵器生産を主導した古代王権との関りから発生した歴史的な展開なのであろう。

森浩一は大形の水晶製切子玉などの大陸系副葬品を含んだ和泉黄金塚古墳の被葬者、とくに東槨に葬られた男性が、須恵器の製作開始に何らかの役割を果たしたとみて、それによって古墳に近い丘陵に古い須恵器窯が築かれたと指摘していた（森一九七八）。石部正志は東槨出土の水晶製切子玉について、古新羅からたびたび出土例があると指摘している（石部一九八〇）。渡来の品として考えて差し支えないのであろう。[註五]

このほかに、和泉黄金塚古墳の立地する位置にも注目しておきたい。当該地域はやがて整備されることになる南海道に接する和泉郡と大鳥郡との境界付近に立地し、百済系渡来人の信太首と取石造が活動する地域である。また、森浩一が説く須恵器関連の古道も古墳の南側をはしっているなど交通の要衝でもある。和泉黄金塚古墳は平野部の大園遺跡などを見下ろす高台にあり、富木車塚古墳へとつながる首長系譜からも大鳥郡の郷域を意識した造営がうかがわれる。

さて、和泉黄金塚古墳の後円部に設けられた埋葬施設は三基とも粘土槨を用いていた。粘土槨は竪穴式石槨を営むことができなかった首長層の埋葬施設である。和泉黄金塚古墳と相前後して築造された堺市乳岡古墳（墳丘長一五五メートル・後円部径九四メートル）と比較すると乳岡古墳は王墓に用いられる長持形石棺を粘土で覆った埋葬施設であった（堺市二〇一八、堺市教二〇〇八・二〇一一・二〇一五）。墳丘の築造企画が和泉黄金塚古墳と類似すると指摘されている（土井二〇二一）ものの、和泉黄金塚古墳より規模が大きく、埋葬された首長の優位性が認められる。

一瀬和夫によれば、百舌鳥古墳群のうち石津丘古墳、大山古墳、ニサンザイ古墳の「大王墓系譜」とは別に、乳岡古墳からはじまる大塚山古墳、いたすけ古墳、御廟山古墳へと続く「乳岡系譜」が石津川の支流の百済川・百

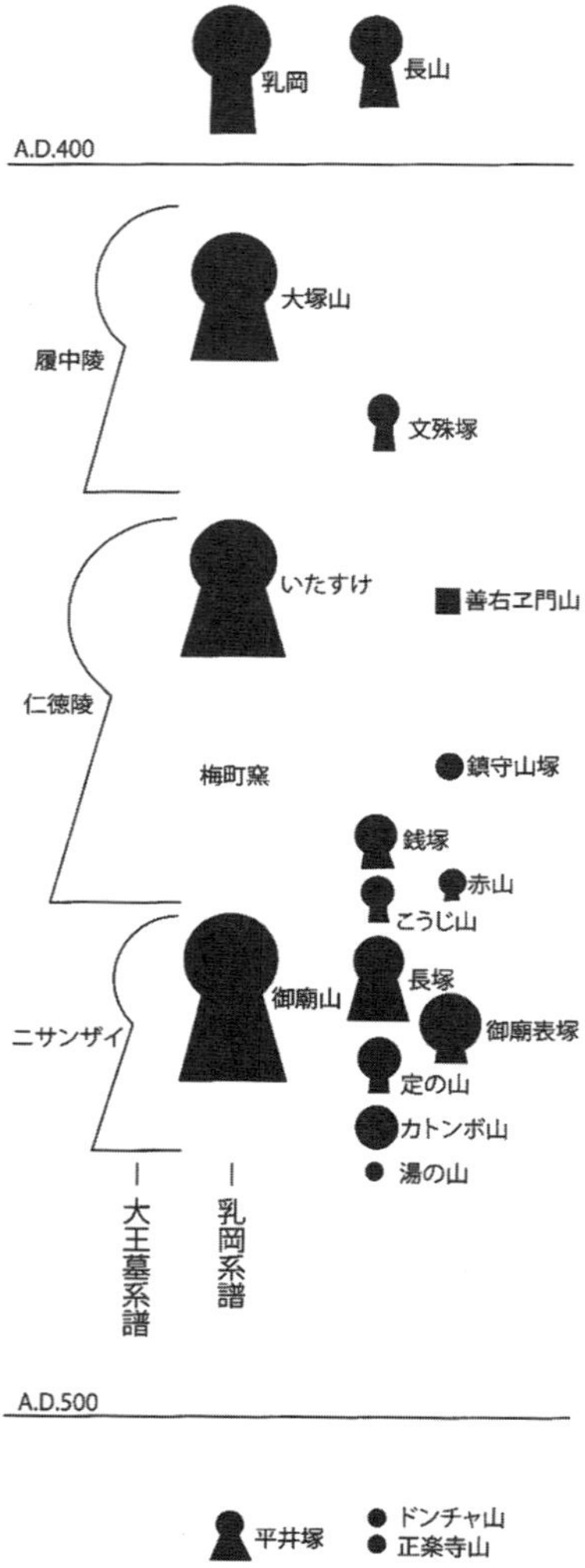

図64　一瀬和夫案の乳岡系譜の首長古墳群（一瀬和夫2016年）

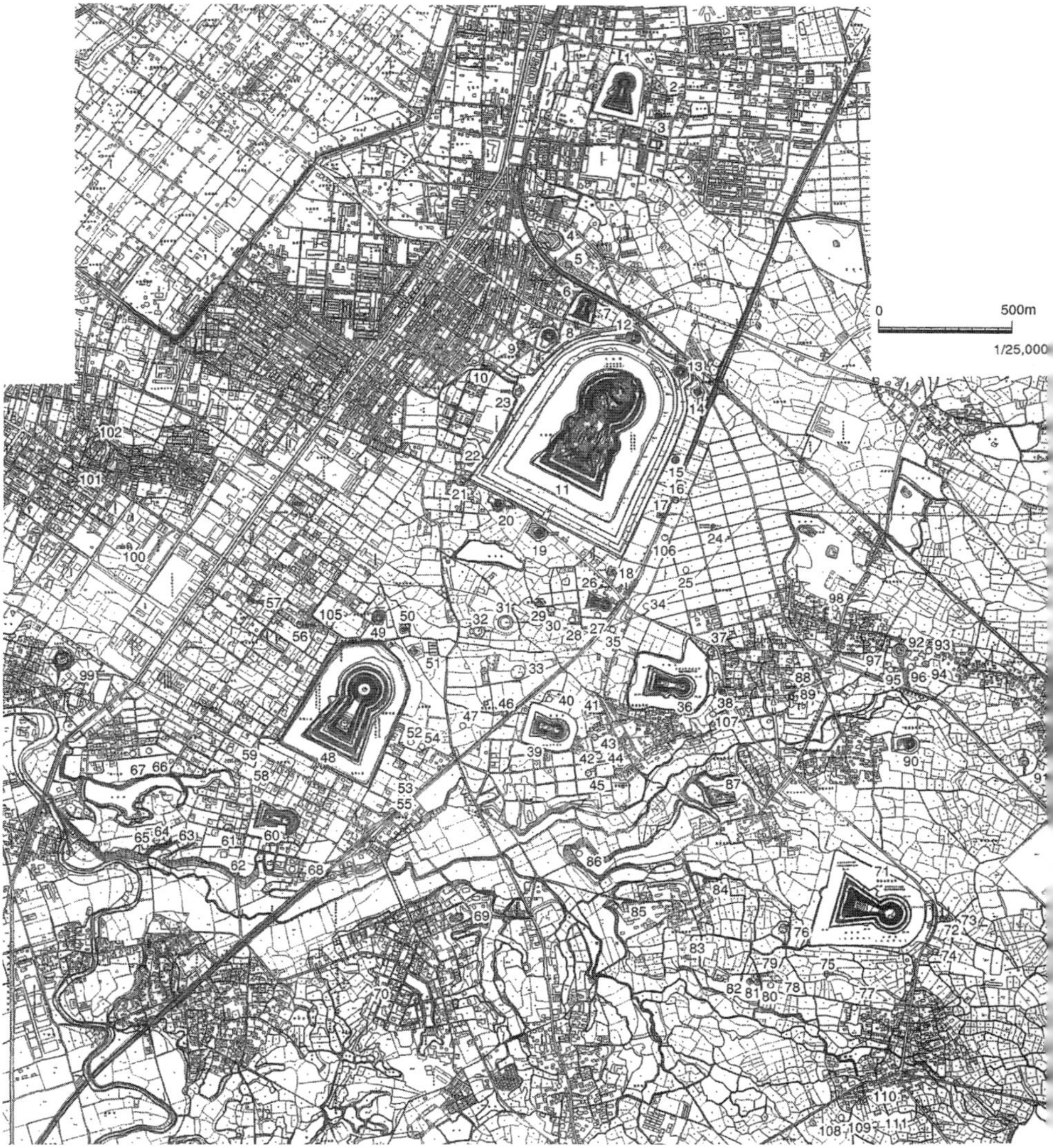

1：田出井山古墳、7：永山古墳、8：丸保山古墳、11：大山古墳、12：茶山古墳、13：大安寺山古墳、15：塚廻古墳
18：収塚古墳、19：孫太夫山古墳、20：竜佐山古墳、26：長塚古墳、32：旗塚古墳、36：御廟山古墳、
38：カトンボ山古墳、39：いたすけ古墳、42：善右エ門山古墳、48：上石津古墳、49：七観古墳、60：大塚山古墳、
69：文殊塚古墳、71：ニサンザイ古墳、76：こうじ山古墳、89：鎮守山古墳、90：定の山古墳、
92：御廟表塚古墳、99：乳岡古墳、101：長山古墳

図 65　百舌鳥古墳群の古墳分布図（犬木 2023 年）

舌鳥川に分布することを認めたうえで、「乳岡系譜」の勢力はこの流域沿いを中心にして地域的な格を越えないが、四代続いた系譜は日本列島の同時代の他地域の古墳に対して優位を誇ったと指摘している（一瀬二〇一六）。ただし、乳岡系譜の古墳は五世紀をもって姿が見えなくなるので、石津川流域の在地首長の勢力は衰退したと考えることが可能になろう。

大王墓の系譜について犬木努の研究を示しておこう。犬木は大王墓と周辺の古墳との築造位置から「空間構制」という規制された配置関係を仮定した。それによって田出井山古墳は大王墓ではないと確定し、さらに石津丘古墳、大山古墳、ニサンザイ古墳の大王の盟主墳の系譜を示した。そして、石津丘古墳の築造に始まる「随伴古墳（ある程度の規模を有する中規模古墳）」として大塚山古墳、いたすけ古墳、御廟山古墳の推移を示した（犬木二〇二三）。犬木と一瀬がいうそれぞれの系譜の出現の経緯は異なるようではあるが、両者が考えた大王墓（盟主墳）系譜とその周囲の古墳群との関係性は首肯できるものであろう。

石津川右岸の丘陵上で百舌鳥古墳群の王墓が次々に出現する展開を見ると、和泉黄金塚古墳と丸笠山古墳の墳丘規模や埋葬施設は「乳岡系譜」の首長層よりも下位で、和泉北部の首長層の勢力が抑えられていたことがうかがわれる。両古墳は和泉北部域の首長墓の前方後円墳であったが、須恵器生産の開始とともに前方後円墳の採用は途絶える。石津川流域の首長層との五世紀初頭における優劣が明らかになった。その後は、帆立貝形前方後円墳の信太貝吹山古墳や鍋塚古墳にみられる劣勢な首長墓が展開することからもうなずけることである。このほか、大津川左岸域の風吹山古墳の埋葬施設も格下とみられる粘土槨であった。

前方後円墳から矮小化ともいえる帆立貝形前方後円墳へと遷り行く過程を次節で整理しておきたい。

［註］

［註一］　本書では帆立貝形前方後円墳の名称（用語）を採用しているが、その根拠について明確にしておきたい。同形の古墳は帆立貝形古墳または帆立貝式古墳の名称を用いることが多いと思われるが、同古墳の歴史的性格をより明瞭にしたいと考えて帆立貝形前方後円墳の名称を与えている。帆立貝形前方後円墳は前方後円墳を採用できなかった下位の在地性（地域）の首長墓であることは間違いないが、似非的な前方後円墳ではなく、あくまでも王権から授かった（許された）前方後円墳を意識した古墳であることから、確かな築造企画にそって築造されていることを重視して、筆者はこの帆立貝形前方後円墳という名称を採用することにした。同じ用語の使用例としては、甘粕健が王権と地方首長との関係の論のなかで帆立貝形前方後円墳を用いている（甘粕一九七五）ほか、堺市役所作成の百舌鳥古墳群関係の図書の中では、当該古墳に対して「帆立貝形前方後円墳」の用語を採用している（堺市二〇一八）。

［註二］　信太貝吹山古墳の周囲で一八世紀まで遡ることができる旧立花池の痕跡、古墳の周濠を推測できる現地表の痕跡などから、筆者は前方部を信太山丘陵側に向けた、小さな造り出しを有した帆立貝形前方後円墳で墳形として推定復元した（図56参照）。

和泉市内で旧太村（現太町）並びに旧尾井村（現尾井町）の地籍図（和泉市指定文化財）に残る溜池の立花池が位置的に古墳東側にあることが容易に理解でき、もとは古墳の周濠ではなかったかと考える。そして近世の人々は古墳の周濠を溜池に利用したものではなかったかと考えた。この立花池は宝暦九年（一七五九年）の「和泉国泉郡信太郷立会絵図」、天保三年（一八三二年）の「泉州泉郡信太郷立会図」及び天保一三年（一八四二年）の「信太山大絵図」に描かれている（和泉市史編さん二〇一五）。地元の水利として活用されていたことが理解できる。また、この地籍図から古墳の周辺には、整然とした条理地割が顕著ではなく、比較的乱れていることもうかがわれ、古墳の周濠がそばにあったことが影響したのではないかとも考えた。

これとは別に現状から見て、丘陵を掘削したことによって断崖様を呈する旧立花池の東側の痕跡や、古墳の周囲をトレースできる道路・水路敷や畦畔などから、円墳部から前方部にかけての形状が明瞭で、さらにその地点の発掘調査において墳丘裾部の葺石や周濠外側の傾斜を検出したことも、古墳の復元推定を助けた。信太貝吹山

（白石耕治 2013 年を加筆修正）

	大鳥郡					百舌鳥古墳群	埴輪編年		須恵器編年	
	信太山北部	和田川	石津川	陶器川	浜 寺		川西	十河		
坂本郷	信太郷・日下部郷	和田郷	上神郷	大村郷	大鳥郷					
							特殊			
	（上町遺跡□15）						I	I		
							II	II		
坂本寺跡下層遺構）	菩提池西古墳群□15 和泉黄金塚古墳●94					乳岡古墳●155 長山古墳●110		III-1	TG 232	
	信太貝吹山古墳◎75	二本木山古墳○13		小代古墳群3基 2号○32		石津丘古墳●365 大塚山古墳●168	III	III-2	TK73	
塚古墳○60				鈴の宮遺跡4基□		いたすけ古墳●146 御廟山古墳●203		IV-1	TK 216	
	カニヤ塚古墳○50			伏尾古墳群○□6基 伏尾遺跡OG-39○10 OG-40□10		大山古墳●486 田出井山古墳●148 孫太夫山古墳◎65	IV	IV-2	TK 208	
		山田古墳群□	野々井南古墳群 野々井古墳群 ○5基、□25基 野々井１号◎26 ５号□12・７号□9 ９号□11	伏尾遺跡OG-41□11	四ツ塚古墳群4基 塔塚古墳■45	ニサンザイ古墳●290 丸保山古墳◎87 こうじ山古墳◎51		IV-3	TK23	
	大園古墳◎47 大園遺跡□7～10		（野々井10号◎33） 野々井27号□13 野々井南12号 （大芝）◎30	伏尾遺跡OG-689□6 田園百塚○7基以上	赤山古墳 経塚古墳●55	竜佐山古墳◎61		V-1	TK47	谷山池地区
	富木車塚古墳◎48		梅北古墳○25 野々井南５号□	陶器千塚古墳群 ○・□60基以上 陶器23号○15 （ツキ塚）/西槨	四ツ池遺跡 120地区○22	平井塚古墳●58		V-2	MT15	1期
山古墳◎35 太60号○24			野々井南２・３・ ４・９・10号 □7～15 牛石古墳群　10基 牛石７号◎40	陶器御坊山●30	高月２号 高月１号○14		V	V-3	TK10	2期
1号□16		檜尾塚原古墳群　7基 塚原９号◎17 塚原７号◎19 塚原８号○13	西山古墳○15	陶器24号○10 陶器６号○16					MT85	3a期
太59号○	道田池古墳群　4基 道田池３号○15		野々井28号□15 野々井24号○12	湯山古墳●30 陶器１号○ 陶器29号○ 陶器23号○/東槨					TK43	3b期
塚古墳○17	聖神社古墳群　2基 聖神社１号○	塚原３号○14 御山古墳○	野々井30号○13	陶器21号 （カマド塚）○ 陶器３号○					TK 209	4期
	聖神社２号○ 道田池４号□15	塚原２号○14 塚原６号○15	牛石３号○20 野々井21号□7			百舌鳥45号□			TK 217	5期
			牛石13号・14号 原山４号墓□3						TK46	

参考文献：田辺昭三（「須恵器大成」1981 年）、和田晴吾（「古墳時代の時代区分をめぐって」1987）、松村隆文（「和泉の古墳−その編年と特質について−」1992 年）、十河良和（「和泉の円筒埴輪編年概観」2003 年）、一瀬和夫（「百舌鳥・古市古墳群・東アジアのなかの巨大古墳群）2016 年）、堺市教育委員会（「堺の文化財　第八版」2018 年）

表12　和泉北部の古墳変遷表

時期区分	和田区分	和泉郡						
		津田川	春木川	牛滝川		松尾川	槇尾川	信太山南部
		木嶋郷	掃守郷	八木郷	山直郷	池田郷		上泉郷
3世紀	1期							
	2期							
4世紀	3期			久米田古墳群 久米田貝吹山古墳●135	摩湯山古墳●200 馬子塚古墳□35 （稲荷山古墳○18）			七ノ坪遺跡□8
	4期	流木海岸寺山古墳群 ２号墳□15		（光明塚古墳○30） （光明南塚古墳○30）	三田遺跡土壙墓群			丸笠山古墳●96
5世紀	5期			風吹山古墳◎71 無名塚古墳◎26				鍋塚古墳◎70
	6期			持ノ木古墳□13 志阿弥法師塚古墳○17				
	7期			女郎塚古墳○26				
	8期							
					山直北遺跡□○4基			
6世紀	9期		春木古墳群 （権現山古墳○30）		田鶴羽遺跡□5基			
	10期			碁石山古墳50	三田古墳○18 （松尾池尻埴輪遺跡）	（唐国泉谷遺跡）	和田古墳群 和田１号◎30	信太千塚古墳群 （100基以上） 信太43号（狐塚）●58
		（福塚古墳）			岡山古墳群 馬塚古墳、重ノ原古墳 赤山古墳、狐塚古墳、 黄金塚古墳 楠本神社古墳 西山古墳、 お立場古墳、高山古墳	明神原古墳○18	和泉向代古墳群 和泉向代１号◎34 ウトジ池古墳群　4基 ４号○15	信太５号 （カガリ塚）○16 信太78号（姫塚）○2 信太80号○20
	11期	天神山古墳群　○ 義犬塚、 大山大塚、天神山 向山古墳群　○20	（１～３号古墳） （牛神古墳） （礼拝塚古墳） 尾生丘陵古墳群 （三合塚古墳●） （神明山古墳○） （下松狐塚古墳○）	（池尻古墳○） （今木丸山古墳○）	東山古墳群 儀平山古墳 三田遺跡□・○3基	唐国池田山古墳群 10基　□・○ 唐国池田山６号 名古山古墳◎17	向代３号○18 向代４号○18	太平学園内古墳○2
							下代古墳群　7基 下代６号○22 黒石古墳群　黒石１号	信太04-018○15
7世紀					東山古墳○20		室堂２号 下代７号○8 三林古墳群（70基以上）	

古墳の形状：●前方後円墳、◎帆立貝形前方後円墳、○円墳、□方墳、無印は不明。数値は古墳の規模を示す。

古墳は墳長七五〜八五メートル、後円部径六〇メートルで、周囲に大きな周濠を有することが理解できるようになった。ただし、周濠の形状はまだ不確実で、可能性のあるのは沼澤豊が分類する倒卵形（大阪府藤井寺市盾塚古墳）、墳丘相似形（三重県名張市女良塚古墳）などが推定できる（沼澤二〇〇六）。

［註三］　この点について取り上げておきたいのが泉大津市池園遺跡で、和泉市・泉大津市の史跡池上曽根遺跡に近い沖積平野に立地している。当該遺跡で旧溜め池を埋めるための土砂の中から大量の埴輪が見つかった。埴輪は六世紀前半のもので、円筒埴輪・朝顔形埴輪のほか、家形、盾形、蓋形、人物などの形象埴輪が出土した（大阪府埋蔵一九八九b）。石部正志はこの埴輪群を相当有力な古墳を墳丘もろとも破壊し、埋め立て用の土として運び込まれたものと想定した。元の古墳の位置として信太千塚古墳群や大園遺跡近くを候補に挙げているが、いまのところ断定できる材料はない。しかしながら、いずれにしても周辺地域に信太狐塚古墳に先行する古墳が存在したことが想定できる有力な情報にはなろう（石部二〇一三）。

［註四］　久米田貝吹山古墳と摩湯山古墳の築造順については、摩湯山古墳が最初に出現したという意見や摩湯山古墳の出現をヤマト王権との密接な政治関係が構築された証との意見もある。筆者も大津川流域に最初に出現した大型前方後円墳としての摩湯山古墳について注視しておきたい（石部一九八〇、西村一九九六、白神一九九八、広瀬二〇一三）。

［註五］　三世紀の類例ではあるが、弁韓狗邪国の金海良洞里二七〇号墓において切子玉を主にした装身具の水晶製頸飾りが出土している。切子玉の法量は、その根玉で長さ三センチである（歴史民俗博二〇二二）。

第二節　群集墳とその被葬者

一　和泉郡の後期古墳

一　信太千塚――上泉郷と坂本郷の古墳――

和泉市信太千塚古墳群は信太山丘陵の惣ケ池主谷から南方に点在する群集墳で、前方後円墳の信太狐塚古墳が立地し、中世においての呼び名である推定「白木谷」筋を境にして、北に上泉郷（B地区）、南に坂本郷（C地区）に区分できる。この地区割りについては、第二章第二節で論じたもので、B地区では一つの尾根に密集するように立地しているのに対して、C地区では尾根筋に等間隔に点在し、また中位段丘へと古墳の築造場所を求めているようである。玉塚古墳の南方の支群と目塚古墳などがそれである。

信太千塚古墳群は、姫塚古墳など一部を除けば本格的な発掘調査が行われたことはほとんどなく、一九五〇年代から六〇年代の開発にともなって破壊される寸前に、大阪府立泉大津高等学校地歴部による緊急的な調査がおこなわれたのみであった。こうした緊急調査の成果に、古墳群全体の踏査の成果も加え『和泉信太千塚の記録』がまとめられた（泉大津高校一九六三）。この報告書は、泉大津高校地歴部生徒たちの献身的な努力の成果であり、信太千塚の貴重な記録として今日においても重要な資料となっている。

その後の知見などもふまえ、六世紀以降の古墳群の内容をまとめると次のようになる。前方後円墳一基、円墳一〇二基からなるが、近年の発掘でも古墳群南端に重なる集落の願成遺跡でも埋没古墳が新たに見つかっており、まだまだ地中に古墳が眠っている可能性が高い。本来の古墳の数はもっと多くなるだろう。信太千塚は泉北地区における最大の群集墳であった。円墳は直径二〇メートル以内の規模が多い。埋葬方法は明らかになっているものだけで横穴式石室が姫塚古墳やカガリ塚古墳など六基、木棺直葬が一二基、竪穴式小石室が一三基、箱式石棺四基のほか、円筒埴輪棺や須恵質円筒棺が数基確認されており、厳格な規定がみられない（石部一九八〇、乾一九九二、歴史館二〇〇九）。古式群集墳の様相も若干うかがわれ、多種多様な墓制が集合している（和田一九九二・二〇〇四、石部二〇一二）。ただし、上泉郷と坂本郷では横穴式木芯粘土室は、いまのところ見出すことができない。

信太千塚古墳群は、四世紀末葉の前方後円墳である丸笠山古墳や五世紀前葉の玉塚古墳なども含めて、府中・豊中遺跡群が展開する平野部から望める。つまり、信太山丘陵北部域の信太郷（A地区）の墓域ではなく、西方の平野部の上泉郷や坂本郷に本拠を置く複数の集団、まさに府中・豊中遺跡群の墓域であったと想定して良いだろう。

二　信太狐塚古墳の出現

信太千塚古墳群の中央に所在する和泉市信太狐塚古墳は、上泉郷と坂本郷のどちらに属するのか不確かではあるが、本古墳群の後期古墳の中でも早い六世紀前葉頃に築かれた首長墓である。また、唯一の前方後円墳で、墳長五八メートル、後円部径三〇メートル、同高さ約四・五メートル、前方部幅約三八メートル、同高さ一・五メートルを測る（和泉市教二〇〇八・二〇一五）。古墳の主軸を南北に合わせ、前方後円墳の横顔を平野部から望めるように築造している。後円部に比べ前方部の方が三メートル以上低い特徴をもっているが、前方部が最大幅三八メートルと大きく開いた形状である。埋葬施設は不明である。

信太狐塚古墳のように前方部が極端に低いものも含め、泉北丘陵には小型の前方後円墳が点在しており、それを盟主とする古墳群も出現している。堺市陶器千塚古墳群と陶器御坊山古墳（陶器山地区）、堺市牛石古墳群と高塚山古墳（栂地区）、堺市檜尾塚原古墳群と同九号墳（光明池地区）、和泉市和泉向代古墳群と同一号墳（谷山池地区）などである。どれも全長が四〇メートル以下の前方後円墳で、葺石や埴輪はみられない。また、次項で示す和泉向代一号墳は、和泉市和田一号墳や同市マイ山古墳と同一企画ないしはそれに準ずる形状になっている。陶器御坊山古墳以外

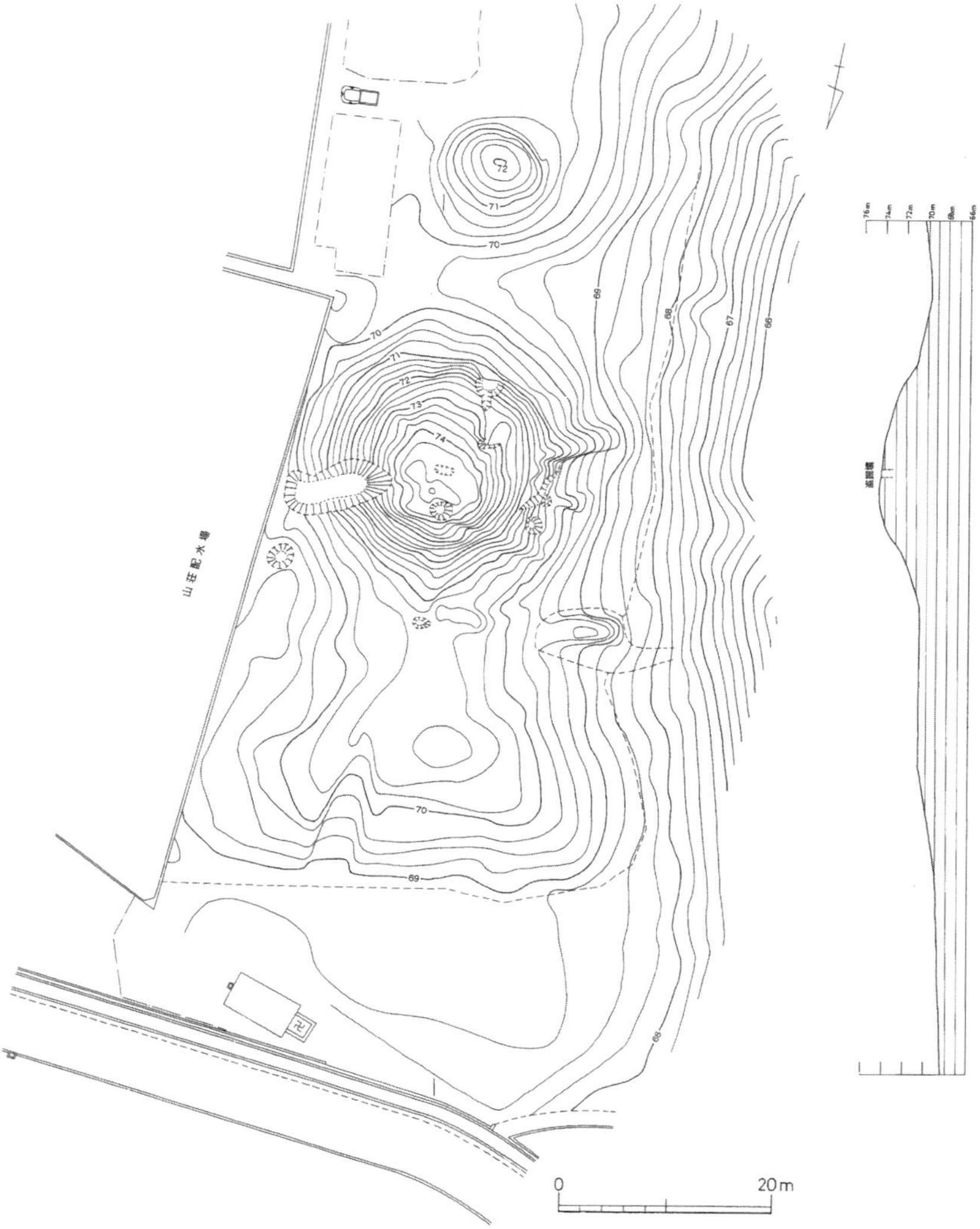

図 66　信太狐塚古墳墳丘測量図（和泉市教 2008 年）

は、帆立貝形前方後円墳に分類しておく（本章第一節）。

全国各地で前方後円墳が造営されなくなりつつある六世紀中葉以降のほぼ同一時期に泉北丘陵窯跡群で前方後円墳が出現した背景には、築造計画を含むイデオロギーが存在したのであろう。そこには須恵器量産体制を推進した王権の強い意向が働いていた。すなわち、前方後円墳の被葬者は泉北丘陵窯跡群の各生産地区を任された集団の首長の墓と考えておきたい。

しかし、信太狐塚古墳はこれらの泉北丘陵窯跡群の領域にあたる前方後円墳に比較すると前方部幅も広い墳形で、規模は最も大きく、被葬者の力量も大きいと推測できる。何より泉北丘陵窯跡群のそのほかの前方後円墳は帆立貝式の墳形を呈し、信太狐塚古墳の方が優位とみられる。立地する位置的は上泉郷などの平野部を意識した古墳なので、須恵器生産に直接携わった工人集団の墓ではない。そして、前方後円墳しかも規模の大きいそれを採用できたということは、信太狐塚古墳の被葬者が、泉北丘陵窯跡群を含めた和泉北部において、重要な一翼を担っていたことを示唆していよう。

また、『記紀』に「茅渟県陶邑」とみえる珍県主が、すでに古墳時代から上泉郷の府中・豊中遺跡群で居住していた可能性が高くなったことが重要であろう（土屋二〇一〇、大阪府教二〇一三a）。珍県主の墓域が信太千塚古墳群になり、その首長墓として前方後円墳の形態を採用したと考えられよう。信太千塚古墳群は、府中・豊中遺跡群などの上泉郷や坂本郷に本拠を置く、在地性の強い集団の墓域であったと考えられ、信太狐塚古墳の被葬者は槇尾川や大津川流域を治めた地域を代表するリーダーと位置づけられよう。

三　池田郷の古墳群の多様性

和泉市の南北を貫く東の槇尾川と西の松尾川によって形成された谷は、それぞれ池田谷と松尾谷と呼ばれている。池田谷は槇尾川の両岸に平坦な中位段丘が広がっている。一方、松尾谷側は痩せた尾根が樹枝状に伸びるなどして松尾川までに迫っていて、段丘面は狭く、耕作面積は少ない環境といえる。池田谷に比較して狭隘な地形といえるであろう。この地形をなす両谷は古代和泉郡の池田郷の郷域にほぼあたる。池田谷には和田古墳群、和泉向代古墳群のほか下代古墳群、三林古墳群、黒石古墳群が知られる。松尾谷には寺門古墳群、ウトジ池古墳群、明神原古墳、さらに両谷にまたがる唐国池田山古墳群が点在している。松尾川左岸の丘陵上にはマイ山古墳、和泉丘陵B二地点古墳ほかに、埴輪が出土した唐国泉谷遺跡が知られている。上記の各古墳は和泉市に所在する。

池田谷でいち早く築造されたのが和田一号墳といわれている。この古墳は崩れた箇所が多いが、泉北地域での前方後円墳の特徴である前方部の低い帆立貝形前方後円墳（墳長約三〇メートル）が推定復元できる。発掘調査が行なわれたことがなく、築造時期も確実性に欠けるところもあるが、泉北地域の古墳の墳形との比較で、築造時期は六世紀の前半頃といわれている（和泉市教一九八二、灰掛一九九三）。

和田一号墳が槇尾川右岸であるのに対して左岸に位置するのが和泉向代一号墳である。この古墳も前方部の短い帆立貝形の前方後円墳（全長三四メートル）で、後円部と前方部に横穴式石室を設けていた。出土した資料から築造時期は六世紀中葉から後葉で、和田一号墳より一世代新しい古墳になろう。和泉向代一号墳と和田一号墳に埋葬された人物は、規模は小さいが最上級の前方後円墳を選択していることによって地域の首長の墓と推測できる。和泉向代古墳群は六世紀後葉まで築造が続き（七号墳は七世紀前葉で継続性は低い）、一号墳に続いて円墳が二基、墳形不明が四基の構成になっている。一号墳以外の埋葬施設については、三号墳・四号墳・七号墳が横穴式石室、五号墳と六号墳が竪穴式小石室であった。これらの古墳は池田谷に面した尾根筋に造られているので、池田谷を意識した立

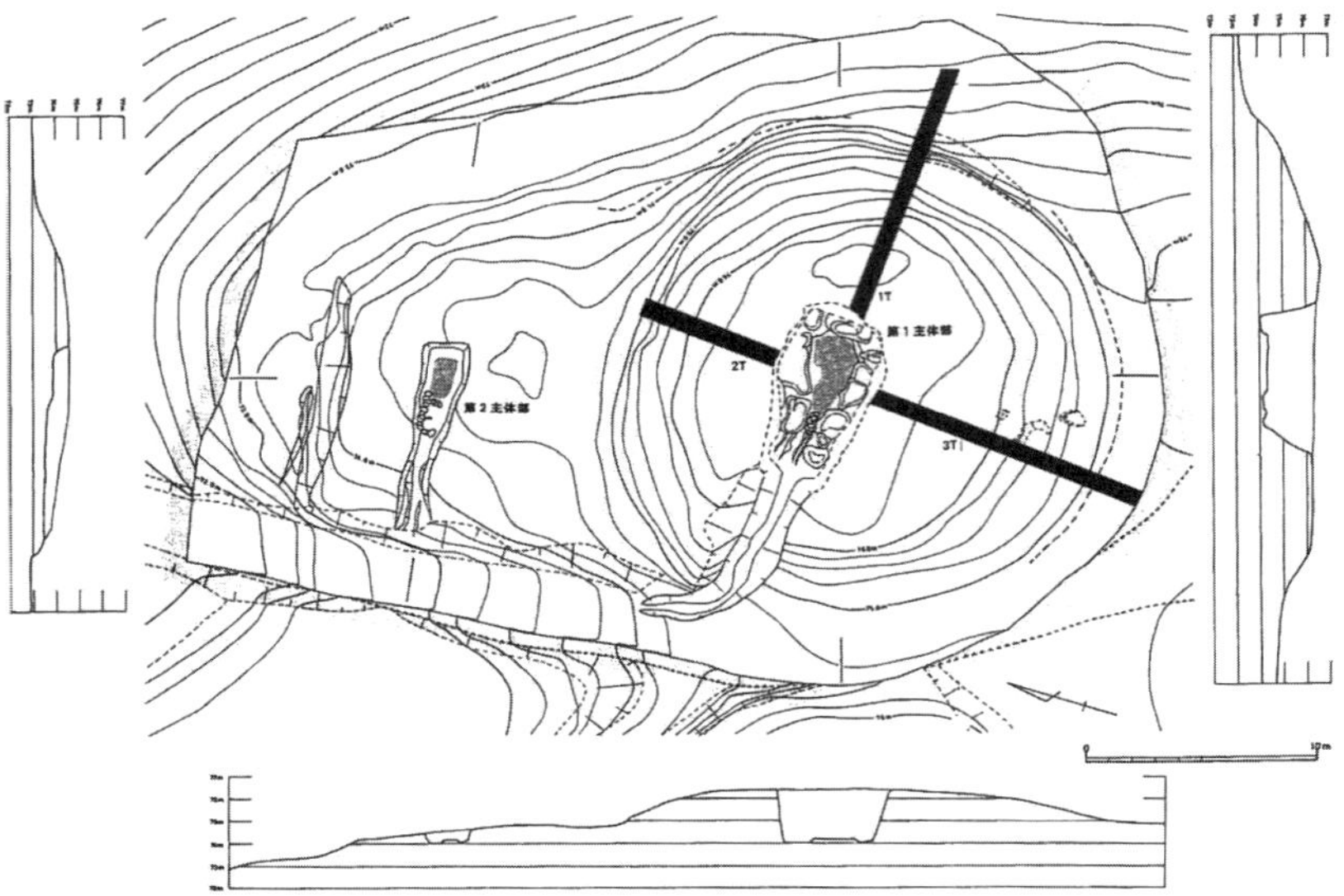

図67　和泉向代一号墳墳丘実測図（和泉丘陵内遺跡調査会 1992 年）

地といえる。発掘調査の区域の設定が限定されていたこともあって、円墳ないし方墳と推定できる五号墳のような小規模古墳が調査区以外の広い範囲に展開していたことも考えられる。

和泉丘陵や信太山丘陵などの周辺の地域には、竪穴式小石室を埋葬施設にする古墳が多く存在する。九基の方墳で構成される唐国池田山古墳群では主たる埋葬施設として竪穴式小石室を採用しており、そのうち七号墳の石室からは須恵器窯の窯壁と思われる小片が出土している（和泉丘陵一九九二b）。近接する四基の円墳で構成されるウトジ池古墳群でも四号墳が木棺直葬だが、三号墳は竪穴式小石室であった。槇尾川対岸の池田寺遺跡や願成遺跡（願成一号墳・信太千塚〇五―〇五三地点）でも竪穴式小石室が発見されており、池田谷での小古墳の一般的な埋葬施設といえる（歴史館二〇〇七・二〇二三、和泉市教二〇一八）。この埋葬様式は信太千塚古墳群で一三基が確認されているほか、大阪湾岸沿いの岸和田市春木八幡山古墳群や内陸部の山直郷の岡山古墳群西支郡の赤山古墳（石部一九七八）でも見られるのに対して、石津川・

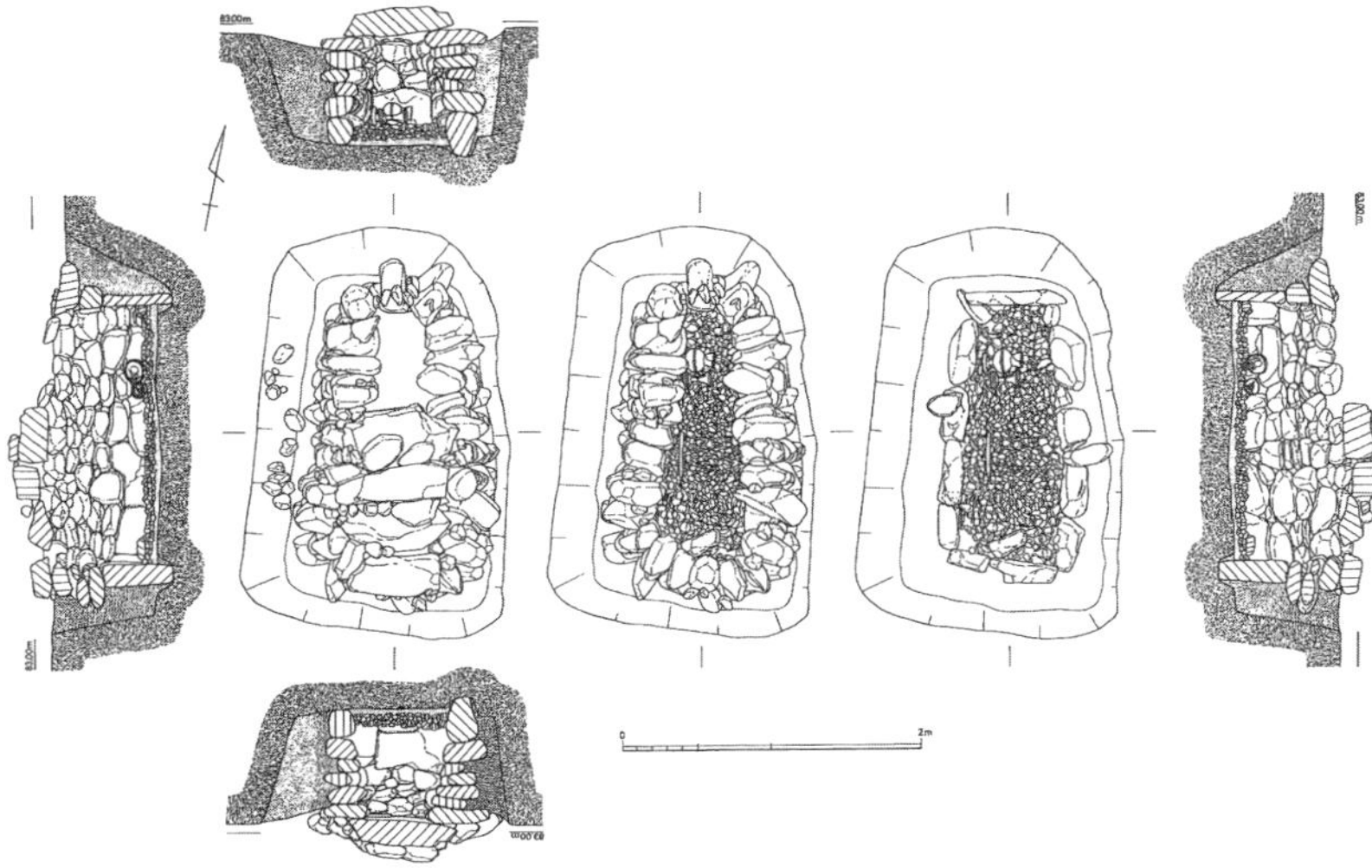

図68　唐国池田山七号墳の竪穴式小石室実測図（和泉丘陵内遺跡調査会1992年）

和田川流域の古墳群には今のところ見られず、地域を限定した在地性の強い埋葬方法である（白神一九八八）。

和泉向代古墳群の後継となるのが丘陵裾の中位段丘上に展開する下代古墳群である。六世紀末から七世紀前葉に帰属し、円墳六基が確認されていて、墳丘規模の大小はあるが、すべて横穴式石室を埋葬施設にしている。下代古墳群は至近距離の位置にある万町北遺跡の集落の奥津城として密接な関係にあると考えられる（第二章第四節参照）。

一方、松尾谷側ではどのような状況であったか見てみよう。和泉向代古墳群の極近くにつくられた明神原古墳では横穴式木芯粘土室が見つかっている。時期は六世紀中葉から後葉の古墳で、両袖式の平面形の玄室に特異な棺台を二つ並べてあった。初葬は平石を一〇数個二列に並べた棺台で、追葬は拳大の川原石を舟底状の棺身にあわせて断面をU字形にした棺台を設けていた。玄室の直立する壁には柱を立て、その上から非常に良質な淡灰色粘土を充填していた。渡来系の大壁構造の家屋の構造に似るといえよう。このように槇尾川と松尾川に挟まれた

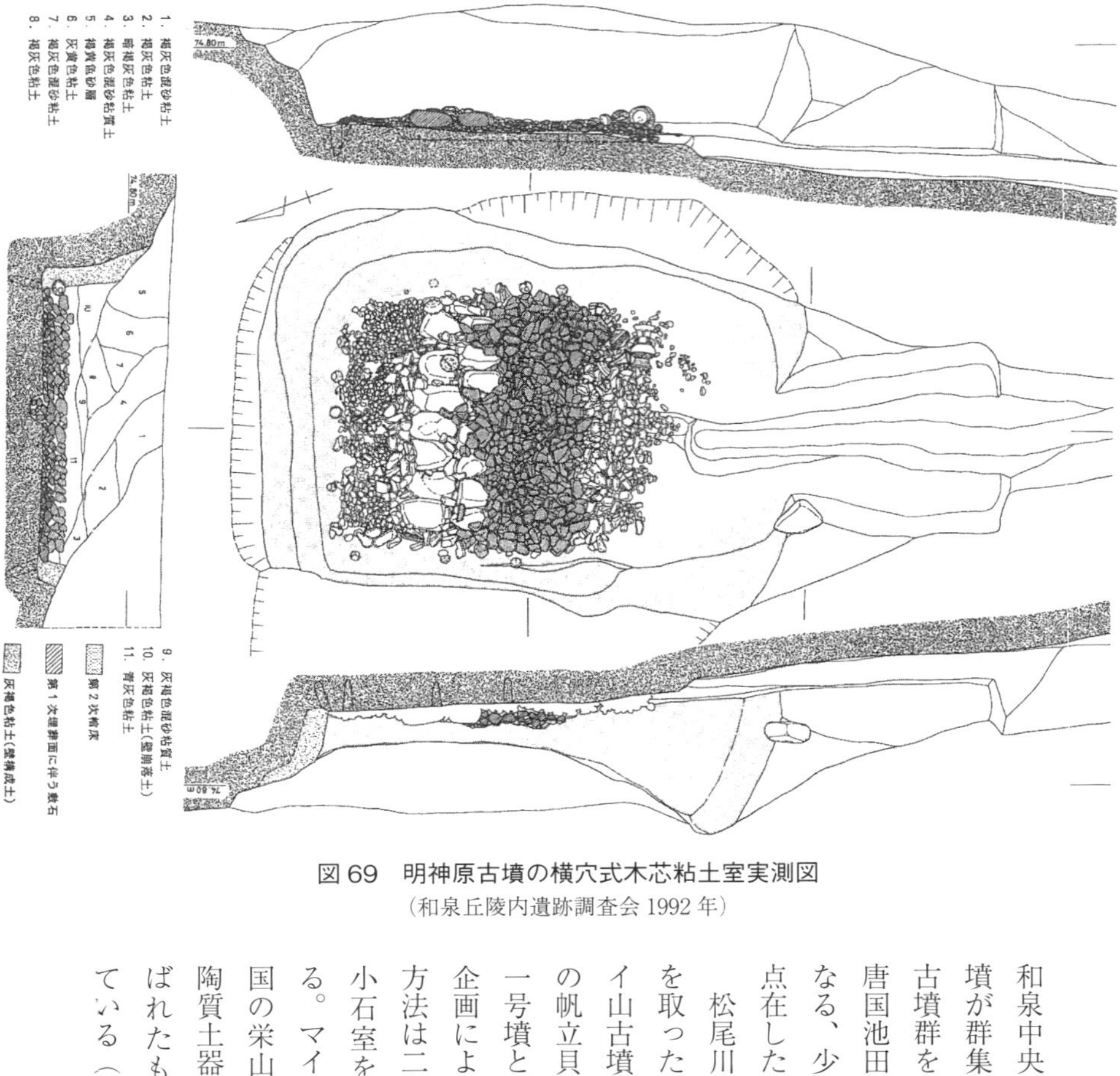

図69　明神原古墳の横穴式木芯粘土室実測図
（和泉丘陵内遺跡調査会 1992年）

和泉中央丘陵上には、いくつかの古墳が群集する状態にあり、和泉向代古墳群を主群とし、ウトジ池古墳群、唐国池田山古墳群、明神原古墳からなる、少なくとも三支群に分かれて点在した群集墳と考えられる。

松尾川左岸では、それぞれが距離を取ったように古墳が点在する。マイ山古墳は推定墳長約二六メートルの小型の帆立貝形の前方後円墳で和泉向代一号墳と形状も類似しており、同一企画による造営を推測させる。埋葬方法は二基の木棺直葬のほか竪穴式小石室を第二主体として用いている。マイ山古墳で特筆されるのが韓国の栄山江流域の馬韓（百済系）の陶質土器が出土しており、和泉に運ばれたものであることを指摘されている（朴二〇〇六、和泉市史編さん

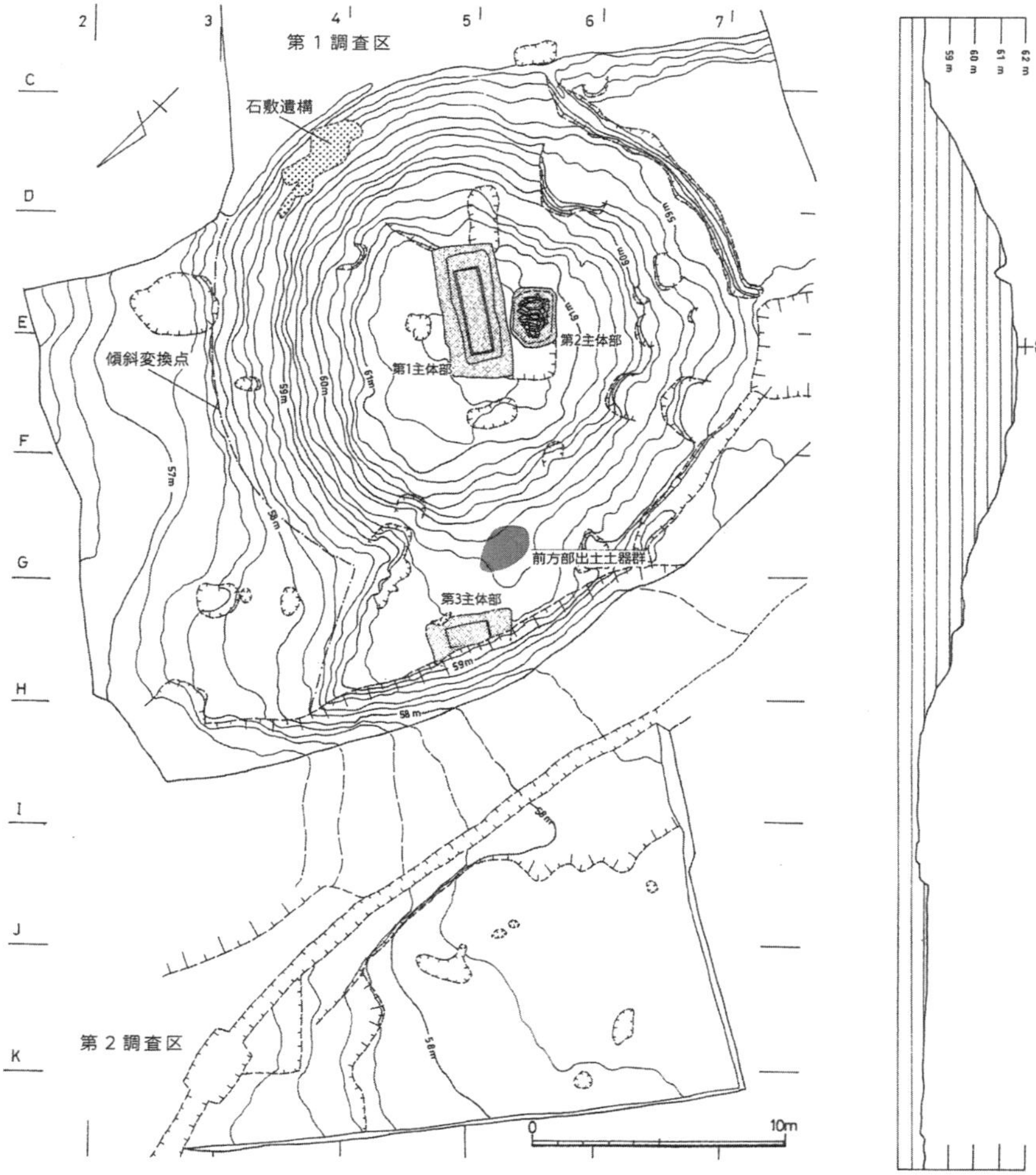

図 70　マイ山古墳墳丘実測図（和泉市教 2016 年）

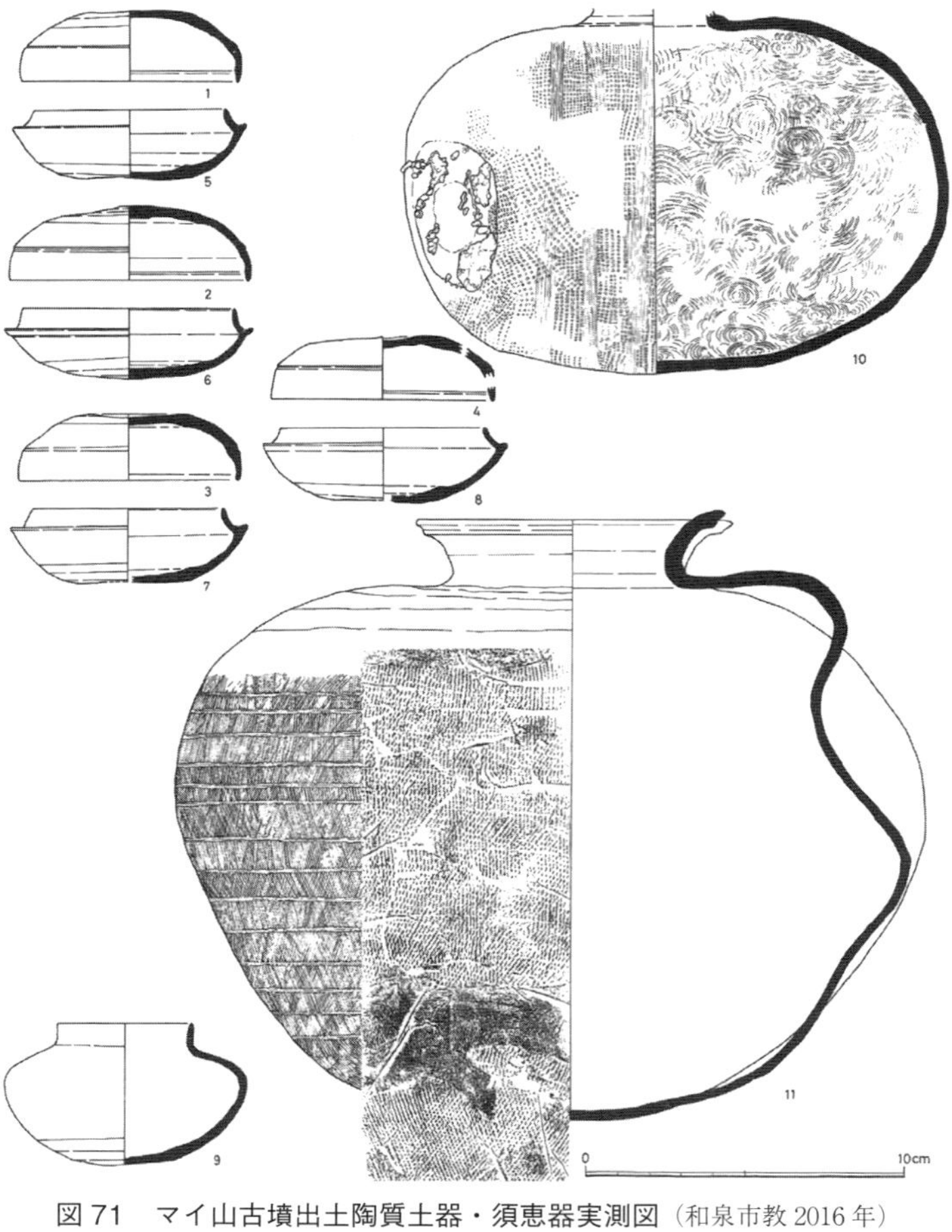

図 71　マイ山古墳出土陶質土器・須恵器実測図（和泉市教 2016 年）

二〇一六）。被葬者が渡来人なのか、それとも彼らを束ねる位置にある人物なのかはわからないが、松尾谷には朝鮮半島との交渉に当たったと伝えられる古代氏族の韓国連がいたと伝えられている（三浦一九六五）。

　次に、唐国泉谷遺跡からはすでに消滅した古墳の埴輪が出土している。埴輪は埴輪編年Ⅴ期（川西一九七八）の形象埴輪と円筒埴輪であった。この消滅古墳はマイ山古墳と時期が併行する（松村一九九〇）。

　名古山古墳は松尾谷と

西側の山直谷とを境にする尾根上に位置する。マイ山古墳よりさらに小規模の帆立貝形の前方後円墳で墳長約一七メートルを測る。貧弱な古墳とも言えるかもしれないが、両袖式の横穴式石室を備え、排水溝を有した石室構造は和泉向代四号墳に酷似している（大阪府教一九九六b）。埋葬時期も同時期の六世紀後半である。名古山古墳には石室内に甕を用いた棺を配していた。このように甕を主体部にして埋葬したものは、唐国池田山古墳群、和泉丘陵B二号墳、万町北遺跡、池田寺遺跡からも確認されている。泉北丘陵窯跡群の和田川流域にもこの甕棺を埋葬した檜尾塚原五号墳が存在する。

　このように見てみると、池田谷と松尾谷一帯の池田郷には渡来系の文物や特殊な墓室が存在するものの、上泉郷などの平野部集落の墓域とする信太千塚古墳群との共通墓制―竪穴式小石室―が認められる複雑な地域といえるであろう。ところで、名古山古墳よりさらに西方に位置する円墳の三田古墳は、マイ山古墳と同時期の古墳で、埴輪が樹立している。（大阪府埋蔵一九九三）。また、六世紀前半で埴輪が伴う後期古墳が唐国泉谷遺跡に存在したと推定されている（大阪府埋蔵一九九〇f）。埴輪樹立の意義を明確にはできないが、泉北丘陵窯跡群のエリアにおいても埴輪が出土する古墳は知られていて、被葬者の出自に関わることなのかもしれない。

　さて、再び池田谷に戻り、槇尾川右岸の古墳群の展開を考える。そこでは六世紀末葉から七世紀前葉に群集墳が形成される。池田谷最奥部の三林古墳群では、現在一九基の古墳が確認されている。円墳が一五基、方墳が四基で、円墳の規模は直径約一五メートル前後の古墳で構成されている。そのなかで開口した横穴式石室があり、川原石を使用した無袖式で、天井石には厚み五〇センチ以上の石を用いていることが確認できる。下代古墳群と同じように隣り合う古墳が、濠を共有しながら「古墳墓地」のような景観を呈している（和泉市教二〇〇八a・b）。三林古墳群は、過去の文献に「大正時代に四八基の古墳が取り壊された」との記事があり（大阪府泉北一九二三）、もともと七〇基前後の古墳が集中していたと考えられる。現状も古墳群の一部が三林神社の境内地にあり、その神域の外へ古墳群が拡

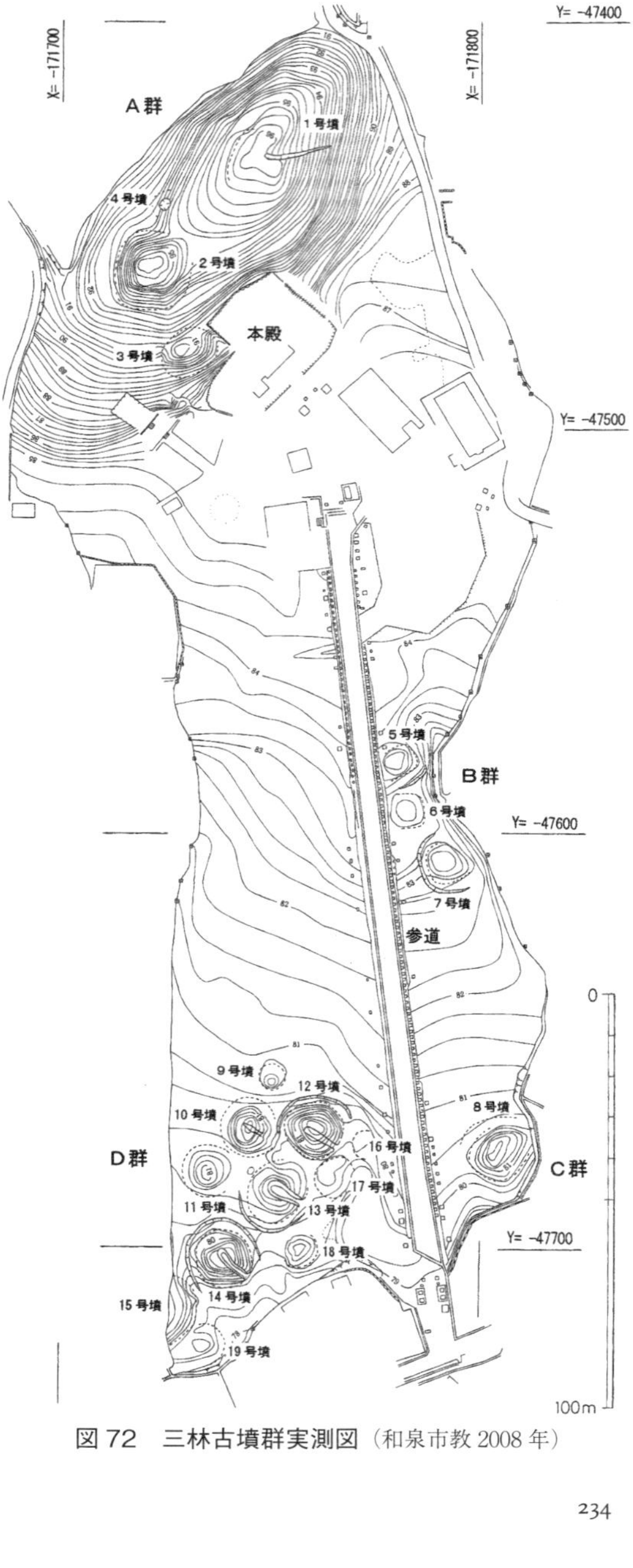

図72　三林古墳群実測図（和泉市教2008年）

大していく様子がうかがえる。下代古墳群の古墳数を凌ぐ規模であったと推測できる。

三林古墳群からさらに南へ二キロメートルの地点に黒石古墳群がある。この古墳群には一〇基ほどで構成されていたといわれている。周辺には塚にまつわる字名があり、また牛石とよばれる巨石群もすぐ近くに残っており、古墳群を形成していたことは間違いない。とりわけ重要なのは直径二〇メートルほどの墳丘が復元できる黒石一号墳（塚穴山古墳）である。巨石を用いた横穴式石室がみられるが、それは全長八・八五メートル、奥壁幅二・二五メートル、玄室高さ二・四メートルに及ぶ（和泉考古学一九八三）。石室の形から、六世紀末葉から七世紀初頭の築造と考えられる。池田谷の後期古墳のなかではきわめて規模が大きく、有力な人物が埋葬されたと考えられる。このほか、黒石一号墳の石室から持ち出されたと伝わる緑色片岩製の箱式石棺の蓋石が近くの寺院に残っている。これは、信太千塚古墳群の姫塚古墳の横穴式石室に納置されたものと同形のもので、その石材から紀伊地方との関係も注意されている。

三林古墳群や黒石古墳群は背後に須恵器生産地の光明池地区が、槇尾川対岸には同谷山池地区が展開する立地でもあるので、造墓集団と須恵器生産とのかかわりも想定されるところだが、まだよくわかっていない。池田郷の中核地と考えられる池田寺遺跡や万町北遺跡からかなり離れていることもあり、同郷域にあっても造墓集団を同一視できないであろう。いずれにしても、池田郷南部の充実度が高まり、街道の整備も伴って、後に古墳近くの位置に和泉国分寺が置かれることになった。和泉国分寺の周辺には、八世紀に巨大柱を用いた建物（掘立柱建物）を有する公的機関の施設が想定されている（岸本二〇一一b、乾二〇一三）。池田谷最奥部の重要性が高まったことを示している。

四　信太郷の古墳群の特色

信太郷の丘陵部に立地する古墳群は、上泉郷の信太千塚古墳群にくらべると小規模なものが多く、少数の古墳で構成されている。聖神社古墳群、道田池古墳群、菩提池西古墳、惣ケ池古墳など、信太郷周辺に居住した複数の小集団が、いくつかの尾根上に墓域を設定したのであろうか。聖神社古墳群のように平野部を望めるものもあるが、概して丘陵内部に点在するものが多い。これらの小古墳群を一括して群集墳と捉えるには、古墳の密集度は低い。信太千塚古墳群を奥津城とする上泉郷や坂本郷などより人口が少なかったのか、それとも集団の経済的能力が十分でなかったのかは判断が難しい。

そのような中で、当該地区を代表する聖神社古墳群を見ておこう。まず、一号墳は円墳であれば直径約一八㍍

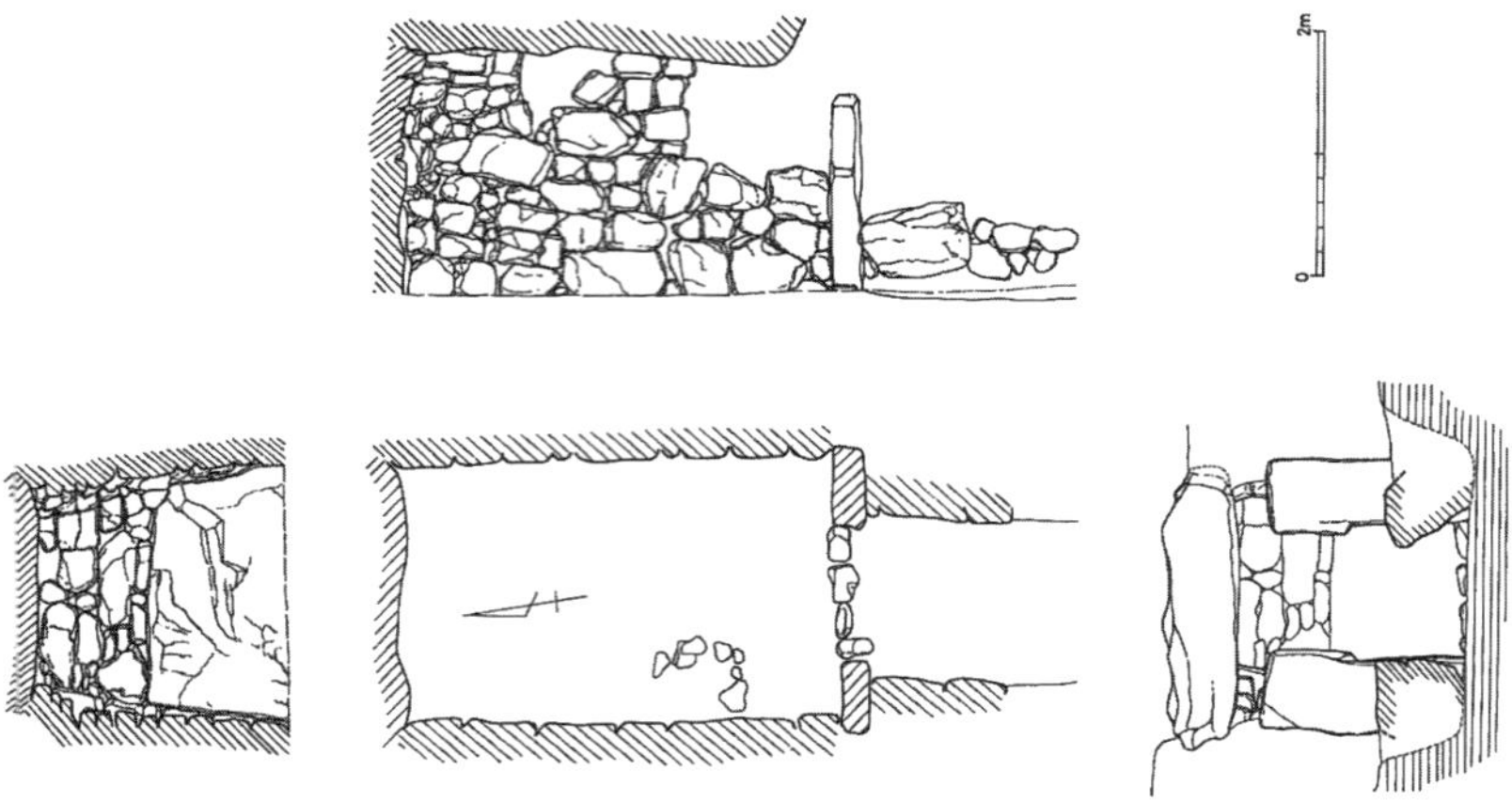

図 73　聖神社一号墳横穴式石室実測図
（和泉市教 2000 年）

の規模で、横穴式石室を採用している。石室の長さは五・五メートルで、奥壁の基底石と天井石に大きな石材を用い、その天井石は一枚石である。玄門には両側に板石を立て、内側に切れ込みを入れる特殊な構造をもつ。出土した須恵器から六世紀後葉の時期に埋葬が行われたことが考えられる。森浩一は平面プランが紀ノ川流域の岩橋型石室の変形とみた（泉大津高校一九六五、森一九七八、和泉市教二〇〇〇）が、太田宏明は九州系の横穴式石室と指摘しており、これについては後述する。

聖神社二号墳は東槨・西槨二基の横穴式木芯粘土室で火化されていた（森一九五九）。次項で述べるが、横穴式木芯粘土室は、丸太と粘土によって墓室を組み立てるもので、墓室の床に石を敷き、棺台を設けたものもある。さらに粘土室全体に火をかけ、遺体や副葬品もろとも燃焼したものさえ存在する。聖神社二号墳の場合は、まず墓室の両壁から直径一〇～一五センチの丸太を合掌型に組んだものと直立させたものを組み上げて、その上から藁を混ぜた粘土で覆い、焚口と煙だしを作り出してから火がつけられた。焼成後に盛り土をして墳丘を造り上げたと考えられている。東西の二槨から、合計一一体の遺体が見つかっている。石材を用いない工法から格下の被葬者が浮かび上がるように見えるが、副葬品を見ても鉄刀剣、鉄鏃、装身具、馬具などを揃えているので、横穴式石室の葬送方法と何ら変わらない。古墳の時期は須恵器の型式から七世紀初頭が考えられる。

道田池古墳群は五基の円墳からなり、調査された四基からは馬具や鉄刀剣、装身具、須恵器などの副葬品が出土した。特に四号墳は金銅装圭頭大刀の出土したことが知られている。出土品からみるように、横穴式木芯粘土室の埋葬法が下級のものとは言えない。埋葬施設で最も大きい三号墳では直径一五メートルの規模である。六世紀後葉から七世紀前葉にかけての古墳群と考えられ、一号墳・三号墳が横穴式石室、二号墳・四号墳は横穴式木芯粘土室を埋葬施設にしている。三号墳は片袖式の石室で、玄室長二・四メートル、同幅一・二メートルの長方形のプランである。二号墳と四号墳が採用する横穴式木芯粘土室のうち、二号墳は火化されていた。菩提池西古墳も同様の埋葬構造で、須恵器などの土器以外に鉄大刀、馬具、装身具が副葬品として出土している（信太山調査団一九六六、繰納二〇一九）。

信太郷で顕著な横穴式木芯粘土室は、信太千塚古墳群すなわち上泉郷と坂本郷の領域では今のところ確認できていない。両領域で活動する集団の葬送方法に相違が見受けられる。

二　大鳥郡の後期古墳

一　泉北丘陵窯跡群の後期古墳の展開

石津川と和田川両流域のあたる上神郷、大村郷、和田郷などの地域の古墳群について見ていきたい。

前節でまとめておいた五世紀における栂地区の堺市野々井古墳群、同市野々井南古墳群では、六世紀になっても継続して古墳が築造され、牛石古墳群へと墓域を継続している（森一九五六、大阪府教一九七八a・一九七九a・一九九〇a、中村一九九二・二〇〇六）。栂地区では須恵器生産は六世紀になってもさらに拡大しているので、生産の発展に比例するように居住した集団の墓域が展開している。

上神郷に立地する野々井古墳群と野々井南古墳群の古墳の構成は、六、七世紀では円墳の野々井二四号墳、方墳の野々井二五号墳、野々井南五号墳（図41・50参照）のほか一〇数基の古墳からなる。野々井南五号墳は一辺約一五メートル、周濠含めて二六メートルの方墳で、埴輪が周溝から出土している。また、円墳であれば一五～二〇メートル、方墳であれば一〇メートル以内の規模の基準らしき区分があったと考えられる。五世紀末葉から六世紀前葉において展開する野々井南古墳群では、主墳の大芝古墳と方墳群の一群、方形墳のみで構成される一群、さらに離れて木棺墓を含む土壙墓群で構成される一群にわかれていて、墓域を構成した集団の階層差を示しているとの指摘がある（中村一九九〇）。これらの古墳群が立地する栂地区では六世紀になってさらに南方に、前方後円墳二基を含む二〇数基の牛石古墳群が形成され墓域が拡大する。六世紀中葉の七号墳（牛石高塚山古墳）は両袖式の横穴式石室を主体部にするもので、墳長約四〇メートルの前方後円墳である。後円部径が約二六メートルで、前方部が低く短い形態をなす。先に示した泉北丘陵窯跡群の範囲に展開する小型の帆立貝形前方後円墳である。副葬品には鉄大刀、鉄鏃、金銅装f字形鏡板と剣菱形杏葉などが出土している。これとは別に、牛石と呼ばれる巨石が残る牛石三号墳の横穴式石室は、初葬が銅鏡を副葬した木棺で、追葬では須恵質陶棺を埋葬方法にしていた。ほかには円墳の西山古墳が木棺直葬であった。また、金銅装鏡板や金銅装心葉形杏葉などを含む馬具が出土した六世紀後葉の西山二号墳も知られている。

次に大村郷の陶器山地区周辺での様相に触れていきたい。とりわけ、重要な古墳が堺市湯山古墳であろう。湯山古墳は泉北丘陵の東端に位置し、高蔵寺地区や陶器山地区を望む位置にありつつも陶器南遺跡などの集落からは離れており、東方の河内地域を睨む立地とも言えよう。陶器山地区に群集する陶器千塚古墳群からは距離を置き、比較的標高の高い位置にあり単独墳の様相をとる。湯山古墳は墳長がおよそ三〇メートルの前方後円墳で、花崗岩の天井石を配架した両袖式横穴式石室を埋葬施設にして、二上山産の流紋岩質火山礫凝灰岩の組合式家形石棺を配置していた。和泉地方の後期古墳では湯山古墳と百舌鳥古墳群四五号墳の二例しかない家形石棺であり、泉北丘陵窯跡群の

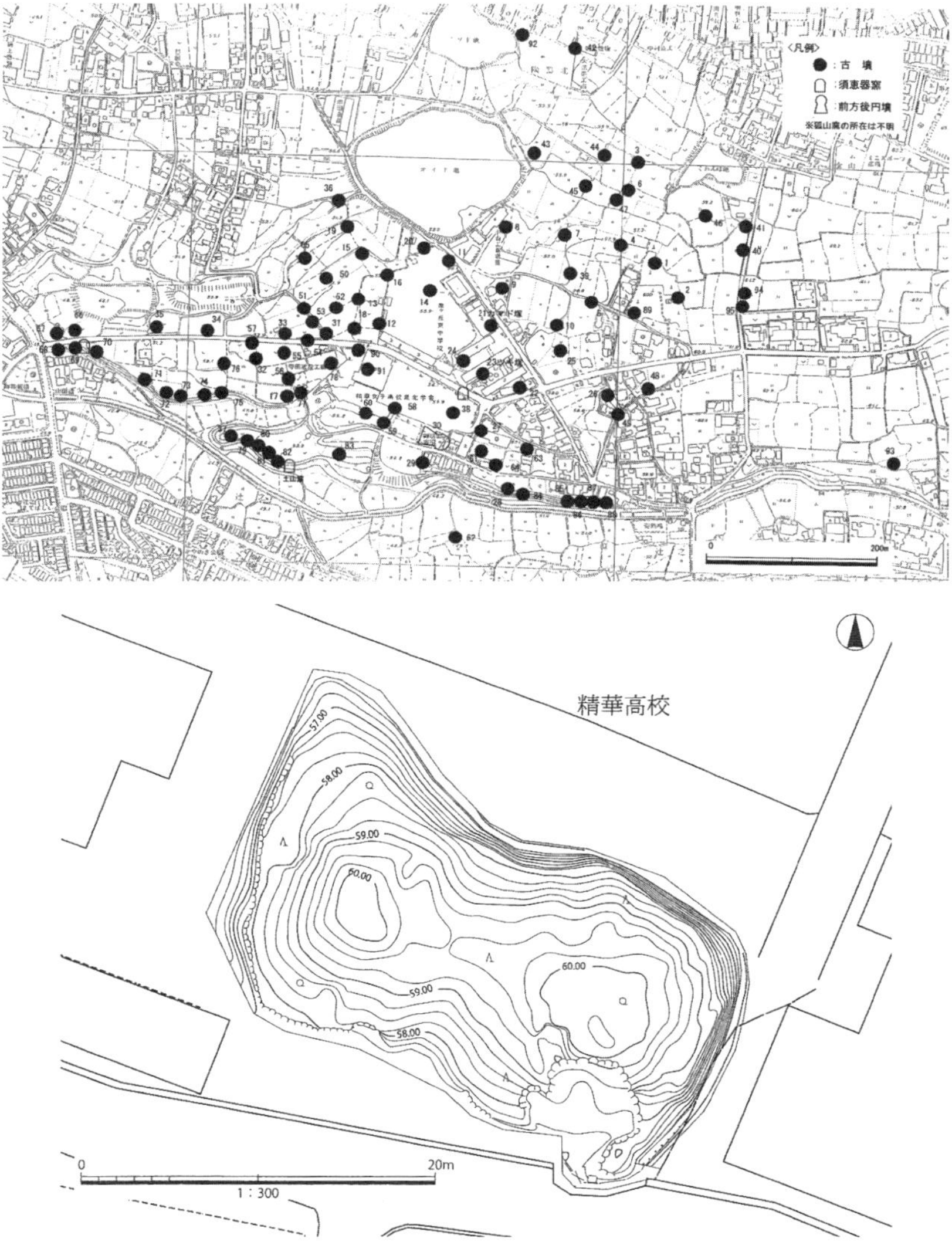

図 74　陶器千塚古墳群と御坊山古墳墳丘測量図
（上段：大坂府教 2007 年 c、下段：堺市 2018 年）

領域の中では突出した埋葬施設である。重要な位置づけが必要な古墳と考えられる（横山一九六六）。陶器山地区を統括する首長の墓とみなしてよいであろう。出土した須恵器からは六世紀後葉の時期が考えられる（森・鹿野・松田・門田二〇〇〇）。

六世紀代の古墳群は田園百塚古墳群、陶器千塚古墳群が知られるが、前者は五世紀代から展開するといわれている。後者は六〇数基が明治時代の古地図から推測できるが、現状では百基近い古墳が知られるようになり（大阪府教二〇〇七ｃ）野々井古墳群・野々井南古墳群、信太千塚古墳群に並ぶ規模の古墳群といえよう。調査が比較的実施されている陶器千塚古墳群並びに陶器南遺跡では、墳長約三〇メートルの盟主墳となる前方後円墳の御坊山古墳のほかに円墳、方墳で構成されている。埋葬施設には木棺直葬、甕棺、塼を用いた墓室のほか、とりわけ横穴式木芯粘土室が顕著であることが指摘できる（大阪府教一九八二Ｃ、堺市二〇一八他）。湯山古墳以外、横穴式石室がいまのところないことが指摘されている（樋口一九九〇）。陶器山地区で墓制のあり方に特徴があることが理解できよう。

栂地区と陶器山地区からおよそ五〇年以上遅れて六世紀になって、古墳が登場するのが和田郷の光明池地区である。堺市檜尾塚原古墳群は全長一八メートル前後の帆立貝形の前方後円墳七号墳と九号墳を中心に円墳・方墳の七基で構成され、古墳群は七世紀前葉頃まで継続して営まれている（大阪府教一九九〇ａ）。埋葬施設には判明しているもので横穴式石室三基、木棺直葬二基、横穴式木芯粘土室二基、さらに甕棺を主体部にした五号墳など、バラエティーに富んだ構成をなしている。九号墳は二基の木棺直葬と横穴式木芯粘土室を有する古墳で、そのうち第三主体の横穴式木芯粘土室は豊富な副葬品を有し、金銅装鏡板の馬具のほか鉄製武器などが出土している。横穴式石室から出土する副葬品が被葬者の優劣に結び付かないことを指摘できよう。三号墳の横穴式石室の排水溝は和泉向代四号墳や名古山古墳の排水溝と同形式で、排水溝を石室奥壁の背後へと設置するものであった。二号墳は直径約一四メートルの円墳で、無袖式横穴式石室から須恵質家形四注式陶棺と須恵器製作時に使用する陶製当て道具が出土している。被

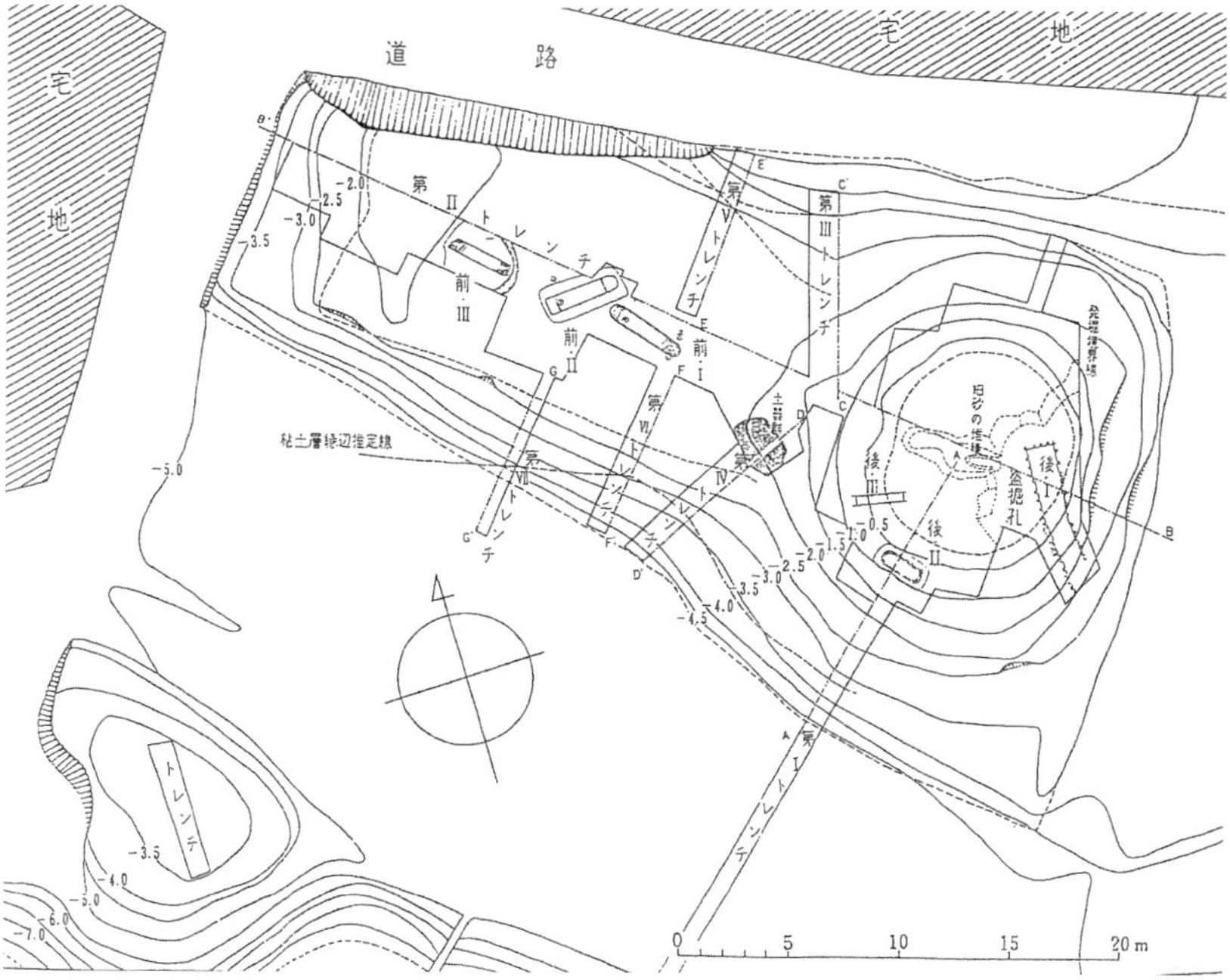

図 75　富木車塚古墳墳丘実測図（高石市 1986 年）

葬者の須恵器生産者との関係性がうかがわれる。四号墳は木棺直葬が想定され、また円筒埴輪棺の可能性があるとされる円筒埴輪の破片が出土している。五号墳の甕棺から須恵器窯の窯壁の破片が出土していることも注目できる。日下部郷には円墳とみられる墳丘に、横穴式石室を設けた堺市御山古墳が所在している（森一九七八）。

二　富木車塚古墳について

日下部郷の高石市富木車塚古墳をみておきたい。この古墳は六世紀前葉に築造され、墳長約四八メートル、後円部径二五メートルの前方後円墳で、低い平坦で端部が開かない前方部であった。前方部の形状から先にみた池田郷の和泉向代一号墳や泉北丘陵窯跡群に所在する帆立貝形の前方後円墳などと類似する築造プランが考えられる。信太山丘陵から完全に降りた低位段丘上で、丘陵の鶴田池が位置する谷筋に水源をもつ芦田川の右岸に立地する。古墳には後円部に三基、前方

牛石高塚山古墳

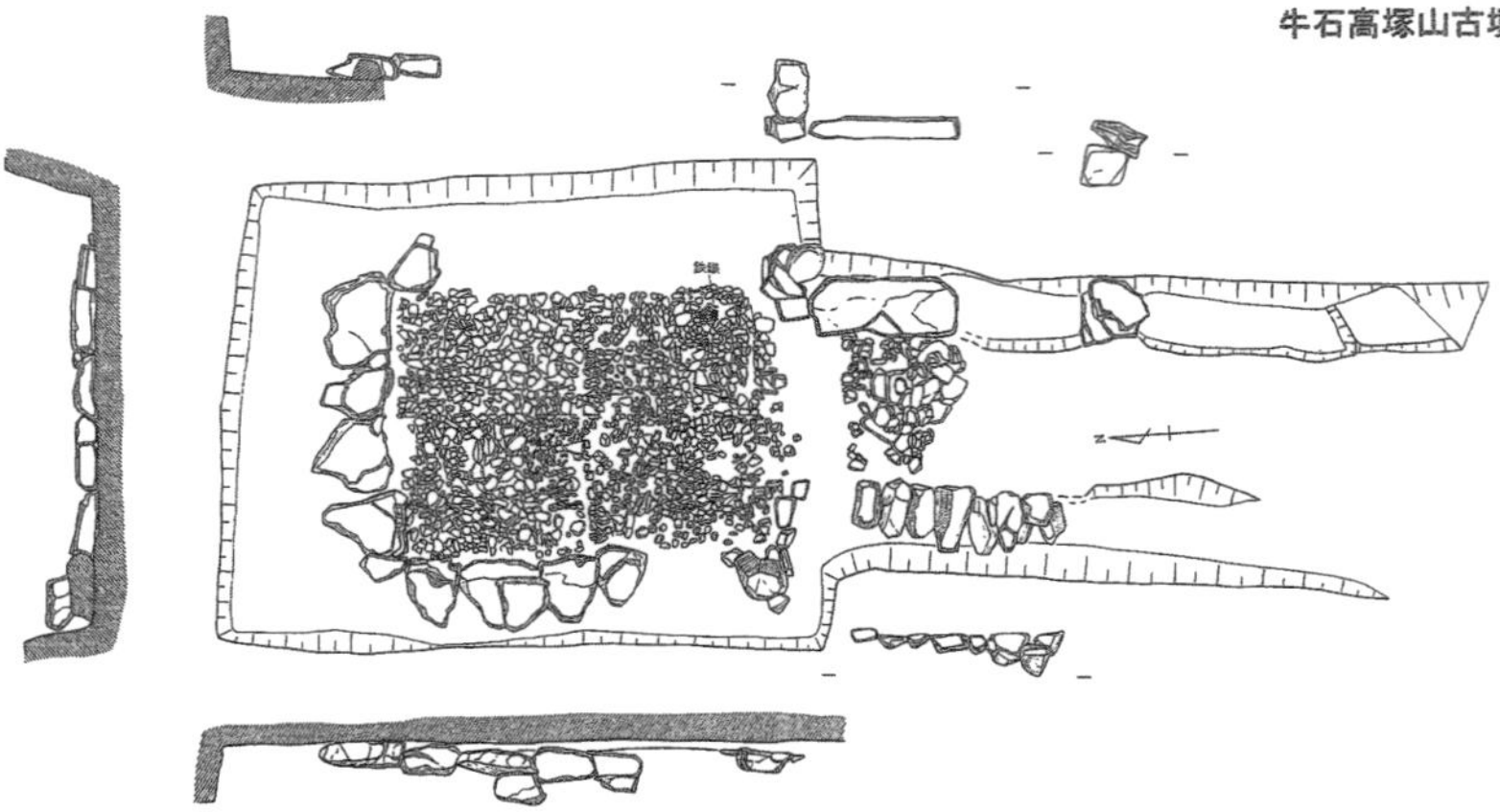

三田古墳

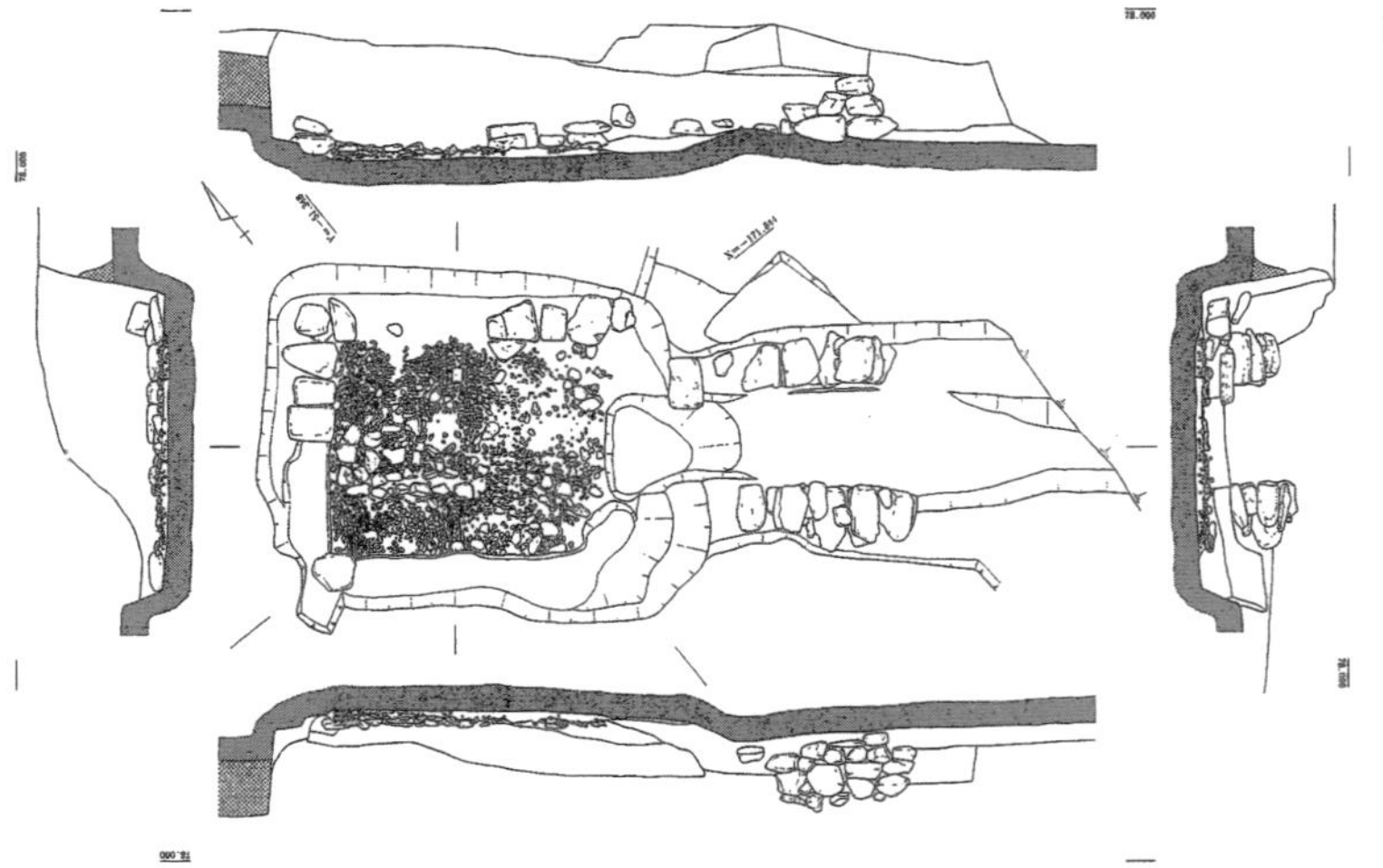

図 76　和泉北部の横穴式石室実測図①　両袖式（各報告書）

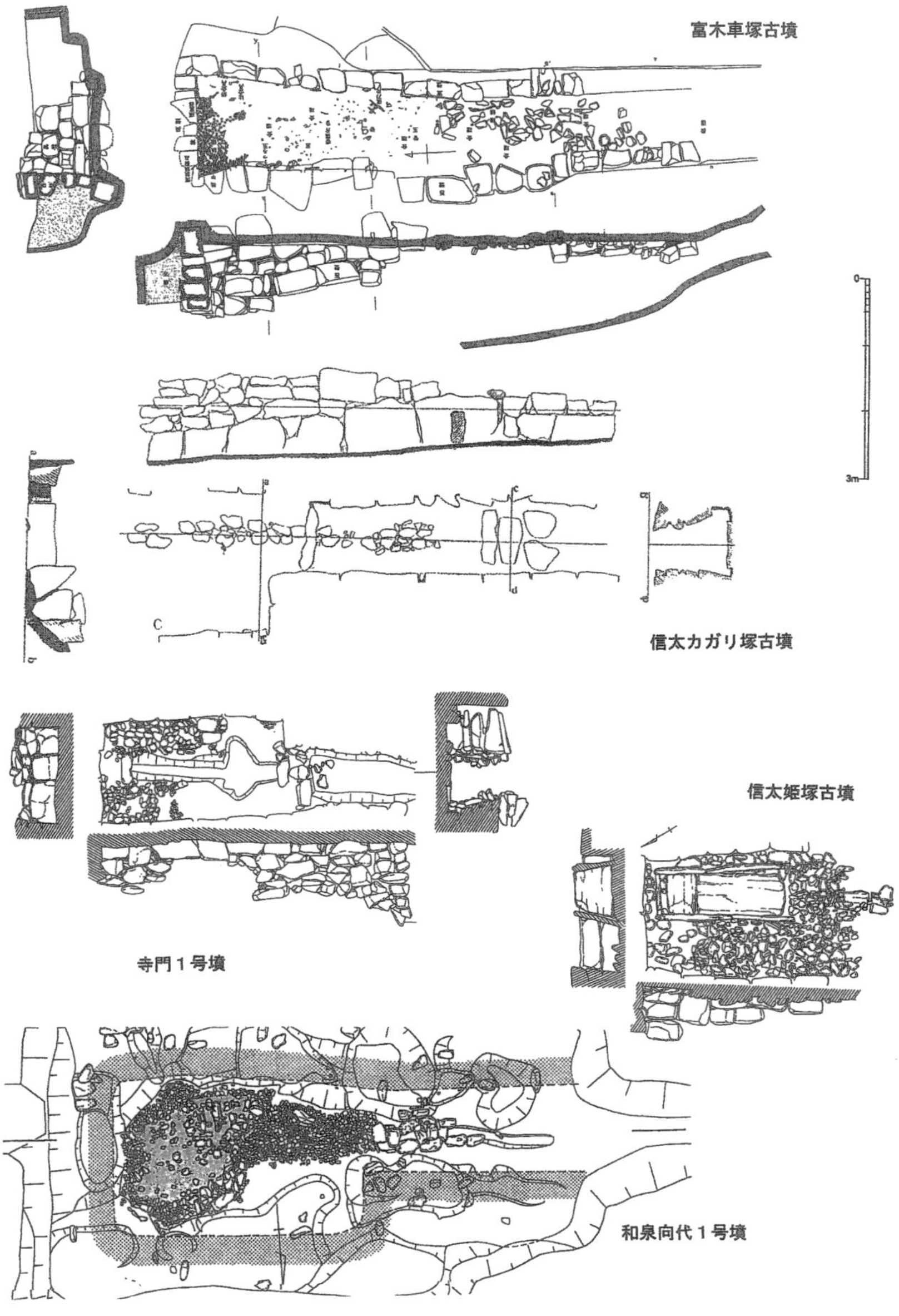

図 77　和泉北部の横穴式石室実測図②　片袖式
（各報告書。ただし和泉向代１号墳は修正）

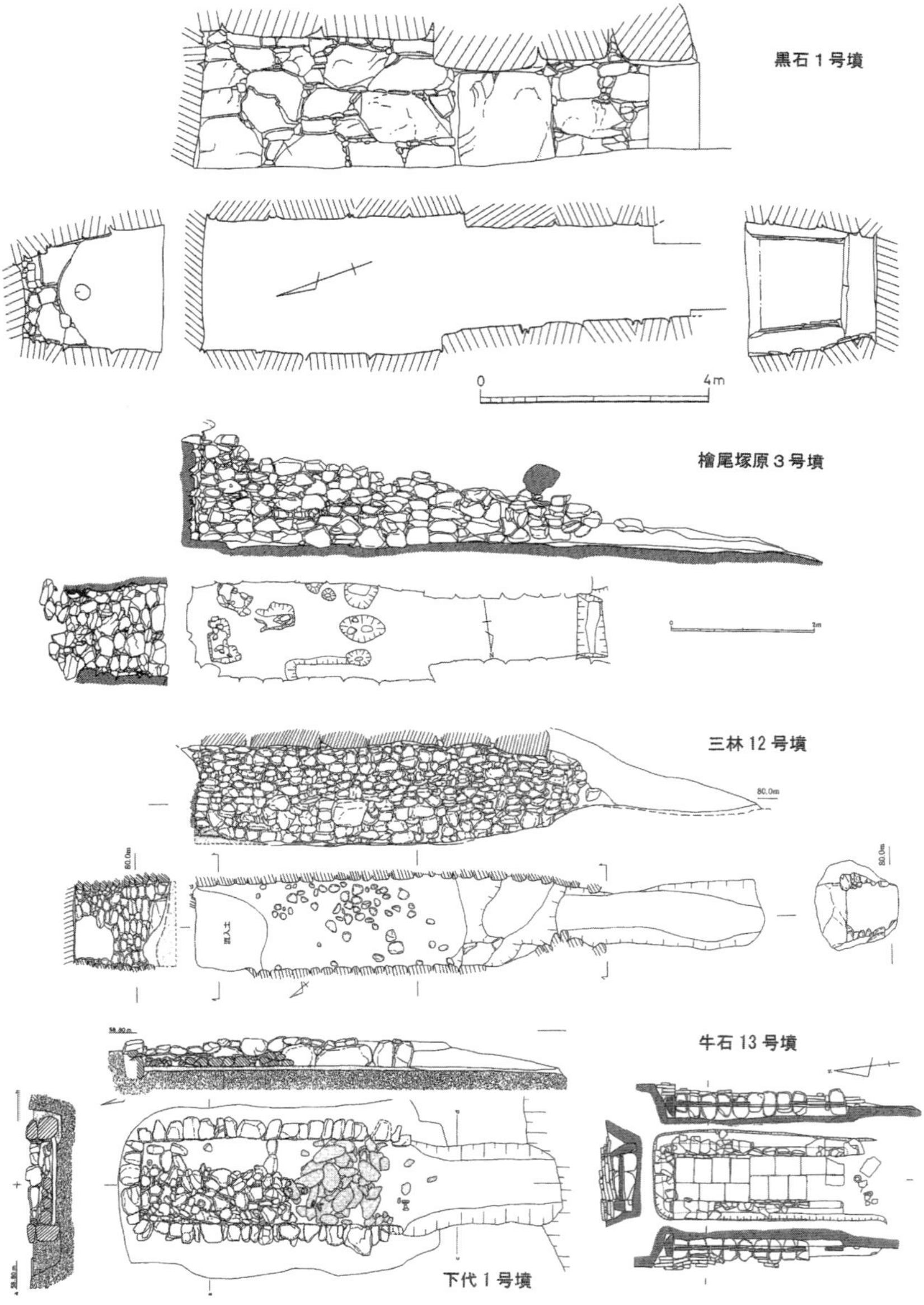

図 78　和泉北部の横穴式石室実測図③　両袖式・無袖式（各報告書）

部に四基の埋葬施設が存在した（大阪市美一九六〇、藤原一九六二、森一九六五、宇田川・神谷一九八六）。そのうち後円部に位置する畿内型の横穴式石室は長方形プランの右片袖式で、羨道は長く全長は七・二メートルを測った。また、横穴式石室には木棺と土師質陶棺が置かれていた。出土遺物としては、直刀、鉄鏃などの武器類、挂甲、轡や鞍金具などの馬具、装身具も副葬していた。このほかの施設からも耳環、銀製空玉の首飾り、ガラス製手玉、碧玉製管玉、水晶製切子玉など豊富な副葬品が出土している。横穴式石室では三、四人の人物が埋葬されたとみられるほか、前方部の第二埋葬施設には二人の合葬もみられ、合計七箇所の埋葬施設には一一人を下らない埋葬者が推定されている。当該地区の首長の長期間にわたる埋葬地であったことが考えられている。

　富木車塚古墳の被葬者について考えるにあたって土生田純之の考えを参考にすると、横穴式石室が成立する畿内型石室を採用する古墳は、大和以外では河内の八尾市郡川西塚古墳、摂津の茨木市南塚古墳、山城の宇治市五ケ庄二子塚古墳のように各地域の首長墓から採用されていることを指摘している。すなわち、富木車塚古墳は信太山北部A地区の首長系譜につながる前方後円墳で、多葬埋葬の様相は新興の中小首長層や有力家長層の墳墓として理解できる。

三　まとめ――埋葬施設からみた地域性――

　和泉北部域で展開する古墳には横穴式石室のほか多様な埋葬施設を見ることができる。最初に横穴式石室を用いたのは、五世紀後葉頃の石津川左岸に位置する堺市塔塚古墳（四ツ塚古墳群）である。一辺四五メートルの方墳で、両袖式の横穴式石室で玄室長二・四メートル、同幅二メートルの、ほぼ方形プランで羨道は短い。天井部は失われていたが、肥後型の穹窿状天井と考えられている（土生田一九九一・一九九四）。ただ、次代にはつながらなかった（森一九五九）。しかし、六世紀前葉からは和泉北部域の古墳にも畿内型の横穴式石室が導入されるようになった。日下部郷の富木車塚古墳の次には、六世紀中葉の上神郷の牛石古墳群の高塚山古墳、信太郷の信太千塚古墳群の姫塚古墳・カガリ塚古墳、池田郷の和泉向代一号墳、坂本郷の寺門一号墳のほか、周辺地域の山直郷の三田古墳、そして六世紀後葉の大村郷の湯山古墳、池田郷の黒石一号墳などが続く。これらの導入期にあたる横穴式石室は、その石室平面形から二つのグループに分けることができる。姫塚古墳、和泉向代一号墳［註一］、寺門一号墳、富木車塚古墳の石室は片袖式の畿内型石室を採用し、一方、牛石高塚山古墳や三田古墳の石室は正方形に近い両袖式を採用している。塔塚古墳の北九州系の横穴式石室の石室プランを思わせる。

これに関して、森浩一は畿内で最古の横穴式石室として古市古墳群の藤の森古墳の長方形の石室プランと百舌鳥古墳群の塔塚古墳のほぼ正方形の石室プランの二種が、横穴式石室の出発点であることを説いていた（森一九七五）。太田宏明の研究では富木車塚古墳と寺門一号墳の横穴式石室を初期横穴式石室とするほか、信太郷に位置する聖神社一号墳の横穴式石室を玄門内側に突出する袖部を有する九州系の石室（太田の有袖式石室B類b）に分類し（図73）、「和泉地域全体を単位とする石室構造上の特徴は見られず、個別の群集墳を単位として地域色が現れている」とした（太田二〇〇七）。

筆者もこのように異なる伝統的石室様式を用いた集団が複数存在したことを認めたい。各郷の被葬者の個性がうかがわれていることを暗示しているのではないかと考えられる。

次に、泉北丘陵窯跡群周辺で特殊な構造をした埋葬施設として横穴式木芯粘土室がある。国内で初めてその存在を示したのが陶器千塚古墳群の二一号墳の「カマド塚」であった（森一九五六・一九六五）。このほか同古墳群の一号墳・三号墳・二九号墳、牛石五号墳［註二］、野々井三〇号墳、檜尾塚原八号墳・九号墳、道田池二号墳・四号墳、聖神社二号墳、明神原古墳など二〇数基が知られている。陶器山地区の方墳の陶器千塚九三号墳は、横穴式木芯粘土室で床面に塼を敷いた構造であった（大阪府教二〇〇五・二〇〇七ｃ）。あらためて、その基本的な構造を示すと、丸

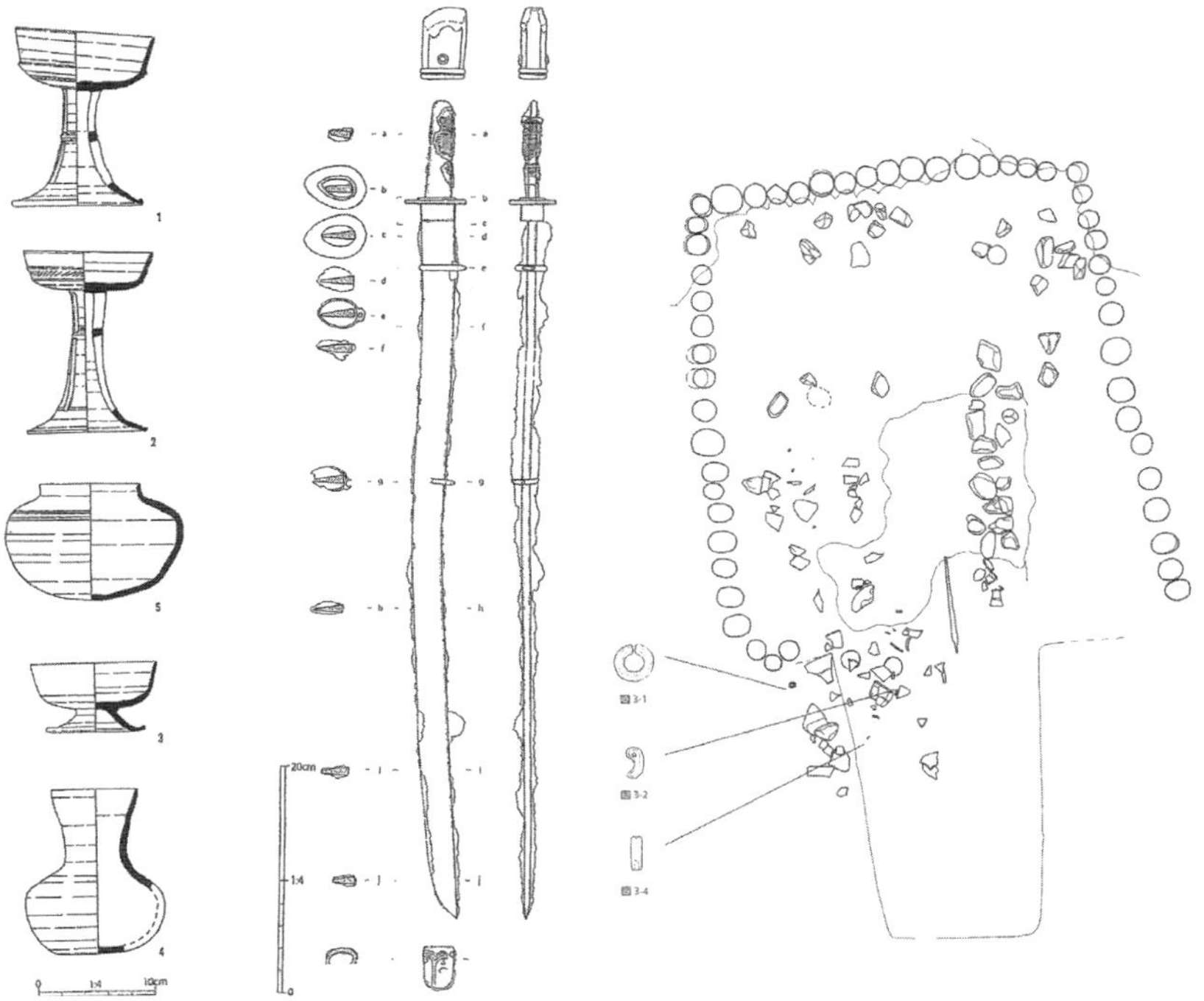

右：4号墳出土品実測図、左：2号墳横穴式木芯粘土室実測図

図79　道田池古墳群実測図（繰納 2019 年）

太を芯にして粘土をその周りに貼り付けて、横穴式石室に似た空間を設けるもので、時には埋葬前や埋葬後に火をつけて燃焼するという特異な行為を伴うのであった。須恵器窯との類似性が少なくないことから、最初に発掘された古墳から「カマド塚」や「窯槨墳」とも呼称されることもあった。しかし、火化されることなく埋葬される事例が存在することから現在では「木芯粘土室」、「木芯粘土槨」などの呼び名で認識されるようになっている。発見後は北河内、摂津、遠く離れた東海でも確認されるようになっているが、全国的な広がりをもつ施設ではない。葬られた人たちの理解については、粘土を用い、時には火をつけるなど、土器作りの手順に影響をうけたような行為を経て、埋葬施設が出来上がっていることから、須恵器生産に携わった人物の

表13　和泉北部の横穴式石室と横穴式木芯粘土室一覧表（和泉市いずみの国歴史館2007年を加筆修正）

古　　墳	所在地	墳形・規模	構　造	出土遺物	築造時期	文献
上野芝町1号墳（百舌鳥45号）	堺市西区上野芝町	円墳（20 m）	横穴式石室（両袖）	須恵器・鉄釘・石棺	7世紀初頭	1・2
上野芝町2号墳	堺市西区上野芝町	円墳（20 m）	横穴式石室			2
塔塚古墳	堺市西区浜寺元町	方墳（45m）	横穴式石室	鏡（位至三公鏡・方格八乳鏡）・玉類・鉄刀・鉄剣・鉄鏃・短甲・馬具（金銅製花形飾金具・木芯鉄張輪鐙・鉄轡）・埴輪	5世紀中頃	3・4
御山古墳	堺市西区草部	円墳（15m）	横穴式石室（両袖）			3
湯山古墳	堺市中区見野山	前方後円墳（30m）	横穴式石室（両袖）	須恵器・銀環・玉類・雲母片・馬具・刀子・鉄鏃	Ⅱ-3（MT85）	5
陶器千塚1号墳	堺市中区辻之	円墳（16m）	横穴式木芯粘土室	須恵器	Ⅱ-3（MT85）	6・7
陶器千塚7号墳	堺市中区辻之	円墳（16m）	横穴式木芯粘土室	須恵器	Ⅱ-4（TK43）	6・8
陶器千塚21号墳（カマド塚）	堺市中区辻之	円墳（15m）	横穴式木芯粘土室（火化）	須恵器・土師器・玉類・銀環・鉄刀・鉄鏃・人骨	Ⅱ-4（TK43）	6・7
陶器千塚29号墳	堺市中区東山	円墳（10m）	横穴式木芯粘土室	須恵器・須恵質円筒棺・耳環・玉類・鉄鏃	Ⅱ-5（TK209）	8
陶器千塚93号墳	堺市中区陶器北	方墳（11 m）	横穴式木芯粘土室	須恵器・塼	7世紀初頭	9
野々井21号墳	堺市南区赤坂台	方墳（7m）	横穴式石室	須恵器	Ⅱ-6	10
野々井22号墳	堺市南区赤坂台	楕円墳（8m）	横穴式石室	須恵器		10
野々井23号墳	堺市南区赤坂台	楕円墳（8m）	横穴式石室	須恵器		10
野々井25号墳	堺市南区赤坂台	楕円墳（12m）	横穴式埴室（無袖）	須恵器・瓦質筒状土製品・鉄刀・陶棺	Ⅱ-5・6（TK209）	10

古　墳	所在地	墳形・規模	構　造	出土遺物	築造時期	文献
野々井30号墳	堺市南区赤坂台	円墳（13m）	横穴式木芯粘土室	須恵器・金環・直刀・小刀・鉄鏃・釘・鎹・紡錘車	Ⅱ-5（TK209）	10
牛石1号墳	堺市南区		横穴式石室（両袖）			10
牛石3号墳	堺市南区桃山台	円墳（20m）	横穴式石室	須恵器・銅鏡・金環・銀環・大刀・陶棺／木棺	7世紀前半	11・28
牛石5号墳	堺市南区		横穴式木芯粘土室	須恵器・鉄刀・馬具・装身具・鉄工具	Ⅱ-5（TK209）	10
牛石7号墳（高塚山古墳）	堺市南区桃山台	前方後円墳（40m）	横穴式石室（両袖）	須恵器・銅鏡・玉類・銀環・馬具・鉄鏃・鉄刀・鉄鉾・小刀・鉄斧・鎌・鉇・砥石・紡錘車	Ⅱ-2（TK10）	10
牛石9号墳	堺市南区	円墳（20m）	横穴式石室	須恵器・鉄刀・刀子・鉄鏃・鉄工具・馬具・装身具	Ⅱ-6（TK217）	10
牛石10号墳	堺市南区		横穴式石室	須恵器・陶棺	Ⅱ-6（TK217）	10
牛石13号墳	堺市南区原山台	不明	横穴式塼室	塼	7世紀中葉	10・29
牛石14号墳	堺市南区原山台	円墳（15m）	横穴式塼室	須恵器・塼・瓦	Ⅲ-2（ＴＫ46）	10・29
檜尾塚原2号墳	堺市南区鴨谷台	円墳（14m）	横穴式石室（無袖）	須恵器・土師器・鉄鏃・塼・陶棺	Ⅱ-6（TK217）	10
檜尾塚原3号墳	堺市南区鴨谷台	円墳（14m）	横穴式石室（両袖）	須恵器・塼	Ⅱ-5（TK209）	10
檜尾塚原6号墳	堺市南区新檜尾台	円墳（20m）	横穴式石室（片 or 無袖）	須恵器・金環・玉類・鉄斧	Ⅱ-5（TK209）	10
檜尾塚原8号墳	堺市南区鴨谷台	円墳（13m）	横穴式木芯粘土室	須恵器・玉類・馬具・鉄斧・鉄鏃・鉄剣・鉄鉾・鏨	Ⅱ-3（MT85）	10

古　　墳	所在地	墳形・規模	構　造	出土遺物	築造時期	文献
檜尾塚原９号墳・第３主体部	堺市南区鴨谷台	前方後円墳（17m）	横穴式木芯粘土室（火化）	須恵器・玉類・金環・馬具・鉄斧・鉄鏃・鉄剣・刀子・鎌・鉇	Ⅱ-3（MT85）	10
富木車塚古墳	高石市西取石	前方後円墳（45m）	横穴式石室（片袖）	須恵器・玉類・耳環・馬具・陶棺・鉄刀・鉄鏃・鉄鉾・石突・挂甲	Ⅱ-1（MT15）	12
信太千塚カガリ塚（5号墳）	和泉市伯太町	円墳（20m）	横穴式石室（片袖）	須恵器・須恵器ヒレ付埴輪・（金環・鉄鏃）	Ⅱ-4（TK43）	13
信太千塚04-018地点	和泉市伯太町	円墳（15m）	横穴式石室（無袖）	須恵器	Ⅱ-5（TK209）	14
信太目塚古墳	和泉市東阪本町	円墳（17m）	横穴式石室（両袖）	須恵器・土師器・耳環・大刀・刀子・鉄鏃・砥石	Ⅱ-5（TK209）	15
信太姫塚古墳（78号墳）	和泉市王子町	不明	横穴式石室	須恵器・玉類・耳環・鉄刀・鉄釘	Ⅱ-3（MT85）	13
聖神社１号墳	和泉市王子町	円墳（30m）	横穴式石室（両袖）	須恵器	Ⅱ-4（TK43）	16
聖神社２号墳・東槨	和泉市王子町	円墳（30m）	横穴式木芯粘土室（火化）	須恵器・耳環・指輪・鎌・鉇・紡錘車・人骨	Ⅱ-5（TK209）	17・28
聖神社２号墳・西槨	和泉市王子町	円墳（30m）	横穴式木芯粘土室（火化）	須恵器・玉類・耳環・直刀・鉄鏃・鉇・人骨	Ⅱ-5（TK209）	17・28
道田池１号墳	和泉市鶴山台	円墳（11m）	横穴式石室	須恵器・鉄器		18
道田池２号墳	和泉市鶴山台	円墳（14m）	横穴式木芯粘土室（火化）	須恵器・玉類・耳環・鉄刀・鉄鋤先・鉄釘		18
道田池３号墳	和泉市鶴山台	円墳（15m）	横穴式石室（片袖）	須恵器・馬具・金環・玉類・鉄刀・釘		18
道田池４号墳	和泉市鶴山台	円墳（15m）	横穴式木芯粘土室	須恵器・耳環・鉄刀（圭頭柄頭・銅鐔付大刀）・刀子・鉄鏃・鉄釘	Ⅱ-5（TK209）	18

古　墳	所在地	墳形・規模	構　造	出土遺物	築造時期	文献
菩提池西古墳	和泉市鶴山台	不明	横穴式木芯粘土室（火化）	須恵器・土師器・玉・紡錘車・鉄釘・鉄刀（環頭）・鉄鏃・馬具・人骨		19
室堂2号墳	和泉市室堂町	不明	横穴式石室（無袖）	須恵器・土師器・耳環	Ⅱ-5（TK209）	20
三林10号墳	和泉市三林町	円墳（14m）	横穴式石室（無袖）			21
三林12号墳	和泉市三林町	円墳（16m）	横穴式石室（無袖）			21
黒石1号墳	和泉市黒石町	不明（20m前後）	横穴式石室（両袖）	刀・馬具・石棺		22
和泉向代1号墳・第1主体部	和泉市いぶき野	前方後円墳（35m）	横穴式石室（片袖）	須恵器・土師器・馬具・刀装具・刀子・鉄鏃・陶棺	Ⅱ-3（MT85）	23
和泉向代1号墳・第2主体部	和泉市いぶき野	前方後円墳（35m）	横穴式石室（片 or 無袖）	須恵器・玉類・耳環・刀子・鎌	Ⅱ-3（MT85）	23
和泉向代3号墳	和泉市いぶき野	円墳（12m）	横穴式石室（両袖）	須恵器・耳環・刀子・鉄鏃・鐔	Ⅱ-3（MT85）	23
和泉向代4号墳	和泉市いぶき野	円墳（17m）	横穴式石室（両袖）	須恵器・馬具・鉄鏃	Ⅱ-4（TK43）	23
和泉向代7号墳	和泉市いぶき野	円墳（10m）	横穴式石室（無袖）	須恵器	Ⅱ-6（TK217）	23
下代1号墳	和泉市いぶき野	円墳（8m）	横穴式石室（無袖）	須恵器・土師器・耳環	Ⅱ-6（TK217）	23
下代2号墳	和泉市いぶき野	円墳（12m）	横穴式石室（両袖）	須恵器・玉類・耳環・刀子・鉄鏃	Ⅱ-5（TK209）	23
下代3号墳	和泉市いぶき野	円墳（12m）	横穴式石室（両袖）	須恵器・土師器・玉類・耳環・刀子・鉄鏃	Ⅱ-5（TK209）	23
下代4号墳	和泉市いぶき野	円墳（10m）	横穴式石室（両袖）	須恵器・耳環・土錘	Ⅱ-5（TK209）	23
下代5号墳	和泉市いぶき野	円墳（16m）	横穴式石室（両袖）	須恵器・土師器・玉類・耳環・大刀・刀子・鉄鏃・刀装具	Ⅱ-5（TK209）	23

古　　墳	所在地	墳形・規模	構　造	出土遺物	築造時期	文献
下代6号墳	和泉市いぶき野	円墳（22m）	横穴式石室（両袖）	須恵器・土師器・玉類・耳環・刀・鉄鏃	Ⅱ-5（TK209）	23
下代7号墳	和泉市いぶき野	円墳（8m）	横穴式石室（無袖）	須恵器・土師器	Ⅱ-6（TK217）	23
明神原古墳	和泉市いぶき野	円墳（18m）	横穴式木芯粘土室	須恵器・鉄鏃・刀子・鉄鐸	Ⅱ-3（MT85）	23
名古山古墳	和泉市唐国町	前方後円墳（17m）	横穴式石室（両袖）	須恵器・土師器・耳環・玉類・素紋鏡・馬具・鉄鏃・鉄刀・鉄滓	Ⅱ-4（TK43）	24
寺門1号墳・第2主体部	和泉市寺門町	方（16m）	横穴式石室（片袖）	須恵器・土師器・玉・耳環・鉄刀・鉄鏃・刀子・鉄釘	Ⅱ-3（MT85）	25
三田古墳・第2主体部	岸和田市三田町	円（18m）	横穴式石室（両袖）	須恵器・玉類・耳環・鉄刀・鉄鏃・刀装具・鋤先・鑿・砥石・紡錘車	Ⅱ-3（MT85）	26
重ノ原古墳	岸和田市岡山町		横穴式石室（両袖）	須恵器	6世紀末	27
儀平山古墳	岸和田市山直中町		横穴式石室	須恵器	6世紀前半	27

参考文献：1＝大阪府立泉大津高等学校1958年、2＝堺市教育委員会1972年、3＝森浩一1978年、4＝森浩一1959年、5＝森浩一2000年、6＝樋口吉文2004年、7＝森浩一1956年a、8＝大阪府教育委員会1994年、9＝大阪府教育委員会2005年・2007年c、10＝大阪府教育委員会1978年・1979年・1990年、11＝森浩一1956年b・1978年、12＝大阪市立美術館1960年・森浩一1965年・宇田川・神谷1986年、13＝大阪府立泉大津高等学校1963年、14＝和泉市教育委員会2005年、15＝和泉市教育委員会1994年、16＝大阪府立泉大津高等学校1965年、17＝森浩一1959年、18＝信太山調査団1969年・繰納民之2019年、19＝信太山調査団1966年、20＝和泉丘陵内遺跡調査会1992年、21＝和泉市教育委員会2008年、22＝和泉考古学研究会1983年、23＝和泉丘陵内遺跡調査会1992年、24＝大阪府教育委員会1996年b、25＝大阪文化財センター1975年、26＝大阪府埋蔵文化財協会1993年、27＝石部正志10978年、28＝大阪府立泉大津高等学校2006年、29＝奈良国立文化財研究所飛鳥資料館1981年

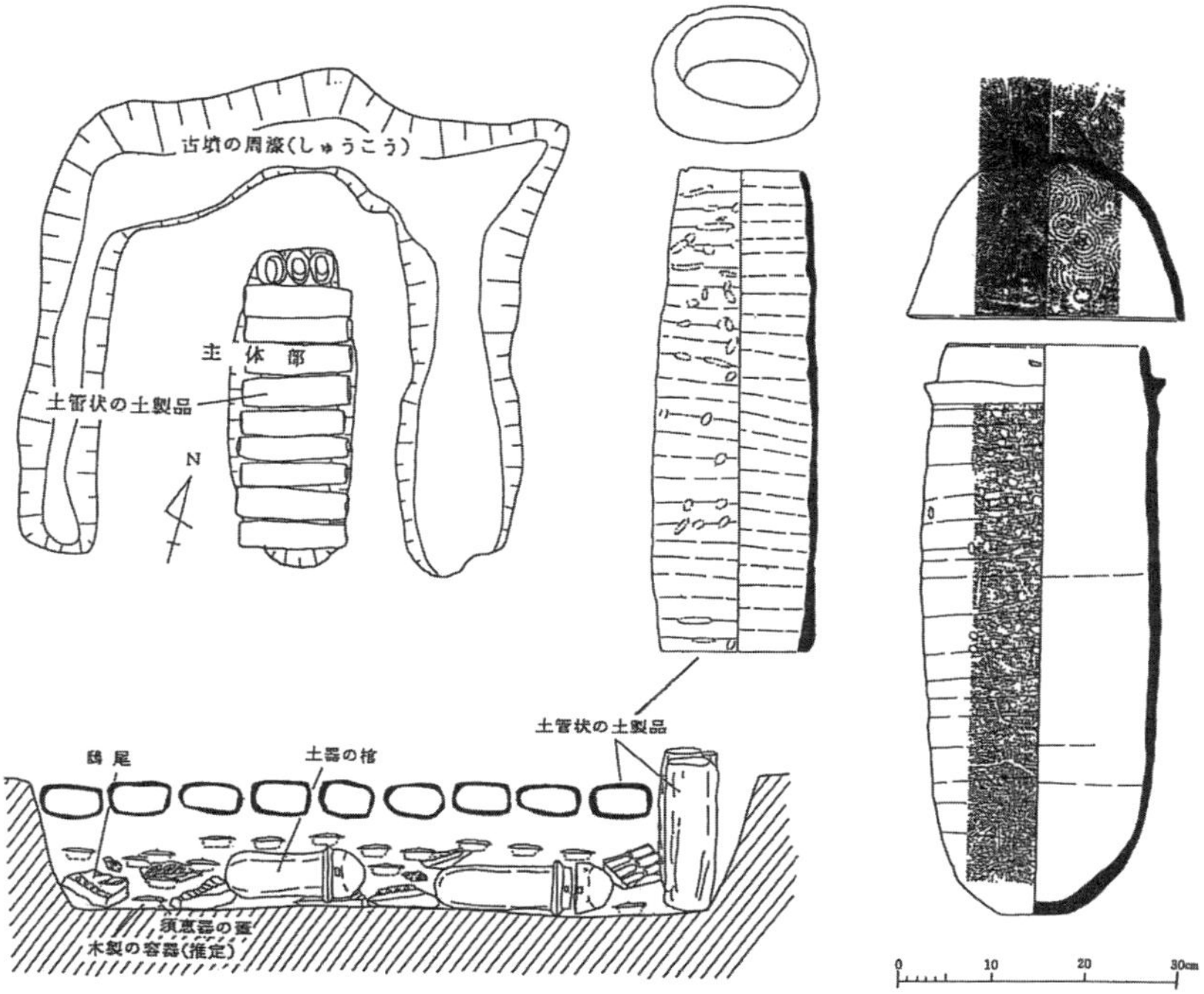

図 80　原山四号古墓出土状況と須恵質円筒棺実測図
（大阪府立泉北考古資料館 1989 年　加筆改変）

墓制であることが説かれてきた。泉北丘陵窯跡群の地に適した、そしてよく考案された埋葬方法であるといえる。筆者は、この特殊な葬送方法が朝鮮半島に系譜のある柱と粘土を用いる構造を有する大壁構造に類似性があると考えて、彼の地に関係が深い集団の埋葬方法であることを前項で示しておいた。すなわち、半島に由来する集団が考案した窯構造に沿った合理的な工法ということである。

　ここで横穴式木芯粘土室についてまとめた小森哲也の研究に触れておきたい（小森二〇一三）。小森は被葬者像を渡来系集団説、外来系集団説、須恵器工人説、技術者集団説、石材入手困難説、移配隼人説などに分類し、歴史的位置づけを行なった。研究成果として、被葬者が渡来系かどうか、独自の職掌はあるのか、火化されるものについては仏教に影響があるのか、などについて成果を出せなかったとしながらも、東海地方と近畿地方に偏った分布をするこの埋葬方法を、「経済活動に限定しない、地域と地域の交流の積み重ねが互いを発展させ、国家成立に向けての重要な要因にあることの一つの具体例」とした。筆者としては、泉北丘陵窯跡群やその周辺における横穴式木芯粘土室の採用については、渡来系集団説、須恵器工人説[註三]が有力ではないかと考えたい。

このほか、須恵質陶棺は埋葬装置として特徴のあるもので、須恵器窯跡と古墳から出土している（表14）。泉北丘陵窯跡群においては石津川と和田川とに挟まれた栂丘陵の野々井遺跡・野々井南遺跡に出土が多いことが指摘できる（大阪府教一九八七ａ）。また、栂丘陵先端の菱木下遺跡の集落跡からも須恵質陶棺が多く出土している（大阪府教一九八四ｂ）。これらの陶棺は七世紀のものと考えられる。菱木集落跡に近い位置に展開する土壙墓群に関連するものとの見方もあるが、他地域への陶棺の出荷に関わりのある集落と見ることも可能ではないか。いずれにしても、生産地と須恵質陶棺は特定の氏族との関係が推測されている（中村二〇〇四）。

次に、須恵質の有蓋長胴土器棺を用いた古墳として、六世紀末葉の陶器千塚二九号墳（堺市教一九八六ｂ）、七世紀中葉の堺市原山四号古墓（大阪府教一九九〇ａ）や信太千塚古墳群の〇四－〇一八地点遺跡（和泉市教二〇〇五ｂ、歴史館二〇〇九）などが知られている。中西常雄の研究において焼物の棺を土器棺、円筒棺、長胴棺などの様式分類では第三段階（六世紀中葉から七世紀前葉）にあたり、泉北丘陵窯跡群周辺の土器棺については須恵器生産集団との関係を示唆している（中西二〇一四）。

特殊構造の原山四号古墓は須恵器の蓋坏や壺のほかに須恵質の鴟尾を埋納し、特注の土管状須恵器で室を構築する特殊なものである。出土した鴟尾は栂六四号窯跡から出土した鴟尾と接合することができており、窯場で失敗したものをわざわざ埋葬に供した風習の特異性を示している（大阪府教一九七七ａ・一九九〇ａ、泉北考古資料館一九八九、中村二〇一二）。野々井二五号墳では横穴式石室の石材の代わりに特殊な瓦質方筒状土製品を製作して、墓室に用いていることも稀にみるものである（大阪府教一九八七ａ）。

終末期古墳として、七世紀中葉の無袖式塼積墳の牛石古墳群一三・一四号墳が知られている（大阪府教一九七七ａ・一九九〇ａ、奈良文研一九八一）。野々井遺跡ではよく塼が出土し、また当該古墳に近接する位置に栂三〇号窯跡があって、そこで塼が生産されていたことが判明していることから、牛石一三・一四号墳と須恵器工人との関係が説かれている（中村一九九二・二〇〇六）。陶器千塚九三号墳の例などともあわせて考えると、まさしく須恵器工人集団の埋葬の様式といえるであろう。

〔註〕

〔註一〕　和泉向代一号墳の横穴式石室については、『報告書（和泉丘陵一九九二ｂ）』において両袖式の玄室を復元していたが、再検討の結果、右片袖式の平面プランを考えている。これによって復元できる規模は石室長約六・六八メートル、玄室長約三・六八メートル・同幅約二・二メートル、羨道約二・一メートルを想定している（図88参照）。

〔註二〕　六世紀末から七世紀初頭時期の須恵器のほか、鉄鏃、鉄鉾、鉇、鉄斧、馬具などが出土している（大阪府教育庁文化財保護課調査管理グループのホームページから）。

〔註三〕　渡来系集団の存在について、野上丈助が光明池二三四号窯跡（大阪府教一九七四ｂ・一九七六ａ）から出土した須恵質陶棺に注目し、陶棺に刻まれた「伊飛寅　安留白　作」の文字が渡来人の人名であろうと説いている（野上一九七九）。

第三節　土師質陶棺と被葬者の系譜

一　和泉向代一号墳の土師質陶棺の復元と系譜

一　陶棺の出土状況について

槇尾川中流域の池田谷に所在する和泉向代一号墳出土の土師質陶棺について考える。和泉地方では出土例は非常に稀で、当該古墳と富木車塚古墳の二古墳のみである。

まず、陶棺の出土状況について触れておきたい。当該古墳は全長三五メートルの前方後円墳で、後円部と前方部に横穴式石室を設けていて、土師質陶棺は後円部の横穴式石室から出土した。石室はすべて石材が抜き取られていたので正確な規模は不明な点があるが、石室長約六・六メートルの片袖式で、〔註一〕玄室長三・七メートル、同幅二・四メートル、羨道長二・九メートル、同幅一・二メートルの規模で、初葬が土師質陶棺、追葬に木棺を用いた埋葬方法が取られたと考えられる。

陶棺は細かな破片ないし泥状となって、石室の玄室床面上から陶棺出土総数の約八九％が出土した。敷石面の棺台から奥壁近くまでの範囲にほぼ限定される。その位置から棺台に安置されたものではなく、それより奥の奥壁までの空間に埋葬されたものと考えられる。つまり石室への初葬にかかるものと考え、盗掘によって細かく破壊されたものと判断した。陶棺の出土状況は、その破片の少なさから、石室内に陶棺本体が設置されたものではなく、むしろ床面上に陶棺片を敷いたものではないかとの推測も可能であろう。古墳時代後期の横穴式石室や横穴墓の床面に埴輪片を敷き並べた例はいくつか知られている。ただし、陶棺に用いられる陶栓が出土している、そして陶棺や石棺などの棺材を埋葬施設の床面上に敷き並べた例は知られていないことから、やはり棺として石室内に埋葬されたものと考えておきたい。

二　調整方法による分類

出土した陶棺は土師質のもので焼成は良好である。胎土は石英・長石の砂粒が多量に含まれており、雲母も若干みられる。ただ陶棺の外面の一部に、砂粒を含まない緻密な胎土を使用したものがある。色調は大きく分けて黄土色を呈したものと茶褐色を呈したものとがある。また陶棺の表面に赤色、緑色、白色の顔料を塗布していたことがわかる。調整方法は、数種類のハケ目及びナデ等によって器壁面を整えている。陶棺の成形方法については、粘土紐によるものか粘土板によるものか不明瞭である。ただし、陶棺の破断面での観察により、〇・一センチ前後の非常に小さい気泡状の穴を若干みることができる。非常に細かいスサに似たものを、棺成形時に混入させた可能性があることを示唆しておきたい。次に出土した陶棺片の数量は、三〜七センチ角のものが約四八〇点、一〜二センチ角の小片が約一九九〇点を数える。その総重量は約四一キログラムを計る。これらの陶棺片を以上の所見によってA〜G類の六種類に大きく分類することができる。それぞれ陶棺の各部位を示すと考えられる。

【棺蓋】

陶棺A類（図82　1〜15）　A1類（1・2）、A2類（3〜5）、

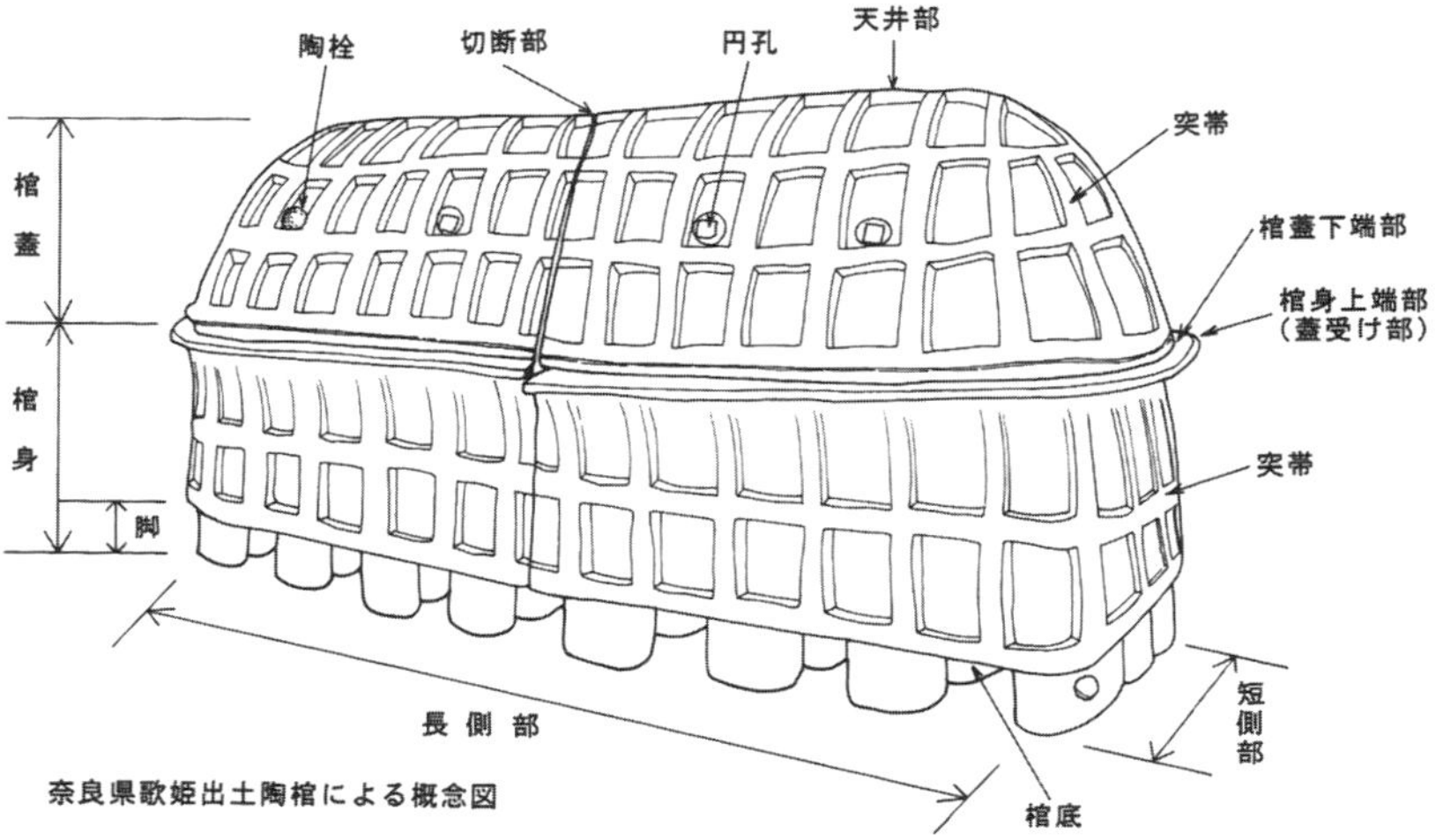

図81　陶棺各部位の名称（和泉丘陵内遺跡調査会 1992 年）

A3類（6）に細分できる。内外面ともに丁寧な調整方法で、棺蓋の部位にあたる。7～15はA類に属すると考えられる棺体から剝落したとみられる突帯である。

A1類は棺蓋下端部にあたると考えられる。底面にはともに木葉痕がみられる。外面の下位には棺蓋下端部にそって一条の直線状の突帯（直線突帯 以下同じ）がのこる。その上位に接するようにU字形に曲る突帯（波状突帯 以下同じ）がつく。2は遺存が良好でないが、1と同じ位置にあたる部位であろう。1・2ともに外全面に赤色顔料が塗布されている。さらに緑色顔料と白色顔料が部分的に遺存している。陶棺下端部の厚さは1が四センチ、2が四・五センチを測る。突帯の幅は約二・五センチで、その高さは約〇・七センチを測る。断面形は台形状を呈する。なお、棺蓋下端面と内面には顔料が塗布された痕跡がみられない。棺蓋の下端部には焼成以前に木葉痕がついており、木の葉の上で棺蓋を成形していたとみられる。

A2類は厚さ約〇・五センチを測る破片である。三点とも端面がのこらない。外面に赤色顔料が塗布されて、その上からさらに白色顔料を塗っている。4は波状突帯が剝落した痕跡があり、その部分には顔料は遺存しない。

A3類は外面で直線突帯と波状突帯とが接する部分で、突帯幅は約二センチ、高さは〇・五センチを測る。外全面に赤色顔料が遺存し、その上面に緑色顔料と白色顔料が遺存する。剝落した突帯のうち13・15は形態、彩色からA1類の直線突帯と考えられる。すべての突帯の断面は台形を呈し、幅約二センチ、高さ約〇・五センチを測る。また赤色顔料を塗布したのちに緑色顔料ないし白色顔料をその上面に施したのがわかる。ただし11は内面にも赤色顔料が遺存している。突帯の内面に彩色されるのは陶棺製作上矛盾をきたすが、遺存しているのが突帯断面及び内面の周囲のみに限定できるので、棺体と突帯との亀裂や隙間などから流れ込んだものであろう。

陶棺B類（図82 16）調整方法がA1類とは異なるが、陶栓をはめ込む円孔の痕跡が見られることから棺蓋とした。外面は縦ハケa、内面は細かい横ハケbを施す。破片外面口縁部に直線突帯がはしる。突帯の幅は二センチ、高

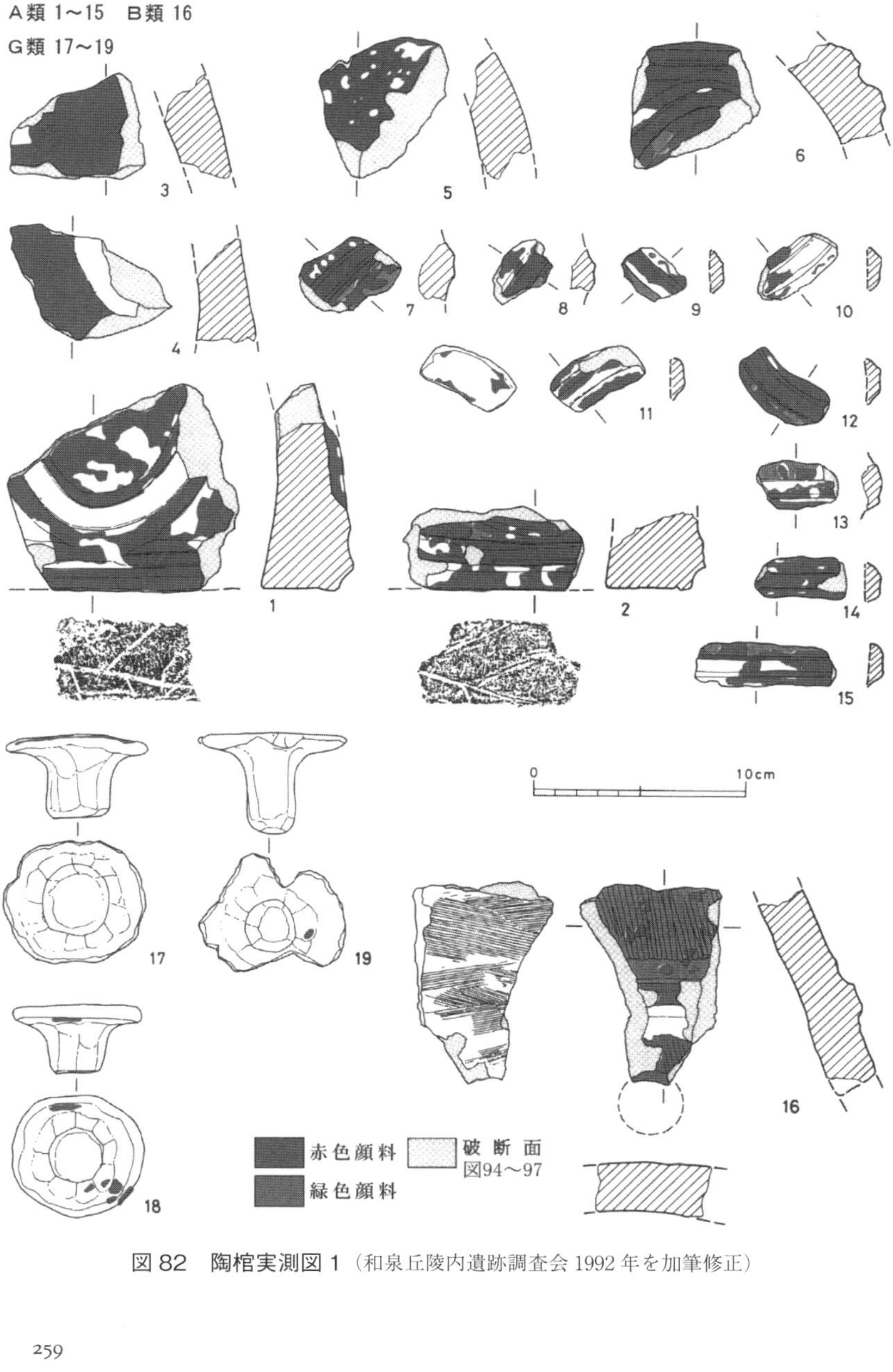

図82　陶棺実測図1（和泉丘陵内遺跡調査会1992年を加筆修正）

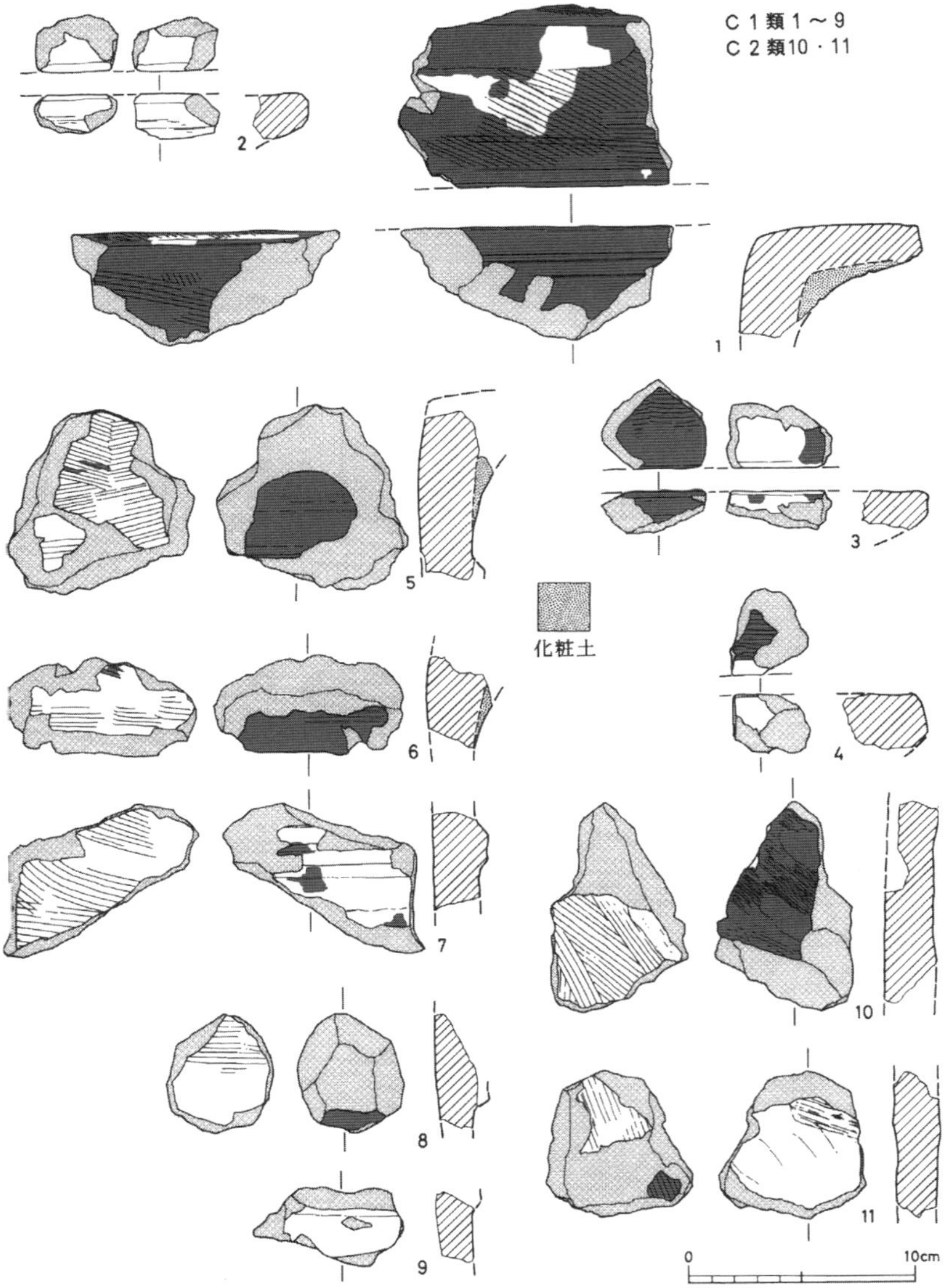

図 83　陶棺実測図 2（和泉丘陵内遺跡調査会 1992 年）

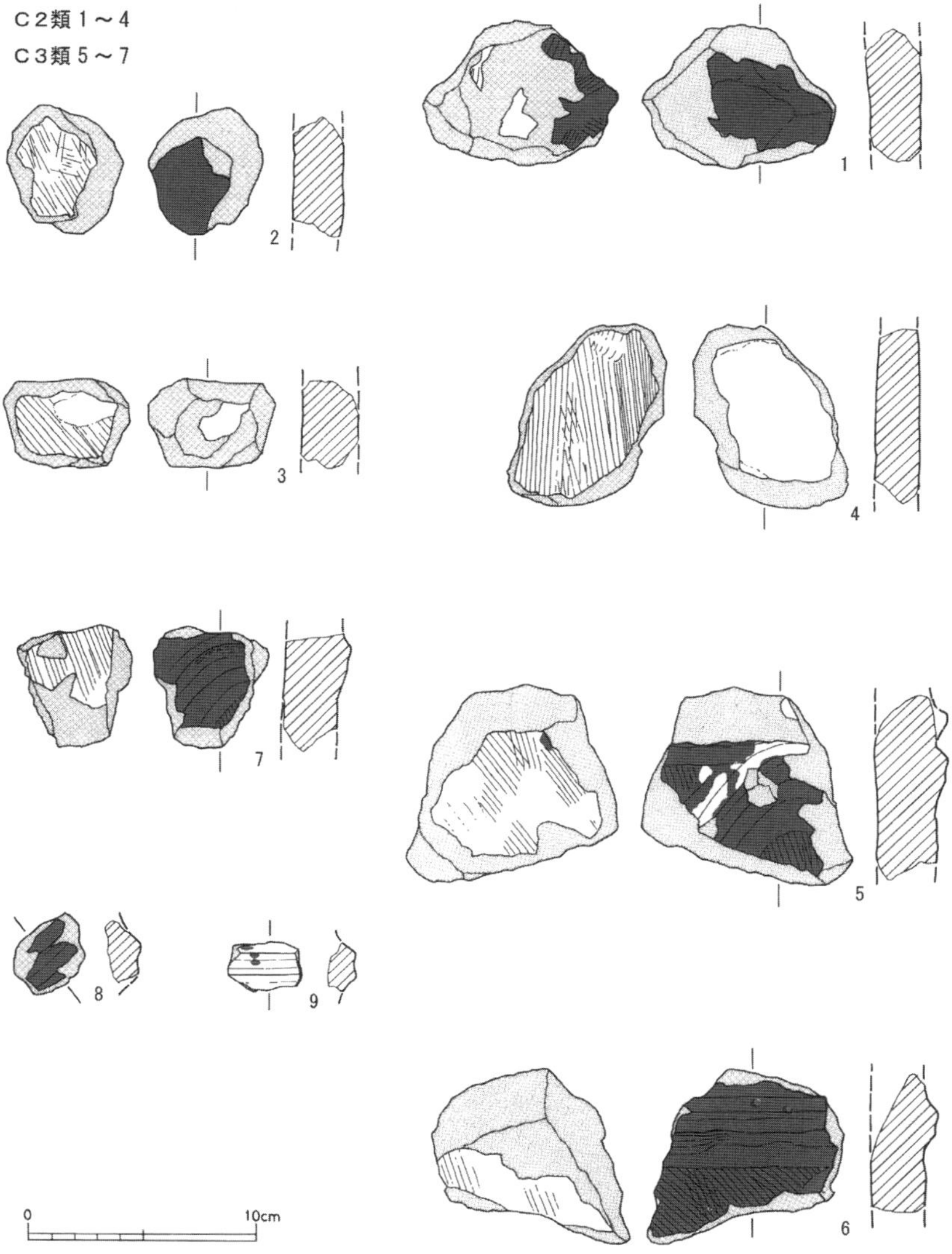

図 84　陶棺実測図３（和泉丘陵内遺跡調査会 1992 年を加筆修正）

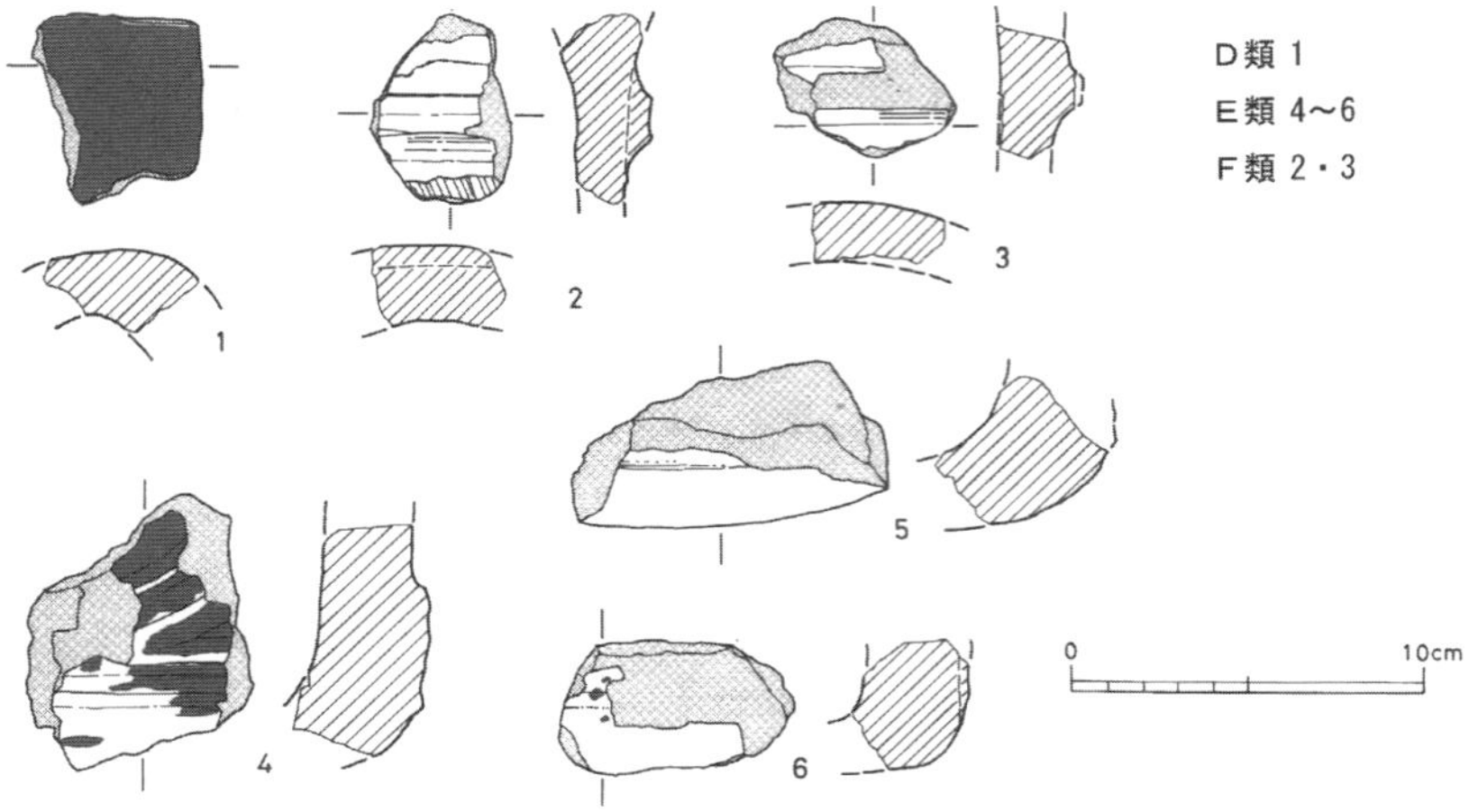

図85　陶棺実測図4（和泉丘陵内遺跡調査会1992年を加筆修正）

さは〇・四センチを測る。下方に円孔の一部がみられる。円孔の直径は復元して約三センチを測る。円孔の内面はナデを施す。破片の縦断面は直線的であるが、横断面はやや内反りを呈する。外面には赤色、緑色、白色の各顔料が良好に遺存する。最初に赤色顔料を塗布したのち、突帯より上位に緑色顔料を、下位に白色顔料を塗り分けている。白色顔料の塗布範囲は陶栓で円孔を塞いだのちに、白色顔料を塗布されたと推測できるが、その陶栓が被っていた箇所には白色顔料は見られない。この陶棺片の破片の厚さは最大で二・五センチを測る。

【棺身】

陶棺C類（図83・84）C類もA類同様に形態及び調整方法の差異からC1類（図83 1～9）、C2類（図83－10・11、図84－1～4）、C3類（図84 5～7）に細分する。このほかC類に属する突帯（図84 8・9）がある。

C1類は棺身上端部（蓋受け部）及びそれに続く部位と考える。棺身上端部は比較的水平に形づくられ端部は平坦面をなす。1の棺身上端部の幅は約七センチを測り、この面は横ハケaを蓋受け部全面に施したのちに、端面付近を中心に横ナデによって仕上げる。2～4は蓋受け端部にあたる。棺身上端部の内面側からほぼ直角に下方へ屈曲し、直線突帯へと続く。屈曲部外面は砂粒をほとんど含まない別の粘土でもって塗り上げたのちに、ていねいに横ナデによって仕上げている。棺内面には横ハケaを施したのち横ナデで仕上げる。

遺物の内外面ともに赤色顔料を塗布しているのが分るが、棺身上端のC2類は厚さ二センチ強の一定した厚みをもってほぼ直線的に下位に向ってのびるもので、外面を縦ハケbの後にナデを施し、内面は縦ハケaを基本として調整する。ただし、外面は一次調整としてやや細かい縦ハケbを施すものもあり、そのあとナデによって仕上げている。顔料については、その遺存状態から内外面ともに赤色顔料が塗布されていたと考えられる。

C3類もC2類同様外面に直線突帯と波状突帯とがのこる。突帯部分はそれにそって横ナデを施す。厚さは5〜7で約二・五センチを測る。内外面ともに縦ハケaを施し、部分的にナデ調整を加えた箇所もある。

陶棺D類（図85　1）　分類した陶棺片のなかで屈曲ないしは曲線を描くものである。外面に突帯がない。厚さ二〜二・五センチを測り、ほぼ直角に屈曲する。内外面ともにナデによって仕上げる。外面に赤色顔料が良好に遺存する。形状から棺蓋の天井部付近の部位も考えられるがよくわからない。

陶棺E類（図85　4〜6）　厚さ二・六〜三・五センチを測る分厚いものである。上方から直線的にのびたのちにほぼ直角に屈曲する。外面には四でみるかぎり直線突帯と波状突帯とが組合っているようである。内外面ともに横ナデとナデを施す。外面に赤色顔料が残る。

陶棺F類（図85　2・3）　陶棺の部位の確定はむずかしいが、脚部の可能性がある。厚さ約一・六センチの陶体の外面に高さ約〇・八センチ、幅約三センチの直線突帯が付く。突帯方向に横ナデを施すが、2は突帯を接合する以前に縦ハケaを施しているのがわかる。ともにゆるやかなカーブを描く。内外面ともに顔料は遺存しない。

陶棺G類（図82　17〜19）　陶棺に伴う陶栓である。直径約七センチ、厚さ約一一センチを測る円盤状の本体に、断面が円形の突出部がつく。突出部は形態に二種類あり、1類（17・18）と2類（19）とに細分できる。1類の突出部は径三センチ、長さ二・五センチ〜三センチを測る。2類は径二・五センチ、長さ四センチを測る。1・2類ともに陶栓全体をナデによって調整する。赤色顔料が部分的にみられるが、本来は全体にわたって塗布されていたと推測されるであろう。

三　陶棺の復元

棺蓋の調整方法は全体をナデによって仕上げることを基本としている。ただしB類には内外面ともにハケ目が観察できる。外面の縦ハケaは棺身の調整方法の一部とも共通しているが、内面の横ハケbはC類など棺身とする破片には全くみられない。この点から横ハケbを施す破片は、棺蓋の一部、たとえば短側部寄りの部位で、二次調整であるナデが省略されたものと考えておきたい。つまり棺蓋は一次調整として外面を縦ハケa、内面に横ハケbが主に施されていたと推定しておく。またA類・B類の外面には白色顔料が遺存しているが、C類・E類には全く遺存していないことも、棺蓋と棺身の分類の判断材料にした。棺身と考えるC類とE類の内外面の調整方法は上位部から下位部へ、外面は基本的に縦ハケaで一次調整し、上位部を横ナデ・ナデによって仕上げる。内面は上位部を横ハケa、下位部をタテハケaで一次調整し、外面の上位部のみ横ナデによって仕上げる。

整理すると、棺蓋・身の内外面ともに先に縦ハケ・横ハケによる調整を行なった後に、最終的に横ナデ・ナデを全体に施して仕上げることを基本としている。しかし、それも棺蓋に部分的に施されたようで、棺身の方は比較的粗く、下部にいたってはその最終調整を省略する傾向がみられた。

顔料による彩色方法は棺蓋外面と棺身の内外面にみられる。まず赤色顔料が施された後に外面の一部に緑色顔料を、次に棺蓋に限って部分的に白色顔料を塗布したと推定できる。

棺の身と蓋との区別の規準としては、端部の全く違う断片から判断した。棺蓋が図82－1と2で、棺身が図83－1からである。棺身とした断片は、畿内で出土する通常の土師質陶棺の蓋受け部とはやや異なっている。蓋受け部の

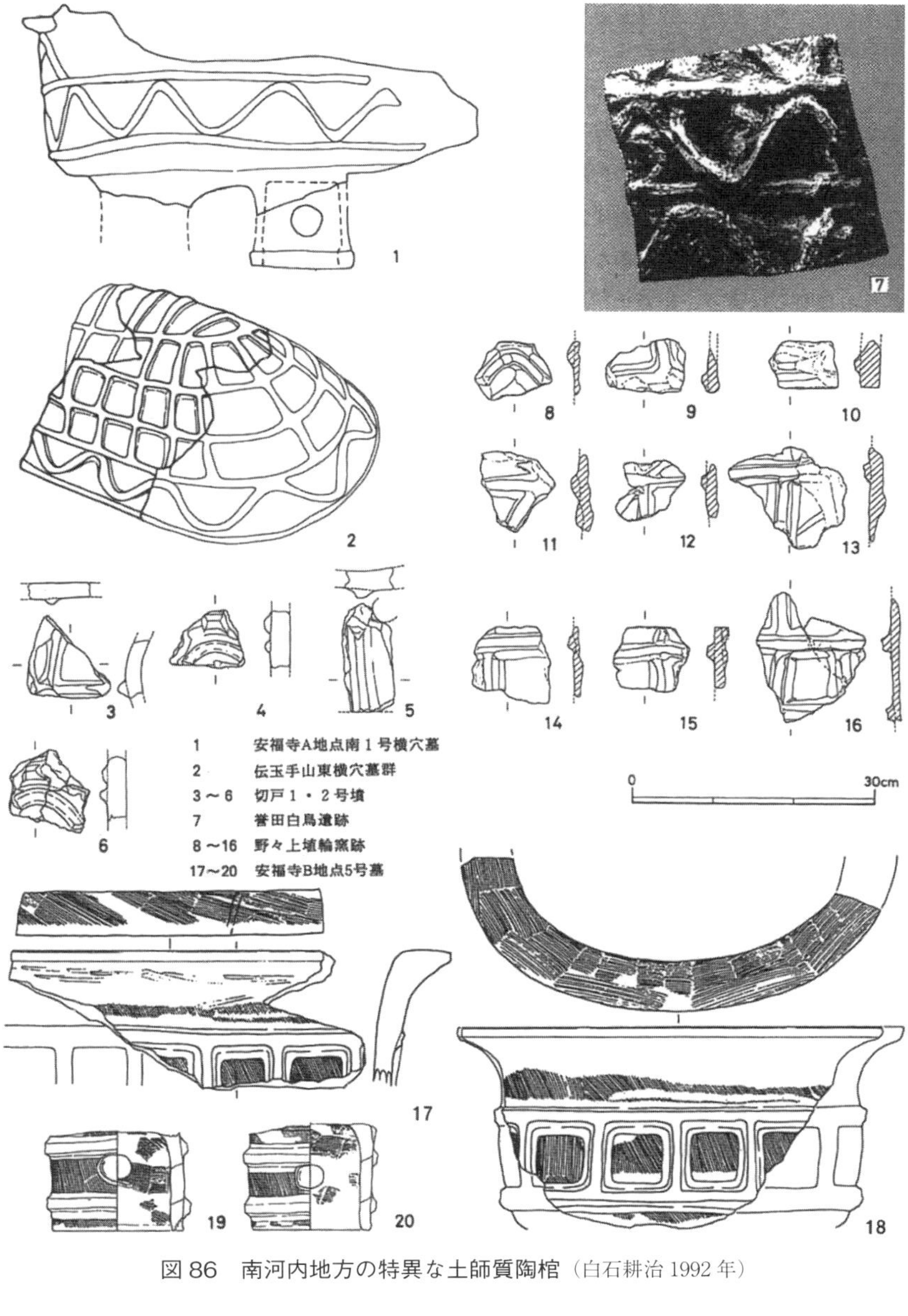

図 86　南河内地方の特異な土師質陶棺（白石耕治 1992 年）

内面側に棺蓋のずれを防ぐためにつくられたと考えられる突帯（段）が巡っている例が多いが、本陶棺のものはそれが無い。この形に酷似する例として柏原市安福寺横穴墓群B地点五号墓出土のもの（柏原市教一九八七、柏原市歴史資料館二〇一七）が挙げられる（図86－17～20）。報告書では棺蓋として説明されているが、そのプロポーションは、棺蓋とは考えにくく、また脚部が五点共伴していることも棺身の可能性が高いことを示していると考える。次に、棺蓋は特殊なものではなく、端面が平坦な一般的な形態をしており、棺身とセットになるものと判断した。陶棺外面の文様構成は二条の直線突帯の間に波状突帯を配するものと推定できる。土師質陶棺の様式に多い亀甲形を想定できそうな突帯が出土していないことが重要である。

さらに、陶棺の胎土は石英・長石の砂粒を多量に含んでおり、また雲母も若干みられる。一部砂粒を含まない箇所がある。製作工程については細片であるのでほとんど不明である。ただし棺身の上端部つまり蓋受け部は粘土の壁体を外側へ折り曲げて、その外面は先の砂粒をほとんど含まないものを貼り付けているのがわかった。なお、色調は概ね棺蓋が明茶色、棺身は暗褐色を呈する。色調にやや違いがみられるが、陶棺焼成時の火のまわり方の違いと思われる。

棺体外面は、突帯と彩色によって飾られている。棺蓋、棺身ともに二条の横方向にはしる直線突帯の間を、一条の波状突帯が直線突帯に接しながら巡っている。よく知られている亀甲形陶棺の直角に交じわる突帯は見られなかった。この陶棺には赤色、緑色、白色の三色の顔料による彩色が施されていることが確認できている。赤色はベンガラ、緑色は緑色を呈する岩石、白色は白土からなっている（安田・森一九九二）。赤色顔料は棺蓋外面、棺身の内外面（棺底は不明）に塗布されている。その上から緑色顔料を外面に部分的に塗布する。図82－6・16などに見られるように、波状突帯と直線突帯とで画された曲線的な山形状の部分にのみ施されたと思われる。白色顔料は先の二色の顔料とは違い、棺蓋と棺身とが接する部分と棺蓋の円孔を設けた部分（図82－16）にのみ見られる。そしてこれは他の顔料の上から塗布している。赤色、緑色の顔料については、奈良県天理市で出土した陶棺にもこの二色で彩色した例（村上・橋本一九七九）があるので、装飾性の高いものであろう。白色顔料は、棺蓋、棺身の接合部分は遺体を納めた後に施されたと考えられる。また円孔の部分は、その性質にも関わる問題でもあるが、他の白色顔料のものと同じ段階に陶栓によって塞いだ後に塗布されたものであろう。

四　波状突帯を有する陶棺例

石川右岸の丘陵上の柏原市安福寺横穴墓群（川端一九五二、柏原市歴史二〇一七）、同市伝玉手山東横穴墓群（柏原市教一九八四、柏原市歴史二〇一七）、羽曳野市切戸一・二号墳（羽曳野市教一九八五）の出土例が挙げられる。安福寺横穴墓群は凝灰岩を基盤層とする丘陵に造られている。総数四〇基を数え、A地点の三五基、B地点の五基の二群に分けられるが、そのうちA地点南群一号墓から三個体の土師質陶棺が出土している。その中で左棺の棺身は波状突帯と直線突帯とを二段に組み合わせている（図86－1）。他の二棺も土師質陶棺で、格子状突帯を有した棺身と特異な形状の棺蓋がある。同じ柏原市玉手山丘陵の東斜面上に三五基からなる玉手山東横穴墓群が展開する。この横穴墓群出土と伝えられる陶棺の蓋が一点ある（図86－2）。棺蓋下端部沿いに波状突帯が一条あり、その上位は天井部まで格子状の突帯が付されている。切戸一・二号墳は鉢伏山の西方、駒ヶ谷に所在する。ともに円墳で横穴式石室を主体部とする。その両石室から土師質陶棺の断片が出土していて、追葬にかかるものと考えられている（羽曳野市教一九八五）。一号墳からは波状突帯と直線突帯の組み合ったものと格子状突帯が四点出土している（図86－3・4・5）。二号墳からは前者が一〇数点出土している（図86－6）。一号墳の陶棺には赤色顔料が遺存しているものがある。

一方、石川左岸では河岸段丘上に位置する羽曳野市誉田白鳥遺跡（大阪府教一九七三b、羽曳野市教一九八一a）

と同市野々上埴輪窯跡群（羽曳野市教一九八一ｂ）から波状突帯を有する陶棺が出土している。誉田白鳥遺跡では三点の断片があり、そのうち二六六区ＳＫ四七一五とする不定形土坑から出土したものが、その文様帯がよく判る（図86－7）。おそらく少なくとも四条の直線突帯の間を三条の波状突帯がそれに接しながら巡っているものと思われる。野々上埴輪窯跡群は古市古墳群のボケ山（仁賢陵）古墳外堤北西隅に位置し、二基が確認されている。土師質陶棺はその窯跡の灰原から多量の埴輪とともに五七点出土している。波状突帯のものと格子状突帯のものとが確認できる（図86－8～16）。陶棺は二基の埴輪窯の本体からは出土していないので、実際に埴輪と同時に焼成されていたのかは結論がでていない（羽曳野市教一九八一ｂ）。以上のようにいくつかの出土例を見ると、間隔約一〇センチ前後の二条の直線突帯の間に、波状突帯を配するものが見られた。また、波状突帯と直線突帯の文様帯は、格子状突帯とともに一個体の陶棺の中でセットとして構成されている場合がある。

五　彩色した陶棺と和泉向代一号墳の陶棺のイメージ

土師質陶棺には彩色を施したものが多く知られているが、そのほとんどが赤色顔料（ベンガラ）のみの単色である。その中で希有な例を示しておく。天理市杣之内古墳群出土と伝えられる陶棺（村上・橋本一九七九、奥山ほか二〇一九）は全長二一二センチ、高さ九五センチ、幅六〇センチを測る。棺蓋・身とも各々に分割されており、三列八行の脚がつく。棺蓋・身の外面には各々二段からなる格子状突帯が巡っている。その格子内に赤色顔料と緑色顔料とを市松模様に塗り分けており、類例は少ない。

あくまでも推測の域を出ないが、諸例を参考にして和泉向代一号墳出土の土師質陶棺を復元すると次のようになる。棺体の形態は、波状突帯と直線突帯を有する陶棺例として安福寺横穴墓群Ｂ地点五号墓出土の棺身や、伝玉手山東横穴墓群出土の棺蓋が参考になる。突帯による文様は、本古墳出土のものに格子状突帯のものが全く確認できていないので、ほとんどが波状突帯ほかからなる文様構成であろう。石川流域から出土した土師質陶棺群は、本古墳の陶棺と次項で述べるとおり年代的にも大きな差がないことも重要な手掛りになる。ただし棺底に付く脚部は確実な部位が出土していないが、陶棺において無脚無底のものは特殊で、出土例は非常に少なく、脚部をもった一般的な陶棺の形態を推定しておきたい。

このようなことから類推して、赤色顔料と緑色顔料を塗り分けて完成させたと考えられる。また、遺体を納めた後に白色顔料を使って部分的に塗りこめられたと考えられる。前掲の天理市出土の陶棺のように棺全体をモザイク風に色分けして装飾していたと想像すれば、本陶棺は非常にカラフルなものであっただろう。[註二]

二　畿内の土師質陶棺の編年と分布

一　編年の試行

畿内における土師質陶棺は先学によっていくつかの型式編年が示されている。その中で代表的な研究を挙げておく。小江慶雄は吉備・畿内両地方出土の陶棺を初めて体系的に細かく型式分類し、その分布密集度によって両地域に伝統的な違いがあり、両分布地内部にも分布密度に著しい粗密があることを示した（小江一九六四）。

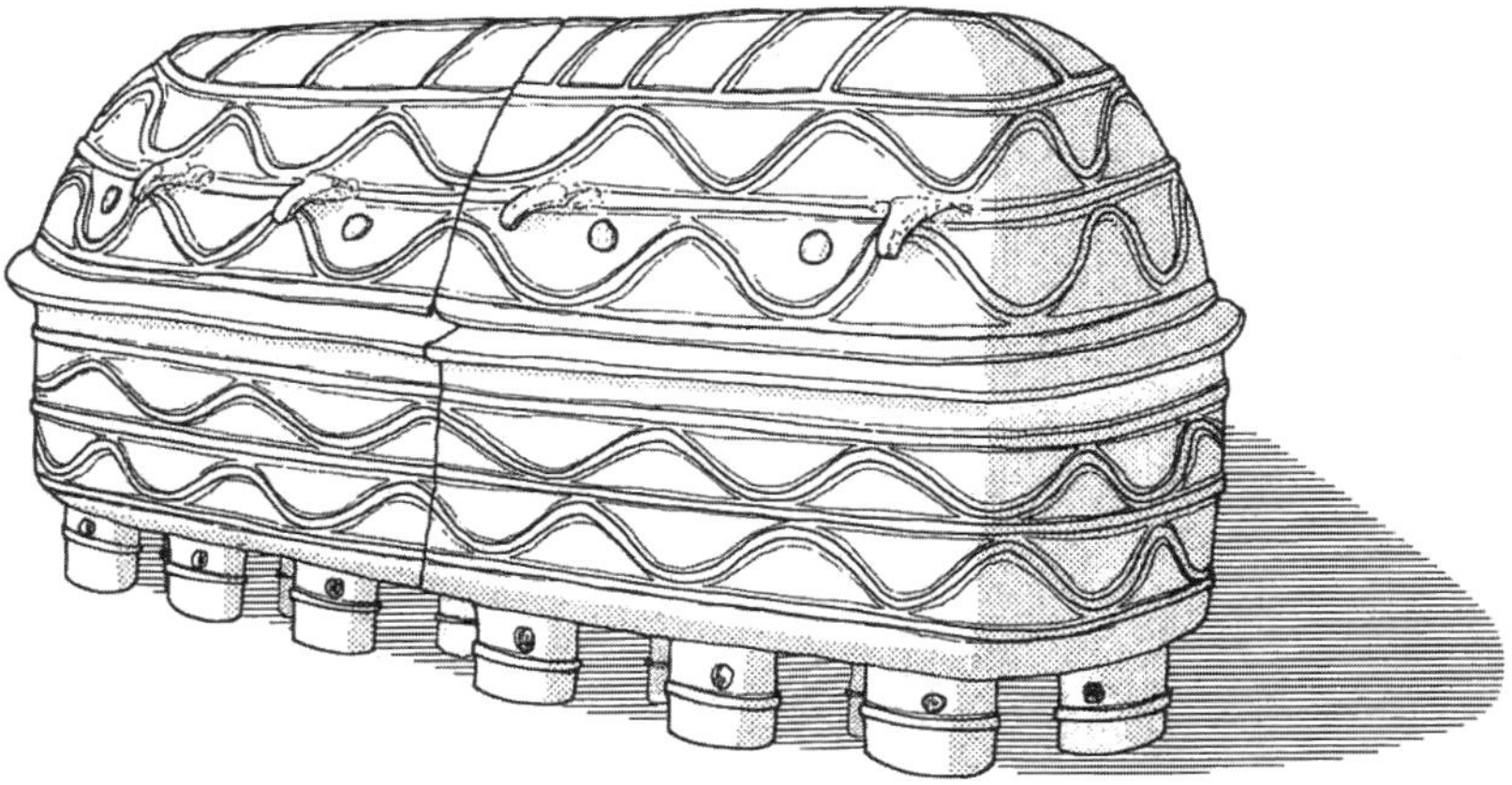

図 87　和泉向代 1 号墳出土の土師質陶棺の復元イメージ（白石耕治 1992 年）

木村泰彦と吉岡博之は山城地方出土の陶棺を集成し、さらに大和地方の土師質陶棺と須恵質陶棺をも含めて、その製作技法や形態の差異から七タイプに分類された。そして畿内で最古の陶棺を歌姫タイプとするが、陶棺の発祥地は吉備美作地方と推定された。土師質亀甲形から須恵質家形四注式[註三]への陶棺の変化は漸次的なものと捉えた（木村・吉岡一九七九）。間壁葭子は陶棺全体をその諸属性によって畿内型と岡山型（美作地方など）に分け、その中で土師質亀甲形、須恵質家形四注式などの細分を行なった。また両地域に共通する特異な突帯を有するものを突帯型として、前二者と合せて三種に分類した。そして突帯型の一部と畿内型の一部の初現は、岡山型より多少先行することを示唆した。また土師質亀甲型から須恵質家形四注式への移行は、家形石棺を模することを指向したものと考えた（間壁一九八三）。

以上の成果においては、土師質陶棺の存続年代は概ね六世紀後葉から七世紀初頭の間でその変遷が考えられてきた。また陶棺の時期的変化を考える上での諸属性の捉え方も、ほぼ同様の認識に至っている。しかしながら本格的な陶棺研究はとりわけ畿内においては少ないと言える。特に、発掘調査によって得られたものが少ないという制約もあって、土師質陶棺が出現する時期やその意義、土師質から須恵質への質的変化の把握など不明な点が多いと思われる。そこで以下では、先学の研究成果を基礎にして、新資料も含めた陶棺の型式編年を整理しておく。ここでは畿内における土師質陶棺をⅠ群・Ⅱ群・Ⅲ群・Ⅳ群に分類して説明する。

二　Ⅰ群

陶棺の外面に付された突帯は波状突帯と直線突帯とを組み合わせたもの（以下突帯aとする）と、格子状突帯のもの（以下突帯bとする）とがある。このほか突帯a・bが共に施された例もある。突帯の幅は五センチ前後の太いものと、二センチ前後の細いものとがあるが突帯aには太いものはない。棺蓋の外面には下方に垂れ下がった把手状・角

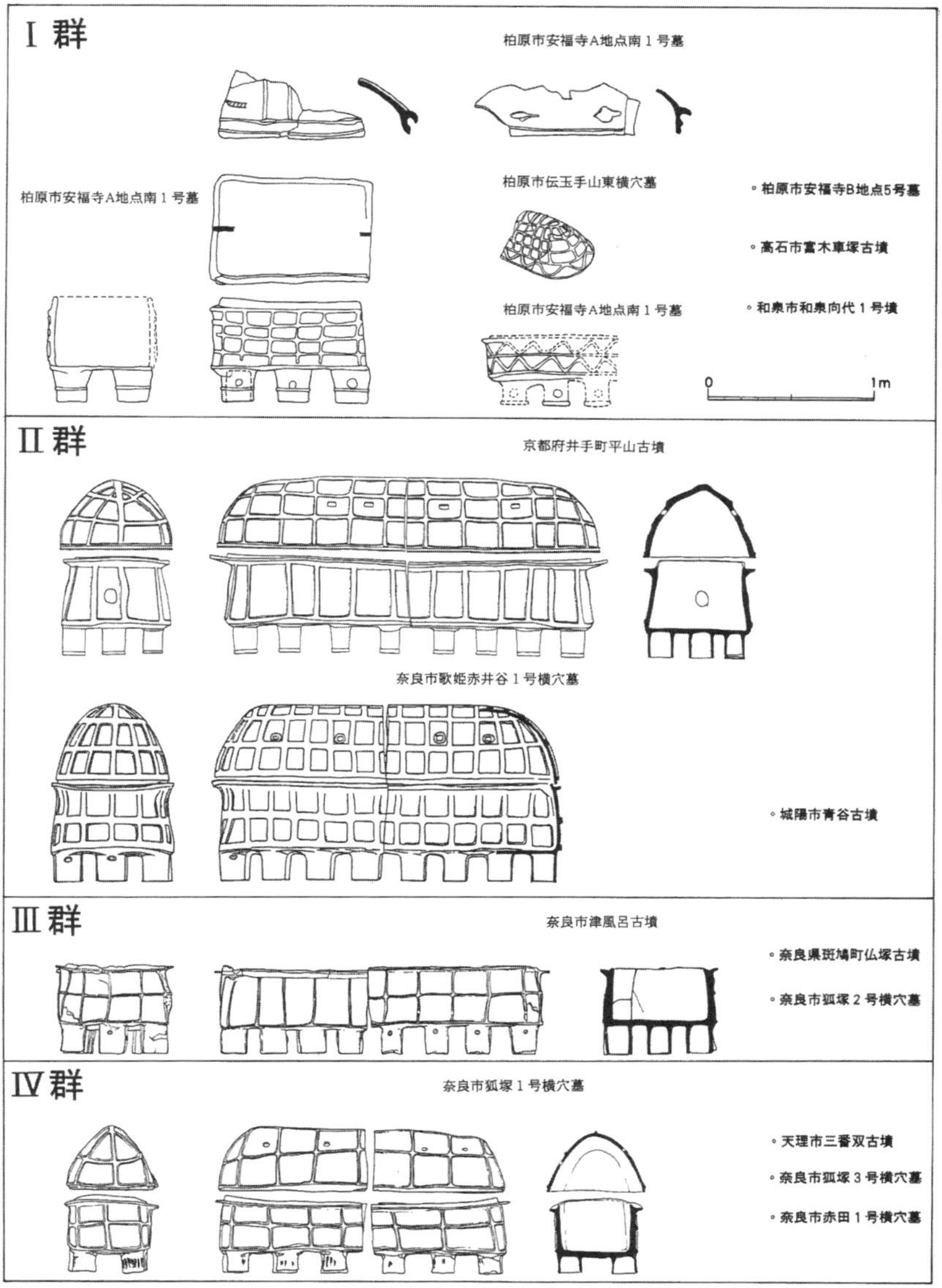

図 88　畿内における土師質陶棺編年図（白石耕治 1992 年）

状ないしは把手状の突起を有するものが多い。棺身上端部（蓋受け部）は水平に張り出すものがあるが、未発達のものや棺身内面側に段をなさないものがみられる。脚部は二列六行で構成され、それぞれの脚部は円筒埴輪のように一～二条の突帯がめぐり、透し孔を穿つ。以上のように突帯の文様構成の多様性、棺体とりわけ棺身の蓋受け部の形態などに見る未発達性、脚部の円筒埴輪への類似性などがⅠ群の最も特徴的な点として挙げられる。

このほか陶棺の平面形は完形の例が少ないので不明な点もあるが、長方形ないし隅丸長方形に形をなす。その長さは推定復元値で二メートルを超えるものはない。高さは棺身に限って言えば、〇・四～〇・六メートルを測る。調整方法はハケの後にナデを施すことが多く、この方法は以後ほとんど変わらない。また土師質陶棺はその中央で二分割されているが、棺蓋の片方の面を印籠口状に形づくるものがみられる。

さて、Ⅰ群としてまとめた陶棺が出土した各遺跡の時期は、以下に示すとおり若干の差があるけれども、ひとつのまとまりとして捉えることができる。柏原市安福寺横穴墓群南群第一号墓（川端一九五二、柏原市歴史二〇一七）は三個体の陶棺が出土した。第一号墓は南南東に開口する長さ三・四三メートルを測るもので、玄室の平面形が横長方形プランを呈する。畿内の横穴墓のその形態変化を整理した花田勝広は南群第一号墓を氏のAタイプの二期（花田一九九〇）に当るとし、泉北丘陵窯跡群における田辺編年（田辺一九八一）による陶器山八五号窯跡に併行するものとしている。先に記述した安福寺横穴墓群B地点五号墓出土の棺身や伝玉手山東横穴墓群出土の棺蓋も棺の形態や波状突帯の外面構成から、Ⅰ期に帰属する。また、外面の突帯の構成からサキ山古墳の陶棺もⅠ期の陶棺に分類できるであろう。

次に、羽曳野市野々上埴輪窯跡群出土例（羽曳野市教一九八一b）がある。ボケ山（仁賢陵）古墳外堤北西隅に位置した二基の窖窯で、多量の埴輪とともに灰原から突帯aを有する陶棺片が出土した。埴輪窯で同時焼成されたものかは断定できないようであるが、灰原内においてはプライマリーな状態であり、この埴輪窯で焼成された可能性が高い。ボケ山古墳外堤築造時に埴輪窯の作業を中止して、その灰原を削平したと考えられている。また埴輪窯の製品はボケ山古墳に供給されたとも推定されている（羽曳野市教一九八一b）。また、古墳の築造時期も田辺編年における陶器山一五型式～高蔵寺一〇型式頃に比定されている（天野一九九二）。出土している埴輪は川西宏幸の編年のV期に当り、六世紀前葉が考えられる（川西一九七八）。

次に、高石市富木車塚古墳の出土例（大阪市美一九六〇、藤原一九六一）が挙げられる。全長約四六メートルの前方後円墳で、後円部に三基、前方部に四基の埋葬施設が存在した。そのうち後円部に位置する右片袖式で、全長七・二メートルを測る横穴式石室の玄室から陶棺が出土した。桂甲・鉾・直刀などの武器武具、轡・杏葉・辻金具などの馬具及び装身具などに伴って陶棺が細片となって出土し、六点が遺存する。そのうち四点を図示しておく（図89）。色調は概ね黄土色・黄茶色を呈し、焼成は良好である。調整は粗いハケの後にナデによって仕上げる方法をとる。突帯は幅の太いものと細いものを共用しているようである。また突帯bで文様構成されていると思われる。1と3の部位はわからない。2は棺蓋と考えられ、突帯の上から角状の突起を取り付けていたとみられる。4は棺身の棺底の一部とみられ、その底面には径約二〇センチの脚部の痕跡がのこる。これらの陶棺片から本来は内外面に赤色顔料を塗布していたことが認められる。ところで富木車塚古墳の横穴式石室は墳丘築造後に盛土を掘り込んで構築されたものと調査結果がでており、当初から石室の構築は予定されていなかったとの考え方が示されている。ただし、古墳の最も有力な被葬者は豊富な副葬品を持った横穴式石室に埋葬された人物であると考えられるので、前方後円墳築造と横穴式石室の構築にはあまり時間的隔りがないものと考えておきたい。[註四]よって石室は墳丘くびれ部から出土した須恵器群の陶器山一五型式～高蔵寺一〇型式に近い時期と思われる。石室内からは高蔵寺四三型式頃の須恵器が三点出土しているが、石室には木棺による追葬が三回以上行なわれた可能性が高く、それが時期差を示しているのであろう。

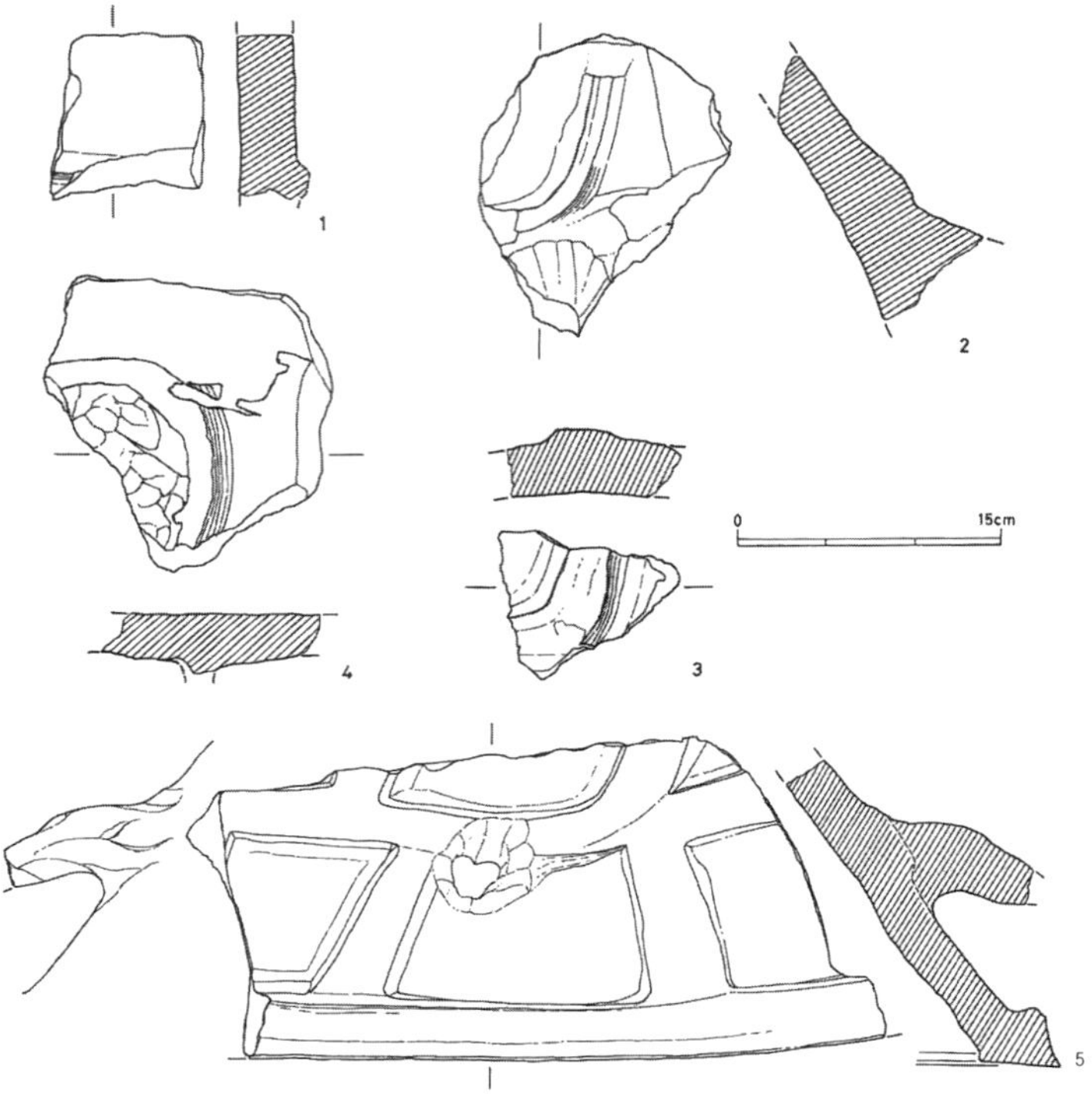

図 89　富木車塚古墳（上・中段）、サキ山古墳（下段）出土の土師質陶棺実測図
（白石耕治 1992 年）

ここで富木車塚古墳出土の陶棺のうち図89－2に類似する出土例を紹介しておく。これは羽曳野市駒ヶ谷古墳群中の后（サキ）山古墳から出土したものである（図89－5）。后山古墳は径一五メートルの円墳で横穴式石室を主体部とし、埴輪を伴うようである（大阪府教一九七一）。資料は棺蓋で、長側部から短側部へ向うコーナー部になる。黄灰色に近く焼成も良好である。全体にナデ調整を行なう。外面に太い突帯bを付し、下向きの角状の突起が一箇所取り付けられている。棺蓋下端部は、その断面形が鳥のくちばし状になる特異な形態である。富木車塚古墳の陶棺を推定する上で参考になろう。

　上記の遺跡のほか、切戸一・二号墳の横穴式石室から出土した資料がある（羽曳野市教一九八五）。ともに円墳である。突帯a・bを有する陶棺で、陶器山八五号窯期～高蔵寺二〇九型式の時期の中で最終時に追葬されたものとされている。しかし、盗掘による撹乱を受けており、陶棺を最終埋葬と断定するにはなお検討の必要があると思われる。

以上から、Ⅰ群は富木車塚古墳の出土例を参考にして、出現の上限を須恵器編年の高蔵寺一〇型式から高蔵寺四三型式までと考えておきたい。

三　Ⅱ群

棺体外面にⅠ群で見られた突帯aは全くなくなる。幅の太い突帯bのみで構成され二段から三段にして貼り付ける。また棺蓋に突起を取り付けた例も極端に少なくなる。棺身の上端部内面にめぐる段や蓋受け部の大きな張り出し方も以後定着する。また脚部の円筒埴輪類似形態もほとんど省略される傾向で、円管状になる。棺蓋に穿たれる円孔も通有化する。このようにⅠ群まで多様性がうかがわれた陶棺が、一般的に呼称されている「亀甲形」として定型化する段階をⅡ群とする。このほかの特徴として脚部は三列八行となり、長さ二メートル以上、高さ一メートル以上の大型化が顕著である。また棺身短側部の断面に逆台形状の傾向がうかがわれる。

Ⅱ群に帰属する陶棺は、京都府井手町平山古墳出土例（井手町教一九八七）がある。南山城の木津川右岸に位置する平山古墳は径約二〇メートルの円墳で、奥壁下端幅で一・八メートルを測る横穴式石室を主体部とする。陶棺は細片となって出土した。また一個体の陶棺を納めた単葬墓と考えられている。陶棺の法量は全長二・三七メートル、高さ一・〇三メートル、棺底幅〇・六六メートルを測る大型品である。棺蓋外面にはその下端部から天井部まで四センチの太い突帯bを三段にわたって貼り付けている。長側部にはそれぞれ四箇所、計八箇所に長方形の孔を穿つ。棺身の外面には蓋受け部下面から下方に縦方向の突帯がのび、棺身側面と棺底との屈曲部に横方向の突帯を配する（以下突帯cとする）。短側部中央には径八《センチ》ほどの円孔がそれぞれ一箇所あけられ、その切り取った粘土板で塞いでいる。脚部の透し孔はみられないが、その底部には幅二《センチ》の突帯がみられる。平山古墳の陶棺は、棺身の突帯bの省略化、脚部にみられる突帯の貼付など、Ⅰ群からⅢ群への過渡的な変化を示している。陶棺と共に出土した須恵器から高蔵寺四三型式に比定できる。

次に、奈良市歌姫赤井谷横穴墓第一号墓の二棺（奈良県教一九五九）が挙げられる。この横穴群は佐紀丘陵の南斜面に位置する。一号墓は天井部が丸いドーム状になり、平面形は縦方向に長方形を呈して、南方に開く。全長五・五《メートル》、奥壁幅一・八八《メートル》、高さ一・八《メートル》を測る。床面には埴輪の破片が敷きつめられ、その上に玄室主軸に対してやや斜めにして二個体の陶棺が納められていた。一つは全長二・一八《メートル》、幅〇・七七《メートル》、高さ一・〇六《メートル》を測る。棺身・蓋の外面の突帯はともに突帯bで構成されている。円孔は計八箇所にあるが、円の部分は浅く抉られて段になり、さらに長方形に内面まで穿たれている。脚の透し孔は何本かにみられるが、突帯はない。その他の形態は平山古墳の陶棺と似ている。他方は棺身のみである。全長二・一八《メートル》、幅〇・七七《メートル》、高さ〇・六三《メートル》を測る。形態は前者とほとんど変わらない。出土遺物のうち須恵器から高蔵寺四三型式〜高蔵寺二〇九型式に比定できそうである。歌姫赤井谷横穴墓群の所在する佐紀丘陵は、たくさんの横穴墓が知られているが、そのうち明治時代に発見された奈良市山陵町出土例（後藤一九二四）、西大寺町出土例（後藤一九二四）もⅡ群に相当するであろう。長さ二《メートル》以上あり、脚は三列一〇行という大型の陶棺である。

京都府城陽市青谷古墳の出土例（小江一九五二、木村・吉岡一九七九）もⅡ群に含まれる。径一四《メートル》、高さ二《メートル》の円墳で、長さ七《メートル》の横穴式石室から出土した。出土須恵器から高蔵寺二〇九型式に比定できる。同じく南山城地方で宇治市伊勢田塚古墳出土の陶棺（伊勢田塚一九七三）は、太い突帯bで構成されて全長二・〇二《メートル》を測る大型品でⅡ群に相当する可能性がある。三分割した棺体の一方を印籠口状にして、Ⅰ群の安福寺横穴墓群出土例にみられた古い形態とも考えられる。しかし、脚部を含む棺底が無く、棺身・棺蓋が一体作りになるなど特異な形態を示し、出土例が少ない。共伴する須恵器もないので時期設定が難しいと言わざるをえない。

これらⅡ群の陶棺は高蔵寺四三型式〜高蔵寺二〇九型式に併行するであろう。

四　Ⅲ群

幅二センチ前後の細い突帯b及び突帯cによって棺体の外面を形成する。ただし棺蓋にはⅡ群のように突帯bが三段に施されたものは今のところない。また棺体全体の突帯の本数も減少し、突帯間の幅も広くなる傾向にある。突帯bの省略化したものが突帯cであろうが、次のⅣ群の段階に至っても両方を併用している例が存在するので、厳密に区分できない。全長は一・八〜二メートル、高さ一メートル以内である。脚部は三列八行で、その形態は円管状を呈する。脚部が三列分あるので棺身の幅はⅡ群とさほど変わらない。全体のプロポーションはⅡ群の小型化したものと言える。指標としたものに奈良市津風呂古墳の陶棺（奈良県教一九七六）がある。佐紀丘陵の西端に位置するこの遺跡は土壙墓と報告されているが、検出状況から横穴墓の可能性が高い。出土した陶棺は棺身のみであった。全長二・一メートル、幅〇・三五メートル、高さ〇・五四メートルを測る。この陶棺の特徴は二分割された棺身の突帯がbと突帯cとでそれぞれ違っており、別々に製作されたものである。陶棺の納められた同一床面上から出土した一括の土器群があり、高蔵寺二〇九型式併行と考えられる。

同じく佐紀丘陵の西縁の南斜面に三基の横穴墓からなる狐塚横穴墓群が所在する。三基の横穴墓は各々等間隔に並んでいる。天井部の形は削平されていて不明だが、その幅は一・八メートル前後で三基とも同規模と言える。三基の横穴墓とも玄室床面に陶棺が納められていて、そのうちの二号墓は歌姫赤井谷二号墓のような配列で二棺ある（奈良市教一九八五）。その奥に置かれたものがⅢ期に相当する。棺身のみ現存し、二分割されたそれぞれは別個のものと考えられている。棺底部外面と脚部下半を除く面に赤色顔料を塗布している。全長一・九メートル、幅〇・六四メートル、高さ〇・五五メートルを測る。なお、この二号墓は初葬段階の床面に埴輪の破片を敷いており、初葬床面を埋めて整地した後に陶棺を置いたとされている。その埴輪敷きの床面から出土した須恵器の壺は高蔵寺四三型式に併行するので、陶棺はそれ以後の所産と考えられる。

　奈良盆地西方の矢田丘陵東斜面に二、三棺の陶棺が出土した仏塚古墳が知られている（橿原考研一九七七）。古墳は生駒郡斑鳩町に所在し、法隆寺の北方約五〇〇メートルの位置である。仏塚古墳は一辺二三メートルの方墳で、南に開口する横穴式石室を主体部とする。石室の現存長九・三六メートル、玄室長三・八六メートル、幅二・一五メートル、高さ二・六五メートル、羨道長五・五〇メートル、幅一・八〇メートルを測る。中世期の再利用のため盗掘を受けており、陶棺は細かく砕けていた。分類の結果、少なくとも二個体の陶棺が考えられている。陶棺に貼り付けられた突帯は突帯bと考えられるが、三センチ弱の太いものと、一センチ強の細いものが含まれており、分類の基準にもなっている。陶棺片の中には赤色顔料が遺存するものがある。出土した須恵器は少ないが、高蔵寺二〇九型式に比定できそうである。また石室の比較研究・墳形などから仏塚古墳の築造は六〇〇年前後と考えられている（河上一九八五）。仏塚古墳出土の二形態の陶棺はⅡ群からⅢ群への過程として理解できるのではないかと推定される。

　上記の三例の他、天理市伝杣之内古墳群出土の彩色を施した陶棺（村上・橋本一九七九）などが挙げられる。Ⅲ群の陶棺は高蔵寺二〇九型式に併行すると考えられる。

五　Ⅳ群

　Ⅱ群から続いて定形化した亀甲形の陶棺が最も縮小化・簡略化する段階である。長さは一・六〜一・八メートル、高さ〇・六メートル前後、突帯は幅の細いもののみで、その本数も少ない。また突帯bと突帯cが見られるが、棺蓋と棺身とでその突帯の構成が異なったものもあり、突帯bと突帯cの差で時期的区別を決し難い。脚部は二列六行となって本数が減少し、そのため棺身の幅は狭くなる。陶棺全体に施される調整方法はハケの後にナデで整えるという方法をこの段階においても踏襲している。ただナデを省いてハケ目が観察できるものがⅢ群以降多くなる。

Ⅳ群の指標資料の陶棺には、先に述べた奈良市狐塚横穴群の一号墓出土の資料がある（奈良市教一九八五）。陶棺は横穴墓玄室主軸上の床面に置かれていた。全長一・七三メートル、幅〇・五七メートル、高さ〇・八五メートルを測る。棺身、棺蓋とも突帯bを貼り付けている。円孔は長側部にそれぞれ四箇所みられる。脚部は二列六行である。陶棺には赤色顔料を塗布した痕跡がある。共伴遺物に須恵器がある。床面から高い位置で出土しているので攪乱を受けていると考えられるが、高蔵寺二〇九型式を示している。同横穴墓群の二号墓の一棺、三号墓の一棺も一号墓の陶棺と同形態のものだが、棺身の突帯だけが、ともに突帯cで構成されている。

同じく佐紀丘陵の奈良市赤田横穴墓群出土の陶棺（奈良市教一九八四）もⅣ群になる。二基の横穴墓が並んで南へ開口する。そのうち一号墓の玄室床面上から主軸と平行に陶棺が出土した。一号墓の規模は奥壁に向って広がる長台形を呈する玄室を持ち、全長四・三二メートル、幅二・四四メートルを測る。天井部は尖頭アーチ形で高さ一・九メートルを測る。陶棺の棺身は突帯bで構成され、脚部は二列六行である。全長一・八四メートル、幅〇・六五メートルを測る。蓋はほとんど破壊されているので全体の形態はわからないが、復元すると脚部から天井部まで約〇・八メートルとしている。棺底外面、脚部下半、棺蓋内面を除く全面に赤色顔料を塗布する。またこの陶棺とは全く別個の破片も出土しているので、二棺以上が存在した可能性もあるとされている。遺物は須恵器、土師器、鉄鏃が出土しているが、玄室内のものは原位置を保っていないようである。しかし、奈良時代の土器を除けば、須恵器編年の高蔵寺二〇九型式から高蔵寺二一七型式にかけての時期に比定できよう。

天理市竹之内地区三番双古墳出土の陶棺（後藤一九二四）も、Ⅳ群と推定される。二列六行の脚部を有し、棺体

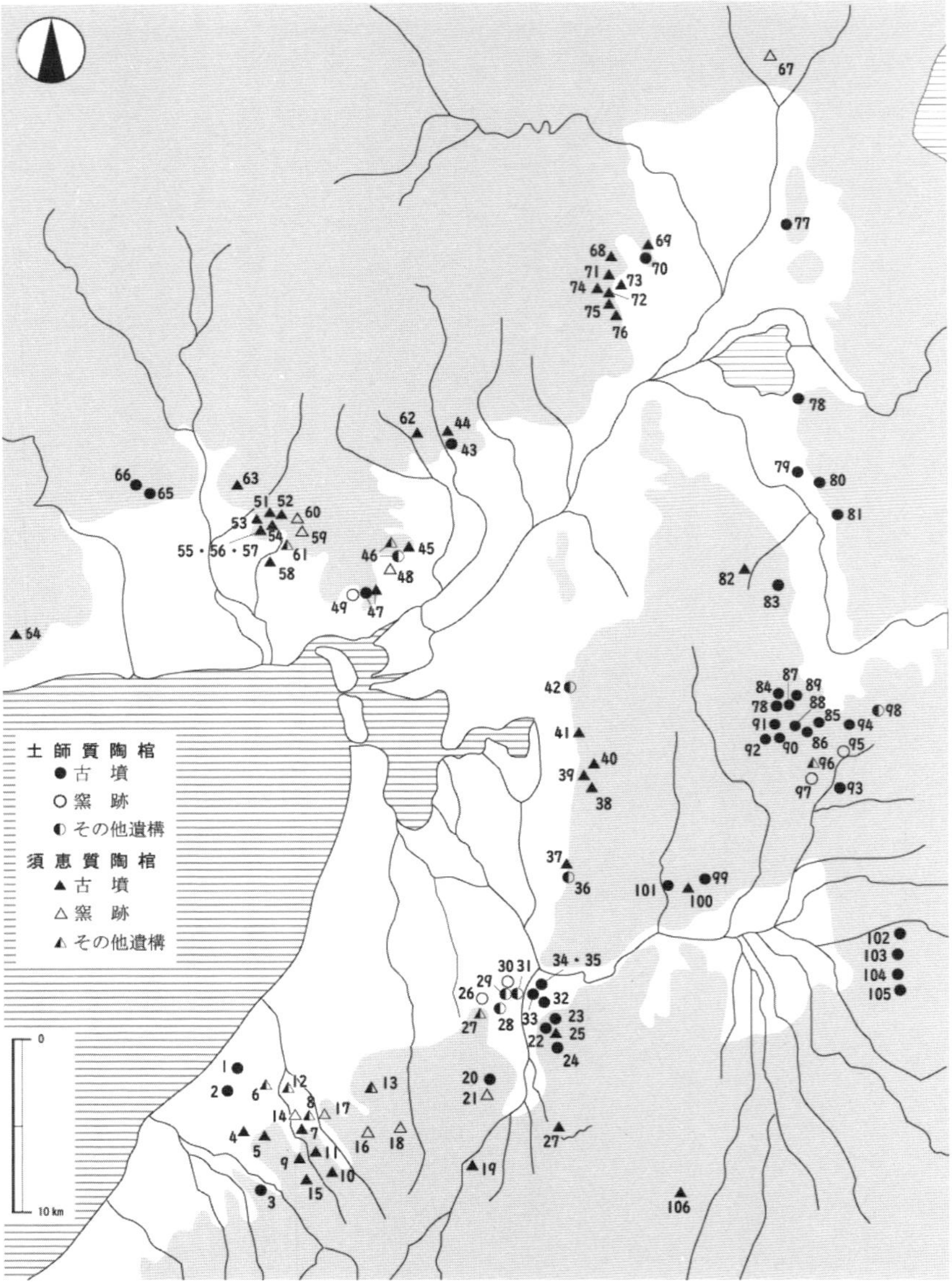

網点は標高 50m 以上の地形

図 90　畿内の陶棺出土分布図（白石耕治 1992 年を加筆修正）

は突帯bで構成されている。三番双古墳は全長約五・五メートルを測る横穴式石室で豊富な副葬品が出土している。[註五]

このほか、奈良市西大寺町の横穴墓とみられる遺構から出土した陶棺は二列六行の脚部を有し、長さ一・五メートル、幅〇・四五メートル、高さ〇・八四メートルを測る（後藤一九二四）。棺身は突帯cと見られるが、棺蓋は突帯bの縦方向の突帯を省略したものである。棺蓋の片方の短側面のみに把手状の突起が遺存しているようで、古い様相がのこっている。畿内周辺の南近江地域でも土師質陶棺が出土している。琵琶湖南端で瀬田川右岸の大津市若松神社境内古墳の陶棺（滋賀県教一九七四）は小型の二行六列で、棺身上端部の幅が縮小するなど小型化がすすみ、棺身には突帯を付さない簡略したものである。横穴式石室の初葬に係る陶棺で、高蔵寺二一七形式に比定できる。Ⅳ群は以上のように高蔵寺二〇九型式から高蔵寺二一七型式に比定できそうである。

畿内を中心に土師質陶棺をⅠ～Ⅳ群に分類して概観してきたが、それを須恵器編年に対応して以下のように整理しておく。

◎Ⅰ群　突帯a・bで構成される棺体はその形態に多様性があり、高蔵寺一〇型式から高蔵寺四三型式に比定できる。ただし、今後の検討によっては上限を下げる必要がある。さらにⅠ群の形態の多様性は、地域的な特徴として捉えることも可能である。

◎Ⅱ群　亀甲形陶棺として定形化し、大型化が図られる。主として突帯bでもって構成され、全長二メートル以上で脚部は三列八行以上となる。高蔵寺四三型式から高蔵寺二〇九型式に比定できる。

◎Ⅲ群　定型化後の陶棺は縮小化、簡略化が現われ、突帯cも多くなる。高蔵寺二〇九型式に比定できる。

◎Ⅳ群　最も陶棺の縮小・簡略化が進み、土師質陶棺の終焉の段階である。脚部は二列六行がほとんどである。高蔵寺二〇九型式から高蔵寺二一七型式に比定できる。

表14　畿内の陶棺出土地名表（白石耕治1992年）

		遺　跡　名	所在地	遺跡	構造等	陶棺の種類	文献（年）
和泉	1	富木車塚古墳	高石市西取石	前方後円墳	横穴式石室	土師質亀甲形・波状形	大阪市美1960、白石1992
	2	大園遺跡	高石市西取石	集落	埴輪窯	土師質（埴棺）	高石市教2022
	3	和泉向代１号墳	和泉市いぶき野	前方後円墳	横穴式石室	土師質波状形	白石1992
	4	（出土地不明）	和泉市黒鳥町			須恵質家形四注式	斉藤他1949
	5	阿闍梨池西古墳	和泉市小田町	土壙墓？		須恵質家形四注式	泉大津高校1961・2006
	6	鶴田池東遺跡	堺市西区	集落	落ち込み	須恵質家形四注式	堺市教1993
	7	野々井25号墳	堺市南区	円墳	横穴式陶室	須恵質家形四注式	大阪府教1987a
	8	野々井・野々井南遺跡	堺市南区	集落	土坑、溝他	須恵質家形四注式	大阪府教1987a
	9	檜尾塚原２号墳	堺市南区	円墳	横穴式石室	須恵質家形四注式	大阪府教1990a
	10	牛石３号墳	堺市南区		横穴式石室	須恵質家形四注式	森1956b・1978、大阪府教1977a
	11	牛石10号墳	堺市南区		横穴式石室	須恵質家形四注式	森1978、大阪府教1977a・2024
	12	菱木下遺跡	堺市西区	集落	土坑・溝他	須恵質家形四注式	大阪府教1984b
	13	陶器南遺跡・陶器遺跡	堺市中区	集落	土坑	須恵質家形四注式	大阪府教2004・2006
	14	TG226－Ⅰ・Ⅱ号窯跡	堺市南区	須恵器窯跡	灰原	須恵質家形	大阪府教1987a
	15	KM34号窯跡	堺市南区	須恵器窯跡	灰原	須恵質家形	大阪府教1976a
	16	TK36-Ⅰ号窯跡	堺市南区	須恵器窯跡	窯体	須恵質家形四注式	大阪府教1979
	17	TK77号窯跡	堺市中区	須恵器窯跡		須恵質家形	大阪府教1963
	18	MT79号窯跡	大阪狭山市西山台	須恵器窯跡		須恵質家形四注式	大阪府教1963
河内	19	彼方古墳	富田林市彼方	円墳	採集	瓦質家形四注式	富田林市1985
	20	美具久留御魂神社裏山４号墳	富田林市宮町	円墳	採集	土師質亀甲形	富田林市1985
	21	オガンジ池瓦窯跡	富田林市中野	瓦窯	灰原	瓦質棺	富田林市2003
	22	切戸１号墳	羽曳野市駒ヶ谷	円墳	横穴式石室	土師質亀甲形・波状形	羽曳野市教1985
	23	切戸２号墳	羽曳野市駒ヶ谷	円墳	横穴式石室	土師質亀甲形・波状形	羽曳野市教1985
	24	后山古墳（駒ヶ谷古墳群）	羽曳野市駒ヶ谷	円墳	横穴式石室	土師質亀甲形	大阪府教1971
	25	飛鳥千塚古墳群	羽曳野市駒ヶ谷	円墳		須恵質家形四注式	後藤1926

河内	26	野々上埴輪窯跡群	羽曳野市野々上	埴輪窯	灰原	土師質亀甲形	羽曳野市教 1981b
	27	矢倉古墳（野々上遺跡）	羽曳野市野々上	古墳	周濠	須恵質陶栓	羽曳野市教 1988
	28	誉田白鳥遺跡	羽曳野市白鳥	集落	土壙他	土師質亀甲形、他	羽曳野市教 1981a
	29	土師の里遺跡	藤井寺市道明寺	集落	土坑	土師質亀甲形	大阪府教 1978 d
	30	土師の里埴輪窯跡群	藤井寺市道明寺	窯跡	落ち込み	土師質波状形	藤井寺市教 2001、近つ博 2019
	31	盾塚古墳	藤井寺市道明寺	前方後円墳	周濠	土師質亀甲形	大阪府教調査 1992
	32	伝玉手山東横穴群	柏原市旭ヶ丘	横穴墓		土師質亀甲形・波状形	柏原市教 1984
	33	安福寺横穴群Ａ南群第１号墓	柏原市玉手町	横穴墓		土師質亀甲形・波状形	川端 1952、大阪府 1934・73c
	34	安福寺横穴群Ｂ第５号墓	柏原市玉手町	横穴墓		土師質亀甲形	柏原市教 1987
	35	安福寺横穴群	柏原市玉手町	横穴墓		須恵質家形四注式	前田 2015
	36	高安千塚古墳群	八尾市山畑		採集	土師質　脚部	原田他 1796
	37	山畑天神山古墳	八尾市山畑	円墳	横穴式石室	須恵質家形四注式	後藤 1926、1923 他
	38	墓尾１号墳	東大阪市上石切町		横穴式石室	須恵質家形四注式	上田他 1960
	39	墓尾２号墳	東大阪市上石切町		横穴式石室	須恵質家形四注式	上田他 1960
	40	墓尾３号墳	東大阪市上石切町	方墳	横穴式石室	須恵質家形四注式	上田他 1960
	41	堂山３号墳	大東市寺川		横穴式石室	須恵質家形四注式	大阪府教 1973 d 、1994c
	42	墓谷古墳群	大東市北条		採集	土師質亀甲形	大東市教 1987
摂津	43	塚原Ｂ群 29 号墳	高槻市西原	円墳	横穴式石室？	土師質亀甲形	高槻市 1973、免山 1974
	44	塚原Ｂ群５号墳	高槻市西原	円墳		須恵質家形四注式	免山 1974
	45	似禅寺裏山古墳	吹田市長野東		採集	須恵質（土師質）家形	吹田市 1974・75・81・90
	46	山田下・新芦屋	吹田市山田下		採集	土師質波状・須恵質家形	吹田市 1981
	47	原町陶棺墓	吹田市原町		土壙墓他	土師質波状・須恵質家形	吹田市 1981
	48	吹田窯跡群１号窯	吹田市岸部北	須恵器窯		須恵質	鍋島他 1974、吹田市 1981
	49	吹田窯跡群 37 号窯	吹田市上山手町	須恵器窯		須恵質（土師質）	鍋島他 1974、吹田市 1981
	50	御神山古墳	豊中市蛍池南	古墳	埴棺	土師質（埴棺）	豊中市 2005
	51	防潮塚古墳	豊中市永楽荘	円墳	横穴式石室	須恵質家形四注式	豊中市 1961
	52	金塚古墳	豊中市永楽荘	円墳	横穴式石室	須恵質家形四注式	豊中市 1961

		遺　跡　名	所在地	遺跡	構造等	陶棺の種類	文献（年）
摂津	53	岸本塚古墳	豊中市永楽荘	円墳	横穴式石室	須恵質家形四注式	豊中市 1961
	54	出土地不明（太鼓塚古墳群）	豊中市永楽荘			須恵質家形四注式	豊中市 2005
	55	中井山 1 号墳	豊中市永楽荘			須恵質家形四注式	豊中市 2005
	56	中井山 3 号墳	豊中市永楽荘	円墳	横穴式石室	須恵質亀甲形・家形	豊中市 2005
	57	中井山 4 号墳	豊中市永楽荘			須恵質家形四注式	豊中市 2005
	58	宮山北塚古墳	豊中市本町	-	横穴式石室	須恵質家形四注式	豊中市 1961
	59	桜井谷窯跡群 2-25 号窯	豊中市	須恵器窯		須恵質家形四注式	豊中市・少路遺跡団 1983
	60	桜井谷窯跡群 2-17 号窯	豊中市	須恵器窯		須恵質亀甲形	豊中市・少路遺跡団 1983
	61	野畑春日町遺跡	豊中市春日町			須恵質家形	豊中市 1987
	62	桑原Ａ -3 号墳	茨木市桑原	円墳	横穴式石室	須恵質家形四注式	大阪府教 2008
	63	五月ケ丘古墳	池田市五月丘	円墳	横穴式石室	須恵質家形四注式	池田市教 1980
	64	八十塚古墳群	芦屋市朝日ヶ丘町		横穴式石室	須恵質家形四注式	芦屋市教 1959、関西大学 2002
	65	平井古墳群	宝塚市切畑長尾山			須恵質家形四注式	宝塚市 1975・77、兵庫県 1992
	66	山本古墳群	宝塚市山手台		横穴式石室	須恵質家形四注式	宝塚市 1977、前田 2017
山城	67	深泥池東岸窯	京都市左京区松ヶ崎	須恵器窯	灰原	須恵質家形・亀甲形	京都大学考古学研究会 1992
	68	石見上里古墳	京都市西京区大原野	円墳	横穴式石室	須恵質家形四注式	島田 1926、吉岡他 1979
	69	（恵美須山）	向日市物集女町				梅原 1919、後藤 1926
	70	（五塚原）	向日市寺戸町大平			土師質亀甲形・家形	梅原 1923、後藤 1926
	71	芝 12 号墳	長岡京市井ノ内頭本	円墳	横穴式石室	須恵質家形四注式・2 棺	吉岡他 1979、長岡京市 1991
	72	北平尾 1 号墳	長岡京市今里北平尾	円墳	直葬	須恵質家形四注式	吉岡他 1979、長岡京市 1991
	73	北平尾 2 号墳	長岡京市井ノ内		横穴式石室	須恵質亀甲形	東京博 1989、長岡京市 1981
	74	北平尾 3 号墳	長岡京市		横穴式石室？	須恵質家形四注式	吉岡他 1979、長岡京市 1991
	75	光明寺 1 号墳	長岡京市粟生西条		直葬	須恵質家形四注式	堤他 1968、長岡京市 1991
	76	（川原谷南方）	長岡京市		横穴式石室	須恵質家形四注式	後藤 1926、長岡京市 1991
	77	本多山古墳	京都市東山区本多山	円墳	横穴式石室？	土師質亀甲形	木村 1938、吉岡他 1979
	78	伊勢田塚古墳	宇治市開町		直葬	土師質亀甲形	伊勢田塚調査会 1973
	79	冑山 5 号墳	城陽市観音堂		横穴式石室？	土師質亀甲形	平良 1975

山城	80	青谷古墳	城陽市青谷芦原	円墳	横穴式石室	土師質亀甲形	小江 1952
	81	平山古墳	綴喜郡井手町多賀	円墳	横穴式石室	土師質亀甲形	井手町 1987
	82	下司1号墳	綴喜郡田辺町普賢寺	円墳	横穴式石室	須恵質家形四注式	同志社大学 1985
	83	鞍岡山1号墳	相楽郡精華町下狛	円墳	直葬	土師質亀甲形	吉岡他 1979
大和	84	津風呂古墳	奈良市津風呂町	横穴墓？		土師質亀甲形	橿考研 1976
	85	歌姫赤井谷横穴群	奈良市歌姫赤井谷	横穴墓		土師質亀甲形・2棺	奈良県教 1959
	86	（山陵町上畑）	奈良市			土師質亀甲形	田村 1933
	87	狐塚横穴群	奈良市山陵町	横穴墓		土師質亀甲形・5棺	田村 1933、奈良市教 1985
	88	（山陵町御陵前）	奈良市山陵町	横穴墓		土師質亀甲形	後藤 1924・26
	89	（秋篠町）	奈良市秋篠町			土師質亀甲形・3棺	田村 1933、中西 1991
	90	（西大寺新堂・新堂寺）	奈良市西大寺町	横穴墓		土師質亀甲形・3棺	森口 1905、後藤 1924、末永 1935
	91	赤田1号墳	奈良市秋篠三和町	古墳	横穴式石室	土師質亀甲形	奈良市教 2016
	92	赤田横穴群	奈良市西大寺赤田町	横穴墓		土師質亀甲形・10数棺	後藤 1924、奈良市 1984・2016
	93	（大安寺付近）	奈良市大安寺町				後藤 1924
	94	（法蓮町境目谷）	奈良市法蓮町		直葬	土師質亀甲形	奈良県教 1959
	95	平城宮東院地区	奈良市法華寺町	平城宮	埴輪窯	土師質	奈良文研 1995・近つ博 2019
	96	平城宮 6ABX 区	奈良市佐紀町	土坑	SK1949	須恵質家形四注式	奈良文研 1978
	97	菅原遺跡、菅原東遺跡	奈良市菅原町			土師質亀甲形	
	98	（奈良公園）	奈良市			土師質（須恵質）	
	99	仏塚古墳	生駒郡斑鳩町	方墳	横穴式石室	土師質亀甲形・3棺	橿考研 1977a
	100	竜田御坊山3号墳	生駒郡斑鳩町		横口式石槨	瓦質家形四注式	橿考研 1977b、奈良文研 1981
	101	竜田山	生駒郡平群町	土坑		土師質亀甲形	橿考研 1972
	102	伝杣之内古墳群出土	天理市杣之内町			土師質亀甲形	村上他 1979、白石 1992
	103	三番双古墳	天理市竹之内		横穴式石室	土師質亀甲形	後藤 1924、白石 1995
	104	（天理市萱生）	天理市萱生町			土師質亀甲形	後藤 1924、天理市 1977
	105	（西乗鞍古墳）	天理市杣之内町				天理市 1977
	106	櫛羅古墳群	御所市櫛羅岸野			須恵質家形四注式	山中 1906

六　土師質陶棺の出土分布とその傾向

畿内における土師質陶棺の集中分布地として、石川下流域を中心とした南河内地域と、佐紀丘陵一帯の北大和地域は以前からよく知られている。この二大集中地区を除けば、他は散在するような形で分布する状況である。さて、前項で土師質陶棺をⅠ～Ⅳ群に分類したが、次にその結果をもとに各群にどのような分布推移が示されるのかを、分布図に示しながら概観してみたい（図91）。

まず、Ⅰ群に分類した陶棺は南河内地域と泉北地域にのみ分布が認められる。特に石川下流域にその密度が高いのが理解できる。野上丈助は誉田白鳥遺跡の集落内で陶棺片が出土することからも、付近で陶棺を製作していたと考えていた。石川左岸に陶棺を製作したと思われる窯跡（野上一九七七）と、右岸に陶棺を納めた横穴墓群や横穴式石室を主体部とする古墳群が所在している。製作地と供給先が有機的にまとまって群在しているのである。その編年観においても、最古の陶棺として捉えることができるものを含んでおり、石川下流域が畿内における陶棺発祥の地として考えられる。

一方、泉北地域は富木車塚古墳と和泉向代一号墳の二例のみである。和泉向代一号墳の陶棺は突帯ａによる構成や棺形態から南河内地域のものと類似性が高いことは、先にその陶棺復元の際に類例を示したことからも推測できるであろう。形態学的とは別に奥田尚の胎土分析の結果、南河内の石川下流域を中心とした土師の里遺跡などの土器・埴輪と和泉向代号一号墳の陶棺とが非常に近い組成を示す胎土であることが判明した（奥田一九九二）。また、一方の陶棺集中地の佐紀丘陵のものとは全く異なる分析結果であった。泉北・南河内・北大和という限られた地域での比較検討ではあるが、和泉向代一号墳の陶棺はまず泉北地方で製作されたものではないと考えられそうである。同じく富木車塚古墳の陶棺も、形態が南河内の后山古墳の例と似ている点も注目できる。このⅠ群の分布地点の粗密から考えて、富木車塚古墳の陶棺も南河内地域での製作とも考えていた。しかし、大園遺跡での最新の発掘調

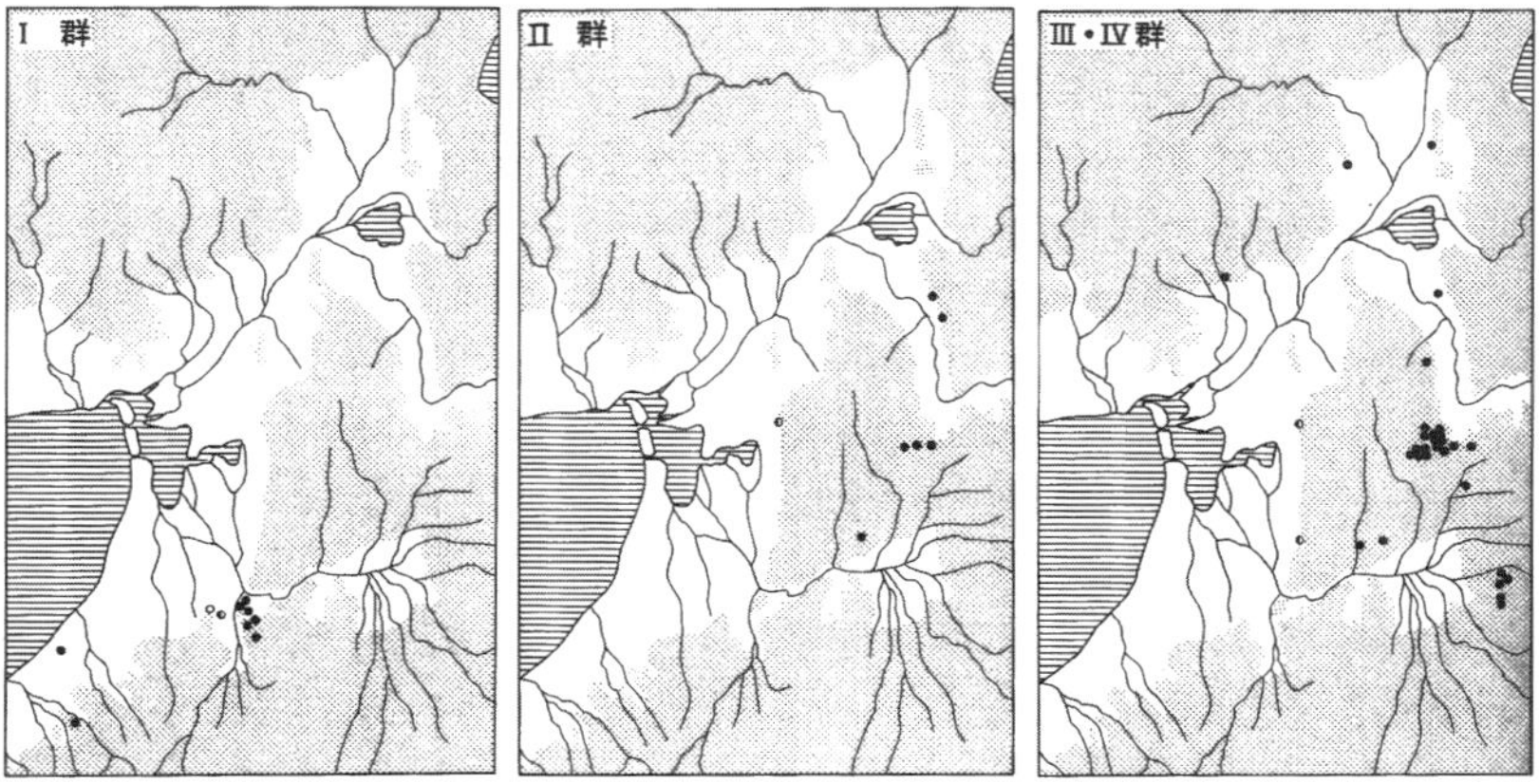

図91　畿内の土師質陶棺出土時期別変遷図（白石耕治1992年）

査によって五世紀後半期の埴輪窯跡が発見された（高石市教二〇二二）。至近距離にある大園古墳との関係が認められており、また土師質の陶棺（埴棺とみられる）の小片が出土した。富木車塚古墳の帰属時期とは大きく異なるが、埴輪窯が確認されたことは重要で、かつては筆者は富木車塚古墳の陶棺は南河内地域が供給先と指摘していたが、その考えは再確認が必要となった。ただし、大園遺跡を構成する集団の中に土師氏が存在することを本書の論点の一つとして論じてきたので、それを証明する発見となった。

これらのことから、Ⅰ群陶棺群の様式には南河内地域を中心とする形態の独自性が認められる。Ⅰ群を象徴する突帯aに見られる特徴は、Ⅱ群以降の陶棺にはなく、また分布域も北大和地域に見られないなど大きな相違が看取される。このようにⅠ群は、「南河内陶棺群」として統括できる特徴的なまとまりと考えられる。なお富田林市宮神社裏山四号墳採集の陶棺片（富田林市一九八五）は突帯bの構成のものであるが、小片のため時期設定が難しい。ただし安福寺横穴墓群南一号墓の一例と同形態の可能性を秘めている。

Ⅱ群は歌姫赤井谷横穴墓群出土例のほか二例とも横穴墓出土で計四個体の陶棺が、北大和地域に分布する。この段階においては、まだ分布密度は高いとは言えない。佐紀丘陵を北へぬけた木津川流域の南山城地域に二箇所の分布が見られる。青谷古墳、平山古墳はともに小型円墳の横穴式石室内に納置されていた。

ここで注意しておきたいのは仏塚古墳の陶棺である。少なくとも二棺の存在が推定されているが、その中に土師質の把手状のものが二個検出されており、陶棺に付けられた可能性があると指摘されている。それはⅠ群の陶棺に類似する特徴であり、古い要素を持ち合わせていることが指摘できるので、この陶棺をⅡ～Ⅲ群の中で捉えようとした根拠でもある。このほか四條畷市の墓谷古墳群隣接地の採集資料（大東市教一九八七）も、明確な時期設定はできないが、古い要素をもった突帯bで構成された陶棺と言えるかもしれない。

Ⅲ・Ⅳ群は時期区分が若干困難なこともあって、一括でその分布地を示した。この段階において初めて北大和地域は横穴墓内の主たる棺形態として、高い密度でもって分布するようになる。副葬品はさほど豊富でなく、等質な埋葬形態をとっている。しかしこの地域を離れると様相が少なからず違ってくるのである。

まず、大和盆地西部の仏塚古墳に継続的に陶棺が使用されている。その盆地東部では六箇所の出土例が知られている。そのうち三番双古墳は横穴式石室から検出されており、共伴遺物として大刀及び大刀装具・銅鋺・轡・鉸具・須恵器などが出土している。また埋葬形態は不明であるが奈良市大安寺付近で発見された陶棺（後藤一九二四）の共伴遺物として、銀製勾玉・硬玉勾玉・鏡等が出土しており、先のものと合せて陶棺を納めた古墳の性格を考える上で重要である。

山城ではⅡ群の時期から続いて木津川流域で城陽市青山五号墳（平良一九七五）と相楽郡精華町の鞍岡山一号墳（木村・吉岡一九七九）に陶棺がみられる。後者は陶棺直葬としている。北部では京都盆地の京都市本多山古墳（木村一九三八）、西部の向日市寺戸町（梅原一九二三）から出土している。後者は円墳で横穴式石室を主体部とする。摂津では高槻市塚原古墳群B五号墳（免山一九七四）から出土している。古墳は円墳で、陶棺直葬であったと言われている。このほか河内においても河内平野東部の生駒山西麓地に採集資料として先の墓谷古墳群内の他の一例と八尾市高安千塚古墳群の資料（原田・久貝・島田一九七六）がある。これらⅢ・Ⅳ群における北大和地域の陶棺分布の密度の高さは絶対的なもので、Ⅱ群からその傾向をうかがえる。したがって、「北大和陶棺群」として拠点的なまとまりを考えておきたい。

以上、Ⅰ群からⅣ群まで陶棺の分布推移を見てきた訳であるが、以下の三項目が留意点と考えられる。

（一）　Ⅰ群を「南河内陶棺群」と呼称した。石川下流域にその分布中心地が見られ、畿内最古の陶棺を含んでいる。この地域の陶棺を納める埋葬方法としては、玉手山丘陵の横穴墓群のほか、その南方の駒ヶ谷周辺における円墳の横穴式石室に納置されている。この地域を除けば今のところ泉北地域の二例のみで、ともに全長五〇メートル以内の前方後円墳の主体部である横穴式石室に納められている。この時期においては、南河内地域や北大和地域から離れた遠方の古墳は、形態・副葬品の質量ともに分布集中地より優位性が認められる。この段階での陶棺集中地域は、Ⅱ群以降ほとんど見られなくなり、陶棺受容集団の変容が考えられる。

円墳・横穴式石室の墓制から出土した陶棺は、駒ヶ谷古墳群や飛鳥千塚など近つ飛鳥と呼ばれている地域のもので、その地域は渡来系氏族が勢力を有し、居住していたと認識されている（黛一九九二）。花田勝広が玉手山丘陵の横穴墓を含めた河内の横穴墓について、壁画及びミニチュア土器の出土などの特徴から渡来系氏族の墓と考えている（花田一九九〇）。他方、松村隆文は横穴墓がその墳丘の欠如を重要な点とし、その被葬者を古墳の築造が許されなかった集団と捉え、特定の職掌に携わる、または出自の特殊性ゆえ、王権に従属する特殊身分集団と考えている。そして大和川対岸の柏原市高井田横穴墓群との比較から、横穴墓という墓制を一律に評価することの危険性を説き、玉手山丘陵上の横穴墓の被葬者に土師氏を想定している（松村一九八八）。また同丘陵頂部の東原ワカ山古墳（円墳・横穴式石室）を同一集団の中での階層差を示すものと考えている。東原ワカ山古墳では玄室から羨道へ通じる排水設備があり、円筒形をなす数本の土製品を連結して排水管としていたのが注目される（大阪府教一九六二）。

（二）Ⅱ群の時期は南河内地域の土師質陶棺の出土は見えなくなり、大和川を遡った地域すなわち大和北部と西部及び、佐紀丘陵を越えた木津川流域に点在するようになる。その埋葬形態は大和北部においては横穴墓の形をとるが、それ以外では円墳ないしは方墳で横穴式石室も主体部とする。

（三）Ⅲ・Ⅳ群は大和北部に集中的な分布するようになる。この「北大和陶棺群」とした土師質陶棺は中核とした北大和地域以外では特に大和東部に多く集中しているようにうかがわれる。大和以外では山城・摂津及び河内に散見するが、淀川水系にそって間隔を置いて点在しているのが理解できる。またⅢ・Ⅳ群の時期に至っては、大和北部以外では、その埋葬形態に横穴式石室や横穴墓のほか、陶棺直葬という簡便な方法をとるものが現われるようである。

三　まとめ――和泉向代一号墳の被葬者と土師氏――

和泉向代一号墳の陶棺は検討の結果、まさにⅠ群に帰属するものであり、南河内地域から持ち運びこまれたものであることが理解できた。その両地点の関係はⅠ群の陶棺分布域から、南河内地域と泉北地域とが六世紀中葉から後葉にかけて陶棺を供給し、それを受領する密接な関係にあったことが推測できた。

さて、畿内における陶棺の偏在性を示す分布状況から、特定の氏族を比定する研究が先学によって呈示されているので、以下触れておこう。文献史学から直木孝次郎は大和北部の秋篠及び菅原の地や南河内の土師の里一帯など各地における土師氏の存在を確認し、その地を土師氏の居住地と想定した（直木一九六〇）。丸山竜平は各地に分布する陶棺と土師氏の故地とが重なり合うことから、土師質陶棺に埋葬された被葬者を土師部ないしはその管掌者に、また須恵質陶棺に埋葬された者は須恵器生産に関連した人物に想定しようとした（丸山一九七三）。ただし、陶棺が埋葬された各古墳の質的な相違点である横穴墓と前方後円墳等の規模の格差、または副葬品の優劣などが充分に評価されておらず、畿内全般的な陶棺と土師氏の関連性の高さを示すにとどまっていた。また、須恵質陶棺と土師氏との関連についても疑問視する意見もあった。

しかしながら、土師質陶棺の分布集中地である南河内と北大和とは、その存続時期に違いはあるものの両氏の指摘どおり土師氏との強い相関関係を否定できないと考えられる。南河内の陶棺分布周辺地においては、古市古墳群が展開しているのは周知のとおりで、その古墳祭式を掌る氏族として土師氏が考えられている。たとえば、古墳に樹立された埴輪製作窯跡群が、羽曳野市土師の里遺跡一帯で確認されていることからも肯定できるであろう。また陶棺と埴輪との比較からも指摘しうる点もある。陶棺編年のⅠ群のものは、その脚部に円筒埴輪の要素が濃く、その陶棺製作に埴輪製作技法が生かされていることはすでに述べたところである。この点も土師氏と陶棺の関係の深さを示す証左となろう。一方、北大和においても、近接する奈良市菅原東遺跡で数箇所の埴輪製作地が発掘調査されている（小林ほか一九九二）。北大和陶棺群との時期差は若干あるものの、土師氏の居地としてその関連性が高まったと言えよう。したがって陶棺二大集中地周辺は、土師氏が六世紀後葉以降に横穴墓を主たる墓制としていた可能性が高いものと考えられよう（松村一九八八）。しかしながら、周囲に横穴墓群が見られない富木車塚古墳と和泉向代一号墳は、土師氏の古墳とは考えにくい〔註六〕。

このような歴史環境の中で、なぜ富木車塚古墳と和泉向代一号墳に陶棺が用いられたのであろうか。筆者は、両古墳とも帆立貝形の前方後円墳という墳形を採り得た両古墳の被葬者が、泉北丘陵窯跡群と密接な関係を築いていたからであると考えている。

両古墳に関しては本章第二節で詳細に分析したように、泉北丘陵窯跡群に密接な関係にある古墳であることを明らかにしている。富木車塚古墳は大園遺跡を中核にした信太山北部地域で活動した首長層が古墳の被葬者と考えられること、また和泉向代一号墳は池田谷の万町北遺跡や池田寺遺跡で活動した集団の首長層が古墳の被葬者に考えられることが指摘できる。すなわち、土師質陶棺は泉北丘陵窯跡群との関連性が高い在地首長に用いられたのである。富木車塚古墳と和泉向代一号墳は、六世紀に入って須恵器窯が急激に増加する段階において、泉北地域に出現した古墳で、その被葬者が南河内地域の集団と関係を持ったのである。

その集団は土師部、土師氏であろう。和泉北部域を代表する首長として、泉北丘陵窯跡群における須恵器生産体制や後方支援体制（筆者は、生活に対する物資の供給や河川を介した製品運搬の補助などと考える）の中に組み込まれることによって、陶棺の供給を受けられることが可能となったのではないかと考える。須恵器生産に関して土師氏との関係の意義は否定できないであろう。後に明らかになる郷域に当てはめると、富木車塚古墳は大鳥郡大鳥郷に、和泉向代一号墳は和泉郡池田郷に所在している。筆者が考える須恵器生産に大きくかかわりのあった地域であることは、本書の中でも詳述しているとおりである。したがって、和泉向代一号墳は須恵器生産に関連して古代王権に組み込まれながら活動した首長の古墳として出現したと評価される。

【追記】

筆者は土師質陶棺に関して、一九九二年の論文「和泉向代一号墳出土の土師質陶棺の復元と系譜」（『和泉丘陵の古墳—槙尾川中流域周辺の古墳群の調査—』和泉丘陵内遺跡発掘調査報告書Ⅲ　和泉丘陵内遺跡調査会）と、一九九五年の論文「畿内における陶棺研究序論」（『西谷眞治先生古稀記念論文集　古墳文化とその伝統』西谷眞治先生の古稀をお祝いする会編　勉誠社）を発表している。本書にはこのうちの前者の『報告書』論文を掲載している。一九九五年論文は、土師質陶棺の編年作業を中心に述べているが、一九九二年論文は和泉向代一号墳や富木車塚古墳の被葬者の出自や出現契機などの和泉地域における歴史的意義を明確に示すことに力点を置いており、泉北丘陵窯跡群の須恵器生産と土師氏について論述する本書の目的に沿うものである。

【註】

［註一］　報告書では両袖式横穴式石室としていたが、再検討の結果、右片袖式横穴式石室と訂正しておく（歴史館二〇二二）。本章第二節で論じている。

［註二］　和泉向代一号墳の土師質陶棺を復元したイラスト図を報告書『和泉丘陵の古墳』において発表後、藤井寺市教育委員会から藤井寺市土師ノ里埴輪窯跡群西側調査区から出土した土師質陶棺が酷似しているとの情報を受けた。同窯跡群で焼成された可能性があるといわれている資料で、直線突帯と波状突帯で陶棺表面を構成し、角状の把手を有している。筆者は、当該資料を大阪府立近つ飛鳥博物館令和元年度夏季特別展「百舌鳥・古市古墳群と土師氏」の展覧会で実見した。和泉向代一号墳出土の土師質陶棺が作られた故地を推測できる資料と考えている（藤井寺市教二〇〇一、近つ飛鳥博二〇一九）。

［註三］　須恵質の家形四注式陶棺は畿内では六世紀末葉から七世紀前葉にかけてみられるもので、泉北丘陵窯跡群の須恵器窯跡から出土している。須恵質陶棺の製作技法は須恵器のそれに酷似しており、泉北丘陵窯跡群の領域に分布することから、須恵質家形四注式は須恵器工人に強い関りを持っていることは明らかであろう（中村一九八八・二〇〇六、中村二〇〇四）。

［註四］　この点に言及したものは少ないが、末永雅雄は横穴式石室が主体であり、他の木棺直葬墓は追葬であったと指摘している（末永一九八〇）。

［註五］　天理市三番双古墳の陶棺は、その写真（後藤一九二四、掲載四四ページ）から判断して、天理大学附属天理参考館所蔵のものであることを指摘しておく。

［註六］　埴輪製作工人が陶棺製作に携わっていたとしつつ、古市古墳群周辺域で土師（土部）の集団の一部が陶棺を創出したが、集団の棺としては根付かなかったとする指摘がある（絹畠二〇一八）。ただし、陶棺製作が根付かずとも、古市古墳群周辺の土師集団の存在は明らかで、陶棺が南河内でつくられたことは否定できないと考えられる。南河内地域の土師集団との関係を示すものとして和泉向代一号墳の土師質陶棺であると考える。

特論三　蔵骨器様の有蓋鉢の系譜について

集落遺跡の万町北遺跡から出土した須恵器で、六、七世紀の百済や新羅で出土している蔵骨器に似る有蓋鉢[註一]について、その系譜を考えたい。万町北遺跡の概要は第二章第四節に論じているので、ここでは省略する。まず、有蓋鉢の出土状況を簡単に示しておく。有蓋鉢の身は祭祀遺構の方から溝Ｄ〇六三に投棄されていた。溝Ｄ〇六三の出土土器は有蓋鉢のほか極端に少なく、人頭大を最大とする数個の河原石とともに出土した。一方、蓋は首長居館の入口にあたる地点にかかる溝Ｄ一二一の入口から出土していて、こちらは蓋以外の様々な須恵器とともにまとまって出土した。このように出土地点や出土状況が相違する両者をどのように理解するのか答えは出ていないが、筆者は類例のない特異な形状、出土した祭祀に関わる地点の状況から、首長居館における重要な道具と考えている。

一　有蓋鉢の特徴

容器は身と蓋で一対をなす（和泉丘陵一九九三・一九九五、図92）。高台のない平底の身は胴の張った太鼓形で、蓋はいかり肩のように張っている。両者を合わせた正面の姿は丸みを持った形状で、重量感がある。宝珠形のつまみを有した蓋の口縁部内面にはかえりがあり、身の口縁部に被せることができる。身には体部のやや下位に、先端を上に向けた一対の把手が左右にある。身の口縁部の下位に一条の沈線が施され、この沈線にそって篦状の工具で刻み目文風にしるしを不規則に刻んでいる。刻み目の位置によっては小波のような、または風に揺れる草のようにも見えなくはない。

重要な特徴のひとつが、組み合う身と蓋の双方に、それぞれ一対のひもを通して結べるように工夫を施して

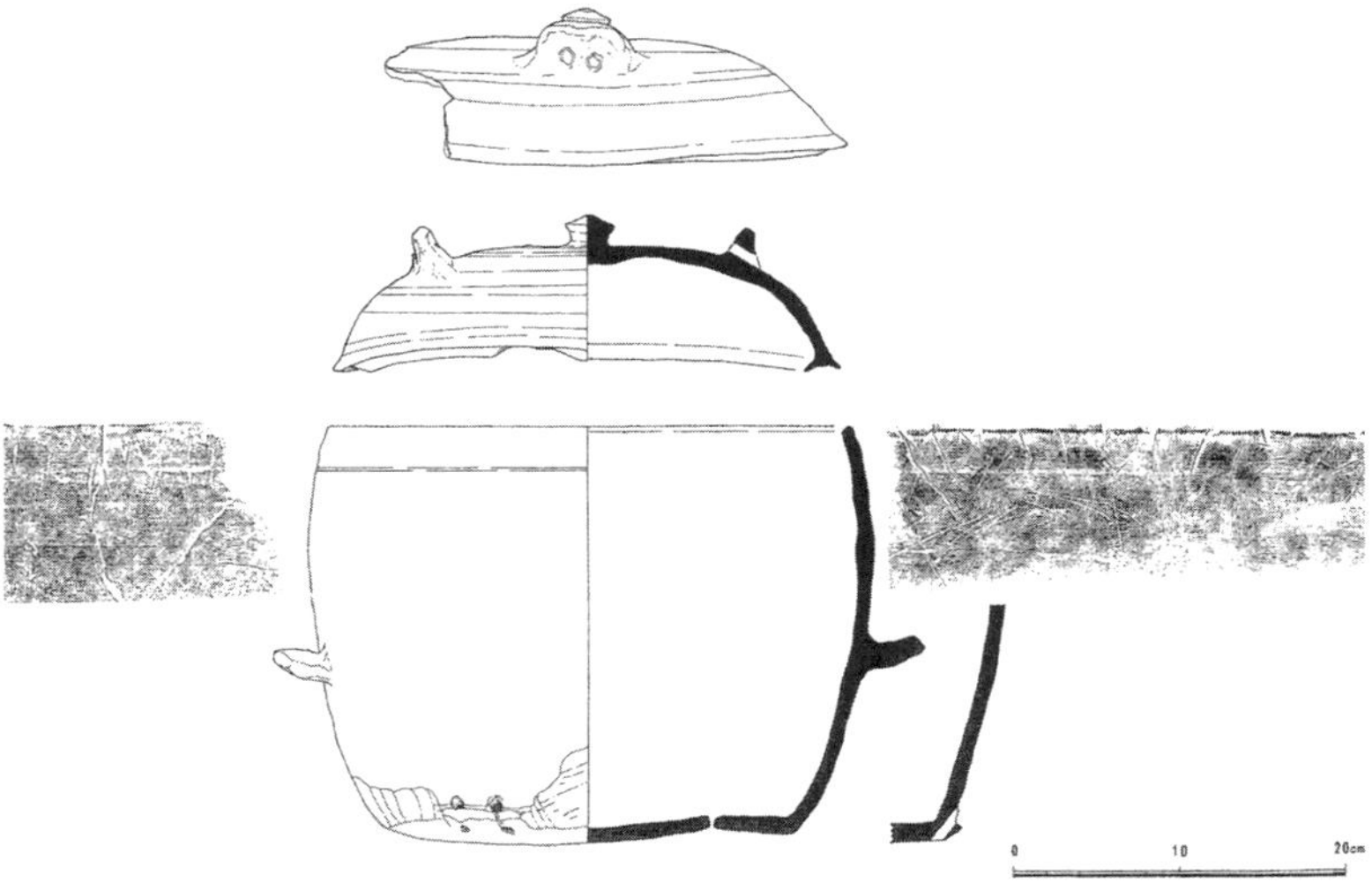

図 92　万町北遺跡出土の有蓋鉢実測図（和泉丘陵内遺跡調査会 1992 年を加筆修正）

いることである。蓋の天井部に左右一対の幅広の突起を取り付け、それぞれ二個の孔を穿つ。一方、身の方は体部と底部の境目をヘラケズリによって削り、張り出しを二箇所つくりだしている。さらに張り出しに二個の孔を穿つ。つまり、蓋と身は紐などを使って結びつけることができる仕様なのである。

身の底部には亀裂が入っていることもこの容器の特徴のひとつで、そのままでは液体などを貯蔵することはできない。固形の品物を納めるか、別の容器を入れるための外容器が考えられる。この亀裂はいわゆる窯傷で、窯出しの後に灰原に捨てられる運命であったはずであるが、この容器はそうではなかった。

さらに、この有蓋鉢は蓋と身は微妙なずれから隙間があり、完全には密着することができない。また、両者の色調も若干異なることから、蓋坏や有蓋高坏などの場合と同じように身と蓋を重ね合わせて焼成されたものではなく、別々に焼成された須恵器と推測できる。組み合わせの仕方としてはしっくりこない。理由としては「恒常的に製作しない器種なので、焼成段階で失敗することも考慮して同時に複数の容器を焼成し、その中から状態の良いものを選別した」あるいは「蓋と身のどちらかが破損したので、後から作り直した」などと推理できそうである。いずれにしても、有蓋鉢は特別に製作された須恵器であった。なお、容器全体の仕上げの調整方法は回転ナデを施している。法量は口径三二㌢、高さ二六・五㌢、蓋が口径三一・五㌢、高さ一〇㌢を測る。色調は概ね灰色を呈し、焼成は良好である。

二　類例資料の検討

有蓋鉢と瓜ふたつのものは今のところ見つかっていない。そこで、比較は難しいが、参考資料として六、七世紀代の佐波理、陶質土器、須恵器などを示しておきたい。

（一）佐波理と陶質土器

毛利光俊彦の金属製容器の研究を参考にして佐波理の合子を取り上げる（毛利光一九七八・二〇〇五）。有蓋鉢より大きさは一回りないしは二回り小さいものばかりではあるが、形態的には最も近い。佐波理の合子は国内では、六世紀末葉から七世紀初頭にかけて古墳の副葬品として出土している。神奈川県伊勢原市登尾山古墳（神奈川県教一九七〇）、埼玉県行田市将軍山古墳（柴田一九〇五）、千葉県山武郡横芝光町殿塚古墳（滝口一九五六）、同県木更津市金鈴塚古墳（千葉県教一九五一、図93－3）が類例として知られている。いずれも底部に脚台を有し、また蓋と身を結びつけるための紐を通す箇所が取り付けられていないことが有蓋鉢の特徴とは食い違う。ただし、深く胴の張った身、肩の張った蓋には宝珠形のつまみと口縁部内面にかえり部をつくること、体部に佐波理の様々な器種に施される玄文と呼ぶ沈線が見られることなどが、有蓋鉢と共通する特徴である。

古墳出土資料以外では、奈良県法隆寺の舎利容器にも触れておきたい（法隆寺国宝一九五四、図93－4）。鍍金を施した舎利合子の内部に納められた卵形透彫金・銀容器の唐草紋の様式などから七世紀後半以降の作品と考えられている（石田一九六九）が、舎利容器とそれに付随する大銅鋺は後で考える新羅や国内の事例を見れば、帰属時期を遡らせることも不可能ではない。筆者は、この舎利合子の密閉の方法にも注目している。舎利合子は内部に緑色玻璃瓶と銀栓のほかガラス玉、真珠玉などを納めたあとに、銀製兵庫鎖で厳重に密閉してあった。

万町北遺跡の有蓋鉢も、法隆寺の舎利容器のように紐状のもので閉じて密閉していたのであろう。想像をたくましくすれば、重要な「物」を納めていたのではないか。

比較に取り上げた佐波理は佐波利、響銅、砂張、鈔鑼などとも表記する銅と錫の合金である。中国三国時代から製作されており、南北朝時代の頃に朝鮮半島に伝わり新羅でも製作されるようになった。「さはり」は新羅の「沙不良＝さふら」という金属鋺が訛って「さはり」になったといわれている。製作方法としては鋳造、鎚鍱（打ち出し）などのあと轆轤引きで表面を削り整形する。整形時に轆轤によって体部外面に玄文（圏線）を数条施すことも形態のひとつの特徴になっている（中野二〇〇一）。

佐波理の故地である朝鮮半島出土の類例では、六世紀前葉から中葉の加耶の晋州水精峯二号墳（定森・吉井・内田一九九〇、図93－1）と六世紀末葉の新羅の慶州皇龍寺址の盒（文化財研究所一九八四、図93－2）などが、金鈴塚古墳出土例などの系譜上にある佐波理として考えられる。六世紀では新羅・加耶に比較して百済の佐波理の出土は少なく、七世紀に至って新羅、百済ともに佐波理の出土例は極めて少ないと指摘されている（毛利光一九七八・二〇〇五）。

一方、朝鮮半島の陶質土器にも、やはり類例を見つけ出すことはできていない。しかし、佐波理の合子と同じ様式にそって製作されたものが、六、七世紀の新羅、加耶の遺跡から出土している。参考に図で示したものが六世紀前葉の新羅の慶州月城路カ一五号墳（国立慶州博一九九〇、図93－5）と六世紀末葉から七世紀初頭の

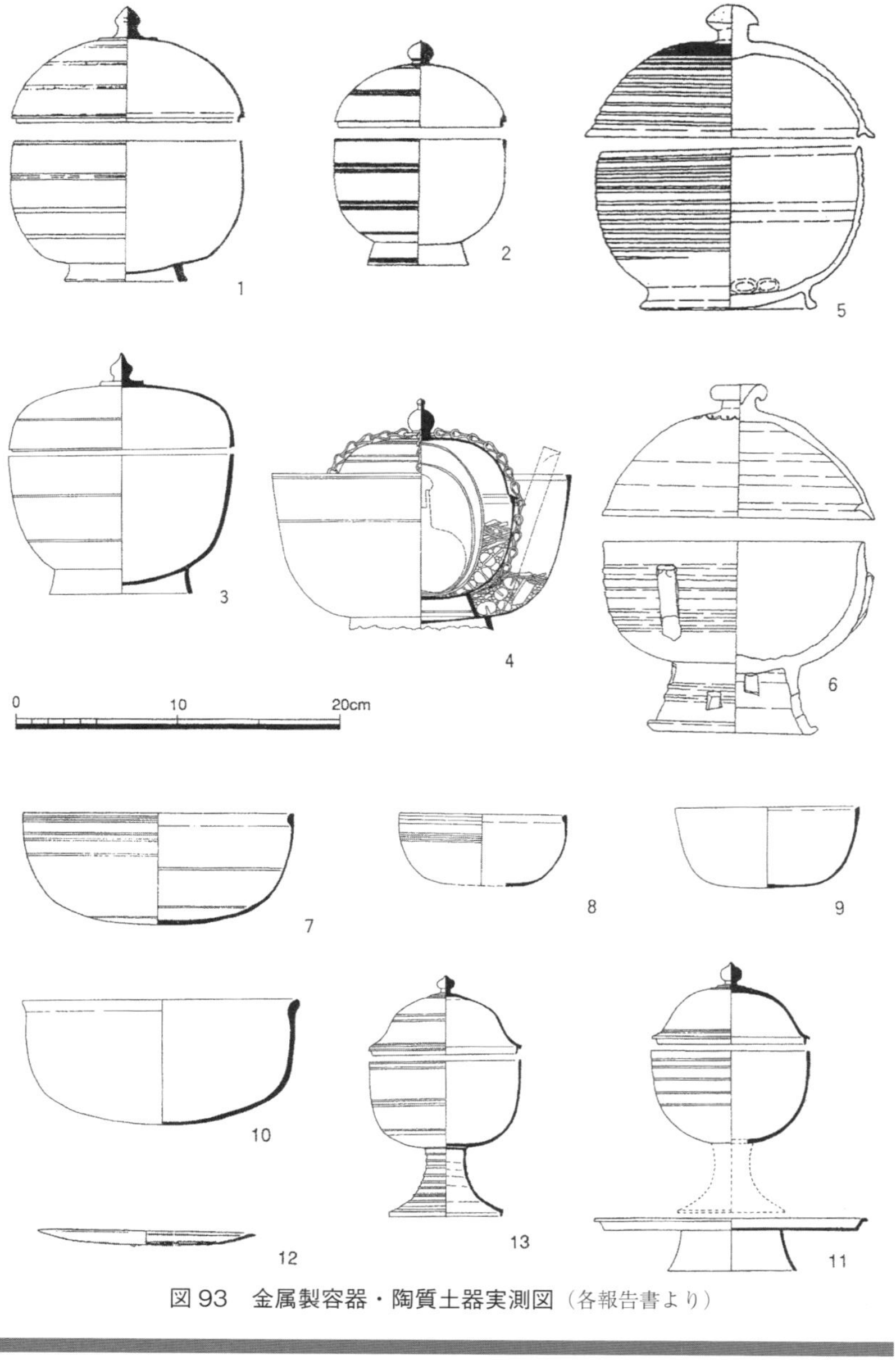

図 93　金属製容器・陶質土器実測図（各報告書より）

慶州勿川C－I－一－五号石槨の合子（韓国文化財一九九九、図93－6）で、深い鉢部の形状の体部外面に玄文を思わせる沈線を施している。蓋の口縁部内面にかえりが付き、有蓋鉢のそれとよく似ている。

（二）須恵器

万町北遺跡の有蓋鉢は、筆者が試行した泉北丘陵窯跡群谷山池地区の須恵器編年（第二章）に照らし合わせると谷山池四期に帰属する。四期は六世紀末葉から七世紀初頭までの時間軸を与えることができるが、先学の陶邑編年に対応しておくと、田辺編年の高蔵寺二〇九型式～高蔵寺二一七型式（田辺一九八一）、中村編年ならばII型式五・六段階～III型式一段階（中村二〇〇一）に概ね比定できる。万町北遺跡で出土した当該時期の須恵器群を観察すると、五世紀から伝統的に製作されてきた形式のほかに、埦、鉢、盤などの新たな形式が登場している。生産地である谷山池地区の窯跡出土資料の器種構成においても同様の様相で、これは泉北丘陵窯跡群の全地区の現象で組織的な生産体制の確立によるものと考えられる。菱田哲郎は日本列島で銅鋺が流行する時代が、新しい須恵器埦が生み出される時期と一致することが重要と説いている（菱田一九九六）。このような現象は朝鮮半島より伝来した金属器の佐波理を模倣したもので、「金属器指向型」として西弘海が指摘したものである（西一九八六）。

万町北遺跡の須恵器群の中から「金属器指向型」の須恵器を見てみよう（和泉丘陵一九九三・一九九五）。埦（図94－1～5）は体部の外面に玄文を意識したであろう沈線を巡らせるものと、そうでないものがあるが、佐波理の鋺の群馬県将軍山古墳（柴田一九〇五、図93－7）、千葉県殿塚古墳（滝口一九五六、図93－8）、京都府京田辺市畑山三号墳（小栗二〇〇三、図93－9）などの金属器の特徴が須恵器埦の原型になったのであろう。脚台をもつ埦（図94－6・7）も体部外面に沈線を有しており、蓋（図94－9）と組み合わせて一組になる。高い脚台を伴う碗（図94－8）や和泉市内出土の参考資料（図94－22）も蓋と組み合わせる器種とみられ、埼玉県

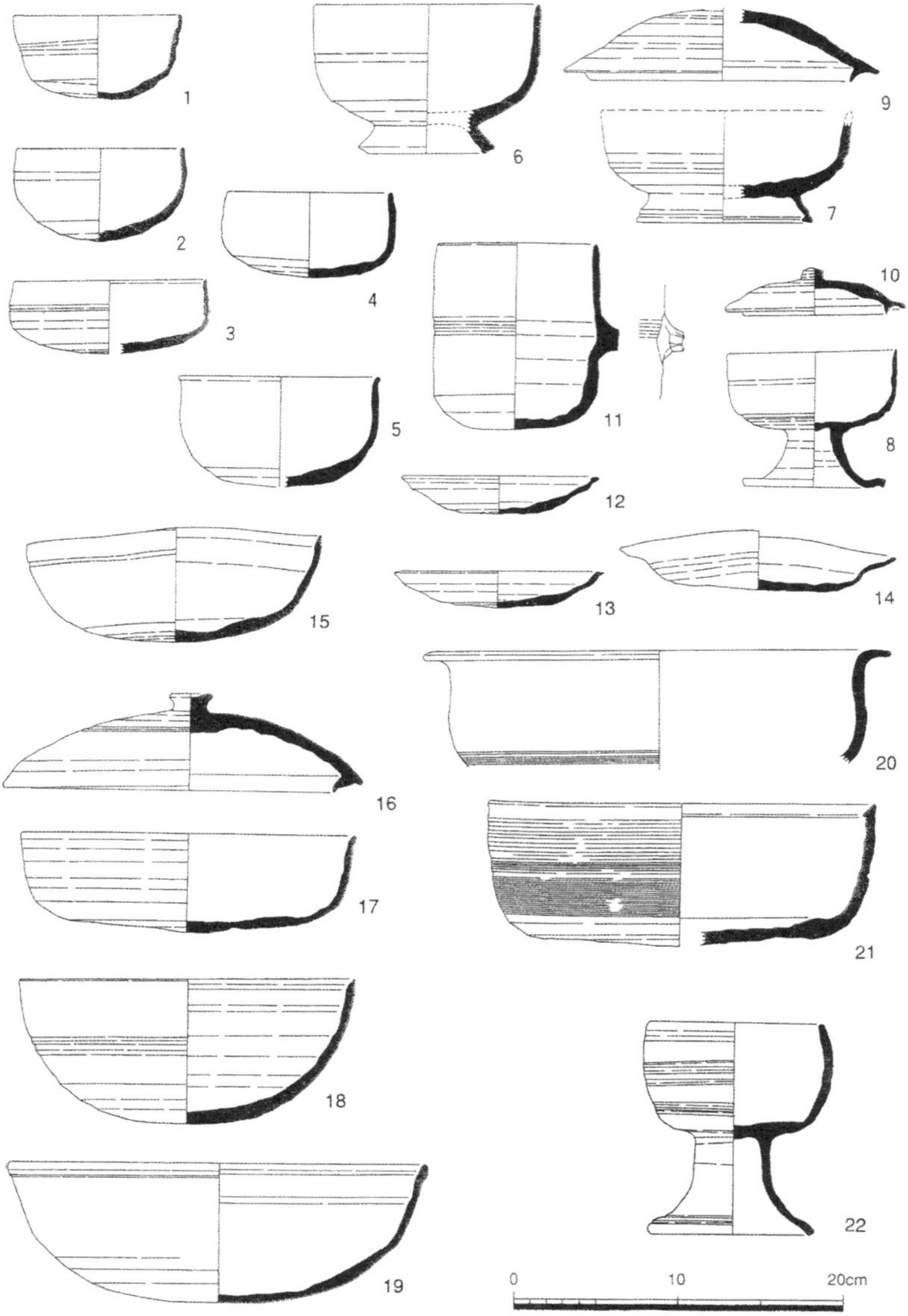

図 94　金属製容器を模した須恵器実測図（和泉丘陵内遺跡調査会 1992 年ほか）

行田市真観寺古墳の銅鋺（荻野・古谷一九三五、図93－13）、香川県高松市久本古墳の銅鋺（高松市教二〇〇四、図93－11）などの原型を模しているのであろう。把手がつく縦長の埦（図94－11）の類例は少ないが、栂六八号窯跡に同形のものが出土している（大阪府教一九七七ａ）。金属器の類例はわからないが、陶質土器に類例を見ることができるかもしれない。皿（図94－12～14）は佐波理の承盤に分類できると考えるもので、百済の公州武寧王陵出土の承盤（文化公報部一九七三、李一九九四、図93－12）などが参考になる。鉢と鉢蓋（図94－15～21）も体部外面に沈線を施すもので、佐波理の様式を取り入れているのであろう。口縁部の端部を外側に折り曲げる鉢（図94－20）は長野県茅野市塚屋古墳の鉢（藤森、図93－10）が類例としてあげられるのではないか。

三　須恵器からみた渡来系様式

第二章第四節においても述べたように、万町北遺跡は泉北丘陵窯跡群の谷山池地区との関係が深く、古墳時代六、七世紀の集落には、須恵器生産に関わる集団が生活していたと理解している。万町北遺跡が所在する池田谷から西方には、松尾川流域の松尾谷が和泉丘陵を挟んで位置する。松尾谷では和泉丘陵Ａ八地点遺跡（和泉市史編さん委員会二〇一六）において五世紀中頃（高蔵寺二〇八型式から高蔵寺二三型式）に集落が出現し土地開発が始まるが、池田谷はかなり遅れて六世紀前葉（陶器山一五型式から高蔵寺一〇型式）に須恵器生産のために開発が始まる。今のところその時期の集落はまだ確認されていないが、帆立貝形前方後円墳の和田一号墳に代表されるように開発した集団が入植していたのは間違いないだろう。池田谷と松尾川の開発は開始時期が異なるなど、歴史的な展開は同調していない。

さて、松尾谷の開発は六世紀に入っても継続するが、それを実行した集団を象徴するのがマイ山古墳の被葬者であろう（和泉市史編さん委員会二〇一六）。高蔵寺一〇型式の木棺直葬を主体にする帆立貝形前方後円墳で、墳丘上から馬韓（百済系）の陶質土器が出土しているのである。この陶質土器は朝鮮半島の栄山江流域のものである可能性が高く、和泉まで海を渡って持ち込まれたものである。これに相応するように、松尾谷には朝鮮半島との親縁な関係が伝えられている。『新撰姓氏録』によると、韓国連《カラクニ》は朝鮮半島に派遣された後に、武烈天皇から韓国連を賜ったとしており、馬韓（百済系）の陶質土器が出土したことは歴史的に見て重要な発見であった（現在は中世に遡る唐国《カラクニ》町の地名が残る）。マイ山古墳が築造された時期と、近接する谷山池地区で須恵器生産が始まる時期が、同時期の六世紀前半であるので、須恵器生産の開始にあたっての密接な関係がうかがわれると考えたい。

その後、谷山池地区に須恵器生産が定着した後の六世紀末葉頃、万町北遺跡の集団は新集落の整備を行ない、集落からは新しい様式の須恵器が出土している。この須恵器は先に論じてきたように、新羅で発展した佐波理の各種の金属器、またそれらを写したと思われる陶質土器の影響を受けたものであった。

このような新羅との関係を考える上で、興味深い調査成果がある。万町北遺跡に隣接し、集落の奥津城である下代古墳群三号墳の横穴式石室から雲母片が出土したことである。雲母片は古代より仙薬として珍重されたもので、慶州金鈴塚古墳（梅原一九七三）など新羅の古墳から出土することがよく知られている（門田二〇〇〇）。泉北丘陵窯跡群の地域では万町北遺跡以外では、陶器山地区の六世紀後葉の湯山古墳からも雲母片が出土している。泉北丘陵窯跡群ではまだ一例ではあるが、新羅からの文化の伝播を考える上で重要な事例であろう。

新羅では六世紀末葉から七世紀前葉にかけて統一新羅土器が成立するといわれている。江浦洋は日本各地で印花文を施した統一新羅土器が出土していることを踏まえ、日本と新羅が実質的な敵対関係にあるにもかかわらず、頻繁な交流があったことが認められるとし、また印花文の壺などの土器は個人的な氏族レベルではなく、遣使による国家レベルの搬入ではないかという（江浦一九八八）。また、小池寛は泉北丘陵窯跡群の須恵器の分析から、金属器だけではなく朝鮮半島の陶質土器も模倣の対象になったとして、飛鳥時代の新羅の国際交流を考古学的に検証する必要があるとした（小池二〇一六）。

吉田恵二は栂六四・六五号窯跡出土の圏脚円面硯の透かし孔の形態が六世紀末から七世紀初頭の最古の形式とした。そして三国時代から新羅統一時代にかけての朝鮮陶質土器の高台や台脚に見受けられるとしたうえで、当時の飛鳥に近い窯業地域の泉北丘陵窯跡群が官窯の性格をもっていたとした。このようなことから、硯を製作した工人は半島からの渡来工人であったと想定し、飛鳥時代の対外文化受容の特質を指摘した（吉田一九八五）。このほか、明神原古墳から鉄鐸二点が出土していることも注目できる。祭祀用の鉄製の鳴り物で、朝鮮半島三国時代の洛東江東岸のいわゆる新羅の領域に系譜をもち、本資料は国内で製作されたものであった。（寺井二〇一九）。新羅の伝統を受け継ぐものであろう。[註二]

新羅文化として佐波理や陶質土器が伝播し、新しい様式を生み出したといえよう。

［註］

［註一］　先に博士論文を提出した際は、有蓋鉢を異形容器として発表したが、「異形」の名称が当該土器には適当ではないと判断した。また、形状についても朝鮮半島の百済や新羅で知られている蔵骨器に、帰属時期などは異なる点もあるけれども、あくまでも類似する点を参考にした。

［註二］　このほか、鉄鐸は府中・豊中遺跡群の地点14の古墳時代の自然流路二三二からも出土している（大阪府教二〇一八）。集落遺跡からは稀な出土例とされている。

第四章　須恵器生産と茅渟県

第一節　泉北丘陵窯跡群の地域論

第一章第一節で論じた須恵器窯の構造からみた地域論は、五世紀から九、一〇世紀までの各地区の活動の消長と、それから理解できる須恵器生産の独自性や協働性を踏まえて提起したものであった。筆者の考えはもれなく示しているが、本節では地域論のまとめとして二、三の考えを加えておきたい。

一　東方領域と西方領域の違い

さて、泉北丘陵窯跡群の窯構造についての考えは、一九九九年に論じたものが基本になっているが、その後に拙稿の地域論、すなわち石津川流域を挟んで東西の領域の須恵器生産における技術体系の捉え方を参考にしながら、様々な視点から須恵器生産の実態に迫ろうとした論文が多数発表されている。それらの論文は概ね五世紀から六世紀前葉までの須恵器生産が発展する段階（高蔵寺二〇八型式〜陶器山一五型式）に絞られたものであった。

菅原雄一は五世紀から六世紀前葉の時期を対象に、須恵器生産における中央と地方との関係を明らかにしようとした。石津川を境界としてわかれる東西の地区のうち、東方領域を王権との関わりが強い集団と指摘した。また、轆轤の回転方向、短脚高坏の形状、窯構造などの分析から、東方領域の技術伝統は北部九州、山陰、東海地方の地方窯に多くみられ、東方領域の技術拡散が政治的背景によるものとし、特に支配強化を目的とした地域に対する政策の一環として須恵器生産が利用されたのではないかと考えた。一方、西方領域のそれは近畿地区周縁部の地方窯に多くみられると指摘したうえで、政策的な役割は相対的に低く、窯跡群での須恵器生産の一翼を担うことに主眼が置かれていたと考えた（菅原二〇〇六）。十河良和は五世紀代の東西の窯構造の相違を認めた上で、東方領域での生産を担った集団を畿内政権に近い関係にあると想定し、一方の西方領域については和泉北部（府中遺跡や大園遺跡などか：筆者加筆）の在地首長らが、自らの支配領域に導入したもの（須恵器生産システム）との考えを示した（十河二〇一〇）。このような考え方は、かつて芝野圭之助が国家型と在地型に分類した地域論（ただし対象にした時期は七、八世紀であるが）と重なるもので、東西の領域別の須恵器生産の意義を考えるものであったと思われる（芝野一九八四）。十河の研究にあわせて吉田知史は、交野地域での須恵器生産のあり方を比較対象として、五世紀の交野地域では泉北丘陵窯跡群の西方領域からの技術拡散が一定の役割を果たしたとし、六世紀代に至っても西方領域からの技術提供を受けながら在地的な生産をおこなっていることを説いている（吉田二〇一〇）。

一方で、上記の考え方の一部に対して、否定的な意見が出されている。小原雄也は五世紀後半において窯構造や須恵器の形式などによって東西に分かれた二群の工人の存在を認めつつも、西方領域で生産された須恵器が東方領域の集積遺跡に搬入されていることや、東西の領域で生産される須恵器高坏の形態の共通性などから、複数の工人集団が一つの政策によって事業を進めたとする。また地方窯生産の須恵器製作技法を検討し、東方領域系譜から地方窯へ、技術拡散と断定することは困難ではないかとの疑問を投げかけている（小原二〇一六）。小原の指摘を踏まえて、尾崎綾亮はさらに須恵器製作技法による工人の特性から、河川や谷などに分けられた地区ごとで工人差を示すとしながらも、それぞれの工人集団で独自に生産管理を実施したとは考えられないとし、王権によってひとつに統制された生産体制があったと説いている（尾崎二〇一七）。

須恵器高坏の形式分析による菅原・吉田と小原・尾崎らの研究は、現状では異なった結論となっているが、それぞれが傾聴すべきもので、その分析結果を尊重して、さらに泉北丘陵窯跡群と地方窯の産出須恵器の分析が必要であることが認められよう。以上掲げた諸論文は五世紀から六世紀にかけて限定された時期を対象としており、今後は六世紀から律令期にかけての生産体制についても泉北丘陵窯跡群と地方、または都城との関わり方を議論することも重要であるといえる。

筆者は東西に別個の工人集団が存在していても、彼らだけでは新しい、かつ大規模な須恵器生産に対して集約的な活動は成しえないと考えている。そして、須恵器工人とそれを包含して活動する地域の有力集団は、活動領域を共に居を構えていたと推測している。また、彼らを後方にて支援する集落おそらく在地の集団との連携が必要であったであろう。このような大規模な事業に関しては、五世紀や六世紀においても、また東西関係なく、ヤマト王権による主導で進められたことは間違いないと考えられる。

二　渡来人との関係

筆者の一連の考えに対し仲辻慧大からは真摯な指摘を受けた。五世紀の西方領域で主流であった型式の窯構造が、六世紀に至って陶器山地区や高蔵寺地区において汎泉北丘陵窯跡群の型式へと改良されることに関して「ほとんど同じ須恵器が生産できるのであれば、製品細部の成形や窯の構築方法までは統一を図る必要がなかったとも考えられる」とし、また「東西における窯構造にみられる差に工人の系譜がかかわっているのか、もしくは、日本列島側における改良が加えられたのかどうかという点」のさらなる検討が必要と指摘された（仲辻二〇一八）。様々な出自を有する渡来系工人と泉北丘陵窯跡群周辺の集団との関り方、東西領域での須恵器生産の開発における過程の違いなどについても検討が必要であることにも言及された。仲辻の指摘は筆者の考え方において補完すべき点を指摘されたものである。とりわけ泉北丘陵窯跡群における窯構造の改良・変革の時期に関して、あらゆる観点から検討することが必要であることを確認できた。[註二]最も影響を与えたと考えられる朝鮮半島を中心とした東アジアの窯業研究から、国内への技術伝播を検討する研究が進んでいることも重要であろう（崔・土田訳二〇一一、植野二〇一三・二〇一五・二〇一七）。

最新の研究成果のひとつとして、田中清美は大野池地区の初期須恵器の蓋坏の「折り込み技法」の分析から陶工集団の故地が馬韓・百済地域であることを導いた。その分析過程で「倭王権の管理体制下での陶邑窯の陶工集団組織を無視した初期須恵器の継続生産は困難であった」と考え、古代王権の須恵器生産の関係についても言及している（田中二〇二〇）。

泉北丘陵窯跡群の地域性を考えるにあたり、窯構造などの遺構と須恵器の総合的な研究が、古代の手工業の「地域論」や「中央と地方論」などの解明に繋がることを再確認しておきたい。また、言うまでもなく次節以降でまとめる集落と古墳との連携研究も有効であろう。

[註]

[註一]　窯跡研究会での検討成果として、森内秀造（森内二〇一〇・二〇二〇）、望月精司（望月二〇一〇）、北野博司（北野二〇一〇）、木立雅朗（木立二〇一〇）らによる、分類手法や窯構造の詳細な研究成果が得られており、今後の泉北丘陵窯跡群の地域性を考える上で重要な指針になる。

第二節　中・後期の首長系譜の整理

泉北丘陵窯跡群の領域および周辺地域における帆立貝形前方後円墳とその系譜を考える。なぜならば帆立貝形前方後円墳、五、六世紀の当該地域の首長層の古墳に採用された墳形であるためである。在地首長層がヤマト王権との関わりの中で、どのような政治的行動を継続していたのかを論じたい。そのために、帆立貝形前方後円墳の築造企画が重要な論点と考え、以下検討する。

一　帆立貝形前方後円墳と陪塚

一　帆立貝形前方後円墳の定義

帆立貝形前方後円墳の築造企画に関しては、これまで数々の論考が進められている。石部正志・宮川徏・田中英夫・堀田啓一（石部ほか一九八〇）、櫃本誠一（櫃本一九八四）、遊佐和敏（遊佐一九八八）、沼澤豊（沼澤二〇〇六）などの研究が発表されているが、本書では石部らの研究に沿って論を進めることを断っておく。

石部らの考えは先に発表した大型前方後円墳の築造企画の研究がもとになっている（石部ほか一九七九）。それによると「典型的な前方後円墳とされる畿内の大型古墳の場合は、後円部直径を八等分する方形区画をつくり、その八分の一の区画を一単位（「区」）にすると、前方部の長さは五区画、六区画、七区画、八区画の四タイプに整理分類できる」とし、さらに「後円部直径の八等分値である区の実長が、古墳の規模と形態を決定するもっとも基本的な要素であること」とした。そして、その上で大型前方後円墳の場合は四区型のものはなく、帆立貝形の前方後円墳は一区型から四区型であることを説いた。

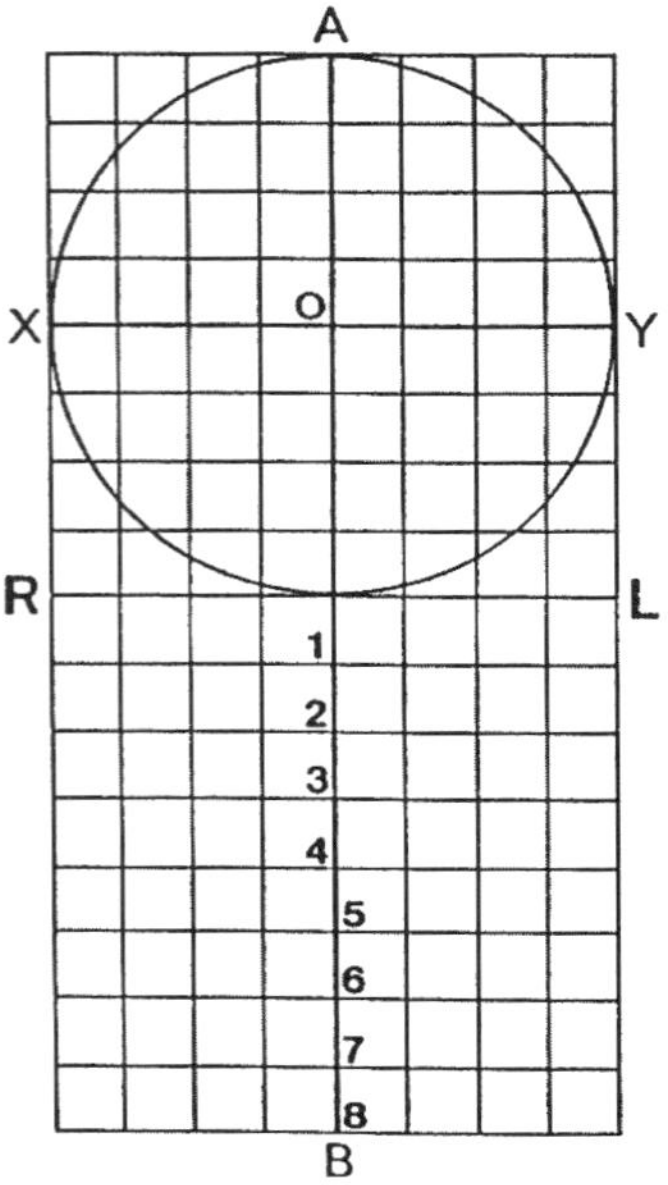

図95　前方後円墳築造企画案
（石部・宮川・田中・堀田 1979 年）

一区型は大阪府羽曳野市青山一号墳（青塚古墳、墳長七三メートル、後円部長六四メートル）が指標になっている。一区型は円墳の造り出しとも考えられる規模の小さな付属施設と考えることができ、信太千塚の玉塚古墳は一区型であり、周濠跡の形状からも造り出しを有した大型円墳に分類できる。

二区型は大阪府藤井寺市盾塚古墳（墳長七三メートル、後円部径五九メートル）、奈良県河合町乙女山古墳（墳長一二二メートル、後円部直径九九メートル）を指標にしており、これによると大阪府岸和田市風吹山古墳（墳長七一メートル、後円部直径六〇メートル）もその典型といえる。ただし、風吹山古墳には一区型の造り出しが、築造当初に前方部よりも先に設けられたと報告されている。二区型や三区型の中でも、くびれ部から前方部端が開くなどいくつかの分類が可能であろう。

三区型には三重県名張市女良塚古墳（墳長一〇〇メートル、後円部径七三メートル）、奈良県桜井市小立古墳（墳長三五メートル、後円部長二七メートル）、大阪府藤井寺市蕃上山古墳（墳長五三メートル、後円部径四〇メートル）が指標古墳に示されている。大阪府和泉市信太貝吹山古墳（墳長七五メートルないしは八五メートル、後円部径六〇メートル）が二区型ないしは三区型に分類できるほか、大阪府和泉市鍋塚古墳（墳長七〇メートル以上、後円部径六〇メートル）は墳丘が崩れ不明な点も多いが、同じように二区型ないしは三区型に分類できよう。大阪府高石市大園古墳（墳長四七メートル、後円部径三四メートル）は前方部を大きく開く形態になる三区型に指標分類されている。このほか、堺市美原区の黒姫山古墳に近い、さば山古墳は墳長三四メートルで二区型ないし三区型に分類できよう（大阪府教一九九六c）。

前方後円墳との区別が紛らわしい四区型については、五世紀前葉の奈良市塩塚古墳（墳長一〇五メートル、後円部径七〇メートル）、同市オセ山古墳（墳長六五メートル、後円部径四三メートル）、三重県名張市毘沙門塚古墳（墳長六五メートル、後円部径四四メートル）を指標にしているが、前二者は前方部の墳丘が削平されているなど、不確実な点が多い。

しかし、石部らは三区型や特に四区型については、五区型以上の定形的な前方後円墳との違いがはっきりしないとしながら、前方部が著しく低平であることが帆立貝形の前方後円墳の特徴であると説いている（石部ほか一九八〇）。四区型の築造企画を有した前方後円墳の事例として、本書に登場している六世紀の和泉向代一号墳を解析した宮川徏の研究を示しておこう（宮川一九九二）。解析の結果、四区型の前方後円墳で、前方部が後円部に比して短小で扁平な低い典型的な帆立貝形前方後円墳であることを明らかにした。この研究成果から言えることは、和泉向代一号墳の墳形をモデルにすると、池田郷だけでなく大村郷や上神郷など泉北丘陵窯跡群の領域に広く展開している六世紀の前方後円墳についても、築造企画にそって造られた帆立貝形前方後円古墳に分類できるものが多いことがわかる。泉北丘陵窯跡群における首長層が古代王権の規制を受け、また包括的連携の中で活動したことの証であろう。

二　五世紀の王権と地域首長

次に、和泉北部周辺の五、六世紀の帆立貝形前方後円墳の変遷についてまとめておく。それを示したものが表15の古墳の編年表である。

久米田貝吹山古墳、摩湯山古墳、丸笠山古墳、和泉黄金塚古墳などの後継古墳としては、帆立貝形前方後円墳で五世紀初頭の時期が与えられている二区型の風吹山古墳となる。このほかには二区型ないしは三区型の信太山丘陵の信太貝吹山古墳と鍋塚古墳が五世紀前葉に比定される古墳で、時期的に風吹山古墳に次ぐ古墳として位置づける

・**帆立貝形前方後円墳編年表**（白石耕治）

日下部郷 信太郷 （A地区）	上泉郷 （B地区）	坂本郷 （C地区）	池田郷	八木郷	日根郡 淡輪
				久米田貝吹山古墳135	
				摩湯山古墳200	
和泉黄金塚古墳94	**丸笠山古墳96**	（坂本寺跡下層）			**地蔵堂丸山古墳70**
信太貝吹山古墳85	鍋塚古墳70			風吹山古墳71	
		玉塚古墳60			**西陵古墳210**
カニヤ塚古墳50					西小山古墳40 **淡輪ニサンザイ古墳173**
大園古墳47					
富木車塚古墳48					
	信太狐塚古墳58		和田1号墳30 マイ山古墳35	碁石山古墳50	
			和泉向代1号墳34		
			名古山古墳17		真鍋山古墳40

各古墳名に続く数値は墳長を示す（単位：m）。

表15　和泉北部の前方後円墳

<table>
<tr><th colspan="4">時　期</th><th colspan="3">百舌鳥古墳群</th><th rowspan="2">泉北丘陵窯跡群</th></tr>
<tr><th>古墳時代</th><th>和田編年</th><th>須恵器</th><th>埴輪十河</th><th>大王墓</th><th>前方後円墳</th><th>帆立貝形前方後円墳</th></tr>
<tr><td rowspan="2">4世紀</td><td>3期</td><td></td><td>Ⅱ</td><td></td><td></td><td></td><td></td></tr>
<tr><td>4期</td><td>TG232</td><td>Ⅲ－1</td><td></td><td>乳岡古墳165
長山古墳110</td><td></td><td></td></tr>
<tr><td rowspan="5">5世紀</td><td>5期</td><td>TK73</td><td>Ⅲ－2</td><td>石津丘古墳365</td><td>大塚山古墳168</td><td></td><td><u>小代2号墳32</u></td></tr>
<tr><td>6期</td><td>TK216</td><td>Ⅳ－1</td><td></td><td>いたすけ古墳146
御廟山古墳203</td><td></td><td></td></tr>
<tr><td>7期</td><td>TK208</td><td>Ⅳ－2</td><td>大山古墳486</td><td>田出井山古墳148
長塚古墳100</td><td>旗塚古墳58
収塚古墳59
孫太夫山古墳65</td><td></td></tr>
<tr><td rowspan="2">8期</td><td>TK23</td><td>Ⅳ－3</td><td>ニサンザイ古墳290</td><td></td><td>丸保山古墳87
こうじ山古墳51
定の山古墳69</td><td>野々井1号墳26
野々井10号墳33</td></tr>
<tr><td>TK47</td><td>Ⅴ－1</td><td></td><td></td><td>竜佐山古墳61
経塚古墳55</td><td>野々井南12号墳30</td></tr>
<tr><td rowspan="4">6世紀</td><td>9期</td><td>MT15</td><td>Ⅴ－2</td><td></td><td>平井塚古墳58</td><td></td><td></td></tr>
<tr><td rowspan="2">10期</td><td>TK10</td><td>Ⅴ－3</td><td></td><td></td><td></td><td>御坊山古墳30
牛石7号墳40</td></tr>
<tr><td>MT85</td><td></td><td></td><td></td><td></td><td>檜尾塚原9号墳17
檜尾塚原7号墳19</td></tr>
<tr><td>11期</td><td>TK43</td><td></td><td></td><td></td><td></td><td>湯山古墳30</td></tr>
</table>

太字は前方後円墳、細字は帆立貝形前方後円墳、<u>下線</u>古墳は径30ｍ以上の大型円墳。

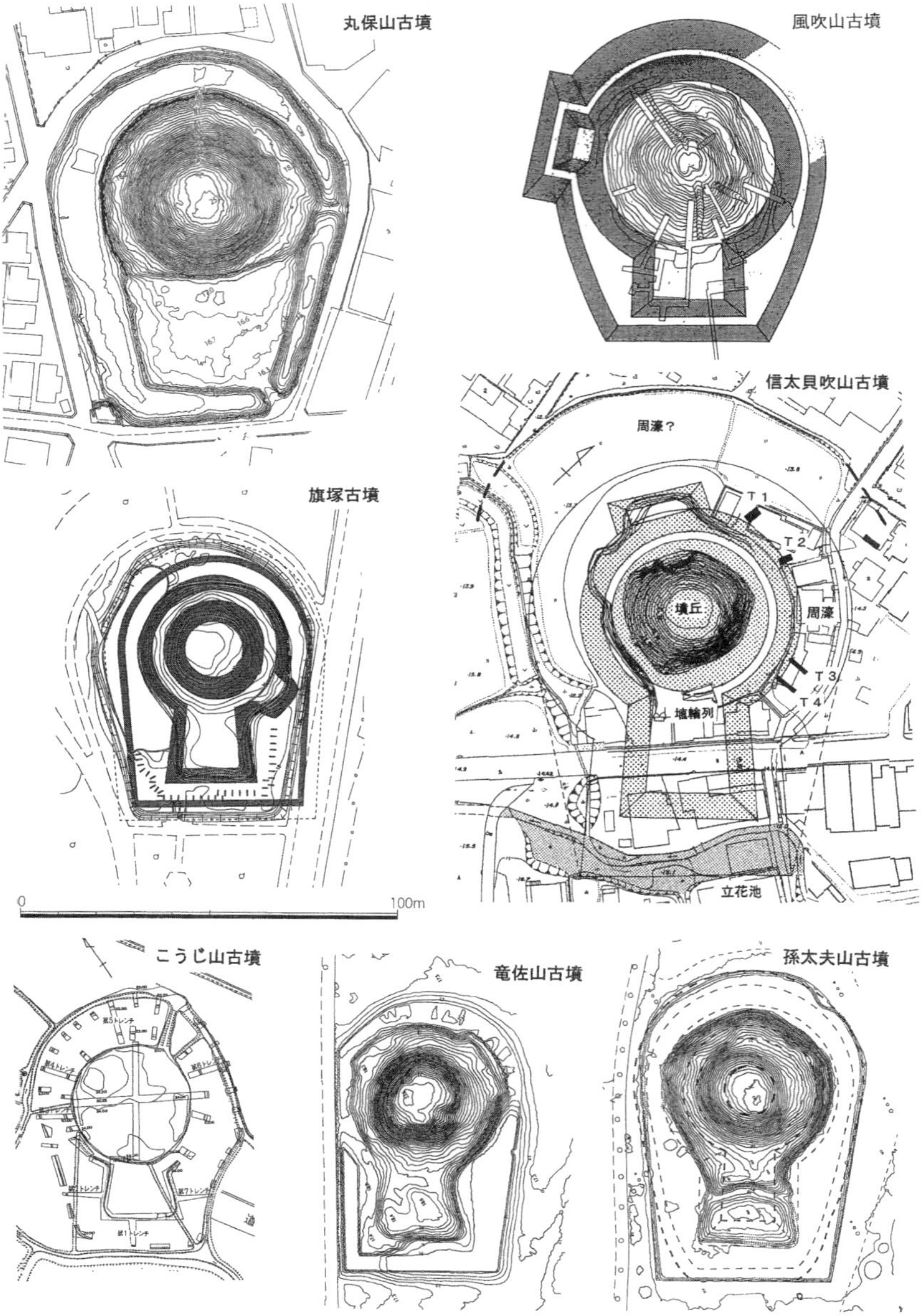

図 96　和泉北部五世紀の帆立貝形前方後円墳（各報告書より）

ことができる。

これらの大津川流域とその周辺領域の首長墓の変遷を整理しておくと、かれら在地首長は四世紀後半にヤマト王権に組み込まれたことが久米田貝吹山古墳、摩湯山古墳の出現で理解できるが、すぐにその古墳系譜は先細りになり、その首長は衰退する。その一方で、四世紀末から五世紀初頭には、大津川右岸の首長が有力になったことが丸笠山古墳、和泉黄金塚古墳の出現で理解できるようになる。そして、六世紀前半まで古墳が順次築造される。これらのことから、大津川右岸の地域の信太山周辺の首長層が、左岸地域の首長よりも優位に立ち、当該地区の有力者となったことが理解できる。

五世紀後半にはカニヤ塚古墳や玉塚古墳の段階では大型円墳へといったん格下げとなったが、その後、大園古墳で帆立貝形前方後円墳が復活する。隣り合う上泉郷や坂本郷では首長墓らしき古墳がまだ知られておらず、鍋塚古墳以来、空白期間になっているが、これはまだ見ぬ古墳が埋没しているのか、それとも地域内において首長の造墓活動が停止したかと二通りの想定ができよう。五世紀では上泉郷などで展開する集落の府中・豊中遺跡群の充実からみて首長の存在は否定できないので、首長の造墓活動は停止したとは考えられない。その点についても第三章第一・二節で論じておいた。

同じく三区型で大園古墳と同形の古墳が、泉北丘陵窯跡群の地域に求めることができる。栂地区の野々井南一二号墳（大芝古墳）である。前方部が撥形風に開く墳形で、両古墳ともに五世紀後葉の時期に帰属するであろう。

さて、帆立貝形前方後円墳が一つの地域に集中しているのが堺市百舌鳥古墳群で、大山古墳などの巨大古墳が築造されるのにあわせて、巨大古墳の陪塚などとして築造されるようになった。陪塚には五世紀前葉までは方墳が多く、五世紀後葉以降は円墳と帆立貝形の前方後円墳が中心になり、後者は八基確認できる（石部二〇一二）。こうじ山古墳（墳長五一メートル、後円部径三七メートル）が石部らの三区型の指標古墳で、ニサンザイ古墳の陪塚とも言われている。このほかの古墳を概観すると、三区型で最大規模の丸保山古墳（墳丘長八七メートル、後円部径六〇メートル）は大山古墳の陪塚の可能性がある。これを筆頭に大山古墳陪塚の収塚古墳（墳丘長五九メートル、後円部径四二メートル）・竜佐山古墳（墳丘長六一メートル、後円部径四二メートル）、孫太夫山古墳（墳丘長六五、後円部径四六メートル）のほか、石津丘古墳に近い旗塚古墳（墳丘長五八メートル、後円部径四二メートル）、ニサンザイ古墳北方の百舌鳥川左岸に立地する定の山古墳（墳丘長六九メートル、後円部径五六メートル）が知られている（堺市二〇一八、堺市教二〇〇八・二〇一一・二〇一五）。

百舌鳥古墳群と同時期に造墓活動をみる古市古墳群では、帆立貝形前方後円墳はどのような様相だろうか。築造時期の早い順に示すと、二区型で五世紀前葉から中葉の盾塚古墳と鞍塚古墳、一区型の五世紀中葉の青山一号墳（青塚古墳）、五世紀末葉の青山二号墳・蕃上山古墳、三区型で五世紀中葉の軽里三号墳、五世紀後葉の軽里四号墳、二区型で六世紀初頭の矢倉古墳のほか、五世紀後葉の林二号墳（墳長二三メートル）などが知られている（藤井寺市教一九九三、久世二〇一五）。

石部らの研究では古市・百舌鳥古墳群において一区型〜三区型の帆立貝形前方後円墳は存在するが、四区型の古墳は欠如していることを明らかにしている。その理由として「前方後円墳と区別しがたい四区型を欠如するのは、大王とその一族のための巨大前方後円墳と、それらの間に介在する中規模以下の古墳との格差を明瞭化が意図されたもの」と考えた（石部ほか一九八〇）。すなわち、五世紀になって前方後円墳を造ることが許されなくなった中小首長の墳墓ということである。和田晴吾は王権が「前期後半段階に急増した首長層への支配の強化を図るために、首長層の序列を明確化し再編成したことを示すもの」と指摘した（和田二〇〇四）。沼澤豊もこのように前方後円墳よりも格下ともとれる帆立貝形の前方後円墳を、四世紀後葉からヤマト王権による墳丘基準による身分秩序のための新たに創出された墳形とした（沼澤二〇〇六）。石部や和田の分析から考えて、百舌鳥古墳群での帆立貝形前方後円墳の造墓活動の歴史的位置づけは、巨大古墳との位置関係も考慮に入れ、相互が親縁なる序列化された関係にあ

図 97　百舌鳥古墳群・大山古墳周辺の陪塚分布図（堺市 2018 年）

ると考えて差し支えないと筆者は考える。

百舌鳥古墳群の帆立貝形前方後円墳は、墳丘長六〇～九〇メートル、後円部径六〇メートル前後の規模に集中し、帆立貝形前方後円墳も王権が管理する企画設計で築造されていたことを、石部らの研究で確認できた。そして、帆立貝形前方後円墳は五世紀における和泉北部域の風吹山古墳、信太貝吹山古墳、鍋塚古墳などの首長墓に影響を与えた古墳形式であり、また五世紀中葉からは大山古墳やニサンザイ古墳の陪塚に埋葬されるほどの政治的立場の被葬者の古墳形式であったことも確認できる。相互の古墳の墳形から百舌鳥古墳群の王権の主と和泉の地方首長との関係性がうかがわれる。

身分の序列化による墳丘規制については小野山節の研究がはやくから知られている。小野山は五世紀になって地方の首長が河内王朝から前方後円墳築造の規制を受け、そのために帆立貝形古墳前方後円墳や円墳あるいは方墳を採用したと考えている（小野山一九七〇）。和泉北部の古墳の分布から当該地域においても、そのように考えることは可能である。その後、都出比呂志は「前方後円墳を築きうる首長と大型円墳を営む首長とのランク付けを明確にし、特定の有力首長を頂点とする地域内の身分秩序が形成された」と理解している（都出一九九三b）。都出は小野山の説を受けて、前方部が極端に短い前方後円墳を帆立貝形古墳とし、大型円墳と同じ階層性を指摘した（都出一九八二）。また、五世紀前葉に地域の盟主墳的首長権の変動が、王権周辺の政治的変動に連動したものであることを指摘した。一瀬和夫は大山古墳周囲の中小規模の古墳が、大山古墳築造を契機に造墓がはじまり、規模の大きい古墳から小さな古墳へ、そして墳丘も前方後円墳から帆立貝形前方後円墳や円墳へと変わっていく政治的変動を指摘した。また、古市古墳群においても大型古墳周囲の中小古墳が帆立貝形前方後円や円墳に変化していることから、「両者は大枠において足並みをそろえて、連動しながら墳丘縮小化を起こしている」とした。そして、王権の「統合的なそのまとまりによってより精密な広域的支配が成立した」と指摘した（一瀬二〇一六）。このような中期における古墳の秩序について、和田晴吾は「前期後半に急増した王権傘下の数多くの首長層を序列化編成したもの」とし、「大王をはじめとする畿内の有力首長を中心とした限られた数の首長層が、全国数多くの中小首長を支配した体制の反映」であるとした（和田二〇〇三）。

三　陪塚と帆立貝形前方後円墳について

次に、巨大古墳の周囲に点在する陪塚と帆立貝形前方後円墳の関係性に関しての研究に若干触れておく。山田幸弘は陪塚の築造場所を主墳後円部の正面や側面など四類型にし、そして陪塚が主墳外堤に「食い込む」・「接する」・「平行する」などの両者の位置関係から五類型に類型化した。それによって古市古墳群、百舌鳥古墳群、佐紀古墳群などの陪塚を分類し、主墳に近い位置から離れた位置へと配置が換わるにつれ、時代が後になって、また企画性も薄れていく可能性を指摘されている（山田一九九七）。このように主墳に近い位置から遠い位置へと時期とともに移り変わる陪塚のあり方は石部正志が指摘するところでもあった（石部一九九八）。山田が示した類型化をもとに、十河良和は百舌鳥古墳群における主墳と陪塚の計画的配置と同時代性に注目した。いたすけ古墳と善ヱ衛門山古墳（方墳）やミサンザイ古墳（石津丘古墳）と寺山南山古墳（方墳）・七観山古墳（円墳）を陪塚に認定し、方墳については主墳に同時期である可能性が高いもので占められていることを指摘した（十河二〇一六）。このような視点から考えるならば、大山古墳の周囲の方墳と同じ条件で立地する帆立貝形前方後円墳にも同時代性、計画性が認められることから、収塚古墳と孫太夫山古墳のほか、四半世紀ほど後になるといわれる丸保山古墳は陪塚と考えられるであろう。また、ニサンザイ古墳のこうじ山古墳も同時代性が高いので、陪塚と考えられよう。

陪塚に葬られた人物像の性格論に関して、西川宏は陪塚の定義を主墳に対する様々な点の従属性、築造の同時代性と計画性の条件が陪塚の特徴にあることを指摘し、それによって主墳の被葬者に対する陪塚の被葬者が「原初的官僚層」の立場であったと想定している（西川一九六一）。このほか、土生田純之は古市古墳群を構成する陪塚の野中古墳（方墳）と墓山古墳、陪塚の西墓山古墳・アリ山古墳（ともに方墳）と誉田山古墳との関係から、陪塚から出土した膨大な武器や農工具の鉄製品は陪塚被葬者の所有品とは考えにくいとし、主墳の腹心の配下となって貴重な鉄製品を管理する立場にあったと指摘した。そして、「陪塚の発生と複雑化は王権機構の発展と密接にかかわるもの」と考えている（土生田二〇一一）。陪塚とみる帆立貝形前方後円墳の被葬者像を「原初的官僚層」として捉えるのか、それとも副葬品を埋納することを目的とした副葬用陪塚（石部一九五八）に分類するかは、対象とする古墳をすべて発掘調査していない現段階では不可能であろうと考えられる。ただし、百舌鳥古墳群における石津丘古墳陪塚の円墳の七観山古墳には人体埋葬が認められていない。また、御廟山古墳陪塚の円墳のカトンボ山古墳も副葬用陪塚であったと考えられている（堺市二〇一八）。このようなことから筆者は方墳や円墳ではなく、前方後円墳に準ずる墳形を有する古墳に大きな意義を認めたい。帆立貝形前方後円墳の階層性については、坂靖が主墳被葬者の規制のもとに造営されたもの」とし、「主墳に直接従属するか、あるいはごく側近にいた実力者の墳墓という性格づけができる」と指摘した（坂二〇〇五）が、筆者の考えからも首肯できる。

さて筆者は、大山古墳の築造された五世紀中葉から後葉にかけて巨大古墳と帆立貝形前方後円墳が共存することに関連して、大津川・槇尾川流域の上泉郷や坂本郷などに首長墓が欠けていることに注目している。この現象について、和泉北部の首長が五世紀に至って、帆立貝形前方後円墳さえも築造することが許されないほどに労働生産力に乏しい集団に落ちたのか。それとも経済的な状況に変化はないが、大きな政治的権力の組織の一部になったことによるのか。筆者は先に示したとおり、百舌鳥古墳群に代表される王権に組み込まれた結果であろうと考えたい。

このような指摘をもとにして王権と地方首長との関係を考える場合、巨大古墳の周囲に築造された帆立貝形前方後円墳の意義は重要で、百舌鳥古墳群において大型前方後円墳の周囲に展開する数基の帆立貝形前方後円墳のひとつを、地方の中小首長、たとえば和泉北部の首長に関係する墳墓として位置付けることはできないだろうか。帆立貝形前方後円墳が大・中形前方後円墳の被葬者より下位層の墓式として規制されたことは明確で、信太貝吹山古墳が大山古墳の陪塚の帆立貝形前方後円墳と同規模・同企画であることにも注目しておきたい。一つの仮説として、不明になっている府中・豊中遺跡群の首長の墓を大山古墳の陪塚にあててみることも可能ではないかと推測したい。今後の課題であるが、重要なのは府中・豊中遺跡群の首長の系譜は途切れることがなかったと考えることである。

泉北丘陵窯跡群の石津川や和田川の流域に、五世紀中葉から後葉に帆立貝形前方後円墳を盟主墳とする古墳群が展開する。野々井一号墳や野々井南一二号墳（大芝古墳）などの被葬者は、須恵器生産に関係した集団と考えられている。帆立貝形前方後円墳が前方後円墳に準じる企画性の高い形式の古墳と考えることが可能になったことからも、須恵器生産の推進にあわせて和泉北部の首長層が古代王権の意思によって行動したことがうかがわれよう。上記の野々井南・野々井古墳群は古式群集墳（ただし、方墳もみられ、完全な円墳化はしていないが）の範疇に分類できる。新しい墓域には中小規模の前方後円墳—泉北丘陵窯跡群の場合は帆立貝形前方後円墳—が築かれるようになり、その群中には多様な埋葬施設をもつ小型の円墳によって構成されている。その後に「渡来人を含む新興の中小首長や、共同体の有力者層が台頭してきて、王権の新しい秩序のなかで重要な位置を占めるようになった」（和田二〇〇三）ことが、泉北丘陵窯跡群における新しい牛石古墳群や檜尾塚原古墳群などの出現の理由ではないであろうか。

二　泉北丘陵窯跡群の首長墓

百舌鳥古墳群で最後の前方後円墳になる平井塚古墳（堺市二〇一八）が築造されたのは六世紀初頭で、ここに併行関係にあるのが富木車塚古墳（大阪市美一九六〇、宇田川・神谷一九八六）であろう。墳丘の周囲が崩れていることを踏まえた上で、前方部の低い帆立貝形前方後円墳の四区型と判断しておく。富木車塚古墳は大園古墳の次代の首長墓にあたるが、これを最後に続く前方後円墳は見当たらず、和泉北部のA地区（第三章第一節）において規模の大きい古墳群が形成されることはなかった。

このA地区に対して、ふたたび首長層の墳墓として前方後円墳が登場するのが和泉北部B地区の上泉郷と泉北丘陵窯跡群陶器山地区であった。上泉郷の信太狐塚古墳は前方部端幅が後円部径を凌ぐ墳形で、墳長五八メートル、後円部径三〇メートルを測る規模であった（和泉市教二〇一八・二〇一九）。和泉北部での後期古墳最大の規模で、その後に始まる信太千塚古墳群の嚆矢となった。信太狐塚古墳は群集墳の盟主墳の位置づけになり、信太千塚古墳群はその後に円墳を主とするほか、方墳を含めた構成となる。信太狐塚古墳と同時期と考えられるのが大村郷の陶器山地区の御坊山古墳（堺市二〇一八）である。発掘されていないので不明な点も多いが、御坊山古墳の登場後に次々と小古墳が営まれる陶器千塚古墳群の様相は信太千塚古墳のそれと近似している。

百舌鳥古墳群の前方後円墳が終焉を迎えたあとに築造された信太狐塚古墳と御坊山古墳の歴史的位置づけが重要で、泉北丘陵窯跡群の須恵器生産の第一の画期の直後ということが指摘できる。須恵器生産の生産技術の改良や量産化が刷新されたと認められる時期で、筆者は須恵器生産体制の新たな組織化が認められると考えた（第一章第一節）。大規模な須恵器生産をなしえるために王権の発動があった結果であろう。大和や河内の首長墓のように前方後円墳の採用とまではいかないが、下級の帆立貝形前方後円墳などを用いることが許される首長ではあることは認識できよう。陶器山地区は六世紀から始まる須恵器生産の窯業技術の中心となった可能性のある地区であったことが、このクラスの墳形の採用に現れているのかもしれない。陶器山地区に位置した陶器遺跡や辻之遺跡などの集落の活況からも、重要な集落が集中する地域であったことがうかがえる。

一方、信太狐塚古墳は上泉郷などを見下ろす丘陵上にあり、上泉郷とその周辺の集落を治めた首長の古墳であろ

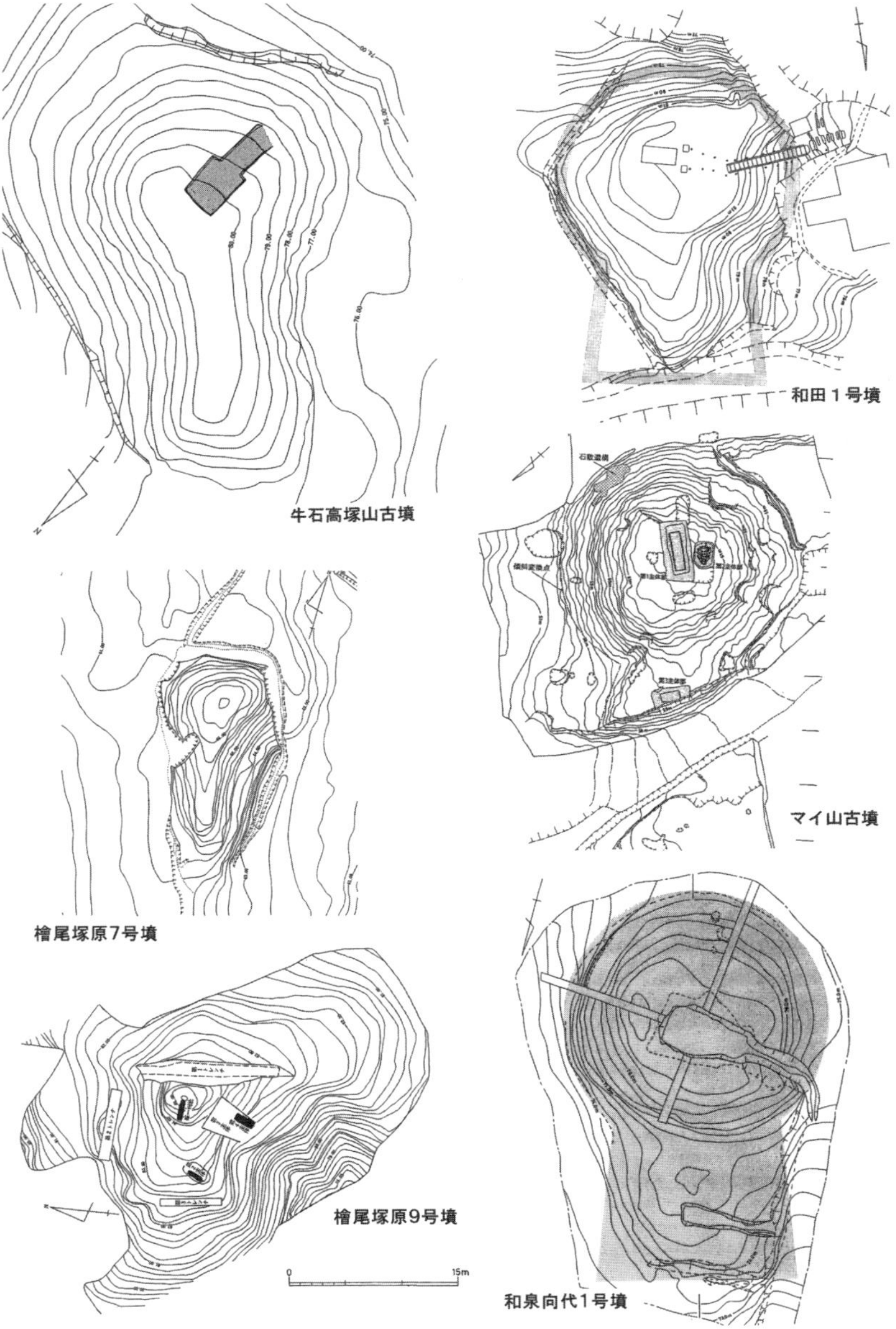

図 98　泉北丘陵窯跡群周辺六世紀の帆立貝形前方後円墳（各報告書より）

う。ただ、信太千塚古墳群はこれらの郷域だけでなく、大津川・槇尾川下流域に活動する氏族のための集団墓地であった可能性もある。この流域の集落は府中・豊中遺跡群を中核とし、和泉市和気遺跡（和気調査会一九七九、大阪府教一九八五ａ）、岸和田市三田遺跡（大阪府教一九八七ｂ）、和泉市軽部池遺跡（和泉市教二〇一三ｂ）などの集落遺跡が展開している。府中・豊中遺跡群は大村郷の陶器山地区のように須恵器生産の工人集団の集落ではない。大津川中流域で開発が始まる谷山池地区の須恵器生産において関連した須恵器の流通などに携わることで、さらに集落の存続意義が高められていたことは第二章第一節で述べたとおりである。これが坂本郷や池田郷の整備に結びついていった。その後、和泉国府が設けられていくことからわかるように、当該流域での集落の役割が高められたことや集落群の背後に広い丘陵が位置するという地理的な条件などが影響していたことが、和泉北部で最大の後期古墳が出現した理由であろう。

その後、帆立貝形前方後円墳として谷山池地区の池田郷に三区型の和泉市和田一号墳、同市マイ山古墳、四区型の和泉市和泉向代一号墳、二区型の同市名古山古墳が築造された。上神郷の栂地区に四区型の堺市牛石七号墳が、和田郷の光明池地区に四区型の堺市檜尾塚原七号墳と、二区型の堺市檜尾塚原九号墳が次々と築造された（大阪府教一九九〇ａ・一九九六ｂ、乾一九九二、和泉市史編さん二〇一六）。

このほか、泉北丘陵窯跡群の領域で確認されている埋葬形態で稀有な例を示しておく。大村郷陶器山地区の（帆立貝形か）前方後円墳の堺市湯山古墳から組合式家形石棺が出土している。蓋石三枚、底石三枚、長側石三枚（二枚＋一枚）、短側石二枚で構成される石棺が復元されている（森・鹿野・松田・門田二〇〇〇）。石材は二上山産と考えられる流紋岩質火山礫凝灰岩である。（鹿野二〇〇〇、奥田二〇〇〇）。もうひとつの出土例は、七世紀初頭頃に帰属する堺市百舌鳥四五号墳で、横穴式石室に組合式家形石棺があった（泉大津高校一九五八）。陶器山地区の湯山古墳と百舌鳥川右岸の堺市百舌鳥四五号墳は、地理的に石津川水系に点在していることを考えると、地域的共通点とも言えよう。対して槇尾川流域や大野池地区を含めた信太山丘陵周辺で家形石棺を用いた埋葬施設は確認されていない。泉北丘陵窯跡群の東西地域を活動拠点とする氏族と王権との歴史的関係の現れと評価したい。

三　まとめ――首長系譜と帆立貝形前方後円墳――

これまでみてきた首長権系譜の論点についてまとめておきたい。本節では帆立貝形前方後円墳のさまざまな類型の古墳について、和泉北部における首長墓に位置付けて自説を述べた。四世紀後葉に久米田貝吹山古墳（前方後円墳）を在地首長墓の第一とし、その後の摩湯山古墳（前方後円墳）、風吹山古墳（帆立貝形前方後円墳）、無名塚古墳（円墳）へと続く大津川左岸の首長系譜は、極端に尻すぼみ的に見えにくくなってしまう。

これに対して、大津川・槇尾川右岸においては、信太山北部での首長墓について、四世紀末から六世紀前葉まで、和泉黄金塚古墳（前方後円墳）から信太貝吹山古墳（帆立貝形前方後円墳）、カニヤ塚古墳（円墳）、大園古墳（帆立貝形前方後円墳）、そして最後に富木車塚古墳（帆立貝形前方後円墳）へと系譜をたどることができる。この系譜に対応する集落遺跡として大園遺跡がある。上町遺跡、水源地遺跡など衛星的な集落を伴いながら拠点的集落として展開した。大園遺跡は和泉黄金塚古墳が出現する以前より集落活動が始まっているが、徐々に集落を整備して、六世紀前葉には集落の再構成を経たのち七世紀にかけて発展する様相が確認できた。祭祀遺構も見られ、須恵器生産に関与する資料や渡来系の資料が出土するなど、在地首長の集落であると考えられる。つまり、首長墓と集落が有機的にかつ歴史的に跡付けることが可能であった（筆者の地域分類でA地区とし、概ね信太郷に属する。以下この項、第二章第二節参照）。一方、槇尾川沿いに展開する府中・豊中遺跡群も三世紀後葉から継続的に拡大する集落で、大園遺跡と同様に集落の充実度から流域右岸を本拠として活動する在地首長の集落と指摘することができた。しかし、その首長たちの古墳のあり方は信太山北部の和泉黄金塚古墳の系譜とは異なっている。和泉黄金塚古墳とほぼ同時期に丸笠山古墳（前方後円墳）が築造されるが、その後に鍋塚古墳（帆立貝形前方後円墳）と玉塚古墳（円墳）が築造されてから六世紀前葉の信太狐塚古墳（前方後円墳）まで首長墓が見られないことが当該地域での特徴といえる（A地区に対して、丸笠山古墳、鍋塚古墳系統がB地区で上泉郷、玉塚古墳が立地する地区がC地区で坂本郷に比定できる）。

首長墓の系譜が断絶する時期の状況から、広瀬和雄は地域における首長権の輪番制を説いた（広瀬一九七五）。しかし、筆者は首長墓が断絶するかのようにB地区は、当該地区にあたる府中・豊中遺跡群の集落の持続的発展および和泉北部地域を代表する集落の充実などを理由に、首長権の輪番制は考えづらいと指摘をした。そして、府中・豊中遺跡群が展開するB地区、またC地区の地域首長の古墳は槇尾川右岸には系譜をたどれる古墳が継続して築造されていないが、百舌鳥古墳群の大山古墳の陪塚である帆立貝形前方後円墳のひとつが、大津川・槇尾川右岸において系譜が途切れる時期の首長墓の候補になるのではないかとの仮説を提示した。

首長権系譜の分析に関して、「厳密な古墳編年にもとづく首長墓群の消長からみた地域形成過程の研究」において、「首長が依拠した生活圏の研究が重要」になると指摘した都出比呂志の首長権系譜論の研究（都出一九八九b）を受けて、梅本康広はその基礎作業として「集落遺跡の分布と消長を念頭において、造墓主体の動向を探り一地域の政治構造を究明する」ことが必要であると指摘する（梅本二〇一二）。都出や梅本の指摘にそって大津川・槇尾川右岸の首長集落の発展的な様相を考えると、和泉北部地域の首長権の輪番制に関しては否定的な答えが導かれる。

これに関して一瀬和夫の研究について触れておきたい（一瀬二〇〇三）。一瀬は五世紀前半の畿内大型古墳と地域首長墓の分析において、前方後円墳を採用する過程の違いの中で、葬地の移動や前方部の縮小現象から四つのモデルに分類した。地域の内部動向によって敏感に墳形が変動する「継続型」、前方後円墳の形態に固辞して徐々に前方部を縮小させる「段階型」、継続している古墳群にあって築造のたびに墳形を変える「突発型」、突然の中型墳の築造中止や古墳自体が見当たらない「断続型」である。分類にしたがえば、地域間の首長同士の力の差が歴然とし親密な場合は断絶型になるとする。首長墓が途切れているかのように見える丸笠山古墳系譜のB地区（上泉郷）は「断続型」になる。これによれば、五世紀の百舌鳥古墳群のヤマト王権と府中・豊中遺跡群の地域首長との歴然かつ親密な関係性が表れていると想定できる。また、信太山北部の首長墓の形態は、「継続型」とみられ、つねに地域間に関係がある中で、おそらく百舌鳥古墳群との関係において、その内部動向によって敏感に墳形が変動しているということになろう。

第三節　地域開発と古代氏族

一　泉北丘陵窯跡群の諸集団

泉北丘陵窯跡群の発展は、百舌鳥古墳群の成立によって四世紀後葉以後の泉北地域の生産力が飛躍的に向上したためであって（田辺一九六六・一九八一）、古代王権下で進められた手工業地との歴史的評価を受けている（野上一九八二、菱田二〇〇七）。また、石津川と和田川に挟まれた栂丘陵周辺には「桜井屯倉」「茅渟山屯倉」などが置かれ、古代王権の直轄地として機能した地域であったとの評価もされている。（中村一九八一、栄原一九九九）。また、石津川と和田川に挟まれた栂地区周辺に居を構えた上神郷、陶器山地区の大村郷などの集団と古代王権の大神神社との親縁性が説かれてきた。総じて王権主導で始まった須恵器生産ではあったが、泉北丘陵やその周辺の在地氏族、さらに新たに配置された氏族の連携なしでは実行不可能な事業が須恵器生産であったと考えられる。

さて、本節では泉北丘陵窯跡群の周辺で活動した石津川流域及び信太山丘陵周辺の古代氏族について、三浦圭一（三浦一九六五）、吉田晶（吉田一九七〇ほか）らの先学に導かれながら、本書の対象地域である大鳥郡と和泉郡を詳しくみていくことにする。吉田晶は、和泉国は小河川や狭い河谷平野によって区分された小宇宙的な地域を形成し、和泉郡では各郷の境界がルーズであったと指摘する。各地域の氏族間では上下の関係ではなく、対等での連合のような形をとっていたとされている。和泉には中臣氏、紀氏、坂本氏などの中央有力氏族との関係をもつものが多いが、上位の姓をもつ氏族が少なく、在地性の強い中小氏族が多いとされている。

一　大鳥郡――石津川・和田川流域の諸氏族――

大鳥郡では大鳥郷、日下部郷、大村郷、和田郷、上神郷、土師郷、蜂田郷、石津郷などが、石津川・和田川流域周辺にあたる。郷名と同名の氏族が大鳥連で、大鳥郷内には郡随一の式内社大鳥神社が所在し、郡内では中心的な地位を占める郷であったと考えられている。大鳥連は、古代王権の神祇祭祀を担当する有力連姓豪族の中臣氏と同祖の関係にある。

大鳥連のほかに、殿来連、蜂田連、和太連、民直らが大鳥郡におり、中臣氏と同祖と称する氏族である。殿来連は式内社等乃伎神社周辺にいた大鳥郷の氏族で、信太山丘陵に近い位置にある。蜂田連は石津川右岸の蜂田郷に本貫を持つ。和太連は和田川流域の和田郷を本拠にしていた。民直は和田郷の可能性もあるが、今のところ和泉国の本拠は不明のようである。中臣氏は祭祀に用いられた特殊性の高い須恵器の生産や運搬に関係が深かったといわれる氏族である。このような職掌の性格から、その役目を果たすために石津川上流域から泉北丘陵の内陸にまでの地域を確保して本拠にしていたのであろう。つまり、泉北丘陵窯跡群と中臣氏との職掌が密接に関係していたことが説かれている。ただし、鷺森浩幸は中臣氏や中臣系氏族が泉北丘陵窯跡群の須恵器生産の主たる管理者ではなく、中臣氏は基本的に祭祀で使用する須恵器においてのみ関係を持っていたと指摘している。

次に、大村郷は紀直氏と同族の大村直が本拠としている。中村浩は陶器山地区の多くの窯跡一帯が「大村里、大村山」と呼称されていることから、須恵器生産に従事した氏族であろうと指摘している（中村一九七三）。このほか、和田郷には紀直系の和田首の氏族も知られている。

大鳥郷には大鳥神社、等乃伎神社のほか七社の式内社が鎮座しており、数的には和泉国の中でも最も密度の高い郷域といえる。また、上泉郷や山直郷では五社が知られている。このような式内社の分布も古代の人口密度の濃淡を反映する目安のひとつであるとは石部正志の指摘である（石部一九七七）。重要な指摘といえよう。つまり、郷内

（吉田晶 1999 年）

郡	郷	氏　族	式内社	古代寺院（考古学）	飛鳥	白鳳	古代寺院（行基年譜）	備　　考
大鳥郡	大鳥郷	大鳥連	大鳥神社	長承寺廃寺 (2)		○	神鳳寺 (1)	①大鳥神社の神官寺 ②大鳥連の氏寺か ③『元亨釈書』覚超伝に本郡本郷の人とあるが、和泉郡池田郷横山の出身と見るのが正しい（「和泉市史」第一巻本文） ◎印は行基建立の49寺の一つ、以下同じ
		殿来連	大鳥浜神社				鶴田池院 ◎	
		古志連	大鳥北浜神社					
		（池辺直） (3)	大鳥美並止神社					
			大鳥井瀬神社					
			高石神社					
			等乃伎神社					
			押別神社					
			大歳神社					
	日下部郷	日下部首	日部神社					①天平15年西琳寺縁起に「比志貴造」とも記す ②天平2年9月瑜伽師地論の知識名から ③優婆塞貢進文（大日本古文書25の89P） ④鶴田池東遺跡から「山田造」と墨書した土器が出土
		日下部	菱木神社				清浄土尼院◎	
		菱木造 (1)						
		石津連 (2)						
		櫛代造 (3)						
		山田造 (2)						
	和田郷	和太連	美多伎神社 (4)					①式内社「ミタミ」の社名より推定
		和田首					檜尾池院 ◎	
		民直 (1)						
	上神郷	神直	山井神社					①『行基年譜』に大庭院の所在を上神郷大庭村と記す ②「大庭造」と記した文字瓦の出土
		大庭連 (2)	国神社				大庭院 (1)◎	
			鴨神社					
			桜井神社					
			多治速比売神社					
	大村郷	大村直	火雷神社					①式内社名より推定 ②天平15年西琳寺縁起より ③大口恵院は大須恵院か
		荒田直 (1)	陶荒田神社				大口恵院 ◎	
		菱木造 (2)						
	土師郷	土師宿祢		百舌鳥陵南寺廃寺		○		
		土師連		土師廃寺		○		
		百済公						
	蜂田郷	蜂田連	蜂田神社	蜂田寺		○		①天平勝宝6年9月大般若経写経の知識としてみえる ②行基の生家を寺として伝える
		蜂田首	坂上神社				家原寺 (2)	
		蜂田薬師						
		伯太造 (1)						
	石津郷	石津連	石津太神社					
			生国神社					

『新撰姓氏録』所収氏族の国別カバネ（姓）分類表

		真人	朝臣	宿弥	忌寸	臣	連	公	造	直	首	県主	村主	勝	史	部	その他
左　京	269氏	32	48	29	16	10	64	10	12	4	7	1	4	0	7	8	17
右　京	268氏	13	35	32	8	15	47	15	19	6	14	0	9	2	9	15	29
山　城	102氏	1	2	6	5	3	17	11	9	3	5	2	4	3	2	9	15
大　和	101氏	1	4	11	4	7	16	7	12	7	12	2	2	0	0	3	13
摂　津	118氏	1	5	6	6	5	21	8	5	5	17	0	2	1	4	7	25
河　内	195氏	0	5	12	10	11	63	9	14	8	17	3	1	1	5	10	26
和　泉	129氏	0	3	2	1	8	30	7	9	11	19	5	3	1	1	13	16

天部8姓中上位4姓の比率

左　京	269氏中　125氏　=46.46%
右　京	268氏中　88氏　=32.83%
山　城	102氏中　14氏　=13.72%
大　和	101氏中　20氏　=19.80%
摂　津	118氏中　18氏　=15.25%
河　内	195氏中　27氏　=13.84%
和　泉	129氏中　6氏　=4.65%

表 16　和泉国の氏族関連表

	郷	氏　族	式内社	古代寺院(考古学)	飛鳥	白鳳	古代寺院(行基年譜)	備　　考
大島郡	塩穴郷	道守朝臣	開口神社			○	清浄土院 ◎	①乳守り(チモリ)の地名から
	常陵郷(深井郷)						深井尼院 ◎	
							大野寺 ◎	
							大野尼院 ◎	
和泉郡	信太郷	信太首	聖神社	信太寺		○	清浄土尼院◎	
		取石造	旧府神社					
	上泉郷	茅渟県主 (1)	泉井上神社	和泉寺		○		①本郷の中心地域であることから推定 ②勝宝6年9月、大般若経写経の知識としてみえる ③孝徳紀に蘇我石川麻呂の首をはねた人物として同姓の「塩」が見える、地名(ふった)より推定
		曽根連	曽根神社					
		伯太造 (2)	伯太神社					
		物部二田造(3)	和泉神社					
		伯太首神人	丸笠神社					
	下泉郷	穴師神主	泉穴師神社					
		我孫公	粟神社					
	軽部郷	軽部						
		和気公						
	坂本郷	坂本朝臣		坂本寺(禅寂寺)	○			
		坂本臣						
		韓国連						
	池田郷	池田首	男乃宇刀神社	池田寺		○	蜂田寺 (2)◎	①大島郡大島郷の(3)は同じ ②行基年譜39歳条。
		和田首	穂椋神社	松尾寺		○		
		池辺直 (1)		安楽寺(国分寺)				
	山直郷	山直	山直神社	田治米廃寺			澄(隆)池院(久米田寺)◎	①池田郷に同社名あり。「泉州志」はこの社をも式内社とする。
			積川神社					
			楠本神社					
			淡路神社					
			穂椋神社 (1)					
	八木郷	県犬養 (1)	夜凝神社	小松里廃寺	○			①黛弘道の研究による ② 天平勝宝9年4月西南有領願にみえる
		布師臣						
		布師 (2)						
	掃守郷	掃守首	兵主神社	春木廃寺		○		
		掃守田首	矢代寸神社	別所廃寺		○		
		秦忌寸	波多神社					
			意賀美神社					
	木嶋郷	安幕首 (1)	阿里莫神社	秦廃寺		○		①安幕橋(貝塚市)の存在から ②半田の旧地名が秦であった
		秦忌寸 (2)						

	郷	氏　族	式内社	古代寺院(考古学)	飛鳥	白鳳	古代寺院(行基年譜)	備　　考
日根郡	近義郷	近義首	神前神社					①貝塚市内沢地域は和泉櫛の産地として著名(新猿楽記)
		櫛代造 (1)						
	賀美郷	上村主	意賀美神社	禅興寺廃寺		○	禅興寺 (2)	①天平15年1月優婆塞貢進文(大日本古文書2の331P)にみえる ②慶雲(704)年行基と新羅国大臣恵基が建立とつたえる
		日根造	日根野神社					
		辛国連 (1)	比売神社					
	呼唹郷		火走神社	海会寺		○		
			加支田神社					
			男神社					
	鳥取郷	石作連 (1)	国玉神社					①石作は石棺を作るのに関係し、箱作に同じか ②式内社より推定
		鳥取	波太神社					
		秦忌寸 (2)						

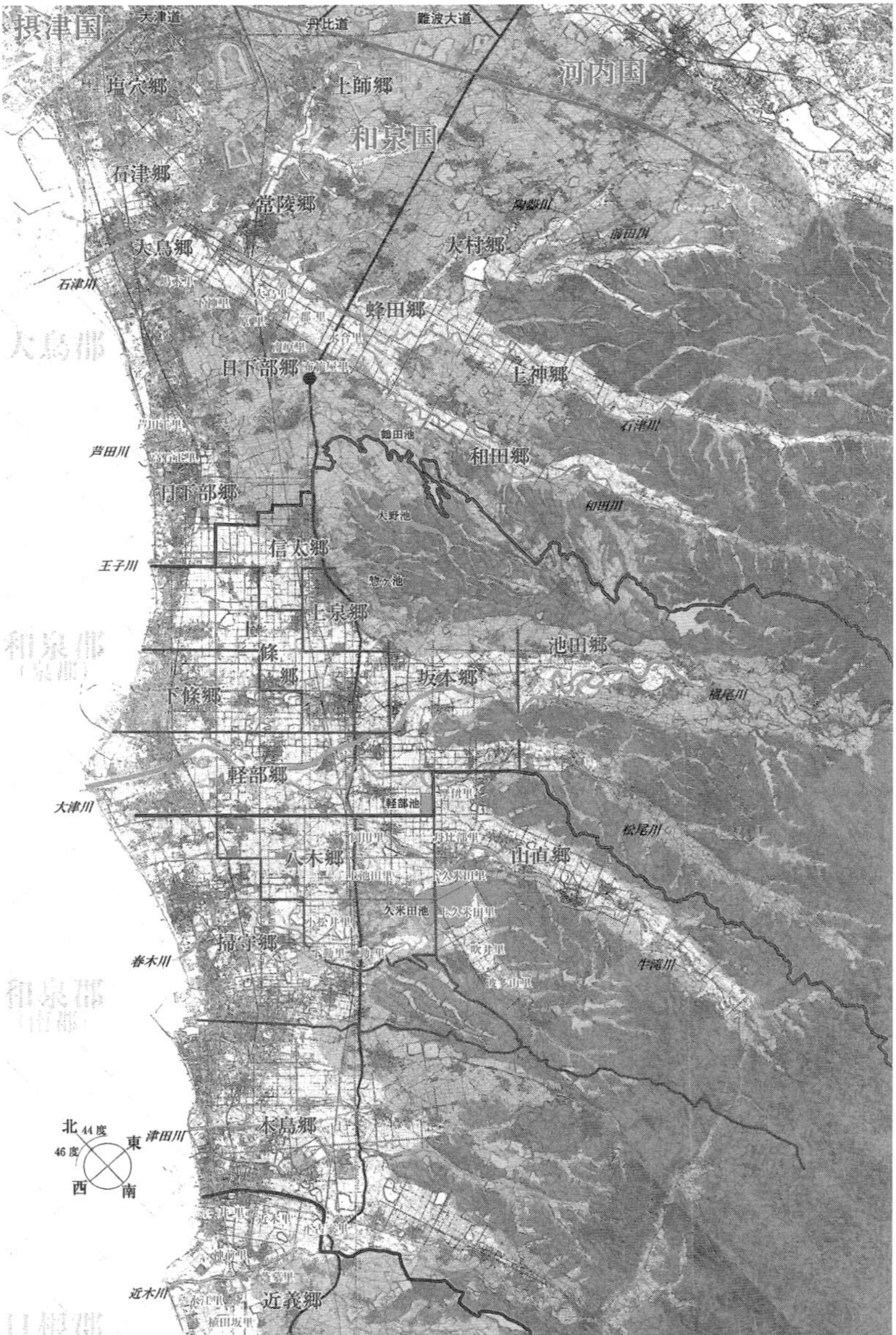

図 99　和泉国の条理地割と郡・郷界（濵道孝尚・岸本直文 2012 年）

の人口に比例して、郷内での様々な活動がなされており、それにあわせて街道や郷内の開発整備などが活発に行われたのではないか。拠点的集落が所在したことは推測できよう。

上神郷は栂丘陵周辺にあたり、ここを本拠にした神直と大庭造とは紀氏系氏族である。槇尾川流域の坂本氏と同祖系譜の集団である。そのうち神直の「神」は「みわ（三輪）・（大神）」であり、大和の三輪山や三輪氏との関係も深かったとみられている。中村浩は、石津川流域の上神郷（上神谷と呼ばれる）に「小代」や「高蔵」などの地名が残ることや周辺に式内社桜井神社が鎮座することなどから、桜井屯倉が置かれていたと指摘している。菱田哲郎も須恵器生産における屯倉と神部の密接な関係を指摘し、上神郷に桜井屯倉を比定した。そして、桜井屯倉の設置を『日本書紀』による安閑元年（五三四年）の六世紀前葉に求めている（菱田二〇〇七）。

次に、上神郷の東方になる大村郷は高蔵寺地区と陶器山地区にあたり、前者は紀直系の紀氏同族の大村直が、後者は葛城氏系譜の荒田直が本拠としていた。荒田直は大村郷の先住の在地氏族とみられる（中村一九七三）。陶器山地区には式内社陶荒田神社が鎮座し、地名として現在も陶器の地名が残っている。

このほか、陶器山地区東端と狭山池地区は河内国丹比郡狭山郷にあたり、狭山連が狭山神社を、高良比連がは狭山堤神社を構えながら居住した。彼らはともに中臣氏系氏族である。ただし、彼らの集落はまだ確かめられていない。

日下部郷には、日下部首、石津連、取石造、櫛代造、菱木（比志貴）造、山田造らがいる。このうち、日下部首は『日本書紀』にみえる根使主の記述に登場する氏族のひとつで、大鳥連と並ぶ在地豪族とみられている。石津連は石津川下流域の石津郷を本拠にした土師氏系の集団で、土師郷の土師連とは同系である。百舌鳥古墳群に近くにあって、古墳造営や土器製作専門の集団をかかえていたということであろう。取石造は百済系の渡来人で、今はない取石池の周辺の信太山丘陵の麓を本拠とした氏族である。取石造の活動領域は隣接する信太郷と一部重複するといわれている。山田造は鶴田池周辺を本拠にし、新羅系渡来人の伝承を持つ。和泉郡の信太山丘陵北部を本拠にした氏族に、和泉郡信太郷の百済系渡来人の信太首がいる。発掘調査で信太寺跡から「信太」が刻まれた瓦が出土している（大阪府教一九七七b）ことから、彼らの本拠であったことは間違いない。丘陵台地に居住地を求めた信太首は、大鳥郡内の平野部にいた取石造との領域に接しており、同じ百済系渡来の氏族としての関係は深いと考えられ、周辺地域の開発に―その中心は大園遺跡であったろう―活躍したであろう。

以上、概観したなかでいくつか補足しておきたい。

一点目は、大村郷は『記紀』にみる「茅渟県陶邑」の舞台としても認識されている地域でもあって、その登場人物の「大田田根子（意富多多泥古）」は三輪君（神君）の祖と知られている。そして、「大田田根子」は大物主神と陶津耳の女活玉依媛の間の子とされ、陶などの名から陶邑との関係が暗示されている。このことから三輪氏と須恵器生産との関係が説かれることが多い。菱田哲郎は部民制の枠組の中で須恵器生産が展開したとし、その担い手を、神（ミワ）部が編成された集団と考え、「神部」を軸とする須恵器生産は六世紀後葉から七世紀前葉の時期と指摘している（菱田二〇〇五）。

一方で、高橋照彦は、泉北丘陵窯跡群には和田首、大村直、荒田直などの地元の伝統的氏族が存在していることを踏まえて、全域的に三輪氏の掌握のもとで、直接的に須恵器生産に関与したわけではないと指摘する（高橋二〇〇七）。また、大川原竜一は『古事記』や『日本書紀』に登場する大田田根子と三輪氏は、あくまでも三輪山祭祀をあずかり王権に仕えることの伝承だけであり、三輪山と「陶邑」の須恵器の関係は認められても、三輪氏が須恵器生産を行なったことを示していないとしている（大川原二〇一九）。筆者としては、五世紀から始まる須恵器生産の全期間において、全く統一された生産体制で実施されたとは考えられない。それは、須恵器窯の構造の改良などによる生産体制の転換や、またそれに伴って変化する須恵器の型式などによって理解できよう。したがって、その時期的変遷にそって、泉北丘陵窯跡群を取り巻く須恵器生産に関係した多くの氏族たちは三輪氏だけでなく、時期を追って王権から様々な個別の役割が付加されていたことを示していると考えておきたい。王権の重要な政治的・経済的基盤の一つになっていたのであろう。

二点目は、紀を称する集団についてのことで、彼らはもともとは、紀ノ川流域を本拠とし、古代王権の対外政策の一翼を担い、のちに紀氏系の二つの系譜の氏族に分化したものとみられている（中林二〇一三）。吉田晶が指摘した『新撰姓氏録』和泉国皇別・和泉国神別による紀氏系氏族の区分について確認しておくと、大鳥郡における紀氏系氏族は紀直系（神別）で、石津川上流の上神郷、大村郷や和田郷の泉北丘陵窯跡群の生産域に居を構えている。これに対して、次項で述べる紀朝臣系（皇別）の氏族は坂本郷の坂本臣と八木郷の布師臣などが知られており、和泉郡の海岸地域や槇尾川水系を意識した地域に活動拠点を置いていたことが指摘されている（吉田一九七〇・一九七三・一九八九・一九九九）。どちらの集団も須恵器の生産―製作と運搬―に関して重要な役割が課せられたことがうかがわれよう。

三点目は、須恵器生産や土木事業の技術をもたらしたと考えられる渡来系の氏族は和泉郡に比べて大鳥郡に多いとみられ、石津川や和田川中流域の内地に本拠地が展開するのではなく、むしろ泉北丘陵窯跡群の外縁部にその居住地を占めていることである。須恵器生産という王権的開発事業であるならば、その役割に沿って適地が選ばれたのであろう。これも古代王権の主導する事業ゆえの結果といえるかもしれない。ただし、大村郷、和田郷には渡来系の墳墓と考えることが可能な有蓋長胴土器棺・砲弾形土器棺（中西二〇一四）や横穴式木芯粘土室など渡来人ないし渡来系様式の墓制を採用したものが知られている。これらは工人の墓といえよう。

四点目は、石津川と和田川流域のまさに泉北丘陵窯跡群の領域には、飛鳥・白鳳時代にさかのぼる古代寺院が建立された形跡がないことである。石津川下流域には百舌鳥陵南廃寺跡・土師観音廃寺跡・大野寺跡・塩穴寺跡、信太山丘陵には信太寺跡、槇尾川流域には和泉寺跡・坂本寺跡・池田寺跡が建立されたこととは対照的である。このほか、泉北丘陵窯跡群東端の西除川流域の丹比郡狭山郷には東野廃寺が建立された（大阪府教一九九〇）。すなわち、一郷に一寺院の形式で建立されている他の郷と対比して、大鳥郡の上神郷、大村郷、和田郷には古代寺院を建立することがなかったことを指摘できよう。一方では、上神郷では桜井神社のほかに多治速比売神社など四社の式内社が鎮座しており、大鳥郷に次いで多い式内社が設けられた。地域的に上神郷は重要度が高いということが想像できるし、また、神社をまつる集団が比較的多かったとも推測できるのではないか。おそらく、人口も比較的多かったのであろう。

二　和泉郡――大津川・槇尾川流域の諸氏族――

前項に引き続いて、和泉郡の主要氏族についてみていこう。

和泉郡でも谷山池地区が位置する槇尾川流域の池田谷は、須恵器生産拡大の需要に応えるために王権から注目された地域になった。池田谷には有力集団の珍（茅渟）県主、坂本臣、池田首、池辺直、そして、池田谷の西隣の松尾谷でも、物部氏と同族の韓国連たちの存在が知られる（三浦一九六五、石部・仁木・大澤二〇〇八、鷺森二〇一三）。まさしく、この氏族たちが須恵器生産の組織に組み込まれたと考えてよいであろう。

槇尾川下流域で府中・豊中遺跡群周辺の地（上泉郷）に盤踞したと考えられる珍県主とその同族氏族は、律令制以前の茅渟県を統括、管理したと考えられている。県はヤマト王権が各地に設定した王権直属の地域支配、諸物資の貢納組織であることを指していて、「田畑や拠点施設・人的組織からなると考えられ、ひとつの領域をなすものとみるべきではない」と栄原永遠男は説く（栄原二〇一三）。これまで珍県主の拠点を絞りこむことが難しかったが、近年、和泉寺跡の発掘調査で『珍縣主廣足「作」』と篦で刻まれた文字瓦が出土したことで、和泉郡の中でも和泉寺跡の周辺がその候補地として有力になってきている（土屋二〇一〇、大阪府教二〇一三ａ）。珍県主は崇神天皇の皇子豊城入彦命の後裔の上毛野氏系氏族で、佐代公、珍県主、登美首、葛原部、茨木造、丹比部、そして軽部郷の名の由来になった軽部が知られる。栄原永遠男によると「上毛野氏の一派が紀ノ川中・上流域（那賀郡から伊都郡にかけて）に存在しているのを木簡から確認できる」とし、上毛野氏の一派が和泉山脈の鍋谷峠を越えて、父鬼川から槇尾川を通って和泉に進出したと考えている。和泉地方には王権によって「茅渟県」と「日根県」の二県が設定された。貝塚市久保には「陶邑」と同じく『記紀』に記された「茅渟県有真香邑」の名残とみられる阿理莫神社が所在している。その近くの津田川、近木川周辺が二つの県の境界で、「茅渟県」の南西限としている（栄原二〇一四）。珍県主の活動の領域を示しているのであろう。

その槇尾川中流域に展開する坂本郷の坂本臣は『日本書紀』雄略十四年四月条の根使主の伝承に登場する、根使主の子孫とされる。根使主は日根郡を本拠とする氏族で、五世紀代に外交で活躍した紀氏系氏族である。根使主は自分が犯した旧悪が露見したために雄略天皇に討滅された後、その子孫は二分され、珍県主の「負嚢者（物資を運搬する隷属的役目）」となって奉仕させられ、後裔がわずかに残って坂本氏の祖となったと伝えられている。二分された一方は、先に記した大鳥郡日下部郷の大草香部民として雄略天皇の皇后（幡梭皇女）に与えられた。坂本郷は西方の松尾谷の一部も領域に入っており、その松尾川左岸に立地するマイ山古墳は渡来系の文物が出土したことでも重要である（第三章第二節）。六世紀前葉築造で墳長約二六メートルの帆立貝形の前方後円墳で、埋葬施設は木棺直葬二基、竪穴式小石室一基であった。古墳の前方部の墳丘から朝鮮半島南西部の栄山江流域に系譜を持つ陶質土器が出土した。馬韓系の土器で松尾谷に持ち運ばれたもので、渡来文化と接することが可能であった氏族の本拠であったことは間違いない。その開発の中心には韓国連がいるが、坂本郷の中心集団は坂本氏であったろう。先に記したように坂本氏は紀氏系氏族で、海運に長けた氏族であったといわれている。六世紀前葉からの谷山池地区の須恵器生産は、このような氏族たちの複数の組織が先に五世紀中葉には成立することで量産化が活発になった。

松尾川下流域に拠点をおく八木郷の布師臣は、紀角宿祢を祖とする紀氏系集団ながら、葛城襲津彦の後裔と称する葛城系集団とも先祖を同じくする。郷域に所在する久米田古墳群や田治米宮内遺跡から出土した初期須恵器がしられ、泉北丘陵窯跡群との関連が注目されている（虎間一九九四、十河二〇一〇）。また、松尾川、槙尾川、牛滝川が合流後の大津川流域とその河口の港津の大津を領域とする軽部郷には物部氏がおり、上泉郷の曽根連氏・物部二田氏らと茅渟海の港湾において軍事組織をなしていたと指摘されている（鷺森二〇一三）。

さて、槙尾川のさらに上流で、坂本郷と隣接し活動する池田氏は、『新撰姓氏録』において本貫地が池田谷の池田郷であるというだけで、詳細な地は確定できなかった。しかし、「池田」、「池田堂」を刻印した瓦が出土した池田寺跡の最古の瓦から考えて、槙尾川中流域は池田氏の領域であることは間違いない。また、七世紀においては、坂本郷の坂本寺跡と同笵の軽寺式素弁蓮華文軒丸瓦が池田寺跡から出土していることから、坂本氏と池田氏との関係性も指摘されている（三浦一九六五、乾二〇一三）。前項で述べた信太寺跡においても軽寺式の軒瓦を用いており、氏族の枠を越えた関係がうかがわれている。ただし、七世紀から八世紀の両寺院で用いられた軒瓦について、共通点ばかりではなく、むしろ差異の方が大きいとして坂本氏と池田氏は、氏寺の建立から修復などの事業において、他地域の氏族との関係を指摘されている（岸本二〇一一b）。両者の関係は、流域開発の事業では協働者ではあっても、出自は異なっているということになろうか。この関係性は古墳時代からのものであろう。

坂本氏は槙尾川下・中流域の歴史的展開と池田郷の一部の松尾谷側において、五世紀中葉からの集落遺跡の出現などから考えると、五世紀半ば頃の雄略期の伝承が意味を持つ。すなわち、「負嚢者」をもつ坂本氏と王権との物資貢納のシステムが整えられ、須恵器の流通ルートを整えようとしたことがうかがわれる。また、朝鮮半島との交渉に当たり、賜姓されたと伝えられる韓国連は坂本郷の郷域になる松尾谷に居住しており、須恵器を製作する技術を知りえたことも考えられ、のちに水系を同じくする池田郷での須恵器生産の開始にあたっては支援することも可能になっていたのではないか。このようにこの地域の開発は五世紀後葉までにかなり進んでいたことが、和泉丘陵Ａ八地点遺跡の発掘調査で集落跡が見つかっていることからもわかる（和泉市史編さん二〇一六）。

六世紀の谷山池地区の須恵器生産はこのような氏族たちの組織は量産化に向かった。また、池田谷の土師氏と関連の深い土師質陶棺を納置した和泉向代一号墳も重要である。全長三五メートルの帆立貝形の前方後円墳で、池田谷をまとめた首長の古墳と考えられる。谷山池地区の開発に伴ってこの地域でも、やはり土師氏との連携、すなわち土器づくりのノウハウが必要であった。この陶棺は大和川と石川が合流する地域の胎土で作られ、南河内地域との関係をうかがえる重要な資料である（第三章第三節）。

さらに池田郷で注目しておきたい資料がある。池田谷の下代三号墳の石室から出土した雲母片である。三号墳は六世紀末のもので、川原石を積んだ横穴式石室を埋葬施設としている。雲母は花崗岩を構成する鉱物のひとつで、国内では、これまで八件の出土例が知られているだけの珍しいものである。わずかな出土例の中に、同章第一節に紹介した泉北丘陵窯跡群陶器山地区の湯山古墳が知られている（門田二〇〇〇）。湯山古墳は単独の首長墓で、須恵器生産に関わる重要な役割を果たした人物（新興首長）が被葬者と考えられている（石部一九八〇）。雲母片は、韓国・慶州市金鈴塚や飾履塚など、古代新羅から出土しており、新羅からの伝統のひとつを示す貴重な資料といえる（梅原一九七二）。渡来系資料のひとつとして明神原古墳から鉄鐸が二点出土している（和泉丘陵一九九二ｂ）。祭祀用の鉄製の鳴り物で、朝鮮半島三国時代の洛東江東岸の新羅の伝統を受け継いでいる（早野二〇〇八・寺井二〇一九）。ただし、明神原古墳の出土品は渡来のものではなく、国内で製作されたものと指摘されている。朝鮮半島の新羅の伝統を引き継いだ地域として注目できる。

このような資料は、泉北丘陵窯跡群における百済文化や新羅文化の伝播と伝統を示している。

三　窯跡群の西方――山直郷――

坂本郷や池田郷の開発に関連して、その西側に位置する山直郷について触れておきたい。本節の冒頭で記しておいた「桜井屯倉」と同じ時期に設けられたと考えられる「茅渟山屯倉」を石津川流域や信太山丘陵にかけての地域にあてる説がある一方で、直木孝次郎は「茅渟山屯倉」を山直郷の地に求める指摘をしている（直木一九九〇）。山直郷は牛滝川流域の広い領域を有する山直谷にあたる。須恵器生産地に隣接するも須恵器窯跡の分布をみないことを理由に、薪を供給する重要な地域とみる山直郷が注目されている（石部一九七八）。

山直郷の開発について、発掘調査の成果によって五段階に分け、その変遷がまとめられている（岩瀬一九九三）。本論の当該時期に該当するのは、第一段階（四世紀末～五世紀初頭）、第二段階（六世紀初頭～同後半）、第三段階（七世紀初頭～八世紀前半）になろう。この時期変遷で注意されるのが第一段階と第二段階との間で、つまり五世紀前半から末にかけての期間は山直谷の集落が断絶していたことが指摘されている。

第一段階では三田遺跡や芝ノ垣内遺跡で竪穴建物数棟からなる小規模な集落が形成されるが、継続することはなかった。また、田治米宮内遺跡では初期須恵器が出土しているが、集落の内容はよくわかっていない。そして、山直郷の本格的な開発が進むのが第二段階になってからと考えられている。その中心的な集落は三田遺跡、上フジ遺跡、山直北遺跡、二俣池北遺跡、水込遺跡などである。集落の建物群は竪穴建物と掘立柱建物で構成されていたが、第三段階には、水込遺跡と二俣池北遺跡において掘立柱建物群で構成される集落へと変貌する。水込遺跡では長さ一〇〇㍍《メートル》以上の水路三〇三三－OSを掘削しており、牛滝川中流域が七世紀前葉から八世紀中葉にかけて、山直郷の開発の中心であったと指摘されている（橋本一九九〇）。このような山直谷の谷入り口から谷奥部へと徐々に開発が及んでいく山直郷の様相は、槇尾川・松尾川流域の坂本郷並びに池田郷の土地開発のあり方に似る。三郷がほぼ同時進行した情勢を示していると考えられる。泉北丘陵窯跡群の開発に連動したものであったろう。

槇尾川、松尾川そして牛滝川の開発の道程は、四世紀末から五世紀以降に入って谷口部周辺で始まり、六世紀なって泉北丘陵窯跡群の拡大事業に伴い、さらに谷奥へと地域開発が進んだ。また、ヤマト王権の政治的拠点としての屯倉が設置されたと仮定すると、指摘されるように須恵器窯への薪の供給なども一概に否定できないと考えられよう。山直郷の氏族には山直が知られており、特定の山林を監守するため、地方に配置されたのが山直であった（岸一九八六）。このようなことを踏まえて、古墳時代から奈良時代へと槇尾川流域と牛滝川流域は槇尾川流域とある程度の関係を保ちつつ開発が進んだと筆者は考える。さらに須恵器生産以外では仏教受容の体制が整っていく過程が認められており、大津川の三支流域を中心にした広範囲の地域的紐帯が形成されたとも考えられる。なお、仏教の山林修行に関わる地域で、その地で山林修行を支えたのが山氏であった（古市二〇一三）。

四　丹比郡狭山郷について

泉北丘陵窯跡群の東端についても触れておきたい。陶器山地区に区分されており、そのほとんどは大鳥郡大村郷に属する領域ではあるが、地区の東端は丹比郡狭山郷の領域になっている。狭山郷と大村郷との境界線は泉北丘陵の崖線に並行に沿って伸びており、境界線から東側は狭山池が築造された狭山の地域が広がっている。この境界線は現行政区分で西が堺市で東が大阪狭山市にあたる。奈良時代七五七年には西は和泉国に、東は河内国に分けられるが、古墳時代の段階ではどちらも河内国である。狭山の地域は谷山池地区が展開する槇尾川流域（池田谷）よりも幅広い谷状の地形を呈している。この狭山の地を中心に陶器山地区に区分する窯跡が約七〇基、狭山池地区に区分する窯跡で約三〇基が点在している。狭山池地区は近年あらたに設けられた地区割で、現時点でまだ考古学的に定着しきれていないところもあるが、筆者は狭山池や西除川を挟んで西の泉北丘陵と東の羽曳野丘陵の窯跡を泉北丘陵窯跡群の一連の生産地として評価したい。陶器山地区のうち狭山谷に面した窯業地は五世紀後葉から始まり、狭山池地区へと展開し七世紀前葉にかけて継続した。そして、須恵器窯の構造はまだよくわかっていない点もあるが、須恵器の器種構成が泉北丘陵窯跡群のそれと変わりない変遷をたどることなどを重視したいと考えている。

狭山池地区に立地する古墳は、西除川左岸の狐塚古墳の一基のみである（狭山町一九六七、大阪狭山市二〇一四）。狐塚古墳が泉北丘陵の高位段丘縁に立地するのに対して、右岸の羽曳野丘陵には古墳が存在しない。ただし、狐塚古墳の周辺には地名で「塚」など古墳をイメージする地点もあることから、狐塚古墳以外の複数の古墳の存在を仮定する意見もある（上田一九九二）。このような様相は泉北丘陵窯跡群のなかでみられた窯跡群と古墳群との様相とはかなり相違する。狐塚古墳は残念ながら発掘調査されずに取り壊された古墳であったが、横穴式石室が想定できる石材が確認されている。前項の湯山古墳のような単独墳であったことが推測できるが、狭山郷での首長系譜を狐塚古墳の前も後も示すことが今のところ困難である。

ただし、狭山池築造以前の時期で、古墳時代前期の庄内式または布留式の土器が谷底低地の池尻遺跡において確認されており、併せて溝、土坑などの住居跡になる可能性のある遺構も検出されている（狭山池事務所一九八九）。また、近くからは小区画の水田跡が確認されており、古墳時代の集落が存在した可能性は高い。続く五世紀の開発に関しては、栄原永遠男が狭山池築造の時期を東樋下層遺構の年輪年代法から導かれた七世紀前葉（六一六年）より五世紀に開発が遡ることを指摘している点が注目される。狭山池築造の記事がみえる『古事記』、『日本書紀』が六世紀頃にまとめられた『帝紀』、『旧事』の二つの史料をもとにして編纂されていることを踏まえ、狭山池は『帝紀』、『旧事』編さん時期より前の五世紀頃に築造された池で、「原狭山池」とも呼べる古段階の池が存在したのではないかと説いている（栄原二〇一〇）。

やがて、狭山池地区において奈良時代の須恵器生産がなくなることは、西除川（旧天野川）流域の開発の過程が、槇尾川流域や石津川流域の開発の様相とは異なっていたことを示していよう。その理由をどのように考えられるのか。すでに完成している狭山池の水量の確保や水質の保全などを考えれば、須恵器生産による丘陵からの土砂の流失を防ぐ必要があったのではなかったか。ただし、狭山郷では飛鳥・白鳳時代遺構の遺跡としては古代寺院で東野廃寺が知られ、奈良時代では東野廃寺付近で火葬骨壺が見つかっている。また、狭山郷の北側に隣接する丹比郷には丹比廃寺、黒山郷には黒山廃寺の渡来系寺院が創建されることから、須恵器生産以外の地域開発に貢献した集団がいたことは肯定されよう。〔註二〕狭山郷を本拠にした氏族は、中臣氏との同族伝承をもつ狭山連、村山連、高良比連らが知られている。郷には式内社が二社鎮座するが、村山連が狭山神社、高良比連が狭山堤神社との関係が深いとされている。狭山連は『新撰姓氏録』河内の氏族に見えないが、地名と密接な関係があることから狭山地域に居住したことが説かれている。

二　信太山丘陵周辺の開発

一　信太山丘陵の歴史的環境と取石池

信太山丘陵の北裾部には大きな開析谷が東西（以下、西を大野池主谷、東を大谷池主谷とする）に見られ、谷入口からの長さは約二キロメートルにも及んでいる。さらにこれ以外に、いく筋もの中小規模の開析谷も入り込んで、樹枝状の地形を呈している。初期須恵器窯の赤禿池窯跡が立地する地点もそのうちのひとつである（以下、赤禿池枝谷とする）。しかしながら、大野池主谷、大谷池主谷に挟まれた丘陵の北部は、複雑な地形を見せながらも、緩やかな傾斜を持つ平坦な台地をなしている。

この台地は洪積世段丘の高位面にあたり、台地には北から和泉市の和泉黄金塚古墳（末永ほか一九五四、森一九六五・一九七一、和泉市教二〇〇五）のほか、上代遺跡（または観音寺遺跡、大阪府教一九七七b）、赤禿池窯跡（千葉二〇〇八、和泉市史編さん二〇一六）、信太寺跡（和泉市教一九七〇）など重要な遺跡が連なっている。和泉黄金塚古墳が築造された四世紀末から、古代寺院が建立された七、八世紀にかけて開発が行われた台地として、古代の信太郷を考える上で重要な場所といえる。和泉黄金塚古墳出現前後に始まる台地の開発時期が須恵器生産の開始時期に近いことから、古墳の被葬者と須恵器生産との関係が指摘されている（森一九七八、十河二〇一〇）。

和泉黄金塚古墳が出現した後の五世紀初頭から、大野池主谷、大谷池主谷や赤禿池枝谷などに、須恵器窯が操業されるようになる。泉北丘陵窯跡群大野池地区の須恵器生産の拠点は、この開析谷を北から南へと移行していく。その端緒は五世紀初期の和泉市濁り池窯跡（大野池三二六号窯跡）で、続いて開析谷の谷口の赤禿池窯跡（二二七号窯跡）、谷奥部の和泉三五号窯跡（大野池三一〇窯跡か）や和泉四一号窯跡（大野池三一六号窯跡か）などが続く。時期が経つにしたがって徐々に谷奥へと生産地の中心地が移動し、五世紀後半には大野池主谷、大谷池主谷よりさらに南の和田川の支流甲斐田川沿いへと生産地を移動させた。

六世紀後葉に大野池主谷の谷口周辺に和泉市聖神社古墳群（泉大津高校一九六六）や同市道田池古墳群（信太山調査団一九六六、繰納二〇一九）などの中小の古墳群が営まれることになるが、須恵器生産は一部の場所を除いてほとんど行われなくなる。これらの経緯については、信太山丘陵の麓に土木事業として大きな池が造られることと深い関係にあると考える。その池は、今は埋め立てられてしまった取石池で、開析谷の最も入口に造られた。取石池は『万葉集』にもうたわれた池と考えられていて（森明彦一九八九）、また『記紀』にみえる「日下の高津池（高石池・取石池）」に比定されている（三浦一九六五）。『万葉集』に登場するので、遅くとも八世紀には存在した池であろうが、大野池地区の須恵器生産が六世紀の前半にはほぼ停止しているので、八世紀以前に造営された可能性は高い。

下流域の農地開発に伴って水の確保が求められて、取石池の上流の位置に須阪池、そしてその次に大野池へと、谷奥部へ開発が進んだと推定しておきたい。大園遺跡の集落や水利の開発に関連付けて、大野池主谷の開発によって大野池の造営を六世紀まで遡らせる考え方が示されている（岸本二〇一三）。しかし、谷口から順々に奥地へと池

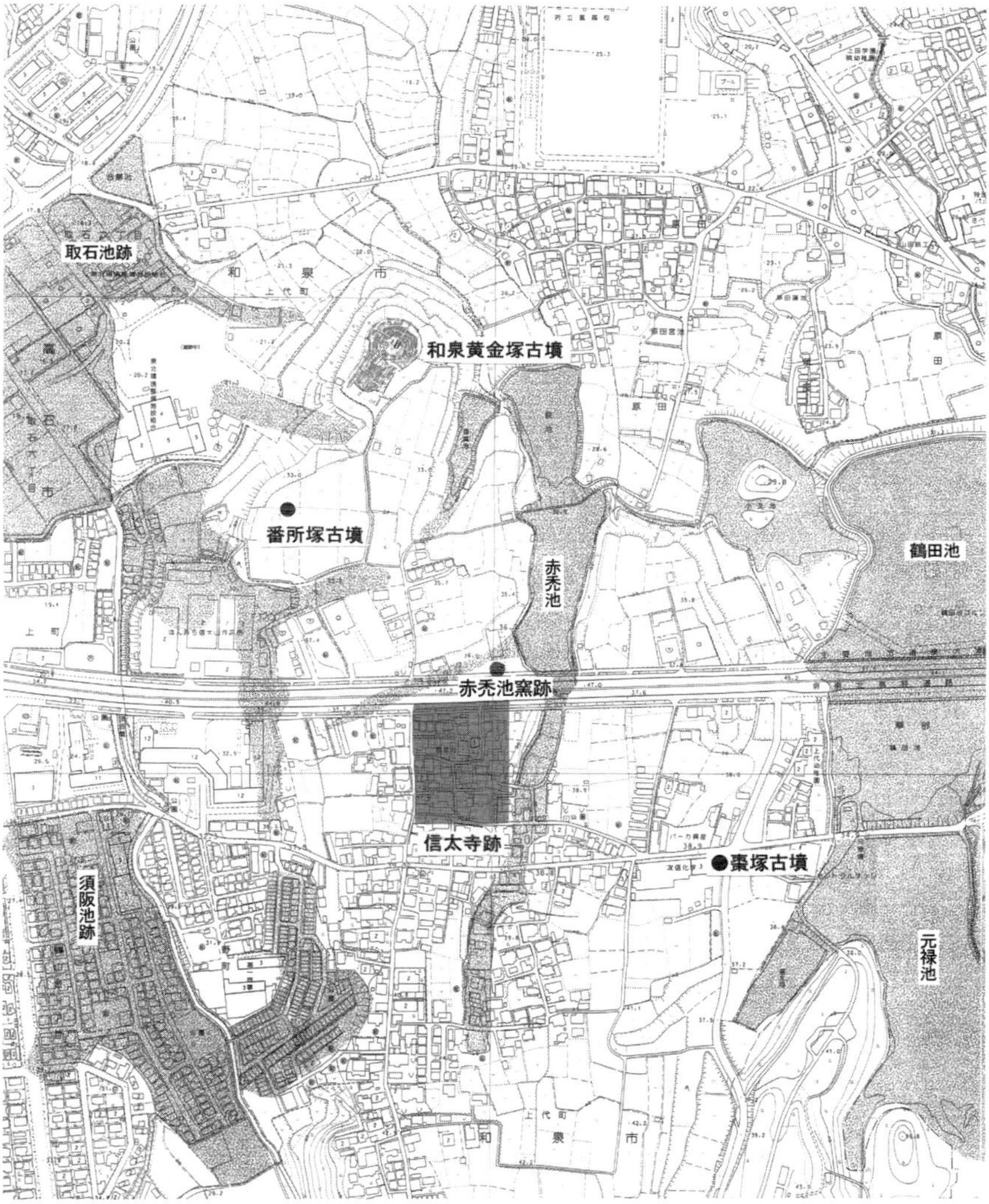

図100　和泉黄金塚古墳とその周辺の地溝開発分布図
（和泉市教 2017 年を加筆修正）

の開発を進める方法（集落と農地と溜池とができるだけ近接する位置に設けることが、事業に費やす労働力に関していえば、より効果的であり経済的である）が、特別な理由がない限り、道理ではないかと筆者は考えている。開析谷の地形と取石池の位置から考えて、取石池より早くに平野部から見て遠い大野池が造られたとは考えにくいのではないか。

一方、東の大谷池主谷の谷口には、奈良時代に活躍した僧行基が開発した池溝として著名な鶴田池が現存する。八世紀にまず鶴田池が造られ、時代を経ながら、順次、谷奥へと水利開発が進む。一六世紀末葉から一七世紀初頭に大谷池、一七世紀末葉に元禄池の土木工事が続いたことがわかっている（三田・齊藤二〇一五）。

二　大野池地区の操業開始と埴輪製作集団

百舌鳥の地が王権の奥津城に選ばれたことに連動しながら、泉北丘陵において須恵器生産が開始されたと考えられてきたが、筆者は古墳造営に関与した土師氏（土師部）の土器製作技術を須恵器生産に生かそうとしたことも、この土地が選ばれた理由のひとつになるのではないかと考えている。良質の粘土と大量の薪が供給できたこと、そして製品の運搬のために、水運・陸運整備の好条件がそろっていたことが第一ではあるが、その他に信太山丘陵周辺の平野部には、先に埴輪を製作していた集団が居住していたことが、新たな土器開発地の選定に影響したと筆者は考えている（第二章第二節）。

この集団の居住地のひとつが平野部に位置する大園遺跡周辺のことで、四世紀後葉には古墳時代の集落開発が始まっていて、埴輪生産と関係が深い。集落の西縁辺の綾園地区で大量の埴輪が廃棄されており、円筒埴輪のほかに家形、蓋形、盾形、船形、甲冑形、衝立形などの豊富な種類の形象埴輪で構成されていた（大阪府教一九七六、三好二〇一四）。これらの埴輪群は、普通なら地域の首長の古墳のために用意されたものと見ることができるが、埴輪の出土状況や当該時期の古墳が近辺に存在しないことから、古墳に樹立されていたものではなくて、埴輪の製作工房で作られたものが何らかの理由によってまとめて投棄されたと考えられる。筆者は、このような状況から、四世紀後半頃に埴輪工人たちの居住区が、大園遺跡ないしはそのすぐ近くに営まれていたと考えている（第三章第二節参照）。

ほぼ同時期の埴輪が出土した古墳として知られるのが和泉市菩提池西古墳群（菩提池西埴輪遺跡）で、信太山丘陵の西側崖の縁に立地しており、地理的に見て平野部に居住した人たちの墓域と考えて良いだろう。古墳群の内容を見ると、一辺が一〇メートル前後の方墳が四基以上存在した。各古墳の被葬者の埋葬施設は見つからなかったが、すぐ近くに土壙墓群が密集し、円筒埴輪棺一三基、盾形埴輪棺一基、土器棺二基の埋葬施設が設けられていた（石部一九七八・一九八〇）。このような埋葬は、土師氏本拠地のひとつの南河内における遺跡群の埋葬環境に酷似するところがあり、土師氏や彼らと関係が深い人々がこの埋葬法を採用したものと考えている。

三　土師氏との関係について

一　ふたつの手工業集団

前項で述べてきた手工業集団である須恵器製作集団と土師器・埴輪製作集団のことを「スエムラ」と「ハジムラ」の名称にたとえて、笠井敏光が論じたことがあった（笠井一九八六）。この項では、須恵器製作集団と土師器・埴輪製作集団の両者を区別するのにこの名称を便宜上援用したい。

「スエムラ」はいわゆる「陶邑窯」のことで、泉北丘陵窯跡群を指している。泉北丘陵窯跡群の領域には窯跡だけでなく、生産に従事した、または生産に関係した集団の集落跡やその墓域も重なっている。集落跡は大野池地区に近い大園遺跡のほか、堺市の栂地区大庭寺遺跡（大阪府教一九九五ａ）、高蔵寺地区小阪遺跡（大阪府教一九九二

ａ）、陶器山地区辻之遺跡（石田・十河一九八三）、小角田遺跡（堺市教一九八八）、陶器南遺跡（大阪府教二〇〇六他）などがあるが、集落の開発は須恵器生産開始時に始まり、四世紀末から五世紀にかけての時期になる。小阪遺跡では須恵器成形用の道具や溶着・焼き割れのある須恵器などが出土しているので、生産に携わった集団の集落であろう。小角田遺跡出土土器の約九九％が須恵器であった。辻之遺跡には工房跡や流通が叶わなかった須恵器が大量投棄された溝などが確認されている（口絵5参照）。多種の須恵器で、土師器は皆無に等しかった。

大野池地区に隣接する大園遺跡は、製品を窯場から最初に集積し選別する集落ではないが、それでも焼け歪みした須恵器が含まれる。また、渡来系譜の大壁構造の住居（大阪府教一九七六）、窯の焼き台や渡来系陶質土器に類似した土器が確認されるなどしており（和泉市教二〇一三）、五、六世紀の段階では渡来系集団と須恵器生産集団との両者の要素を含んだ集落といえる。

古墳に関しては、大野池地区で和泉市聖神社古墳群、道田池古墳群、堺市の栂地区野々井古墳群（大阪府教一九七七ａ・一九八七ａ、奈良文研一九八二）、陶器山地区で陶器千塚古墳群（堺市教一九八六、大阪府教二〇〇六）などが知られる。古墳の形は小型の帆立貝形前方後円墳のほか、円墳・方墳が多く、埋葬施設は横穴式石室や横穴式木芯粘土室、塼槨墓、土器棺墓、土壙墓など多種にわたっている（白神一九八八）。またその葬制は泉北丘陵窯跡群の地区ごとに特徴があり、そこに居住した氏族の出自の違いと、また王権との関わり方の違いがあらわれていると指摘もされている（樋口一九九九）。

これに対して、「ハジムラ」は土師氏が居住し、活動した領域で、古市古墳群や百舌鳥古墳群の周辺に分布する遺跡群がそれにあたる。古墳群が立地する段丘上に集落を構えて、古墳造営にあたっていたと考えられる。古市古墳群の周辺では羽曳野市茶山遺跡（羽曳野市教一九八四）や藤井寺市土師の里遺跡（大阪府教一九八〇ｂ・一九九〇ｄ・一九九二ｂ・一九九三ｂ）が知られている。「ハジムラ」の葬制のひとつとして円筒埴輪などを棺にした土壙墓が数多く確認されている。一例をあげると、土師の里八号墳は墳丘をもった方墳で、埋葬施設に円筒埴輪棺を採用することから、土師氏との関係が指摘されている（天野・中西一九九四）。岡ミサンザイ古墳の東側に隣接する地点でみつかった第六区ＳＫ〇一埴槨木棺墓は、破片にした埴輪を使った槨の中に木棺を納めるもので、極めて特異な構造であった（藤井寺市教二〇一四）。また、野々上埴輪窯跡群では埴輪のほかに土師質陶棺などを生産していた（羽曳野市教一九八一）。茶山遺跡の出土土器の比率では、およそ土師器八〇％、須恵器二〇％であった。土師の里遺跡などでは、土師器の出土量が圧倒的に多いことや埴輪や陶棺を製作していたことから、この地域を土師氏の活動する地域として位置づける意見が強い（笠井一九八六、三木二〇〇〇）。

百舌鳥古墳群周辺の集落では、堺市の東上野芝遺跡（堺市教一九八二b）、土師遺跡（堺市教一九七五）、百舌鳥陵南遺跡（大阪府教一九七五）などが知られている。これらの遺跡群は泉北丘陵窯跡群で須恵器の生産が始まる五世紀初頭から出現し、六世紀中葉には集落は終焉する。視点を変えていうと百舌鳥古墳群の消長にあわせてが集落が展開したのである。諸集落は竪穴建物を中心にした建物群で構成され、土師器、須恵器のほか、木製品、鉄滓、鞴羽口、製塩土器、祭祀遺物などが出土している。古墳群造営のために設営された鍛冶工房などを含めた大規模な集落群と考えて差し支えないであろう。百舌鳥梅町窯跡は埴輪を生産した工房跡であろう（堺市教一九九〇、堺市二〇一八）。森浩一はこれらの集落群を、単なる工房跡か、政治的な性格をもつ大集落であるかは検討を要するとしながらも、中国前漢代の王陵に出現した陵邑にあてた（森一九七八）。鹿野吉則（鹿野一九九九）や堀田啓一（堀田二〇〇〇）による分析においても、五世紀から六世紀前葉までの期間においては、手工業を中心にした大きな集落として捉えている。土師遺跡では古市古墳群周辺と同じように円筒埴輪棺が九基見つかっていることも知られている（堺市教一九七五）。また、遺跡から出土した土器はおよそ七〇％が土師器であった。巨大古墳群の造営に伴う事業の一環として、造営にかかる土木や鍛冶、祭祀などの様々な職掌の諸集団の中には、須恵器生産に連携する集団も存在したと考えられる。

大園遺跡も埴輪工人が生産に携わった集落であることを前項で示したが、四世紀後葉のものとは別に、居住域東方の取石地区で五世紀末頃の円筒埴輪棺が数基調査されている。また、五世紀末～六世紀前葉頃の埴輪集積遺構が取石地区で確認された（大園遺跡調査会一九七五、石部一九八〇、宇田川・神谷一九八六）。大園遺跡の集落は信太山丘陵で須恵器生産が開始されるまでは、「ハジムラ」のひとつであったと考えて間違いなく、また、六世紀代にいたっても土師氏の埴輪生産集団が大園遺跡の集落の構成組織であったということであろう。

この考えは最新の発掘調査によって、五世紀後葉に帰属し、大園古墳に埴輪を供給したと考えられる埴輪窯跡が検出されたことによって証明されることになった（高石市教二〇一二）。

二　土師氏に関する諸研究

これまで見てきたように、須恵器生産に関わりが強かった土師氏について、考えをまとめておきたい。

直木孝次郎によって、土器づくりや大王の古墳築造及びその葬送儀礼に関わった土師氏の詳細な研究が行なわれた（直木一九六〇）。そのなかで直木は土師氏の四腹（氏族）がそれぞれ大古墳群と対応していると指摘した。土師氏の四腹とは大和の菅原・秋篠、和泉の百舌鳥、河内の古市の各々周辺地域のことである。おそらく古墳時代前・中期の頃からこのような集団が居住していたのであって、今では周知の事実と考えられるようになった。熊谷公男も土師氏は連姓豪族としての在地の拠点の在り方を明確に示しているとして、その職務執行のために大古墳群の近傍に拠点が位置していると指摘する（熊谷一九九二）。また和田萃は土器や埴輪を製作するために必要な、神聖かつ良質の「ハニ土」が存在する場所に「バニシ」達が住みついて、そこからあまり遠くない所に大王陵が築造されたと想定した。そして中央伴造としての土師氏の枝族すなわち同族となって擬制化され、さらにその後、四腹として意識されたが、本来はお互いに全く血縁関係がなかったものと考えた。また「ハニシ」が、後世「ハニ」あるいは「ハゼ」に転訛したとし、各地に残る地名から土師氏の居住地を考察している（和田一九八二）。このように地名から淀川水系にそって土師氏の居住地を導きだすと、筆者の分類した畿内Ⅲ・Ⅳ群の土師質陶棺分布の意味が明らかにできる（第三章第三節）。

丸山竜平は畿内の陶棺の分布地が土師氏の四腹推定地や、それ以外の主要古墳群周辺地域たとえば大和北東部で数例の陶棺が確認されている天理市の杣之内古墳群から萱生古墳群にかけての地域などとも、相関関係があるという考えを示した（丸山一九七三）。そして土師質陶棺に埋葬された被葬者を土師部ないしはその職掌者、また須恵質陶棺では須恵器生産に関連した人物を想定しようとした。陶棺と土師氏とを関連づけた丸山の研究によって、少なくとも畿内の土師質陶棺と土師氏―四腹推定地―とが、限りなく密接な関係にあるのはほぼ間違いないのは明らかである。陶棺分布地の周辺、とりわけ四腹推定地の秋篠・菅原、古市・百舌鳥両地域にそれが密集するという前項の検討結果から首肯できるであろう。南河内地域の大型前方後円墳に供給した野々上埴輪窯の灰原から出土した例や、北大和地域の奈良市菅原東遺跡の埴輪窯周辺から出土した資料などもある。おそらく土師氏が盤踞した地域で土師質陶棺が製作されたのであろう。

ところで、陶棺が納置された埋葬施設で最も多いものが横穴墓であるが、それが実際に土師氏に用いられた墓制のひとつなのであろうか。北大和地域で特に顕著に確認できている横穴墓の中には、床面に時期の遡る埴輪を砕いて敷き並べるといった行為を確認できるものがある。埋葬に際して無理に古墳から持ち去った、もしくは埴輪窯から直接運んだ埴輪を使用する意識は、やはり土師氏ならではの行為であろうと思われる。南河内周辺の横穴墓を渡来系氏族の墓制とする考えが示されたこともあったが、そのすべてを渡来系氏族と結びつけるには、さらに検討を加える必要がある。畿内の横穴墓の特性についてまとめた松村隆文は、その被葬者を古墳の築造が許されなかった集団と捉えて、特定の職掌に携わる特殊身分集団と考えた（松村一九八八）。そして安福寺横穴群の背後に位置する玉手山丘陵上の東ワカ山古墳（北野一九六二）とともに土師氏と関連づけている。筆者も安福寺横穴群の一画を土師氏に関連深いものと考えたい。標式資料が出土したA南一号墓からも、円筒埴輪の出土が知られている。また、羽曳野市の切戸一号墳では特殊な土師器が出土しており、報告者は土師氏との関係を指摘している（羽曳野市教一九八五）。

三　土師氏と泉北丘陵窯跡群

次に南河内地域と泉北地域の陶棺分布の特性を検討すると、I群におけるあり方は先に示したとおり密接な関係であることが判明した（第三章第三節）。それは土師氏と須恵器製作集団との関わり方である。須恵器生産に対して土師氏が技術交流を持っていたことは、最近の発掘調査において、その初期の頃からうかがうことができる。断続的ないしは継続的なものであったであろう。

このような状況下を前提にして、大鳥郷の富木車塚古墳と池田郷の和泉向代一号墳の被葬者は、六世紀に新たに泉北丘陵窯跡群が発展する段階に入って、南河内地域の集団、おそらく土師氏との関係を深めていたと筆者は想定している。その関係とは生活に対する物資の供給や、河川を介した製品運搬の補助などであり、王権によって泉北丘陵窯跡に対しての後方支援体制に組み込まれたのであろう。それによって南河内地域でつくられた陶棺埋葬を受け入れることが可能となり、王権事業の中に組み込まれ、前方後円墳という墳形も取り得たのであろう。このように検討分類した畿内I群の両地域の氏族関係が認められるならば、畿内II群以降の各地域に点在する首長墓クラスの古墳に納められた陶棺の意義を、土師氏との関係に求めることを許されるであろう（図91参照）。

ところで、和泉向代一号墳に隣接する万町北遺跡から文書木簡が出土している。木簡は集落内に設けられた井桁を組んだ井戸E〇〇一の底から「中家」と書かれた墨書土器などを伴って出土した。木簡は表「謹啓志紀殿欲請稲具□（以下欠損）」、裏「大同五年七月十六日光□□□□（以下欠損）」と墨書されていた（森茂一九八四、和泉丘陵一九九三）。大同五年（八一〇年）銘の木簡はいまのところ全国で唯一の資料になっている。木簡にみえる「志紀殿」については、万町北遺跡の首長すなわち池田氏と「志紀殿」との連携の証と捉えて、筆者は「志紀」を河内国志紀郡にある地域とし、そこと連絡を取り合う関係は平安時代初頭においても保たれたと推定したい。和泉地方を通る交通に関連して、遠藤慶太は「志紀」が河内国の志紀郡を意味するならば、和泉地方と河内地方を結ぶ街道を池田郷の槇尾川沿いに想定している。その街道を和泉地方の交通幹線として「南海道」とは別の「茅渟道」の候補に挙げ、古代より河内国に通ずる交通の要衝地として重要な位置づけを与えている（遠藤二〇一三）。「茅渟道」については信太郷の北端から東進し、河内国の丹比郡丹比郷へ向けてのびるものが知られているが、和泉郡池田郷と志紀郡土師郷との関係からルートを想定することも可能性としては低くないと考える。

四　泉北丘陵窯跡群の生産モデル

一　須恵器生産の展開

泉北丘陵窯跡群では各地区ともに須恵器生産が開始されると、生産の拠点が泉北丘陵の谷入口から奥へと進む。陶器山地区や高蔵寺地区の窯場は、六、七世紀になっても一度伐採した丘陵地の樹木の復活を待つなどして再利用している。西方の大野池地区は、大野池主谷と大谷池主谷の支群（北支群）と、信太山丘陵の東を流れる和田川支流の甲斐田川沿いの支群（南支群）に分けてみていくと、北支群は六世紀には衰退し、ほとんど操業を止めている。大野池地区で確認できている須恵器窯跡の総数で見ると、五世紀においては約三一基あるのに対して、六世紀では二基、七、八世紀では四基しかなく、生産活動は大幅に減少したといわざるを得ない（大阪府教一九九五a）。それとは逆に南支群は五世紀後半から六世紀へと移り変わるなか、光明池地区や谷山池地区へ拡大していった。光明池地区と谷山池地区の須恵器窯の共通する構造に地上式（一b類）があり、大野池地区から技術の移入があったことは確実と考えられる。生産技術の拡散の過程は、光明池地区でまず操業を定着させ、やがて和泉丘陵の谷山池地区へと展開していったと考えられる。

なぜ、大野池地区の須恵器工人たちは北支群での操業を放棄し、南方へと活動の場を移したのか。須恵器生産の操業には大量の薪が必要で、長期間操業を続けると、伐採により森林破壊が相当進む。泉北丘陵窯跡群の場合、生産が続いた四〇〇年近くの間に、徐々に森は復活して二次林が育つようになると分析されている（西田一九七六a・一九七七a）。泉北丘陵窯跡群でも常緑カシ類の林からアカマツ林へと自然環境が変化していったことが窯跡の炭などの資料分析で報告されているが、元の森への復活はすぐには期待できず、丘陵の斜面は保水力の低下によって崩れ、土砂が下流域に流れ込んだことは想像できよう。しかし、大野池地区は六世紀には操業をほとんど止めているので、自然環境はさほど壊されることなく、信太山丘陵から下流域の平野部の低地への水害などは、陶器山地区や高蔵寺地区に比べて少なかったのではないかと筆者は考えている。一方、東方の高蔵寺地区、陶器山地区では、須恵器生産の拡大に伴って集落が、台地上へ移住したことについて、樋口吉文が丘陵の開発が大規模なために、樹木が減少し保水力が保てず、下流域の石津川の安定性が悪化したためと指摘している（樋口一九九九）。この指摘と大野池地区の開発の在り方とを比較してみると、真逆の方針によって開発が進められたことが明確になる。

森浩一は、陶器山地区の一部にあたる河内国丹比郡に接した土地一帯を例にして、六世紀代には須恵器生産が盛んであったのが、七世紀には生産が減少することに触れて、狭山池構築などの整備によって須恵器生産から水稲栽培の土地へと激変したと捉えた。そして、広大な地域を対象とした組織的な窯業開発に際しては、大量の薪を同一地域から入手することが困難になったと説いている（森一九七八）。薪の伐採問題とは別に、山元建は築窯地の選定

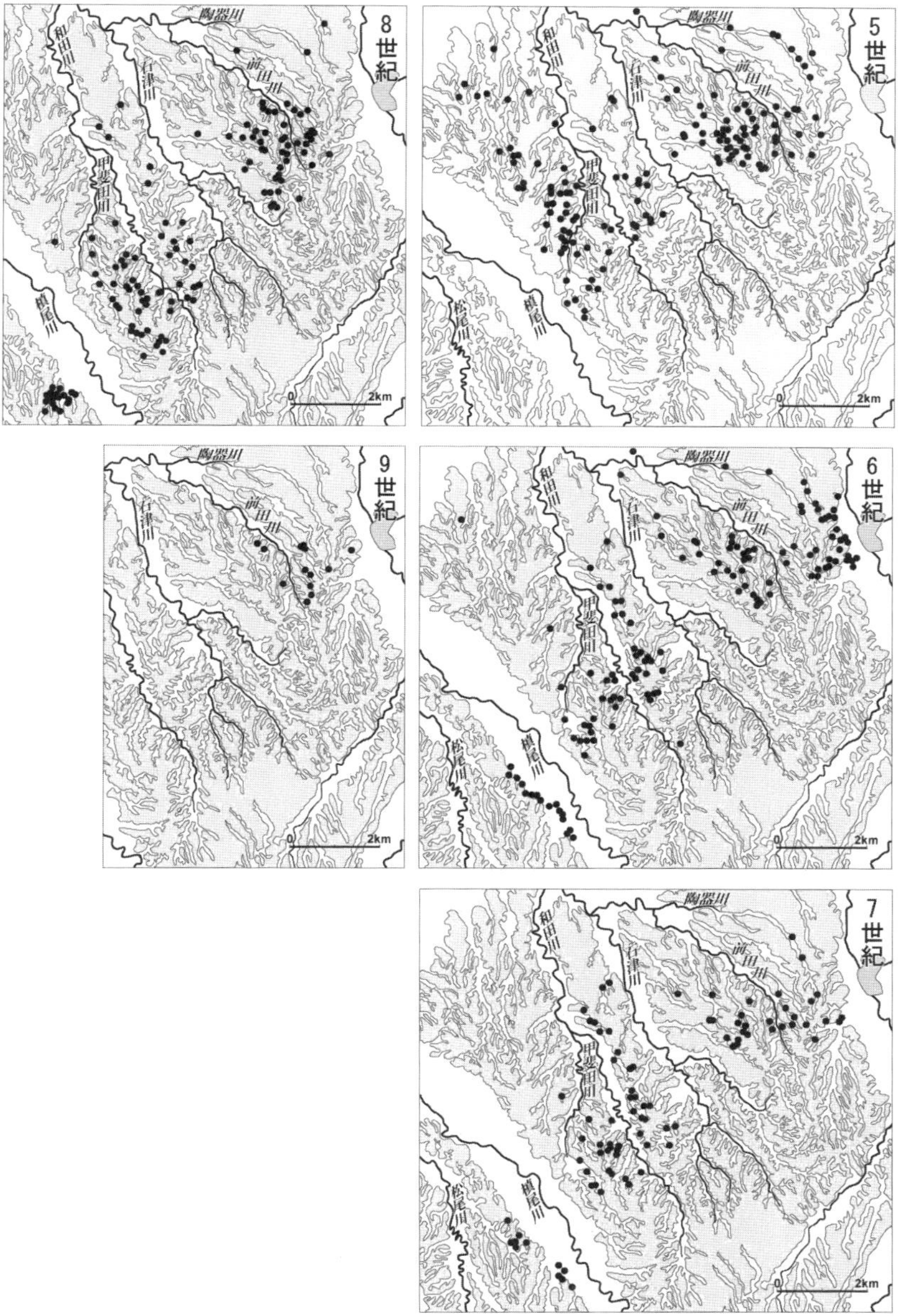

図101　泉北丘陵窯跡群の窯跡分布図（千葉太朗2013年）

過程で、泉北丘陵における大阪層群の上層部中（概ねMａ〇層以上の水性粘土）が須恵器窯に適した地点と考え、須恵器窯の拡散に影響があったことを指摘している（山元二〇〇二）。つまり、地質的に適した地を求めて過去の窯業地点に回帰せざるを得なかったということであろう。北野博司は七、八世紀では薪に適した燃料として積極的にアカマツを選択していたのではないかと指摘している（北野二〇一〇）が、これも窯場となる地が地質的に適地であったことに起因しているといえるかもしれない。

大野池地区の須恵器生産については、生産を停止することによって、信太山丘陵麓の平野部に立地する大園遺跡の生活基盤は護られたのではないかと考えておきたい。このような大野池地区における六世紀前葉頃から始まる変革は大園遺跡の集落形成にも現れており、集落の様相は五世紀までのそれとは違った（第二章第二節）。六世紀の集落は新たな須恵器生産に対応するために編成されたものであった。再編成された集落の集団によって、先に造られた先人の古墳までも崩すほどの集落整備があった。そのため、生活基盤を維持する行為として、集落構成員の日常生活と集落の生業を安定させるために、農地の確保を図ったと推定できる。このことが信太山丘陵の自然環境の確保につながる一方で、大野池地区の須恵器の減産に至った理由のひとつにあげられる。その後、この地域では最初の古代池溝の取石池が造られ、農地の拡大に利用されたのであろう。護られた森は信太山丘陵周辺の開発に当たった集団の重要な場所として伝えられ、ゆくゆくは広大な神域として聖神社の境内地になったのであろう。

信太郷の古墳は道田池古墳群、聖神社古墳群、菩提池西古墳など小規模のグループに分散している。特徴的なのが横穴式木芯粘土室の埋葬施設で、須恵器工人や渡来人との関係が深いのは先に述べたとおりである。簡略的な埋葬法の印象を受けるが、その副葬品を横穴式石室のそれと比較しても遜色ない。

以上のことを整理すると、五世紀に須恵器生産が開始される際、新しい技術を携えて渡来した人たちと在地の伝統的技術を有した集団―おそらくは埴輪製作集団である土師氏も含まれる―が協働で須恵器生産に当たった。渡来人たちが技術を伝授し、やがて在地集団もそれを吸収して六世紀には須恵器の量産体制へと移行する。和泉郡では渡来人は信太首と取石造が活動したが、五世紀の段階にすでに渡来したものか、六世紀になって渡来したものなのかは明確ではない。しかし、泉北丘陵窯跡群が六世紀になって須恵器の生産に関しての変革を迎えることや、大園遺跡の集落発展などから考えて、信太首と取石造は六世紀からの主人公とも考えられる。いずれにしても信太山丘陵周辺の諸集団の須恵器生産への関わり方が変化し、二次林に回復した信太山丘陵は地域の聖域へと変貌することになった。そして、主要な生産域は信太山丘陵の大野池地区から光明池地区へと拡散したと想定しておきたい。

二　生産拡散の変遷

光明池地区では時期の判明している窯跡総数は約七九基を数える。集計分析によると八世紀まで須恵器生産が継続し、六世紀で二一基、七世紀で二三基、八世紀で四一基を数えられる（宮崎一九九五）。また、須恵器窯の構造からみた基準においても、七世紀以降、石津川以西のまとまりの中で推移しており、生産地として律令時代まで重要な位置を占めていたことがわかる。泉北丘陵窯跡群の中で、東方領域とともに重要な位置を占めていたのであろう。〔註二〕

また、光明池地区の須恵器窯跡の分布域を概観すると、和田川や甲斐田川流域に沿って分布していることが理解できる。それに対して、光明池地区の西限にあたる池田谷の槇尾川右岸には、須恵器窯跡の分布が顕著でない。対照的な分布域の違いは、地形が影響しているように見えるが、おそらく須恵器生産を支えた集団の生活基盤やあるいは郷の領域などが、須恵器生産の拡散の仕方に現れているとみられる。六世紀初頭までは須恵器生産のための開発拠点が槇尾川流域にはなかったのであろう。

谷山池地区の須恵器生産は六世紀前葉にようやく生産が始まり、大野池地区から光明池地区を経て伝わった築窯技術を取り入れる傾向が理解できる（第一章第一節）。そして七、八世紀まで生産が継続し、その技術も泉北丘陵窯跡群の西方領域の影響を受けたと考えられる。

谷山池地区は槇尾川左岸に連なる和泉丘陵に展開する。谷山池地区最初の須恵器窯は、万町北遺跡（第二章第四節）付近にあって、[註三]やがて池田谷の槇尾川左岸に面した丘陵斜面に沿って、上流域へと窯場を求めて展開した。その総数は一〇〇基近くを数える。谷山池地区の窯跡すべてを発掘調査した訳ではないので、分布調査の成果をもとにして概観してゆくと、六世紀の窯は池田谷に向いた丘陵斜面に構築されているが、七世紀になると丘陵から西側に櫛の歯状に伸び、開析谷に窯場を求めていくようになる。六世紀の窯跡は二三基、七世紀では一〇基となる。七世紀では窯跡が減少しており、生産体制がいったん停滞するようである。これは陶器山地区・高蔵寺地区でも把握されている現象で、谷山池地区の須恵器生産も窯跡群のなかで同じ環境に置かれていたのかどうか今のところ判断できない。しかし、八世紀では二三基となり再び窯場の数が増加する。谷山池・梨本池に利用されている大きな開析谷へ窯場を次々と移し、谷口部から奥部へと移動しながら、活発な須恵器生産が行われた。このように窯跡の倍増近い進展は、高蔵寺地区と光明池地区でもみられる現象であるが、七世紀以降は窯跡数が減少した状況の陶器山地区とは対照的である。ただし、最終段階の九世紀では陶器山地区だけは現状維持したまま最後まで須恵器を生産している。

仏教文化の広がりにともなって、谷山池地区では瓦の生産も行われた。谷山池八四号窯跡からは奈良時代前期の平瓦が、同八八号窯跡からは複数の瓦が採集されている。ただし、須恵器と瓦の両方を生産した瓦陶兼業窯であり、生産量は少なかったようである。また、谷山池一二号窯跡からは、坂本寺跡で使用された七世紀の軒丸瓦が出土している（大阪府教二〇〇一）。したがって、先にも記した池田郷と坂本郷との関係もうかがえ、谷山池地区が瓦製作とのつながりを少なからず有していたことがわかる。このことを裏付ける遺跡として、同じ槇尾川沿いの池田寺跡では寺院背後の段丘崖に四基の瓦窯が確認されている。最も古い七世紀の有段式登窯（窖窯）のほか平窯（ロストル形式）が築かれていて、池田寺創建時から奈良時代までの瓦を焼いていた。乾哲也は集落内に窯を築いていることや創建瓦が須恵質であることなどから、須恵器生産との密接な関係があったと説いている（乾二〇一一）。池田寺遺跡そして先に記した万町北遺跡とともに泉北丘陵窯跡群の谷山池地区に関わる集落群であろうと指摘できよう。

三　飛鳥白鳳期の瓦生産

次に、そのほかの地区の瓦とそれに関連する生産について触れておきたい。上神郷の栂地区においては七世紀後半頃にあたる、栂六四号窯跡で鴟尾が、同三〇号窯跡では塼や鴟尾が出土している。須恵器と瓦との生産の実態はまだよくわかっていないが、鴟尾片を伴った原山古墓群の四号墓（大阪府教一九九〇ａ）や栂三〇号窯跡で生産されたとみられる塼を用いた横穴式塼室墓の牛石一三・一四号墳が造られた（大阪府教一九七七・一九八七、奈良文研一九八一）。両古墳は七世紀後半に帰属するもので、後者は終末期古墳としてよく知られている。和田郷の光明池地区では八世紀の光明池二二号窯跡、同五一号窯跡のほか、「大庭造国□」を刻んだ文字瓦が出土した光明池三八－Ⅱ号窯跡（大阪府教一九六七）などで、瓦を生産していたことが知られている。この文字瓦から隣接する上神郷と和田郷の繋がり、たとえば両郷に居た紀氏系氏族との関係が現れていることも推測できよう。

近年、泉北丘陵窯跡東端に位置する七世紀中葉の陶器山三一〇号窯跡が須恵器、瓦、塼を生産した瓦陶兼業窯であったことが明らかになった（大阪狭山市教二〇一四）。窯跡は陶器山地区で、地理的に河内国丹比郡狭山郷（現大阪狭山市）に隣接する位置にある。当該瓦の供給地はまだ判明していない。この地区においても須恵器と瓦の製作に従事した集団の連携があった。

このほか、大野池地区の最北端にあたる信太寺跡では塼積基壇が発見されている。信太寺跡は七世紀後葉の白鳳時代に建立された信太氏の氏寺といわれ、塼積基壇は八世紀のものであった（和泉市教一九七〇）。信太寺跡に近い和泉黄金塚古墳の発掘調査で、当該寺跡の複弁蓮華文軒平瓦と同笵瓦の小片が出土している（和泉市教二〇〇五）。古墳は信太山丘陵の段丘崖に沿うように造られており、信太寺跡に用いられた瓦類の生産窯跡が古墳の近くの丘陵斜面に用意されていたことも推測できよう。いずれにしても、塼が生産された窯跡はどこにあったのか、今後の調査が注目される。

右で見てきたように、泉北丘陵窯跡群の全域において、頻度は決して多いとは言えないけれども、須恵器生産にあたって、須恵器工人と瓦工人との技術交流があったことは認められよう。

五　まとめ――郡と郷の開発について――

本章ではそれぞれの郷域の歴史的展開を古墳、集落、氏族の関係性から論じてきた。本節のまとめとして、珍県主の本拠地とその周辺の郷域の動向について再度論じておきたい。

一　珍県主と府中・豊中遺跡群の首長居館

筆者は、古墳時代における珍県主の拠点は、上泉郷の府中・豊中遺跡群の範囲の中に存在すると考えている。その根拠のひとつとして、和泉寺跡で出土した『珍縣主廣足「作」』の文字瓦を重要と考えているが、奈良時代の瓦であり、時代差があるので、軽々に述べることはできない。しかし、珍県主は大阪湾に面した地域で活動した氏族であり、ヤマト王権が在地の地方豪族の茅渟氏を珍県主に任じたものであったといわれている。そして、『日本書紀』雄略天皇十四年四月の記事にもみえるように、根使主が討滅された後、その子孫の半分が珍県主の負囊者になり、それが坂本氏の祖となったことが知られていることから、珍県主は根使主よりも、また坂本氏よりも早くに王権の組織に組み込まれていたことが推測できる（三浦一九六五）。集落の時期を見ていくと、府中・豊中遺跡群のほか七ノ坪遺跡、和気遺跡、軽部池遺跡、軽部池西遺跡、西大路遺跡、小田遺跡、寺田遺跡など弥生時代後期から古墳時代前期にかけての集落が槇尾川流域に位置しているので、古墳時代の四世紀には数箇所に点在する集落群が形成されていたことが理解できる。その政治的結実が久米田貝吹山古墳や摩湯山古墳の前方後円墳の築造へとつながったのであろう。しかし、五世紀にいたって前方後円墳築造は許されないようになるが、大津川右岸の府中・豊中遺跡群へ集落の中心が集約され、主要集落として発展することを理解することができた。そして、集落は六、七世紀へと継続していることもわかっている。また、最新の発掘調査によって従前から理解されていた府中・豊中遺跡群の分布範囲が南東方域へ、つまり坂本郷域へ拡大することもわかってきている（大阪府教二〇一三）。

残念ながら、府中・豊中遺跡群の首長―珍県主―の居館はまだ判然としていない。その候補としては、第二章で述べた四世紀ならば府中地区ＳＸ〇三が、五世紀ならば府中地区〇一－一一六地点などが挙げられるが、このほかにも候補として挙げておきたい地区がある。その地点は和泉寺跡周囲から東方に展開する一帯である。和泉寺跡の地割も含めて正方位の地割が現在もわずかに残っている。東西約一キロメートル、南北約〇・八キロメートルの広範囲を指摘して、七世紀後半に中心に置く区画整備の施工が指摘されている。律令期以降ではあるが「和泉寺跡のみならず和泉郡衙の存在を考え」られており、公的な施設が周辺に存在したことも推測されている（濵道・岸本二〇一二）。府中地区の地点四（再整備事業地区内）で確認できた古墳時代の方形区画溝のように正方位を意識した区画の施設が、和泉寺跡周辺にあったことを推測できるのではなかろうか。[註四] 奈良時代以降、和泉監の「和泉宮」や「茅渟宮」、そして和泉国府の位置を考える上でも重要な地区になろう。

二　坂本郷と池田郷の集落遺跡

坂本郷における主要集落遺跡は、府中・豊中遺跡群から続く低位段丘上の槇尾川右岸一帯に展開するものと考えておきたい。その中位段丘上に、七世紀に建立される古代寺院の坂本寺跡が知られているほかに、寺院下層遺構から四世紀後半の土師器が出土している地点が見つかっているからである。今のところ集落遺跡は全くわかっていないが、前項で記した府中・豊中遺跡群の南東方への拡大傾向が、坂本郷内の集落遺跡へと結びつく可能性も少なからず残っていると思われる。一方で、坂本郷の領域で和泉丘陵を越えた松尾川流域には寺田遺跡や和泉丘陵A八地点遺跡などが営まれている。坂本氏は、もとは珍県主に分けられた隷属した集団であるので、地理的に上泉郷に隣接する土地にその居を構えていたことに矛盾はない。

次に、坂本郷のさらに東南に広がる池田郷は、坂本郷と同じく槇尾川と松尾川の両流域にまたがった領域を有している。集落遺跡としては六世紀後半の万町北遺跡（第二章第四節）やその対岸の池田寺遺跡が槇尾川沿いに、そして前方後円墳を含む古墳群が槇尾川と松尾川に挟まれた和泉丘陵に広がっている（第三章第二節）。池田谷の開発は泉北丘陵窯跡群の谷山池地区が操業開始した六世紀前葉に始まるが、この初期段階では古墳以外の集落遺跡は見つかっていない。ただし、今後確認される可能性は高く、万町北遺跡の地点よりも槇尾川上流の和田一号墳（第三章第二節）周辺に位置しているものと考えておきたい。

槇尾川左岸の万町北遺跡の対岸に位置する池田寺遺跡について見ておきたい。池田寺遺跡は六世紀末から七世紀初頭に出現し、九世紀前葉まで存続する集落遺跡で、竪穴建物と掘立柱建物の混成状況から掘立柱建物群へと建物構成を変えた集落である。七世紀後葉には氏寺の池田寺が建立された（広瀬一九八六）。対岸の万町北遺跡では七世紀第一四半期を境にして一旦集落が終息する一方で、池田寺遺跡の集落は継続する。つまり、両遺跡は池田寺遺跡に集約されるのである。広瀬和雄は両遺跡の集団が血縁関係にあるのかどうかはわからないとしながらも、地域的社会関係において集団的結合を深めていただろうと評価している（広瀬一九八九）。

六世紀後半以降の槇尾川右岸には顕著な墓域が見つかっていないことに気が付くが、両集落の関係性を認めるならば、郷の首長すなわち池田氏の墓域は万町北遺跡背後の丘陵地に広がる和泉向代古墳群や唐国池田山古墳群の中に含まれていると推定できる。

さて、墓域の形成にあわせて槇尾川中流域の池田谷の開発は活況を呈することになる。それは須恵器生産にかかる開発に伴うもので、万町北遺跡と池田寺遺跡周辺の土地開発に関し、専ら池田谷側は居住域、松尾谷側は墓域に区分されていたことが推測できる。このようにして開発した集団の領域が認識されるようになるのは、池田谷を参考にすると六世紀には確立しているといえよう。すでに、将来の池田郷の領域が定まっていただろう。

このようにして、池田郷の開発は六世紀になって始まったが、まず大津川流域の上泉郷や八木郷などは五世紀前葉までには前方後円墳を築造できるほどに発展し、五世紀中葉には坂本郷へと開発が進んで、その後に、槇尾川と松尾川の中流域へと開発が及んだことが理解できた。これは泉北丘陵窯跡群の事業拡大によるものであって、上泉郷の府中・豊中遺跡群の首長である珍県主、その配下ともいえる坂本氏、そして、坂本氏の氏寺の瓦を製作供給した池田氏らが開発を推し進めた結果であろう。これらの槇尾川沿いの郷域が完全に整備され確定するのが六世紀といえるであろう。

三　陶部について

須恵器生産に関する『陶部』について触れておきたい。しかし、本論では須恵器生産を実施した工人に関して、部民制における陶部について論じることはできなかった。陶部の実態について検討することは今後の課題としたいが、筆者は泉北丘陵窯跡群の各地区に、また各郷にはそれぞれ須恵器づくりを専業とする組織化された集団が存在したものと考えている。

専門技術集団であろうと思われる陶部の存在について、批判的な考えがかねてより説かれている。陶部に関わる地名や人名がほとんど文献に残っていない事実に反して、各地で須恵器生産が波及する状況を踏まえ、浅香年木は須恵器生産が「族長の支配する一定の交易圏を基盤にしながら展開した」として、部民制への否定的見方を示していた（浅香一九七一）。これに対して坂本和俊は、須恵器生産は陶部ではなく、各地に残るミワ地名と須恵器生産との関係から、神部が重要な役割として広範囲に編成されていたことを説いた（坂本一九八七）。菱田哲郎はこれを踏まえて、すべての須恵器生産を神部が関わったかは断定できないとしながら、泉北丘陵窯跡群栂地区の上神郷の神直や大庭造らの氏族の存在から、六世紀から七世紀にかけての当該地区の生産盛期に、神部を桜井屯倉の設置の際に配置したものと指摘した。そして、神部の棺として、当該栂地区で出土数の多い須恵質陶棺にあてている（菱田二〇〇七）。

これらとは別に、田中琢は須恵器生産の組織として部民制が機能していたと考えていた（田中一九六七）が、原口正三は須恵器工人について、坏、高坏、甕など同似性が高く、規格的であること、また固有の技術、製作、運搬、管理などが組織的であることを示唆している（原口一九七九）。このような視点を考古学的考察の帰結として評価したい。

泉北丘陵窯跡群においては、須恵器生産の開始から技術の統制下の変化、また独自性の高い技術の開発など、王権と在地首長とが関与した組織的な活動であった。また、拠点的集落や古墳群の造墓活動も、その主従関係を保ちながら展開したことをが考えられる。つまり、王権との政治関係の中で、須恵器生産の組織的体制が整えられたものであろう。

［註］

［註一］　丹比郡の中でも中心となる地域は七、八世紀の郡衙とも指摘される堺市美原区平尾遺跡（古代を考える会

一九七六、鬼頭一九八五、嶋田一九九九、大阪府教二〇〇七ｂほか）や五世紀の前方後円墳の黒姫山古墳（末永ほか一九五三）が所在する丹比郷や黒山郷の地域であろう。

［註二］　谷山池地区以外の各地区の窯跡集計数は宮崎の成果による。

［註三］　ただし、Ｃ一地点窯跡を確認できなかったが、窯跡の存在は出土した須恵器から推測できる（和泉丘陵一九九二）。

［註四］　一九九〇年代、和泉市教育委員会が実施した和泉寺跡北辺と西辺の発掘調査で、五世紀後半の須恵器を伴った遺構が確認できている（未報告）。

終章　古代開発のモデル

一　大津川流域の開発モデル

1　池田郷の開発の諸段階

歴史的に重要拠点である大津川流域の地域開発において、その過程が最も明瞭なのが支流の槇尾川中流域の池田谷である。まず、この池田谷の状況から整理していく。

池田谷においては、弥生時代後期を最後に古墳時代の六世紀前葉までの長い期間、本格的な土地開発はなく、ほぼ無住の空白期間になっていた[註一]。そもそも泉北丘陵窯跡群の操業開始以前の泉北丘陵一帯は、古墳時代では四世紀末頃までほとんど未開発の土地であったとし、河内平野の中心から遠く、また農耕には不向きな土地柄であったと説かれていた（田辺一九七〇）。そのような歴史的風土のなかヤマト王権の体制下で、大和や河内の各地に設けられた鍛冶、玉作、石棺、馬匹などの様々な生産拠点と並んで泉北丘陵において須恵器生産がはじまった。和田晴吾は畿内に盤踞する首長たちが王権下の生産に関する職掌を分担して、王権に奉仕し、その工房は閉鎖的であったと指摘している。畿内で王権に統括された新来の技術は、王権の生産・流通システムに組み込まれて、畿内連合を構成する有力首長層の間で分担されていたと考えられている（和田二〇〇四）。菱田哲郎も王権が関わる渡来系手工業の一元的管理体制が敷かれたと考えている（菱田二〇〇七）。

このような経緯を経て、泉北の大規模開発が進み、一気に須恵器の量産体制に入り、一世紀後の六世紀にその一翼を担うことを目的に谷山池地区が設けられた。このことが池田谷開発の端緒になったといえる。すなわち、谷山池地区で須恵器生産が開始されたのが、谷山池四・五号窯跡で陶器山一五型式から高蔵寺一〇型式（谷山池一期・

二期）にほぼ併行する段階であった。その生産に携わった集団―須恵器工人や彼らを取りまとめる首長―の集落は現在のところまだ見つかっていない。ただし、未調査で内容は不明だが、和田一号墳が六世紀前葉頃に推定されているので、将来的に谷山池地区の黎明期の居住区が池田谷―槇尾川流域―で発見される可能性は残っている。また、池田谷近くの光明池一号窯跡や同一三号窯跡は五世紀末葉に生産が始まっていることも記憶しておきたい。

池田谷で詳細が判明している集落遺跡は万町北遺跡で、陶器山八五号窯跡期（谷山池三b期）に併行する六世紀中葉以降から、七世紀前葉まで半世紀以上継続した。そして、ほぼ同時期に槇尾川左岸の和泉丘陵主尾根に古墳群が出現した（第三章第二節）。前方後円墳で横穴式石室が主体部の一号墳を嚆矢とする和泉向代古墳群は、竪穴式小石室も伴いながら横穴式石室を主体にした円墳で構成される。この一群を頂点にして、支尾根上には方墳または円墳で構成されるウトジ池古墳群、唐国池田山古墳群などが点在している。埋葬施設には竪穴式小石室、木棺直葬のほか甕棺で構成されており、和泉向代古墳群の埋葬施設との大きな違いになる。これらは丘陵上に立地したひとつの古墳群の集合体で、かつ墳形と埋葬施設から主従の関係が明白に現れており、池田谷を開発した首長以下の集団の序列化が認められるのである。首長系譜の古墳は七世紀に丘陵から中位段丘上に移り、円墳で、埋葬施設を横穴式石室に統一した下代古墳群に引き継がれる。さらに、池田谷と親縁な西隣の松尾谷には明神原古墳の横穴式木芯粘土室や朝鮮半島に由来するマイ山古墳の陶質土器や明神原古墳の鉄鐸などの文物が出土することから、須恵器生産に何らか関与した、または半島に系譜を持つ人たちが池田谷に組織されたことが推測できる。狭隘な松尾谷には広範囲の水田耕作は望められないので、専ら須恵器生産に立脚する土地開発が計画的になされたことを疑う余地はなさそうである。また、さらに七世紀にいたっては槇尾川上流域へと開発が進行したことは、群集墳の三林古墳群、黒石古墳群などの展開からも理解できる。このように池田谷の開発は遅くとも六世紀前葉から本格的に始まったと考えられるが、七世紀前葉に万町北遺跡の集落は縮小して一時期無住に近い状態になる。これに代わるのが対岸の

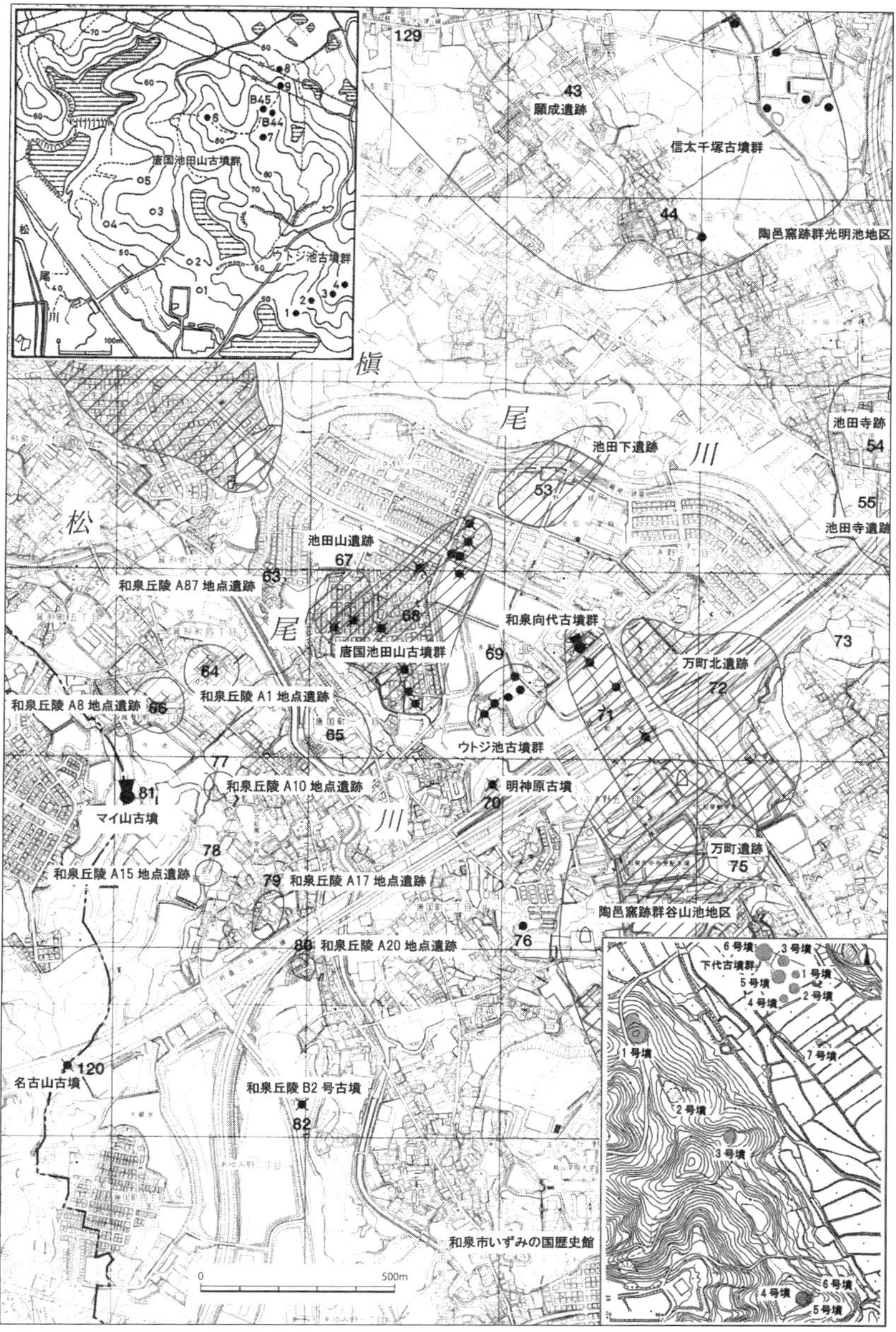

図102　池田郷の古墳群分布図（和泉市いずみの国歴史館202年）

槇尾川右岸の池田寺遺跡であった。そして、その首長は七世紀後葉には古代寺院を建立するほどの有力者に成長した。出土した文字瓦からも、彼らは池田氏と呼ばれた集団であることが理解されている（第四章第三節）。

古代の開発に関して、広瀬和雄が古代集落や池溝の発展過程を詳しく論じている（広瀬一九八三）。その分析は「耕地の開発を古代における農業生産の主要なモニュメントとして位置づけ」て、その土地開発史の中で七世紀初頭をひとつの画期（氏分析の第Ⅲ期）におき、「大規模な人工流路による沖積平野と洪積段丘との統一的、計画的大開発を意義づけ」ている。広瀬は集落遺跡の池田寺遺跡のほか、大阪府の泉佐野市海会寺遺跡、高石市・泉大津市・和泉市大園遺跡、藤井寺市はさみ山遺跡・北岡遺跡、そして羽曳野市古市大溝などの大規模な人工流路の掘削事業を事例に取りあげて、後者の古市大溝などの池溝開発を「国家」主導型開発に、前者を在地首長型開発に分類している。具体的に「国家」主導型開発とは国家が直接的に関与した開発としながらも、「労働の強制やその編成に在地首長層が媒介的人格として関係していたこと」を認めている。一方で、在地首長型開発については「自己の支配下の集団を駆使しながら中小規模の開発をおこなった」ものを指しているが、国家の開発地の選定や開発に必要な技術と労働力の提供の存在も可能性として認めている。このように当該地域を熟知した在地集団の参加や協働がない限り、土地の開発は不可能に近く、また開発の開始にあたっては国家の在地集団への要請や強制的な組織編成も必須である。分類の基準とした国家と在地は、相互に役割が重複していることになるが、いずれにしても、両者の協働があってこそ古墳時代の開発が進められたと考えて差し支えないと考える。

池田谷における六、七世紀の開発の内容については、谷の広範囲を占める中位段丘を耕作地にする開発は水利問題から困難だが、農業生産だけが主たるものではない。あくまでも須恵器生産が主であり、農耕が付随するものであろうと考えたい。

次に、池田寺遺跡と万町北遺跡は連動した集落であることは明らかで、また、池田谷全域で居所と墳墓群との区域選別が整っていることも指摘できた（第二章第四節、第四章第三節）。さらに時代が経過して九世紀前葉になってからも、池田寺遺跡で大規模な居宅が現れるのにあわせて、対岸の万町北遺跡からは木簡が出土した井戸を伴う建物群が建ち、同じ文字を記した墨書土器が両遺跡から出土している。六世紀から九世紀前葉にかけて池田谷の開発がほぼ停滞することなく進んでおり、その役割を果たしたのが池田氏と呼ばれた集団で、その活動の領域は池田郷の範囲に相当し、六世紀中葉の段階でその領域は確定していたと考えられる。

その後、万町北遺跡は八世紀初頭から建物群が復活するが、その遺物の中に両遺跡共通の墨書土器「罡（岡）本」が数点出土している。墨書の意味は分かっていないが、親縁な関係性が読み取れる（和泉丘陵一九九三・一九九五、大阪府埋蔵一九八九a、大阪府教一九九〇e）。鬼頭清明の八、九世紀の「里（郷）・村・集落群」の関係性に関する研究で、一定の領域をもった人々の共同団体である村は、複数の集落から構成されていたと指摘した上で、「集落の中には小グループの単位があって、生活単位を基礎として同一文字を記す墨書土器を持った集団が集落ないしは村をこえて形成されている」と指摘している（鬼頭一九八九）。まさしく古墳時代から律令期にかけての両対岸が池田氏の本拠地であったことの証であろう。

さらに奈良時代以降に万町北遺跡が拠点的な集落であったことを証明する資料について示しておく。本章第二節で示した井戸E〇〇一出土の墨書土器「中家」の文字は、全国的に四〇数例が出土しており（明治大学二〇一〇）、都城跡、役所跡、駅家跡などの特定の遺跡から出土するものとされる（鬼頭一九八五）。まだ文字の明確な性格はよくわかっていないといわれてはいるが、「中家」の意義を深める資料が井戸の極近くから出土している。井戸E〇〇一から約二〇メートルの離れた土坑X〇四六から鉄製紡錘車が一点出土している（和泉丘陵一九九三）。井戸と同時期の須恵器が共伴しており、両遺構は整然と並んで配置された掘立柱建物群に付属しており、互いに関係がある施設といえる。この鉄製紡錘車は糸生産にかかる技術革新に関係する資料と指摘されている。屯倉に関係するとみられる遺跡から出土している傾向にあって、七世紀末から東日本へ拡散するときに郡衙遺跡や関連遺跡から出土しているとも指摘されている（東村二〇〇五）。万町北遺跡の集落意義を考える際に重要な示唆を与えるもので、もし屯倉に何らかの関係がある施設が存在するのであれば、池田郷だけでなく和泉郡においても政治・経済の重要な拠点であったことが考えられる。このようなことから、泉北丘陵窯跡群に置かれた「桜井屯倉」や「茅渟山屯倉」だけでなく、池田谷に屯倉が設置されたことなどは文献には何ら残っていないが、屯倉を想定できそうな類似施設が万町北遺跡にも存在したのではないかと考えたい。〔註二〕

このように、古墳時代の王権体制から律令体制へ経ながらも、須恵器生産に関係した拠点として池田谷の集団の役割は重要であって、中央の庇護または要請などといった特別の関係は変わることがなかったと考えられる。

二　坂本郷と上泉郷の領域の様相

池田郷の領域は泉北丘陵窯跡群の須恵器生産に即して設定されたと考えられるが、まったくの未開地の中に忽然と出現したわけではない。地理的に、かつ歴史的にも大津川流域から支流の槇尾川をさかのぼって中流域を開発したと考えている。開発の核として出発地が府中・豊中遺跡群で、その地域経営の協働または組織の編成などの契機が、須恵器生産の開始によるものであったと考える。郷域に当てはめると上泉郷になる。続く上流域に坂本郷が位置し、さらに池田郷へと連鎖している（第四章・図112）。ただし、今のところ坂本郷で集落遺跡が確認できていないが、七世紀中葉の坂本寺跡が知られているので、有力な集団が盤踞したことは明らかである。

続いて、当該水系で活動した集団には、府中・豊中遺跡群の珍県主が知られている。吉田晶、篠川賢の評価によると、県主・県は在地首長が王権に従属したもので、県主は王権の内政に直結し、それに必要な物資や労働力を提供しただけでなく、祭祀的性格が強いことが認められている。そして、その土地は地方豪族が王権に献上した直轄地であり、王権によって設定された行政区という性格をもち、県主は六世紀中葉頃に成立したヤマト王権の地方支配システムの国造制に先行すると考えられている（吉田一九七三、篠川一九九六・二〇〇一・二〇二一）。

府中・豊中遺跡群の首長をはじめ大津川流域を統括する首長たちは、摩湯山古墳や丸笠山古墳の出現にみられるように、王権の首長連合に組み込まれたと考えられる。その後、五世紀に至って王権との主従関係にあって、新秩序により前方後円墳の築造が認められないことになった（第三章第一節）。府中・豊中遺跡群は人口も和泉北部域では最大級であったことは想像に難くない。四世紀末から五世紀にかけて集落の首長居館を思わせる遺構を備えて、各地点で首長による祭祀場が認められたからである（第二章第一節）。首長は地域で実力を蓄えて有力氏族に成長したと考えられ、その一帯はのちに上泉郷の領域になる。そして、その過程の中で、さらに上流―坂本郷へ―の拡大発展が進んだことは先に指摘した。五世紀は和泉北部にとって須恵器生産という王権の事業が始まった時期で、府中・豊中遺跡群の首長も王権に労力を提供したことは、池田郷と同水系で結ばれていることから推測できよう。

他方、須恵器生産に影響を及ぼした集落として、泉北丘陵の水系のひとつである石津川下流域の四ツ池遺跡が重要であろう（樋口一九九九）。四ツ池遺跡は府中・豊中遺跡群と同格で弥生時代から連綿とつづく集落遺跡で、百舌鳥古墳群に近い。また古墳造営に営まれた陵邑ともいえる諸遺跡が隣接して広範囲に展開していることも泉北丘陵窯跡群との関係を結びつける理由となっている。とりわけ、古墳づくりに携わった土師系集団が石津川河口近くに領域に居を構えている。四ツ池遺跡からは韓式系土器などの出土事例もあることから渡来人の居住も認められ、石津川上流の高蔵寺七三号窯跡と高蔵寺三〇五号窯跡では韓式系土器を模した初期須恵器が出土している。このように四ツ池遺跡には須恵器生産に影響を与えた条件がそろっている（田中一九八九）。

府中・豊中遺跡群においても五世紀には初期須恵器のほか、韓式系土器や半島系陶質土器が出土していることも明らかになってきており、大津川支流の松尾川・牛滝川流域に初期須恵器もしくは韓式系土器が出土する寺田遺跡や田治米宮内遺跡、さらに上流の和泉丘陵Ａ八地点遺跡が知られている。須恵器生産に関与することも可能な渡来系集団の存在が推測できそうである（十河二〇一〇、三好二〇一一、和泉市教二〇一六）。このような情勢が谷山池地区の操業開始直前の環境であった。

次に、上泉郷に続く坂本郷をみておこう。坂本郷は坂本氏が盤踞した領域になる。坂本氏は王権の中枢で活躍した数ある臣姓氏族の中でも、和泉を本拠とする有力氏族であった。坂本氏が珍県主と関係が深いことは『日本書紀』雄略天皇十四年の記事に記述されていることから推測されており、珍県主に従属する関係で坂本郷に配置されたと考えられたのであろう。直ちに考古学成果と結びつけることは危険かもしれないが、雄略期の伝承は五世紀の出来事になっているので、物資を運搬する隷属的役目の「負嚢者」が坂本氏の役目とすると、須恵器生産に関係したと推理できるので興味深い。森昌俊は、根使主と坂本氏が直接的かつ実質的に系譜関係で結ばれていたことに疑問視し、坂本氏はもともと坂本の地を本拠にしていたのではないかと指摘している（森一九九九）。いずれにしても、七世紀中葉に建立がはじまった坂本寺は、坂本氏が有力氏族に成長したことを証明している。

府中・豊中遺跡群とその周辺の集落群は社会体制を充実させ、ヤマト王権による首長連合のひとつとしてその領域は発展した。

三　開発の主人公

六世紀については、府中・豊中遺跡群の居住区域をはじめ中核部の詳しい集落状況は五世紀ほどよくわかっていない。しかしながら、その不明な点を補うことができるのが群集墳の信太千塚古墳群の出現で、その意義をみておこう。

信太狐塚古墳を契機にして爆発的に造営され始めた群集墳は、前方後円墳は信太狐塚古墳だけで、その後は円墳を主体にして形成される。古墳の埋葬施設等の属性から考えられる点については、埋葬形態に横穴式石室のほか、箱式石棺、木棺直葬、竪穴式小石室、埴輪棺などがあり、統一性に乏しいといえよう。和田晴吾が古墳群を分類したうちの古式群集墳にあたると思われる。和田は「倭政権にとって新来の諸技術や知識の確保が大きな課題」であって、「多くの渡来人の掌握が群集墳形成の一つの契機となった可能性が高い」と指摘している（和田一九九二）。様々な埋葬形態の採用に関しては土生田純之の考え方も参考になろう。土生田は政権構造が複雑化に向かう六世紀は、国造制の整備などにより原初的官司制が徐々に整備され、「墳墓（中略）による政治的位相や身分の表示から官職など抽象的身分表示による段階」に進んだと指摘している（土生田二〇一一）。六世紀代における政治的な伸張が図られた結果が古墳群のあり方に現れているのであろう。

信太千塚古墳群は発掘調査が十分でない。方墳で横穴式石室であった〇四－〇一八地点古墳以外の調査例は、七世紀初頭前後の古墳群南端の目塚古墳（和泉市教一九九四）がある。目塚古墳のように丘陵上から中位段丘に移って立地する群集墳としては、七世紀初頭前後の池田郷の下代古墳群（図47）や三林古墳群（図82）などがあげられ、立地のあり方も類似している。新式群集墳といえそうだが、「共同体内にみられた有力家長層を一般構成員という階層的関係が政治的に固定され、有力家長の地位が公的にも保証・強化されたもの」と考えてよかろう（和田一九九二）。

さて、信太千塚古墳群の話に戻って、総数百基を超えると推定できることから、府中・豊中遺跡群だけの奥津城ではなく、大津川合流域周辺を領域とする集団のために用意された古墳群ではないかと考えている。このことについては先に述べておいたとおりで、立地する丘陵の条件から上泉郷と坂本郷の双方の奥津城と推定しておいた（第二章第二節・第三章第二節）が、総数からはこの二郷だけの占有地なのかは積極的に断定できない。丸笠山古墳出現以後は前方後円墳を見ることがなく、円墳を主に群集するようになる。この変遷は新しい古墳秩序の形成のなかで理解されており、古式群集墳の意義とは別に、和田晴吾は「地方の大首長層は完全に没落し、大王権が隔絶するとともに、首長層はますます王権内に取り込まれ官人化していく一方、王権による民衆の編成が強力に推し進められた」と指摘している（和田一九九八）。広瀬和雄は畿内の大群集墳のひとつに信太千塚古墳群をかかげて、「複数の集落を構成する家父長層が、何らかの要因で墓域を共同にされた結果として群集墳が形成された」と指摘した。また、王権に掌握された集団をその被葬者群に想定して、群集墳の造営を原初的な官僚制の成立の現れではないかとしている。そして、六世紀中葉から後葉にかけてその墓域を王権から贈与される政治的行為と考えている（広瀬一九七八）。広瀬の指摘を参考にすると信太千塚古墳群の群集のあり方などは、三支流（槇尾・松尾・牛滝）の合流地域を含めた大津川流域を意識した群集墳であったことも想定できるかもしれない。ただし、府中・豊中遺跡群の範囲に建てられた和泉寺跡は七世紀中葉以降に本格的に整備されたといわれており、槇尾川右岸の優位性は崩れないであろう。そして、和泉寺跡、坂本寺跡、池田寺跡と等間隔に槇尾川右岸を縫う郷寺のような古代寺院が建立されたことからも、槇尾川に沿った街道の整備が指摘できよう（遠藤二〇一三）。

六世紀になってこのような古墳秩序から理解される地域首長の体制の変化は、和泉北部地域において泉北丘陵窯跡群での須恵器窯構造の一元管理がはじまる画期にもあたり、須恵器生産にとっては大きな変革をもたらした。生産の量産化に対する泉北丘陵窯跡群の技術と意志の斉一化であった。このような手工業の変革は、在地首長層だけの意図では困難な事業発動であったと考えている。須恵器生産に対する計画が在地首長型開発よりも「国家」主導型開発が上回ったことの現れと考えられる。この生産体制の変革から、槇尾川をさかのぼった池田郷の開発がはじまり、谷山池地区の須恵器生産へと結びついたのである。

二　信太山丘陵北部の開発モデル

一　開発の契機と展開

大規模集落の大園遺跡の意義については、泉北丘陵窯跡群の須恵器生産との関係や、荒地開墾や取石池などの池溝開発などと連動して発展したものと位置づけを示すことができた。（第二章第二節）。ここでは説明の重複は避けて、槇尾川流域の変革期と比較しながら論を進める。

大園遺跡は弥生時代から継続して展開した集落で、集落の周囲には庄内式土器が出土する上町遺跡のほか、韓半島系の陶質土器が出土する水源地遺跡（図32）が位置する。陶質土器は韓国慶尚南道金海市の礼安里九〇号墳出土の資料に酷似しており（金一九七九）、韓国での編年観では四世紀後半が考えられている（定森一九九四）。このように、府中・豊中遺跡群と同じように段丘面を整備した集落の変遷を認めることができる。集落群が展開する地形としては、信太山丘陵からのびる扇状地化した段丘に立地している。そして、集落形成に求められる重要な条件のひとつである湧水地が扇状地の扇端に数箇所見られた。また、信太貝吹山古墳やカニヤ塚古墳、大園古墳などの古墳も立地するなど、信太山丘陵北部域周辺において重要な拠点的な集落であったといえよう。

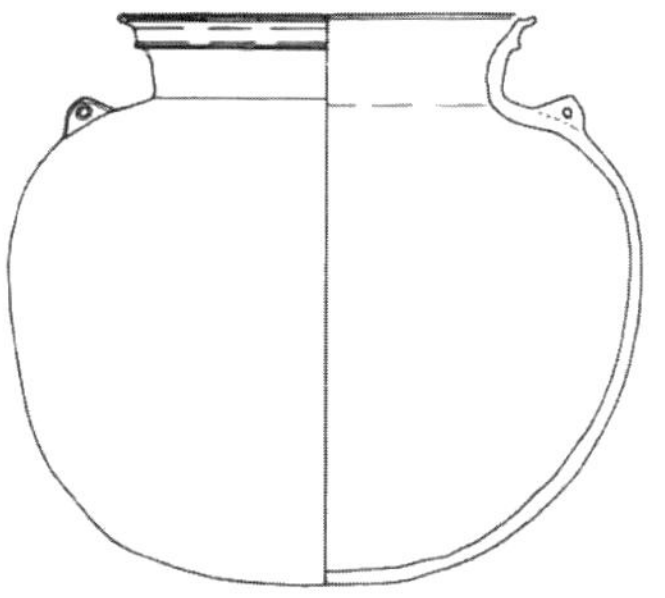

口径：約 20㎝、高さ：約 39㎝

図 103　水源地遺跡出土双耳壺実測図（高石市 1985 年）

古墳時代においての最初の画期といえるのは、大園遺跡で埴輪が生産された四世紀後葉で、土師集団が集落の一角に居住していたことが認められる。その同じ時期とみられる埴輪を伴った菩提池西古墳群が信太山丘陵に出現する。この段階は泉北丘陵窯跡群の大野池地区で、須恵器生産が開始される前夜にあたる。須恵器生産は土師器や埴輪を製作する土師氏との協働が重要であった（野上一九七九、石神一九八四、岡戸一九九四）ので、須恵器生産に備えることを目的に、当地の在地首長が古代王権の首長連合に組み込まれたとみることが可能である。泉北丘陵窯跡群最古の大庭寺遺跡栂二三二号窯跡の操業時期と微妙に重なる和泉黄金塚古墳が造営されるが、古墳が泉北丘陵窯跡群の最北の谷地形の入口付近に造営された意義を、被葬者と須恵器生産とが親縁的関係にあるためと指摘されている（森一九七八、十河二〇一〇）。

四世紀末から五世紀初頭の居住区の中心は、低位段丘北部の綾園地区が推測でき、新技術に長けた集団または渡来人も居住していた。その後、綾井・助松地区で五世紀前葉の住居区が認められ、ついには五世紀後葉から葛の葉地区や取石地区で、掘立柱建物を中心にして一五〇棟以上で構成される集落へと変貌する。

彼らの墳墓は和泉黄金塚古墳の後継で信太貝吹山古墳やカニヤ塚古墳、大園古墳があげられ、首長墓とみられる。しかし、前方後円墳は造営することは叶わなかったが、上泉郷の展開と同様に築造が認められない王権の秩序の組織に取り込まれたとみるべきで、王権とは主従関係にあったといえる。このように考えると、大津川流域の和泉北部の首長とは、王権に対しては互いに同じ境遇であったといえるであろう。ただし、双方が和泉北部の地域首長を輪番制で務めたという考え方には賛同できないことは先に述べておいた（第三章第一節）。このほか、首長に従う民衆らの墳墓は、集落周辺に単独の埴輪棺のほか低位段丘の方墳群が展開していた。

六世紀前葉になると、五世紀後葉に築造した方墳を破壊ないしは隣接した位置に建物群が配置されるようになり、大園遺跡の集落の中で社会的な組織変革が発生したと指摘した。この六世紀前葉は泉北丘陵窯跡群が量産体制に移行する画期にもあたるが、大野池地区では減産に向かってしまう。大園遺跡周辺の集団は大野池地区での操業を弱めることで、信太山丘陵の環境を保全して取石池を設け、大園遺跡周辺の低位段丘の一帯を農地化することを実施したと考えた。それに連動して、減産した製品の数量を確保するためにも池田谷の開発がはじまったことを推定した。

このほか、大園遺跡は大阪湾に近く、また泉北丘陵窯跡群の北端を貫く街道にもつながっていた可能性が高く、集落としての存在価値は非常に高いものであったと考えられる。大阪湾に近いという点について次のことが考えられる。大園遺跡からは漁具の土錘や飯蛸壺が多く出土している。五、六世紀に使用されていたようで、漁撈活動が盛んで魚介類を収獲し交易活動の物資のひとつとしていたとも言われている（森一九五〇・一九六二、小笠原一九七九・一九九二、森一九八〇、西口一九八九）。この漁撈活動はその後も続けられ、大園遺跡に近い大阪湾沿岸の一帯は「高脚海」と呼ばれ、七世紀には「網曳厨」として持統天皇三年（六八九年）には禁漁区とされていたことが伝わっている。古代王権に対する貢納の組織のひとつであったことが理解できる（栄原二〇一三）。須恵器生産と並んで茅渟県の職掌のひとつとして構成されていたのであろう。また街道に関しては、大園遺跡から東方に走る道が設けられていたと推定されている（森一九七八、石部一九八七）。大園遺跡からは窯場の須恵器窯跡の灰原のような失敗品が大量に出土したわけではないが、それでも窯道具や歪んだ須恵器が出土するなど、須恵器生産に関与していたことは首肯できるであろう。生産に直接関与した集落ではないが、街道の要地に立地し、流通機能をもった集落であったことは考えられる。さまざま機能を有した集落といえるであろう。

二　信太山の渡来人

右記のさまざまな活動がみられた地域は信太山丘陵北部の台地周辺が信太郷、その裾野一帯の低地は日下部郷になり、そこは和泉郡と大鳥郡との郡境になる。この群境周辺に居を構えていたのが信太首と取石造で、双方とも百済系渡来人である。隣り合う領域に配置され、同系渡来人として関係は深かったと推測できる。お互いが協力し合って周辺の地域の開発に臨んだことが考えられる。丘陵上には七世紀後葉に建立された信太寺跡が知られており、信太首が丘陵から中位段丘周辺を中心に開発を担当し、取石造が丘陵裾野の低位段丘を含む平野部の開発を担って

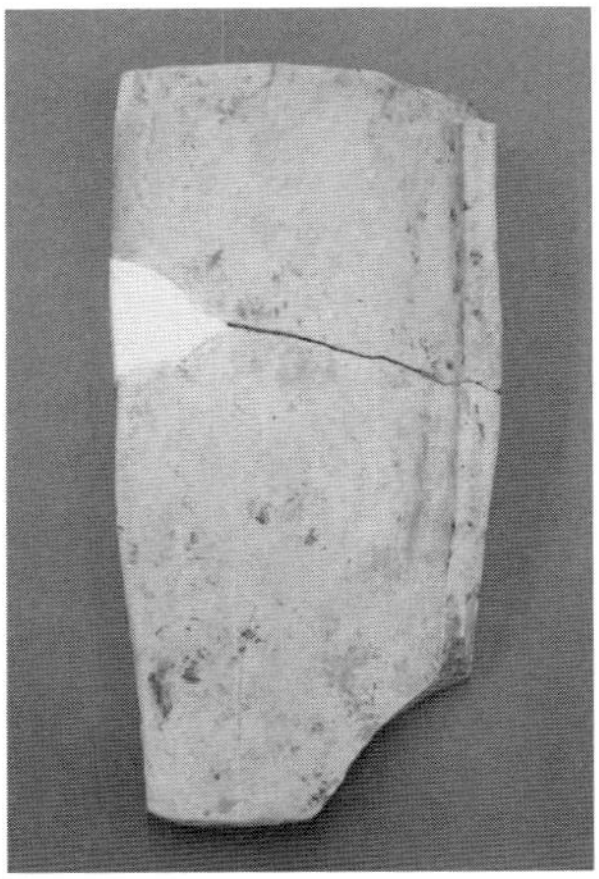

残存長28.6㎝

写真６　大園遺跡出土須恵器竈焚口枠
（和泉市教育委員会撮影・提供）

いたとみることができる。彼らはどの段階でこの地域に居を構えたのかなど不明な点が多いが、五世紀には須恵器生産が開始されるので、それまでに渡来系の技術集団の参加が必要と考えると、やはり五世紀前葉には渡来人が居住したと考えるのが妥当であろう。その集団が信太氏や取石氏の系譜にあたるのかは不明だが、初期須恵器のうち、加耶系の栂二三二号窯跡からそれほど時期をおかずに百済系の高蔵寺七三型式へと土器様式が変化することなど、百済系の文化移入があったことは確かであろう。

集落の葛の葉地区から竈焚口枠の一部（写真6）が出土している。[註二]この資料は大野池二三一号窯跡から出土している竈焚口枠（大阪府教一九九四）に酷似するものではないが、形状から渡来系の伝統が読み取れると筆者はみている。大園遺跡で再編が実施される六世紀前葉にも渡来人の存在は確かであろう。六世紀前葉であれば池田谷での開発の経緯と共通することも重要であろう。和泉の古代の郷域がほぼ定まる段階でもある。

彼らの墳墓に関しては、五世紀では規模の大きい古墳は信太貝吹山古墳など数基で、小規模の古墳では大園遺跡に眠っていた方墳群がみられる。六世紀では、信太山丘陵上に奥津城が移り、小規模な群集墳が数グループに分散して立地している。ただし、そのうちの道田池古墳群からは装飾付大刀や馬具が出土していることからも、小規模の古墳であるが、首長層のひとりの墳墓であることは理解できる（新納一九八三）。その埋葬施設には横穴式木芯粘土室も比較的多用されており、池田谷でみられた埋葬法との類似性と指摘できる。これは須恵器生産に関係した集団の伝統のひとつであろうと考えている。

三　大園遺跡の評価

大園遺跡が「首長居館（首長居宅）」であるか否かという評価について触れておきたい。都出比呂志は古墳時代の集落を分析して、「大園遺跡は平地式を主体とするが、主屋と高床倉庫と納屋と井戸などからなる構成は、基本的に経営維持の基本単位以上のものにはなりえない」としている。そして、豪族層―中間層（有力農民）―一般農民という集落の階級的枠組みの中で、大園遺跡を中間層の家政機関をもたない小首長の屋敷地としている（都出一九九三a）。

これに対して、この集落遺跡を首長居館とみる小笠原好彦は、集落は新たに大陸から導入された掘立柱建物である平地式住居を建築様式の基本とするとしたうえで、五、六世紀に展開する溝などで区画された居住域は有力な集団の居館と指摘している（小笠原一九九二）。また、寺澤薫は古代集落を分類して、その第Ⅲ類型のひとつとし、「居館の最大の要素は壕や塀・柵をめぐらすという階級的な隔絶性と独立した防御性にある」と捉え、大園遺跡を小型ではあるけれども豪族居館として考えている（寺澤一九九八）。

以上のように様々な評価を受けているが、筆者は第二章、本章で論じてきたように、大園遺跡を須恵器生産の一翼を担う拠点集落として位置付け、首長の居館あるいは居宅として捉えることができると考えた。集落規模も時期によって集落核の移動はあるかもしれないが、最新の発掘調査の成果を踏まえて規模の大きい集落になるのではないかと推測している。要所において防御施設を備え、祭祀的遺構も散見するうえ、渡来系集団の継続的居住も確実に認めることができる。そして、近接して信太貝吹山古墳や大園古墳などを見ることができることから在地首長の存在を否定することはできない。このように様々な状況から、単なる一般農民の集落とは考えにくいと考えている。農耕や漁撈の生産も当然認められて、また土師集団の居住地区を併せ持ちつつ、古代王権との主従の関係性を伴って活動した集落と捉えておきたい。

三　須恵器生産の終焉へ

これまで古墳時代中期から後期にかけての古代の開発について考えてきた。泉北丘陵窯跡群の須恵器生産がこの地域の開発に多大な影響を与えたことが理解できた。

和泉北部においては、須恵器生産という新来の技術の受け皿になったことが開発の要素として重要であった。そこは在地首長の活動の場でもあることから、複数の在地首長の協力なしには、泉北丘陵窯跡群の大規模な開発を行うことはできなかった。また、ただ須恵器を作ることにもなって、周辺荒地の開拓、街道の敷設なども在地首長層との協力が必須である。この開発は泉北丘陵窯跡群全域が対象であったと考えられ、開発に関する企画は泉北丘陵窯跡群の東西関係なく貫徹されていたと考えられる。ただし、王権膝下で展開した泉北丘陵窯跡群のうち大津川・槇尾川流域で発展した府中・豊中遺跡群の地域は、主要氏族が中核となって独自の発展を遂げることができた。その結果、和泉国の中心となる役割が与えられたのである。

さて、須恵器生産は王権が主導する国家プロジェクトであり、王権の介入があってこそ生産が継続した。王権の直轄地である茅渟県が設置されたこと、また屯倉が窯跡群の内外に設けられていたことが想定できることからも国家的な開発事業と考えられる。このような生産体制は古墳時代の王権システムから奈良時代にかけての律令制下のシステムに移行した中でも継続されたのである。吉田恵二は王権システムの証のひとつとして栂六四・六五号窯跡から出土する円面硯に注目し、韓半島三国時代から新羅統一時代にかけての様式が見受けられるとしたうえで、泉北丘陵窯跡群が飛鳥の官窯の性格をもっていたという（吉田一九八五）。

和銅三年（七一〇年）に全国各地に国が定められた際は、和泉は河内国から分けられることはなかった。しかし、霊亀二年（七一六年）に河内国から大鳥郡、和泉郡、日根郡を割いて、「和泉監」が設けられた。和泉監は元正天皇とゆかりの深い「茅渟宮」すなわち「和泉宮」の維持・管理のために設定された行政区画であった。その後、和泉監は天平一二年（七四〇年）に再び河内国に合併された。天平九年（七三七年）の疫病流行によって、和泉監が高い死亡率をもって公民の四五％を失ったと紹介されており（神野二〇二二）、このような社会的打撃も行政に影響を与えたのかもしれない。そして、天平宝字元年（七五七年）にようやく和泉国として分立することになった。

この「茅渟宮」は最新の発掘調査成果から大園遺跡やカニヤ塚古墳の広い範囲に営まれた可能性を指摘されている（石部二〇一三、乾二〇一五、千葉二〇一七）。大園遺跡の綾井・助松地区で検出された井戸ＳＥ〇一は、年輪年代法により七一五年に伐採されたヒノキ材でつくられたことが判明している。通常では理解できない巨大な井戸で、深さ約五メートル、井筒枠直径約一メートルの奈良時代のものであった（泉大津市教二〇一三）。内部からは墨書土器や斎串などが出土しており、祭祀に関わる遺構であろう。遺物から考えて奈良時代前葉から中葉頃に埋没している。大園遺跡の奈良時代での意義が特別重要なものであったことの証明になろう。

和泉国に分立した時期にあわすように、須恵器窯での操業は減産への傾向が強くなった（宮崎一九九五）。奈良時代の須恵器生産を取り上げた重見泰は、泉北丘陵窯跡群は平城宮編年Ⅳ期の七六〇年前後を境にして衰退しつつ、東方領域の陶器山地区や高蔵寺地区では九世紀まで小規模で生産が継続する一方で、そのほかの地区ではほとんど操業を停止することを指摘している（重見二〇〇二）。指摘された画期は、七五七年に和泉国として分立した時期と同じくすることに注目しておきたい。一方で、前述の天平期の疫病の流行が須恵器生産や技術伝承に多大な支障をきたしたと神野恵は指摘している（神野二〇二二）。このようなことなども泉北丘陵窯跡群の生産域の縮小へと展開したと考えられよう。

東方領域での生産体制の変化の中で、高蔵寺二三〇－Ⅰ号窯跡においては九世紀前半から中葉頃まで操業を営み、その製品は平安京などの都城域に供給していたと評価されている。このほか、同じく東方領域まで高蔵寺三一四号窯跡、陶器山五－Ｉ号窯跡、陶器山二二〇号窯跡などの須恵器の器種組成は壺や甕の貯蔵具の比率が高く、生産の主力となっていたとされる（木村・亀島・三宅二〇〇八）。消費地の要求による須恵器生産のあり方といえるであろう。『日本三代実録』貞観元年（八五九年）に記事がのこる和泉と河内との薪を伐る山をめぐる「陶山之争」の場は、この一帯にあたっている（田辺一九六六・一九七〇）。

最後まで須恵器生産が継続したのが陶器山地区や高蔵寺地区で、和泉国大鳥郡や河内国丹比郡の領域にあたっている。この地には祭祀に必要なさまざまな物資の供給に深く関与し、それを主導したとされる中臣系氏族が分布しており、中央の政権の祭祀に重要な役割を担った（鷺森二〇一三）。九世紀以降もこのような生産と管理の必要性のために、これらの地区限定で泉北丘陵窯跡群は小規模ながら須恵器生産を継続した。

このようにして、古墳時代の泉北丘陵窯跡群の須恵器生産は王権膝下にあったが、その後律令制に移行した中で和泉監という体制の管理下にあった領域内で須恵器生産の操業は続いた。和泉監は「和泉宮」の維持のために設定された組織なので、その管理下に須恵器生産が含まれていたかどうかは考古学的に明確にはしえないが、中央政権「国家」との繋がりはそのまま途絶えることはなかった。

泉北丘陵窯跡群の事業は「国家」主導と「在地」協働という特殊な生産体制であったことを本論で明らかにしたが、和泉国となって以後新たな政治・経済体制の移行などを含めた社会的変化によって須恵器生産の終焉へと加速したのではないかと考える。

そして、泉北丘陵窯跡群の須恵器生産の終焉は、薪や粘土の枯渇のような物理的かつ地理的なものだけではなく、他地域での須恵器生産の技術の進展に伴い、王権のもとで果たしてきた須恵器生産のリーダーとしての役目を終えたことも理由のひとつとしてあげられよう。生産地縮小が進んでいく中で、王権によって進められた事業が終わったことを示していると考えておきたい。

［註］

［註一］　万町北遺跡（和泉丘陵一九九三・一九九五）と観音寺山遺跡（同志社大学歴史資料館一九九九）が槇尾川流域の弥生時代後期集落として知られている。

［註二］　舘野和己は、『日本書紀』六四六（大化）年三月にみえる中大兄が多くの屯倉を献上したことから、記紀にみえるもの以外にも多数のミヤケ（屯倉）が畿内にあったと指摘している（舘野一九九二）。

［註三］　大園遺跡八一―一地点においての資料で、五、六世紀の須恵器などの土器も出土している（和泉市教一九八三）。

あとがき

　本書の出版を決意したのは、筆者が四〇年間勤務した和泉市で、長年にわたって文化財保護審議会委員長並びに市史編さん委員を務められ、また埋蔵文化財保護行政においても日々ご指導いただいた石部正志先生からお勧めいただいたことによる。ありがたい思いではあったが、決心するには至らなかった。しかし、定年まじかに和泉市教育委員会から執筆刊行した市史紀要に対して書評が出たこともあり、自分の仕事の成果をまとめることは地域史の探究のためにも意義があるのではないかとの思いに至った。旧稿をまとめるには相当手間がかかり七年も費やしたが、その成果は二〇二三年度に立命館大学に博士学位論文『和泉における古代開発の考古学研究―古墳時代の須恵器生産・集落・古墳―』として提出できた。論文審査においては立命館大学矢野健一先生・長友朋子先生、京都府立大学菱田哲郎先生から貴重なご意見、ご指摘を受けることができ、それを踏まえて修正と補筆を行い、このたび本書を上梓する運びとなった。

　さて、筆者が考古学研究の扉を開くのは、一九七六年天理大学に入学したことから始まる。専攻は考古学とは関係のない外国語学部であったが、文化クラブの歴史研究会への入部とともに、顧問であられた西谷眞治先生、金関恕先生、そして研究会の諸先輩との出会いがあって、運命的にこの道へと進むことになった。入学後はじめての発掘調査は春から始まり、物部氏ゆかりの天理市布留遺跡の範囲確認調査であった。ここで天理参考館学芸員の置田雅昭先生、山内紀嗣さん、高野政昭さんから発掘調査のいろはを教わった。外業においては層位的掘削の進め方、図面作成や写真撮影など丁寧な調査方法を教わったこと、内業では出土遺物の sorting（分類）作業に加わったことで土器の種類を覚えることができたことなどが、記憶として今でも鮮明に残っている。その後は、大学や参考館が主催する発掘調査に積極的に参加し、研鑽を積むことができた。また、奈良県立橿原考古学研究所の発掘調査にも学生アルバイトとして参加し、所員の中井一夫さん、松田真一さんからは学術調査だけではなく行政発掘調査の厳しさを教えられ、鍛えられたことを思い出す。

卒業後、一九八一年に縁あって和泉市の職員となり、灰掛薫さんのもと森茂さん、乾哲也さんらと、市内の埋蔵文化財を担当することになった。担当した遺跡は縄文時代から江戸時代までさまざまであったが、中でも和泉丘陵内遺跡調査会の調査員として古墳時代の集落遺跡、古墳、須恵器窯跡の調査機会を得られたことが、その後の自分の研究フィールドに結びついたことは幸運であった。このほか史跡和泉黄金塚古墳、大園遺跡、軽部池遺跡なども調査担当したが、二十歳代で担当した泉北丘陵窯跡群――いわゆる陶邑窯――谷山池地区の調査成果は現在の須恵器研究にも結びついている。

しかし、歳を重ねるごとに市役所内での勤務が多くなり、埋蔵文化財の担当だけではなくなったのは、行政職として当然のことでもあった。変化する職場環境の中でも、大阪府教育委員会（当時）の広瀬和雄先生からは、難解な遺構遺物の解釈について有意義な示唆を受ける機会が多く、調査成果の理解を深め、いかにして歴史叙述として組み立てていくかを教わったように思う。このほか、筆者がはじめて論文を投稿する際にも助言を受けたことも懐かしい思い出になっている。そして本書の序文を賜った。感無量である。

窯跡研究会での研究報告も、泉北丘陵窯跡群での研究領域を確実に広げることができた。発表の機会を与えてくださった立命館大学木立雅朗先生、兵庫県立考古博物館の森内秀造さんら会員の方々には感謝の気持ちしかない。

知友たちとの私的な研究会も励みになった。大阪上本町の喫茶店を会場に集まった天理参考館の日野宏さん、京都府埋蔵文化財調査研究センターの小池寛さん、同僚の乾さんらとの京阪奈研究会や、各々の職場を会場にしつつ開催した泉北研究会では、大阪府教育委員会の石神怡さんをリーダーにして同府教委の橋本高明さん、大阪府埋蔵文化財協会の駒井正明さん・岡戸哲紀さん、大阪文化財センターの市本芳三さん、堺市教育委員会の土井和幸さん・近藤康司さんと乾さんら若手研究者が集まって、各人が調査を担当した遺跡の成果とその評価について、喧々諤々の意見を出し合ったことが、本書の随所に生かされている。

定年後は、現役時代に新設資料館の立ち上げを担当し、しばらくの間学芸員としても勤務した経緯もあって、再任用として和泉市いずみの国歴史館に務めることが許された。常設展のリニューアルのほか須恵器展の企画を任されたことで、学史に残る須恵器群に触れる機会があって新鮮な刺激を受けた。このことも本書をまとめるための気持ちが高まったことは間違いない。また、大阪大谷大学の竹谷俊夫先生からは、博物館学芸員課程の非常勤講師に誘っていただいたことも、文化財に対するさらなる研鑽を積むことができたように思う。

最近では、歴史研究会同志の藤井稔さん、日野さん、小池さんらと定期的に集まって博物館や史跡巡りを楽しみながら、新しい知見を広めることができている。このほかに、大阪狭山市教育委員会から乞われて、市内の埋蔵文化財調査や遺物整理をお手伝いしている。筆者の盲点であった泉北丘陵窯跡群最東端の狭山池周辺の状況を初めて知る機会が得られたことは、ほんとうにありがたいことであった。

このような調査知見と経験が本書の中に溢れていると筆者は自負している。とは言っても、まとめるまでにはいくつものハードルを越えなければならなかった。第一に、筆者の文章は相当な悪文であるので、読みやすい正しい日本語にすることが必要で、これにはかなりの時間を要した。この作業に加えて文章の矛盾点の指摘などを、大阪大谷大学博物館学芸員の池田千尋さん、和泉市教育委員会の乾さん、森下徹さん、千葉太朗さん、上田裕人さん、村上絢一さんにお願いすることにした。第二に、新しい図面と表作成また写真撮影では、いずみの国歴史館副館長の深川拓実さん、学芸員西田久美さんのお手を煩わせてしまった。このほかにも、ここにお名前を挙げられなかった多くの方々にお世話になった。改めて皆様に心から御礼申し上げる。

このほか、本書の出版にあたっては、株式会社雄山閣と同編集部の桑門智亜紀さん、児玉有平さんのお力添えがあったことを記しておきたい。

最後に、文化財行政の中に身を置きつつ、考古学研究に物心両面において思い通りに仕事を進めさせてくれた家族に感謝したい。様々な事情があって、道半ばで仕事を投げ出しそうになったこともあったが、その都度励ましてくれた妻芳子と達郎・亮次の息子二人とその家族全員の成果として本書を出版する。

白石耕治

二〇二四年十二月

参考文献

韓国

李　漢祥　一九九四「武寧王陵出土品追報（二）―銅製容器類―」『考古学誌』六
崔　卿煥（訳土田純子）二〇一一「百済土器窯跡から見た土器生産体制」『古代学研究』一八九　古代学研究会
許　義行　二〇二四「地形環境と初期都市の構造―羅城里遺跡・風納土城・熊津公山城―」『日韓初期都市の比較研究―「国」を越えた社会基盤形成の解明（その一）』研究講演会資料　大阪市文化財協会
韓国文化財保護財團　一九九九『慶州競馬場豫定敷地C－I地區發掘調査報告書』学術調査報告第二五冊
国立慶州博物館　慶北大学校博物館　一九九〇『慶州市月城路古墳群』
文化公報部・文化財管理局編　一九七三『武寧王陵　發掘調査報告書』（国立公州博物館　二〇〇九『武寧王陵新報告書一』）
文化財研究所　一九八四『皇龍寺発掘調査報告書』Ｉ

日本

［論文・単著］
浅香年木　一九七一『日本古代手工業史の研究』法政大学出版局
足利健亮　一九八九「大鳥郡の条里」『高石市史』第一巻　古代編　高石市
渥美賢吾　二〇〇六「古墳時代須恵器窯の構造とその築窯技術の系譜―溝付窯をめぐって―」『筑波大学先史学・考古学研究』第一七号
渥美賢吾　二〇〇八「和泉陶邑窯出土の須恵器の編年研究―年代論の再検討を中心に―」『史葉』第二号　加藤建設株式会社
阿部義平　一九七一「轆轤技術の復元」『考古学研究』第一八巻第二号　考古学研究会
甘粕　健　一九七五「古墳の形成と技術の発達」『岩波講座　日本歴史』一　原始および古代一　岩波書店
天野末喜　一九九二「南河内の古墳」『大和・河内・和泉・摂津の古墳編年』発表要旨　大和古中近研究会
天野末喜　一九九三「大王墳の移動は何を物語るのか」『新視点日本の歴史』第二巻　新人物往来社
天野末喜・中西康宏　一九九四「考察」『土師の里八号墳』藤井寺市文化財調査報告一一集　藤井寺市教育委員会
有井宏子　一九九九「陶邑における瓦生産―いわゆる「行基集団」の構成を考える一助として―」『狭山池』論考編　狭山池事務所
石井智大　二〇〇七「古墳への須恵器の供給とその背景」『勝福寺古墳の研究』大阪大学文学研究科

石神　怡　一九八四b「まとめ—周辺遺跡との関連において—」『府道松原泉大津線関連遺跡発掘調査報告書』Ⅰ　財団法人大阪文化財センター

石田　修・十河稔郁　一九八三「堺市辻之遺跡の調査」『月刊考古学ジャーナル』二月号　二一四号　ニュー・サイエンス社

石田茂作　一九六九『法隆寺雑記帖』学生社

石部正志　一九五八「副葬用陪塚の発達」『考古学手帳』三　塚田光

石部正志　一九七五「前期古墳における特殊な多葬について」『橿原考古学研究所論集』奈良県立橿原考古学研究所

石部正志　一九七七「和泉丘陵地区の歴史的特質」『和泉丘陵遺跡分布調査報告書』和泉丘陵遺跡分布状況調査会

石部正志　一九七八「遺跡各説　古墳時代」『岸和田市史』第一巻　考古編　岸和田市

石部正志　一九七八「小古墳の展開」『岸和田市史』第一巻　考古編　岸和田市

石部正志　一九八〇『大阪の古墳』大阪文庫二　松籟社

石部正志　一九八七「考古学からみた和泉の古道」『熊野・紀州街道—論考篇—』歴史の道調査報告書第一集　大阪府教育委員会

石部正志　一九九八「陪塚再考」『宇都宮大学教養部研究報告』第一部　宇都宮大学教養部

石部正志　二〇一二『古墳は語る』かもがわ出版

石部正志　二〇一三「考古学からみた和泉の歴史的特徴」『和泉市の歴史』第六巻　和泉市の考古・古代・中世　和泉市史編さん委員会編集　和泉市

石部正志・宮川　徏・田中英夫・堀田啓一　一九七九「畿内大形前方後円墳の築造企画について」『古代学研究』第八九号　古代学研究会

石部正志・宮川　徏・田中英夫・堀田啓一　一九八〇「帆立貝形古墳の築造企画」『考古学研究』第二七巻第二号　通巻一〇六号　考古学研究会

石部正志・仁木　宏・大澤研一　二〇〇八「韓国連の開発と松尾の山寺」『和泉市の歴史』第二巻　松尾谷の歴史と松尾寺　和泉市史編さん委員会編集　和泉市

一瀬和夫　二〇〇三「大王墓の移動現象と大型古墳群—首長系譜と古墳の規制—」関西大学考古学研究室開設五拾周年記念考古学論叢　関西大学考古学研究室開設五拾周年記念考古学論叢刊行会

一瀬和夫　二〇一六『百舌鳥・古市古墳群　東アジアのなかの巨大古墳群』同成社

乾　哲也　一九九六「万町北遺跡の陶硯」『坂詰秀一先生還暦記念論文集』坂詰秀一先生還暦記念会

乾　哲也　一九九二「和泉市の古墳」『和泉丘陵の古墳—槇尾川中流域周辺の古墳群の調査—』和泉丘陵内遺跡発掘調査報告書Ⅲ　和泉丘陵内遺跡調査会

乾　哲也　二〇〇三「古墳前期の建築部材の一括出土　和泉市府中遺跡」『季刊考古学』第八五号　雄山閣
乾　哲也　二〇一一「奈良時代の集落の展開と須恵器生産」『和泉市の歴史』第三巻　池田谷の歴史と開発　和泉市史編さん委員会編集　和泉市
乾　哲也　二〇一三「和泉の古代寺院」『和泉市の歴史』第六巻　和泉市の考古・古代・中世　和泉市史編さん委員会編集　和泉市
乾　哲也　二〇一五「元正天皇の和泉宮—奈良時代の大園遺跡—」『和泉市の歴史』第四巻　信太山地域の歴史と生活　和泉市史編さん委員会編集　和泉市
犬木　努　二〇二三「古墳と古墳群のトポス—盟主的首長墓の〈空間構制〉試論—」『論集　空間と境界』大阪大谷大学歴史文化学科調査研究報告書　第三集　大阪大谷大学歴史文化学科
今津勝紀　二〇二一「古代の社会編成と地域社会」『日本の歴史』古代・中世編　ミネルヴァ書房
今津啓子　一九九四「渡来人の土器—朝鮮系軟質土器を中心として—」『ヤマト王権と交流の諸相』古代王権と交流五　荒木敏夫編　名著出版
岩瀬　透　一九九三「山直郷における古代〜中世集落の展開」『芝ノ垣内遺跡発掘調査報告書』Ⅱ　大阪府埋蔵文化財協会調査報告書第七八輯　財団法人大阪府埋蔵文化財協会
植田隆司　二〇一二「古墳時代須恵器編年の限界と展望」『龍谷大学考古学論集』Ⅱ　龍谷大学考古学論集刊行会
上田舒・森浩一　一九六〇『大阪府枚岡市石切町墓の尾古墳群調査報告』古代学研究　第二三号　古代学研究会
上田宏範　一九九二「山本東の〈狐塚〉—古墳はほかにも在った？—」『狭山の地名五十話』大阪狭山市役所
上田正昭　一九七一「神祇信仰の展開」『古代の日本』第一巻　要説　角川書店
上田正昭　一九七五「古代の祭祀と儀礼」『岩波講座　日本歴史一』原始および古代一　岩波書店
植野浩三　一九八三「須恵器蓋坏の製作技法」『文化財学報』第二集　奈良大学
植野浩三　一九九三「日本における初期須恵器生産の開始と展開」『奈良大学紀要』第二一集　奈良大学
植野浩三　二〇一三「韓国の土器窯集成(1)—全羅道編—」『文化財学報』第三一集　奈良大学
植野浩三　二〇一五「韓国の土器窯集成(2)—慶尚道編—」『文化財学報』第三三集　奈良大学
植野浩三　二〇一七「馬韓・百済の土器窯と日本須恵器窯の比較研究」『文化財学報』第三五集　奈良大学文学部文化財学科
宇田川誠一・神谷正弘　一九八六『高石市史』第二巻　考古編　高石市
梅原末治　一九一九「物集女ノ群衆墳」『京都府史蹟勝地調査會報告』第一冊　京都府教育委員会
梅原末治　一九二三「寺戸五塚原附近の古墳」『京都府史跡勝地調査会報告』第五冊　京都府教育委員会

梅原末治　一九七三『慶州金鈴塚飾履塚』―大正一三年度古蹟調査報告―　国書刊行会
梅本　綾　一九九九「水辺の祭祀の諸相とその意義」『古事』天理大学考古学研究室紀要第三冊　天理大学考古学研究室
梅本康広　二〇一二「摂津・山城」『古墳時代の考古学』第二巻　古墳出現と展開の地域相　同成社
江浦　洋　一九八八「日本出土の統一新羅系土器とその背景」『考古学雑誌』第七四巻第二号　日本考古学会
江浦　洋　一九九五「陶邑周辺部における須恵器生産点描」『日置荘遺跡』―近畿自動車道松原すさみ線および府道松原泉大津線建設に伴う発掘調査報告書―　大阪府教育委員会・財団法人大阪文化財センター
江浦　洋　二〇〇〇「難波宮北西部の発掘調査と木簡の出土」『東アジアの古代文化』一〇三号　大和書房
遠藤慶太　二〇一三「古代和泉の宮と行幸」『和泉市の歴史』第六巻　和泉市の考古・古代・中世　和泉市史編さん委員会編集　和泉市
小江慶雄　一九五二「京都府久世郡城陽町青谷出土の陶棺」『京都学芸大学学報』A：No.二　京都学芸大学
小江慶雄　一九六四「陶棺考」『京都学芸大学紀要』A：No.二五　京都学芸大学
大川　清　一九八五『日本の古代瓦窯』考古学選書三　雄山閣
太田宏明　二〇〇七「地域別解説　和泉の横穴式石室」『研究集会　近畿の横穴式石室』横穴式石室研究会
小笠原好彦　一九七九「畿内および周辺地域における掘立柱建物集落の展開」『考古学研究』第二五巻第四号　通巻一〇〇号　考古学研究会
小笠原好彦　一九八五「家形埴輪の配置と古墳時代豪族の居館」『考古学研究』第三一巻第四号　通巻一二四号　考古学研究会
小笠原好彦　一九八九「豪族の居館と構造」『古代史復元』第六巻　古墳時代の王と民衆　講談社
小笠原好彦　一九九二「近畿の古代集落と豪族居館」『新版　古代の日本』第五巻　近畿Ⅰ　角川書店
岡田精司　一九七〇『古代政権の祭祀と神話』塙書房
岡田精司　一九八五「日本の神と社」『神社の古代史』大阪書籍
岡田精司　一九九八「大型建物遺構と神社の起源」『日本古代史　都市と神殿の誕生』新人物往来社
岡戸哲紀　一九九四「揺籃期の陶邑―集落の動向からみた陶邑の成立過程―」『文化財学論集』奈良大学
置田雅昭　一九九一「川の神まつり」『古墳時代の研究』第三巻　生活と祭祀　雄山閣
荻野仲三郎・古谷　清　一九三五「小見真観寺古墳」『史蹟調査報告』七　文部省
小栗明彦　二〇〇三「近畿地方古墳出土銅鋺と被葬者」『橿原考古学研究所論集』第一四　奈良県立橿原考古学研究所
尾崎綾亮　二〇一七「陶邑窯跡群の生産体制―地域性と工人集団を考える―」『考古学フォーラム』二三　特集：開窯期の東山窯とその周辺　考古学フォーラム編集部

小原雄也　二〇一六「陶邑窯の地域性と地方窯成立の再検討」『Mie history』vol・二三　三重歴史文化研究会
大川原竜一　二〇一九「須恵器生産と部民制」『日本古代の氏と系譜』篠川賢編　雄山閣
大脇　潔　一九八九「七堂伽藍の建設」『古代の宮殿と寺院』古代史復元　第八巻　講談社
小野山節　一九七〇「五世紀における古墳の規制」『考古学研究』第一六巻第三号　通巻六三号　考古学研究会
尾野善裕　二〇〇〇「猿投窯編年の再構築」『須恵器生産の出現から消滅』猿投窯・湖西窯編年の再構築　東海土器研究会
奥田　尚　一九九二「和泉向代一号墳の陶棺材について」『和泉丘陵の古墳―槇尾川中流域の古墳群の調査―』和泉丘陵内遺跡調査会
奥田　尚　二〇〇〇「湯山古墳の石棺石材」『古代学研究』第一五〇号《一五〇号記念増大号》古代学研究会
奥野美和　二〇〇八「平成一九年度大園遺跡発掘調査報告」『和泉の国府発見⁉︰発掘調査から大園遺跡を語る』資料集　市民歴史講座　織編館春季企画展「大園遺跡」開催記念フォーラム　泉大津教市育委員会
奥山誠義・柳田明進・鶴　真美・藤原郁代　二〇一九「天理大学附属天理参考館所蔵陶棺の彩色顔料の研究―緑色彩色を持つ陶棺の顔料分析―」『奈良県立橿原考古学研究所紀要　考古学論攷』第四二冊　奈良県立橿原考古学研究所
笠井敏光　一九八六「スエムラとハジムラ」『長岡京市古文化論叢』中山修一先生古稀記念事業会　同朋舎出版
勝部明生　一九九八「藤ノ木古墳再考―石室・副葬品から見た古墳の特色―」『網干善教先生古稀記念考古学論集』上巻　網干善教先生古稀記念会
金関　恕・小野山節　一九七八『武器・装身具』日本原始美術体系　第五巻　講談社
金関　恕　一九八五a「弥生土器絵画における家屋の表現」『国立歴史民俗博物館研究報告』第七集　国立歴史民俗博物館
金関　恕　一九八五b「考古学から観た古事記の歌謡」『天理大学学報』第一四五輯　天理大学学術研究会
金関　恕　一九八六「呪術と祭」『岩波講座　日本考古学』第四巻　岩波書店
金子裕之　一九九一「武器・武具・農耕具」、「楽器・酒造具・紡織具」『古墳時代の研究』第三巻　生活と祭祀　雄山閣
金子裕之　一九九六『まじないの世界Ⅰ』日本の美術　第三六〇号　至文堂
鹿野吉則　一九九九「巨大古墳造営集団の動向―土師遺跡の検討から―」『同志社大学考古学シリーズⅦ』同志社大学考古学シリーズ刊行会
鹿野吉則　二〇〇〇「湯山古墳の石棺」『古代学研究』第一五〇号《一五〇号記念増大号》古代学研究会
神谷正弘・三好孝一　一九八五「大阪府高石市水源地遺跡出土の須恵器について」『古文化談叢』第一五集　九州古文化研究会
河上邦彦　一九八五「地域による編年―大和―」『季利考古学』第一〇号　雄山閣
河上邦彦　一九八七「まとめ」『史跡牧野古墳』奈良県立橿原考古学研究所編　広陵町教育委員会

川端真治　一九五二「大阪府南河内郡玉手村安福寺境内横穴調査報告」『考古学雑誌』第三八巻第三号　日本考古学会
川西宏幸　一九七八「円筒埴輪総論」『考古学雑誌』第六四巻第二号　日本考古学会
川村和子　二〇二三「信太貝吹山古墳の調査（二一－八区）」『和泉市埋蔵文化財発掘調査概報』三二　和泉市教育委員会
上林史郎　一九九〇「大園遺跡」『古墳時代の研究』第二巻　集落と豪族居館　雄山閣
岸　俊夫　一九八六「古代の画期 雄略朝からの展望」『日本の古代』第六巻　王権をめぐる戦　中央講談社
岸本直文　一九九二「前方後円墳築造規格の序列」『考古学研究』第三九巻第二号　通巻一五四号　考古学研究会
岸本直文　二〇〇五「和泉における四世紀の政治変動」・「岸和田市摩湯山古墳の測量調査」『前方後円墳の築造企画からみた古墳時代の政治的変動の研究』平成一三年度－平成一六年度　科学研究費補助金（基礎研究B）研究成果報告書
岸本直文　二〇〇八「四世紀後半の和泉と黄金塚古墳」『シンポジウム和泉黄金塚古墳を考える』資料集　和泉黄金塚古墳国史跡指定記念・日本考古学協会設立六〇周年記念　和泉市教育委員会
岸本直文　二〇一一a「池田谷の農地開発の進展」『和泉市の歴史』第三巻　池田谷の歴史と開発　和泉市史編さん委員会編集　和泉市
岸本直文　二〇一一b「池田谷の古代寺院」『和泉市の歴史』第三巻　池田谷の歴史と開発　和泉市史編さん委員会編集　和泉市
岸本直文　二〇一二「七世紀史としての条里制」、「古代郷は領域である」『和泉郡の条里』和泉市史紀要第一九集　和泉市史編さん委員会編集　和泉市教育委員会
岸本直文　二〇一三「水利からみた和泉市域の地域社会」『和泉市の歴史』第六巻　和泉市の考古・古代・中世　和泉市史編さん委員会　和泉市教育委員会
木立雅朗　二〇一〇「実験考古学から見た須恵器窯の築造と焼成二―実験考古学と民俗考古学―」『古代窯業の基礎研究―須恵器窯の技術と系譜―』窯跡研究会編　真陽社
木立雅朗　二〇一一「研究の現状と課題―問題提起と用語整理―」『古代窯業における窯・工人・生産組織―須恵器生産を軸に―』窯跡研究会第四回シンポジウム　窯跡研究会
北野耕平　一九六二「玉手山古墳の調査」『大阪府の文化財』大阪府教育委員会
北野博司　二〇〇四「遷りゆく窯」『須恵器窯の技術と系譜二―八世紀中頃から一二世紀を中心にして―』窯跡研究会
北野博司　二〇一〇a「遷りゆく窯―多面的な窯構造技術論と地域窯業の多様性理解の試み―」『古代窯業の基礎研究―須恵器窯の技術と系譜―』窯跡研究会編　真陽社
北野博司　二〇一〇b「須恵器窯業の生産と社会―窯の分布論―」『古代窯業の基礎研究―須恵器窯の技術と系譜―』窯跡研究会編　真陽社

北山大熙　二〇二一「山城地域における円筒棺」『京都府埋蔵文化財論集』第八集―創立四〇周年記念誌―　公益財団法人京都府埋蔵文化財調査研究センター

鬼頭清明　一九八五『古代の村』古代日本を発掘する　六　岩波書店

鬼頭清明　一九八九「郷・村・集落」『国立歴史民俗博物館研究報告』第二二集　国立歴史民俗博物館

木下　亘　一九九〇「土器　須恵器」『斑鳩藤ノ木古墳　第一次調査報告書』奈良県立橿原考古学研究所編　斑鳩町・斑鳩町教育委員会

絹畠　歩　二〇一八「陶棺と土師氏」『橿原考古学研究所論集』第一七　奈良県立橿原考古学研究所

木村捷二郎　一九三八「平安遷都前後における鴨東地方」『史蹟と古美術』第二一巻第四号

木村泰彦・吉岡博之　一九七九「山城地方出土陶棺集成」『長岡京跡発掘調査研究所調査報告書』第一集　長岡京跡発掘調査研究所

木村理恵・亀島重則・三宅正浩　二〇〇八「陶邑窯跡群ＴＫ二三〇－Ｉ号窯出土須恵器」泉北考古資料館企画展　平安時代の須恵器―陶邑に白煙がたえるころ―『大阪府教育委員会文化財調査事務所年報』一二　大阪府教育委員会

金　廷鶴　一九七九「加耶土器」『世界陶磁全集』第一七巻　韓国古代　小学館

日下雅義　一九八〇『歴史時代の地形環境』古今書院

熊谷公男　一九九二「畿内の豪族」新版『古代の日本』第五巻　近畿Ｉ　角川書店

黒崎　直　一九八九「田に水を引く」『古墳時代の王と民衆』古代史復元　第六巻　講談社

小池　寛　一九九九「甗考」『瓦衣千年　森郁夫先生還暦記念論文集』森郁夫先生還暦記念論文集刊行会

小池　寛　二〇一六「飛鳥時代における朝鮮半島系土器の生産とその背景」『京都府埋蔵文化財論集』第七集―創立三五周年記念誌―　公益財団法人京都府埋蔵文化財調査研究センター

後藤守一　一九二三「甕棺陶棺に就て（二）」『考古学雑誌』第一三巻第一〇号　日本考古学会

後藤守一　一九二四「甕棺陶棺に就て（三）」『考古学雑誌』第一四巻第一一号　日本考古学会

後藤守一　一九二六「甕棺陶棺に就て（四）」『考古学雑誌』第一六巻第五号　日本考古学会

小林謙一・鐘方正樹・松浦五輪美・安井宣也・中島和彦・宮崎正裕　一九九二「奈良市菅原遺跡埴輪窯跡群の調査」『大和・河内・和泉・摂津の古墳編年』発表要旨　大和古中近研究会

小森哲也　二〇一三「横穴式木室考―先行研究の整理と分布・構造からみた地域間交流―」『考古学雑誌』第九七巻第四号　日本考古学会

久世仁士　二〇一五『古市古墳群を歩く　巨大古墳・全案内』創元社

斉藤和夫・森浩一　一九四九「日本陶棺地名表」『古代学研究』第一号　古代学研究会（学生考古学研究会）

酒井清治　二〇〇四「須恵器生産のはじまり」『国立歴史民俗博物館研究報告』第一一〇集

酒井清治　二〇〇六「須恵器生産の受容と変遷」『陶邑の須恵器　年代のものさし』平成一七年度冬季企画展図録　大阪府立近つ飛鳥博物館
栄原永遠男　一九九九「王権と和泉」『堺の歴史』角川書店
栄原永遠男　二〇一〇「狭山池築造の歴史的背景」『狭山池の誕生をさぐる』記録集狭山池シンポジウム二〇一〇　大阪狭山市教育委員会
栄原永遠男　二〇一三「茅渟県・日根県と和泉監」『和泉市の歴史』第六巻　和泉市の考古・古代・中世　和泉市史編さん委員会編集　和泉市
栄原永遠男　二〇一四「和泉と紀伊」特別展〈道でひもとく和泉の歴史〉記念講演会記録『和泉市いずみの国歴史館要覧平成二五年度』和泉市いずみの国歴史館
坂口昌男　一九八六「遺跡各節」『泉大津市史』第一巻上　本文編Ⅰ　泉大津市
坂本和俊　一九八七「東国における古式須恵器研究の課題」『第八回三県シンポジウム　東国における古式須恵器をめぐる諸問題』千曲川水系古代文化研究所
鷺森浩幸　二〇〇一「屯倉の存在形態とその管理」『日本古代の王家・寺院と所領』塙書房
鷺森浩幸　二〇一〇「陶邑と陶部」『日本古代の王権と社会』栄原永遠男編　塙書房
鷺森浩幸　二〇一三「物部氏と中臣氏」『和泉市の歴史』第六巻　和泉市の考古・古代・中世　和泉市史編さん委員会編集　和泉市
佐藤　隆　二〇〇三「難波地域の新資料からみた七世紀の須恵器編年―陶邑窯跡編年の再構築に向けて―」『大阪歴史博物館研究紀要』第二号　大阪歴史博物館
佐藤　隆　二〇〇四「八世紀の須恵器編年と難波宮・平城宮の並行関係―陶邑窯跡編年の再構築に向けて・その二―」『大阪歴史博物館研究紀要』第三号　大阪歴史博物館
佐藤　隆　二〇〇六『七・八世紀陶邑編年の再構築と都城出土資料の様相』「須恵器生産の成立と展開　二〇〇五年度（財）大阪府文化財センター・近つ飛鳥博物館共同研究発表会資料」（財）大阪府文化財センター
佐藤　隆　二〇〇七「六世紀における須恵器大型化の諸様相―陶邑窯跡編年の再構築に向けて―・その三」『大阪歴史博物館研究紀要』第六号　大阪歴史博物館
定森秀夫・吉井秀夫・内田好昭　一九九〇「韓国慶尚南道晋州水精峯二号墳・玉峯七号墳出土遺物―東京大学工学部建築史研究室所蔵資料の紹介―」『京都文化博物館研究紀要　朱雀』三　京都文化博物館
定森秀夫　一九九四「陶質土器からみた近畿と朝鮮」『ヤマト王権と交流の諸相』古代王権と交流五　荒木敏夫編　名著出版

重見　泰　二〇〇二「律令時代の須恵器生産―生駒古窯跡群からみた宮都の発展と須恵器生産の展開（上）・（下）」『古代学研究』第一五六・一五七号　古代学研究会
篠川　賢　一九九六『日本古代国造制の研究』吉川弘文館
篠川　賢　二〇〇一『大王と地方豪族』日本史リブレット五　山川出版社
篠川　賢　二〇二一『国造―大和政権と地方―』中公新書二六七三　中央公論新社
柴田常恵　一九〇五「武蔵北埼玉郡埼玉村将軍塚」『東京人類学会雑誌』二〇巻二三一号　東京人類学会
芝野圭之助　一九八四「陶邑をめぐる諸問題」『青海波』創刊号　泉州の自然と文化財を守る連絡会議
嶋田　暁　一九九九「平尾遺跡」『美原町史』第一巻　美原町
清水昭博　一九九四「豊浦寺　豊浦寺金堂跡の調査」『大和を掘る』XⅣ　奈良県立橿原考古学研究所附属博物館
白石耕治　一九八九「六、七世紀の須恵器の編年と製作技法―陶邑古窯址群谷山池地区を例として―」『考古学研究』第三六巻第一号通巻一四一号　考古学研究会
白石耕治　一九九二「須恵器の検討　谷山池地区の編年」『陶邑古窯址群―谷山池地区の調査―』和泉丘陵内遺跡発掘調査報告書Ⅳ　和泉丘陵内遺跡調査会
白石耕治　一九九二「和泉向代一号墳出土陶棺の復元と系譜」『和泉丘陵の古墳』和泉丘陵内遺跡発掘調査報告書Ⅲ　和泉丘陵内遺跡調査会
白石耕治　一九九五「畿内における陶棺研究序論」『古墳文化とその伝統』西谷眞治先生古稀記念論文集　西谷眞治先生の古稀をお祝いする会編　勉誠社
白石耕治　一九九七「陶邑の首長居宅とその宗教―万町北遺跡の復元―」『宗教と考古学』金関恕先生古稀記念論文集　金関恕先生の古稀をお祝いする会編　勉誠社
白石耕治　一九九九「和泉陶邑の須恵器窯」『須恵器の技術と系譜―豊科、信濃、そして日本列島―』窯跡研究会
白石耕治　二〇〇〇「陶邑窯における古墳時代の須恵器　六、七世紀を中心に」『須恵器生産の出現から消滅―猿投窯・湖西窯編年の再構築―』東海土器研究会
白石耕治　二〇〇四「陶邑と須恵器生産」『畿内の巨大古墳とその時代』季刊考古学　別冊一四　雄山閣
白石耕治　二〇〇六「陶邑窯跡群六世紀の須恵器生産について」『須恵器生産の成立と展開』二〇〇五年度（財）大阪府文化財センター・近つ飛鳥博物館共同研究発表会財団法人大阪府文化財センター
白石耕治　二〇〇七「陶邑編年と藤ノ木古墳の須恵器」『（財）大阪府文化財センター・日本民家集落博物館・大阪府立弥生博物館・大

阪府立近つ飛鳥博物館　二〇〇五年度共同研究成果報告書』財団法人大阪府文化財センター
白石耕治　二〇一〇「陶邑窯―大阪府南部須恵器窯跡群の地域性―」『古代窯業の基礎研究　須恵器窯の技術と系譜』窯跡研究会編
　真陽社
白石耕治　二〇一三「和泉の古代集落と古墳」・「群集墳の展開とその被葬者」『和泉市の考古・古代・中世』和泉市の歴史　第六巻
　和泉市史編さん委員会編集　和泉市
白石耕治　二〇一七『和泉市域の須恵器研究―調査と編年―』和泉市史紀要　第二五集　和泉市史編さん委員会編集　和泉市教育委員会
白石耕治　二〇二一「信太貝吹山古墳とその周辺」和泉史塾令和三年度第三回レジュメ　和泉市いずみの国歴史館
白石太一郎　一九九〇「終末期横穴式石室の型式編年と暦年代」『考古学雑誌』第八五巻第一号　日本考古学会
白石太一郎　一九九三「弥生・古墳文化論」『岩波講座　日本通史』第二巻　古代一　岩波書店（『古墳と古墳時代の文化』塙書房
　二〇一一年　所収）
白石太一郎　一九九五「古代史のなかの藤ノ木古墳」『藤ノ木古墳』日本の古代遺跡を掘る五　読売新聞社
白石太一郎　二〇〇五「前方後円墳の終焉」『古代を考える　終末期古墳と古代国家』吉川弘文館
白石太一郎　二〇〇六「須恵器の暦年代」『陶邑の須恵器　年代のものさし』平成一七年度冬季企画展図録　大阪府立近つ飛鳥博物館
白神典之　一九八八「泉北地域の後期群集墳」『網干善教先生華甲記念考古学論集』網干善教先生華甲記念会
白神典之　一九九八「和泉の前期古墳」『大阪の前期古墳　古市古墳群の成立前夜』藤井寺の遺跡ガイドブック№九　藤井寺市教育委員会
神野　恵　二〇二一「平城京近郊窯の須恵器生産」『奈文研論叢』第二号　独立行政法人国立文化財機構奈良文化財研究所
菅原雄一　二〇〇六「陶邑窯跡群の地域差と技術拡散」『考古学研究』第五三巻第一号　二〇九号　考古学研究会
末永雅雄　一九三五「新堂寺の合葬陶棺」『大和志』第二巻第一一号　大和国史会
末永雅雄・森浩一　一九五三『河内黒姫山古墳』大阪府教育委員会
末永雅雄・嶋田　暁・森浩一　一九五四『和泉黄金塚古墳』綜藝社（復刻一九八〇年　東京堂出版）
末永雅雄　一九八〇「古墳の外形と内部構造」『日本学士院紀要』第三六巻第三号（末永雅雄著作集二　一九九〇年　所収）
杉本　宏　一九八七「飛鳥時代初期の陶硯―宇治隼上り瓦窯出土陶硯を中心にして」『考古学雑誌』第七三巻第二号　日本考古学会
関川尚功　一九八四「奈良県下出土の初期須恵器」『考古学論攷』第一〇　奈良県立橿原考古学研究所
積山　洋　二〇〇四「大阪湾沿岸の古墳時代土器製塩」『畿内の巨大古墳とその時代』季刊考古学　別冊一四　雄山閣
繰納民之　二〇一九「大阪府和泉市道田池古墳群出土資料調査報告」『同志社大学歴史資料館　館報』第二二号　同志社大学歴史資料館
十河良和　二〇一〇「五世紀における陶邑窯跡群の東部と西部」『ヒストリア』二二三号　大阪歴史学会

十河良和　二〇一二「畿内の展望　②河内」『古墳出現と展開の地域相』古墳時代の考古学　第二巻　同成社
十河良和　二〇一五「百舌鳥・古市古墳群における陪塚研究」『百舌鳥古墳群の調査』六　堺市
平良泰久　一九七五「南山城の後期古墳と氏族」『京都考古』第一四号　京都考古刊行会
高橋幸治　二〇一〇「腕輪形石製品の流通―集落出土品を中心に―」『古代学研究』第一八七号　古代学研究会
高橋照彦　二〇〇七『須恵器生産における古代から中世への変質過程の研究』二〇〇三～二〇〇六年度科学研究費補助金　基盤研究（B）研究成果報告書
高橋　徹・小林昭彦　一九九〇「九州須恵器研究の課題―岩戸山古墳出土須恵器の再検討―」『古代文化』第四二巻第四号　古代学協会
滝口　宏　一九五六「千葉県芝山古墳群調査速報」『古代』第一九・二〇合併号　早稲田大学考古学会
田代克巳　一九七五「住居と集落」『古代史発掘』第六巻　古墳と国家の成立ち　講談社
辰巳和弘　一九八六「古墳時代の武器とその性格」『日本の古代』第六巻　王権をめぐる戦い　中央公論社
辰巳和弘　一九九〇『高殿の考古学』豪族の居館と王権祭儀　白水社
舘野和己　一九九二「畿内のミヤケ・ミタ」『新版古代の日本』第五巻　近畿Ⅰ　角川書店
伊達宗泰・森　浩一　一九六六「生活の変化　土器」『日本の考古学』Ⅴ　古墳時代（下）　河出書房
田中和弘　二〇一九「大園遺跡のこれまでの調査と研究」『大園遺跡発掘調査報告書―一四‐六区・一四‐一四区・一四‐二三区の調査―』高石市教育委員会
田中清美　一九八九「五世紀における摂津・河内の開発と渡来人」『ヒストリア』第一二五号　大阪歴史学会
田中清美　二〇一〇「陶邑古窯址群の初期須恵器に見られる馬韓・百済系土器の要素と意義」『韓式系土器研究』ⅩⅤ　韓式系土器研究会
田中清美　二〇一八「須恵器窯と生産集落」『日韓交渉の考古学―古墳時代―』（最終報告書　論考編）日韓交渉の考古学―古墳時代―研究会・韓日交渉の考古学―三国時代―研究会
田中英夫　一九九九『濁り池須恵器窯址』信太山遺跡調査団濁り池窯址班
田中　琢　一九六四「須恵器製作技術の再検討」『考古学研究』第一一巻第二号
田中　琢　一九六七「窯業・畿内」『日本の考古学』Ⅵ　河出書房新社
巽淳一郎　一九八五「陶磁（原始・古代編）」『日本の美術』第二三五号　至文堂
田辺昭三　一九六六『陶邑古窯址群』Ⅰ　平安学園考古学クラブ
田辺昭三　一九七〇「陶邑の変貌」『古代の日本』第五巻　近畿　角川書店
田辺昭三　一九八一『須恵器大成』角川書店

田村美沙　二〇一〇「千里窯における古墳時代後期の須恵器生産とその供給」『待兼山考古学論集』Ⅱ―大阪大学考古学研究室二〇周年記念論集―　大阪大学考古学研究室
田村吉永　一九三三「大和に於ける陶棺出土遺蹟」『大和考古学』第三巻第五号　大和上代文化研究会
千葉太朗　二〇〇八「和泉の初期須恵器窯―上代窯跡―」『和泉黄金塚の時代』和泉市いずみの国歴史館
千葉太朗　二〇一三「泉北丘陵の須恵器生産と「陶邑」」『和泉市の歴史』第六巻　和泉市の考古・古代・中世　和泉市史編さん委員会編集　和泉市
千葉太朗　二〇一七「大園遺跡とその周辺の調査成果からみた古代和泉」『条里制・古代都市研究』第三二号　条里制・古代都市研究会
千葉太朗　二〇一八「大園遺跡出土筒形土製品」『和泉市いずみの国歴史館要覧平成二九年度』和泉市いずみの国歴史館
土江文子　二〇〇六「二〇〇二年大園遺跡の調査について」『京都外大国際文化資料室紀要』第二号　京都外国語大学国際文化資料室
土屋みづほ　二〇一〇「和泉寺跡出土の文字瓦」『ヒストリア』第二二一号　大阪歴史学会
都出比呂志　一九七〇「横穴式石室と群集墳の発生」『古代の日本』第五巻　近畿　角川書店
都出比呂志　一九八九a「古墳が造られた時代」『古墳時代の王と民衆』古代史復元　第六巻　講談社
都出比呂志　一九八九b『日本農耕社会の成立過程』岩波書店
都出比呂志　一九九一「日本古代の国家形成論序説―前方後円墳体制の提唱―」『日本史研究』第三四三号（『前方後円墳と社会』塙書房　二〇〇五年　所収）
都出比呂志　一九九三a「古墳時代の豪族居館」『岩波講座　日本通史』第二巻　古代一　岩波書店
都出比呂志　一九九三b「巨大古墳の時代」『新版古代の日本』第一巻　古代史総論　角川書店
都出比呂志　二〇〇〇『王陵の考古学』岩波新書六七六　岩波書店
都出比呂志　二〇〇五「古墳時代の方格設計」・「古墳時代首長の政治拠点」『前方後円墳と社会』塙書房
寺井　誠　二〇〇一「近畿地方の三韓系土器」『大阪市文化財協会研究紀要』第四号　財団法人大阪市文化財協会
寺井　誠　二〇一九『渡来文化の故地についての基礎的研究―新羅・加耶的要素を中心にして―』（課題番号一六ＫＯ〇三一七五）研究成果報告書　公益財団法人大阪市博物館協会　大阪歴史博物館
寺澤　薫　一九九八「古墳時代の首長居館―階級と権力行使の場としての居館―」『古代学研究』第一四一号　古代学研究会
土井和幸　二〇一一「乳岡古墳の調査成果」『第一回百舌鳥古墳群講演会記録集　百舌鳥野の幕開け―大王墓築造開始の謎に迫る―』堺市文化財講演会録　第二集　堺市市長公室文化部文化財課
虎間英樹　一九九四「久米田古墳群出土の初期須恵器」『韓式系土器研究』Ⅳ　韓式系土器研究会

直木孝次郎　一九六〇「土師氏の研究―古代的氏族と律令制との関連をめぐって―」『人文研究』第一一巻第九号　大阪市立大学文学部（『日本古代の氏族と天皇』所収　塙書房　一九六四年）
直木孝次郎　一九九〇「政治と文化の展開　屯倉と水利」『大阪府史』第二巻　大阪府
仲辻慧大　二〇一八「書評　和泉市史編さん委員会編『和泉市考古学調査報告書Ⅱ　和泉市域の須恵器研究―調査と編年―』」『古代学研究』第二一八号　古代学研究会
長友朋子　二〇一九「東アジアにおける窯の系譜」『立命館文学』第六六〇号　立命館大学人文学会
中西克宏　一九九一「奈良市秋篠三和町採集の陶棺」『東大阪市文化財ニュース』vol.五№三　財団法人東大阪市文化財協会
中西常雄　二〇一四「近畿地方土器棺の基礎的研究―五～八世紀―」『古文化談叢』第七二集　九州古文化研究会
中野　咲　二〇〇八「「韓式系土器」分布論の現状と課題」『橿原考古学研究所論集』第一五　奈良県立橿原考古学研究所　八木書店
中野　徹　二〇〇一『佐波理―中国中世の青銅器―』図録　和泉市久保惣記念美術館
中林隆之　二〇一三「茅渟県と珍県主」『和泉市の歴史』第六巻　和泉市の考古・古代・中世　和泉市史編さん委員会編集　和泉市
中村友博　一九八七「武器形祭祀」『弥生文化の研究』第八巻　雄山閣
中村慎一　一九九九「農耕の祭り」『古代史の論点』第五巻　神と祭り　小学館
中村展子　二〇〇四「生産からみた陶棺の変容とその背景」『洛北史学』第六号　洛北史学会
中村　浩　一九七三「和泉陶邑窯の成立」『日本書紀研究』第七冊　塙書房（『和泉陶邑窯の研究』柏書房　一九八一所収）
中村　浩　一九八一『和泉陶邑窯の研究』柏書房
中村　浩　一九八二『窯業遺跡入門』考古学ライブラリー一三　ニュー・サイエンス社
中村　浩　一九八五「須恵器の編年と年代観」・「古代末期の窯業生産」『古代窯業史の研究』柏書房
中村　浩　一九八八「陶邑窯跡群における工人集団と遺跡」『古文化談叢』第二〇集　発刊記念論集（上）九州古文化研究会（『須恵器窯跡の分布と変遷』雄山閣　所収　一九九二）
中村　浩　一九九〇「調査のまとめ」『陶邑』Ⅶ　大阪府文化財調査報告書　第三七輯　大阪府教育委員会
中村　浩　一九九二『須恵器窯跡の分布と変遷』考古学選書三六　雄山閣
中村　浩　二〇〇〇「須恵器の型式編年における大別と細別―古墳出土資料と窯跡出土資料について―」『志学台考古』創刊号　大谷女子大学文化財学科
中村　浩　二〇〇一『和泉陶邑窯跡　出土須恵器の型式編年』芙蓉書房出版
中村　浩　二〇〇六「泉北丘陵に広がる須恵器窯　陶邑古窯跡群」シリーズ「遺跡を学ぶ〇二八」新泉社

中村　浩　二〇一二「和泉陶邑原山墳墓群の形成」『須恵器から見た被葬者像の研究』芙蓉書房出版

鍋島敏也・藤原　学　一九七四『千里古窯跡群』

新納　泉　一九八三「装飾付大刀と古墳時代後期の兵制」『考古学研究』第三〇巻第三号　通巻一一九号　考古学研究会

新納　泉　一九八七「戊辰年銘大刀と装飾付大刀の編年」『考古学研究』第三四巻第三号　通巻一三五号　考古学研究会

西川　宏　一九六一「陪塚論序説」『考古学研究』第八巻第二号　通巻三〇号　考古学研究会

西口陽一　一九八九「大阪・イイダコ壺」『考古学研究』第三六巻第一号　通巻一四一号　考古学研究会

西田正規　一九七六「和泉陶邑の木炭分析」『陶邑』Ⅰ　大阪府文化財調査報告書　第二八輯　大阪府教育委員会

西田正規　一九七八「須恵器生産の燃料について」『陶邑』Ⅲ　大阪府文化財調査報告書　第三〇輯　大阪府教育委員会

西　弘海　一九八六『西弘海論文集　土器様式の成立とその背景』真陽社

西村　歩　一九九六「和泉北部の古式土師器と地域社会」『下田遺跡』大阪府文化財調査研究センター調査報告書　第一八集　財団法人大阪府文化財調査研究センター

西村　歩・池峯龍彦　二〇〇六「和泉地方」『古式土師器の年代学』財団法人大阪府文化財センター

西村　康　一九八三「陶邑・猿投・牛頸─須恵器生産の進展─」『奈良国立文化財研究所創立三〇周年記念論文集文化財論叢』奈良国立文化財研究所

丹羽佑一　一九八二「大園遺跡における古墳時集落の変遷」『文化財學報』第一集　奈良大学文学部文化財学科

沼澤　豊　二〇〇六『前方後円墳と帆立貝古墳』雄山閣

野上丈助　一九七七『増補河内の古代遺跡と渡来系氏族』

野上丈助　一九七九「古墳時代の生産組織と技術」『日本考古学を学ぶ』（二）原始・古代の生産と生活　有斐閣選書八四一　有斐閣

野上丈助　一九八〇「小形平窯の導入とその意義」『陶邑』Ⅴ　大阪府文化財調査報告書　第三三輯　大阪府教育委員会

野上丈助　一九八二「高蔵寺地区、陶器山地区須恵器窯操業の推移について」『陶邑』Ⅴ　大阪府文化財調査報告書　第三三輯　大阪府教育委員会

灰掛　薫　一九八六「和泉市の古墳」『和泉市風土記』（二）　和泉市ふるさと文庫　第六集　和泉市ふるさとをみつめる会

灰掛　薫　一九九三『和泉市の文化財』和泉市教育委員会

原口正三　一九七九『須恵器』日本の原始美術　第四巻　講談社

朴　天秀　二〇〇六「栄山江流域における前方後円墳からみた古代の韓半島と日本列島」『海を渡った日本文化』古代の韓半島と日本列島　みやざき文庫三九　鉱脈社

橋本博文　一九九四「古墳時代前期の居館—東と西と」『小迫辻原遺跡と日田』大分県文化財保存協議会
橋本裕行　一九九〇「考察」『水込遺跡発掘調査報告書』大阪府埋蔵文化財協会調査報告書　第五八輯　財団法人大阪府埋蔵文化財協会
花田勝広　一九九〇「畿内横穴墓の特質」『古文化談叢』第二二集　九州古文化研究会
畑中英二　一九九七「隼上り窯跡と豊浦寺」『京都考古』第八五号　京都考古刊行会
八賀　晋　一九八〇「須恵器」『日本の美術』第一七〇号　至文堂
土生田純之　一九九一『日本横穴式石室の系譜』学生社
土生田純之　一九九四「畿内型石室の成立と伝播」『ヤマト王権と交流の諸相』古代王権と交流五　名著出版（『黄泉国の成立』学生社　一九八八年　所収）
土生田純之　二〇一一『古墳』歴史文化ライブラリー三一九　吉川弘文館
濵道孝尚・岸本直文　二〇一二「和泉国の条里制の概観」『和泉郡の条理』和泉市史紀要　第一九集　和泉市史編さん委員会編集　和泉市教育委員会
早野浩二　二〇〇八「古墳時代の鉄鐸について」『愛知県埋蔵文化財センター研究紀要』第九号　愛知県埋蔵文化財センター
原田　修・久貝　健・島田和子　一九七六「清原得巌所蔵考古資料図録第一部」『大阪文化誌』第二巻第二号　財団法人大阪文化財センター
堀江門也・中村　浩　一九七八「一須賀古窯跡出土遺物について」『陶邑』Ⅲ大阪府文化財調査報告書　第三〇輯　大阪府教育委員会
春成秀爾　一九八二「銅鐸の時代」『国立歴史民俗博物館研究報告』第一集　国立歴史民俗博物館
坂　靖　一九九九「大和の横穴式石室編年」『考古学に学ぶ』同志社大学考古学シリーズⅦ　同志社大学小シリーズ刊行会
坂　靖　二〇〇五「帆立貝式古墳の階層性」『季刊考古学』第九〇号　前方後円墳とは何か　雄山閣
坂　靖　二〇〇七「筒形土製品からみた百済地域と日本列島」『考古学論究　小笠原好彦先生退任記念論集』小笠原好彦施退任記念論集刊行会　真陽社
東村純子　二〇〇五「律令国家形成期における鉄製紡錘者車の導入と紡織体制」『洛北史学』第七号　洛北史学会
樋口吉文　一九九七「百舌鳥古墳群領域の集落遺跡の動向について」『藤井克己氏追悼論文集』藤井克己氏追悼論文集刊行会
樋口吉文　一九九九「「茅淳県陶邑」の最近の考古学成果から—陶器山地区北部を中心にして—」『堺市博物館報』第一八号　堺市博物館
樋口吉文　二〇〇四「陶器千塚古墳群の出土品—館保管資料の紹介—」『堺市博物館報』第二三号　堺市博物館
菱田哲郎　一九八六「畿内の初期瓦生産と工人の動向」『史林』第六九巻第三号　史学研究会
菱田哲郎　一九九六『須恵器の系譜』歴史発掘　第一〇巻　講談社

菱田哲郎　二〇〇五「須恵器の生産者―五世紀から八世紀の社会と須恵器工人―」『人と物の移動』列島の古代史第四巻　岩波書店

菱田哲郎　二〇〇七『古代日本　国家形成の考古学』諸文明の起源一四　学術選書〇二五　京都大学学術出版会

櫃本誠一　一九八四「帆立貝形古墳について」『考古学雑誌』第六九巻第三号　日本考古学会

櫃本誠一　二〇〇〇「前方後円墳における前方部の諸形態」『古代学研究』第一五〇号　古代学研究会

平島将史　二〇一八「考古資料が語る泉大津高校地歴部の歴史」『大阪春秋』第一七一号　新風書房

広瀬和雄　一九七五「和泉北部における古墳群の動向―地域における政治関係についての基礎的諸考察―」『大園遺跡発掘調査概要Ⅱ』大阪府教育委員会

広瀬和雄　一九七六年「大園遺跡における集落の展開」『大園遺跡発掘調査概要・Ⅶ―府道松原・泉大津線建設に伴う調査―』大阪府教育委員会

広瀬和雄　一九七八「群集墳論序説」『古代研究』第一五号　元興寺文化財研究所考古学研究室

広瀬和雄　一九八三「古代の開発」『考古学研究』第三〇巻第一号　通巻一一八号　考古学研究会

広瀬和雄　一九八六「中世への胎動」『岩波講座　日本考古学』第六巻　岩波書店

広瀬和雄　一九八九「畿内の古代集落」『国立歴史民俗博物館研究報告』第二二集　国立歴史民俗博物館

広瀬和雄　一九九〇「西日本の集落」『古墳時代の研究』第二巻　集落と豪族居館　雄山閣

広瀬和雄　一九九四a「考古学から見た古代の村落」岩波講座『日本通史』第三巻　古代二　岩波書店

広瀬和雄　一九九四b「大阪府」『日本土器製塩研究』青木書店

広瀬和雄　一九九五「古墳時代首長居館論」『展望考古学』考古学研究会

広瀬和雄　一九九六「弥生の防御集落と豪族居館」『別冊歴史読本』七一　城郭研究最前線　新人物往来社

広瀬和雄　一九九六a「神殿と農耕祭祀―弥生宗教の成立と変遷―」『弥生の環濠都市と巨大神殿』池上曽根遺跡史跡指定二〇周年記念事業実行委員会

広瀬和雄　二〇〇〇「耕地の開発」『古代史の論点』第一巻　環境と食料生産　小学館

広瀬和雄　二〇〇三『前方後円墳国家』角川選書三五五　角川書店

広瀬和雄　二〇一三b「和泉黄金塚古墳とその時代」『和泉市の歴史』第六巻　和泉市の考古・古代・中世　和泉市史編さん委員会編集　和泉市

藤澤一夫　一九六二「野々井二本木山古墳の調査」『大阪府の文化財』大阪府教育委員会

藤永正明　二〇〇六「坏の変遷」『陶邑の須恵器　年代のものさし』平成一七年度冬季企画展図録　大阪府立近つ飛鳥博物館

藤森栄一　一九三九「信濃地方古墳の地域的研究」『考古学』一〇巻一号　東京考古学会
藤原　学　一九九一「須恵器の編年　畿内」『古墳時代の研究』第六巻　土師器と須恵器　雄山閣
藤原　学　一九九二「須恵器生産の展開」新版『古代の日本』第六巻　近畿二　角川書店
藤原　学　二〇〇四「窯業史上の古代須恵器窯」『須恵器窯の技術と系譜二—八世紀中頃から一二世紀を中心にして—』窯跡研究会
藤原光輝　一九六一「富木車塚古墳その後の発見資料」『美をつくし』№一五　大阪市立美術館
古市　晃　二〇一三「行基と和泉」『和泉市の歴史』第六巻　和泉市の考古・古代・中世　和泉市史編さん委員会編集　和泉市
穂積裕明　一九九二「大溝空間の性格とその意義」『城之越遺跡』三重県埋蔵文化財センター
堀田啓一　二〇〇〇「百舌鳥古墳群と造営集落について」『古代学研究』第一五〇号　古代学研究会
前田俊雄　二〇一五「大英博物館所蔵陶棺の調査」『大英博物館ゴーランド・コレクションの調査から』ゴーランド・コレクション調査プロジェクト（代表　一瀬和夫）
前田俊雄　二〇一七「山本古墳群出土の陶棺」『兵庫県宝塚市白鳥塚古墳・山本古墳群—ゴーランド調査古墳の研究1—』ゴーランド・コレクション調査研究報告書　第一号　ゴーランド・コレクション調査プロジェクト（代表　一瀬和夫）
間壁葭子　一九八三「岡山の陶棺—白猪屯倉への一私見—」『岡山の歴史と文化』藤井駿先生喜寿記念会編
増田一裕　一九九六「畿内大型横穴式石室の技術的展開と歴史的動向」『日本考古学』第三号　日本考古学協会
松田　度　二〇〇〇「湯山古墳の遺物」『古代学研究』第一五〇号《一五〇号記念増大号》古代学研究会
松村隆文　一九八八「畿内の横穴墓」『大阪府埋蔵文化財協会研究紀要』Ⅰ　財団法人大阪府埋蔵文化財協会
松村隆文　一九九〇「まとめ　埴輪の評価」『唐国泉谷遺跡』和泉丘陵新住宅市街地開発事業地・近畿自動車松原海南線建設に伴う発掘調査報告書　大阪府埋蔵文化財協会調査報告書第五五集　大阪府教育委員会・財団法人大阪府埋蔵文化財協会
松村隆文　一九九二「和泉の古墳—その編年と特質—」『大和・河内・和泉・摂津の古墳編年』発表資料　大和古中近研究会
松村まゆみ　一九九二「出土須恵器から見た和泉中央の古墳群」『和泉丘陵の古墳—槇尾川中流域の古墳群—』和泉丘陵内遺跡発掘調査報告書Ⅲ　和泉丘陵内遺跡調査会
黛　弘道編　一九九二『古代を考える　蘇我氏と古代国家』古川弘文館
丸山竜平　一九七三「土師氏の基礎的研究—土師質陶棺の被葬者をめぐって—」『日本史論叢』第二輯
三浦圭一　一九六五「和泉市域と古代豪族」「大和朝廷の和泉進出」『和泉市史』第一巻　和泉市
三浦圭一　一九八四「中世の黒鳥」『黒鳥郷土誌』黒鳥郷土誌編集委員会編集　和泉市黒鳥町黒鳥小学校ＰＴＡ特別委員会
三木　弘　二〇〇〇「河内・土師粗略考」『百樹—松村隆文さん追悼集—』松村隆文さん追悼集刊行会

三木　弘・三好　玄・東影　悠・金澤雄太・山田　暁・原田昌浩・山本　亮・橘　泉・渡井彩乃・木村　理・和田一之輔　二〇一五「和泉地域における古墳時代前期の埴輪生産」『大阪府立近つ飛鳥博物館館報一八』大阪府立近つ飛鳥博物館
水野正好　一九八七「楽器の世界」『弥生文化の研究』第八巻　雄山閣
水野正好　一九九二「弥生時代のまつり」『弥生の神々』大阪府立弥生文化博物館
三田智子・齊藤紘子　二〇一五「一七世紀の村むらと信太山丘陵」『信太山地域の歴史と生活』和泉市の歴史第四巻　和泉市史編さん委員会編集　和泉市
宮川　徏　一九九二「和泉向代一号墳の築造企画について」『和泉丘陵の古墳―槇尾川中流域周辺の古墳群の調査―』和泉丘陵内遺跡発掘調査報告書Ⅲ　和泉丘陵内遺跡調査会
宮川禎一　二〇〇〇『陶質土器と須恵器』日本の美術　第四〇七号　至文堂
宮崎泰史　一九九五「まとめ」『陶邑』Ⅷ（『泉州における遺跡の調査』）大阪府文化財調査報告書　第四六輯　大阪府教育委員会
三浦圭一　一九六五「和泉市域と古代豪族」「大和朝廷の和泉進出」『和泉市史』第一巻　和泉市
宮本長二郎　一九八三「松野遺跡の高床建築について」『松野遺跡発掘調査概報』神戸市教育委員会
宮本長二郎　一九九一「弥生時代・古墳時代の掘立柱建物」『弥生時代の掘立柱建物』本編　埋蔵文化財研究会
三好　玄　二〇一一「和泉北部における古墳時代の手工業」『ヒストリア』第二二九号　大阪歴史学会
三好　玄　二〇一四「大園遺跡出土埴輪の検討」『百舌鳥・古市古墳群出現前夜』大阪府立近つ飛鳥博物館
三好　玄　二〇一六「古墳時代須恵器編年に関する方法論的検討」『季刊古代文化』第六八巻第一号　公益財団法人古代学協会
村上絢一　二〇二三「『黒鳥村文書』にみる「梨子本里」をめぐって」『和泉市史紀要』第三二集　和泉市史編さん委員会　和泉市教育委員会
村上幸雄・橋本惣司　一九七九「亀甲形陶棺の製作工程について」『考古学研究』第二六巻第二号　通巻一〇二号　考古学研究会
免山　篤　一九七四「三島地方の陶棺」『大阪文化誌』第一巻第三号　財団法人大阪文化財センター
毛利光俊彦　一九七八「古墳出土銅鋺の系譜」『考古学雑誌』第六四巻第一号　日本考古学会
毛利光俊彦　二〇〇五『古代東アジアの金属製容器』Ⅱ（朝鮮・日本編）奈良文化財研究所史料　第七一冊　奈良文化財研究所
望月精司　二〇一〇「穴窯構造をもつ須恵器窯跡の各部位構造とその理解」『古代窯業の基礎研究―須恵器窯の技術と系譜―』窯跡研究会編　真陽社
望月精司・鹿島昌也　二〇一〇「北陸の古代土器生産と窯・工房・工人集落」『古代窯業の基礎研究―須恵器窯の技術と系譜―』窯跡研究会編　真陽社

森　明彦　一九八九「地方行政と社会生活」『高石市史』第一巻　古代編　高石市
森内秀造　二〇〇四「関西地区の古代後半期須恵器窯構造」『須恵器窯の技術と系譜二―八世紀中頃から一二世紀を中心にして―』窯跡研究会
森内秀造　二〇一〇「窯構造の分類」・「半地下天井架構式窯と地上窯体構築式窯の構築法復元」『古代窯業の基礎研究―須恵器窯の技術と系譜―』窯跡研究会編　真陽社
森内秀造　二〇二〇年「窯の構築法からみた初期須恵器窯の系譜―陶邑窯を中心として―」『韓式系土器研究』XV　韓式系土器研究会
森　浩一　一九五〇「大阪湾岸の飯蛸壺形土器のその遺跡」『古代学研究』第二号　古代学研究会
森　浩一　一九五六ａ「大阪府泉北郡陶器千塚」『日本考古学年報』九　日本考古学協会
森　浩一　一九五六ｂ「大阪府泉北郡牛石三号墳」『日本考古学年報』九　日本考古学協会
森　浩一　一九五八「和泉河内窯の須恵器編年」『世界陶磁全集』第Ⅰ巻　河出書房新社
森　浩一　一九五九ａ「大阪府和泉市聖神社カマド塚」『日本考古学年報』一二　日本考古学協会
森　浩一　一九五九ｂ「大阪府堺市塔塚古墳」『日本考古学年報』一二　日本考古学協会
森　浩一・石部正志　一九六二「後期古墳の討論を回顧して」『古代学研究』第三〇号　古代学研究会
森　浩一　一九六三「飯蛸壺形と須恵器生産の問題」『近畿古文化論攷』奈良県立橿原考古学研究所編　吉川弘文館
森　浩一　一九六五『古墳の発掘』中公新書六五　中央公論社
森　浩一　一九七一『黄金塚古墳』中央公論美術出版
森　浩一　一九七五「群集墳と古墳の終末」『岩波講座　日本歴史』第二巻　古代二　岩波書店
森　浩一　一九七六「古墳時代」『考古学ゼミナール』山川出版社
森　浩一　一九七八「古墳文化と古代国家の誕生」『大阪府史』第一巻　大阪府
森　浩一　二〇〇〇「堺市湯山古墳の調査」『古代学研究』第一五〇号《一五〇号記念増大号》古代学研究会
森　浩一　二〇〇三『僕の古代史発掘』角川選書三四九　角川書店
森　浩一　二〇〇八「青春の総括としての黄金塚の発掘」『シンポジウム和泉黄金塚古墳を考える』資料集　和泉黄金塚古墳国史跡指定記念・日本考古学協会設立六〇周年記念　和泉市教育委員会
森岡秀人　一九九五「定形化以前の前方後円形墓」『前期古墳とその時代』季刊考古学　第五二号　雄山閣
森口奈良吉　一九〇五「大和西大寺発見の陶棺」『考古界』第五巻第五号　日本考古学会
森　茂　一九八〇「古墳時代泉州の漁撈について」『摂河泉文化資料』№二二　摂河泉文庫

森　茂　一九八四「大阪・万町北遺跡（第二次調査区）」『木簡研究』第六号　木簡研究会
森田克行　二〇〇六『今城塚と三島古墳群』日本の遺跡七　同成社
森貞次郎　一九五六「筑後国風土記逸文に見える筑紫君磐井の墳墓」『考古学雑誌』第四一巻第三号　日本考古学会
森　昌俊　一九九九「根使主の反乱伝承と紀臣氏」『泉佐野市史研究』第五号　泉佐野市史編纂委員会
門田誠一　二〇〇〇「湯山古墳出土の雲母片と関連試料の再吟味」『古代学研究』第一五〇号《一五〇号記念増大号》古代学研究会
安田博幸・森真由美　一九九二「和泉向代一号墳出土の土師質陶棺片に付着の顔料の微量化学分析」『和泉丘陵の古墳―槇尾川中流域の古墳群の調査―』和泉丘陵遺跡発掘調査報告書Ⅲ　和泉丘陵内遺跡調査会
山内紀嗣　一九九二「復元される儀礼」『古墳時代の研究』第九巻　古墳Ⅲ　埴輪　雄山閣
山内紀嗣　一九九五「古墳の方形区画」『西谷真治先生古稀記念論文集―古墳文化とその伝統―』西谷真治先生古稀記念論集刊行会編集　勉誠社
山田邦和　一九九八『須恵器生産の研究』学生社
山田邦和　二〇一一「須恵器の編年①西日本」『古墳時代史の枠組み』古墳時代の考古学一　同成社
山田邦和　二〇一七「森浩一の須恵器研究」『森浩一古代学を読み解くⅠ　昭和・平成の考古学界』第五回東海学シンポジウム二〇一七　NPO法人東海学センター
山田幸弘　一九九七「畿内における陪塚について」『西墓山古墳―古市古墳群の調査研究報告Ⅲ―』藤井寺市文化財報告　第一六集　藤井寺市教育委員会
山中　樵　一九〇六「大和国櫛羅村発見の陶棺」『考古界』第六巻第一号　日本考古学会
山元　建　二〇〇二「大阪層群と須恵器生産」『調査研究報告』第三集　財団法人大阪府文化財センター
山本雅和　二〇〇八「古墳時代の須恵器生産組織について」『吾々の考古学』和田晴吾先生還暦記念論集刊行会
遊佐和敏　一九八八『帆立貝形古墳について』同成社
横山浩一　一九五九「手工業生産の発展　土師器と須恵器」『世界考古学体系』第三巻　日本Ⅲ　平凡社
横山浩一　一九六六「土器生産」『日本の考古学』Ⅴ古墳時代（上）　河出書房
吉田　晶　一九七〇「和泉地方の氏族分布に関する予備的考察」『国史論集』小葉田淳教授退官記念会
吉田　晶　一九七三『日本古代国家成立論』東京大学出版会
吉田　晶　一九七七「古墳と豪族―丹比連（宿祢）と多治比公（真人）を中心にして―」『古代の地方史』第三巻　畿内編　亀田隆之編集　朝倉書店

吉田　晶　一九八九「高石地域の古代氏族」『高石市史』第一巻　古代編　高石市

吉田　晶　一九九九「和泉の古代氏族たち」『弥生王国・池上曽根遺跡と熊野古道』歴史ウォーク推進実行委員会

吉田恵二　一九八五「日本古代陶硯の特質と系譜」『國學院大學考古学資料館紀要』第一輯　國學院大學考古学資料館

吉田恵二　一九八六「須恵器以前の窯業生産」『岩波講座　日本考古学』第三巻　生産と流通　岩波書店

吉田知史　二〇〇七「文様と形態からみた後期古墳出土𤭯の編年」『勝福寺古墳の研究』大阪大学文学研究科考古学研究報告　第四冊　大阪大学勝福寺古墳発掘調査団

吉田知史　二〇一〇「交野地域からみた古墳時代の須恵器生産」『ヒストリア』第二二三号　大阪歴史学会

和田晴吾　一九七六「畿内の家形石棺」『史林』第五九巻第三号　京都大学史学研究会

和田晴吾　一九八七「古墳時代の時期区分をめぐって」『考古学研究』第三四巻第二号　通巻一三四号　考古学研究会

和田晴吾　一九九二「群集墳と終末期古墳」『新版古代の日本』第五巻　近畿Ⅰ　角川書店（「中期から後期へ—群集墳の出現と展開—」『古墳時代の王権と集団関係』吉川弘文館　二〇一八年　所収）

和田晴吾　一九九四「古墳築造の諸段階と政治的階級構成—五世紀代の首長制的体制に触れつつ—」『古代王権と交流』第五巻　ヤマト王権と交流の諸相』荒木敏夫編　名著出版（「古墳築造の諸段階と中期古墳の秩序」『古墳時代の王権と集団関係』吉川弘文館　二〇一八年）

和田晴吾　一九九八「古墳時代は国家段階か」『古代史の論点』第四巻　権力と国家と戦争　小学館（「古墳時代における首長連合体制の展開と変容」『古墳時代の王権と集団関係』吉川弘文館　二〇一八年　所収）

和田晴吾　二〇〇三「古墳時代の生業と社会—古墳の秩序と生業・流通システム—」『考古学研究』第五〇巻第三号　通巻一九九号（『古墳時代の生業と流通』二〇一五年　吉川弘文館　所収）

和田晴吾　二〇〇四「古墳文化論」『日本史講座』第一巻　東アジアにおける国家の形成　歴史学研究会・日本史研究会編　東京大学出版会（「古墳時代における王権と集団関係」『古墳時代の王権と集団関係』吉川弘文館　二〇一八年　所収）

和田晴吾　二〇〇九「古墳時代の年代決定法をめぐって」『日韓における古墳・三国時代の年代観』三　日本国立歴史民俗博物館・韓国釜山大学校博物館（「暦年代について」『古墳時代の王権と集団関係』吉川弘文館　二〇一八年　所収）

和田　萃　一九八二「ハニ・土師氏・古墳」『考古学と古代史』同志社大学考古学シリーズ　同志社大学考古学シリーズ刊行会

和田　萃　一九八八「古墳の時代」『大系日本の歴史』第二巻　小学館

和田　萃　二〇〇三「古代史から見た水辺の祭祀」『南郷遺跡群』Ⅲ　奈良県教育委員会・奈良県立橿原考古学研究所

若林幸子　二〇一六「信太千塚古墳群における新規発見の古墳について」『大阪文化財研究』第四九号　公益財団法人大阪府文化財セ

ンター

［報告書・紀要・図録］
芦屋市教育委員会　一九六六『八十塚古墳群』芦屋市文化財調査報告　第四集
池田市教育委員会　一九八〇『五月ケ丘古墳』池田市文化財調査報告　第三輯
池上曽根遺跡史跡指定二〇周年記念事業実行委員会　一九九六『弥生の環濠都市と巨大神殿』
生駒市教育委員会　二〇一一『生駒山北方窯跡』生駒古窯跡群資料集成二　生駒市文化財調査報告書第三一集
泉大津市教育委員会　一九八〇『豊中遺跡発掘調査概要Ⅳ』
泉大津市教育委員会　一九八二『七ノ坪遺跡発掘調査概要』Ⅱ
泉大津市教育委員会　一九八八『泉大津市埋蔵文化財発掘調査概要六』
泉大津市教育委員会　二〇一三『泉大津市・和泉市　大園遺跡発掘調査報告書』宅地造成工事に伴う埋蔵文化財発掘調査報告　泉大津市文化財調査報告四九
和泉丘陵遺跡分布状況調査会　一九七七『和泉丘陵遺跡分布調査報告書』
和泉丘陵内遺跡調査会　一九九二a『陶邑古窯址群―谷山池地区の調査―』和泉丘陵内遺跡発掘調査報告書Ⅳ
和泉丘陵内遺跡調査会　一九九二b『和泉丘陵の古墳―槇尾川中流域周辺の古墳群の調査―』和泉丘陵内遺跡発掘調査報告書Ⅲ
和泉丘陵内遺跡調査会　一九九三『万町北遺跡』Ⅰ　和泉丘陵内遺跡発掘調査報告書Ⅴ
和泉丘陵内遺跡調査会　一九九五『万町北遺跡』Ⅱ　和泉丘陵内遺跡発掘調査報告書Ⅵ
和泉考古学研究会　一九八三『和泉黒石一号墳石室実測調査報告書』血沼二
和泉市いずみの国歴史館　二〇〇一『和泉黄金塚古墳とその周辺　古墳と首長居館のすがた』
和泉市いずみの国歴史館　二〇〇七『陶器のムラに眠る人々―陶邑と周辺地域の古墳を考える―』
和泉市いずみの国歴史館　二〇〇九『平成二〇・二一年度企画展　掘りたてホヤホヤ―いずみ発掘速報展―』
和泉市いずみの国歴史館　二〇一二『大、大園展―知られざる大園の世界―』企画展リーフレット
和泉市いずみの国歴史館　二〇一九『須恵器二!!　―泉北丘陵窯跡群の軌跡―』令和元年度夏季特別展図録
和泉市いずみの国歴史館　二〇二〇『和泉を発掘』公開!!　未発表考古資料大集合　展示解説シート
和泉市いずみの国歴史館　二〇二二『和泉市いずみの国歴史館　館蔵品目録Ⅱ』古墳出土品二　和泉丘陵の古墳
和泉市いずみの国歴史館　二〇二三『和泉市いずみの国歴史館館蔵品目録Ⅲ』古墳出土品三　信太山丘陵の古墳（附）和泉丘陵の古墳補遺

和泉市史編さん委員会編　一九九七『和泉市史紀要第一集　旧和泉郡黒鳥村関係古文書調査報告書第二集―現状記録の方法による―』
和泉市史編さん委員会編　二〇一五『和泉市の歴史』第四巻　信太山地域の歴史と生活　和泉市
和泉市史編さん委員会編　二〇一六『和泉市考古学調査報告書』Ⅰ　和泉市史紀要第二三集　和泉市教育委員会
和泉市史編さん委員会編　二〇一七『和泉市考古学調査報告書』Ⅱ　和泉市域の須恵器研究―調査と編年―　和泉市史紀要第二五集
　和泉市教育委員会
和泉市教育委員会　一九七〇『信太寺跡発掘調査概要』
和泉市教育委員会　一九七五『上町遺跡発掘調査概要』
和泉市教育委員会　一九七六a『府中遺跡発掘調査概要』Ⅰ
和泉市教育委員会　一九七六b『府中遺跡群発掘調査概要―和泉市府中町所在―』
和泉市教育委員会　一九七八『府中遺跡発掘調査概要』Ⅱ
和泉市教育委員会　一九七九『光明池第一号窯跡発掘調査概報』
和泉市教育委員会　一九八二『府中遺跡群発掘調査概要』Ⅱ
和泉市教育委員会　一九八三『府中遺跡群発掘調査概要』Ⅲ
和泉市教育委員会　一九八四『府中遺跡群発掘調査概要』Ⅳ
和泉市教育委員会　一九八八『和泉市遺跡発掘調査概要』Ⅷ
和泉市教育委員会　一九九四『和泉市埋蔵文化財発掘調査概報』四
和泉市教育委員会　一九九五『旧和泉郡黒鳥村関係古文書調査報告書―現状記録の方法による―』
和泉市教育委員会　一九九六『上町遺跡発掘調査報告書―建設省官舎建設に伴う発掘調査―』和泉市埋蔵文化財調査報告第三集
和泉市教育委員会　一九九七『和泉市埋蔵文化財発掘調査概要』七
和泉市教育委員会　二〇〇〇『和泉市埋蔵文化財発掘調査概報』一〇
和泉市教育委員会　二〇〇二a『府中遺跡〇一-一一六地点の発掘調査』
和泉市教育委員会　二〇〇二b『上町遺跡発掘調査報告Ⅱ　カニヤ塚古墳発掘調査報告書』和泉市埋蔵文化財発掘調査報告第六集
和泉市教育委員会　二〇〇五～一三『府中遺跡の発掘調査　発掘ニュースレター』Vol・一～七、
和泉市教育委員会　二〇〇五a『大阪府和泉市　和泉黄金塚古墳発掘調査報告書』
和泉市教育委員会　二〇〇五b『信太千塚古墳群〇四-〇一八地点の発掘調査』
和泉市教育委員会　二〇〇六『豊中遺跡〇五-一二〇地点の発掘調査―』

和泉市教育委員会　二〇〇八a『和泉市埋蔵文化財発掘調査概報』一八
和泉市教育委員会　二〇〇八b『三林古墳群―範囲確認調査報告書―』
和泉市教育委員会　二〇〇八c『和泉黄金塚古墳国史跡指定記念・日本考古学協会設立六〇周年記念　シンポジウム和泉黄金塚古墳を考える』資料集
和泉市教育委員会　二〇一三a『大園遺跡発掘調査報告書―土地区画整理事業に伴う葛の葉地区の調査―』
和泉市教育委員会　二〇一三b『軽部池遺跡発掘調査報告書』和泉市埋蔵文化財報告第八集
和泉市教育委員会　二〇一三c『豊中遺跡（和泉国府跡）の発掘調査　発掘ニュースレター』VoL・九
和泉市教育委員会　二〇一五a『大園遺跡一三―一九七地点の発掘調査』
和泉市教育委員会　二〇一五b『和泉市埋蔵文化財発掘調査概報』二五
和泉市教育委員会　二〇一八『和泉市埋蔵文化財発掘調査概報』二八
和泉市教育委員会　二〇一九『和泉市埋蔵文化財発掘調査概報』二九
伊勢崎市教育委員会　一九八七『原之城遺跡発掘調査報告書』
伊勢田塚調査会　一九七三『伊勢田塚陶棺発掘調査報告書』
石上神宮　一九二九『石上神宮寶物誌』
櫟本高塚遺跡発掘調査団　一九八九『櫟本高塚遺跡発掘調査報告』
井手町教育委員会　一九八七「平山古墳発掘調査概報」井手町文化財調査報告第二集
宇治市教育委員会　一九八三『隼上り瓦窯跡発掘調査概報』宇治市埋蔵文化財発掘調査概報第三集
大阪狭山市　一九八八『大阪狭山市史要』
大阪狭山市　二〇一四『大阪狭山市史』第一巻　本文編　通史　大阪狭山市史編さん委員会・大阪狭山市教育委員会編
大阪狭山市教育委員会　一九九一『太満池南窯・北窯発掘調査報告書』大阪狭山市文化財報告書五
大阪狭山市教育委員会　一九九二『池尻新池南窯発掘調査―陶邑窯跡群の調査―』大阪狭山市文化財報告書七
大阪狭山市教育委員会　一九九三『ひつ池西窯―陶邑窯遺跡群―』大阪狭山市文化財報告書一〇
大阪狭山市教育委員会　一九九四『大阪狭山市内遺跡群発掘調査概要報告書』四　大阪狭山市文化財報告書一二
大阪狭山市教育委員会　二〇一四『大阪狭山市内遺跡発掘調査概要報告書』二三　―陶邑陶器山三〇九・三一〇号窯―　大阪狭山市文化財報告書四二
大阪市立美術館　一九六〇『富木車塚古墳』

大阪府教育委員会　一九三四『大阪府史蹟名勝天然記念物調査報告』第五輯
大阪府教育委員会　一九六二『大阪府の文化財』
大阪府教育委員会　一九六三・一九六四・一九六五『陶器山周辺地域窯跡調査概報』
大阪府教育委員会　一九六六「八尾市高安古墳群の調査」『大阪府文化財調査概要』
大阪府教育委員会　一九六七『和泉光明池地区窯跡群発掘調査概報（日本住宅公団光明池地区）』
大阪府教育委員会　一九七一『近飛鳥遺跡分布調査概要』
大阪府教育委員会・財団法人大阪文化財センター　一九七三ａ『陶邑・深田』
大阪府教育委員会　一九七三ｂ『誉田白鳥遺跡発掘調査概要』
大阪府教育委員会　一九七三ｃ『玉手山安福寺横穴群調査概要』
大阪府教育委員会　一九七三ｄ『堂山古墳群発掘調査概要』
大阪府教育委員会　一九七四ａ『古池北遺跡調査概要』
大阪府教育委員会　一九七四ｂ『昭和四八年度泉北丘陵内埋蔵文化財発掘調査概要』
大阪府教育委員会　一九七五『百舌鳥陵南遺跡発掘調査概要』
大阪府教育委員会　一九七六ａ『陶邑』Ⅰ　大阪府文化財調査報告書第二八輯
大阪府教育委員会　一九七六ｂ『大園遺跡発掘調査概要』Ⅲ
大阪府教育委員会　一九七七ａ『陶邑』Ⅱ　大阪府文化財調査報告書第二九輯
大阪府教育委員会　一九七七ｂ『観音寺（信太寺跡）発掘調査現地説明会資料』
大阪府教育委員会　一九七八ａ『陶邑』Ⅲ　大阪府文化財調査報告書第三〇輯
大阪府教育委員会　一九七八ｂ『大園遺跡・古池北遺跡発掘調査概要』
大阪府教育委員会　一九七八ｃ『岬町遺跡群発掘調査概要―小島東遺跡・淡輪遺跡―』
大阪府教育委員会　一九七八ｄ『国府遺跡発掘調査概要』Ⅷ
大阪府教育委員会　一九七九『陶邑』Ⅳ　大阪府文化財調査報告書第三一輯
大阪府教育委員会　一九八〇ａ『陶邑』Ⅴ　大阪府文化財調査報告書第三三輯
大阪府教育委員会　一九八〇ｂ『土師ノ里遺跡発掘調査概要』Ⅱ
大阪府教育委員会　一九八一『大園遺跡　発掘調査概要Ⅳ―第二阪和国道建設に伴う発掘調査―』
大阪府教育委員会　一九八二ａ『陶邑』Ⅴ　大阪府文化財調査報告書第三三輯

大阪府教育委員会　一九八二ｂ『観音寺遺跡発掘調査報告書』

大阪府教育委員会　一九八二ｃ『陶器遺跡発掘調査概要』Ⅶ

大阪府教育委員会　一九八四ａ『七ノ坪遺跡発掘調査概要』Ⅲ

大阪府教育委員会・財団法人大阪文化財センター　一九八四ｂ『府道松原泉大津線関連遺跡発掘調査報告書』Ⅰ

大阪府教育委員会　一九八五ａ『和気遺跡発掘調査報告書』都市計画道路大阪岸和田南海線建設地内

大阪府教育委員会　一九八五ｂ『府中遺跡発掘調査概要』

大阪府教育委員会　一九八五ｃ『軽部池西遺跡試掘調査概要報告書』Ⅱ

大阪府教育委員会　一九八七ａ『陶邑』Ⅵ　大阪府文化財調査報告書第三五輯

大阪府教育委員会・財団法人大阪府埋蔵文化財協会　一九八七ｂ『三田遺跡発掘調査報告書』大阪府埋蔵文化財協会調査報告書第一五輯

大阪府教育委員会・大阪府埋蔵文化財協会　一九八七ｃ『信太山遺跡発掘調査報告書』大阪府埋蔵文化財協会調査報告書第一二輯

大阪府教育委員会　一九八八ａ『大園遺跡発掘調査概要』Ⅷ

大阪府教育委員会　一九八八ｂ『陶器遺跡発掘調査概要』Ⅷ

大阪府教育委員会・財団法人大阪府埋蔵文化財協会　一九八九ａ『池田寺遺跡』大阪府埋蔵文化財協会調査報告書第四三輯

大阪府教育委員会・財団法人大阪府埋蔵文化財協会　一九八九ｂ『陶邑・大庭寺遺跡』Ⅰ　大阪府埋蔵文化財協会調査報告書第四一輯

大阪府教育委員会　一九九〇ａ『陶邑』Ⅶ　大阪府文化財調査報告書第三七輯

大阪府教育委員会・財団法人大阪府埋蔵文化財協会　一九九〇ｂ『陶邑・大庭寺遺跡』Ⅱ　大阪府埋蔵文化財協会調査報告書第五〇輯

大阪府教育委員会・大阪府埋蔵文化財協会　一九九〇ｃ『陶邑・伏尾遺跡Ａ地区』大阪府埋蔵文化財協会調査報告書第六〇輯

大阪府教育委員会　一九九〇ｄ『土師ノ里遺跡　盾塚・珠金塚・鞍塚古墳他発掘調査概要』Ⅰ

大阪府教育委員会・財団法人大阪府埋蔵文化財協会　一九九〇ｅ『池田寺遺跡』Ⅱ　大阪府埋蔵文化財協会調査報告書第五四輯

大阪府教育委員会・財団法人大阪府埋蔵文化財協会　一九九〇ｆ『唐国泉谷遺跡』大阪府埋蔵文化財協会調査報告書第五五輯

大阪府教育委員会　一九九〇ｇ『池尻城跡発掘調査概要』Ⅳ

大阪府教育委員会・財団法人大阪府埋蔵文化財協会　一九九一ａ『池田寺遺跡』Ⅲ　大阪府埋蔵文化財協会調査報告書第　六五輯

大阪府教育委員会・財団法人大阪府埋蔵文化財協会　一九九一ｂ『池田寺遺跡』Ⅳ　大阪府埋蔵文化財協会調査報告書第七一輯

大阪府教育委員会・大阪府文化財調査研究センター　一九九二ａ『小阪遺跡』近畿自動車松原南海線・府道松原泉大津線建設に伴う発掘調査報告書

大阪府教育委員会　一九九二ｂ『土師ノ里遺跡他発掘調査概要』Ⅱ

大阪府教育委員会・財団法人大阪府埋蔵文化財協会　一九九三a『陶邑・大庭寺遺跡』Ⅲ　大阪府埋蔵文化財協会調査報告書第七五輯
大阪府教育委員会　一九九三b『土師ノ里遺跡他発掘調査概要』Ⅲ
大阪府教育委員会　一九九三c『陶器千塚発掘調査概要』Ⅱ
大阪府教育委員会　一九九四a『陶器千塚発掘調査概要』Ⅲ
大阪府教育委員会・財団法人大阪府埋蔵文化財協会　一九九四b『野々井西遺跡・ON二三一号窯跡』大阪府埋蔵文化財協会調査報告書八六
大阪府教育委員会　一九九四c『堂山古墳群』北河内における遺跡の調査Ⅰ　大阪府文化財発掘調査報告第四五輯
大阪府教育委員会　一九九五a『陶邑』Ⅷ（『泉州における遺跡の調査』）大阪府文化財調査報告書第四六輯
大阪府教育委員会・財団法人大阪文化財センター　一九九五b『日置荘遺跡』―近畿自動車道松原すさみ線および府道松原泉大津線建設に伴う発掘調査報告書―
大阪府教育委員会・財団法人大阪府埋蔵文化財協会　一九九五c『陶邑・大庭寺遺跡』Ⅳ大阪府埋蔵文化財協会調査報告書第九〇輯
大阪府教育委員会　一九九五d『陶邑窯跡群発掘調査概要』大阪こどもの城（仮称）建設に伴う高蔵寺一三号窯跡他の調査
大阪府教育委員会・財団法人大阪府文化財調査研究センター　一九九六a『陶邑・大庭寺遺跡』Ⅴ　大阪府文化財調査研究センター調査報告書第一〇集
大阪府教育委員会　一九九六b『名古山遺跡・名古山古墳発掘調査概要―都市計画道路泉州山手線建設工事に伴う調査―』
大阪府教育委員会・財団法人大阪府文化財調査研究センター　一九九六c『太井遺跡』近畿自動車道松原すさみ線および府道松原泉大津線建設に伴う発掘調査報告書
大阪府教育委員会　一九九七『陶器南遺跡発掘調査概要』Ⅲ
大阪府教育委員会・財団法人大阪府文化財調査研究センター　一九九八a『大庭寺・伏尾遺跡』近畿自動車道松原那智勝浦線建設に伴う発掘調査報告書　大阪府文化財調査研究センター発掘調査報告書第二七集
大阪府教育委員会　一九九八b『摩湯山古墳　―一般府道三林・岡山線歩道設置工事に伴う発掘調査―』
大阪府教育委員会　一九九九『陶器南遺跡発掘調査概要』Ⅴ
大阪府教育委員会　二〇〇一a『陶邑・谷山池一二号窯跡』大阪府埋蔵文化財調査報告二〇〇一-五
大阪府教育委員会　二〇〇一b『七ノ坪遺跡』大阪府埋蔵文化財調査報告二〇〇〇-六
大阪府教育委員会　二〇〇四『陶器南遺跡発掘調査概要』Ⅸ
大阪府教育委員会　二〇〇五『陶器千塚・陶器遺跡発掘調査概要―府営集落基盤整備事業「陶器北地区」に伴う―』

大阪府教育委員会　二〇〇六『陶器千塚・陶器遺跡発掘調査概要』Ⅱ
大阪府教育委員会　二〇〇七a『寺田遺跡』大阪府埋蔵文化財調査報告二〇〇六―七
大阪府教育委員会　二〇〇七b『平尾遺跡』大阪府埋蔵文化財調査報告二〇〇六―三
大阪府教育委員会　二〇〇七c『陶器遺跡・陶器千塚・陶器南遺跡―府営集落基盤整備事業「陶器北地区」に伴う発掘調査』
大阪府教育委員会　二〇〇八『桑原遺跡　安威川ダム建設事業に伴う桑原地区の調査』大阪府埋蔵文化財調査報告二〇〇七―四
大阪府教育委員会　二〇一〇『寺田遺跡Ⅱ』大阪府埋蔵文化財調査報告二〇〇九―七
大阪府教育委員会　二〇一二a『和泉寺跡・府中遺跡―都市計画道路大阪岸和田南海線整備事業に伴う発掘調査―』大阪府埋蔵文化財調査報告二〇一一―三
大阪府教育委員会　二〇一二b『府中遺跡・豊中遺跡・板原遺跡―都市計画道路大阪岸和田南海線整備事業に伴う発掘調査―』大阪府埋蔵文化財調査報告二〇一一―九
大阪府教育委員会　二〇一三a『和泉寺跡・府中遺跡Ⅱ―都市計画道路大阪岸和田南海線整備事業に伴う発掘調査―』大阪府埋蔵文化財調査報告二〇一二―二
大阪府教育委員会　二〇一三b『寺田遺跡Ⅲ』大阪府埋蔵文化財調査報告二〇一二―三
大阪府教育委員会　二〇一三c「弥生以後の池上曽根―古墳時代集落とその出土遺物について―」『大阪府教育委員会文化財調査事務所年報』一七
大阪府教育委員会　二〇一八『府中遺跡』―都市計画道路大阪岸和田南海線整備事業に伴う発掘調査大阪府埋蔵文化財調査報告二〇一七―三
大阪府教育委員会　二〇一九『府中遺跡』Ⅱ　―都市計画道路大阪岸和田南海線整備事業に伴う発掘調査大阪府埋蔵文化財調査報告二〇一八―二
大阪府泉北郡役所　一九二三『泉北史蹟志料』下巻
財団法人大阪文化財センター　一九七五『寺門団地他三団地開発予定地内埋蔵文化財試掘調査報告書』大阪文化財センター調査報告XV
公益財団法人大阪府文化財センター　二〇一五『和泉市伯太藩陣屋跡・信太千塚古墳群　都市計画道路池上下宮線建設工事にかかる埋蔵文化財発掘調査報告書』
財団法人大阪府文化財調査研究センター　二〇〇〇『難波宮北西部の発掘調査』大阪府警察本部庁舎新築工事に伴う大坂城跡（その六）発掘調査速報
財団法人大阪府埋蔵文化財協会　一九八九a『山田海岸遺跡発掘調査報告書』大阪府埋蔵文化財協会調査報告書第三七輯

財団法人大阪府埋蔵文化財協会　一九八九b『池園遺跡発掘調査報告書』大阪府埋蔵文化財協会調査報告書第四二輯
財団法人大阪府埋蔵文化財協会　一九九三『上フジ遺跡Ⅲ・三田古墳』大阪府埋蔵文化財協会調査報告書第八〇集
財団法人大阪府埋蔵文化財協会　一九九八『西大路遺跡発掘調査報告書』大阪府埋蔵文化財協会調査報告書第一三輯
大阪府立泉大津高等学校社会科・生徒自治会地歴クラブ　一九五八「百舌鳥四五号墳」『和泉考古学別冊　土木工事の破壊に伴う考古学調査報告』第一冊
大阪府立泉大津高等学校地歴部　一九六一『最近の調査による和泉の古代遺跡』和泉考古学第五号
大阪府立泉大津高等学校地歴部　一九六三『和泉信太千塚の記録』和泉市史編纂委員会・和泉市文化財保護委員会
大阪府立泉大津高等学校地歴部　一九六四『和泉国府遺跡の調査　昭和三九年の緊急発掘の記録』
大阪府立泉大津高等学校地歴部　一九六五『信太山聖神社一号墳』
大阪府立泉大津高等学校地歴部　二〇〇六『泉大津高校考古資料室図録』
大阪府立泉北考古資料館　一九八九『原山四号墓』見学のしおり三
大阪府立近つ飛鳥博物館　二〇〇六『年代のものさし　陶邑の須恵器』平成一七年度冬季企画展
大阪府立近つ飛鳥博物館　二〇一三『百舌鳥・古市古墳群出現前夜』平成二五年度春季特別展
大阪府立近つ飛鳥博物館　二〇一九『百舌鳥・古市古墳群と土師氏』令和元年度夏季特別展
大園遺跡調査会　一九七六『大園遺跡発掘調査概報』二
小谷城郷土館発掘調査団　二〇〇一『陶邑窯跡群―泉北若竹保育園移転新築用地―　豊田地区・SKT九九地点』
加古川市教育委員会　一九九七『行者塚古墳発掘調査概要』加古川市文化財調査報告書一五
柏原市教育委員会　一九八四『発掘ノート』
柏原市教育委員会　一九八七「横穴墓の調査」『玉手山遺跡』一九八三・一九八四年度
柏原市立歴史資料館　二〇一七『横穴探求高井田横穴が見た二五年』史跡高井田横穴公園開園　柏原市立歴史資料館二五周年記念企画展
神奈川県教育委員会　一九七〇『登尾山古墳』神奈川県埋蔵文化財発掘調査一
関西大学文学部考古学研究室　二〇〇二『八十塚古墳群の研究』
岸和田市教育委員会　一九九九『田治米宮内遺跡』岸和田市埋蔵文化財発掘調査報告書」六
京都大学考古学研究会　一九九二『岩倉古窯跡群』
京都大学文学部考古学研究室　一九八二『丹波周山窯址』

京都府教育委員会　一九六八「向日丘陵周辺遺跡分布調査概要」『埋蔵文化愛発掘調査概要』
群馬県教育委員会・財団法人群馬県埋蔵文化財調査事業団・東日本旅客道株式会社　一九八八『三ツ寺Ⅰ遺跡　古墳時代居館の調査』
『上越新幹線関係埋蔵文化財発掘調査報告書』第八集
群馬県教育委員会・財団法人群馬県埋蔵文化財調査事業団　一九八八『鳥羽遺跡Ｇ・Ｈ・Ｉ区一二』『関越自動車道（新潟線）地域埋
蔵文化財発掘調査報告書』第一一集　財団法人群馬県埋蔵文化財調査事業団調査報告書五
神戸市教育委員会　一九八三『松野遺跡発掘調査概報』
広陵町教育委員会　一九八七『史跡牧野古墳』奈良県立橿原考古学研究所編
国立歴史民俗博物館　二〇二二『加耶―古代東アジアを生きた、ある王国の歴史―』
古代を考える会　一九七六『平尾遺跡の検討―推定河内国丹比郡衙遺跡―』
堺市教育委員会　一九七二『堺市における埋蔵文化財包蔵地の現状』
堺市教育委員会　一九七三『こうじ山古墳（跡）調査報告書』堺市文化財調査報告第一集
堺市教育委員会　一九七五『土師遺跡四九年度発掘調査概報』
堺市教育委員会　一九七六『土師遺跡五〇年度発掘調査概報』
堺市教育委員会　一九八二ａ『辻之遺跡現地説明会』資料
堺市教育委員会　一九八二ｂ「東上野芝遺跡発掘調査報告」『堺市文化財調査報告』第一〇集
堺市教育委員会　一九八四ａ『田園』Ⅰ　堺市文化財調査報告第一九集
堺市教育委員会　一九八四ｂ『四ツ池遺跡―第八五地区―・陶器千塚二九号墳』昭和五八年度国庫補助事業発掘調査報告書
堺市教育委員会　一九八六ａ『鈴の宮遺Ⅴ』鈴の宮遺跡第八区の調査　堺市文化財調査報告第三一集
堺市教育委員会　一九八六ｂ「陶器千塚二九号墳発掘調査報告」『平井遺跡』堺市文化財発掘調査報告第二五集
堺市教育委員会　一九八八『小角田遺跡』堺市文化財調査報告」第三三集
堺市教育委員会　一九九〇ａ『堺の文化財―百舌鳥古墳群―』
堺市教育委員会　一九九〇ｂ『丈六大池遺跡発掘調査概要報告書』堺市文化財調査概要報告第三冊
堺市教育委員会　一九九二『堺市文化財調査概要報告』第三二冊
堺市教育委員会　一九九三「鶴田池東遺跡発掘調査概要報告―堺市菱木一〇三四所在（ＴＰＥ―三）地点―」『堺市文化財調査概要報告』
第三六冊
堺市教育委員会　一九九八「四ツ池遺跡発掘調査概要報告　四ツ池遺跡における律令期集落の調査―ＹＯＢ－一一六地点　堺市鳳北町

八丁―」『堺市文化財調査概要報告』第七〇冊
堺市教育委員会　二〇〇一『田園』Ⅱ　堺市文化財調査報告第二四集
堺市教育委員会　二〇〇八「野々井西遺跡（NNIN―一）・陶邑窯跡群（大野池二三二）発掘調査概要報告」『堺市埋蔵文化財調査報告』第一二二集
堺市教育委員会　二〇〇八『百舌鳥古墳群の調査』一
堺市教育委員会　二〇一一『百舌鳥古墳群の調査』四
堺市教育委員会　二〇一五『百舌鳥古墳群の調査』六
堺市教育委員会　二〇二〇『陶邑窯跡群栂地区（SMTG―一〇）発掘調査概要報告』堺市埋蔵文化財調査概要報告第一七三冊
堺市文化観光局文化部文化財課　二〇一八年『堺の文化財　百舌鳥古墳群』第八版
桜井市教育委員会　一九八八『奈良県桜井市上之宮遺跡第三次発掘調査概報』
桜井市教育委員会　一九九七『奈良県桜井市平成八年国庫補助事業による発掘調査報告書』桜井市埋蔵文化財センター発掘調査報告書一八集
桜井市纏向学研究センター編　二〇一三『纏向遺跡発掘調査報告書―トリイノ前地区における発掘調査―』桜井市埋蔵文化財発掘調査報告書四〇集
狭山池調査事務所　一九九九『狭山池』埋蔵文化財編
狭山町　一九六七『狭山町史』第一巻　本文編　狭山町市史編纂委員会編
滋賀県教育委員会　一九七四『若松神社境内古墳調査報告』滋賀県文化財年報
信太山遺跡調査団　一九六六『信太山遺跡調査概報―大阪府和泉市―』
小学館　二〇〇一『日本国語大辞典』第二版　第一二巻
小路窯跡遺跡調査団　一九八三『桜井谷窯跡群二‐一七窯跡―府立小路高等学校建設に伴う調査報告―』豊中市文化財調査報告　第九集
吹田市教育委員会　一九七四・七五『吹田市の文化財』第一・二集
吹田市教育委員会　一九八一『吹田市史』第八巻
吹田市教育委員会　一九八六「吹田三二号須恵器窯跡」『昭和六〇年度埋蔵文化財緊急発掘概報』
大東市教育委員会　一九八七「墓谷古墳群採集遺物」『寺川・北条遺跡発掘調査報告書』大東市埋蔵文化財調査報告書第一集
高石市　一九八六・一九八九『高石市史』第二巻　史料編Ⅰ・第一巻　本文編
高石市教育委員会　一九八〇a『大園遺跡発掘調査概要』一九七九‐一

高石市教育委員会　一九八〇b『伽羅橋遺跡　伽羅橋東遺跡　水源地遺跡発掘調査報告』
高石市教育委員会　二〇二二『大園遺跡他の発掘調査概要』高石市文化財調査概要二〇二一－一
高石市水道部　一九八五『水源地遺跡発掘調査報告』
高槻市　一九七三『高槻市史』第六巻　考古編
高槻市立今城塚古代歴史館　二〇二一『大王墓　今城塚古墳の実像』開館一〇周年記念特別展図録
高槻市しろあと歴史館　二〇〇八『摂津三島の遺宝―考古資料精選―』
高松市教育委員会　二〇〇四『久本古墳』
千葉県教育委員会　一九五一『上総金鈴塚古墳』
天理市　一九七七『改訂天理市史』下巻
天理市　一九七七『古墳墓一覧』改訂天理市史　史料編　別冊
東京国立博物館　一八九一『東京国立博物館図録目録』古墳遺物編（近畿Ⅰ）
同志社大学歴史資料館　一九九九『大阪府和泉市観音寺山遺跡発掘調査報告書』同志社大学歴史資料館調査報告書第一冊
財団法人鳥取県教育文化財団　一九八三『長瀬高浜遺跡調査報告書』Ｖ　一九八三年
富田林市　一九八五『富田林市史』第一巻
富田林市教育委員会　一九八七『中佐備須恵器窯跡発掘調査概要』富田林市埋蔵文化財調査報告一五
富田林市教育委員会　二〇〇三『新堂廃寺跡・オガンジ池瓦窯跡・お亀石古墳』富田林市埋蔵文化財発掘調査報告第三五集
豊中市　一九六一『豊中市史』第一巻
豊中市　二〇〇五『新修豊中市史』第四巻　考古
豊中・古池遺跡調査会　一九七六『豊中・古池遺跡発掘調査概要』そのⅢ
長岡京市　一九九一『長岡京市史』資料編
奈良県教育委員会　一九五九「奈良市歌姫町横穴」『奈良県史跡名勝天然記念物調査抄報』第一一輯
奈良県教育委員会　一九七六「津風呂陶棺古墳」『奈良県古墳発掘調査集報』一　奈良県文化財調査報告書
奈良県立橿原考古学研究所　一九七二「椿井・竜田山出土の陶棺」奈良県史跡名勝天然記念物調査報告　第二七冊
奈良県立橿原考古学研究所　一九七七a『竜田御坊山古墳』
奈良県立橿原考古学研究所　一九七七b『斑鳩・仏塚古墳』斑鳩町教育委員会
奈良県立橿原考古学研究所編　一九九〇『斑鳩藤の木古墳　第一次調査報告書』斑鳩町・斑鳩町教育委員会

奈良県立橿原考古学研究所編　一九九五『斑鳩藤の木古墳　第二次調査報告書』斑鳩町・斑鳩町教育委員会
奈良県教育委員会・奈良県立橿原考古学研究所　二〇〇三『南郷遺跡群』Ⅲ
奈良国立文化財研究所　一九五八『飛鳥寺発掘調査報告』奈良国立文化財研究所学報第五冊
奈良国立文化財研究所　一九九〇「山田寺第七次調査」『飛鳥・藤原宮発掘調査概報』二〇
奈良国立文化財研究所　一九九三『木器集成図録近畿原始篇』奈良国立文化財研究所史料第三六冊
奈良国立文化財研究所　一九九五ａ「甘樫丘東麓の調査　第七一－一二次調査」『飛鳥・藤原宮発掘調査概報』二五
奈良国立文化財研究所　一九九五ｂ『平城京左京二条二坊・三条二坊発掘調査報告』奈良国立文化財研究所学報第五四冊
奈良国立文化財研究所飛鳥資料館　一九八一『飛鳥時代の古墳』同朋舎
奈良文化財研究所・歴史土器研究会　二〇一九『飛鳥時代の土器編年再考』奈良文化財研究所・歴史土器研究会共催シンポジウム
奈良市教育委員会　一九八四「赤田横穴墓の調査」『奈良市埋蔵文化財調査報告書』昭和五八年度
奈良市教育委員会　一九八五「山陵町狐塚横穴群の調査」『奈良市埋蔵文化財調査報告書』昭和五九年度
奈良市教育委員会　二〇一六『赤田横穴墓群・赤田一号墳』奈良市埋蔵文化財発掘調査報告第四冊
野畑春日町遺跡発掘調査団　一九八七『野畑春日町遺跡』豊中市文化財調査報告書第二一集
羽曳野市教育委員会　一九八一ａ「誉田白鳥遺跡」『古市遺跡群』Ⅲ　羽曳野市埋蔵文化財調査報告書七
羽曳野市教育委員会　一九八一ｂ「野々上埴輪窯跡」『古市遺跡群』Ⅲ　羽曳野市埋蔵文化財調査報告書七
羽曳野市教育委員会　一九八四『古市遺跡群Ⅴ』羽曳野市埋蔵文化財調査報告書九
羽曳野市教育委員会　一九八五「切戸一・二号墳」『古市遺跡群』Ⅳ　羽曳野市埋蔵文化財調査報告書一〇
羽曳野市教育委員会　一九八八『古市遺跡群Ⅸ』羽曳野市埋蔵文化財調査報告書一六
浜松市教育委員会　一九七七『伊場遺跡遺構編』
財団法人浜松市文化協会　一九九二『佐鳴湖西岸遺跡群』本文編Ⅰ
財団法人東大阪市文化財協会　二〇〇二ａ『神並遺跡第四次・西の辻遺跡第一〇・一六次発掘調査報告書（遺構編）』、『神並遺跡第四次発掘調査報告書（遺物編）』
財団法人東大阪市文化財協会　二〇〇二ｂ『西の辻第一〇次遺跡発掘調査報告書（遺物編）』、『西の辻第一六次遺跡発掘調査報告書（遺物編）』
藤井寺市教育委員会　一九九三『新版古市古墳群』
藤井寺市教育委員会　二〇〇一「土師の里埴輪窯跡群の調査　〇〇－一区」『石川流域遺跡群発掘調査報告』XVI　藤井寺市文化財報告

二一集
藤井寺市教育委員会　二〇〇七「土師ノ里遺跡の調査」『石川流域遺跡群発掘調査報告ＸＸⅡ』藤井寺市文化財報告第二七集
藤井寺市教育委員会　二〇一四『仲哀天皇陵古墳─古市古墳群の調査研究報告Ⅴ─』藤井寺市文化財調査報告三六集
藤井寺市教育委員会・公益財団法人大阪府文化財センター　二〇一六『津堂遺跡』藤井寺市文化財報告第三九冊・公益財団法人大阪府文化財センター調査報告書第二七三集
平凡社　一九八四『やきもの事典』
法隆寺国宝保存委員会　一九五四『法隆寺五重塔秘宝の調査』
財団法人向日市埋蔵文化財センター・向日市教育委員会　一九九六『向日市埋蔵文化財調査報告書』第四三集
明治大学古代学研究所　二〇一〇『全国墨書土器・刻書土器、文字瓦横断検索データベース』
八鹿町教育委員会　一九八七『箕谷古墳群』兵庫県八鹿町文化財調査報告書第六集
立命館大学　二〇一六『久米田古墳群発掘調査報告』立命館大学文学部学芸員課程研究報告第一九冊
和気遺跡調査会　一九七九『和気』

初出文献

序　章　和泉の須恵器生産・集落・古墳の考古学研究にあたって

・「和泉市域の須恵器研究―調査と編年―」の一部　『和泉市史紀要』第二五集　二〇一七年　和泉市史編さん委員会編集　和泉市教育委員会

・「六、七世紀の須恵器の編年と製作技法―陶邑古窯址群谷山池地区を例として―」の一部　『考古学研究』第三六巻第一号　一四一号　一九八九年　考古学研究会

第一章　泉北丘陵窯跡群の須恵器生産

第一節　須恵器窯構造の地域性

・「和泉陶邑の須恵器窯」『須恵器の技術と系譜―豊科，信濃、そして日本列島―』一九九九年　窯跡研究会

・「陶邑と須恵器生産」の一部　『季刊考古学・別冊』一四号　二〇〇四年　雄山閣

・「陶邑窯―大阪府南部須恵器窯跡群の地域性―」『古代窯業の基礎研究　須恵器窯の技術と系譜』二〇一〇年　窯跡研究会

第二節　須恵器生産の変換期

・「泉北丘陵窯跡群の須恵器生産の転換期」『季刊考古学』一四二号　二〇一八年　雄山閣

特論一　須恵器製作技法の着眼点

・「六、七世紀の須恵器の編年と製作技法―陶邑古窯址群谷山池地区を例として―」の一部　『考古学研究』第三六巻第一号　一四一号　一九八九年　考古学研究会

第三節　須恵器編年の試行

・『須恵器!!　二』　和泉市いずみの国歴史館令和元年夏季特別展図録（分担執筆）　二〇一八年　和泉市いずみの国歴史館　加筆修正

第四節　須恵器編年―六、七世紀の谷山池地区を例として―

・『陶邑古窯址群―谷山池地区の調査―』和泉丘陵内遺跡発掘調査報告書Ⅳ（分担執筆）　一九九二年　和泉丘陵内

遺跡調査会
・「陶邑窯における古墳時代の須恵器」『東海土器研究会論文集』二〇〇〇年　東海土器研究会
第五節　斑鳩藤ノ木古墳の須恵器
・「陶邑編年と藤ノ木古墳の須恵器」『（財）大阪府文化財センター、日本民家集落博物館、大阪府立弥生文化博物館、大阪府立近つ飛鳥博物館　二〇〇五年度共同研究成果報告書』二〇〇七年

第二章　古代集落と土地開発
第一節　首長居館―府中・豊中遺跡群―
・「和泉の古代集落と古墳」『和泉市の歴史』第六巻　二〇一三年　和泉市史編さん委員会編集　和泉市　加筆修正
特論二　府中・豊中遺跡群の「御船代」
・新稿
第二節　地域開発の拠点集落―大園遺跡―
・「和泉の古代集落と古墳」『和泉市の歴史』第六巻　二〇一三年　和泉市史編さん委員会編集　和泉市　加筆修正
第三節　泉北丘陵の集落遺跡
・「陶邑と須恵器生産」『季刊考古学・別冊』一四号　二〇〇四年　雄山閣　加筆修正
第四節　槙尾川流域の首長居宅―万町北遺跡―
・「陶邑の首長居宅とその宗教―万町北遺跡の復元―」『宗教と考古学』金関恕先生の古稀をお祝いする会編　一九九七年　勉誠社　加筆修正

第三章　古墳と古代氏族
第一節　和泉北部の前・中期古墳の展開
・『和泉黄金塚古墳とその周辺―古墳と首長居館のすがた―』和泉市いずみの国歴史館平成一三年度特別展図録（分担執筆）二〇〇一年　和泉市いずみの国歴史館　加筆修正
・『陶器のムラに眠る人々―陶邑と周辺地域の古墳を考える―』和泉市いずみの国歴史館平成一九年度特別展図録（分担執筆）二〇〇七年　和泉市いずみの国歴史館　加筆修正

・「和泉の古代集落と古墳」『和泉市の歴史』第六巻　二〇一三年　和泉市史編さん委員会編集　和泉市　加筆修正

・『和泉黄金塚古墳発掘調査報告書』（分担執筆）の一部　二〇〇五年　和泉市教育委員会

第二節　群集墳の展開と被葬者

・『陶器のムラに眠る人々—陶邑と周辺地域の古墳を考える—』和泉市いずみの国歴史館平成一九年度特別展図録（分担執筆）の一部　二〇〇七年　和泉市いずみの国歴史館　加筆修正

・「群集墳の展開とその被葬者」『和泉市の歴史』第六巻　二〇一三年　和泉市史編さん委員会編集　和泉市　加筆修正

・「須恵器生産の展開と池田谷の開発」（分担執筆）の一部『和泉市の歴史』第四巻　二〇一一年　和泉市史編さん委員会編集　和泉市

第三節　土師質陶棺と被葬者の系譜

・「和泉向代一号墳出土陶棺の復元と系譜」『和泉丘陵の古墳』和泉丘陵内遺跡発掘調査報告書Ⅲ　一九九二年　和泉丘陵内遺跡調査会　加筆修正

特論三　蔵骨器様の有蓋鉢の系譜について

・「万町北遺跡の異形容器の系譜について」『韓式系土器研究』XV　二〇二〇年　韓式系土器研究会

第四章　須恵器生産と茅渟県

第一節　泉北丘陵窯跡群の地域論……［新稿］

第二節　中・後期の首長系譜の整理……［新稿］

第三節　地域開発と古代氏族

・「和泉市域の須恵器研究—調査と編年—」『和泉市史紀要』第二五集　二〇一七年　和泉市史編さん委員会編集　和泉市教育委員会　加筆修正

・「畿内における陶棺研究序論」の一部『古墳文化とその伝統』西谷眞治先生の古稀をお祝いする会編　一九九五年　勉誠社

終　章　古代開発のモデル……［新稿］

索引

■著者紹介

白石耕治（しらいし こうじ）

1956年　大阪府に生まれる

1981年　天理大学外国語学部ドイツ学科卒業

和泉丘陵内遺跡調査会調査員、和泉市教育委員会生涯学習部文化財振興課職員を経て、大阪大谷大学非常勤講師、桃山学院大学非常勤講師、文学博士

《主要論著》

「陶邑窯における古墳時代の須恵器　6、7世紀を中心に」『須恵器生産の出現から消滅—猿投窯・湖西窯編年の再構築—』（2000年、東海土器研究会）

「陶邑と須恵器生産」『畿内の巨大古墳とその時代』季刊考古学　別冊14（2004年、雄山閣）

「陶邑窯—大阪府南部須恵器窯跡群の地域性—」『古代窯業の基礎研究　須恵器窯の技術と系譜』（2010年、窯跡研究会、真陽社）

『和泉市域の須恵器研究—調査と編年—』和泉市史紀要　第25集（2017年、和泉市教育委員会）

2024年（令和6）12月25日　初刷発行　《検印省略》

古墳《こふん》時代《じだい》須恵器《すえき》生産史《せいさんし》の研究《けんきゅう》

著　者　白石耕治

発行者　宮田哲男

発行所　株式会社　雄山閣

〒102-0071　東京都千代田区富士見２－６－９

TEL：03-3262-3231㈹／FAX：03-3262-6938

URL：https://www.yuzankaku.co.jp

e-mail：contact@yuzankaku.co.jp

振 替：00130-5-1685

印刷・製本　株式会社 ティーケー出版印刷

ISBN978-4-639-03024-9　C3021

N.D.C.210　460p　22㎝